Felix und Therese Dahn

Germanische Götter- und Heldensagen

Felix und Therese Dahn

Germanische Götter- und Heldensagen

Mit einem Vorwort
von Dr. Hans-Jürgen Hube

marixverlag

Neu gesetzte und überarbeitete Ausgabe für
Marix Verlag GmbH, Wiesbaden 2004
nach der Ausgabe Leipzig 1919
Covergestaltung: Thomas Jarzina, Köln
Bildnachweis: AKG, Berlin
Satz und Überarbeitung: Pinkuin Satz und Datentechnik, Berlin
Druck und Bindung: GGP Media GmbH, Pößneck
Printed in Germany

ISBN 3-937715-39-8
www.marixverlag.de

Inhaltsverzeichnis

Erste Abteilung: Göttersagen

Von Felix Dahn

Zweite Abteilung: Heldensagen

Von Therese Dahn

Vorwort

Die Neuausgabe dieses umfangreichen Kompendiums von Felix und Therese Dahn über die germanischen Göttersagen und Heldengeschichten passt gut hinein in das Profil des Marix-Verlags, der bereits ein Handbuch zur *Germanischen Mythologie* veröffentlicht hat und auch sonst ähnliche Themenkreise bearbeitete. Dieses nicht nur von Spezialisten, sondern vornehmlich von breitesten Leserschichten als spannend empfundene Wissensgebiet ist neuerlich aktuell geworden, seit man sich in aufregenden Filmen nach der Romantrilogie *Der Herr der Ringe* (Band 1: »Die Gefährten« (1954), Band 2: »Die zwei Türme« (1954) und Band 3: »Die Rückkehr des Königs« (1955) mit der faszinierenden Phantasiewelt der »Mittelerde« aus der Feder des ausgezeichneten Mythenkenners John Ronald Reuel Tolkien (1892–1973) bekannt machen konnte. Die uralten Geschichten unseres germanisch-nordischen Sagenkreises verband Oxford-Professor Tolkien auf unvergleichlich geschickte Weise auch mit keltischen Sagentraditionen. Angeregt durch die nach seinen Büchern gedrehten Filme, kann der Leser jetzt im vorliegenden Sagenband von Felix und Therese Dahn in breiter Auslegung in fünf großen Kapiteln (Büchern) unsere schönsten Götter- und Heldensagen neu kennen lernen oder nachlesen und den traditionellen Themen vielleicht mit neuem Verständnis für Sagengeschichtliches und Historisches gegenübertreten.

Felix und Therese Dahns *Walhall – Germanische Götter- und Heldensagen. Für Alt und Jung am deutschen Herd erzählt* erschien erstmals 1885 im Verlag von R. Voigtländer, Kreuznach. In den letzten Jahrzehnten sind die germanischen Götter- und Heldensagen mitunter in den Hintergrund gedrängt worden. So ist es nicht verwunderlich, dass sich mancher heute in der griechischen Mythologie besser auskennt als in der germanischen. Der Marix-Verlag hat sich dieses Problems angenommen und wiederum die Göttersagen, den altnordische Sagenschatz und die deutschen Heldensagen in diesem umfangreichen Band in einer leicht lesbaren Fassung und übersichtlich vorgestellt.

Felix Dahn (1834–1912) war Historiker, Jurist, Schriftsteller und ein bedeutender Sagenkenner. Er wirkte als Professor für deutsche Rechtsgeschichte in Würzburg, später in Königsberg und Breslau. Sein wissenschaftliches Hauptwerk *Die Könige der Germanen* erschien in 11 Bänden zwischen 1861 und 1907. Dahns Popularität basiert auf seinem Roman *Ein Kampf um Rom* (1876), worin er den Untergang des Ostgotenreichs in Italien schilderte, mitunter aber auch die Überlegenheit der Germanen gegenüber anderen Völkerschaften stark betonte. Felix Dahn gilt als Vertreter des Professorenromans, der in der 2. Hälfte des 19. Jahrhunderts besonders in Mode war. Darin spürt man die Zeit des preußisch-deutschen Kaiserreichs mit ihren deutlichen Bezügen zum zeitgenössischen Patriotismus der deutschen Reichsgründung. Teilweise mit seiner Frau Therese, einer Nichte der Dichterin Anette von Droste-Hülshoff, verfasste Dahn auch Romane zur deutschen Frühgeschichte. Bekannt wurde seine *Urgeschichte der germanischen und romanischen Völker* (4 Bände, 1880–89), an die sich die *Kleinen Romane aus der Völkerwanderung* (13 Bände bis 1901) anschlossen.

Der stete Kampf zwischen guten und bösen Mächten, die Erschaffung der Welt, das Weltende und das Aufblühen einer neuen Erde, die Sagenkreise unserer Vorfahren – all das bietet den Rahmen für die hier vorgestellten, teils skurrilen, teils tiefsinnigen, immer aber spannenden Götter- und Heldengeschichten. Und die uns mitunter fremd anmutenden Namen der vielen im Text erwähnten Helden sind zweifellos eine unerschöpfliche Fundgrube für den an Mythen und Legenden interessierten Leser.

Felix und Therese Dahn stellten seinerzeit mit Gelehrtenfleiß und Gründlichkeit die relevanten Texte aus der Edda, aus den Berichten u. a. des Saxo Grammaticus sowie aus mancherlei anderen insel- und festlandgermanischen Sagenüberlieferungen zusammen. Daraus ist nun eine der umfangreichsten Übersichten zur germanischen Mythen- und Sagenkunde geworden, sprachlich behutsam modernisiert. Der Aufbau des Bandes ist einfach: Im allgemeinen Teil werden die Grundanschauungen bis hin zur Bedeutung der Götterdämmerung dargestellt. Im besonderen Teil sind systematisch die einzelnen Götter, Elben, Zwerge, Riesen usw. aufgeführt, und es schließen sich die Mythen über das Weltende und Welterneuerung an. Die von Therese Dahn zusammengestellten *Heldensagen* umfassen die wichtigsten Wölsungen- und nordischen Nibelungen-Geschichten, recht ausführlich die Beowulf-Darstellungen, die Kudrun- und Hegelingen-Sagen, die Mythen von den Wilkinen und von Wieland dem Schmied und schließlich die festlandgermanischen Sagenkreise um Dietrich von Bern.

Interessant könnten einige Hintergrundinformationen sein, die dem heutigen Leser das Verständnis für diesen Band erleichtern sollen. Die germanische Mythen, insbesondere der Wotans/Odinskult, haben eine komplizierte Geschichte. Wahrscheinlich begann erst vom ersten Jahrhundert n. Chr. Wodan den urgermanischen obersten Gott **Tiwaz*, d. h. Tiu, Ziu, nordisch Tyr, nach dem unser Dienstag benannt ist, zu verdrängen. Er ist verwandt mit indoeuropäischen Hauptgöttern wie Zeus und Jupiter oder dem altindischen Dyauspita. In der Merowingerzeit wurde in den

Landschaften östlich des Rheins und in Norddeutschland Wodan/Odin verehrt. Man kann beobachten, dass die Wodan/Odin-Verehrung aus der kriegerisch unruhigen keltisch-römisch-germanischen Grenzregion ihren Anfang nahm, wie es der Odenwald noch heute bezeugt.

Im 5. Jahrhundert besetzten bekanntlich Angeln und Sachsen unter »Wodans Führung« Britannien, wo Ortsbezeichnungen, Sagen und Bräuche von seinem Kult erzählen. Dann hielt der Gott Einzug in Skandinavien. Aus dem relativ späten Vorkommen von mit Odin zusammen gesetzten Ortsnamen, etwa Odense, kann man schließen, dass dieser Odinskult nicht ursprünglich im Norden heimisch war. Im Norden, wo Odin als oberster Ase später als fertiger *Hochgott* auftrat, übertrumpfte er bald das uralte Wanengeschlecht. Im Mythos vom Wanenkrieg, der – nach dem *Völuspa-Gedicht* der Edda – durch Odin mit einem Speerwurf eröffnet wurde, hat der Isländer *Snorri Sturluson* (1178–1241) diese historischen Verhältnisse umschrieben. Nach Erreichen seiner vollen Kraft tritt uns Wotan/Odin als ein *komplexer* Gott entgegen, denn er ist Sieges- und Kriegsgott, Toten- und Fruchtbarkeitsgott und Inbegriff der höchsten Macht. Ursprünglich nur ein Sturmdämon, wurde er zu einer hoheitsvollen, tragischen Gestalt umstilisiert. Wotan – nach indoeuropäischer Wurzel **va* – heißt der »Wehende, Wütende, Rasende«. Im Sturmwind sahen die Germanen ältester Zeit einen Geisterzug, Seelen, die von Dämonen getrieben wurden. Von den Jagdzügen her ergibt sich das Bild des »Wilden Jägers«, ein Motiv, das beispielsweise noch in den mittelalterlichen Dietrich-Epen aufscheint.

Hier hinein spielt der Komplex der Totengeister-Vorstellungen. Bei den Germanen herrschte der Glaube, dass sich die Seelen der Toten in Bergen aufhalten, wobei es sich eigentlich um eine Lokalisation des »Totenreichs unter der Erde« handelt. Die alte Sitte, beträchtliche Hügel aufzuschütten, gehört hierher. Aus der Auffassung vom Totenseelen-Gott hat sich die Walhallidee entwickelt, die interessante Anschauung vom »Kriegerjenseits«, wo Odin als Walvater mit seinen Helden an der Tafel sitzt. Im Norden wurde der erste Becher Odin dargebracht, um ihn um Sieg und Macht zu bitten. Dort galt er als Schirmherr ganzer Stämme, besonders der am Wikinger- und Beuteunternehmertum beteiligten Küstenbewohner. Er ist Beschützer einzelner Helden und Heldenfamilien.

Schon durch Tacitus wissen wir, dass einige aggressiv vorstoßende ost- und nordgermanische Stämme (Goten, Urschweden) bereits zu seiner Zeit Heerkönige hatten. In der Völkerwanderungszeit (4.–5. Jahrhundert) verwandelte sich die alte germanische Heerführer-Funktion in Königsgewalt. Wir finden diesen Prozess bei Burgundern, Goten, Vandalen, Langobarden, Franken und vielen anderen. Als sich Karl Martell 714 an die Spitze des Staates stellte, war Gallien, wie der Biograph Einhard schrieb, überall in Tyrannenhand. Die triumphierende zupackende Faust, der harte, egoistische Sinn, Heldenfreiheit und -ehre standen im Vordergrund. Trotz Verkirchlichung des Westfrankentums (Chlodwigs Taufe 496) blieb das Denken und Trachten des ältesten Adels vorchristlich-heidnisch.

Das alles spürt man noch, wenn man die in der zweiten Abteilung des vorliegenden Bandes zusammengefassten *Heldensagen* liest. Die einen vorchristlichen Geist ausstrahlende Adelspoesie, die Preis- und Heldenlieder, später die Heldenepen, behauptete sich noch jahrhundertelang. Man spricht von archaisch-germanischer Adelsheroik und -ethik. Selbst die hochmittelalterlichen Epen hatten meist noch »ungetauften«, d. h. heidnischen Gehalt. Nach relativ kurzer Blüte schwand indessen diese Dichtung bei den Südgermanen, als sich bei den Merowingern das Hofleben auflöste und die christliche Kultur auf deutschem Boden Fortschritte machte. Im Vergleich zur Ritterdichtung des Hochmittelalters erscheint das germanische Heldenlied urwüchsig und archaisch. Im Frankenreich des 6. Jahrhunderts hatte es einen Höhepunkt.

Allerdings sollte man sich hüten, beeindruckt von der Vielzahl und Größe dieser Sagen, und das Durchlesen dieses vorliegenden Dahn'schen Bandes bestätigt es, in der *Heldensage* den Inbegriff germanischer Dichtungsgeschichte schlechthin zu sehen. Wir wissen doch: Im Preislied verherrlichte der Dichtersänger, nordisch *Skalde*, einen zeitgenössischen Fürsten, während die Heldensage an einem Modell der Vergangenheit ihre Motive gestaltete. Ein Preislied war stets Gegenwartsdichtung, setzte Kämpfe und Siege des *Lebenden* voraus. Was ohnehin alle wissen, lässt der Skalde in farbenprächtigen Bildern wieder aufleben, er gestaltet lyrisch, hymnisch oder episch den Stoff und begnügt sich mitunter mit impressionistischen Andeutungen. Anders die Heldensage! Hier werden größere, historische Stoffkomplexe, oft in umfangreichen Erzählungen verarbeitet.

Der Geschichtsschreiber Jordanes (um 550) berichtet, dass die Goten mit Gesängen und Liedern die Taten der Vorfahren feierten. Doch von gotischen Heldenliedern ist wenig Greifbares geblieben, wenngleich gotische Helden in der Sagendichtung auch der West- und Nordgermanen stets eine hervorragende Rolle spielen. Im 6. Jahrhundert war die Heldendichtung schon im Besitz aller Ost- und Westgermanen, auch der Sachsen und Schweden. Norwegen öffnete sich erst mit Beginn der Wikingerzeit (Ende des 8. Jahrhunderts) diesem Stilkreis. Ob Burgunder und Franken ihre für die spätere Dichtungsgeschichte so bedeutungsvollen Schöpfungen, z. B. den Nibelungen-Komplex, aus sich selbst oder angeregt durch die Goten schufen, bleibt ungewiss.

Geburtsstätte des heroischen Liedes und der Heldensage ist die germanische Königshalle gewesen. Man weiß: heroische Poesie übersteigert, mythisiert und scheut nicht die Phantastik. Heldensage ist stets auch Tendenzdichtung, und sie erwuchs nicht, wie die Romantiker meinten, aus nebelhafter, volkstümlicher Erinnerung an Geschichte. Nein, der Tatsachenstoff wurde verdichtet, vereinfacht, an Höfen gezielt zu *persönlichen Fabeln* umgestaltet. In unseren Heldensagen haben wir also nicht den Urstoff, vielmehr Schöpfungen der Phantasie von meist namenlosen Dichtern. Was herkömmlich *Heldensage* heißt, ist von jeher nur Heldendichtung gewesen. Die Geschichten von *Siegfried, Hagen, Dietrich* usw. sind keine zufällige, zu vernachlässigende Hülle. Es sind durch Hofsänger umgedichtete Stoffe.

Wir erkennen: Heldensagen, deutlicher noch Heldenlieder, zeichnen Schicksale einer Zentralgestalt, höchstens weniger Helden nach, es sind »Vorbilddichtungen«. Die Wünsche und Gedanken des Hofgefolges fanden in ihnen ihre Verklärung. Gestalten der Heldensage sind fast nie einfachste Mannen des Heerbanns, vielmehr stets eine kleine Auslese von Kämpen in unmittelbarer Umgebung des Fürsten oder die *Könige* selbst.

Wenn die Heldensage ein *historisches* Völkerschicksal spiegelt, hat sie das Allgemeine meist abgestreift, hat sie die Handlung auf wenige Kraft- und Idealgestalten, Machtträger, übertragen, hat sie Völkerschicksal in Persönliches umgewandelt. So wird aus dem Burgunden-Untergang im Hunnensturm die betrügerische Einladung, die die Nibelungen-Brüder von ihrem hunnischen Schwager *Attila/Etzel* erhalten (*Sigurd und die Giukungen*). Wanderzüge stellen sich dar als Exil aus persönlicher Missgunst (*Hildebrand, Dietrich*) usw. Historischer Völkerstoff wird oft zu einer persönlich-heroischen Fabel filtriert und auf einzelmenschliche Motive reduziert. Doch zwischen den Zeilen geht es fast immer um großes Geschehen: Heerfahrt, Herrschaftserrichtung oder -behauptung, Schatz, Hort, Besitz an Gold, Beutezüge, Großzügigkeit gegenüber Gefolgsmannen.

Prinzipielle Härte macht den »Helden« aus, und es ist verständlich, dass unter diesem Zwang Schicksalsglaube und Fatalismus aufkamen. Das Leben des »Helden« ist stets bedroht. Eine unendliche Kette von Gewalttaten, Überfällen, Zweikämpfen, Schlachten, resultierend aus Ehre, Rache und Vergeltung, erzeugt düstere Schicksalsergebenheit. »Hart ist der Nornen Spruch«, heißt es im *Hunnenschlachtlied* der Edda. Bejahung des unentrinnbaren Untergangs ist auch eine Grundtendenz des Nibelungenliedes, das uns in diesem Band auch in der nordischen Überlieferung, mit zahlreichen Varianten in Kapiteln wie *Der Giukungen Ende, Gudruns Rache* und *Swanhild und ihre Brüder* entgegentritt.

Die Tendenz zur Kompilierung wird sichtbar, wenn – wie dieser Band zeigt – in immer erneuerter Synthese einzelne Sagenelemente von meist unbekannten Dichtern zu ganzen Sagenkreisen zusammengefügt werden. So ist die *Sage von Dietrich von Bern* in unserem vorliegenden Band so umfangreich, dass sie weit mehr als 150 Seiten in Anspruch nähme, würde man allen Einzelheiten nachgehen. Auch hier liegt eine Bearbeitung speziell für diesen Band vor, denn die alte *Thidrekssage* in schwedischer Sprache ist noch weit umfassender. Interessant ist, dass der mittelalterliche Schreiber große Teile der Nibelungensage (vgl. den Abschnitt *Dietrich von Bern und die Nibelungen*) hier ohne Rücksicht auf chronologische Abfolge eingearbeitet hat. Auch das berühmte angelsächsische *Beowulf-Epos*, einziges vollständig erhaltenes altgermanisches Heldenlied (10. Jahrhundert), nimmt im vorliegenden Band beginnend mit dem Kapitel *Von den Schildingen* in gelungener Prosafassung einen gebührenden Platz ein. Das gilt auch für den Sagenkomplex *Hettel und Hagen*, den wir ebenfalls in guter Prosa lesen können. Die sich daran anschließende Sage über *Kudrun* gehört bekanntlich zum selben Sagenkreis, wie überhaupt zahlreiche

Verbindungslinien zu einzelnen Sagenelementen führen. Es kann daher dem interessierten Leser helfen, wenn er die in diesem Band vorliegende Sagenreihenfolge einhält.

Alles in allem, dieser Band, zusammengestellt von Felix und Therese Dahn, ausgewiesenen Kennern des germanischen Altertums, enthält die wichtigsten und bekanntesten Götter- und Heldensagen unseres germanischen Kulturkreises. Sie basieren in vielerlei Hinsicht auf nordeuropäischer Überlieferung, aber auch auf festlandgermanischen Quellen. Hilfreich sind die Kommentare, die Felix Dahn an vielen Stellen in diesen vorliegenden Band eingefügt hat. So wird dem Leser auch klarer, wie unterschiedlich beispielsweise die Handlungsstränge des nordischen und des festlandgermanischen Nibelungen-Stoffes sein können, dass man die Heunen (Hunen) nicht mit den Hunnen gleichsetzen kann usw.

Möge diese umfangreiche Neuausgabe der Sagen – wie in den früheren Jahrzehnten – beim kultur- und sagengeschichtlich interessierten Lesepublikum erneut positive Aufnahme finden.

Berlin, im Mai 2004
Hans-Jürgen Hube

Erste Abteilung

Göttersagen

von Felix Dahn

»Gehör und Schweigen heisch' ich von allen Menschenkindern im heiligen Frieden, von hohen und niederen Söhnen Heimdalls: Es wollte Walvater, dass ich wohl her zähle die alten Geschicke von Menschen und Göttern, deren ich von Anfang gedenke:«

VÖLUSPÁ, Strophe 1

(Übersetzt von Müllenhoff, Deutsche Altertumskunde V. 1., Berlin 1883, S. 75)

Dem Angedenken
Jakob Grimms

Einleitung

Der Götterglaube der Germanen war ein Lichtkult, eine Verehrung der wohltätigen, dem Menschen segensreichen Mächte des Lichts, wie sie im Himmel, in der Sonne, den Gestirnen, dem Frühling oder Sommer gegenüber den schädlichen, unheimlichen Gewalten der Nacht, der Finsternis erschienen: auch Heiliges und Böses, Leben und Tod stellte sich ihnen als dieser Gegensatz von Licht und Finsternis dar.

Diese Religion war nicht ausschließlich den Germanen eigen, sondern ihnen gemein mit den übrigen Völkern der ARISCHEN (oder kaukasischen oder indo-europäischen) Rasse, zu welcher außer den Germanen noch die Inder, Perser, Armenier, die Kelten, Gräko-Italiker und Letto-Slawen zählten. auch Sprache, Sitte, Recht war ursprünglich diesen Ariern gemeinsam gewesen, als sie noch ungeteilt in Westasien als Gruppen EINES Volkes lebten: seitdem sie aber auseinander wanderten, traten auf allen diesen Gebieten unter den nun getrennten Völkern sehr erhebliche Abweichungen ein, auf welche Klima, Landesbeschaffenheit der neuen Wohnsitze, Berührungen mit andern Völkern großen Einfluss übten.

So ward z. B., wie Leben und Sitte, auch Recht und Religion der INDER völlig umgestaltet, nachdem dieses Volk von dem Indus hinweg in den erschlaffenden Himmelsstrich und die phantastische Natur des Ganges gewandert war.

Und so wurden denn ohne Zweifel auch die religiösen Vorstellungen der Germanen sehr erheblich beeinflusst durch die Eindrücke, welche sie bei der Wanderung aus Asien nach dem Nordosten von Europa durch die großartige, aber raue Natur der neuen Heimat empfingen. Ja, man darf annehmen, dass, wie der Volkscharakter, so auch die Religion der Nordgermanen oder Skandinavier (Dänen, Schweden, Norweger, später auch Isländer) durch die so starken Eindrücke der nordischen Natur und die hier notwendige oft einsame und meist kampfreiche Lebensweise ganz wesentlich anders gestaltet und gefärbt wurde als die Anschauungen der Südgermanen, der späteren DEUTSCHEN Völker, welche allmählich bis an und über Rhein und Donau nach Westen und Süden vordrangen und zwar auch das raue Leben eines Waldvolks, aber doch unter ungleich milderem Himmelsstrich führten. Schon deshalb und schon hier muss daher ausgesprochen werden, dass man keineswegs die ganze nordgermanische skandinavische Götterwelt ohne weiteres auch bei den Südgermanen, den Deutschen, unverändert wieder anzutreffen voraussetzen darf. Die Grundanschauungen, ja auch die wichtigsten Götter und Göttinnen finden sich freilich, wie die Sprachvergleichung beweist, bei Nord- und Süd-Germanen übereinstimmend, wie ja vermöge der ursprünglichen arischen Gemeinschaft solche Übereinstimmung nicht nur unter den germanischen Völkern, sondern sogar unter Germanen, Griechen, Römern usw. besteht.

So kehrt die Dreiheit der obersten Götter bei Griechen, Italikern, Germanen wieder:

	Zeus	Hephaistos	Ares
	Jupiter	Vulkan	Mars
Altnordisch:	Odhinn	Thôrr	Tyr
Althochdeutsch:	Wotan	Donar	Ziu

Gleichwohl fehlt es auch hierbei nicht an Abweichungen; so führt bei Griechen und Italikern der oberste Gott den Blitzstrahl, den Donnerkeil, während bei Germanen und andern Ariern neben dem Götterkönig ein besonderer Gott des Gewitters steht, der dann wieder manche Züge mit Herakles-Herkules gemein hat, während der Feuergott Loki (Loge) sich mit Hephaistos-Vulkan berührt.

Was nun die QUELLEN unsrer Kenntnis von dem Götterglauben unsrer Ahnen betrifft, so sind sie leider sehr dürftig, dazu sehr ungleichartig, großenteils späten Alters der AUFZEICHNUNG (wenn auch nicht der ENTSTEHUNG) und getrübt durch fremde Zusätze.

SCHRIFTLICHE MITTEILUNGEN über den Glauben, von den HEIDEN SELBST verfasst, hat es nie gegeben: denn die Germanen haben das Schreiben in unserm Sinn erst spät von Römern und Griechen gelernt: die heiligen »RUNEN«, welche übrigens die Wissenschaft unsrer Tage als aus dem lateinischen Alphabet entlehnt oder ihm nachgebildet dargewiesen hat, dienten nicht zum Schreiben nach unsrer Weise, sondern für heilige Handlungen, für Losung, Befragung des Götterwillens, Zauber. – Unsre Kenntnis der GRIECHISCHEN und RÖMISCHEN Götterwelt wird in höchst anschaulicher, lebendiger Wirkung ergänzt und bereichert durch die zahlreichen DENKMÄLER DER BILDENDEN KUNST UND DES KUNSTHANDWERKS, welche in Marmor, Erz, in Wandgemälden, auf Vasen, auf allerlei Gerät Bilder aus den Mythen oder Kulthandlungen darstellen: gar mancher dunkle zweiflige Satz der Schriftsteller ist durch solche Darstellungen erklärt oder auch berichtigt worden. Solcher Denkmäler entraten wir, mit verschwindend geringfügigen Ausnahmen, für die germanische Religion völlig.

Der Kulturgrad war viel rauer, einfacher als der der Hellenen und Italiker zu der Zeit, aus welcher auch die ältesten der antiken Bildwerke stammen: Sinn und Talent unsres Volks für bildende Kunst und Kunsthandwerk sind – und WAREN noch mehr bei der Armut der Lebensverhältnisse und unter dem rauen Himmelsstrich des Nord-Lands – erheblich geringer, als bei Griechen und Italikern. So gab es nur sehr wenige Tempel: nur bei Nordgermanen sind sie für späte Zeit häufiger bezeugt: – an ihrer stelle galten heilige Haine, mit Schauern der Ehrfurcht erfüllende Wälder als Wohnstätten der Himmlischen: – zwar fehlte es nicht ganz an heiligen Baumsäulen (Irmin-Sul s. unten), an Altären, an Opfergerät (wie großen ehernen Kesseln): auch Götterbilder werden manchmal erwähnt: aber, von jeher selten, wurden sie von den christlichen Priestern bei ihrer ersten Bekehrungsarbeit oder später, nach durchgeführter Christianisierung, gemäß Beschlüssen der Konzilien und Verordnungen der Bischöfe, planmäßig zerstört.

Nun sind uns allerdings SCHRIFTLICHE AUFZEICHNUNGEN von Götter- und Heldensagen erhalten, welche, in Ermangelung besserer Quellen, unschätzbaren Wert für uns tragen: die ÄLTERE und die JÜNGERE EDDA und andre SAGENSAMMLUNGEN in Skandinavien.[1]

Allein diese stellen lediglich die NORDgermanische Überlieferung dar: und wir sahen bereits, dass man diese durchaus nicht ohne weiteres auf die »SÜDgermanen«, die späteren Deutschen, übertragen darf.

Dazu kommt nun aber, dass die AUFZEICHNUNG der alten Sagen erst in sehr später Zeit geschah, von Männern, welche Christen waren, nachdem das Christentum samt seiner Vorstufe, dem Alten Testament, nachdem auch die klassische Kultur, die GRIECHISCH-RÖMISCHE, so weit sie erhalten war, durch Vermittlung der bekehrenden Kirche in den Norden eingedrungen war.

Es kann daher in sehr vielen Fällen zweifelhaft werden, ob der an sich freilich uralte INHALT, der STOFF der Sage, bei der späten AUFZEICHNUNG durch christliche Geistliche[2] nicht in der FORM, in der FÄRBUNG christliche Einwirkung erfahren habe, wie z. B. Saxo Grammatikus (gestorben

1204) aus den Göttern menschliche Helden, aus Asgard Byzanz gemacht hat.

Wir würden daher ratlos der trümmerhaften Überlieferung einzelner, in Ermangelung des Zusammenhangs unverständlicher Bruchstücke der germanischen Götterwelt gegenüberstehen, böten nicht die Sage, dann der Aberglaube und allerlei Sitten und Gebräuche, welche sehr oft als ein Niederschlag alter Göttergestalten und gottesdienstlicher Handlungen seit grauester Vorzeit bis heute in unserm Volke fortleben, hochwillkommene Erklärung und Ergänzung in geradezu staunenerregender Fülle.

Und es ist das unsterbliche Verdienst eines großen deutschen Gelehrten, der aber zugleich die poetische Anschauung und die mitfühlende Ahnung einer echten Dichter-Natur in sich trug, es ist die Tat Jakob Grimms[3], die reichen Schätze uralter Überlieferung, welche in jenen Sagen und Sitten ruhten, mit der Hand des Meisters empor ans Licht gehoben und von den Spinnweben des Mittelalters gesäubert zu haben.

Denn die christlichen Priester hatten, teils unbewusst, teils in guter Absicht, an den im Volke noch fortlebenden Überlieferungen viele durchgreifende Veränderungen vorgenommen.

Diese Priester bestritten ja durchaus nicht das Dasein der heidnischen Götter und Göttinnen: nur sollten diese nicht, wie die Germanen sie aufgefasst, schöne, gute, wohltätige, den Menschen freundliche Schutzmächte sein, sondern hässliche Teufel, Dämonen, verderbliche Unholde, welche den Menschen auf Erden zu schaden oder sie in ihren Dienst zu locken suchen und sie dann im Jenseits, in der Hölle peinigen.

Anderseits hat aber die Kirche auch in kluger Anpassung altheidnische Feste und Gebräuche mit christlichen zusammengelegt, z.B. das Julfest, die Wintersonnenwend-Feier mit Weihnachten, das Fest des Einzugs der Frühlingsgöttin, Ostara, mit Ostern, die Sommersonnenwende mit dem Fest Johannes des Täufers: und endlich sind vom Volkes viele Geschichten und Züge der Götter auf christliche Heilige übertragen worden.

Jakob Grimm hat nun mit ebenso tiefer Gelehrsamkeit wie poetischer Ahnung aus den kirchlichen Legenden die Götter und Göttinnen Walhalls wieder herausgewickelt: er hat in den Heiligenlegenden Übertragungen von Göttergestalten aufgefunden (so waren z. B. Wotan zu Sankt Martin, Freyr zu Sank Leonhard, Baldur zu Sankt Georg, Frigg und Freya zur Madonna geworden): er hat endlich in zahllosen Spielen, Aufzügen, Festen, Gebräuchen und abergläubischen Vorstellungen des Volks, in Sage, Märchen, Schwank die Spuren der bald gewaltig schreitenden, bald leise schwebenden Germanengötter dargewiesen.

Und so hat er denn unsre ehrwürdigen Götter, welche anderthalb Jahrtausende vergessen und versunken unter dem Schutte gelegen, wieder herausgegraben und aufgestellt in leuchtender Herrlichkeit.

Denn das Gewaltigste und das Zarteste, das Heldenhafteste und das Sinnigste, ihren tragischen Ernst und ihren kindlich heitern Scherz, die Tiefe ihrer Auffassung von Welt und Schicksal, von Treue und Ehre, von freudigem Opfermut für Volk und Vaterland, ihr ganzes so feines und inniges Naturgefühl haben unsre Ahnen in ihre Götter und Göttinnen, Elben, Zwerge, Riesen hineingelegt: weil ja auch die Germanen ihre Götter und Göttinnen nach dem eignen Bilde geschaffen haben: wie Zeus, Hera, Apollo, Athena hellenische Männer und Frauen, Jünglinge und Jungfrauen, nur ins Große gemalt, idealisiert, eben vergöttlicht sind, so erblicken wir in Odin und Frigg, in Baldur und Freya nur die Ideale unsrer Ahnen von Weisheit, Heldentum, Treue, Reinheit, Schönheit und Liebe.

Und dies ist die hohe, ehrfurchtwürdige Bedeutung, welche dieser Götterwelt auch für uns verblieben ist: diese Götterlehre ist das Spiegelbild der Herrlichkeit unsres eignen Volks, wie dies Volk sich darstellte in seiner einfachen, rauen, aber kraftvollen, reinen Eigenart: in diesem Sinn ist die germanische Götter- und Heldensage ein unschätzbarer Hort, ein unversiegender »Jungbrunnen« unsres Volkstums: das heißt, wer in rechter Gesinnung darein niedertaucht, der wird die Seele verjüngt und gekräftigt daraus emporheben; denn es bleibt dabei: das höchste Gut des Deutschen auf Erden ist: – SEIN DEUTSCHES VOLK SELBST.

Erstes Buch

Allgemeiner Teil

I.
Die Grundanschauungen: Entstehung der Welt, der Götter und der übrigen Wesen

Die Germanen dachten sich die Welt NICHT als von den Göttern oder von einem obersten Gott GESCHAFFEN, sondern als GEWORDEN: und in ihr, mit ihr auch die Götter als geworden.

Als wenig stellten sie sich nur vor den unendlichen Raum, den »gähnenden Abgrund«. »Nicht Sand noch See, noch kühle Wogen, nicht Erde fand sich noch Himmel oben, (nur) ein Schlund der Klüfte, aber Gras nirgends.«

Allmählich bildete sich am Nordende dieses ungeheuren leeren Raumes ein dunkles, kaltes Gebiet: NIFLHEIM (Nebelheim) genannt, am Südende ein heißes und helles Gebiet: MUSPELHEIM, die Flammenwelt. Mitten in Niflheim lag ein Brunnen, HWERGELMIR, der rauschende Kessel. Aus diesem ergossen sich zwölf Ströme, die »ELIWAGAR«, und füllten den leeren Raum: sie erstarrten im Norden zu Eis; aber der Süden ward mild durch die Funken, die von Muspelheim herüberflogen: nach der Mischung von geschmolzenem Reif und von Glut entstand aus den Dunst-Tropfen eine Gestalt menschenähnlicher Bildung: das war YMIR (Brauser) oder ÖRGELMIR, »der brausende Lehm«, der gärende Urstoff, der noch unausgeschieden, ineinander vermischt liegenden und durcheinander wogenden Elemente. Aus Frost und Hitze entstand also der erste Organismus: er war ein »REIF-RIESE« (HRIMTHURS) und aller späteren Reifriesen Vater.

Im Schlafe wuchsen dem Riesen unter dem Arme Sohn und Tochter hervor – eine Vorstellung, welche sich in den

Sagen vieler Völker findet –, von denen dann alle andern Reifriesen abstammen.

Neben dem Riesen Ymir war auch eine Kuh entstanden, Audumbla (d. h. die Schatz-feuchte, Reich-saftige?): aus ihrem Euter flossen vier Milchströme: aus salzigen Eisblöcken leckte diese einen Mann hervor, Buri (der Zeugende), schön, groß und stark: sein Sohn – die Mutter wird nicht genannt – hieß Bör (der Geborene): dieser nahm Bestla, die Tochter eines Riesen Bölthorn (Unheilsdorn), zur Frau. Dieses Paares drei Söhne hießen Odin, Wili und Wê, die drei obersten Götter. So stammen also die Götter selbst aus der Mutterseite von den Riesen ab: eine Erinnerung daran, dass die Riesen ursprünglich nicht als böse galten, sondern selbst Götter waren, nur eben Götter einer roheren, einfacheren Zeit, einer früheren Kulturstufe, bloß Naturgewalten, welchen die Vergeistigung der späteren Götter, der Asen, fehlt: ähnlich wie bei den Griechen die Titanen der olympischen Götterwelt vorhergehen. Aber auch die Asen entbehren einer Naturgrundlage nicht (Odin hat zur Naturgrundlage die Luft, Thôr das Donnergewitter): das drückt ihre Abstammung von einer riesischen Mutter aus. Wili und Wê (Wille? und Weihe?) verschwinden bald wieder: sie sind nur als gewisse Seiten von Odin selbst zu denken.

Börs Söhne erschlugen Ymir: vergeistigte höhere Götter können die bloße Naturgewalt nicht in Herrschaft und Leben lassen. In dem unermesslichen Blut, das aus seinen Wunden strömte, ertranken alle Reifriesen bis auf ein Paar, das sich in einem Boote rettete: von diesem Paar, Bergelmir und seinem Weibe, stammt dann das jüngere Geschlecht der Reifriesen ab.

Dies ist also die germanische Fassung der bei sehr vielen Völkern (z. B. den Griechen) begegnenden Sage von einer »ungeheuren Flut«, welche alles Leben auf Erden bis auf ein Paar oder eine Familie verschlang: diese Flut heißt die Sint-

Flut, d. h. die allgemeine, große Flut; erst aus Missverständnis hat man später daraus eine »Sündflut«, d. h. eine zur Strafe der Sünden verhängte Flut, gemacht.

Die Götter warfen nun den ungeheuren Leib des toten Riesen mitten in den leeren Raum und bildeten aus den Bestandteilen desselben die Welt: aus dem Blut alles Gewässer, aus dem Fleisch die Erde, aus den Knochen die Berge, aus den Zähnen Fels und Stein, aus dem Gehirn, das sie in die Luft schleuderten, die Wolken: aus seinem Schädel aber wölbten sie das allumfassende Dach des Himmels. An dessen vier Ecken setzten sie die vier Winde: Austri, Westri, Nordri, Sudri: es waren dies Zwerge (über deren Entstehung s. unten).

Die Feuerfunken aus Muspelheim aber setzten sie als Gestirne an den Himmel, dort oben und auf Erden zu leuchten, und stellten für jeden Stern seinen Ort und seine Bahn fest, danach die Zeit zu berechnen. Das Meer legten sie kreisrund um die Erde (wie den Griechen der Okeanos die Erde gleich einem Gürtel umzog); die Riesen nahmen Wohnung an den Küsten: für die Menschen aber erhöhten die Asen die Erde, stützten sie auf die Augenbrauenbogen Ymirs, sie gegen Meer und Riesen zu schützen: Midgard, althochdeutsch Mittila-gart, die »Mittelburg« hieß sie daher. Auch diese Sage, dass die Welt aus den Bestandteilen eines Riesenleibes gebildet wird, wie dass umgekehrt bei Erschaffung des Menschen alle Bestandteile der Erde verwendet werden, begegnet bei vielen Völkern, teils urgemeinsam, teils entlehnt, teils ohne jeden Zusammenhang gleichmäßig entstanden.

Unter den Gestirnen leuchten Sonne und Mond hervor: sie entstanden folgendermaßen. Ein Mann hatte zwei strahlend schöne Kinder, einen Sohn Mani und eine Tochter Sol, dieses Mädchen vermählte er mit Glanr (Glanz); aber die Götter straften den Übermut der allzu stolz Gewordenen und versetzten die Geschwister an den Himmel: Sol muss fortab den Sonnenwagen führen, der aus Muspels Funken geschaffen ward: zwei Hengste, Arwakr und Alswidr (Frühwach und Allgeschwind), ziehen ihn: ein Schild Swalin (der Kühle) ist vorn angebracht, auf dass die Glut nicht das Meer austrockne und die Berge verbrenne.

Die Vertiefungen und Schatten, welche man im Monde wahrnimmt, haben die Einbildungskraft der Völker oft beschäftigt: man mühte sich, Gestalten darin zu erblicken: die Nordleute fanden darin die Gestalten von zwei Kindern, welche samt dem Eimer, den sie an der Eimerstange vom Brunnen hinwegtrugen, in den Mond versetzt wurden; in der späteren deutschen Sage erblickte man darin die Gestalt eines Waldfrevlers, der zur Strafe samt seinem Reisholzbündel (mit seinem Hund) in den Mond versetzt ward (der so genannte »Mann im Mond«), oder ein Mädchen, das im heiligen Mondlicht oder am Feiertag gesponnen. Da Sonne und Mond, dem gemein-arischen Lichtkult gemäß, den Menschen und allen guten Wesen wohltätige Mächte sind, werden sie von den Riesen, den Feinden der Götter und der Menschen, verfolgt. Zwei Wölfe riesischer Abstammung, Sköll und Hati, Stößer und Hasser, jagen unablässig die vor ihnen fliehenden beiden Gestirne: manchmal holen die Verfolger dieselben ein und fassen sie an einer Seite, sie zu verschlingen: das sind die Sonnen- und Mondfinsternisse; viele Völker teilen diese Vorstellung und erheben daher, wenn die unheimliche Verdüsterung eintritt, Lärm, die Unholde zu erschrecken, dass sie die Ergriffenen wieder fahren lassen. Das gelingt denn auch: aber dereinst, bei dem Untergang der Welt, bei der Götterdämmerung, wird es nicht mehr gelingen: alsdann werden die beiden Wölfe Sonne und Mond verschlingen (s. unten).

Jedoch nicht nur jene beiden Gestirne, auch Tag und Nacht wurden personifiziert: die Nacht, Tochter Nörwis, eines Riesen und Sohnes von Loki (s. unten), ist als Riesentochter und als Nichte der Göttin der Unterwelt, Hel, einer Tochter Lokis, schwarz wie Hel selbst: aber vermählt mit dem von

Loki

Nörwi | Hel

Nacht | (Nôtt)

den Göttern stammenden Dellingr ward sie die Mutter des Tages (Dag), der hell ist wie seine asischen Ahnen. Aus einer früheren Ehe mit Anar (= Odin?) hatte die Nacht eine Tochter Jörd, die Erde. Odin gab der Nacht und dem Tag je einen Wagen, je mit einem Rosse bespannt, Hrimfaxi (Reifmähnig) der Nacht, Skinfaxi (Glanzmähnig) dem Tag, auf welchen sie die Erde umfahren: morgens fällt aus dem Gebiss von Hrimfaxi Schaum: das ist der Reif; aus Skinfaxis Mähne aber strahlt Licht, Luft und Erde erleuchtend.

Der Sommer (ein asisches oder licht-elbisches Wesen?, sein Vater, Svâsudr [lieblich], hat allem Lieblichen den Namen gegeben) hat zum Feind den Winterriesen, den Sohn des »Windbringers« oder »Windkalten«. Der Wind, d.h. der schädliche Nordwind, der zerstörende Sturmwind, ist selbstverständlich ebenfalls ein Riese: Hräswelgr, »Leichenschlinger«; er sitzt am Nordende des Himmels in Adlergestalt: hebt er die Schwingen zum Flug, so entsteht der (Nord-)Wind; vielleicht ist er selbst als der Vater des Winters zu denken.

Das lebhafte Naturgefühl des Waldvolks, welches ja bei den noch wenig behaglichen Wohnräumen, bei der noch sehr einfachen Kultur überhaupt unter dem im Norden so lange währenden und so strengen Winter viel stärker als wir heute Lebenden zu leiden hatte, sehnte mit einer Ungeduld die Wiederkehr des Sommers, d. h. des Frühlings, der warmen, milden Jahreszeit herbei, feierte mit so allgemeiner, tiefer, allerfüllender Freude den Sieg des Sommers über seinen dunkeln und kalten Feind, dass dieses Gefühl noch spät im Mittelalter den Grundton sehr vieler Volkslieder, Dichtungen, Spiele abgibt. In Ermangelung eines Kalenders bestimmte der Volksglaube gewisse Zeichen, die erste Schwalbe, den ersten Storch, das erste Veilchen, das Schmelzen des Baches als Frühlingsanfang, als Botschaft und Beweis, dass die lichten Götter, welche während der Herrschaft der Nacht auf Erden von dieser gewichen waren, dass zumal der Frühlings- oder Sonnengott wieder zurückgekehrt sei.

Nicht nur die Kinder, auch die Erwachsenen eilten dann in feierlichem Aufzug in das Freie, den rückkehrenden Sonnengott, der wohl auch mit dem Lichtgott Baldur (s. unten), oder mit der Frühlingsgöttin Ostara (s. unten) verwechselt wurde, einzuholen, zu empfangen, und heute noch wird in vielen Gauen Deutschlands in dramatischen Kämpfen zwischen dem lichten Sommer und dem Winter in Drachengestalt der Sieg des Gottes über den Riesen gefeiert (s. unten Freyr: Drachenstich zu Furth im Bayerischen Walde).

Die Schöpfung der Menschen wird, wie in den meisten Religionen, auf die Götter zurückgeführt. Die drei Söhne Börs (nach andrer Fassung Odin, Hönir, Loki: die Götter von Luft, Meer, Feuer) fanden, an der Meeresküste hinschreitend, zwei Bäume[4], Askr und Embla, Esche und Ulme (oder Erle?), aus welchen sie Mann und Weib bildeten. Von diesen stammen die Menschen, welchen »Midgard« von den Göttern zur Wohnung gegeben ward. Dass die ersten Menschen auf oder aus Bäumen gewachsen, ist eine auch bei andern Völkern weit verbreitete Sage. Schon vorher hatten die Asen die Zwerge geschaffen oder ihnen doch, nachdem sie in Ymirs Fleisch wie Maden entstanden waren, menschenähnliches Aussehen und Denken gegeben.

II.
Die Welten und die Himmelshallen

Es ist ein vergebliches Bemühen, vereinbaren zu wollen die widerstreitenden Überlieferungen von dem Aufbau der verschiedenen Welten, von dem »Systeme« der wie Stockwerke eines Hauses übereinander erhöhten »Reiche«: diese Anschauungen bildeten eben ein »System« nicht: sie wechselten nach Zeiten und Stämmen und nach Darstellungen einzelner Sagenüberlieferer: nur das Wesentliche steht fest, und nur das Feststehende teilen wir hier mit.

Eine Grundanschauung nicht nur der Nordgermanen, auch der späteren »deutschen« Stämme war es, sich das ganze Universum als einen großen Baum, als eine ungeheure Esche vorzustellen: »Yggdrasil« heißt sie nordisch: d.h. doch wohl: »Träger (drasil) des Schreckens, des Furchtbaren (Yggr): dies ist einer der vielen Namen des obersten Gottes Odin, der sich nicht nur selbst eine »Frucht des Weltbaums« nennt, der auch als hoch auf dem Wipfel dieses kosmischen Baums thronend gedacht werden mag.

Die Zweige der Esche breiten sich über das All, sie reichen in die Himmel empor: ja, seine über Walhall emporragenden Wipfel werden auch ein besonderer Baum mit eignem Namen Lärad (Stille spendend) bezeichnet.

Die drei Wurzeln reichen zu dem Urdar-Brunnen bei den Nornen, zu den Reifriesen und Mimirs-Brunnen und nach Niflheim zu Hel und dem Brunnen Hwergelmir herab.

Die tiefernste, ja tragische (aber durchaus nicht »pessimistische«: denn dies ist keineswegs gleichbedeutend) Grundanschauung der Germanen, welche wir alsbald als bezeichnend für ihre Mythologie kennen lernen werden und welche in der Ahnung von der Götterdämmerung nur ihren großartigen und abschließenden, keineswegs aber ihren einzigen Ausdruck findet, spricht sich nun auch aus in den vielen Gefahren und Nachstellungen, welche den »Weltbaum«, d. h. alles Leben, unablässig bedrohen.

Zwar besprengen die Nornen (die Schicksalsgöttinnen, s. unten) täglich die Esche mit dem heiligen Wasser aus dem Brunnen Urds, der Norne der Vergangenheit, um sie vor Welken und Fäulnis zu bewahren. Aber diese treue Mühung der Pflege kann das unvermeidliche, von fern her drohende Verderben nur hinauszögern, nicht es abwenden: ganz ähnlich, wie die Kämpfe der Götter gegen die Riesen, obzwar siegreich, den endlichen Untergang der Asen und aller Wesen nur hinausschieben, nicht verhindern mögen.

Alles Lebende ist vergänglich, ist unrettbar dem Tode verfallen: deshalb wird gesagt, eine Seite des Weltbaums ist bereits angefault. Und überall sind feindliche Wesen tätig, an ihm zu zehren: an seiner einen Wurzel in Hel nagen der Drachenwurm Nid-Höggr (der mit Ingrimm Hauende), der sich von Leichen nährt, und viele Schlangen; vier Hirsche, deren Namen auf die Vergänglichkeit sich beziehen, beißen die Knospen der Zweige ab; ein Adler horstet im Wipfel, ein Eichhorn, Rata-twiskr (»Huscher an den Zweigen«), huscht geschäftig hin und her, des Adlers Worte zu dem Drachen niedertragend. Dagegen soll es wohl nicht Bedrohung des Weltbaums bedeuten, sondern nur dessen allernährende Fruchtbarkeit, dass an den Zweigen ein andrer Hirsch äset, aus dessen Geweih Tropfen fließen, welche die Ströme der Unterwelt bilden: zumal aber, dass die Ziege Heid-Run sich davon nährt, deren Milch die Walhallgenossen, die Einheriar Odins, ernährt: diese Ziege erhält den Walhallhelden ihre Eigenart, ihre »Heid« (ein altes Hauptwort, das in Schön-heit, Rein-heit, Krank-heit usw. noch forttönt)[5].

Die Vorstellung des Weltbaums, der großen, allgemeinen, alles tragenden Säule war auch bei Südgermanen tief eingewurzelt: die Irmin-Sul der Sachsen hängt damit zusammen.

Wie nun auf den Stamm des Weltbaums die Mehrzahl von

Welten sich verteilt, welche als Gebiete verschiedener Wesen angeführt werden, das ist ohne Widerspruch nicht zu entscheiden: vielleicht sah diese Reihe von Vorstellungen von dem Bilde des Baums völlig ab. Zutiefst unter der Erde liegen Niflhel (auch Hel), ganz der Sonne fern, wo die Ruchlosen ihre Strafe leiden, eine Steigerung von Niflheim; in der Mitte über diesem Svart-alfaheim: erstere beiden sind die germanischen, nicht heißen und nicht hellen, sondern kalten und finsteren »Höllen«, d.h. Straforte für Seelen von Verbrechern oder doch freudloser Aufenthalt für Seelen von Weibern und von Männern, welche nicht den freudigen und ruhmvollen Schlachtentod gestorben und so nicht als Einheriar zu Odin nach Walhall aufgefahren, sondern an Krankheit auf dem Siechbett den »Strohtod« gestorben und zu Hel, der hehlenden, bergenden Todesgöttin der Unterwelt (s. unten), hinabgesunken waren. »Svart-alfaheim« ist die Heimat der Dunkel-Elben, zu welchen die Zwerge zählen, die in Bergen und Höhlen, im Schoße der Erde wohnen. An den äußersten Rändern der Erde, welche gegen das kreisartig erd-umgürtende Meer abfallen – man mag sich dies vorstellen wie einen umgestürzten Teller –, hausen die Riesen in Jötunheim: oberhalb desselben in »Midgard«, in »Manheim«, auf der erhöhten Mitte der Erde, wohnen die Menschen. Oberhalb der Erde im lichten Äther schweben die Licht-Elben in Ljos-Alfaheim, endlich oberhalb dieser thronen die Götter, die Asen, in As-gard; zweifelhaft bleibt die Lage von Muspelheim, der heißen Welt der Feuerriesen (nur dass sie im Süden der Welt zu suchen, steht fest: doch wohl als der Südteil von Jötunheim), und von Wana-heim (s. unten).

In Asgard selbst werden nun zwölf Burgen oder Hallen einzelner Götter und Göttinnen unterschieden; von manchen dieser Wohnungen sind uns nur die Namen, nichts Weiteres überliefert: diese Bezeichnungen gehören zum Teil wohl nur der Kunstdichtung der SKALDEN, nicht dem Volksglauben an: sie werden sehr verschieden erklärt.

So ist GLADSHEIM (»Froh-heim«), ODINS Burghalle, bald als ein WALHALL umfassendes größeres Ganzes gedacht, bald nur als der Hof, in welchem die zwölf Richterstühle der Götter stehen: von Gladsheim und Walhall heißt es:

> Gladsheim heißt die fünfte (Halle), wo golden schimmert Walhalls weite Halle. Da kiest sich Odin alle Tage vom Schwert erschlagne Männer. Leicht erkennen können, die zu Odin kommen, den Saal, wenn sie ihn sehen: mit Schäften ist das Dach besteckt, überschirmt mit (goldenen) Schilden (statt der Schindeln), mit Brünnen sind die Bänke belegt ... Ein Wolf hängt vor dem Westen-Tor, über ihm aber ein Aar. Fünfhundert Türen und viermal zehn wähn ich in Walhall: achthundert Einheriar[6] gehen aus EINER, wann es dem Wolf[7] zu wehren gilt. Die Einheriar alle in Odins Saal kämpfen Tag für Tag: sie kiesen den Wal[8] und reiten vom Kampfe heim, mit den Asen Äl (Bier) zu trinken, und, Sährimnirs[9] satt, sitzen sie friedlich beisammen. Andhrimnir[9] lässt in Eldrhimnir[9] Sährimnir sieden, das beste Fleisch: doch wenige wissen, wie viele Einheriar (dort) essen.

In der Mitte Walhalls, vor Heervaters, d.h. Odins Saal, ragt der Wipfel der Weltesche, LÄRAD: die Holzgehöfte der Germanen waren manchmal um einen mächtigen Baum gebaut, dessen Wipfel durch das durchbrochene Dach ragte (s. unten Wölsungensage).

Jedenfalls sind Walhall und Gladsheim nur als Teile Asgards zu denken: und nach Asgard empor[10] wölbt sich von der Erde der REGENBOGEN als die Brücke BIS-RÖST, die »bebende Rast« (die leicht erzitternde, schwanke Strecke), auf welcher eben nur die Götter sich Asgard nähern können: die Riesen oder andre Feinde würden den roten Mittelstreifen des Bogens, der in hellem Feuer brennt, nicht überschreiten können. An der Regenbogenbrücke hält die getreue Macht HEIMDALL, mit dem GIALLAR-HORN (dem gellenden Horn), mit welchem er das Warnzeichen gibt, wann Gefahr nahe schreitet. Aber wir werden sehen: einst kommt der Tag, da mag den leuchtenden Asgardbewohnern nicht die flammende Brücke frommen und nicht des wackern Wächters treue Hut. –

Vor dem Tore Walhalls steht der Hain GLASER, dessen Blätter von rotem Golde sind. Die übrigen uns GENANNTEN Wohnungen von Göttern sind: FENSALIR, FRIGGS Hausung, THRUDHEIM (oder THRUDWANG) THORS (ein ganzes Land, darin die Halle BILSKIRNIR (rasch aufleuchtend) mit fünfhundertundsechzig Gemächern, YDALIR ULLERS, SÖCKWABEK (SINKBACH) der Göttin SAGA, WALASKIALF (mit Silber gedeckt, abermals Odins Saal: hier erhebt sich dessen alle Welten überschauende hohe Warte: HLIDSKIALF), THRYMHEIM SKADIS, BREIDABLICK BALDURS, HIMINBIÖRG HEIMDALLS, VOLKWANG FREYAS, GLITNIR (silbern, das Dach auf goldenen Säulen ruhend) FORSETIS, NOATUN NIÖRDRS, LANDWIDI WIDARS Halle.

Außer den im Himmel, in den Himmelsburgen wohnenden Hauptgöttern, den ASEN, deren Zahl auf zwölf angegeben wird und welche wir alsbald einzeln betrachten werden, steht die Gruppe der WANEN, ebenfalls Götter, aber nicht asische: zu ihnen zählen vor allem FREYA und deren Bruder FREYR. Die verschiedenen Versuche, die Eigenart der Wanen gegenüber den Asen zu bestimmen, sind wenig befriedigend: am meisten dürfte noch die Vermutung für sich haben, dass die Wanen Götter einer besonderen Gruppe von VÖLKERN waren, aber ebenfalls germanischer: man nimmt an, der SUEBISCHEN Stämme an der Seeküste (Götter des Wassers, des Handels, der bereichernden Seefahrt?). Der Name wird auf ven (venustus), schön, zurückgeführt. Der Gegensatz von Asen und Wanen steigerte sich einmal bis zum Krieg: aber im Friedensschluss wurden der »reiche« Wane NJÖRDR mit seinem Sohne FREYR und seiner Tochter FREYA den Asen, der Ase HÖNIR, Odins Bruder, den Wanen gegeben: zunächst wurden sie wohl als Geiseln, später aber als gleichberechtigte Genossen aufgenommen und betrachtet.

Außer den Asen und Wanen sind nun (neben den Menschen) ELBEN (Zwerge) UND RIESEN als besondere Reiche bildend zu unterscheiden (über diese s. unten Buch II, letztes Kapitel).

III.

Die goldene Zeit und die Unschuld der Götter. Deren Schuldigwerden: Kämpfe mit den Riesen: Verluste und Einbußen. Tragischer Charakter der germanischen Mythologie. Bedeutung der Götterdämmerung

Um das Wesen, den Grundcharakter der germanischen Mythologie richtig zu erfassen, müssen wir das Wesen der heidnischen Religionen überhaupt untersuchen.[11]

Auch die heidnischen Religionen, welche Himmel und Hölle, Luft und Feuer, Wasser und Erde, mit Göttern, Göttinnen und übermenschlichen Wesen jeder Art bevölkern, sind zurückzuführen auf den Religionstrieb (entsprechend dem Sprach-, Kunst-, Sittlichkeits-, Rechts-, Wissens-Trieb), d.h. Drang der sich in ihrer Vereinzelung hilflos und haltlos fühlenden Menschenseele, durch den innigsten Zusammenschluss mit der über allen Einzelnen waltenden GÖTTLICHEN Macht Hilfe, Hort und Halt zu gewinnen. Dabei müssen auch diese Religionen vermöge ihres innigen Zusammenhanges mit der Sittlichkeit, das Göttliche, im Gegensatz zu den Menschen, als SÜNDLOS, d.h. HEILIG, fassen. Das Menschenherz will sich mit seinem Wünschen und Fürchten, mit seinem Hoffen und seinem Leiden unmittelbar an das mitempfindende Herz seines Gottes wenden. Deshalb MUSS alle Religion das Göttliche als Persönlichkeit fassen. Da nun aber der Mensch keine andre Erfahrung von Persönlichkeit hat als eben von der menschlichen, so muss er sich die göttliche Persönlichkeit notwendig nach dem Muster der menschlichen vorstellen. Aber freilich, nicht wie die Menschen wirklich sind, mit Not und Tod, mit Siechtum und Alter, mühselig und beladen, den Naturgesetzen, den Schranken von Raum und Zeit unterworfen: – nicht also schildern diese Religionen die »seligen« Götter, »die den weiten Himmel bewohnen«, sondern gelöst von all dem Schmerz und Jammer, dem Bittern und Hässlichen unsrer menschlichen Endlichkeit; sie malen uns den Himmel und die Götter als die IDEALISIERTE ERDE, BEWOHNT VON IDEALISIERTEN MENSCHEN.

Womit nun »malen«, mit welchem Werkzeug idealisieren sie? Mit dem allgemeinen und einzigen Werkzeug menschlichen Idealisierens: mittels des Werkzeugs des Kunsttriebes, der Einbildungskraft. Diese nun ist eine glänzende und liebliche, aber gefährliche Gehilfin. Gefährlich deshalb, weil diese Kraft es verschmäht, bei ihren Bildungen auf die Dauer fremden Gesetzen zu gehorsamen; sie folgt willig nur ihrem EIGNEN Gesetz: dem der SCHÖNHEIT.

Früher noch als in der bildenden Kunst befreit sich die Einbildungskraft in der DICHTKUNST von den althergebrachten, heiligen Formen und von den Bedürfnissen des strengen religiösen Gefühls: so werden die Götter von Anfang mit einem LEIBE ausgerüstet, wie er der Eigenart einer jeden solchen Göttergestalt entspricht: Greis, Mann, Jüngling, Knabe, Frau, Mädchen stehen nebeneinander: ja, schon die Übertragung des Gegensatzes der GESCHLECHTER – die GÖTTINNEN neben den Göttern – ist doch eine sehr starke Vermenschlichung des Göttlichen.

Lehrreich und reizvoll ist es, hier dem Verfahren der

Sagen bildenden Einbildungskraft in ihrer Werkstätte zu lauschen: dass die Leiber der Götter frei sind von den dem Menschen anklebenden Gebrechen und den seinem Leib gezogenen Schranken, versteht sich: aber die Dichtung verträgt es nicht, diesen Gedanken nackt und nüchtern hinzustellen; fast ohne Aufenthalt zwar durchmessen Hermes oder Donar den unendlichen Luftraum; aber in schön sinnlicher Fügung wird dies Vermögen nicht bildlos ihnen beigelegt, sondern an ein gefälliges, der Einbildungskraft sich einschmeichelndes Mittel gebunden: Hermes bedarf der Flügelschuhe und Donar seines von Böcken gezogenen, rollenden Donnerwagens. Die Götter sind auch unalternde Wesen; aber auf dass Zeus und Wotan in höherer Mannesreife, Hera, Venus und Frigg in voll entfalteter Frauenschöne, Apollo und Baldur in Jünglingsblüte bleiben, bedürfen sie bestimmter Speise: der Ambrosia oder der Äpfel Iduns: – und selbstverständlich lässt sich die Einbildungskraft den reizenden Einfall nicht entgehen, durch Entwendung der köstlichen Speise die Unalternden plötzlich mit dem Lose der Menschen zu bedrohen: von selbst ergibt sich dann die Aufgabe, durch kühne Tat die geraubten Früchte den Göttern wieder zu schaffen. –

Aber auch nach andrer Richtung lässt sich die Einbildungskraft, die sich nun einmal der Sagenbildung, immer weiter greifend, bemächtigt, in ihrem Walten nicht hemmen. Während nämlich wissenschaftliche Denkweise ebenso wie die einen Gott glaubenden Religionen die Vielheit der Erscheinungen auf ein Gesetz, auf eine einheitliche Ursache zurückzuführen bestrebt ist, waltet in der künstlerischen Anschauung der Einbildungskraft notwendig das entgegengesetzte Trachten. Die Wissenschaft der Pflanzenkunde z. B. muss danach verlangen und sich daran erfreuen, Keim, Blüte, Frucht als bloße Umgestaltungen des nämlichen Wesens und diese Gestaltungen als Erscheinungen des nämlichen Gesetzes zu ergründen –: aber die Göttersage wird eine andre Göttin der Saaten, eine andre der Ernste mit Ungestüm verlangen: sie würde unmöglich für die Nacht dieselbe Göttin wie für den Tag, für den silbernen Mond wie für die goldene Sonne ertragen: sie wird für Krieg, Jagd und Ackerbau, für Tod und Liebe, für Winter und Sommer, für Meer und Feuer, und für das Feuer als wohltätige und für das nämliche Feuer als verderbliche Gewalt verschiedene Göttergestalten aufstellen müssen: d. h., diese Religionen sind viele Götter lehrend.

Aber nicht nur Vermenschlichung und Vervielfältigung der Götter verbreitet die Einbildungskraft in den Götterglauben: – sie geht bald weiter. Während sie anfangs, bis die wichtigsten Göttergestalten gezeichnet, die vom religiösen Bedürfnis ihnen notwendig beigelegten Eigenschaften und Schicksale geschildert und erzählt sind, sich doch immer wesentlich noch dienend verhalten hat, bemächtigt sie sich später, nachdem die Göttergestalten, ihre Eigenart, ihre Begleitgeräte und ihre wesentlichen Beziehungen zueinander feststehen, dieser Gestalten wie jedes andern gegebenen Stoffes und behandelt sie weiterbildend lediglich nach den eignen künstlerischen Zwecken und Absichten: ganz wie sie z. B. geschichtliche Männer und Ereignisse: den Untergang der Burgunden, Attila, Theoderich von Verona, Karl den Großen in dichterischem Schaffen und Umschaffen schmückt, verhüllt, umgestaltet und verwandelt. Die Einbildungskraft schaltet nun frei mit diesen einladenden Gestalten: sie erfindet, in anmutvollem Spiel das Gegebene weiter bildend, eine Menge von neuen Geschichten und Geschichtlein, zuweilen verfänglicher Art, zum Teil noch im Anschluss an die alten Naturgrundlagen jener Götter, oft aber auch gelöst von denselben, indem sie einzelne menschliche Züge weiter ausführt oder verwertet.

So ersprießt um die alten ehrwürdigen Göttergestalten

ein üppig wucherndes Wachstum, welches mit schlingenden Ranken und duftigen Blüten die ursprünglichen Umrisse zwar schmückt, aber auch verhüllt und unkenntlich macht. Bei diesen Religionen weiß man dann gar nicht mehr zu scheiden, wo die Grenze endet und wendet, d.h., wo das Gebiet der eigentlichen Glaubenslehren abschließt und wo das der dichterischen Erfindungen beginnt, an welche das Volk kaum ernsthaft glaubt.

Welches Verhältnis nimmt aber die in solcher Weise durch die Einbildungskraft umgewandelte Götterwelt nunmehr zu dem religiösen Bedürfnis ein? Antwort: Die so umgestaltete Religion befriedigt nicht mehr, sondern sie verletzt, sie beleidigt die Religion in ihren edelsten Gefühlen.

Die Religion hatte Einheit der weltbeherrschenden Macht verlangt, der unerträglichen Buntheit der Erscheinungen zu entrinnen. Statt dieser Einheit drängt die vielgötterische Lehre dem religiösen Bewusstsein neben einer Drei- oder Zwölfzahl oberster Götter ein unübersehbares Gewimmel von Unter-Göttern, von Halb- und Viertels-Göttern, von Geistern und übermenschlichen Wesen aller Art auf, welche Luft und Wasser, Erde und Meer erfüllen. Fast jedes Naturereignis ist durch einen besondern Gott oder ein Göttlein vertreten oder belebt, und dieses unheimliche Gewoge buntester Willkür ist dem menschlichen Drang nach Einheit des Göttlichen unerträglich.

Vermöge ihrer sittlichen Bedürfnisse hatte die Religion von den Göttern Heiligkeit verlangt, d.h. Sündlosigkeit, Freiheit von den Schwächen und Leidenschaften des menschlichen Herzens: einerseits die Hoffnung auf gerecht gewährten, durch Tugend verdienten Schutz, anderseits das Schuldbewusstsein hatte ja ganz wesentlich zu der Annahme schuldloser Wesen beigetragen, welche, allweise und allgerecht, die menschlichen Dinge auf Erden leiten oder doch im Jenseits Lohn und Strafe nach Verdienst verteilen sollten.

Nur zu einem heiligen, sündlosen Gott kann das Menschenherz hoffend oder reumütig flüchten. Statt dieser Heiligkeit findet das religiöse Bewusstsein in den vermenschlichten, von der Einbildungskraft weitergebildeten Göttergestalten nur das Spiegelbild alles dessen wieder, was der Menschenseele den Frieden stört: Schwächen, Leidenschaften, Schuld, ja Laster und Verbrechen aller Art: Eifersucht, Rachsucht, Neid, Hass, Zorn, Verrat, Untreue jeder Art, Gewalttat, Mord. Diesen Göttern, die man in so manchem Liebes- oder Streithandel nicht nach Vernunft, Moral und Gerechtigkeit, sondern nach ihrer eigenartigen Neigung und Sinnesart hat handeln sehen, kann man nicht vertrauen, dass sie in den Geschicken der Menschen gerecht und heilig entscheiden werden.

Man sollte glauben, schon auf dieser Stufe der Entwicklung müsste verzweifelnde Abkehr von der gesamten Anschauungsweise der Götterwelt erfolgen: aber noch werden auf dem Boden dieser Welt selbst – nach zwei Richtungen – Versuche der Abhilfe gemacht. Diese Versuche sind sehr anziehend: aber sie müssen scheitern.

Das Verlangen nach Einheit der Weltbeherrschung soll auf der gegebenen Grundlage des Viel-Götter-Glaubens dadurch befriedigt werden, dass einer der höheren Götter, welcher ohnehin auch bisher schon die andern überragt hatte, nachdrucksam als der oberste Leiter und Herrscher gedacht wird, sodass die übrigen hinter ihm völlig verschwinden. Es ist diese starke Überordnung ein Ersatzmittel für den verlangten, aber nicht erlangten alleinigen, einzigen Gott. Zeus, Jupiter, Odin wird als »Vater der Götter und Menschen«, als »Allvater« gedacht; er allein entscheidet mit überlegener Macht die menschlichen Dinge, und zwar, wie man nunmehr nachdrücklich versichert, allweise, allgerecht, allheilig: – die andern Götter erscheinen nur mehr als seine Diener, Helfer, Boten und Werkzeuge.

Allein dieser Versuch kann nicht gelingen: die übrigen Götter sind einmal da, sie leben im Volksbewusstsein, das ihrer nicht vergisst, vielmehr mit zäher Innigkeit an ihnen hängt: sind sie doch dem Menschen näher, vertraulicher, zugänglicher als der erhabene oberste Gott, welchen seine ernste Erhabenheit und die Unfassbarkeit seiner Größe ferner rückt. Man wendet sich lieber, leichter, zutraulicher an die den Sterblichen näher stehenden unteren Götter und je an den besondersten Sachverständigen: man ruft um Erntesegen den Erntegott, um Liebesglück die Liebesgöttin an, man wendet sich später an die Heiligen, welche an die Stelle der alten Götter getreten sind, z. B. bei Feuersgefahr an St. Florian, bei Viehsterben an St. Leonhart. Dazu kommt, dass auch jener oberste Gott, trotz der Verkündung seiner Weisheit und Heiligkeit, keinen rechten Glauben für diese Tugenden finden kann. Einmal bleibt er, neben seiner jetzt so stark betonten Eigenschaft als allgemeiner Weltenlenker, doch daneben noch der Sondergott seines Faches, was er ursprünglich allein gewesen, und daher von den Forderungen dieses Gebietes beherrscht: Odin z. B. bleibt, auch nachdem er »Allvater« geworden, gleichwohl Gott des Sieges und der Schlachten, und er hat, um die Zahl seiner Einheriar zu vermehren, den einseitigen Wunsch, dass die Könige sich blutige Schlachten liefern: – er ist also nicht mit sonderlichem Vertrauen auf geneigtes, gerechtes Gehör um FRIEDEN anzurufen. Auch weiß man aus vielen Geschichten, die von diesem Weltenlenker erzählt werden, dass er, der unbeschränkte Alleinherr, der allein herrschen soll, selbst beherrscht wird: d. h. den Einflüssen seiner Umgebung – der weiblichen wie der männlichen – unterworfen ist: was hilft es, dass Zeus gerecht und weise regieren will, wenn es Hera gelingen kann, ihn durch weibliche Künste einzuschläfern und mittlerweile seine Pläne zu durchkreuzen? Ähnlich wie Frigga durch Schlauheit und Überraschung ihrem

Gemahl die Siegverleihung an die Langobarden ablistet (s. unten).

Dies führt zu dem zweiten Versuch einer Besserung des Götterglaubens durch die Mittel des Götterglaubens selbst: da die Herrschaft auch des obersten Gottes keine Gewähr bietet für weise, gerechte, heilige Weltleitung, da man jetzt eben den Schwächen und Launen des OBERSTEN Gottes preisgegeben ist und der Eigenart SEINES Wesens, so sucht man, wie vorher die Vielgötterei durch ein Ersatzmittel für den einzigen Gott, so nunmehr die Vermenschlichung der persönlichen Götter zu verbessern durch ein unpersönliches WELTGESETZ: man schafft ein UNPERSÖNLICHES SCHICKSAL, ein FATUM, welches unabänderlich auch über dem obersten Gotte steht: sodass er dieses notwendige Schicksal nur erforschen und ausführen, nicht aber bestimmen, schaffen, ändern oder aufheben kann. So erkundet Zeus durch Abwägen auf seiner Waage das den Achäern und Troern vorbestimmte Schicksal; so sucht Odin die Göttern und Riesen verhängte Zukunft zu erfahren. Dies Schicksal wird nun, in wechselnder Auffassung, bald lediglich als unabänderliche Notwendigkeit, als blindes Fatum gedacht, ohne Annahme einer der Vernunft und Gerechtigkeit entsprechenden Entscheidung. Auch solch blindes und starres Schicksal ist immerhin noch erträglicher als das Gefühl, der Spielball der unberechenbaren Launen der vermenschlichten und von Leidenschaften beherrschten Götter und ihrer Spaltungen zu sein. Indessen, die entsagende Fügung unter ein notwendiges Gesetz, welches auf das Glück des Menschen keine Rücksicht nimmt, ist dem warmen Verlangen der ungeschulten Menschenseele widerstreitend. Deshalb wird von andern Religionen oder von andern Lehren der nämlichen Religion das Schicksal als eine GERECHTE Vergeltung, die schon auf Erden immerdar die Tugend belohne und die schuldvolle Überhebung strafend niederbeuge, verehrt: eine Vorstellung, welche freilich gar oft durch das unverdiente Glück der Schlechten und Unglück der Guten widerlegt wird, im Leben der Einzelnen wie in den Geschickten der Völker.

Merkwürdig aber ist die Wahrnehmung, wie das religiöse Bewusstsein die Zumutung, das Göttliche als Unpersönliches, als Gesetz zu fassen, schlechterdings auf die Dauer nicht erträgt: kaum hat die Götterlehre, um der Willkür der vermenschlichten persönlichen Götter zu entrinnen, das unpersönliche Schicksal aufgestellt, als sie schon wieder geschäftig Hand angelegt, dies Unpersönliche – abermals zu personifizieren. Das Gesetz des Schicksals wird verwandelt in eine Schicksalsgöttin, Nemesis (welche dann freilich außerhalb der bunten Göttergeschichten und Liebeshändel usw. gelassen wird): ja, auch der Zug der Vielgötterei bemächtigt sich dieser doch gebieterisch die Einheit verlangenden Vorstellung und stellt sie in drei Personen: drei Göttinnen der Vergangenheit, Gegenwart, Zukunft, auseinander gefaltet (Parzen, Nornen s. unten) dar.

Es ist klar: diese Versuche, die Götterlehre durch die Mittel der Götterlehre selbst zu reinigen, können nicht gelingen, da die Gestaltungsweise, das Werkzeug und der gesamte Boden, welche jene bedenklichen Gebilde erzeugt, dabei natürlich beibehalten bleiben und gleichmäßig fortwirken. Die Folge ist, dass sich bei vorgeschrittener Bildung, nachdem die Stufe unmittelbaren, urteillos gläubigen Hinnehmens des in der Überlieferung Gegebenen überschritten ist, von solchen »Götterlehren« gerade die sittlich Edelsten und die geistig höchstbegabten und tiefstgebildeten Männer der Nation mit Gleichgültigkeit, ja mit Verachtung abkehren, da ihre sittlichen Anschauungen und ihre philosophischen Bedürfnisse und Errungenschaften durch jene Göttersagen nicht befriedigt, sondern auf das empfindlichste und empörendste verletzt werden. Dass dies bei Hellenen und Römern eingetreten, ziemlich früh bei jenen, verhältnismäßig spät bei dem strenger gebundenen Wesen der Letzteren, ist bekannt: sogar so altväterische Geister wie Aristophanes nahmen doch an dem Vatermord des obersten der Götter Anstoß. Minder bekannt ist aber, dass auch in dem GERMANISCHEN Heldentum, nachweisbar wenigstens im Norden, schon vor dem Eindringen des Christentums sich merkwürdige Spuren ähnlicher Erscheinungen finden.[12]

Solche Abkehr von dem Volksglauben kann nun aber immer nur unter einer geringen Zahl vorkommen: durchdringt sie die Gesamtheit, so ist dies ein höchst gefährliches Anzeichen des Niedergangs des ganzen Volkstums. Denn ein Volk kann eines volkstümlichen und befriedigenden Glaubens so wenig entraten wie eines solchen Rechts oder einer solchen Sittlichkeit. Ist daher wirklich im Großen und Ganzen ein Glaube unhaltbar geworden, so muss, soll nicht dieses Volk und seine Bildungswelt untergehen, entweder ein neuer, die Bedürfnisse dieser Zeit befriedigender Glaube von außen eingeführt – so das Christentum in den ersten Jahrhunderten der römischen Kaiserzeit in die römische Welt – oder es muss der bestehende Glaube gereinigt, umgestaltet werden: – so das Christentum im 16. Jahrhundert durch die protestantische Reformation und auch durch die katholischen Verbesserungsarbeiten der tridentinischen Kirchenversammlung. –

Aber neben diesen beiden Mitteln ist noch eine dritte Lösung des verschlungenen Knotens möglich: diese dritte hat das germanische Bewusstsein ergriffen: SIE IST DIE TRAGISCHE.

Auch die germanischen Götter haben sich infolge des oben geschilderten freien Waltens der Einbildungskraft untragbar und unsühnbar in Gegensatz zu der Sittlichkeit gestellt, und das germanische Gewissen hat sie deshalb samt und sonders – zum Untergang, zum Tode verurteilt. DAS IST DIE BEDEUTUNG DER »GÖTTERDÄMMERUNG« –: SIE IST EINE

UNERREICHT GROSSARTIGE SITTLICHE TAT DES GERMANENTUMS, und sie verleiht der germanischen Mythologie ihre TRAGISCHE EIGENART.

Tragisch ist Untergang wegen eines unheilbaren Bruchs mit der gegebenen Friedensordnung in Religion, Sittlichkeit oder Recht.

Die Götterdämmerung eine Opfertat? Eine Tat großartigster Sittlichkeit? Ja wahrlich, das ist sie!

Denn erinnern wir uns, was wir über Entstehung und Wesen dieser Götter festgestellt: diese germanischen Göttergestalten, welche Walhall bewohnen, was sind sie anders, der kluge, Rat spinnende, Völker beherrschende und zum Kampfe treibende Siegeskönig Odin, der Abenteuer suchende, Riesen zerschmetternde Hammerschleuderer Thor, ja Freya und Frigg im goldenen Gelock, was sind sie anders als die Männer, Frauen und Mädchen des Nordlandes selbst, nur veredelt, ausgerüstet mit den Gewaffen und Gerät, den gesteigerten und dauernden Eigenschaften und Vorzügen der Macht und Kraft, des Reichtums, der Jugend, Schönheit, welche diesen Männern und Frauen als ihre eignen verkörperten Wünsche, als ihr eignes verklärtes Spiegelbild erschienen, aber zugleich als ihre höchsten Ideale? Und diese Lieblingsgestalten der eignen Einbildungskraft und Sehnsucht, das ganze selige Leben in Walhall, mit Kampf und Jagd und ewigem Gelag, im glänzenden Waffensaal unter den weißarmigen Wunschmädchen – des Herzens schönster Sehnsuchtstraum – haben die Germanen ihrem höchsten SITTLICHEN Ideal geopfert; das ist das teuerste aller Opfer und unerreicht von allen andern Völkern.

Zwar erzählen auch andre Götterlehren von untergehenden, durch neue Sippen gestürzten Göttergeschlechtern: allein das sind teils geschichtliche Erinnerungen (Gegensätze von Völkern), teils Wirkungen der fortschreitenden Bildung, welche die älteren, einfacheren Naturvölker verwandelt und vergeistigt (Titanen, Riesen). Dass aber die gesamte Götterwelt, weil sie dem sittlichen Bewusstsein, unerachtet ihrer Herrlichkeit und Lieblichkeit, nicht genügt, zum Untergang verurteilt wird, begegnet sonst bei keinem Volk. In der Prometheus-Mythe der Hellenen klingt zwar einmal von fern her ein ähnlicher Ton an: Zeus wird zur Strafe für seinen an Kronos verübten Frevel Untergang ebenfalls durch einen Sohn geweissagt: – aber es wird mit diesem Gedanken nicht Ernst gemacht. Kaum ein flüchtiger Wolkenschatten fällt von dieser dunkeln Warnung her in den goldenen Saal der Olympier: unvernommen verhallt der Ton unter dem seligen Lachen der heitern Götter. Die hellenische Mythologie ist EPISCH: ein IDYLL in leuchtenden Farben; mit weißem Marmor und Purpur, mit Gold und Elfenbein aufgebaut, hebt sie sich aus Myrten- und Lorbeer-Gebüschen unter dem Glanz des ionischen Himmels an dem leuchtenden Blau der ionischen See: nur EPISCHE Bewegung unterbrach früher etwa diesen nunmehr kampflosen heitern Frieden; in Ewigkeit, nachdem die alten Kämpfe ausgefochten, Titanen und Giganten gebändigt sind, tafeln die Götter und Göttinnen auf den Höhen des Olympos. Geraten sie auch wohl einmal untereinander in Streit, etwa um der Sterblichen in und vor Troja willen: – bald versöhnen sie sich wieder, gerade auf Kosten dieser, und bald tönt wieder ihr seliges Lachen durch die goldenen Säle.

Ganz entgegengesetzt die germanische Mythologie: mag auch die Sage von der Götterdämmerung erst verhältnismäßig spät und anfangs vielleicht nur als Geheimlehre Auserwählter (aber doch gewiss NICHT erst durch christlichen Einfluss oder gar als Ahnung des Erliegens der Walhallgötter vor dem Christengott!) dem ganzen Bild den großartigen Hintergrund verliehen, mag also der TRAGISCHE Abschluss ERST SPÄT die Bewegung vollendet haben: – DRAMATISCH ist der Bau der germanischen Mythologie von Anbeginn: obwohl es selbstverständlich an (zum Teil sehr reizenden und heiteren) epischen und idyllischen Zügen und Episoden nicht gebricht.

Wir sahen, es baut sich die germanische Mythenwelt aus dem Gegensatz der Riesen und Asen empor. Die Riesen[13] sind in der Zeit, die uns hier beschäftigt, unzweifelhaft die Vertreter der dem Menschen und seinen Fortschritten schädlichen oder gefährlichen Naturkräfte, z. B. des öden, unwirtlichen Felsgebirges, des Weltmeers mit seinen Schrecken, des Winters mit seinem Gesinde von Frost, Eis, Schnee, Reif, des Sturmwindes, des Feuers in seiner verderblichen Wirkung usw. Die Asen dagegen, die lichten Walhallgötter, sind nach ihrer Naturgrundlage ursprünglich die wohltätigen, heiligen, reinen Mächte des Lichtes, dann die dem Menschen wohltätigen, freundlichen Mächte und Erscheinungen der Natur überhaupt, z. B. das Gewitter nach seiner segensreichen Wirkung, der Frühling, der Frucht bringende Sonnenstrahl, der liebliche Regenbogen, der herbstliche Erntesegen; dann aber sind sie auch Vertreter geistiger, sittlicher Mächte und Schützer, Vorsteher menschlicher Lebensgebiete: also Götter und Göttinnen z. B. des Ackerbaues, des Krieges und des Sieges, der Liebe und der Ehe u. a. Die Götter und die Riesen stehen nun in einem unaufhörlichen Kampf, der, ursprünglich von dem Ringen und Wechsel der Jahreszeiten und der bald freundlichen, fördernden, bald furchtbaren, verderblichen Natur-Erscheinungen ausgegangen, später auf das Gebiet des Geistigen und Sittlichen, also des Guten und Bösen, übertragen worden ist. In diesem Kampf den Göttern beizustehen legt allen Menschen und allen guten Wesen Pflicht und eigner Vorteil auf.

Anfangs nun lebten die Götter harmlos und schuldlos in paradiesischer kindlicher Heitre: »sie spielten« – sagt eine schöne Stelle der Edda –, »sie spielten im Hofe heiter das Brett-Spiel«. Sie versuchten fröhlich ihre jungen Kräfte an allerlei Werk[14]: »Es war ihre goldene Zeit« (»nichts Goldenes gebrach ihnen«).

Damals drohte ihnen von den Riesen noch keine Gefahr. Allmählich aber wurden die Götter mit Schuld befleckt: zum Teil erklärt sich dies aus ihren Naturgrundlagen, zum Teil aber aus den vermenschlichenden und aus den rein künstlerisch spielenden Dichtungen der Sagen bildenden Einbildungskraft (s. oben). Sie brechen die während der Kämpfe mit den Riesen hin und wieder geschlossenen Verträge und Waffenruhen trotz eidlicher Bestärkung, und auch im Verkehr untereinander, mit den Menschen und mit andern Wesen, machen sie sich gar mancher Laster und Verbrechen schuldig. Bruch der Ehe und der Treue, Habsucht[15], Bestechlichkeit, Neid, Eifersucht und, aus diesen treibenden Leidenschaften verübt, Mord und Totschlag müssen sich die zu festlichem Gelag versammelten Götter und Göttinnen vorwerfen lassen: wahrlich, wenn nur die Hälfte von dem ihnen (von Loki) vorgehaltenen Sündenverzeichnis in Wahrheit begründet und durch im Volke lebende Geschichten verbreitet war, so begreift sich, dass diese »Asen«, d.h. Stützen und Balken der physischen und sittlichen Weltordnung[16], diese Aufgabe nicht mehr erfüllen konnten. Und darin liegt die richtige, die tiefe Erfassung von »Ragnarökr«: dem Rauch, der Verfinsterung der herrschenden Gewalten. Diese Verfinsterung bricht nicht erst am Ende der Dinge in dem großen letzten Weltkampf plötzlich und von außen, als eine äußere Not und Überwältigung, über die Götter herein: – die Götterverfinsterung hat vielmehr bereits mit der frühesten Verschuldung der Asen[17] ihren ersten Schatten auf die lichte Walhallawelt geworfen: und fortschreitend wächst diese Verdunklung mit jeder neuen Schuld und führt die Götter allmählich dem völligen Untergang entgegen: Schritt für Schritt verlieren die Götter Raum an die Riesen: denn mit ihrer Reinheit nimmt auch ihre Kraft ab. Lange Zeit zwar gelingt es noch Odin und seinen Genossen, das fernher drohende Verderben zurückzudämmen; sie fesseln und bannen, wie wir sehen werden, die riesigen Ungeheuer, welche Götter und Menschen, Himmel und Erde mit Vernichtung bedrohen: aber im Kampf mit diesen Feinden erleiden sie selbst schwere Einbußen an Waffen und Kräften: ihr Liebling Baldur, der helle Frühlingsgott, muss – ein mahnend Vorspiel der großen allgemeinen Götterdämmerung – zur finstern Hel hinabsteigen. In andern Fällen werden die Götter wenigstens von den schwersten Einbußen bedroht durch leichtsinnig geschlossene Verträge und jene Verluste nur durch listige Ratschläge und Betrug Lokis abgewehrt, welche Treulosigkeit gegen Eid und Wort die lichten Asen immer mehr von ihrer sichern Höhe herabzieht (s. unten die Sagen von Svadilfari, Hamarsheimt, von Skirnirsfahrt und von Thiassi und Idun). Immer näher rückt mit der steigenden Verschuldung der Götter der unabwendbare Tag des großen Weltenbrandes.

Wann bricht dieser herein? Wann ist die Stunde der Götterdämmerung gekommen? Diese bange Frage beschäftigt unablässig den obersten der Götter, Odin, »den grübelnden Asen«. Düstere Ahnungen, böse Träume ängstigen ihn und Baldur. Der mannigfaltigen Rat suchende unerschrockene Götterkönig forscht bei allerlei Wesen nach dem, was sie etwa hierüber wissen mögen: selbst zur furchtbaren Behausung Hels und zu den Nornen steigt er, Zukunft forschend, hinab. Mit geringer Ausbeute kehrt er zurück! Erst das Ende der Dinge selbst, das unvermeidbare, gibt die Antwort auf die Frage: – und erst am Ende der hier zu schildernden Geschehnisse, nachdem die Götter, ihre Helfer, ihre Schützlinge und ihre Feinde sich vor unsern Augen ausgelebt haben, können auch wir die Antwort finden auf jene Frage.

Zweites Buch

Besonderer Teil

Die einzelnen Götter – Elben, Zwerge,
Riesen – Andere Mittelwesen

I.
Odin-Wotan

Odin führt uns in die höchsten und tiefsten, die feinsten und meist durchgeistigten Elemente des germanischen Wesens. Thor-Donar ist der Gott der Bauern, Odin-Wotan, der Siegeskönig, ist der Gott der Völker leitenden Fürsten und Helden[18]: zugleich aber (und das ist das Wunderbare, in dieser Vereinung so ganz für die germanische Volkseigenart Bezeichnende) ist er der Gott der Weltweisheit und der Dichtung: die großen Könige der Völkerwanderung und die Kaiser des Mittelalters wie anderseits der ewig suchende Faust der deutschen Weltweisheit: Kant, Fichte, Hegel, Schelling, aber ebenso die größten germanischen Dichter: Shakespeare, Goethe und der Dichterphilosoph Schiller: – alle diese Männer hätten unter dem Asenglauben Odin als ihren besondern Schutzgott betrachtet: alle diese unter sich so grundverschiedenen und doch gleichmäßig für germanisches Eigenwesen so scharf bezeichnenden Gestalten – sie sind Erscheinungen dessen, was die heidnische Vorzeit unsres Volks in ihren obersten Gott gelegt hat: ahnungsvoll hat das Germanentum in die eigne Brust gegriffen und seine höchste Herrlichkeit in Staats- und Siegeskunst, seine Heldenschaft, seine tiefste Tiefe in grübelnder Forschung, seine sehnsuchtvollste dichterische Begeisterung verkörpert in seinem geheimnisvollen Götterkönig: es weht uns an wie Schauer aus den Urtiefen unsres Volks, gehen wir daran, Odins Runen zu deuten und die Falten zu lüften seines dunkelblauen Mantels. –

Woher rührt jene Verbindung scheinbar unvereinbarer Elemente in EINER Göttergestalt?

Die Ursache liegt zum Teil in der Naturgrundlage, zum Teil in der Stellung Odins als obersten Königs und Leiters der Walhallgötter.

Seine Naturgrundlage ist die LUFT – die alldurchdringende: von diesem Alldurchdringen führt er ja auch den Namen: wir Neuhochdeutschen freilich brauchen »waten«, »durchwaten« nur mehr von dem Durchschreiten des Wassers, höchstens etwa noch einer dichten Wiese oder einer Sandfläche; aber althochdeutsch watan, altnordisch vadha, bedeutete jedes Durchschreiten und Durchdringen[19]: die Luft aber, in allen ihren Formen und Erscheinungen gedacht, welche Fülle von Gegensätzen schließt sie ein! Von dem lautlosen und regungslosen blauen Äther, von dem gelinden, geheimnisvollen Säuseln der Frühlingsnacht, das kaum das junge Blatt der Birke zittern macht, bis zum furchtbar brausenden Sturmwind, der im Walde die stärksten Eichenstämme knickt: – alle diese Erscheinungen nun sind Erscheinungen Wotans: – er ist im gelinden Säuseln und nicht minder im tosenden Sturm. Aber durch diese seine Lustnatur wurde Wotan noch mehr: – er wurde zum GOTT DES GEISTES ÜBERHAUPT. In mehreren Sprachen ist das Wort für den leisen, unsichtbaren, doch geheimnisvoll allüberall fühlbaren Hauch der Luft eins mit dem Wort für Geist.[20]

Wotan, der Gott des LUFTHAUCHS: und zwar des Geistes in seinem geheimnisvollen GRÜBELN, in seiner tiefsten VERSENKUNG in die Rätselrunen des eignen Wesens, der Welt und des Schicksals: wer der Natur und der Geschichte ihre Rätsel abfragen, wer die Ursprünge und die Ausgänge aller Dinge ergründen, wer Gott und die Welt im tiefsten Wesenskern erforschen, d. h., wer PHILOSOPHIEREN will, der tut wie Odin: Odin, der »GRÜBELNDE ASE«, wie ihn bezeichnend die Edda nennt. Ahnungsvoll hat der deutsche Geist den ihm eignen philosophischen Sinn und Drang, der ihn vor allen

Nationen kennzeichnet, seinen Faustischen Zug, in das Bild seines obersten Gottes gelegt. Wie der Wahrheit suchende Grübler Faust nicht harmlos der frohen Gegenwart genießen mag und sich des Augenblicks und der hellen Oberfläche der Dinge erfreuen, wie es ihn unablässig drängt, den dunklen Grund der Erscheinungen zu erforschen, die Anfänge, die Gesetze, die Ziele und Ausgänge der Welt: – so der »grübelnde Ase«. Während die andern Götter sich den Freuden Walhalls hingeben oder in Abenteuer, in Kampf und Liebe, der Gegenwart leben, uneingedenk der Vergangenheit und um die Zukunft unbesorgt, kann Odin nun und nimmer rasten im Suchen nach geheimer Weisheit, im Erforschen des Werdens und des Endschicksals der Götter und aller Wesen. Die Riesen oder einzelne unter ihnen gelten als im Besitz uralter Weisheit stehend: Odin ermüdet nicht, solche weisen Meister aufzusuchen und auszuforschen[21]; hat er doch sein eines Auge selbst als Pfand dahingegeben, um von dem kundigen Riesen Mimir Weisheitlehren zu empfangen: denn im Wasser, in »Mimirs Brunnen«, liegen die Urbilder aller Dinge verborgen: er versenkt deshalb sein Auge in diesen Brunnen.[22] Zauberinnen, weissagende Frauen, lebende und tote, forscht er aus: ja er hat die »Runen«, den Inbegriff aller geheimen Weisheit, selbst erfunden.[23] Auch mit kundigen Menschen hält er Wettgespräche der Weisheit, in welchen der Götter und aller Wesen Entstehung, Wohnung, Sprache, Schicksal und Ende erörtert wird. So hat er denn auch die Geheimkunde von der unabwendbar drohenden Götterdämmerung ergrübelt: – aber zugleich auch das trostreiche Hoffnungswort von der Erneuerung, von dem Auftauchen einer neuen, schönen, schuldlosen Welt: und er vermag dies Trostwort als letztes Geheimnis seiner Weisheit dem toten Lieblingssohne Baldur noch in das Ohr zu raunen.

Es sind zunächst äußere Gründe, welche den Leiter der

Walhallgötter zu solcher Forschung führen: – das Bedürfnis, die den Göttern von den Riesen drohende GEFAHR der Zukunft zu erkunden –: aber ebenso unverkennbar hat die Edda, hierauf weiterbauend, dem »grübelnden Asen« den tief germanischen Drang nach Weltweisheit eingehaucht. Unablässig forscht der Gott, der nicht allwissend[24] ist, aber es sein möchte: täglich sendet er seine beiden Raben aus, die Welt und den Lauf der Zeiten zu erkunden; zurückgekehrt sitzen sie dann auf seinen beiden Schultern und flüstern ihm geheim ins Ohr: sie heißen aber – und nicht könnten die Namen bezeichnender sein –, sie heißen »HUGIN« und »MUNIN«: »Gedanke« und »Erinnerung«.

Vom Geist untrennbar ist die Durchdringung mit Geist, die BEGEISTERUNG: und wie der philosophische findet der DICHTERISCHE Drang germanischen Volkstums, der Geist, der, vom Trank der Schönheit trunken, selbst das Schöne zeugt, in Odin seinen Ausdruck. Zwar hat die nordische Mythologie einen besondern Gott des Gesanges aufgestellt, BRAGI (Odins Sohn), »der die Skalden ihre Kunst gelehrt« (s. unten): aber er ist nur eine Wiederholung, eine einzelne Seite Odins: Odin ist der Gott höchster dichterischer Begeisterung, jener Entzückung künstlerischen Schaffens, welche, auch nach Sokrates-Platon, mit der wärmsten Liebesbegeisterung für das Schöne verwandt, auch von andern Völkern als ein Rausch, als eine Art göttlichen Wahnsinns gefasst und gefeiert wird. Tief hat es das germanische Bewusstsein erfasst, dass nur aus der Liebe höchsten Wonnen und Qualen der Trank geschöpft wird unsterblicher Dichtung.

Der Trank oder Met der Dichtung war entstanden aus dem Blut eines Zwergen KWÂSIR, »der war so weise, niemand mochte ihn um ein Ding fragen – er wusste Antwort«. Den Trank hatte in Verwahrung des Riesen SUTTUNG schöne Tochter GUNNLÖD: unter falschem Namen, durch List und in Verkleidung gelangt Odin zu ihr: er gewinnt die Liebe der

Jungfrau: drei Tage und drei Nächte erfreut er sich ihrer vollen Gunst, und die Liebende gestattet ihm, drei Züge von dem Trank zu schlürfen: aber in diesen drei Zügen trinkt der Gott die drei Gefäße leer, nimmt Adlersgestalt an und entflieht nach Walhall, indem er für sich und seine Lieblinge, denen er davon verleihen mag, die Gabe der Dichtung unentreißbar gewonnen hat: sie heißt daher »Odins Fang«, »Odins Trank«, »Odins Gabe«.

Nach echt germanischer Auffassung ist die Dichtung zugleich die HÖCHSTE WEISHEIT: sie gewährt Antwort auf alle Fragen: es ist jene tiefsinnige Wahrheit, dass der Dichter, der echte, dass ein Shakespeare, Goethe, Schiller die letzten Geheimnisse der Menschenbrust ausspricht und in schöner Ahnung die Rätsel der Natur und Geschichte löst: die goldene Frucht der Wahrheit in den silbernen Schalen der Schönheit. – Das ist die germanische Auffassung von der Aufgabe der Dichtkunst, wie sie unsre größten Meister erkannt und gelöst haben. Denn WAHRE SCHÖNHEIT IST SCHÖNE WAHRHEIT. Das Wesen dieser Dichtkunst aber ist trunkene, entzückte Begeisterung. Ein prachtvolles Bild der Edda schildert den Rausch (zunächst allerdings für den Rausch des Trinkers): »Der Reiher der Vergessenheit rauscht über die Gelage hin und stiehlt die Besinnung«; »dieses Vogels Gefieder«, fährt Odin fort, »befing auch mich in Gunnlöds Haus und Gehege, trunken ward ich und übertrunken, als ich Odrörir erwarb«. Es wird also der Rausch dichterischer Begeisterung eingekleidet in den Rausch des Trankes des heiligen Mets: auch die Namen sprechen etymologisch die gleiche Lehre aus: Kwâsir bedeutet »die schäumende Gärung«, und Odrörir ist der »Geistrührer«: – der Trank, der den Geist in Bewegung setzt. Aber nur durch die Liebe gelangt der Gott zu dem selig berauschenden Trank: »nur sie, nur Gunnlöd schenkte mir, auf goldenem Lager, einen Trank des teuren Mets«: nie wär ihm die Entführung des

Trankes geglückt, »wenn Gunnlöd mir nicht half, die Gunst gebende Maid, die den Arm um mich schlang«.

Auch das ist tief ergreifend in dieser wunderbaren Sage vom Werden der deutschen Dichtung, dass, wie die Wonne, so das Weh der Liebe als unentbehrlicher Tropfe in diesen Becher der Poesie geschüttet wird: nicht ohne höchste Liebeslust, nicht ohne tiefstes Liebesleid zu geben und zu empfangen, wird Odin zum ersten germanischen Dichter: nach den drei seligen Nächten folgen für Gunnlöd die langen, bangen Tage des sehnsuchtvollen Grämens, das ihr Leben verzehrt: und auch durch Glanz und Glorie des göttlichen Dichterkönigs klingt die Erinnerung an die gute Maid, »die alles dahingab« und die er verlassen, leis elegisch zitternd nach: »Übel vergolten hab ich«, fährt Odin fort in seiner Selbstschilderung: »Übel vergolten hab ich der Holden heiligem Herzen und ihrer glühenden Gunst: den Riesen beraubt ich des köstlichen Tranks und ließ Gunnlöd sich grämen.«

Rührender und tiefer und einfacher kann man die alte Geschichte nicht erzählen, »wie Liebe doch mit Leide stets endlich lohnen muss«.

Odin ist aber auch das Urbild des Völker leitenden, Völker bezwingenden, Völker zu Krieg und Sieg antreibenden, fortreißenden Staatsmannes.

Zwei Gründe sind es, welche in ihm den unablässigen Drang lebendig erhalten, die Völker und Könige gegeneinander zu hetzen, sie stets listig untereinander zu verfeinden, dem Frieden zu wehren, »Zanksamen, Zwist-Runen unter ihnen auszustreuen«, bis sie sich in blutigen Schlachten morden, bis Tausende auf ihren Schilden liegen: indes der Gott, der Siegeskönig, der all das angerichtet, seine hohen, geheimen, von den geleiteten Fürsten und Völkern gar nicht geahnten Zwecke dadurch erreicht.

Einmal ist »Wuotan«, der Wütende, die kriegerische Kampflust selbst: er ist der Gott jeder höchsten geistigen Erregung, jeder Begeisterung: nicht minder als die dichterische ist es die KRIEGERISCHE Begeisterung des Helden, welche er darstellt: jener germanische Heldengeist, welcher, aus den Urwäldern Deutschlands hervorbrechend, in der Völkerwanderung das römische Westreich niederwarf, bis nach Apulien und Afrika, bis nach Spanien und Irland unwiderstehlich vorwärts drang, jener »furor teutonicus«, den die Römer seit dem »kimbrischen Schrecken« kannten, jene FREUDE AM KAMPF UM DES KAMPFES WILLEN: der Drang also, der von der Urzeit bis auf die Gegenwart die deutschen Männer in die Feldschlacht treibt: – es ist der Geist Wotans, der sie beseelt.

Dazu aber kommt ein zweiter, in dem Grundbau der germanischen Götterlehre wurzelnder Antrieb: Odin muss als Anführer der Asen und all ihres Heers im Kampfe gegen die Riesen dringend wünschen, dass Krieg und männermordende Schlachten kein Ende nehmen auf Erden: denn nur die Seelen jener Männer, welche nicht den »Strohtod« des Siechtums oder Alters in ihren Betten, sondern den freudigen Schlachtentod gestorben sind auf blutiger Wal, nur diese werden von den WALKÜREN nach WALHALL getragen, und nur diese, die EINHERIAR, kämpfen an der Seite der Götter gegen die Riesen; jedes Schlachtfeld liefert also dem König der Götter eine Verstärkung seiner Heerscharen.

Auch dieser Zug Wotans hat in der deutschen Geschichte, im deutschen Volkswesen seine Spiegelung gefunden.

Denn jene friedfertige Gutmütigkeit der Kraft, welche Donar und Dietrich von Bern eignet, ist doch keineswegs ausschließend und zu allen Zeiten, wie in den tieferen Schichten des Volks, auch in seinen Leitern und Führern maßgebend gewesen. Sie konnte es nicht sein in dem harten Kampf um das Dasein, den seit bald zwei Jahrtausenden das Germanentum gegen Kelten und Romanen, Slawen und

Mongolen, Türken und Tataren zu führen hatte. Mit solch treuherziger Friedfertigkeit allein hätten die Germanenvölker trotz Donars Hammer und seiner Kraft vor den bald an Bildung, bald an Zahl unermesslich überlegenen Feinden nicht bestehen können und wären nicht im Lauf der Jahrhunderte siegreich von Asien quer durch ganz Europa nach Spanien, Süditalien und Afrika und in die neu entdeckten Erdteile vorgedrungen, hätten Rom, Byzanz und Paris überwunden und den ehernen Fuß auf den Nacken des Slawentums gesetzt. Da hat es denn von Anbeginn – danken wir Wotan dafür! – dem germanischen Stamm auch nicht an großen, kühnen und listigen Staatsmännern und Fürsten gefehlt, welche mit überlegener Staatskunst die Geschicke der Völker in Frieden und Krieg zu ihren geheimen und rettenden Zielen gesteuert. Schon jener Cheruskerfürst Armin, dessen dämonische Gestalt im Eingangstor unsrer Geschichte steht, war in staatskluger Arglist kaum minder groß als an Tapferkeit. Die Not der Völkerwanderung hat dann manchen ränkekundigen Fürsten erzogen, welcher byzantinischer Schlauheit mehr als gewachsen war: und bei dem Bild eines unter ihnen, des gefürchteten Meerkönigs Geiserich, des Vandalen, der aus seinem Hafen zu Karthago sein Raumschiff vom Ungefähr, vom Winde, treiben lässt gegen die Völker, »welchen der Himmel zürnt«, scheint die Heldensage geradezu Züge aus dem Wesen Wotans entlehnt zu haben: wie er verschlossen, wortkarg, höchst geschickt gewesen, unter die Fürsten und Völker den »Samen der Zwietracht zu streuen«, er, der arglistigste aller Menschen.[25] Geschweigen wir Theoderichs und Karls, der Großen, und gedenken sofort jener gewaltigen staufischen Kaiser, Heinrich VI. und Friedrich II., welche über Päpste, Könige und Völker hinweg ihre großartige, oft vielfach verschlungene Staatskunst mit den Zielen: Rom, Byzanz, Jerusalem verfolgten: erinnern wir uns jenes preußischen Friedrich, von dessen Staatskunst man das über Geiserich gesprochene Lob wiederholen mag – »er war früher mit der Tat fertig als seine Feinde mit dem Entschluss« –, und erwägen wir die Werke überlegener Staats- und Siegeskunst, welche wir, von göttergesendetem, durch den »Wunschgott« geschenktem Glück getragen, im letzten Kriege mit Frankreich (1870) mit staunenden Augen die deutsche Volkskraft leiten sahen – gedenken wir Bismarcks –, und es überschauert uns ein Ahnen von dem aus der Grundtiefe germanischer Art geschöpften Wesen Odins, des staatsklugen, Völker leitenden Meisters des Sieges.

Nachdem aus der Naturgrundlage und aus der Geistesart Odins im Bisherigen die wichtigsten Folgerungen abgeleitet sind in großen allgemeinen Zügen, haben wir darzustellen, was im Übrigen und im Einzelnen zu seinem Bilde gehört.[26]

Die reiche Fülle seiner Verrichtungen, Aufgaben und Wirkungen fiel schon der Urzeit auf, die ihn verehrte: diese Mannigfaltigkeit drückt sich in der großen Menge von Namen aus, deren er sich erfreut (gegen zweihundert, in der Edda allein fünfundsiebzig), auch hierin ist ihm kein andrer Gott vergleichbar: ja die Germanen lassen ihn selbst sich dessen berühmen: »Eines Namens genügte mir nie, seit ich unter die Völker fuhr«, und er zählt nun zahlreiche Beinamen auf, welche er bei bestimmten Gelegenheiten, Fahrten, Abenteuern führte: leider ist unsre Überlieferung so stückhaft, dass wir von diesen Begebenheiten nirgends sonst etwas erfahren! –

Der Wind beherrscht auch das Wasser: so tritt Odin auch als Wassergott auf, als »Hnikar« (vgl. der Neck, die Nixe): Er allein gibt als Windgott günstigen Wind, »Fahrwind«, den Schiffern: er wandelt auf den Wellen, beschwichtet sie, gibt dem Schiff, in das er, verkleidet, sich aufnehmen lässt, glückliche Fahrt: so wird er denn auch, wie der Luftgott Hermes-Merkur (mit welchem ihn die Römer verwechselten), ein Gott der Kaufleute, der Schiffsfrachten.

Aber nicht nur den Wunsch-Wind spendet Odin, sondern als oberster, als mächtigster Gott kann er mehr als alle andern, überhaupt alle Wünsche der Menschen erfüllen: daher heißt er »Oski«, der Wunsch, d. h. der Wunsch-Gott, der Wunsch-Erfüller. Und diese Vorstellung war besonders auch südgermanisch, d. h. deutsch: im deutschen Mittelalter wird noch »der Wunsch« personifiziert und vielfach angerufen und gefeiert[27]: dass der alte Wotan darin verborgen war, merkte man nicht mehr.

Als Schlachten- und Siegesgott heißt Odin Walvater, Siegvater, Heerschild (Harbard), Hialmberi (Helmträger): dies leitet hinüber auf die Vorstellung des durch den unsichtbar machenden oder doch die Feinde erschreckenden Helm (Tarnkappe) Verhüllten. So heißt er Grimur und Grimnir[28]: der Verhüllte. Verhüllt, verkleidet, in unscheinbarer Tracht wandert der Gott unermüdlich (wie der Wind) durch Midgard, Riesen- und Elbenheim, überall nach verborgener Weisheit spürend, seine geheimen Pläne, Bündnisse, Verträge verfolgend, die Wirtlichkeit der Menschen prüfend, seine Lieblinge beschützend, die Feinde der Götter ausforschend, überlistend, unerkannt mit ihnen in Wettgespräche sich einlassend, wobei Frage und Antwort wechseln und derjenige, welcher eine Antwort schuldig bleiben muss, das Haupt verwettet und verwirkt hat[29]: als »ewigen Wanderer« bezeichnen ihn die Namen Gangleri, Gangradr, Wegtamr.[30]

Als geheimnisvoller Wanderer, in unscheinbarem Gewand, tritt der Gott in zahlreichen Sagen und Märchen auf: den großen breitrandigen Schlapphut[31] (Windhut, Wunschhut) tief in die Stirn gerückt, seine Einäugigkeit (s. oben) zu verbergen, an der man ihn erkennen möchte, in einen weitfaltigen, dunkelblauen, fleckigen (d. h. wie die Wolken gefleckten) Mantel[32] gehüllt, mit dichtem Haupthaar (manchmal aber auch kahl), meist mit wirr wogendem grau gesprenkeltem Bart, den Speer in der Hand, den Zauber-Ring Draupnir am Finger, ein hoher Mann von etwa fünfzig Jahren oder auch wohl als Greis, doch gewaltig an ungebrochener Kraft.[33]

Aber nicht unscheinbar, sondern furchtbar-prächtig, in kriegerischer Helden-Herrlichkeit, tritt der König und Feldherr der Götter auf, wann er an der Spitze der Asen, Lichtalben und Einheriar ausreitet zum Kampfe gegen die Riesen: dann leuchten weithin sein goldener Helm mit den vorwärts gesträubten und dadurch Schreck einflößenden Schwan- oder Adlerschwingen (der »Schreckenshelm«) und die reich geschmückte Brünne: auf Sleipnirs Rücken braust er heran, den Siegesspeer Gungnir schwingt er und schleudert ihn unter der Feinde Volk mit dem Zauberruf: »Odin hat euch alle«.

Und stattlich auch thront er auf Hlidskialf, dem »Hochsitz«, in Wallhall (aber doch nicht bloß wie auf Erden der König und jeder Hofherr den Hochsitz in seiner Halle einnimmt: es ist eine Spähwarte gemeint), den nur Frigg, seine Gemahlin, mit ihm teilen darf. Hier empfängt er als Hroptr (Rufer zum Kampf) die neu eintretenden Einheriar. Vor seinem goldenen Stuhle steht ein goldener Schemel: nach (Süden oder nach) Westen schaut er: denn von (Norden oder von) Osten sind, wie die Germanen überhaupt, die Asen, von Odin geführt, hergewandert, und nach Süden und Westen zielte ihr Trachten. Zu seinen Füßen kauern die beiden Wölfe (erst später Hunde), Geri und Freki, die Tiere der Walstatt, die Walvater heilig: er füttert sie mit dem Fleische des Ebers Sährimnir – denn er selbst bedarf nicht der Speise, nur des Trankes: und zwar nicht von Äl oder Met, aber an

Wein erfreut er sich.[34] Ein Adler hängt (oder schwebt) über dem Westtor von Odins Saal, wohl scharf ausspähend. Auf des Gottes Schultern aber wiegen sich die beiden Raben und raunen ihm Weisheit in das Ohr. Nachklänge in den Sagen lassen den König Oswald (Aswalt) durch zwölf Goldschmiede (die zwölf Asen) seinem Raben die Flügel mit Gold beschlagen oder zwei weiße Tauben dem Papst ins Ohr flüstern, was er tun soll, oder eine Taube Luther die Bibelübersetzung in das Ohr sagen, wobei die Taube in protestantischen Landen weiß (der Heilige Geist), in katholischen aber schwarz ist (der Teufel; kaum ist dabei an den Raben Odins zu denken).

Wir sahen, aus welchen Gründen Odin wünschen muss, dass möglichst viele Männer den Bluttod im Kampfe, nicht den Strohtod sterben (deshalb ritzen sich Kranke mit dem Speer, umso doch »Odin geweiht«[35] zu sterben und »nach weitherziger Auslegung« die Bedingung erfüllt zu haben: »denn alle mit dem Speer Geritzten«, d.h. ursprünglich im Kampfe Gefallenen, nimmt Odin in Anspruch). Deshalb schließt er Verträge, Bündnisse mit hervorragenden Königen oder andern Helden, in welchen diese sich verpflichten, dereinst in der Schlacht zu fallen[36], während der Gott diesen seinen Lieblingen und Walsöhnen, solange sie leben (und zwar manchmal für ein übermenschlich langes Leben oder für eine bestimmte Vertragszeit, z.B. zehn Jahre), Sieg[37], Ruhm, Beute, Reichtum, auch etwa Weisheit, Zauberkunst oder einzelne Zauberkräfte verleiht. – Sehr oft ist diese Verleihung geknüpft an die Verleihung von Schwert[38], Ross[39], Speer, Brünne, Helm, Hut, Mantel, Stab (als Zauberstab, Wünschelrute[40], im Märchen auch »Knüppel aus dem Sack«, was aber auch auf den Speer zurückgeht), Ring des Gottes.

In unaufzählbar mannigfaltigen Wechslungen wiederholt später die Sage[41] diesen Gedanken des Bündnisses, des Vertrags, der Verleihung und des schließlichen Eingehens des Schützlings in Walhall: nur dass anstelle des wohltätigen, herrlichen Gottes der – Teufel tritt, der die arme Seele zu verführen trachtet, um sie schließlich in der heißen Qualenhölle zu peinigen: an die Stelle tiefgründiger, poesievoller Gedanken des heidnischen Altertums hat das Mittelalter auch hier wieder einmal seine hässlichen Fratzen gestellt.

So ist das Vorbild der Faustsage, welche durch Goethe abermals eine Volksdichtung geworden, das alte Wotans-Bündnis: der Zaubermantel des Doktor Faust ist lediglich der alte Mantel Odins, auf dem er seine Schützlinge entrückt, durch die Luft über Länder und Meere führt.[42] Es ist wunderbar, wie zähe die Volksseele festhält die uralten Formen der Sage: nur der Inhalt, d.h. die Menschen und die Verhältnisse, welche hineingegossen werden, wechseln, aber die Form bleibt die gleiche: so sind im 19. Jahrhundert vor unsern Augen zwei Sagen entstanden, die Eisenbahnsage (ungefähr 1855) und die Bismarcksage (1866), welche lediglich die alten Wotans-Bündnisse darstellen, angewandt auf eine neuzeitliche Erfindung und einen noch lebenden Mann.

Von allen neueren Erfindungen hat auf die Sinne unsres Landvolkes (in Bayern z.B. in den Gegenden um Rosenheim) den größten, aber auch den unheimlichsten Eindruck gemacht das Dampf und Feuer schnaubende, lindwurmähnlich daherbrausende Ungetüm, welches pfeilgeschwind Menschen und hochgetürmte Lasten durch die Lande trägt und welches wir Eisenbahn nennen. Als nun zuerst dies wilde Wunder in die stillen Alpentäler drang, bemächtigte sich seiner sofort die Sagen bildende Einbildungskraft: aber sie schuf in der Eisenbahnsage nichts Neues, sondern wandte darauf an die uralte Formel des Wotan-(Teufels-)Bündnisses und lehrte: nicht Menschen vermochten dies Werk zu erfinden, der Teufel (Wotan) hat es dem Ingenieur verkauft, um den Preis seiner Seele – und der Seele des zuletzt einsteigenden Fahrgastes[43]: darum hütete man sich, dieser Letzte zu sein. – Genau dem Wotantypus entspricht ferner die Sage, welche während des österreichischen Kriegs von 1866 niemand Geringeren zu ihrem Gegenstand machte als den späteren Kanzler des Deutschen Reichs. Die überraschenden Erfolge der preußischen Waffen wurden ausschließend dem Zündnadelgewehr zugeschrieben: diese Siegeswaffe aber hatte nach der Sage der deutsch-österreichischen Bauern nicht der ehrenwerte Herr Dreyse in Sömmerda erfunden, sondern dies Gewehr, das von selbst sich ladet und losgeht, wenn der Preuße darauf klopft, hat der Teufel (d. h. Wotan) »dem Bismarck« verkauft: – natürlich um den Preis, den er von je bei seinen Verträgen sich ausbedingt: – den Preis seiner Seele: der Fürst Bismarck mag es sich schon gefallen lassen, dass er so nachträglich noch als der letzte der Einheriar nach Walhall gelangt, wenn man den Ort auch heutzutage schlimmer nennt. –

Aber schon viel früher wird in den Sagen Odin-Wotans oder des Teufels Mantel (oder Ross) Helden, seinen Lieblingen (oder Männern, welche ihre Seele dem Teufel verkauft), verliehen, um sie aus weitester Ferne über Meer und Land noch rechtzeitig zur Abwendung einer drohenden Gefahr in die Heimat zu schaffen: so z. B. den Kreuzfahrer (Heinrich den Löwen) aus dem Gelobten Land auf seine Burg gerade an dem Tage, an dem seine Gattin, die ihn nach Ablauf beredeter Frist für tot halten muss, zur zweiten Ehe schreiten soll. Das Ross Odins (der schwarze, graue Hengst) kommt freilich auch manchmal ohne Reiter, aber gezäumt und gesattelt, um den Helden, dem Vertrage gemäß, zu mahnen, dass es nun Zeit sei, zu sterben, zu Odin zu fahren: d. h. ursprünglich nach Walhall, dann wohl auch in die Totenwelt. – Und im Mittelalter ist es das Ross des Teufels, welches den Unseligen in die Hölle abholt, der unweigerlich folgen muss: so Dietrich von Bern (s. unten Heldensagen Buch VI, VII).

Hieran reihen sich die Sagen von den ENTRÜCKUNGEN der in Berge, Höhlen, in die Unterwelt entführten Könige und Helden: ursprünglich ist der Berg Walhall (s. oben), und die Helden werden, dem Vertrag gemäß, ihnen zu hoher Ehre, in Odins Saals entrückt, wo sie mit andern Einheriarn seine Tafel teilen, schmausen, zechen, Waffenspiele treiben: der Saal im Berge strahlt daher von Gold und Waffen; und der König im weißen Bart ist Odin selbst: erst später ist KARL DER GROSSE im UNTERSBERG oder FRIEDRICH I. im KYFFHÄUSER an des Gottes Stelle getreten. Früh ist aber die TOTENWELT als Ort der Entrückung gedacht: Dietrich von Bern, Karl oder Friedrich gelten dann SELBST als entrückte Helden, als Gäste oder Gefangene der Totenwelt und schlafen hier den Todesschlaf, bis eine weit ausstehende Bedingung erfüllt wird, sie nun auf die Oberwelt zurückkehren und ihrem von Feinden hart bedrängten Volke Hilfe bringen dürfen.[44]

Vor allem als Herr und König von Walhall wird Odin-Wotan verehrt. »WAL« ist der Inbegriff der in der Schlacht nach Wahl der WAL-KÜREN, die darin Odins Weisungen zu folgen haben, Gefallenen: diese alle sind Wal-Vaters Wal-Söhne und gehen ein in Wal-Hall.

Odin erfüllt daselbst in vollendetster Weise alle Pflichten des gastfreien Wirtes, des »milden«, d. h. freigebigen Königs, der die EINHERIAR (Schreckenskämpfer) mit allem ehrt und erfreut, was das Herz eines germanischen Gefolgsmannes in der Halle des Gefolgsherren von diesem nur irgend begehren mag. Ist eine große Schlacht zu bewältigen, aus welcher viele Helden aufsteigen werden in Walvaters Saal, lässt dieser sorglich schon vorher das Mahl rüsten. Ehrerweisend geht er den Ankömmlingen bis an die Schwelle entgegen: seinem Liebling HELGI bot er sogar an, zur Entschädigung, weil gar so früh diesem Helden das Schutzverhältnis gelöst ward (s. unten Heldensagen), die Herrschaft in Walhall mit ihm zu teilen.

Jeden Morgen wappnen sie sich, gehen in den Hof, fällen einander im Kampfspiel mit Wunden, die sofort wieder heilen. Kam der Mittag, so reiten sie heim und setzen sich mit Odin an den Trinktisch. Sie trinken Äl oder Met oder Milch aus dem Euter der Ziege Heidrun und schmausen von Sährimnirs Fleisch.

So leben sie sonder Sorge Tag um Tag für unabsehbare Zeiten (d. h. bis zur Götterdämmerung) in den Freuden des Kampfes, des Schmausens und Zechens, bedient von den schönen weißarmigen Schildmädchen, Wunschmädchen, den Walküren (s. unten), welche die geleerten Hörner sofort wieder füllen: man sieht, die Germanen haben ihren Lieblingswunsch irdischen Lebens einfach nach Walhall übertragen, und man begreift es, dass diese Helden lachend starben in der Schlacht, »freudig sprangen in die Speere und den Tod«, gewiss, zu Walhalls Freuden einzugehen. Wenn aber nun eine plumpe und rohe Auffassung das Heldentum der Germanen auf diesen Wunsch, nach Walhall zu gelangen, zurückführt, erkennt tiefere Forschung in der Seele des Volks, dass umgekehrt der kriegsfreudige Heldengeist unsrer Ahnen jenes Walhallbild geschaffen hat, in welchem nicht »Bier und Schweinefleisch«, sondern die Kampfesfreude, der Siegesruhm, die Ehre, mit Odin den Tisch zu teilen, die höchste Wonne gewährten.

Als Gott der kriegerischen Begeisterung und des Sieges sowie der geheimen Zauberkünste erfüllt er seine Krieger mit Berserkerwut: nackt, ohne Panzer und Schild, springen sie, stärker als Bären und Stiere, gegen die Feinde, welche Odin durch Schreck blendet oder betäubt, während jenen weder Feuer noch Eisen schadet. In den Schlachten seiner Lieblinge kämpft er mit, auf weißem Ross, mit weißem

Schild: oder er bedient sich eines Zauberbogens, der ganz klein aussieht, aber größer wird beim Spannen: zehn Pfeile zugleich legt er auf die Sehne, und zehn Feinde erlegt er auf EINEN Schuss.

Aber Odin ist auch in dem Sturm, welcher, zumal in den Zeiten der Tagundnachtgleiche den bald nahenden Frühling verkündend und Fruchtbarkeit und Wachstum spendend, über die Länder hinbraust: er ist der Anführer des WÜTENDEN HEERES (Wuotis-, auch Muotisheer), der WILDEN JAGD. Jene Naturgrundlage dieser Sagen und Glaubensgebilde ist zweifellos: gerade in den »Zwölf Nächten« von Weihnachten bis zum Tage der Heiligen Drei Könige – also in der Zeit der Wintersonnenwende – »jagt Wotan im Walde die Holzweiblein«, d. h., der Sturm knickt die von weiblichen Wesen beseelt gedachten Bäume. In dieser Zeit hielten wohltätige Mächte ihren segnenden Umgang durch die Gaue: es sind die Lichtgötter selbst, die Asen, an ihrer Spitze ihr König und die Königin, welche zu der Zeit, da das Licht auf Erden am schwächsten gewesen (also etwa November und in den ersten Wochen des Dezembers), Midgard verlassen und sich nach Asgard zurückgezogen hatten, nun aber bei zunehmendem Tageslicht[45] wieder ihren Einzug halten: im Mittelalter, da die Götter zu Teufeln geworden, glaubte man daher folgerichtig, dass um diese Zeit die bösen Geister volle Freiheit und Macht gewinnen, auf Erden zu schalten und zu walten.

Aber obwohl es nun der Teufel ist, der das wilde Heer durch die Lüfte führt, gilt es doch als Vorzeichen großer Fruchtbarkeit des Jahres, wenn man in jenen Nächten das »Muotis-Heer« recht laut ertosen hört – eine Erinnerung an die alte WOHLTÄTIGE[46] Bedeutung dieser Ritte: deshalb, d. h. wegen der Spendung der Fruchtbarkeit, sind unter der wilden Jagd auch so viele WEIBLICHE Gestalten. Im Mittelalter sind im wütenden Heer freilich nicht mehr Götter und Göttinnen, sondern Verbrecher, Selbstmörder, Meineidige, Sonntagschänder, Wildschützen, namentlich auch leidenschaftliche Jäger, welche statt der himmlischen Seligkeit ewige Jagdfreuden sich gewünscht haben.

Es ist auffallend, dass, während doch Jagd neben Krieg eine Hauptbeschäftigung, ja eine Hauptleidenschaft der Germanen war, eine besondre Jagdgottheit, der Artemis-Diana entsprechend, bei ihnen nicht bezeugt ist (abgesehen von ULLR, dem winterlichen Jäger): vielleicht war Wotan als Führer der Jagd durch die Luft auch Gott der Jagd auf Erden.

Aber oft ist es nicht ein Jagdzug, sondern ein Heer von Kriegern, was Wotan durch die Lüfte leitet. Dann führt er die Götter und die Einheriar aus Walhall (oder »aus dem hohlen Berge«) zum Kampfe gegen die Riesen, und es berührt sich hier die Sage mit der oben erörterten von dem errettenden Heere, welches von Karl dem Großen oder von dem Rotbart im Augenblicke höchster Bedrängnis des deutschen Volks aus dem Berge zur Hilfe herausgeführt wird: hört man das wütende Heer, sieht man etwa gar in den Wolken Gewaffnete dahinjagen, so bedeutet dies den baldigen Ausbruch großen Kriegs.[47]

Und nicht nur auf Erden wandert »Wegtamr«, auch am Himmel zieht er unter den Sternen hin: er fährt hier die MILCHSTRASSE (auch »Helweg«) entlang den »ODINS-Weg« oder IRINGS-Weg«, auf einem himmlischen WAGEN – dem bekannten Sternbild –, »Wuotanswagen«, der auch »IRMINS«-[48] oder »KARLS-Wagen« heißt (daher ist Wotan »der ewige Fuhrmann«).

Den Wegen am Himmel entsprechen Wegen, auf Erden in den einzelnen Reichen: so durchzog ENGLAND in der Angelsachsenzeit eine »IRMINGSTRASSE« von Nord nach Süd, und auch die englische »VAETLINGA-STRAET« findet ihre Wiederholung am Himmel. Die großen Heer-, Volks-, Königsstraßen standen unter erhöhtem Friedensschutz, waren Wotan geweiht, und der wandernde Gott war auch der Gott der Wege.[49]

II.
Thor-Donar

Die Naturgrundlage von Odins kraftstrotzendem Sohn[50] Donar, nordisch Thôrr, ist, wie sein Name besagt, das donnernde Gewitter; nach seiner idealen Bedeutung aber ist er der schützende Gott des Ackerbaues und – folgeweise – aller menschlichen Fortschritte.

Der Zusammenhang dieser auf den ersten Anblick befremdenden Verbindung liegt darin, dass das Gewitter nicht in seinen den Menschen und ihren Werken schädlichen, sondern in seinen dem Ackerbau wohltätigen, die Erde befruchtenden Wirkungen als die Naturgrundlage des Gottes gefasst wird: nicht der Blitz, der den Pflüger und sein Rind hinter dem heiligen Pflug erschlägt und die gefüllte Scheune entzündet, nicht der Gewittersturm, der dem Gehöfte das Dach von dem Haupte wirft, nicht der Wolkenbruch, der die Herde dahinschwemmt, oder der Hagel, welcher die Saaten zerschlägt: – nicht solche Wirkungen des Gewitters gehen aus von Donar, dem Beschützer des Baumannes, »der Menschen Freund« –: diese sind vielmehr die Werke seiner Feinde, der Riesen, eines älteren riesischen Donnergottes (Thrymr) und der Sturm- und Hagelriesen. Donars Sendungen, Gaben und Werke sind vielmehr der befruchtende, warme Gewitterregen, welcher das Saatkorn[51] aufquellend keimen lässt und in würzigem Brodem aus den befeuchteten, dunkelbraunen Schollen wieder in die gereinigten Lüfte steigt: sein Atem ist der erfrischende, erquickende Hauch, welcher die brütende Schwüle des Sommertages in die wohlige Kühlung auflöst, und seines kräftigen Armes Tat ist die Zerschmetterung und Zermürbung des öden, unfruchtbaren Felsgebirges durch den Wurf seines nie fehlenden und nach jedem Wurf von selbst in seine Hand zurückfliegenden Steinhammers (die ältesten Waffen und Werkzeuge der Germanen waren von Stein) Miölnir, des Zermalmers[52]: die trotzigen Häupter der Steinriesen trifft er mit zertrümmernden Blitzen[53] und verwandelt allmählich die Schroffen von Kalk, Granit und Basalt, welche jedes Wachstum ausschließen, dem Pflug des Menschen nichts gewähren, zerbröckelnd und verwitternd in fruchtbares Bauland, das dereinst die golden wogende Ernte tragen mag.

So ist der Gewittergott zugleich der Gott des Ackerbaues, der schützende Gott des Bauern[54]: ausdrücklich wird er im Gegensatz zu Wotan, dem Gott der Könige und Helden, der »Bauern-Gott« genannt. Daher zieht er durch die Lüfte auf rollendem Wagen, dessen Räder eben das Geräusch des Donners erzeugen, dem Sämann Segen herunterstreuend: daher wird sein Wagen[55] von den ihm heiligen Ziegenböcken Tann-gniostr und Tann-grisnir, Zahn-Knisterer und Zahn-Knirscher, gezogen: – die Ziege, das Haustier der Armut, folgt dem Menschen nachkletternd bis an die oberste Grenze urbaren Fruchtlandes und unwirtlicher Felsen. Da nun aber mit dem Übergang vom schweifenden Hirten- und Jäger-Leben zu Ackerbau in festen Sitzen der Anfang aller höheren Gesittung gewonnen ist, wird Donar auch zum Gott der menschlichen Kultur überhaupt: sein Steinhammer ist nicht nur Kriegswaffe im Kampfe gegen die Felsriesen, er dient auch friedlichen Zwecken: die Berührung mit dem Hammer weiht das Mädchen zur bräutlichen Frau und heiligt wie den Becher bei dem »Becherfrieden« des frohen Gelages, so die Schwelle des Hauses mit erhöhter Befriedigung: der Hammerwurf bildet auch das uralte Mass bei Landnahme und Landzuteilung, bei der Ansiedlung.[56] Der Hammer schlägt die ehrwürdigen Marktsteine in den Boden, er festigt die Wegsäulen, er schlägt die stämmeverbindende Brücke und lässt die Grenzen »enden und wenden«: ja er, der »Weiher« (vêorr), weiht zuletzt noch den Scheiterhaufen, auf welchen fromme Hände den Toten zur letzten Ehrenfeier gebettet.

Dieser Gott des germanischen Bauers ist nun aber – und das ist Donars Bedeutung als Ausdruck des germanischen Volksgeistes – niemand anders als: der germanische Bauer selbst, wie er leibt und lebt, wie er arbeitet und rastet, wie er zecht und schmaust, wie er einen guten, derben Spaß gern antut und gern verträgt, gutmütig im Gefühl der gewaltigen Kraft, plump, oft überlistet, aber auch, wenn gereizt, unbändig und ungetüm in alles zerschmetterndem Jähzorn. Diese wohl bekannten Züge aus dem breiten Gesicht des germanischen Bauers: – wir finden sie alle wieder in dem Bild, das uns die alten Sagen vom rotbärtigen Gott des Donners zeichnen.

Der germanische Bauer ist der beste Bauer der Erde: sein Fleiß, seine unermüdliche, liebevolle Hingebung an Pflug und Ackerwerk haben ihn dazu gemacht; unablässig schafft und ringt er gegen die Ungunst der Natur; er gerät in Eifer, in einen wahren Zorn der Arbeit, wo es gilt, dem Boden urbar Land abzugewinnen. Denselben Zug hat Donar: unablässig, unermüdlich ist er hinter seiner Bauarbeit her: diese aber besteht nicht darin, hinter dem Pfluge zu gehen: – erst muss Boden für den Pflug gewonnen sein: und diesen Boden zu gewinnen, ist Donar unaufhörlich unterwegs[57] im Kampf mit den Steinriesen: wo er nur ein solches Fels-Ungetüm noch unbezwungen ragen weiß, dahin fährt er sofort auf dem rollenden Wagen, ihm den harten Schädel zu spalten; er gerät in hellen Zorn, wo er die spröden Gesellen trifft, er weichet nicht, bis sie zermürbt sind: es ist der germanische Bauer der Urzeit, der einen grimmen Kampf ums Dasein mit dem Gestein des Felsgebirges führt: die STAHLHANDSCHUHE des Gottes, welche er führt, sich an dem glühenden[58] Blitzhammer nicht die Hand zu verbrennen, sind die festen, arbeitharten Fäuste des deutschen Pflügers, der zauberkräftige Stärkegürtel (Megin-Giardr) des Gottes aber, der immer wieder neue Kräfte leiht (»die Kraft verdoppelt«), wenn man ihn fester anzieht, ist der Entschluss unweichender Ausdauer, die nimmer erlahmt.

Auch äußerlich spiegelt die Erscheinung des Gottes den germanischen Bauer wider: er ist nicht fein, zierlich oder von natürlicher Anmut wie Baldur, nicht geheimnisvoll, großartig, erhaben-schön wie Wotan: breitknochig, breitschultrig, breitbackig, mit wirrem, fuchsrotem[59] Bart rund um das Kinn und die Wangen, wie ihn heute noch der westfälische Landmann trägt, um ihn fliegend im Wind oder in der Wut, wenn er zornig darein bläst: derb, ja plump, langsam, ungefüg, von schwerfälliger Bewegung, aber von unwiderstehlicher, bärenstarker Kraft.

Der deutsche Bauer, sagten wir, ist ein trefflicher Bauer: aber er ist auch ein sehr starker Esser und Trinker.

Auch darin ist Gott Thor ein Vorbild – oder richtiger: ein NACHBILD! – des germanischen Bauers, dessen Verzehrungsvermögen man in den Polizeiordnungen des Mittelalters bei den Schmäusen zur Taufe, Kirchweih, Hochzeit und Begräbnis von Amts wegen Schranken ziehen musste. In einem der schönsten, weil abgerundetsten und einheitlichsten, Lieder der Edda, HAMARSHEIMT, des Hammers Heimholung, oder THRYMSQUIDA, das Lied vom Riesen Thrym (oder nordisch: Thrymr), wird uns erzählt, wie Thor, dem, während er schlief, der Riese Thrym[60] seinen Hammer entwendet hat und nur zurückgeben will, wenn ihm Freya als Braut zugeführt wird, sich als Freya verkleidet zu dem Riesen begibt und hier beinahe durch sein ungeheures Zulangen bei dem

Hochzeitsschmaus sich verrät: die Braut verzehrt einen ganzen gebratenen Ochsen und acht Lachse, ferner sämtliches süße Gebäck, welches für ALLE Mädchen und Frauen bestimmt gewesen war, und trinkt dazu drei Kufen Met. Der Bräutigam wundert sich: »Wer sah«, meint er kopfschüttelnd, »wer sah je Bräute so gierig schlingen! Nie so viel Met sah ein Mädchen ich trinken.« Der schlaue Loki, der, als Freyas Magd verkleidet, daneben sitzt, weiß freilich Rat, um den durch seinen eignen Durst beinahe verratenen Freund herauszulügen: acht Tage und Nächte, erklärt er entschuldigend, habe die Braut nichts genossen – vor Sehnsucht nach dem Bräutigam. Dadurch ist Zeit gewonnen, bis der ersehnte Hammer herbeigebracht wird, die Braut zu weihen! – Sofort ergreift der Gott die vertraute Waffe – das Herz lacht ihm im Leibe, wie er sie wieder schaut – und zerschmettert dem Riesen und sämtlichen Gästen von dessen Sippe die harten Häupter.

Auch das Plumpe, Ungeschlachte und Ungefüge, das dem germanischen Bauer anhaftet und seine gewaltige Kraft zuweilen ratlos erscheinen macht, die Unbeholfenheit der Glieder und der Seele, spiegelt sich in seinem Gott. Nach der Schilderung des erwähnten Liedes wäre der starke Gott, der sich im Schlafe seine geliebte Waffe hat entwenden lassen, mit all seiner furchtlosen Stärke nie dazu gelangt, seinen Hammer auch nur wieder zu sehen, hätten nicht andre für ihn kluge Listen ersonnen: darauf weigert er sich noch, sie auszuführen, er sträubt sich in seiner bedächtigen Ernsthaftigkeit, Freyas Kleider anzulegen: »mich würden die Asen weibisch schelten, legt ich das bräutliche Linnen mir an« – und gebärdet sich dann, auch nachdem er in den Plan gewilligt, so gröblich ungeschickt, dass er in der Ausführung jeden Augenblick alles zu verderben droht. Und ebenso spielt er in manchen andern Abenteuern, die er auf seinen Fahrten erlebt, häufig die Rolle des (ungeachtet seiner Bärenstärke: – bezeichnend ist sein Beiname »Björn«, der Bär) und trotz seines nie erschrockenen Mutes durch seine List Geprellten und Gefoppten (bei den Wanderungen, welche die Götter-Trilogie Odin, Loki und Thor in Gemeinschaft unternimmt, trägt Donar oft die Prügel davon, eine Rolle, in welcher ihn nach der Annahme des Christentums bei den legendenhaften Wanderungen von Christus, Johannes und Petrus der letztgenannte Apostel ablöst), bis er etwa, spät genug, die Tücken entdeckt, die Geduld ihm reißt und nun freilich nichts der gereizten Kraft des Zornigen widersteht, der mit seinem Hammer allen Widerstand in Trümmer und Scherben schlägt –: wer kennt hier nicht die Rolle wieder, welche die schlichte deutsche Kraft, der »deutsche Michel« – man verzeihe die Erinnerung an eine für immer vergangene Zeit! –, durch fünf lange Jahrhunderte oft genug gespielt hat? Denn auch der Zug schlichter Gutmütigkeit, die sich hochherzig der ungeheuren Kraft nur spät und zögernd[61] zur Abwehr bedient, die kleine Verstöße, zumal Schwächeren, gern nachsieht und wohlwollend, kindlich, freundlich den Geringeren hilft, fehlt nicht im gutmütigen Gott des gutmütigsten aller Völker. Auf einer seiner Fahrten spricht er in der Hütte armer Bauersleute ein, welche ihm, da sie selbst gar nichts haben, keine Speisung bieten können: da lässt er seine eignen beiden Ziegenböcke schlachten und nährt davon seine Wirte und deren Kinder.

Endlich aber – auch die unwiderstehliche Kraft und Tapferkeit des Riesentöters ist das Bild des germanischen Wehrmannes: hat der Feind seinen Grimm geweckt, dann »fährt Asa-Thor in seine ganze Stärke«: er bläst in seinen fliegenden roten Bart, lässt den furchtbaren »Bartruf« ertönen, stürmt grad an wider den Feind und schleudert mit niemals fehlender Hand den alles zerschmetternden Hammer.

Der Aufgabe Thors, den Ackerbau zu schützen, entsprechen die meisten an ihn geknüpften Sagen. So die, wie er zu seinem Knechte Thialfi kam. Auf einer seiner Fahrten kehrt der Gott bei einem Bauern ein, schlachtet selbst seine beiden Böcke und gebietet dabei nur streng, die Knochen, ohne sie zu versehren, auf die beiden Bockshäute zu werfen. Als aber am andern Morgen der Gott durch seinen zum Leben neu erweckenden Hammer – ein Zug, der durch viele heidnische Sagen und christliche Legenden geht – die beiden Böcke wieder belebt hat, lahm der eine Bock am Hinterbein: Thialfi (»Arbeit«), des Bauern Sohn, hatte, um das Mark zu schlürfen, den Röhrenknochen zerschlagen. Den Zorn des Gottes zu beschwichtigen, gibt der Bauer seine beiden Kinder zur Buße hin, Thialfi und dessen Schwester Roskwa (die Rasche), welche fortab den Gott überallhin als seine Diener begleiten.[62]

Ähnliche Bedeutung hat die Sage von Thors Kampf mit dem Riesen Hrungnir. Beide hatten sich zum Zweikampf ein Stelldichein gegeben an der Ländergrenze bei Griôtûnagardr. Die Riesen gesellten ihrem Vertreter einen Diener Möckurkalfi, den sie aus Lehm schufen, neun Rasten (ein Wegmaß, eine Strecke, nach deren Zurücklegung man füglich rasten mag) hoch und unter den Armen drei Rasten breit: sie setzten ihm das Herz einer Stute ein, das aber nicht viel taugte, denn als Thor nahte, geriet Möckurkalfi in schimpfliche Furcht. Hrungnir dagegen hatte ein Herz von hartem Stein: Stein war auch sein Haupt, Stein sein Schild, und die Keule oder Stange, welche er auf der Schulter trug, ein Schleifstein. Thor kam begleitet von Thialfi: dieser riet Hrungnir, er möge den Schild nicht vor sich halten: denn von unten werde Thor ihn angreifen: darauf warf jener den Schild auf die Erden und stellte sich darauf. Nun begann der Kampf zwischen Thor und Hrungnir, Thialfi und Möckurkalfi. In Asen-Zorn fährt der Gott gegen den Riesen und schleudert den Hammer: Hrungnir hebt abwehrend die Schleifsteinstange, diese bricht, ein Stück fällt zur Erde, und daraus sind alle Wetzsteinfelsen auf Erden entstanden. Das zweite Stück aber fuhr in Thors Haupt, sodass dieser vornüberfiel: zugleich aber hatte Miölnir des Riesen Schädel in tausend Stücke zerschmettert, dieser stürzte ebenfalls nach vorn, und sein ungeheurer Fuß kam auf Thors Hals zu liegen, sodass dieser sich nicht erheben konnte. Vergebens mühte sich Thialfi, der inzwischen seinen Gegner erlegt hatte, ihm zu helfen, vergebens auch alle herbeigeeilten Asen. Nur Thors Sohn Magni, der doch erst drei Winter alt war, konnte es: der Knabe meinte lachend, mit der Faust hätte er den Riesen erschlagen. Da fuhr Thor heim, aber der Stein stak noch in seinem Haupt. Eine Zauberin Grôa, die Mutter Örwandils, des Recken, ward geholt: sie sang ihre Zauberlieder über seinem Haupt, und schon lockerte sich der Stein. Da wollte Thor ihr danken durch die frohe Kunde, er habe von Norden her über die Eli-wagar watend ihren Sohn in einem Korbe aus Riesenreich davongetragen (der also, müssen wir annehmen, dort gefangen gehalten worden war). Als Wahrzeichen gab er an, Örwandil habe sich eine aus dem Korbe hervorragende Zehe erfroren, Thor habe sie abgebrochen und sie an den Himmel geworfen, wo sie zu dem Sternbild »Örwandils-Zehe« geworden sei: Örwandil selbst werde nun bald kommen. Darüber freute sich Grôa so sehr, dass sie ihrer Zauberlieder vergaß – und so steckt heute noch der Stein im Haupte Thors.[63]

Diesen Mythus hat Uhland wunderschön gedeutet: Hrungnir, ganz von Stein, ist die dem Anbau widerstrebende Steinwelt (von at hruga, aufhäufen, also das hoch übereinander getürmte Felsgebirge): »Grot-tuna-gardr«, der Ort des Kampfes, ist die Grenze zwischen Steingebild und Bauland; denn grot, »Gries«, ist Geröll, tun, Zaun, gardr, Gehege: Thialfi ist die menschliche, bäuerliche Kraft, diese ist gewöhnt, von unten herauf das Gebirge zu bearbeiten: aber Asathor fährt von oben einher. Mit dem langen, breiten

Lehmstreifen, der wenig widerstandsfähig ist, d. h. mit Möckurkalfi, wird auch Menschenkraft fertig: die Steingebirge zerschmettert nur der Gewittergott. Der stürzende Riese begräbt beinahe Thor selbst: verschüttende Bergstürze, Thors eignes Werk, bedrohen das Bauland; gerettet wird er durch seinen obzwar noch ganz jungen Sohn Magni: die personifizierte Willenskraft der Asen; das Stück Gestein, das in Thors Haupte stecken bleibt, ist das Gestein, das auch im urbaren Feld der Pflug oft noch findet. Grôa (vgl. neuenglisch to grow) ist das Wachstum, das Saatengrün, welches vergeblich bemüht ist, jene Steine zu überdecken, Thors Wunden zu heilen: der Sohn Ör-wandil (der mit dem Pfeil, ör, arbeitende) ist der spitze Fruchtkeim, der aus der Saat hervorstreben und aufschießen will. Thor trägt ihn über die Eisströme im Korb: d. h., er hat das keimende Pflanzenleben unter der schützenden Schneehütte vor der Winterkälte geborgen: aber »allzu keck« hat der Keim eine Zehe vorgestreckt und sie erfroren.[64] In der Heldensage ist Thor zu Dietrich von Bern geworden: daher steckt in Dietrichs Stirn seitdem ein Stein wie in Thors Haupt. Örwandil aber wird zu dem Orendel der Heldensage, der ist der »Älteste aller Helden«.

Thor ward als Blitzschleuderer, als Donnerer von Römern, Griechen und andern Fremden, ja im deutschen Mittelalter auch von unserm Volk vielfach mit Jupiter-Zeus verwechselt: so heißt der Donnerstag im Latein des Mittelalters »dies Jovis«, die zu Geismar von Winfried zerstörte Donnerseiche »robur Jovis«, die vielen Donnersberge »montes Jovis«, die Pflanze Donnerbart »barba Jovis«.

Aber auch als Herkules ward Thor aufgefasst wegen des der Keule entsprechenden Hammers, mehr noch wegen seiner Fahrten, in welchen er als Beschirmer des Menschen gegen riesische Ungetüme auftritt. Wie es nun des Herkules meist bewunderte Tat war, dass er in die Unterwelt eindrang und dort den Höllenhund Cerberus bezwang, so ist auch Thor sieghaft in die Unterwelt hinabgestiegen.

Mit Loki und dem getreuen Thialfi wanderte er einmal ostwärts gegen Riesenheim: in einem großen Walde nahmen sie Nachtlager in einer leeren Hütte. Um Mitternacht entstand ein Erdbeben: die Hütte schwankte: sie flüchteten in einen Anbau der Hütte. Bei Tagesanbruch fanden sie im Wald einen Mann liegen, der war nicht klein. Er schlief und schnarchte: da merkten sie, dass dies Schnarchen das Erdbeben gewesen. Erwacht und befragt, nannte er sich Skrymir: »Dich brauch ich nicht zu fragen, ich kenne dich, Asathor! Aber wo hast du meinen Handschuh?« Mit diesen Worten streckte er den Arm aus und hob seinen Handschuh auf: da sah Thor – und nicht ohne Staunen! –, dass dieser Handschuh die Hütte und der Däumling der Anbau gewesen war. Thor, Thialfi und der Riese wandern nun zusammen: abends legen sie sich unter eine Eiche: Skrymir schläft ein. Vergebens strengt Thor alle Kräfte an, die Schnüre des Speisebündels zu lösen, welche der Riese zusammengezogen, und obwohl er mit dem Hammer zuschlägt, vermag er den Schläfer nicht zu wecken. Der Riese meint, im Schlafe, träumend, bei den wuchtigen Schlägen nur, es sei ihm eine Eichel auf den Kopf gefallen. Am Morgen trennen sie sich. Skrymir sagt, die Fremden würden nun bald zu der Burg Utgard des Königs Ut-gard-Loki gelangen: dort möchten sie sich, riet er, nur ja recht bescheiden betragen: denn die Hofmänner jenes Königs würden Übermut von solchen Bürschlein nicht ertragen – (Der Scherz der ganzen Erzählung ist, dass das sonstige Verhältnis zwischen Thor und den Riesen geradezu auf den Kopf gestellt wird.) – Das Gitter der Burg vermögen Thor und Thialfi nicht zu öffnen: so müssen sie sich denn – recht demütigend – durch die Stäbe hindurchschmiegen. Utgardloki erwidert ihren Gruß nur äußerst geringschätzig und wundert sich vor allem, dass

Asa-Thor gar so klein sei! Nun beginnen Wettspiele der Gäste mit den Hofleuten des Königs: gegen Loki tritt ein Logi auf: sie wetten, wer stärker essen könne: Loki isst alles Fleisch von den Knochen, aber Logi die Knochen und den Trog dazu! Thialfi wird von Hugi im Wettlauf überwunden. Nun soll Thor ein Horn leeren, das einige von des Riesenkönigs Leuten in einem Zug, auch seine schwächsten Trinker aber in drei Zügen leeren! Thor jedoch vermag, so viel er schluckt – und er vermag es (s. oben) –, kaum eine Minderung in dem Horn merklich zu machen. Dann soll er Utgardlokis graue Katze vom Boden aufheben: aber nur einen Fuß lupft die Katze auf, so gewaltig Thor sich müht. Endlich soll er ringen mit einem alten Weib (!), Elli, des Königs Amme: aber die Alte steht unerschütterlich, während Thor bald ins Knie sinkt. Sehr bestürzt finden sich die Gäste in allen Kraftproben unterlegen. Als aber am folgenden Tage der König sie verabschiedet, deckt er ihnen auf, dass sie gestern nur durch ein Blendwerk getäuscht worden: zuerst habe er in Skrymirs Gestalt jenes Bündel mit Eisenbanden zusammengeschmiedet, dann gegen die Hammerhiebe Felsstücke vorgehalten, in welche Miölnir tiefe Lücken geschlagen; Logi war das Wildfeuer (der Blitz), Hugi der Gedanke, das Horn war nicht zu leeren, weil das andre Ende im Meere lag; die »kleine Minderung« bedeutet die Ebbe. Die graue Katze war niemand Geringerer als die Midgardschlange, und Elli war das Alter, »das die Stärksten zu Falle bringt«. Der Riesenkönig Utgardloki ist der Todesgott, sein Reich die Unterwelt: füglich mag das Alter des Todes Amme heißen.[65]

Ganz ähnlich gestaltet sind die beiden Sagen von Thors Fahrten nach Geirrödsgard und zu dem Riesen Hymir.

Loki, dessen gefährliche Vielgeschäftigkeit die Götter gar oft in schlimme Lagen bringt, war, zur Kurzweil und aus Neugier, einmal in dem von Freya entliehenen Falkenhemd (s. unten Freya) auf Abenteuer ausgeflogen, kam in Riesenreich an die Halle Geirröds und guckte zum Fenster hinein. Er wird ergriffen: an den Augen merkt der Riese, dass jener kein Vogel, sondern ein Mann sei: und da Loki nichts gesteht, sperrt er ihn in eine Kiste und lässt ihn drei Monate hungern. Das macht den Falken kirre: er gesteht, wer er sei, und erkauft sich die Freilassung durch das Versprechen, Thor ohne seinen Hammer und Stärkegürtel nach Geirrödsgard zu schaffen: – also waffenlos. Der mutige Thor geht gutherzig auf das gefährliche Wagnis ein, des Genossen Wort einzulösen. Unterwegs entleiht er von einer Riesin Grid (nordisch Gridhr, der Mutter des »schweigsamen Asen« Widar) deren Stärkegürtel, Eisenhandschuhe und Stab. Der Strom Wimur, aller Flüsse größter, sperrt ihren Weg: da umspannt sich Thor mit jenem Gürtel, stemmt der Riesin Stab gegen die Strömung und watet hinein, Loki hält sich unten an Thors Gürtel. Der Strom wächst plötzlich, dass er Thor bis an die Schultern steigt, aber der Siegbewusste ruft: »Wachse nicht, Wimur, nun ich waten muss hin zu des Riesen Hause: wisse: wenn du wächsest, wächst mir die Asenkraft eben hoch dem Himmel!« Alsbald merkt er, dass Gialp, Geirröds Tochter, quer über den Fluss gestellt, das Steigen des Wassers verursacht. Er vertreibt sie durch einen Steinwurf und lacht: »An der Quelle muss man den Strom stauen.« Am Ufer ergreift er einen Vogelbeerstrauch und schwingt sich ans Land, daher der Spruch: »Der Vogelbeerstrauch ist Thors Rettung.« In Geirröds Halle findet sich nur ein Stuhl: kaum hat sich Thor darauf gesetzt, schnellt der Tückische gegen die Decke: aber Thor stemmt Grids Stab zwischen Stuhl und Dachgebälk und drückt den Stuhl zu Boden: da begab sich groß Schreien und Krachen: Geirröds Töchtern, jener Gialp und der zweiten, Greip, waren die Genicke gebrochen (sie hatten offenbar heimtückisch unter dem Stuhle kauernd diesen hochgehoben). Im Wettspiel schleudert der Riese einen glühenden Eisenkeil auf Thor:

aber dieser fängt ihn mit den Eisenhandschuhen der Riesin in der Luft: nun flüchtet Geirröd hinter einen Pfeiler: aber Thor wirft den Keil durch den Pfeiler, durch des Riesen Leib, durch die Wand und draußen noch in die Erde.

Sehr sinnreich und poetisch ist auch hier Uhlands Deutung: Geirröd ist ein Riesendämon der Gluthitze, des Hochsommers, der sich in flammenden Blitzen und in Wolkenbrüchen entladet: seine Töchter, die »Lärmende« und die »Greifende«, sind die dem Ackerbau so verderblichen Überschwemmungen der Bergströme nach Hochgewittern. Diese Gewitter gehen nicht von Thor aus, er bekämpft sie vielmehr: seinen Hammer hat er eben deshalb diesmal nicht bei sich: denn nicht er sendet diese Blitze: der Hochsommer in der schädlichen Gluthitze ist riesisch.[66]

Der Vogelbeerstrauch wird Thors Rettung, weil »zur Zeit, da diese Beeren reifen, die schädlichen Gewitter nachlassen«[67]. Der Stuhl ist die Brücke: Brückenbauten, wie alle Kulturwerke, sind Thors Schutz befohlen: von dem darunter brausenden, überschwemmenden Bergstrome werden die Brücke und die ihr Vertrauenden, über sie Hinschreitenden schwer gefährdet: die Unholdinnen, unter ihr sich hebend, drohen, sie nach oben hin zu zersprengen, aber Thor schützt den ihm geheiligten Bau, hält die Brücke aufrecht und beugt die Wildwasser nieder.[68]

Bei der Fahrt zu Utgardloki war der starke Gott wenigstens scheinbar erlegen, er war wenigstens gefoppt. Zornmütig beschloss er, das zu rächen, zumal an seiner alten Feindin, die ihn als »graue Katze« getäuscht hatte: an der Midgardschlange. Eilfertig, ohne Wagen und Böcke, ging er in Gestalt eines Menschen über die Erde hin und kam abends zu einem Riesen Ymir. Am andern Morgen machte der sich fertig, aufs Meer hinauszurudern zum Fischfang. Thors Bitte, ihn mitzunehmen, weist er zuerst recht geringschätzig ab: »Wenig wirst du mir helfen, Bürschlein, bist ja so klein und jung. Auch wird dich frieren, fahre ich so weit hinaus und bleibe ich so lang draußen, wie ich pflege.« Thor ärgerte sich furchtbar: am liebsten hätte er den großen Lümmel gleich totgeschlagen: aber er bedachte, dass er ja Größeres vorhabe, und erwiderte nur: seinetwegen möge der Riese nur so weit hinausfahren, wie er wolle: es werde sich erst noch zeigen, wer von beiden zuerst nach der Rückkehr verlangen werde. Da sagte Ymir, er möge sich selbst einen Köder besorgen. Thor war nicht faul, ging hin, wo er Ymirs Rinderherde weiden sah, packte den größten Stier, der »Himrisbriotr« (Himmelsbrecher) hieß, riss ihm das Haupt ab und nahm es mit in das Boot. Hier ruderte er mit zwei Rudern so gewaltig, dass Ymir zufrieden brummte und bald halten wollte: hier sei sein gewöhnlicher Fischplatz. Aber Thor fuhr lustig weiter: Ymir warnte, hier sei es bereits gefährlich – so weit draußen – wegen der Midgardschlange: allein Thor fuhr noch weiter, sehr zum Verdruss des Riesen, der vielleicht jetzt Gefahr für seine Gesippin ahnte. Thor zog nun die Ruder ein, steckte das Ochsenhaupt an einen gewaltigen Haken, der an entsprechend starker Schnur hing, und warf aus. »Da mag man nun sagen«, meint die Edda, »dass diesmal Thor die Midgardschlange nicht minder zum Besten hatte, als er damals in Utgardlokis Halle war geneckt worden« – sie erblickt also in diesem Abenteuer die Vergeltung!

Kaum war der Haken zu Grund gefahren, als die Schlange nach dem Ochsenkopf schnappte und die Angel ihr im Gaumen haftete: als sie das merkte, riss sie so stark, dass Thor mit beiden Fäusten auf den Schiffsrand geworfen ward. Da ward er aber sehr zornig, fuhr in seine Asenstärke (nahm nun vermutlich seine wahre, hochragende Göttergestalt an, wie aus dem Nächstfolgenden zu schließen), sperrte sich so stark mit beiden Füßen gegen den Schiffsboden, dass er diesen durchstieß und sich nun auf den Grund des

Meeres stemmte: so zog er die Schlange herauf an Bord: »und war das der schrecklichste Anblick, wie jetzt Thor die Augen gegen die Schlange schärfte, diese aber von unten ihm entgegenstierte und Gift wider ihn blies«.

Da erbleichte der Riese und wechselte die Farbe vor Schrecken, als der den Drachenwurm sah, und wie die See im Boot aus- und einströmte: und als nun Thor den Hammer fasste und in die Luft schwang, das Scheusal zu zerschmettern, sprang der Riese hinzu mit seinem Messer und zerschnitt Thors Angelschnur: die Schlange versank – gerettet durch ihren Gesippen – in die See; Thor warf ihr den Hammer nach, und die Leute meinen, er habe ihr da unter dem Wasser das Haupt abgeschlagen. »Aber ich glaube, die Wahrheit ist: die Midgardschlange lebt noch und liegt tief in der See« – eine Andeutung des letzten tödlichen Kampfes Thors mit ihr –, »Thor aber schwang gegen den Riesen die Faust und traf ihn so an das Ohr, dass er über Bord stürzte und die Fußsohlen sehen ließ. Da watete Thor an das Land.«

Anders gestaltet diese Sage ein jüngeres Lied der Edda, Hymis-Kwida. Danach stellt Ögir, der (riesische) Meergott, bei dem die Asen ein großes Gastmahl halten wollen, die Bedingung, dass Thor, dem er wegen alter Händel grollt, den für das Brauen des Festbieres erforderlichen Kessel herbeischaffe: wie auch sonst oft in Sage, Märchen und Schwank ist es bei solchem Auftrag, solcher Aussendung auf Abenteuer auf den Tod oder doch die Demütigung des Beauftragten abgesehen, aber das Werk schlägt zu einem Sieg, zu seiner Verherrlichung aus.[69] Die Götter wissen keinen solchen Kessel und sind ratlos: da sagt dem Donnergott Tyr, der Kriegsgott (s. unten), sein Vater, der Riese Hymir, der im Osten der Eliwagar an des Himmels Ende wohne, habe einen meilentiefen Kessel, dessen man durch List sich wohl bemächtigen möchte. Thor und Tyr ziehen nun aus, den Kessel zu holen. Als sie in die Halle des Riesen treten, trifft da Tyr seine väterliche Großmutter, die ihm leidige: »Sie hatte der Häupter neunmal hundert«. Aber des Riesen junge Frau (doch wohl Tyrs Mutter), »allgolden, von lichten Brauen«, empfängt sie wirtlich, rät jedoch sogleich, sich vorerst vor ihrem Gatten, wann dieser heimkehre, zu verbergen, denn der sei oft Gästen gram und grimmen Sinnes. Als nun der Riese spät in der Nacht von der Jagd nach Hause kommt, dröhnen Eisberge, wie er eintritt: auf seinem Kinn starrt ein Bart wie ein Wald und ist Eis gefroren. Seine Frau bringt ihm bei, dass außer seinem Sohne Tyr auch Thor gekommen sei, der Menschen Beschützer, der Riesen Gegner: »Dort hinter der Säule stehen sie.« Da blickt der Riese so grimmig auf die Säule, dass sie zerspringt, die Kessel oben auf dem Querbalken fallen herab: acht zerbrechen, nur einer bleibt ganz – es ist der gesuchte.

Die Gäste werden nun sichtbar: widerwillig rüstet der Riese das Mahl für sie: drei Stiere lässt er schlachten, aber zwei davon verzehrt Thor allein. – Da brummt der Riese, die Speise für morgen müsse man erst durch Fischfang gewinnen. Am andern Tage fahren nun Hymir und Thor zum Fischfang in die See, der dann ähnlich verläuft wie in der vorigen Erzählung: Hymir zieht zwei Walfische zugleich, Thor die Midgardschlange hervor, welche aber – hier ohne Arglist des Riesen – wieder entkommt.

Der Riese bleibt daher hier noch leben: er stellt Thor die Wahl, ob er die Walfische nach Hause tragen oder das Boot am Ufer befestigen wolle. Der Gott tut aber mehr als dies, indem er das Schiff, ohne vorher das Wasser auszuschöpfen, samt allem Schiffsgerät aufhebt und zugleich mit den beiden Walfischen in des Riesen Felsenhöhle trägt. Diesem wird es immer unheimlicher: gleichwohl will er trotzig die Götterkraft nicht anerkennen, wenn der Gast nicht einen großen Kelch zerbrechen könne. Wohl wirft Thor den Kelch durch Steinsäulen hindurch, aber unzerbrochen bleibt der

Kelch. Da rät ihm (wohl heimlich) die freundliche Frau, den Kelch dem Riesen an den Kopf zu werfen, der sei härter als alles andre: Thor tut so, des Riesen Kopf bleibt unversehrt, aber richtig! – der Kelch zerspringt. »Nun seh ich meine liebste Lust verloren, da der Kelch in Stücken liegt«, klagt der Riese: doch muss er jetzt die Stärke Thors gelten lassen. Er meint nur noch, ob sie wohl den großen Kessel aus der Halle hinauszuheben vermöchten? Zweimal bemüht sich Tyr vergeblich: – er kann die Last gar nicht in Bewegung setzen. Da fasst Thor den Kessel am Rand, sperrt die Füße so stark, dass er den steinernen Estrich durchtritt, hebt den Kessel hoch auf sein Haupt und schreitet stolz und sieghaft mit dem so erbeuteten Kleinod aus der Höhle, Tyr folgt ihm, und die mutvollen und stolzgemuten Asen fürchten den Riesen so wenig, dass sie lange fortwandern, ohne sich auch nur umzuschauen. Endlich blickt sich Thor um. »Da sah er aus Höhlen mit Hymir von Osten viel gehauptetes Volk ihm folgen: da harrt er und hob von dem Haupte den Hafen, schwang mächtig den mordenden Miölnir entgegen und fällte sie alle, die Felsungeheuer, die ihn anfuhren, in Hymirs Gefolge.«

Wir übergehen die zum Teil sehr gewagten Versuche, diese Sage zu deuten[70], und erinnern nur, dass sie in zahlreichen Märchen nachklingt: so wird die Mutter des Riesen, »die leidige«, zu des Teufels Großmutter, welche viel ärger ist als der Teufel selbst, während der Riese an den Menschenfresser erinnert, vor dem sich Klein Däumling versteckt (»ich riech, ich rieche Menschenfleisch« bis er durch Rat und List der wohlwollenden und schönen Frau des Riesen gerettet wird.[71]

III.
Tyr-Ziu

Dieser Gott des Krieges ist gewissermaßen eine vereinzelte Seite Odins, der ja auch, unter andern Bedeutungen, die eines Gottes des Kampfes hat, sofern er die Kampfeswut einhaucht, Schlachtordnungen erfindet und stellt, Kriegspläne entwirft und den Sieg verleiht. Daher heißt Tyr ein SOHN Odins, d.h. ein einzelner Ausfluss seines Wesens, wie der Götterglaube dies Verhältnis auszudrücken liebt, und Odin trägt mancherlei mit Tyr zusammengesetzte Namen: z.B. Hreida-tyr, Hanga-tyr usw.; Tyrs Mutter bleibt ungewiss, vielleicht die Erdgöttin.

Tyr ist nun aber recht eigentlich der Kriegskampf selbst, er ist ein Schwertgott: daher wird er unter dem Zeichen des Schwertes dargestellt. Er war ohne Zweifel der Gott, welchen das suevische Volk der QUADEN anrief, indem es bei »gezogenen Schwertern, welche sie wie Götter verehren«, eidete: natürlich haben die Quaden nicht ihre eignen Waffen angebetet, sondern das Schwert war nur dem Kriegsgott heilig und sein Wahrzeichen. Daher heißt er geradezu auch HERU, d.h. Schwert, woher CHERUSKER und HERULER ihre Namen führen wie die SUARDONEN von »Schwert«. Daher wird er, weil das Schwert nur EINE Klinge hat, einarmig dargestellt: wir werden sehen, bei welchem Anlass er den andern Arm eingebüßt hat. Auch sein Name: SAXNÔT bei den SACHSEN, SAXNEÀT bei den Angelsachsen geht hierauf: der »SACHS« oder »SAHS« ist das »Kurzschwert« (im Gegensatz zu dem »Langschwert«, der spatha), das ursprünglich, in der Steinzeit, aus Stein bestand (sahs, Stein, Fels, vgl. lateinisch saxum).

Der nordische Name Tyr bedeutet: »leuchtend« (gotisch Tius) und sprießt aus der gleichen Sanskritwurzel, aus welcher griechisch ZEUS, lateinisch DJUS-pater (Jupiter, Genit.

Jovis statt Djovis) stammen: auch die griechischen und lateinischen Wörter für Gott (THEOS, DEUS), dann lateinisch DIES, TAG, althochdeutsch ZIORI (zier) sind verwandt. Vielleicht war Tyr ursprünglich auch ein Gott des Himmels, daher der »Glänzende«.

Er war so wichtig, dass, wie Wotan dem Mittwoch (Wodans-dag, neuenglisch: Wednesday), Donar dem Donnerstag, er dem Dienstag den Namen gegeben hat. Dieser hat mit Dienen nichts zu schaffen und ist nicht etwa gar Diensttag zu schreiben: sondern ist nordisch Tys- (Genit. von Tyr) dagr, alamannisch ZIES-TAG (von ZIU, ZIO: daher hießen die Schwaben ZIU-WARI, Ziusmänner, ihre Hauptstadt AUGSBURG: ZIES-BURG), bayerisch ER-TAG, ERCH-TAG, von Eru, vielleicht daher auch die sächsische ERESBURG nahe der IRMINSUL, welche aber auch Heeres- und Meresburg heißt. Er war der Schwaben-Alamannen besonders gefeierter Gott, wie schon früher der TENCHTERER, welche einen Hauptbestandteil der späteren Alamannen ausmachten. Daher gleicht auch die Rune, welche Tyrs Name bedeutet, dem Schwert: ↑, ähnlich die angelsächsische Rune EOR, d. h. Eru: Dieses zaubermächtige Zeichen ward in Waffen geritzt oder gebrannt als Siegrune. Das Wort »Zeter«, »Zetergeschrei« geht auf Ziu zurück, d. h. ursprünglich den Kriegsgott anrufen, den Waffenruf erheben bei plötzlich drohender Gefahr. Manche Berge waren ihm geweiht: in Ortsnamen tönt er fort, der SEIDELBAST (daphne mezereum) hieß ursprünglich »ZIO-LINTA«; den heutigen Ausdruck hat erst die Volks-Wortdeutung aufgebracht, als man den Sinn des alten Namens vergessen hatte. Im christlichen Mittelalter ist an seine Stelle der schwertschwingende ERZENGEL MICHAEL getreten, dessen zweischneidiges Schwert zu VALENCIENNES aufbewahrt und unter kriegerischen Spielen in Aufzügen umhergetragen ward: die altgermanischen Schwerttänze wurden wohl zu Ehren des Schwertgottes abgehalten. Dagegen lässt sich nicht nachweisen, dass die zahlreichen Spuren von Verehrung gewisser Schwerter und die Sagen von »Siegesschwertern«, welche sich bei vielen Völkern finden, immer germanisch seien und auf Ziu zurückweisen: so das Schwert Attilas, welches ein Hirt in der Erde vergraben fand (eine Kuh, die sich daran verletzt, hatte durch Hinken darauf aufmerksam gemacht –) und dem Hunnenchan brachte, der es als das Schwert des Kriegsgottes erkannte, durch welches er nun unbesiegbar sei: noch spät wird von diesem Schwert gefabelt; nach der Schlacht bei Mühlberg soll es Karls V. gefürchteter Feldherr, der Herzog Alba, wieder aus der Erde gegraben haben. Zu Köln ward in dem Tempel des Mars das Schwert Julius Cäsars aufbewahrt: dieser Römertempel ward später eine Kapelle des Erzengels Michael, dessen Bild mit dem des Mars auf beiden Seiten dieser Straße (»Marspforten«) stand.

Leider ist in der nur so trümmerhaft auf uns gelangten Überlieferung Genaueres über diesen Gott – offenbar einen der allerwichtigsten – nicht erhalten. Eine Geschichte nur kann von ihm erzählt werden.

Der böse Loki hatte von einem Riesenweib, Angurboda (der »Angst-Botin«), drei Kinder: Hel, die Midgardschlange und den Fenriswolf: diese drei furchtbaren Geschwister wurden in Riesenheim erzogen. Die Götter, zumal Odin, ahnten und erkannten, dass von diesen drei Unholden Verrat und Verderben drohe: – der Mutter und des Vaters Art konnten ja nur Böses auf sie vererben. So schickte Odin die Götter aus, ihm die dreifache Riesenbrut zu bringen. Als er sie vor sich hatte, warf er die Schlange in das tiefste Meer, das den Erdkreis umschließt, Hel nach Niflheim, auf dass sie die an Alter oder Siechtum Sterbenden aufnehme (unten Buch III, II), der Wolf aber ward nun bei den Göttern untergebracht. Er war jedoch schon von Anfang so furchtbar, dass nur Tyr es wagte, zu ihm zu gehen und ihm das Futter zu bringen. Allein er wurde von Tag zu Tag immer schrecklicher, und alle Weissagungen verkündeten, er werde dereinst der Asen Verderben. Da beschlossen sie, ihn an eine recht starke Fessel zu binden (weshalb sie ihn nicht töten, wird nicht gesagt: freilich war DIESER Ausweg abgeschnitten durch die unabänderlich feststehende Vorbestimmung der Götterdämmerung), und um ihn zu bewegen, sich die Kette gutwillig anlegen zu lassen, stellten sie ihm das listig als Beweis seines Selbstvertrauens in seine Kraft dar: der Wolf blickte geringschätzig auf die Fessel, ließ sich binden, und sowie er sich nur einmal streckte, lag sie zerrissen. Da schmiedeten die Götter eine Kette, die war noch einmal so stark als die erste, und reizten den Wolf, sich auch diese anlegen zu lassen, indem sie ihm vorhielten, wie berühmt er werden würde, wenn auch so starke Bande ihn nicht zwängen. Zwar sah das Untier, dass diese zweite Fessel viel stärker sei: aber es tröstete sich, dass ja auch seine Kraft inzwischen gewachsen sei, »und ohne Gefahr zu bestehen, wird man freilich nicht berühmt«, dachte der Wolf bei sich. So ließ er sich denn abermals binden: als aber die Asen sagten, nun sei es geschehen, da schüttelte er sich nur, schleuderte die Kette zu Boden – weit davon flogen die zerbrochenen Stücke –, und Lokis Sohn war auch von diesem Bande frei. Da fürchteten die Götter, sie würden das Ungetüm gar nicht binden können. Odin aber schickte FREYRS Diener SKIRNIR (s. unten Freyr) zu Zwergen in Svartalfaheim, welche als die kundigsten Zauberschmiede galten. Diese schufen denn nun eine Fessel, genannt GLEIPNIR: die war gemacht aus sechserlei Sachen: aus dem Schall des Katzentritts, aus dem Bart der Weiber, aus den Wurzeln der Berge, aus den Sehnen des Bären, aus der Stimme der Fische und aus dem Speichel der Vögel. »Diese Kette war so weich wie ein Seidenband«: die Götter dankten Skirnir, dass er den Auftrag so gut ausgerichtet habe: denn sie alle vermochten nicht, es zu zerreißen. Sie forderten nun den Wolf auf, es sich wie die beiden früheren anlegen zu lassen. Der aber antwortete sehr richtig: »Ist diese dünne Schnur ein gewöhnliches Band, ohne Trug und Zauberlist gefertigt, so werd ich keinen Ruhm dabei haben, sie zu zerreißen. Ist es aber Zauberwerk, so werde ich nicht so töricht sein, es mir anlegen zu lassen.« Arglistig erwiderten die Götter: »Sei unbesorgt! Kannst du nicht einmal ein so dünnes Band zerreißen, sehen wir ja, dass du so schwach bist, dass du uns gewiss nicht schaden kannst, und dann lassen wir dich, als ungefährlich, gleich wieder los.« Der Wolf aber meint ahnungsvoll: »Bin ich erst einmal so fest gebunden, dass ich mich SELBST nicht befreien kann, dann wird Spott und Hohn mein Teil, und ich werde wohl lange zu warten haben, bis IHR mir helft. Jedoch, damit ihr mich nicht feig schelten könnt: – wohlan, ich will mir die Fessel anlegen lassen. Aber einer von euch muss mir die in den Rachen stecken, zum Pfande dafür, dass nicht List und Zaubertrug dabei im Spiele ist.« Da sah ein Ase scheu auf den andern: alle wussten ja, das Band sei kein natürliches, und keiner wollte seine Hand daran wagen. Da bot Tyr, der Beherzte, die Hand dar und hielt sie dem Ungetüm in den Rachen. Die Fessel ward dem Wolf nun angelegt und siehe: – sie erhärtete sofort, die seidenweiche, sowie sie den Wolf erfasst hatte, und erwies sich als unzerreißbar: ja, je mehr der Wolf dawider tobte, desto stärker ward das Band. Da lachten alle Götter: außer Tyr, der lachte nicht: denn er verlor seine Hand: der Wolf biss zu. Die Asen aber sahen, dass das Untier völlig gebändigt war, nahmen die Fessel an dem einen Ende, zogen es verknüpfend mitten durch einen durchbohrten Felsen und versenkten diesen tief in den Grund der Erde, ein andres Felsenstück versenkten sie (mit dem andern Ende?) noch tiefer als Widerhalt. Wohl riss der Wolf den Rachen fürchterlich auf, schnappte nach ihnen und wollte sie beißen: aber sie steckten ihm ein Schwert in den Gaumen, das Heft gegen den Unterkiefer, die Spitze wider den Oberkiefer gestemmt: so ist ihm das Maul gesperrt. Er heult schrecklich, Geifer rinnt aus seinem Rachen und bildet einen ganzen Fluss. So liegt er bis zur Götterdämmerung. Dann aber wird die Kette brechen: »Der Wolf rennt, und die Welt zerstürzt.«

Gar manches an dieser Sage ist schwer oder vielmehr gar nicht zu deuten: insbesondere die NAMEN, mit welchen die ersten beiden Ketten, die Örtlichkeit, wo die Fesselung versucht wird, das Endstück der dritten Kette, die beiden Felsen, der Geiserstrom bezeichnet werden: dieselben sind zum Teil noch ganz unerklärt, zum Teil besagen sie nichts für den Sinn Erhebliches: – wir haben sie deshalb übergangen. Man muss sich eben auch hier hüten, ALLES an einem Mythus deuten, auf EINEN Grundgedanken zurückführen zu wollen: gar manches fügt das freie Spiel der dichtenden Einbildungskraft, hier im Norden der sehr gekünstelten Skaldenkunst, hinzu. Sogar der Name »Fenris« selbst gewährt so wenig Anhalt, dass man als Naturgrundlage dieses Riesen bald die dunkle Meerestiefe, bald den Sumpf, bald das unterirdische Feuer angenommen hat. Ja auch jene sechserlei Dinge, aus denen das dritte Band gemacht ist, entziehen sich sicherer Deutung. Denn schon der Erklärungsversuch der jüngeren Edda selbst ist gescheitert, sie sagt: »Die Frauen haben keinen Bart, die Berge keine Wurzeln, der Katzentritt keinen Schall: so magst du glauben, dass es sich mit dem Übrigen ebenso wahr verhält«: aber abgesehen davon, dass der Katzentritt nicht völlig unhörbar ist, auch manche Frauen einen Anflug von Bart zeigen, haben ohne Zweifel die Bären Sehnen: und zwar recht starke. Wir berühmen uns also durchaus nicht, den Fenriswolf, dessen Naturgrundlage, dessen sittlich-geistige Bedeutung und den Sinn der ganzen Sage seiner Fesselung mit Sicherheit erklären zu können. Doch scheint Folgendes das meist Ansprechende.

Der riesische Unhold in Wolfsgestalt ist die Vernichtung, die Verneinung des Bestehenden, der natürlichen, ganz besonders aber der Rechtsordnung: er ist, wie wir heutzutage sagen mögen, der verkörperte »Nihilismus«. Deshalb ist er es, der am Ende der Dinge den Götterkönig Odin, den allerhaltenden Allvater, selbst verschlingt: nicht eine einzelne drohende Gefahr, sondern die Gefährdung alles Seienden oder doch Sein-Sollenden an sich. Zuerst versuchen die Götter, durch leibliche Stärke, durch äußere Gewalt das Verbrechen zu bändigen: aber vergebens: der dämonische Drang des Unrechts ist stärker als solche Mittel. Jedoch eines ist, was stärker als das Böse: das Recht, das Gesetz, denn es ist die Vernunft selbst, während das Verbrechen widervernünftig und sich selbst widersprechend ist.

So ist das äußerlich kaum wahrnehmbare, seidenweiche, weil eben ideale Band, das allein den Friedebrecher zwingt, – das Recht, das Gesetz. Je mehr er sich dem Rechte widersetzt, z. B. durch Ungehorsam gegenüber dem Richter, desto tiefer verstrickt (»er wird verfestet«, sagten die deutschen Rechtsquellen des Mittelalters) er sich in dies ideale Netzgeflecht, das durch äußere Mittel unzerreißbar, weil es eben selbst nichts Äußerliches ist: solange das Band des Rechtes hält, ist der Versuch des Friedebruches ohnmächtig. Freilich, rein ideal, rein innerlich darf das Recht nicht sein: es muss eine starke Gewalt mit der Rechtsordnung verknüpft sein, welche, wenn die ideale Vernunftmahnung seines Gebotes nicht beachtet wird, mit Gewalt der »Vernunft im Recht«[72] Gehorsam erzwingt. Deshalb vielleicht – aber die Deutung ist sehr kühn – werden neben den fünf äußerlich gar nicht wahrnehmbaren oder gar nicht bestehenden Dingen in dem unzerreißbaren Bande auch als sechstes die sehr starken Sehnen des Bären genannt, die jedenfalls stärker sind als die eines Wolfes.

Beachtenswert ist in der Sage der häufig auch sonst bei Schilderung der Riesen wiederkehrende Zug, dass der Wolf eine gewisse ungeschlachte Redlichkeit, freilich auch plumpe Selbstgefälligkeit und Ruhmgier zeigt, während die Götter ihn nicht mit ehrlichen Mitteln, sondern durch überlegene Arglist bezwingen: denn die Abrede ging auf ein leibliches Band, das Band »Gleipnir« aber ist durch zaubernde Zwerge unzerreißbar geschmiedet. Deshalb, weil die Götter – vor allem wohl Odin – selbst bei Überlistung des Wolfs und oft sonst noch das Recht gebrochen haben, deshalb reißt zuletzt die Kette des Rechts, welche allein sie vor der Vernichtung durch den Hauptrechtsbrecher geschützt hatte.

Vielleicht ist diese Deutung allzu künstlich. Wir würden sie gar nicht wagen, wenn nicht ein Umstand ganz unzweifelhaft darauf hinwiese, dass der Wolf der Vertreter des Rechtsbruches ist: – mag es mit dem Bande, das ihn bändigt, auch eine nicht ganz aufzuhellende Bewandtnis haben. Zwar darauf, dass die Schnüre, welche bei der Rechtssprechung das germanische Ting umhegten, oft in später Zeit Seidenschnüre waren, ist kein groß Gewicht zu legen. Aber es steht fest, dass das Abbild des Verbrechers, zumal des wegen ungehorsamen Ausbleibens vor Gericht friedlos gelegten Geächteten, ein Wolf war, dem die beiden Kiefern durch ein nacktes Schwert auseinander gesperrt sind: so stellen noch die (im vierzehnten oder fünfzehnten Jahrhundert hinzugefügten) Bilder zu dem (ca. 1230 entstandenen) deutschen Rechtsbuch, dem Sachsenspiegel, den gebannten, verfesteten, geächteten »Ächter« dar: ein Mann mit einem also gesperrten Wolfsrachen. Der Wolf, der friedlose Räuber, der überall erschlagen werden soll, wo er sich in den Siedelungen der Rechtsgenossen zeigt, ist auch nach der Sprache Zeugnis das uralte Wahrzeichen des friedlos gewordenen Verbrechers: »vargr«, »vargs« heißt zugleich

»Wolf« und »Räuber«, und »vargr i veume« (Wolf im Heiligtum) heißt der Friedlose, weil er eben getötet werden darf wie der Wolf, der sich blicken lässt in dem vom Götter- und vom Rechtsfrieden geweihten Raum. Wir dürfen also wohl annehmen, dass der so gebändigte Fenriswolf nach seiner geistig-sittlichen Bedeutung den Rechtsbruch darstellte. Dass nur der Kriegsgott ihm zu nahen und ihm zuletzt die Hand in den Rachen zu legen wagt, erklärt sich schon aus dem tapferen Mut, der diesem Gott vor allen zukommen muss: vielleicht aber darf man auch daran denken, dass, abgesehen von dem idealen Bande des Rechts, nur die offene Waffengewalt, das Schwert, wie dem Kriegsfeind, so dem Räuber gegenüber erfolgreich auftreten kann und furchtlos nahen mag.[73]

IV.
Freyr-Frô

Freyr-Frô ist ein SONNENGOTT und als solcher zugleich ein Gott der FRUCHTBARKEIT, des Gedeihens: zumal des ERNTESEGENS, aber auch der EHE und ihres KINDERSEGENS. Er ist, wie seine schöne Schwester Freya, ursprünglich den WANEN angehörig und wird unter die Asen erst durch Vertrag aufgenommen: sein Vater ist der wanische Licht-Gott NJÖRDR aus NOATUN[74], seine Mutter die ursprüngliche Erdmutter NERTHUS, welche auch als Niördrs Schwester bezeichnet wird.

Ohne zureichenden Grund hat man aus dieser Verbindung gefolgert, die Wanen verehrenden Völker der Germanen hätten länger als andre Germanen Geschwisterehe[75] zugelassen: es sind eben NATURbeziehungen, welche in der Götterwelt die »Heirat« gewisser verschwisterter Gewalten erfordern, ohne dass deshalb in Leben, Recht und Sitte der Menschen noch, wie freilich wohl in grauester Urzeit der

Fall gewesen[76], solche Verbindungen für statthaft gegolten hätten, wie denn auch Loki in seinen Schmähreden solche Geschwisterehe zum Vorwurf macht.

Freyr als Sonnengott sendet den wohltätigen Sonnenschein (aber auch den befruchtenden Regen) und gebietet über der Licht-Alben Reich: Alf-heim. Sein geweihtes Tief ist Gullin bursti, der goldborstige Eber[77], ein Sinnbild der befruchtenden goldenen Sonne: sein Fest wird gefeiert, wann die Sonne wieder siegt, d. h. ungefähr am einundzwanzigsten Dezember, dem Julfest, dem das christliche Weihnachtsfest entspricht.

Nicht ganz klar ist der Zusammenhang, in welchem Freyr auch als ein Gott der glücklichen Schifffahrt gedacht wurde: auch ihm, wie Odin, wird das Zauberschiff Skidbladnir zugeschrieben, welches immer günstigen Fahrwind hat, sich wie ein Tuch zusammenfalten lässt und ebenso durch die Lüfte wie über die Wogen segelt.

Wie alle Wanengötter – und er als Gott des Erntesegens noch ganz besonders – ist Freyr friedlicher Art. Daher gelten als seine Söhne sagenhafte Könige, unter deren milder Herrschaft eine Segenszeit von Fruchtbarkeit und Friede waltete. Ein solcher war jener nordische Frôdi (deutsch Fruote), der ein besonderes Opferfest für Freyr einrichtete. Friede herrschte zu seiner Zeit über alle Lande hin, und so groß war die Rechtssicherheit und die Rechtsbruch scheuende Treugesinnung der Menschen, dass ein Goldring Jahr und Tag auf offener Heide lag, ohne dass jemand ihn sich sonder Recht anzueignen wagte.[78] Der König kaufte zwei Mägde riesischer Abstammung, Fenja und Menja, und brachte sie in seine Zaubermühle, Grotti, welche alles mahlte, d. h. aus sich hervorgehen ließ, was der Herr der Mühle wünschte. Er gebot den beiden zu mahlen: »Gold, Friede, Frôdis Glück«. Aber leider war er so habgierig, dass er ihnen verbot, länger zu rasten von ihrer Arbeit, als bis man ein Lied singen könne. Da sangen sie ein Lied, das »Grottenlied« genannt, mahlten aber zugleich und zwar: – ein feindliches Heer! Dies erschien in der Nacht, geführt von einem Seekönig, der Frôdi erschlug und dessen Schätze raubte. Das war das Ende von Frôdis Glück und Friede: die eigne Gier hat sie zerstört. Der Wiking aber nahm auch die Zaubermühle[79] und die beiden Mahlmägde auf sein Schiff und befahl ihnen, Salz zu mahlen: – ein wertvolles Gut und wichtiger Handelsartikel. Auch den Sieger sollte das Unmaß der Habsucht und die mitleidlose Härte gegen die fleißigen Mägde verderben. Um Mitternacht fragten sie den Seekönig, ob er denn noch nicht genug Salz habe? Er gebot, fortzufahren in der Arbeit. Sie taten's: aber in kurzer Zeit sank das überlastete Schiff: da entstand im Meer ein Schlund, nämlich da, wo das Wasser durch das Loch in den Mühlstein stürzte: so entstand der Mahlstrom, und deshalb ist die See salzig.[80]

Freyr heißt Yngwi-Freyr: die norwegischen Ynglinger stammten von Freyr. Später wird der Gott als ein menschlicher König von Schweden gedacht, der, ebenso wie jener Gott, Freude, Friede und Segen im Lande wahrte. Daher verheimlichten seine Getreuen seinen Tod, trugen die Leiche in einen großen Grabhügel mit einer Tür und drei Fenstern, brachten durch ein Fenster alle seine Schätze hinein, Gold, Silber und Erz, und sagten den Schweden, er lebe noch in diesem Hügelhause; so währte das drei Winter nach seinem Tod, und auch gute Zeit und Friede währten solang im Lande. Der entrückte, in den Berg hinein verschwundene Gott ist der Sonnengott selbst, der während der Wintermonate verschwunden ist: solang der Sonnengott herrscht, d. h. im Frühling und Sommer, ist frohe Zeit und Glück im Lande.[81]

Auch der mythische Held Skeáf wird auf Freyr zurückgeführt: ein neugeborner Knabe wird, von rings um ihn gehäuften Schätzen und Waffen umgeben, in einem führerlosen Schiff, auf einer Garbe (skeáf, althochdeutsch skoup, mittelhochdeutsch Schaube) schlafend, vom Meer an das Gestade getragen: die Bewohner ahnen, dass hier ein göttergesendet Wunder zu ihnen schwimme, sie erziehen den Knaben, den sie nach der Garbe »Skeáf« genannt haben, und wählen den Herangewachsenen zum König. Derselbe herrscht lange mächtig und weise und befiehlt, dass er nach seinem Tod abermals in gleicher Weise auf ein Boot gelegt und Wind und Wellen überlassen werde, welche ihn zurücktragen in seine geheimnisvolle Heimat. Hieraus ist später im Mittelalter die Sage vom Schwanen-Ritter (Lohengrin) geworden, in welcher das Boot des Knaben oder Jünglings von Schwänen herangeführt und wieder abgeholt wird, nachdem seine Gattin die verbotene Frage nach seinem Namen und Heimatland getan.

Die schönste Sage von Freyr ist die in Skirnisför, Skirnirsfahrt, erzählte.[82] Freyr setzte sich einmal auf Odins Hochsitz und sah von dort hinab auf alle Welten. Da erschaute er im Norden, in Riesenheim, ein Mädchen, das war so wunderschön, dass von seinen weißen Armen, da es dieselben erhob, Luft, Wasser und alle Welten widerstrahlten. Gerda hieß die Maid und war des Riesen Gymir Tochter. Sofort ergriff tiefste, markverzehrende Liebessehnsucht nach der schönen Jungfrau den Vermessenen, der es gewagt hatte, sich auf den Platz zu setzen, den nur der Hohe beschreiten darf. Er war ganz traurig und sprach, als er heimkam, kein Wort, und niemand wagte, den Tiefsinnigen anzureden. Endlich schickte der besorgte Vater Niördr zu dem Sohne dessen treuesten Freund (oder Diener) Skirnir, ihn auszuforschen. Auf dessen Frage nach dem Grunde seines Trübsinns antwortete Freyr erst abweisend: »Wie soll ich sagen dir jungem Gesellen der Seele großen Gram? Die Sonne, die selige, hebt sich täglich am Himmel: doch schauet sie niemals meiner Liebe Glück!« Der treue Freund dringt lange vergeblich in den Trauernden: »So groß dein Gram kann sein – mir sollst du ihn sagen! Teilten wir doch die Tage der Jugend: – so mögen wir uns voll vertrauen.« Da seufzt Freyr endlich: »In Gymirs Gehegen schaute ich wandeln mir teure Maid: mehr lieb ich sie, als ein Jüngling vermag im Lenz seines Lebens. Aber von allen Asen und Alfen will es nicht EINER, dass wir (d.h. ich und sie) beisammen seien: doch ich will nicht mehr leben, wenn ich sie nicht zum Weibe gewinne. Und du, o Freund, sollst ausziehen und für mich um sie werben und sie mir bringen, mit oder gegen den Willen ihres Vaters: und reich will ich dir das lohnen.« Skirnir (der nach andrer Überlieferung sich selbst zuerst erbietet) erwidert, er wolle die Fahrt wagen, wenn Freyr ihm sein treffliches Schwert gebe, »das von selbst sich schwingt gegen der Reifriesen Brut; auch das rasche Ross, das ihn sicher durch flackernde Flammen trage«: – denn der Treue weiß oder ahnt doch, wie furchtbar gehütet er die Riesenjungfrau finden wird. In solchem Vorgefühl erschauernd, spricht Skirnir, da er vor dem Tore das Ross besteigt, zu dem treuen Tier – ein uralter Zug, der in vielen Sagen wiederkehrt –: »Dunkel ist es da draußen: – Nun gilt es über feuchte Berge zu fahren! Entweder vollführen wir beide (Reiter und Ross) das Werk: oder uns beide fängt jener furchtbare Riese (Gerdas Vater).« Als nun der kühne Freund nach Riesenheim kommt, findet er die Türe des Holzzaunes, der Gerdas Saal umhegt, von wütenden Hunden bewacht, die da angebunden liegen. Zaudernd fragt er einen Viehhirten[83], der am Hügel sitzt und die Wege bewacht, wie er es wohl angehen könne, die schöne Maid zu sprechen, trotz Gymirs Grauhunden? Aber der meint, entsetzt über solches Wagen, kein Lebendiger, nur wer dem Tode verfallen oder schon gestorben, werde durch diese Schrecken dringen. Der Treue erwidert: »Wer zur LETZTEN Fahrt, wenn es sein muss, entschlossen ist, dem steht Kühnheit besser als Klagen an: meines Lebens Dauer ist doch vom Schicksal vorbestimmt.« So erschlägt oder vertreibt er die wütenden Hunde, die Wächter. Über deren Heulen und dem Kampf erdröhnt solch Getöse, dass Gerda drinnen besorgt eine Magd befragt, weshalb die Erde bebe in der Halle und alle Wohnungen in Gymirsgard erzittern? »Ein Mann«, sagt diese, »ist im Hofe vom Ross gestiegen und lässt es grasen.« Gerda lässt ihn hereinentbieten, milden Met im Saal zu trinken: »Obwohl mir ahnt, dass da draußen steht meines Bruders Beli künftiger Erleger.« Staunend fragt sie den Gast, nachdem er den Saal betreten, wer er sei und zu welchem Zweck er, allein, durch die flackernde Flamme zu fahren gewagt? Skirnir sagt, dass er gekommen sei, ihre Liebe für Freyr zu werben, und er bietet ihr als Brautgeschenk elf allgoldene Äpfel. Gerda weigert sich, sie nimmt die Äpfel nicht: keines Mannes Minne will sie: »nie, solang wir beide atmen, könne sie und Freyr zusammen sein«. Der Bote steigert seine Gabe: er bietet nun den Ring Odins, Draupnir, von welchem acht gleich schwere träufen jede neunte Nacht. Gerda meint, in Gymirsgard brauche sie des Goldes nicht, ihr Vater spare ihr Schätze genug. Da geht der Werber von Bitten zur Einschüchterung über, er bedroht sie mit Freyrs Schwert. »Siehst du, Mädchen, das Schwert, das scharfe, spitze, das ich halt in der Hand? Vom Haupte hau ich den Hals dir ab, weigerst du dich ihm.« Gerda trotzt mutig dem Zwang und droht mit ihrem Vater. Aber Skirnir vertraut, mit Freyrs Schwert den alten Riesen zu fällen, und greift nun, da die Jungfrau Waffen nicht fürchtet, zur Bedrohung mit Zauberrunen: er brach Zauberruten im tiefen Wald und beschwört nun in furchtbaren Worten das Mädchen: falls sie Freyr nicht zum Manne wählt, soll sie allerlei Unheil befallen, und zwar nach ihrem eignen Willen (nicht nur nach Skirnirs'), weil sie dies Unnatürliche wählte: verlassen von allen Wesen soll sie in Einsamkeit Mangel, Trübsinn und

Tränen erdulden oder mit einem scheußlichen, zweiköpfigen Riesen vermählt werden. Zauberrunen schneidet er in den Stab: entweder einen Riesen (d. h. ein Th, den Anfangsbuchstaben des Wortes Thurs, Riese) oder, falls sie nicht des grausigen Riesen wird, die Leiden der unvermählt alternden Jungfrau: Sehnen (oder Ohnmacht, Unmut), Ärger, Ungeduld. »Zornig ist dir Odin, der Asenfürst, zornig Freyr. Freyr flucht dir, gib nach, unselige Maid, eh dich befängt der Zauberzorn. Gibst du nach, so schneid ich die Runen ab (d. h., ich tilge sie), wie ich sie einschnitt.«[84]

Da gibt die Maid, dem furchtbaren Zauberzwange weichend, den Widerspruch auf: sie beut dem Boten den Kühlkelch voll firnen (d. i. alten) Mets und gelobt, in neun Nächten in dem Wald der stillen Pfade, Barri, Freyr Freude zu gönnen: d. h. sich ihm zu vermählen.

Voll Ungeduld und Sehnsucht hatte Freyr den Freund erwartet: er ruft nun den Heimkehrenden schon vor dem Tor an: »Bevor du den Sattel vom Rosse wirfst, bevor du den Fuß auf die Erde setzest – künde: was hast du ausgerichtet in Riesenland!« Und auf die Meldung des Erfolges seufzt der Ungeduldige: »Lang ist die Nacht, länger sind zwei! Wie soll ich drei überdauern! Oft schien ein Monat mir nicht so lang wie eine Nacht des sehnenden Harrens.«

Es ist unmöglich, alle einzelnen Züge in dieser schönen Sage befriedigend zu deuten: es ist auch unnötig, da die frei spielende, dichterische Einbildungskraft gar manches lediglich um der Schönheit halber erfindet, auch wohl um des Stabreims willen manchen Ausdruck bringt. Aber offenbar liegt hier eine Werbung des Sonnengottes um die Erde vor: sein Diener, Freund und Bote ist Skirnir, d. h. der Heiterer, der Wolken und Nacht des Winters verscheucht: das hingegebene Schwert ist der Sonnenstrahl, der den alten Riesen Gymir, d. h. den mit Hymir (dem winterlichen Meer) verwandten Winterfrost, erlegen wird. Gerda, die Umgürtete,

Umhegte (?), ist die von den Riesen gehütete, vom Winter bedeckte Erde: – niemand kann wollen, dass der Sonnengott und die Wintererde beisammen sind: die Weltordnung hat beide getrennt. Die wütend heulenden Hunde sind die Winterstürme, welche dem Sonnengott wehren, zu der Umhegten zu gelangen, die Werbung mit den Äpfeln und dem Ring, der Fruchtbarkeit und des Gedeihens, welche der Preis für die Vermählung mit dem Sonnenjüngling sein sollen, vermögen die noch ganz in Winterstarre versunkene Erde nicht herauszulocken: sie trotzt auch dem Sonnenstrahl und droht mit der Macht ihres Vaters, des Winterriesen, den freilich der Frühlingsbote mit dieser Waffe bald zu fällen hofft.[85] Endlich aber greift dieser zu den geheimnisvollen Zauberkräften, welche mit unwiderstehlicher Notwendigkeit Jahr für Jahr die Erde nötigen, der Werbung des Frühlings nachzugeben: der Zorn Allvaters, der Fluch des Sonnengottes wird sie schlagen, falls sie dieser Götterfügung trotzen will: ohne Gemahl, ohne Sonnenglanz wird sie freudlos, voll finstren Grams, Mangel leidend, und jeder Frucht entbehrend, ein traurig Dasein tragen, oder, WENN sie sich vermählt, verfällt sie einem der grauenhaften Winterriesen von ihres Vaters Geschlecht: da kann die Erde dem Zauberdrang, der sie zum Frühling heranzwingt, nicht mehr widerstehen: sie verspricht, den Sonnengott zu empfangen in dem Wald »der stillen Pfade«, BARRI[86], d. h. dem Grünenden, nach neun Nächten, d. h. in den drei Monaten, welche dem Lenz, dem Sommer im Norden, allein gehören.

Wenn es dann weiter heißt, Freyr habe Beli mit einem Hirschhorn erschlagen, so hat man dies so deuten wollen, dass im Monat Hornung (Februar), wann die Hirsche frisch hornen, d. h. die Geweihe abwerfen, der Frühling schon zu obsiegen beginnt (aber doch gewiss nicht in Skandinavien, wo diese Sage entstand!). Übrigens deuten manche Züge, so die WABERNDE LOHE, welche Gerda wie BRUNHILD (s. Wölsungensage) umgibt, darauf hin, dass das Reich, in welches Skirnir dringen muss, auch als die Unterwelt, die Welt des Todes gedacht war, in welcher das vom Todesschlaf befallene Leben der Erde ruht. Auch scheint ursprünglich Freyr selbst ausgezogen zu sein: – wenigstens erschlägt er, nicht Skirnir, den Bruder der Jungfrau. Erst später vielleicht ist die Aussendung des für den Freund und Gebieter werbenden Freundes entstanden, was dann Ursprung der reichgegliederten, mannigfaltig auftretenden Freundschaftssage[87] wurde. Es wird Freyr von Loki vorgeworfen[88], dass er sein Schwert töricht hingegeben habe, um Gerda zu gewinnen, und geweissagt, dass er dereinst fallen werde, im letzten Kampfe, weil ihm dies Siegesschwert fehle. Zu der uns überlieferten Fassung der Sage passt das nicht, da ja Freyr die gute Waffe nur dem Freunde vertraut, wie das Ross, der ihm sicher beide wiederbringt. Vielleicht gab in einer andern Überlieferung der Sonnengott das Schwert dem Riesen als Preis für die Jungfrau: d. h., der Sonnenstrahl muss sich in die Erde versenken, die Erstarrte zu beleben, und geht dadurch dem Sonnengotte selbst verloren, der allmählich seine Kraft in steter Ausstrahlung (für ein Jahr) erschöpft. Auch hier ist, wie bei Baldurs Tod, das jährlich sich vollziehende Ermatten und Sterben des Sonnengottes wohl erst später mit dem dereinstigen endgültigen Untergang in Beziehung gebracht worden.

V.
Baldur – Forseti

Wie Freyr ist auch Baldur, ebenfalls Odins Sohn, ein Gott des Lichtes, der Sonne, doch in vielfach abweichender Richtung: so wird nicht der Erntesegen wie auf Freyr-Frô, sondern der Frühling auf ihn zurückgeführt: er ist das aufsteigende Licht des wachsenden Jahres und muss daher sterben, wann das Jahr sich neigt, wann die Tageslänge nicht mehr zunimmt, sondern abnimmt, und die Nacht dem Tageslicht zu obsiegen anhebt: also zur Sommersonnenwende, ungefähr zwischen dem einundzwanzigsten und dem vierundzwanzigsten Juni: die Kirche hat auf letzteren Tag das Fest Johannis des Täufers verlegt, des Licht verkündenden Vorgängers des Heilands: die Sonnenwendfeuer, welche in dieser Nacht in Oberdeutschland auf den Gipfeln der Berge entzündet werden, bedeuten den Scheiterhaufen, auf welchem, nach altgermanischem Brauch, die Leiche des Gottes verbrannt wird, wie das in Mittel- und Norddeutschland häufigere Osterfeuer umgekehrt der Scheiterhaufe ist, auf welchem der bei Frühlingsanfang von Baldur besiegte und getötete Winterriese verbrannt wird.

Schon oben ward darauf hingewiesen, wie der gemeinarische Lichtkult, welchen die Germanen mit aus Asien gebracht, eine ganz besondere Färbung annehmen musste, seit dieselben in Nord- und Nordost-Europa lebten: die Sehrsucht nach Licht und Wärme des Frühlings und Sommers musste während der langen Winter schon in den Urwäldern Deutschlands, noch mehr in Skandinavien eine die Seelenstimmung geradezu beherrschende werden: zu dem lebhaften, durch das Waldleben gesteigerten Naturgefühle der Germanen trat hierbei, dass die Bauart und Einrichtung ihrer Holzgehöfte wenig Behaglichkeit im Winter bot, das Leben im Freien, im Lenz und Sommer, daher umso inniger herbeigewünscht werden musste. Daher durchzieht ihre ganze Volkspoesie, ihre Feste und Spiele die Vorstellung des Kampfe zwischen dem lichten, wohltätigen, Leben und Freuden spendenden Gott des Frühlings (des Maien, des Sommers) mit dem Kälte, Dunkel, Erstarrung und Tod verbreitenden Winterriesen. Das Frühlingslicht gerade in diesem Sinn ward nun in Baldur personifiziert.

Der Name[89] dieses Frühlings- und Lichtgottes war bei den verschiedenen Stämmen verschieden, Wesen und Bedeutung waren dieselben: wie heute noch in den Osterfeuern der Winterriese verbrannt wird, so feiert man in vielen Landschaften den Tag Sankt Georgs, welch ritterliche Heiligengestalt anstelle des alten Frühlingsgottes getreten ist, als den des Sieges des Lichtes über die Winternacht: wie Baldur den Winterriesen, erlegt Sankt Georg mit goldener Lanze (dem Sonnenstrahl) den Drachen und befreit die ihm preisgegebene Jungfrau, die in Wintersbanden schmachtende Erde. Zu Furth im Bayrischen Walde wird dieser Drachenstich noch jährlich am Sankt-Georgi-Tag feierlich begangen: ein Jüngling in schimmernden Waffen, auf weißem Ross, ein Symbol des siegreichen Lichtes, stößt den Speer in den Rachen eines gräulichen Drachen, dessen Blut aus einer in dem Rachen verborgenen Blase spritzt: – es wird von den Bauern, welche von nah und fern zu diesem Feste herbeiziehen, aufgefangen und auf die Felder gesprengt, Fruchtbarkeit zu spenden[90], zum deutlichen Beweis, dass der Sieger der Sonnen- und Frühlingsgott ist. Anderwärts zogen und ziehen heute noch Alt und Jung in den Wald, den »Herren Maien« festlich zu empfangen, wann ihn der Kuckucksruf oder der erste Storch, die erste Schwalbe, das erste Veilchen verkündet hat: auch hier wird oft eine Hochzeit mit einer »Maikönigin« gefeiert. (Über Baldurs Gemahlin Nanna, seine Brüder Hödur, Wali, Hermodur s. unten.) Baldur ist als strahlend schöner Jüngling gedacht.

Die Freude der Germanen an dem Frühlingslicht drückt die Edda naiv und rührend aus: »Von Baldur ist nur Gutes zu sagen (was von den andern Asen, die wir sahen, nicht gerühmt werden mag; aber diese Gestalt ist schuldlos und rein verblieben), er ist der Beste, er wird gepriesen von allen. So schön ist er von Antlitz und so hell, dass ein leuchtender Glanz von ihm ausstrahlt: ein Kraut ist so hell, dass es mit Baldurs Brauen verglichen wird: das ist das lichteste (weißeste) aller Kräuter: ›Baldursbraue‹. Daraus kannst du ermessen, wie schön sein Haar und sein Leib sein muss. Von allen Asen ist er der weiseste, mildeste, beredteste: er hat die Eigenschaft, dass seine in Streitsachen andrer ausgesprochenen Urteile niemand schelten kann[91] (d.h. im altgermanischen Recht: ihrer Unrichtigkeit und Ungerechtigkeit halber anfechten und einen andern Wahrspruch verlangen). Er bewohnt im Himmel jene Stätte, welche Breida-blick (Weit-Glanz) heißt: und wird da nichts Unreines geduldet.«[92]

Das Licht, die Reinheit gilt auch als Symbol der sittlichen Reinheit und des guten Rechts: daher mahnt ein in manche Sage gekleidetes Sprichwort: »Die Sonne bringt es an den Tag«, d.h. das Unrecht, das Verbrechen, z.B. den Mord, der sich tief verborgen und sicher wähnt. Diese einzelne Seite Baldurs – dass niemand seine Urteile schelten kann –, die lichte Gerechtigkeit und Rechtswahrheit, wird, nach einer uns nun schon geläufigen Ausdrucksweise der Götterwelt, so ausgedrückt, dass der Gott des Rechts, genauer der Rechtsprechung, ein Sohn Baldurs genannt wird: er ist Forseti (Forasizo[93], seine Mutter ist selbstverständlich Nanna). In germanischer Rechtspflege hatte der König oder der Graf, als »Richter« das Ding, d.h. das Gericht, zu leiten, feierlich zu eröffnen, zu hegen, das Wort zu verleihen, den Dingfrieden zu schützen, Scheltwort, Waffenzücken zu verbieten und zu strafen, Umfrage an das versammelte Volk, später an die Schöffen zu halten, welche das Urteil fanden: dieses Amt des Vorsitzes wird von Baldurs Sohne bekleidet. Er bewohnt in der Himmelsburg den Saal, welcher der Glänzende (Glitnir) heißt: dort steht sein Richterstuhl, der beste für Götter und Menschen: alle, die sich im Rechtsstreit an Forseti wenden, gehen, mit seinem Schiedsspruch zufrieden, versöhnt und ausgeglichen, von diesem Richterstuhl nach Hause.[94]

In einer schönen Sage von Entstehung des Rechts der Friesen wird erzählt, dass deren zwölf Rechtssprecher (â-sega) in steuerlosem Boot auf dem Meere treiben: sie vermögen das Land nicht zu finden (und auch nicht das Recht, d. h., das »Hintreiben auf steuerlosem Schiff« ist das vergebliche Bemühen, die Rechtsentscheidung im Meere der Zweifel zu finden). Sie beten, ein Dreizehnter möge ihnen gesendet werden, der sie das Recht lehre und an das feste Land lotse. Sofort sitzt ein Dreizehnter am Schiffshinterteil, führt ein Ruder und steuert gegen Wind und Wellen sicher und glücklich ans Land: dort angelangt, wirft er eine Axt, die er auf der Schulter trägt, zur Erde: da entspringt an dieser Stelle ein Quell: hier setzt er sich nieder, die zwölf andern um ihn, und er weist ihnen das Recht. Keiner der zwölf kannte ihn, jedem der zwölf glich er von Angesicht und nachdem er sie das Recht gelehrt – waren ihrer wieder nur zwölf: der dreizehnte war verschwunden: er war nur der Ausdruck ihrer Gemeinvernunft, ihres übereinstimmenden Rechtsbewusstseins gewesen. –

Der Unbekannte war ursprünglich wohl Odin, später aber, nachdem ein besonderer Gott des Rechts aus Odin (als dem Gott des Geistes, daher ist er Fosites Grossvater) und Baldur, als dem Gott der sittlichen Reinheit und Wahrhaftigkeit, herausgelöst war, eben dieser neue Gott. Man verlegt jene Rechtsbelehrung auf die Insel Helgoland (die Grenze der Friesen und Dänen), welche nach diesem Gott »Fositesland« hieß und wo ein heiliger Brunnquell in hoher Verehrung stand: nur schweigend durfte man schöpfen das reine und geheimnisvolle Nass.

Sankt Wilibrord wagte es, um das Jahr 740 in dem Quell drei Heiden zu taufen: kaum entging er lebend dem Zorn des Volks über solche Entweihung und Verwendung des Brunnens der alten Götter zum Dienst ihrer Feinde. Erst Sankt Liutger (gestorben im Jahre 809), selbst ein Friese, führte das Christentum auf der Insel ein, die heute noch das »heilige Land« genannt ist (auch in Norwegen gab es einen Forseti-Wald).

Von Baldurs Tod wird besser in anderm Zusammenhang gehandelt: seine Spuren – unter diesem Namen – in Deutschland sind sehr selten: gar mancher Ortsname, der, mit Pfol zusammengesetzt auf Phol, angeblich gleich Baldur, gedeutet wurde, geht auf »Pfahl« zurück, auf den Pfahlgraben, den alten römischen Grenzhag (limes). Und wenn man eine Bekräftigung jener Annahme darin finden wollte, dass diese Orte auch oft »Teufels«-Graben, »Teufels«-hag genannt werden – da nämlich auch dieser Gott im Mittelalter als ein Teufel gedacht worden sei –, so ist zu erinnern, dass die Deutschen das ihnen so verderbliche und großartige, fast übermenschliche Werk der römischen Feinde, den Grenzhag, den Pfahlgraben[95], auf Riesen oder andre böse Gewalten, d.h. in der christlichen Zeit auf Teufel, zurückführten. So bleibt als Zeugnis für »Phol« fast nur der Merseburger Zauberspruch über, der bei Verrenkungen gesprochen wurde: eingekleidet in epische, ja dramatische Form:

phol ende uuôdan	Bol und Wotan
uuorun zi holza:	fuhren zu Holze[96]:
du uuart demo balderes	da ward Balders[97]
uolon	Fohlen[98]
sin unoz birenkit:	sein Fuß verrenkt:
thu biguolen sinthgunt,	da besang[99] ihn Sinthgunt,
sunnâ erâ suister,	Sonne, ihre Schwester,
thu biguolen frûâ,	da besang ihn Fraua
	(Frigg),
uollâ erâ suister,	Bolla, deren Schwester:
thu biguolen uuôdan,	da besang ihn Wotan,
sô he uuola conda	wie er wohl verstand.
sôse bênrenki,	so die Beinverrenkung,

sôse bluotrenki	so die Blutverrenkung,
sôse lidirenki:	so die Gliederverrenkung:

(hier fehlt wohl eine Zeile)

»bên zi bêna,	»Bein zu Beine,
bluot zi bluoda,	Blut zu Blute,
lid zi geliden,	Glied zu Gliedern,
sôse gelîmidâ sin.«	als ob sie geleimt wären.«[100]

VI.
Loki-Loge

Baldur wird, wie wir sehen werden, getötet durch seines Bruders Hödur unschuldige Hand, auf Anstiften des bösen Loki, althochdeutsch Loge. Die Naturgrundlage dieser halb asischen, halb riesischen Gestalt ist, obzwar dieses bezweifelt wird, das Feuer.[101] Und wie das Feuer, nach Schillers schönen Worten, bald wohltätig, bald verderblich wirkt, so ist auch Lokis Wesen ein zweifaches: er zählt zu den Göttern: denn die wärmende und befruchtende Flamme ist eine segensreiche, den Menschen unentbehrliche Macht: aber sie ist zugleich immer unzuverlässig, gefährlich, treulos und, wenn entfesselt, furchtbar verderblich. Daher der böse Loki schon vor seinem offenen Abfall von den Göttern diesen allerlei zwar listige und verschlagene, scheinbar und für den Augenblick auch wirkliche vorteilhafte Ratschläge erteilt, welche sie aber doch stets großen Gefahren und Verlusten aussetzen und vor allem ihre Treue und Wahrhaftigkeit schädigen, daher ihre »Dämmerung«, d.h. ihre Verschuldung, herbeiführen und steigern.

Loki heißt der Sohn des Riesen Farbauti und der Laufey oder Nal: Farbauti, der »Führers des Bootes«, ist vielleicht jener Riese, welcher aus der Ymirs Tod entstandenen Sintflut sich in einem Boote rettete: Lauf-ey hat man auf »Laub-Insel« gedeutet, wohin der Riese flüchtete. Aber vielleicht galt Loki ursprünglich als Odins Bruder[102]: er wandert wiederholt mit ihm und mit Hönir; eine Erinnerung daran, dass anfangs Luft, Wasser, Feuer, später Odin, Hönir (Ögir), Loki überwiegend als Naturgewalten gedacht waren: später wird dann Loki nicht mehr als Odins geborner, sondern durch Vertrag angenommener Bruder gedacht: als »Blutsbruder«: Freunde ritzten je eine Ader ihres Armes, fingen das Blut in einem Becher auf, vermischten es und tranken beide davon, wodurch ein unverbrüchlicher Treueverband hergestellt ward, so eng wie unter wirklichen Brüdern.[103]

Aber alsbald bricht der arglistige Loki diese Treue: anfangs erteilt er, wohl lediglich seiner Natur folgend, Ratschläge, deren Befolgung die Reinheit der Götter nur gefährdet, ihre Sicherheit trübt. Bald aber, darüber gescholten und bedroht, stiftet er nun[104] ABSICHTLICH Böses, bis er endlich sie offen beschimpft und ihren Liebling Baldur ermorden lässt. Solange jedoch Loki als wohltätiger Feuergott zu den Göttern halt, musste ein besonderer Vertreter des SCHÄDLICHEN Feuers gedacht werden. Auch dieser, ein Riese, führt den Namen Logi – eine Erinnerung an Lokis ursprünglich riesische Natur und Parteistellung –, mit welchem Loki sogar einen Wettkampf eingeht. Ja einmal ward das schädliche Feuer (im Gegensatz zu dem den Göttern und Menschen befreundeten) als UTGARDALOKI bezeichnet, d. h. der LOKI der RIESISCHEN, am ÄUSSERSTEN Erdenrand gelegenen »Außen-Welt«.

Schon vor dem offenen Bruche mit den Göttern erscheint Lokis Rat und Tat zugleich mit dem Segensreichen auch schädlich.[105] So schafft er zwar mit Odin und Hönir zusammen die Menschen: aber SEINE Gabe an diese, Blut und blühende Farbe, schließt mit dem Warmen und Reizvollen zugleich das Gefährliche der Leidenschaft, der Verlockung[106] und ungezügelt auflodernden Sinnlichkeit ein. So verschafft er zwar Thor den an die Riesen verlorenen Hammer wieder: aber nur, indem er Freyas Auslieferung an die Riesen dafür verspricht und, da dies an ihrem und aller Götter Sträuben scheitert, diese zu Trug und Treubruch gegen die Riesen verleitet. So schert er Sif, Thors Gemahlin, hinterlistig das Haar ab – die Sommerfeuerglut versengt das Haar, d. h. den Graswuchs der Erde unter dem Schein wohltätiger Wärme –: um sich von der Strafe zu lösen, bietet er nun zwar den Göttern die wertvollsten Kleinode: Freyrs Schiff, Thors Hammer, welche er durch die schmiedekundigen Dunkel-Elben, die Zwerge, fertigen lässt: – (diese sind ihm nahe stehend: denn sie hausen in den Tiefen der Berge, wo auch das Erdfeuer[107] (Loki) wohnt, und sie werden auf seinen Rat von den Göttern geschaffen). Allein arglistig suchte er doch wieder die Vollkommenheit dieser herrlichen Geräte zu hindern: er stach als Mücke den Zwerg, welcher den Blasebalg zog, sodass auch wirklich der Schaft an Thors Hammer etwas zu kurz ausfiel.

Auch zu dem Vertrag mit dem riesischen Baumeister (s. unten Buch III, I) hat er, so scheint, den Göttern geraten: und als sie dadurch abermals mit Verlusten bedroht werden, vermag er sie nur durch abermalige List zu retten, welche auch die Asen schuldig macht, da sie dieselbe oder doch ihre Wirkungen gutheißen. Wie Freya will er auch Idun mit ihren verjüngenden Äpfeln den Riesen preisgeben (s. unten: Idun) zum schwersten Schaden der Götter, welche nun zu altern beginnen. Endlich aber, nachdem er lange (nach Uhlands schönem Wort) als das leise und rastlos unter den Göttern umherschleichende Verderben – List, Betrug, schädlicher Rat, Täuschung (zunächst zwar der Riesen, aber auch der Götter), Gefährdung und Befleckung derselben – in noch verdeckter Feindseligkeit wirkte, versetzt er in Baldurs Ermordung ihnen offen den schwersten Schlag, der sie vor der Götterdämmerung selbst – diese vorbedeutend – treffen kann.

Zur Strafe für diesen äußersten Frevel wird Loki gefangen und gefesselt (s. unten, Götterdämmerung), nachdem er, nach EINER Überlieferung wenigstens, vorher noch alle in der Halle des Meergottes ÖGIR zu festlichem Mahle versammelten Götter und Göttinnen beschimpft hat, unter Aufdeckung ihrer Schwächen, Fehler und Vergehen jeder Art: dies ist der Inhalt der ÖGISDRECKA, der uns zu großem Teil unverständlich bleibt, weil er in seinen Anspielungen die Kenntnis der zahlreichen Göttergeschichten voraussetzt, welche uns leider verloren sind. Man ersieht aber daraus, in welcher Fülle und in welch verfänglicher Weise die Dichtung solche Sagen ausgebildet hatte, nach welchen fast alle Götter und Göttinnen in Untreue und andre Schuld verstrickt erscheinen, sodass das sittliche Bedürfnis im Volk ihren Untergang oder doch ihre Läuterung im Weltenbrande dringend fordern musste.

Außer zwei Söhnen von seiner Gattin SIGYN hatte Loki noch von der Riesin ANGUR-BODA drei furchtbare Sprösslinge: den FENRISWOLF, die MIDGARDSCHLANGE und HEL (s. unten).

VII.
Hel-Nerthus

Während der Fenriswolf und die Midgardschlange: die Vernichtung (zumal der Rechtsbruch) und das unwirtliche, stets die Dämme der Erde bedrohende Weltmeer, ausschließend schädliche Mächte sind, gilt dies nicht in gleicher Ausnahmslosigkeit von HEL, welche später zwar als Riesin, als schaurige Herrscherin der Unterwelt, des Schattenreiches, auch wohl des Strafortes für Verbrecher, als Todesgöttin erscheint, ursprünglich aber auch wohltätige Bedeutung gehabt hat.

Sie bedeutet in ihrem Namen »Heljan«, hehlen, bergen, zwar das Verhülltwerden und Gefangengehaltenwerden der Toten in dem schaurigen finstern Abgrund der Tiefe, aber zugleich auch das Nährende: die schützende, Lebenskeime bergende und befruchtende Erde wird als segensreicher, warmer Schoß, als ehrwürdig heilige Mutter »die Hehlende« genannt.[108] So kommt es, dass die Erdgöttin Jörd (auch Fiörgyn, Berg, Hlodyn, Herdgöttin), die Nerthus (Nährende) der Südgermanen, ursprünglich die große von den Römern der Isis verglichene Göttin, wohl auch als Hel gedacht wurde. Daher berührt sie sich mit Frigg, welche, der Hera-Juno entsprechend, die Göttin der Ehe, des Hausherdes, der Fruchtbarkeit ist, das Urbild der germanischen Hausfrau, des Götterkönigs schöne, strenge, ehrfurchtwürdige Gemahlin.

Wie es scheint, war sie anfangs zugleich die Göttin der Liebe, diese ohne Rücksicht auf den heiligen Ehebund gedacht. Erst später löste sich, wie wir dies ja wiederholt gesehen, diese eine Seite der Bedeutungen von der Gesamtgestalt ab und wurde zu einer besonderen selbständigen Göttin der Liebe, als Freya: daher erklärt sich, dass auch später noch die beiden nahe verwandten und stabreimenden Göttinnen Frigg und Freya miteinander oft verwechselt werden, was freilich nicht ausschließt, dass die jugendlich feurige Freya als Göttin der Liebe zu Frigga, der gestrengen und eifersüchtig das Recht der Ehe wahrenden Hausmutter, auch wohl einmal in Gegensatz tritt.

Sehr bezeichnend für die Doppelart der Hel: die finstere, Grab und Tod bedeutende und zugleich die lebennährende und für das Wiederemporsteigen des geschützten Keimes unentbehrliche ist es nun, dass Hel selbst oder die bei ihr weilenden Jungfrauen halb schwarze und halb weiße Haut- und Gewandfarbe tragen. Die in die Unterwelt verwünschte, zum Aufenthalt in der Grabestiefe für bestimmte Zeit verdammte Maid ist schwarz, sofern sie der Tiefe verfallen, aber weiß, sofern sie der Erlösung, der Befreiung, z.B. durch den sieghaft eindringenden lichten Ritter, fähig ist (den Sonnenstrahl: Skirnirsfahrt).

Daher in vielen Sagen und Märchen auch wohl darauf geachtet wird, ob der kühne Befreier die zu Rettende schon ganz schwarz geworden antrifft: – dann ist sie verloren – oder ob noch Weißes an ihr haftet: dann ist sie noch zu erlösen. Das ward dann in Kirchensagen auch wohl auf die im Fegefeuer harrenden Seelen übertragen.

Als Königin der schaurigen Tiefe, als Beherrscherin der Schrecken, als Fürstin der finsteren Unterwelt erscheint Hel auch als Gebieterin der Straforte für Frevler, welche nach dem Tode die Schuld ihres Lebens zu büßen haben: so ward die persönlich gedachte Göttin Hel der Heiden zu der räumlich gedachten Hölle des christlichen Mittelalters. Aber erst das Christentum hat uns die Hölle heiß gemacht: nach germanischer Anschauung ist der Strafort der abgeschiedenen Seelen eine kalte Wasserhölle: Ströme[109] unter Erde, eben im Reiche Hels, welche Schwerter, Schlangen und Leichen dahinwälzen; mitten in diesem Gewoge treiben die Verstorbenen dahin, welche auf Erden die Schuld des Meineids, des Mordes an Gesippen und Ähnliches verübt haben: aber die Qualen dieser germanischen Hölle sind nicht ewige (s. unten: Götterdämmerung).

Die Brücke, welche nach der Unterwelt führt durch Steinklüfte, wird von der Riesin Môdgudr (Seelenstreit) bewacht. Sie ist eine Anklägerin: als Brunhild den Ritt nach Hel tut, wehrt ihr die Riesin den Weg, indem sie ihr die während ihres Lebens auf der Erde begangene Schuld vorhält.

Eine Göttin der Schrecken, die Riesin der grausigen Tiefe, welche alles Leben hinabschlürfen will, ähnlich wie die Wasserriesin Ran die Ertrinkenden, wurde Hel wohl erst später, nachdem ihre wohltätigen Seiten in der Erdgöttin Nerthus oder Jörd sowie in Frigg besonderen Ausdruck gefunden hatten. Als böse Unholdin schildert sie eine offenbar jüngere Darstellung: ihr Saal heißt Elend, Hunger ihre Schüssel, ihr Messer Gier, ihr Knecht Gangträge, ihre Magd Ganglässig, ihre Schwelle Einsturz, ihr Bett Kummer, ihr Vorhang drohendes Verderben: sie ist nur zur Hälfte menschenfarb, zur andern Hälfte schwarz (schwarzblau: blâ): also kenntlich genug durch ihr furchtbares Aussehen.[110]

Vielleicht aber waren früher neben jenen Straforten in Hels Reich auch Räume seligen Aufenthalts gedacht, welche erst später ausschließend nach Asgard verlegt wurden, wobei dann das Fortleben in Hel auch für Schuldlose nur mehr als ein freudloses, schattenhaftes gedacht wurde, nachdem der vergeistigte Odin und sein Walhall in den Vordergrund getreten waren. Wenigstens würde jene Annahme am besten erklären, dass Sagen und Märchen im Reiche der Unterwelt, im Schoß der Berge, in Höhlen, unterhalb der Seen und Teiche anmutreiche Gärten, blumige Wiesen, goldene Säle kennen, in welchen die Seelen der schuldlosen Abgeschiedenen ein frohes Dasein führen: wird doch auch für Baldur festlicher Empfang in Hels geschmücktem Saal bereitet.

Die segensreiche Wirkung Hels allein wird hervorgehoben, wenn sie mit der Erdgöttin Jörd (südgermanisch: Nerthus) als eins gedacht und daher – als solche – mit Odin vermählt wird: sie gebiert ihm als Jörd Thor, als Hel Widar (s. diesen unten). Daher heißt es auch, dass Odin ihr Gewalt über die neunte Welt (eben über die Unterwelt)[111] gegeben habe. Als heilige, segensreiche, allnährende (Nerthus von narjan, nähren) Mutter wurde die Erdgöttin (terra mater) von suevischen Völkern an der Nordseeküste verehrt: sie hatte ihren Wohnsitz auf einem Eiland des Meeres: in einem keuschen Haine ward ihr heiliger Wagen, von faltenreichem Gewande verhüllt, aufbewahrt: nur ihres Priesters Hand durfte rühren an das geheimnisvolle Gefährt. Dieser erkennt es, wann die Göttin das Heiligtum betritt: alsbald werden die ihr geweihten Kühe angeschirrt, und in Ehrfurcht begleitet er den feierlichen Zug. Denn nun fährt die Göttin unter die Völker und greift ein in die Geschicke der Menschen: vielleicht zur Zeit des frühesten Frühlings (Februar oder März). Da hebt an eine Reihe festfroher Tage: alle Stätten, welche sie des Einzugs und der Gastung würdigt, werden Festplätze. Dann ruhen die Waffen, keine Kriegsfahrt wird unternommen, eingeschlossen wird alle Eisenwehr: Friede und Ruhe kennt man in jenen Tagen, liebt man in jenen Tagen allein, bis die Göttin des Verkehrs mit den Sterblichen ersättigt ist und derselbe Priester sie zurückgeleitet in ihr Heiligtum. Alsbald werden Wagen, Gewande und, nach dem Glauben, die Gottheit selbst in einem geheimnisvoll abgelegenen See gebadet. Unfreie, welche dabei Dienste leisten, verschlingt sofort dieselbe Flut. Daher waltet geheimes Grauen und eine bedeutungsvolle Rätselhaftigkeit: denn was jenes Verborgene sei, das wissen nur dem Tode Geweihte. Diese Schilderung des Tacitus (Germania c. 40) zeigt die Erdgöttin als eine Mutter der Freude, des Segens, des Gedeihens, des Friedens, wann sie unter die Völker fährt; aber die düsteren Menschenopfer, die der geheimnisvolle See verschlingt, deuten an, dass sie zugleich die Göttin des Todes und der Unterwelt war.

Der Wagen der Göttin war vielleicht zugleich als Schiff gedacht: (in Italien ›Caroccio‹, ein Wagen, der oft ein Schiff oder doch einen Mastbaum trug) – schon um von jener Insel das Festland zu erreichen. Unter dem Bild eines Schiffes, d.h. richtiger wohl auf einem Schiff, hielt eine Göttin der Fruchtbarkeit, welche von den Römern der ägyptischen Isis verglichen ward, Umzüge. Solche festliche Umfahrten, zur Zeit, da der Winter dem sieghaft einziehenden Frühling weicht – ungefähr um Fastnacht[112] –, mit der Bedeutung, Freude und Frieden zu verbreiten, waren häufig und haben sich in manchen Landschaften bis heute erhalten.

Gerade von dem Festdienst dieser der Isis vergleichbaren Göttin der Ehe, des Friedens, der Fruchtbarkeit, daher auch des Ackersegens und der Schifffahrt, haben sich zahlreiche Spuren erhalten. Aventin erzählt von einer Frau Eisen, welche den König Schwab in Augsburg Eisen schmieden gelehrt habe und pflügen, säen, ernten, Flachs und Hanf bauen, die Weiber aber spinnen, weben, nähen, Brot kneten und backen: mit Schiff, Pflug und Wagen zog sie durch die Gaue. Zu Nivelles wird noch der Wagen einer solchen Göttin, der heiligen Gertrud, aufbewahrt, welche gegen Mäusefraß schützte: mit einer Maus am Stab oder Rocken wird sie abgebildet. Man trinkt Sankt Gertruds Minne wie der heidnischen Götter, und zwar aus einem Becher, der ein Schiff darstellt. Denn auch die Schützerin der Schiffer ist sie: die Rheinschiffer beten in der Kapelle der heiligen Gertrud in Bonn um gute Fahrt: sie bringt die schöne Jahreszeit, »d. h., sie holt den kalten Stein aus dem Rhein«. Die Gartenarbeit wird nun wieder möglich: »Gertrud (= Freya-Gerda) ist die erste Gärtnerin«, ist übrigens ein Walküren-Name: sie entspricht Freya: daher auch verbringen alle Seelen Verstorbener die erste Nacht in Sankt Gertruds Saal, die zweite bei Sankt Michael, die dritte erst in Himmel oder Hölle: es ist Freya, welche sich mit Wotan (= Sankt Michael) in die Seelen der Verstorbenen teilt. Auch ist Sankt Gertrud wie einer heidnischen Göttin ein Waldestier heilig: der rothäubige Schwarzspecht (picus martius) der auch »Martinsvogel« heißt, weil er Sankt Martin, d. h. Wotan, geweiht ist. Derselbe war bei den Italikern ein verzauberter König, Picus, ein Waldgeist, als Vogel aber dem Kriegsgott Mars geweiht, was vielleicht auch auf Sankt Martin (mit Schwert und Mantel) hinführt.

Der Gemahl der Nerthus war nicht Odin, sondern wahrscheinlich ihr Bruder Niördr, welcher sie verlassen musste, als er, aus dem Verbande der Wanen scheidend, unter die Asen aufgenommen wurde: denn Geschwisterehe, welche, wie bei andern arischen Völkern, auch bei Germanen in ältester Zeit vorkam, galt bei Asen, d.h. dem vorgeschrittenen Bewusstsein, welches die Asen-Religion geschaffen, nicht mehr als erlaubt.[113]

VIII.
Freya und Frigg

Freya, die Wanengöttin, war vermählt mit Odr: als sie diesen verlor, weinte sie ihm in treuer Liebe Sehnen goldene Tränen nach. Odr wird von einigen als Freyr gedacht, welcher die Schwester bei ihrer beider Aufnahme unter die Asen nicht mehr habe als Gemahl behalten dürfen, von andern als Odin, der in den »Zwölf Nächten« (von Weihnachten bis Dreikönige) als wilder Jäger in dem Sturmbrausen jener Zeit um die Frühlingsgöttin, die schöne Jahreszeit, wirbt, aber schon bald, zur Zeit der Sommersonnenwende, von dem Hauer eines Ebers getroffen, stirbt: d.h. nur in seiner Bedeutung als Gott des aufsteigenden Jahres: ähnlich seinem Sohne Baldur.[114] Daher wird auch der Hackelberend (d.h. Mantelträger, d.h. Wotan), der im Mittelalter als wilder Jäger Wotan vertritt, durch einen Eber getötet und hat nun in alle Ewigkeit zu jagen, weil er sich, frevlen Sinnes, statt der himmlischen Seligkeit ewige Weidmannslust gewünscht hatte.

Bald aber ward nicht mehr Freya als Gemahlin Odins gedacht[115], sondern Frigga: Freya, die zur Naturgrundlage die schöne Frühlingszeit hat, ward nun zur Göttin der Liebe, sowohl der edeln als (zumal später) der sinnlichen, leidenschaftlichen Liebe; wenigstens werden ihr von Loki und der Riesin Hyndla derartige Vorwürfe gemacht.

Aber Freya ist nicht eine weichliche Liebesgöttin wie Aphrodite, sondern sie ist zugleich die Erste, die Anführerin der Walküren, der Schildjungfrauen Odins (s. diese unten). Als solche reitet sie an der Spitze dieser in die Schlacht, und ihr gehört die Hälfte der Wal, d.h. der (nach des Schicksals oder Odins oder eben der Wal-küren Beschluss) in dem Kampfe Gefallenen, nur die andre Hälfte Odin: daher heißt ihre Himmelsburg Folk-wang, der Anger des (gefallenen) Volks, ihr Saal Sess-rumnir, der Sitz-räumige; der Freitag (nordisch Freyjudagr) ist nach ihr benannt.

Als Walküre (– sie ist die eigentliche, die ursprünglich einzige, die andern sind nur ihre Vervielfältigungen und Wiederholungen –) ist sie Jungfrau: als solche heißt sie Gefion, und alle, die unvermählt sterben, nimmt sie auf. Indes hat später die Sage Gefion einen Gemahl gesellt. »Gesu« heißt Meeresstrom: daran wohl knüpfte die Dichtung: Zu Gylfi, König von Swithiod (Schweden), kam einst eine fahrende Frau, deren Gesang ihn so wonnig ergötzte, dass er ihr zum Lohne so viel seines Landes versprach, als vier Rinder während eines Tages und einer Nacht würden pflügen können. Aber diese Landfahrerin war eine verkleidete Tochter Asgards: sie nahm vier Rinder aus Riesenheim – Riesengeborene – und jochte sie vor ihren Pflug. So gewaltig und tief furchend zogen die Rinder, dass sie das Gepflügte losrissen vom übrigen Festland und es mit sich zogen ins Meer, bis sie stehen blieben in einem Sunde. Da festigte Gesion das losgerissene Land und nannte es »Seeland«: – die dänische Insel. In Schweden entstand anstelle des weggepflückten Landstückes ein See, Lögr, dessen Buchten daher den vorspringenden Küstenspitzen von Seeland entsprechen wie die Scheide dem Schwert. Gesion vermählte sich zu LETHRA, der dänischen Königsburg, auf Seeland, mit SKIOLD und ward so der SKIÖLDUNGE Stammmutter.

FRIGG, Odins rechtmäßige Gemahlin, der Hera-Juno entsprechend, ist die Göttin der Ehe, des heiligen Herdes, des ehelichen Hauses, der ehehäuslichen Wirtschaft: sie ist das Urbild der germanischen Hausfrau, mit deren ernsten Pflichten und stolzen Rechten. Daher ist sie die Lehrerin und Beschirmerin des SPINNENS, daher führt sie am Gürtel die Schlüssel als Zeichen ihrer SCHLÜSSELGEWALT, d.h. der Leitung des Hausstandes. Wie Hera-Juno ist sie – freilich nicht immer ohne Grund: der wärmste Freund Odin-Wotans muss ihr das einräumen! – oft recht eifersüchtig auf ihren Gemahl. Dass er vermöge seiner Naturgrundlage und vermöge seiner verschiedenen geistigen Aufgaben von der Göttersage gar manche Frau und Freundin außer Frigga zugedichtet erhalten MUSS: – diese Notwendigkeit einzusehen hat Frau Frigga niemals über ihr Frauenherz gebracht.

Friggs Vater heißt FIÖRGYN, weil sie ursprünglich mit der Erdgöttin JÖRD, dessen Tochter, identisch war; ihre Halle heißt FENSAL, was auf Sumpf und Meer deutet.[110]

Als Spinnerin lebt Frigg bis heute im Glauben des Volkes fort: die drei Sterne, welche den Gürtel des Sternbildes ORION bilden, heißen »FRIGSS ROCKEN«. Bei den Bayern und Schwaben geht sie heute noch um als BERCHTFRAU, FRAU BERCHT, d.h. Berahta, die Glänzende, wie die Sage die Mutter KARLS DES GROSSEN BERTHA DIE SPINNERIN[117] nannte und wie die verlorene goldene Zeit, da diese Göttin des Segens herrschte, beklagt wird mit dem Seufzer: »Die Zeit ist hin, da Bertha spann.«[118] Daher geht noch heute nach dem Glauben des oberdeutschen Landvolkes um die Zeit, da die Spinnarbeit vollendet sein, jede Dirne mit dem zugeteilten Maße Flachs fertig sein muss – bis zu Lichtmess (zweiten Februar) –, eine hehre Gestalt in dem Dorf um: nach dem

Gebetläuten in der Dämmerstunde wandelt durch die verschneiten Gassen und Gangsteige eine hohe Frau, ganz in weißen Linnen gehüllt, vom Haupte, von welchem sich manchmal eine goldene Locke durch des Schleiers Falten stiehlt, bis zu den Riemenschuhen: sie lugt durch die Butzen-Scheiben der niederen Fenster in die erleuchteten Stuben und prüft, ob die Spinnarbeit sauber vollendet: die fleißige, reinliche Magd belohnt sie, aber wehe der trägen, unsaubern! Sie tritt nachts an deren Bett und schneidet ihr mit dem langen Krummmesser den Leib auf, den noch nicht abgesponnenen Flachs und den etwa nachlässig in der Stube gelassenen Kehricht hineinstopfend, mit der Pflugschar statt mit der Nadel und mit einer Eisenkette statt des Zwirns näht sie die Öffnung zu. Doch gibt es ein Mittel, sich zu schützen: wenn die Magd fleißig von den fetten Kücheln gegessen hat, welche um diese Zeit gebacken werden, so glitscht das Messer unschädlich ab: die Schuldige hat die Göttin wieder versöhnt durch eifrige Teilnahme an dem Opferschmaus, der dieser zu Ehren gehalten ward. Auch findet um Fastnacht in vielen Gauen das »Berchtenlaufen« statt, d. h., die Frau Berahta, eine in Weiß gekleidete Gestalt, hält ihren Umzug mit allerlei Gefolgschaft, in welcher auch Wotan und andre Götter, freilich fast bis zur Unkenntlichkeit entstellt, auftreten. Sie sammeln von jedem Hause Gaben[119] ein, welche unweigerlich gespendet werden müssen, eine Erscheinung, welche bei solchen Umzügen sehr oft begegnet und immer auf die alte Beitragspflicht zu dem gemeinsamen Opferfest und Opferschmause hinweist.

Die Bercht-Frau ist die leuchtende Frau: wir sahen, sie ist in glänzend Leinen-Weiß gekleidet: so ist es denn Frigg, welche als »weisse Frau« heute noch in vielen Schlössern umgeht und als Ahnfrau gar manches Fürstengeschlechts[120] verehrt wird: sie erscheint warnend, mahnend ihren spätesten Sprösslingen, wann Gefahr sie bedroht[121] oder schwere

Verbrechen in dem Hause begangen sind. Wie auf Odin führten also Königs- oder Fürstengeschlechter ihren Ursprung auch auf Odins Hausfrau zurück: die weiße Frau (meistens heißt sie »Bertha«, d. h. eben Berahta): – so die von Neuhaus in Böhmen, welche dies Schloss erbaute und den Arbeitern als Lohn einen »süßen Brei« versprach, d. h. einen Opfer- und Festschmaus, der heute noch daselbst am grünen Donnerstag unter die Armen verteilt wird: Karpfen dürfen dabei nicht fehlen. Bestimmte Speisen: Fische (mit Hafergrütze), Heringe (mit Klößen) werden auch sonst zu Ehren der Berchtfrau gegessen. Ihre Festabende sind Fastnacht und auch der Dreikönigsabend, der deshalb auch Berchtenabend[122] heißt.

Die weiße Frau wie die Berchtfrau und die Königin Bertha ist die Segen und Gedeihen spendende »grosse Göttin« (ursprünglich Nerthus und auch Hel). Als solche heißt sie die »gute Frau«, la bonne dame, bona socia, auch wohl Dame Abonde, Abundia, d. h. Überfluss. Die holde Frau (Frau Holle, Hullefrau)[123] ist sie als die milde, hilf- und segenreiche: so heißt sie bei Franken, Hessen, Thüringen: wenn sie »im hohlen Stein«, im tiefen Berg, unter der Erde, auch wohl in einem Brunnen oder unter einem See, ihre Wohnung hat, so ist das Erinnerung daran, dass sie, die Erdgöttin, ja auch die Unterweltsgöttin war. Und daraus erklärt es sich nun auch, dass die Holde auch unhold, die Weiße schwarz und finster, strafend, drohend werden kann gegen den Schuldigen, der ihre Rechte, ihre Ehre verletzt, der fürwitzig, ohne Scheu dringen will in ihre ehrwürdigen Geheimnisse, in die Unterwelt, die nicht von Lebenden zu beschreiten ist. Daher erklärt sich, dass die schöne, hilfreiche Göttin auch furchtbar, hässlich, grauenhaft, grausam erscheinen mag.

Mit liebenswürdigem Scherz und tiefer Menschenkenntnis verwertet die Sage die alte Wahrheit, dass auch dem gewaltigsten Mannesgeist Frauenlist, zumal dem Ehegemahl gegenüber die Klugheit der Ehefrau, überlegen ist. Besonders wirksam muss dies hervortreten, wenn es kein Geringerer ist als der oberste der Götter, der geistgewaltige Odin selbst, an dem diese alte Erfahrung sich bewährt: Er, der alle andern Wesen zu überlisten pflegt, durch seiner Runen, durch seiner tiefgründigen Gedanken Weisheit – er muss sich durch Frau Frigg überlisten lassen: ganz wie andre gewöhnliche Eheherren auch.

In mehreren Bildungen führt dies die Sage aus.

So überlistete einmal Frigg (noch unter dem Namen Frea = Freya) ihren Gemahl bei der Zuwendung des Sieges an die Langobarden. Ein andermal in einer Wette, indem jeder der beiden Gatten für einen andern Liebling Partei ergreift: die beiden waren Agnar und Geirröd, die Söhne des Königs Hrauduno. Diese werden als Knaben beim Fischfang mit ihrem Boot vom Sturme verschlagen an fremde, ferne Küste: ein Bauer und sein Weib nehmen sich der Kinder an und erziehen sie als ihre Pflegekinder, der Bauer den jüngeren Geirröd, die Bäuerin den älteren Agnar: Bauer und Bäuerin waren aber Odin und Frigg. Nach längerer Zeit gab beiden der Bauer ein Schiff, dass sie wieder nach Hause gelangen konnten: er sprach aber, als die Gatten beide an den Strand geleiteten, allein flüsternd, mit Geirröd. Sie hatten guten Wind (Odins-Wind) und kamen an die Küste ihres väterlichen Reichs. Da sprang Geirröd, der sich vorn ins Schiff gesetzt hatte, ans Land, stieß aber das Schiff mit dem Fuße zurück und rief dabei: »Fahre hin in böser Geister Gewalt!« Diesen argen Rat hatte ihm der Bauer geraunt. Das Boot trieb hinaus in die wilde See und verschwand vor Geirröds Augen. Der aber ging hinauf zu seines Vaters Burg: dieser war eben gestorben, Geirröd war zu seinem Nachfolger gekoren und gewann große Herrlichkeit. Da saßen eines Tages Odin und Freya auf Hlidskialf und schauten über die

Welt hin. Da sprach Odin lachend: »Siehest du, Frigg, deinen Liebling Agnar? In einer Höhle sitzt er und hat Kinder mit einer schnöden Riesin: aber mein Pflegling GEIRRÖD ist König im Lande.« Frigg erwiderte: »Er ist aber solch ein Neidling, dass er seine Gäste foltert; er fürchtet, der Geizige, allzu viele möchten zu ihm kommen.« Odin sprach: »Das ist eine große Lüge.« Und wetteten beide hierüber. Frigg aber schickte insgeheim ihre Schmuck-maid (eski-mey) FULLA zu Geirröd und ließ ihn warnen vor einem mächtigen Zauberer, der in sein Land kommen werde: und als Erkennungszeichen gab sie an, kein noch so böser Hund werde sich wagen an jenen Mann. Es war nun gar nicht wahr, dass Geirröd gegen seine Gäste ein so geiziger Wirt war. Aber jenen Wanderer, an den kein Hund sich wagte, ließ er greifen: der trug einen blauen Faltenmantel und nannte sich GRIMNIR, mehr Bescheid aber gab er auf keine Frage. Der König ließ ihn foltern, bis dass er spräche, und setzte ihn zwischen zwei Feuer. Und saß er so acht Nächte. Des Königs Knäblein, AGNAR, zehn Winter alt, erbarmte das: es ging mit vollem Horne zu dem Gepeinigten, gab ihm zu trinken und sprach, übel tue der König, ihn, den Schuldlosen, zu peinigen. Da war das Feuer so nah, dass es schon den blauen Mantel ergriff. Der Wanderer hebt nun an, ungefragt, seine Weisheit zu enthüllen: er verheißt Agnar, der allein sich seiner angenommen, reichen Lohn und schließt, indem er, seine zahlreichen Namen aufzählend, sich Odin nennt. Da sprang der König hastig auf und wollte den Gast aus den Feuern führen: aber das Schwert, das er, halb aus der Scheide gezogen, auf den Knien liegen hatte, glitt nun heraus, das Heft nach unten, und fuhr dem strauchelnden König in den Leib, dass er starb. Odin verschwand, und Agnar ward König auf lange Zeit: dieser Sohn Geirröds ist in Wahrheit eine Wiederholung des verratenen BRUDERS Agnar.

Später wird solcher Wettstreit der beiden göttlichen Gatten dem Gegenstand nach immer tiefer herabgezogen vom Schwank, sodass sie streiten und wetten über das beste – Bier![124]

IX.
Die Nornen

Wir sahen: nicht die Götter, auch nicht der weitaus mächtigste und weiseste der Asen, auch Odin nicht, »machen« das Schicksal der Welt, der Götter und ihrer Feinde, der Riesen, der andern Mittelwesen und endlich der Menschen, sowie der unbewussten Naturwelt: sondern dies Schicksal steht über den Göttern und allen Wesen, unabänderlich verhängt, fest.

Es ist auch ungewiss, selbst Odin nicht in allen Dingen bekannt: durch Grübeln und durch Runen, durch Erforschung bald bei Riesen, bald bei Zwergen, bald bei Zauberweibern, die er auch wohl erst vom Tod erwecken muss und die alle auch nur einiges wissen, nicht alles, hat er seine Kenntnis zusammenzutragen, die von Allwissenheit weit entfernt bleibt. Auch die drei Schicksalsschwestern oder Nornen, in welchen das unpersönliche Schicksal alsbald personifiziert wird, MACHEN das Schicksal keineswegs mit Absicht oder Bewusstsein: vielmehr sprechen sie es nur aus: sie spinnen und weben es, aber nicht so, wie sie wollen, sondern so, wie sie müssen.

Sie nähern sich also insofern den menschlichen weisen Frauen (oder Zauberinnen), als sie das Künftige kennen, erkunden und aussprechen, nicht aber es bewirken.

Dies ist wenigstens die vorherrschende Anschauung. Aber die Göttersage, wie sie im Volke lebt, ist NICHT ein System – es ist ein Irrtum der Gelehrten, dies anzunehmen –, und sie ist, schon vermöge der mannigfaltigen Geistes- und

Seelenkräfte, welche sie herstellen, vermöge der verschiedenen Aufgaben, welche sie erfüllen soll, vermöge der frei schaltenden Einbildungskraft, welche sie weiterbildet, ohne dass die eine Sage auf eine andre Rücksicht nehmen MÜSSTE, wenn sie nicht will, von Widersprüchen durchaus nicht frei. Daher kommt es, dass Odin oder andre Götter, auch wohl die Walküren, gelegentlich doch so dargestellt werden, als ob IHR Wille, ihre Gunst oder Abgunst das Geschick der Menschen entscheide: daher betet man zu Odin und den andern Göttern, was sinnlos wäre, wenn sie gar nichts zu entscheiden hätten.

Die Vorstellung ist wohl die, dass das GESAMTGESCHICK DER WELT, also auch der Götter, zwar feststeht (– insbesondere die unabwendbare Götterdämmerung –), dass aber innerhalb eines großen, weiten Rahmens, welchen das Schicksal abgesteckt hat, Odin und die andern Götter Entscheidungen, zumal über den Gang der MENSCHLICHEN Geschicke auf Erden, treffen mögen: – ganz ebenso wie bei Griechen und Italikern.

Bei solcher Auffassung wird es nun möglich, dass auch die Nornen das Geschick nicht lediglich aussprechen oder, ohne eignen Willen, spinnen und weben, sondern dass sie – innerhalb eines bestimmten, unüberschreitbaren Rahmens – selbsttätig Glück und Unglück bestimmen, ja auch Eigenschaften wie Schönheit, Hässlichkeit, Kraft, Schwäche, Mut, Feigheit, Weisheit, Torheit, Begabung, wie z. B. für Harfenspiel, für Skaldenkunst, für Rätselraten, für Rechtsprechung, dem Menschen[125] bei der Geburt mitgeben: – »ihm in die Wiege legen«[126], als »Angebinde«, was ursprünglich ganz wörtlich zu nehmen war: die Freunde, Gäste, zumal aber die Paten, welche dem Kinde Namen gaben, waren mit dem Namengeben zugleich Geschenke in die Wiege zu stecken, oder an die Pfosten des Bettes der Mutter zu binden durch Recht und Sitte verpflichtet: auch etwa wann das Kind »den ersten Zahn bricht«, haben ihm die Paten ein »Zahngebinde«, »Zahngeschenk« zu reichen. Bei der Dreizahl der Nornen[127]: Urd (nordisch Urdhr), die Vergangenheit, Werdandi, die Gegenwart, Skuld, die Zukunft – tiefsinniger kann man das ewige Schicksal, das unvergängliche, unabänderliche nicht zusammenschließen –, ergibt sich nun der reizende Einfall als sehr nahe liegend, dass zwei der Gaben Verleihenden, dem Kinde wohlgesinnt, günstige Spenden, Eigenschaften, Vorbestimmungen in die Wiege legen, die dritte aber aus irgendeinem Grunde, z. B. wegen fahrlässiger Zurücksetzung, gereizt, feindlich gesinnt, nachteilige Gaben beifügt, etwa so, dass sie der vorhergehenden günstigen Fügung, welche sie nicht aufheben kann, einen ungünstigen Zusatz anhängt. Da ist es denn ein Glück, wenn die dritte, wohlwollende Schwester noch nicht gesprochen hat: denn nun kann sie das schädliche Geschenk der zweiten zwar nicht unmittelbar aufheben, aber durch weiteren Zusatz abschwächen oder – wenigstens unter einer Bedingung: z. B. der Erlösung, der Errettung aus dem von der zürnenden Patin verhängten Zauberschlaf – nachträglich wieder auflösen.

Als Nornagest geboren war, traten drei weissagende Frauen an seine Wiege: die ersten beiden sagten ihm Heil voraus: aber die jüngste – sie glaubte sich geringer geachtet – sprach drohend: »Haltet ein mit eurer Glückverheißung: denn ich lege ihm: er soll nicht länger leben, als hier dieser Span (oder diese Kerze) lodert, der neben der Wiege brennt.« Rasch löschte die älteste Schwester den Span, überreichte ihn Nornagests Mutter und mahnte, des Spanes wohl zu achten. Erst am letzten Tages seines Lebens möge ihn Nornagest anzünden (d. h. also entweder, wann er lebensmüde geworden, oder an dem von den Nornen vorbestimmten Tage). Nornagest führte in seiner Harfe verborgen den Span mit sich, dreihundert Jahre lebte er und sah des Nord-lands goldenste Tage: da endlich, lebenssatt, holt er den Span hervor, zündete ihn an und blickte ruhig in die verglimmende Flamme: mit ihr zugleich erlosch sein Leben.[128]

In dem holden Märchen vom Dornröschen sind es dreizehn Feen, welche das Königspaar als Patinnen ladet. Aber nur zwölf goldene Teller hat die Königin, die dreizehnte erhält einen Silberteller (oder die dreizehnte wird deshalb gar nicht geladen). Nachdem nun elf der Feen dem Kinde je einen Wunsch gesprochen und je eine Gabe gewährt – Schönheit, Tugend, Gesundheit –, spricht plötzlich die dreizehnte, ergrimmt über die Zurücksetzung (und plötzlich in den Saal tretend): »Das wird ihr aber alles nicht viel helfen, oder doch nicht lange. Denn ich lege ihr, dass sie sich im fünfzehnten Jahre mit einer Spindel in den Finger sticht und tot hinfällt.« »Aber ich«, rief die zwölfte, die ihren Wunsch noch nicht vergabt hatte, »ich lege ihr, dass es nur ein dem Tode gleichender Schlaf sein soll, aus dem ein Königssohn durch seinen Kuss sie erlösen mag, der mutig durch das Dorngestrüppe dringt, mit welchem ich, nachdem sie und zugleich mit ihr alle lebenden Wesen in der Burg in Todesschlaf hingesunken, das ganze Schloss umgürten werde.«

Aus dem weiteren Verlauf des allbekannten Märchens heben wir nur hervor, dass es die böse Fee, d. h. die grollende Norne, selbst ist, welche im höchsten Turmzimmer, als alte Spinnerin verkleidet, dem Mädchen die tödliche Spindel in die Hand spielt, nachdem der König alle Spindeln aus dem Schlosse verbannt hatte. Tiefsinnig und zartsinnig hatte ursprünglich die Sage mit diesem Nornenspruch die Geschichte von Gerda und Freyr verknüpft. Dornröslein ist die Sommerwärme und die Sommerluft, welche durch Nornenspruch (d. h. Notwendigkeit) in Erstarrung versinken muss, in todesgleichen Schlaf und mit ihr alles Leben im Schloss, d. h. auf der Erde. Das Dorngestrüpp ist das Gedörnicht, welches den Scheiterhaufen der Toten umgibt, entsprechend der »wabernden Lohe« des Scheiterhaufens. Die Maid gilt als zu Hel hinabgesunken; aber wie Skirnir (oder Freyr) dringt der lichte Königssohn (des Himmelskönigs oder Sigurd), dringt der Sonnenjüngling, der Frühlingssonnenstrahl, sieghaft durch die Umhegung bis in den Schoß der Erde und weckt mit seinem warmen Liebeskuss die nur schlummernde Schöne zu neuem, seligem Leben.

Dieser Gedankenzusammenhang liegt nun sehr vielen Sagen zugrunde: nachdem mit der Walhallreligion auch die Nornen vergessen waren, sind in gar zahlreichen Sagen, Märchen, Legenden, Schwänken anstelle der altgermanischen Schicksalsschwestern Feen (nach keltisch-romanischer Färbung) getreten und Geister jeder Art: Nixen, Elben, Zwerge und andre übermenschliche Wesen.

Nachdem wir dies vorausgeschickt, wird das Verständnis der ehrwürdigen, obzwar furchtbaren Schicksalspinnerinnen nicht schwierig, wird zumal der in ihrem Wesen und Wirken manchmal waltende Widerspruch voll begreiflich sein.

Mit zweifelhaftem[129] Recht hat man die Nornen ähnlich als Vervielfältigungen Hels aufgefasst, wie die Walküren (s. unten) ohne Zweifel Vervielfältigungen Freyas sind. Die drei Nornen sind göttlichen Abstammes, aber älter als die Asen: – wodurch wir abermals in eine Vorzeit versetzt werden, da noch die Riesen als Götter galten und die lichten Geistesgötter noch gar nicht vorhanden, d. h. in dem Bewusstsein des Volks noch gar nicht möglich und nötig waren. Älter als die Götter müssen sie sein, weil sie das Schicksal weben, das ewig ist, während die Götter in der Zeit entstanden. Die Nornen sind bei den Riesen aufgewachsen. Als die Götter mit den Nornen bekannt wurden, war die selige Unschuldszeit der Götter dahin: anders gewendet: erst als die Götter schuldig geworden, als um des Goldes willen Untreue und Mord bei den Göttern vorkam, stellten sich die Nornen bei ihnen (warnend?) ein: im Unschuldsalter der Kindheit fehlt die Empfindung für den Ablauf der Zeit, für Schicksal und Notwendigkeit.

Die älteste Norne, Urd, hat hervorragende Bedeutung: ihr Brunnen liegt an jener Wurzel der Weltesche, welche zu den Menschen hinab sich erstreckt (also oberhalb Midgards, was freilich zu Hel, dem Wohnort der Schwestern, übel passt!). An diesem Brunnen versammeln sich (wenigstens nach einer Überlieferung) die Götter, Gericht zu halten: nach andern Angaben muss man aber die Gerichtsstatt, das »Ding« der Asen, wohl nach Asgard verlegen.

Urd ist der Name für »Schicksal« überhaupt: »die Wurd«, weiblich gedacht, heißt althochdeutsch »das Schicksal«, angelsächsisch hat das Wort die Bedeutung »Zaubergeschick« angenommen: – so heißen die Hexen in »Macbeth« ›weird-sisters‹, Zauber-, d. h. Schicksals-Schwestern. Diese Schicksalsgöttin scheint bei den Südgermanen für sich allein, ohne Beziehung auf ihre beiden Schwestern, eine wichtige Rolle gespielt zu haben.

In Süddeutschland und in den romanischen Ländern sind die drei Nornen zum Teil verschmolzen mit den tria fata (den trois fées)[130], den »Müttern« der keltisch-römischen Mythologie, welchen zahlreiche Inschriften, Altäre usw. in jenen Gegenden gewidmet waren.

Aber auch ohne solche Beimischung haben sich, besonders in den vom bajuwarischen Stamme besiedelten Landen (doch auch bei Alamannen im Elsass, in Schwaben, Baden, Württemberg), Bayern und Deutschösterreich, sehr zahlreiche und heute noch im Volke voll lebendige Sagen und Aberglauben erhalten, welche die »seligen (saligen) Fräulein«, die »drei Schwestern«, die »drei Fräulein« zum Gegenstande haben.

Sie hausen meist, wie die Nornen, am Brunnen, auch im Innern der Burg-Brunnen.[131]

Oft ist die eine Schwester schwarz, die andre weiß, die dritte halb schwarz und halb weiß: und diese ist dann die böse, den Menschen feindliche, welche auch wohl die eine blinde Schwester bei Verteilung eines Hortes betrügt. Der Name »Hel« begegnet oft in den Bezeichnungen der Orte, wo die Schwestern hausen: auch wohl »Rach-hel«, die rächende, strafende Hel. Statt der Fäden spinnen sie auch wohl Seile, ziehen diese weit übers Tal hoch durch die Luft, festigen sie an Gipfeln und Felsen hoher Berge, tanzen auf diesen Seilen oder hängen ihre Wäsche daran auf, was gut Wetter bedeutet. Aber sie hängen auch Menschen daran, sie strafend zu töten. Der Zug, dass zwei der Nornen übereinstimmend Gutes wollen und fügen – sie sind: »Heil-Rätinnen« –, die dritte aber eigensinnig und böswillig widerspricht, wiederholt sich sehr oft in den Sagen und Märchen von den drei Schwestern.

Dieselben werden auch häufig aufgefasst als Hüterinnen eines Hortes, der in dem Schoße der Erde in einem tiefen Berge liegt: und dadurch ergeben sich nun freilich Beziehungen zur Unterwelt, zu Hel. Ein Hahn kräht in ihren Burgbergen – wie der Hahn im Saale Hels –, ein Hund bewacht den Hort, wie den Eingang zu Hel und zu den Nornen – eine Schlange, ein Drache, ein Wurm[132] hütet den Hort, wacht auf dem roten Golde des unterirdischen Schatzes. Dieser Schatz liegt nicht unbeweglich wie totes Geld: er hebt sich und senkt sich, »er blüht«, spricht die Sage: an einem Tag in viel hundert Jahren wird er sich so gehoben haben, dass er offen zutage liegt und ein Sonntagskind oder ein andrer Auserwählter des Schicksals, der gewisse fast unmögliche oder doch nur in vielen Jahrtausenden einmal zutreffende Zufalls-Übereinstimmungen in seiner Person vereint[133] und der dann noch obenein als furchtloser Held (Siegfried) die Schrecknisse nicht scheut, welche den Hort umgeben (Wolf, Hund, Drache, grauenhafte Weiber), der mag den Hort heben. Damit ist dann zugleich erlöst die verzauberte Jungfrau, auf welcher der Fluch lastete, als Drache oder als dreibeiniges Pferd, oder als Kröte, oder als hässliche Alte, bis der Auserkorene durch alle Schrecken zu ihr dringt, mutig sie küsst und so die Erlöste selbst und ihren Hort gewinnt.

Der Sinn ist wieder der gleiche wie bei Dornröslein und Gerda: der Schatz ist nicht tot, er lebt: d. h., es sind die Lebenskräfte der Erde, welche Getreide und alle Vegetation erzeugen, von höchstem Segensreichtum für den Menschen: aber vom Tode der Sommerwärme an gefesselt und gebunden in dem Schoße der Erde, in der Unterwelt, aus der nicht jeder nach Reichtum Gierige, sondern nur der sie heben kann, welcher treuesten Fleiß, furchtloses Eindringen in die Erde und die Gunst des Himmels in seiner Person vereint. Freilich sind nicht ALLE Züge der mannigfaltig ineinander verschlungenen Sagen hieraus gleichwie aus EINEM Mittelpunkt zu erklären: die Einbildungskraft hat auch hier frei geschaltet. Und im Mittelalter sind dann christliche Vorstellungen, bis zu voller Verhüllung der ursprünglichen Bedeutung, um die »drei Schwestern« gefaltet worden: sie sollen Stifterinnen eines Klosters, einer Kirche, Wohltäterinnen der ganzen Gegend gewesen sein; wobei dann freilich unbegreiflich bleibt, weshalb ihre Burg, samt ihnen selbst, versunken ist und sie, der Erlösung bedürftig, im Schoße der Erde harren, sodass man Messen für sie stiftet, Gebete für sie spricht.

Hat man den drei Nornen doch sogar die Namen der drei christlichen Tugenden: Fides, Spes, Caritas (Glaube, Hoffnung, Liebe) gegeben! An manchen Orten heißen sie aber noch: AIN-PETT, WIL-PETT, WAR-PETT; »pett« ist althochdeutsch ›piot‹, der Opfer-Altar: AIN ist Agin, Schreck; WAR ist Werre, Streit (daher französisch guerre, Krieg). Der dritte Name geht vielleicht auf »Wille«, ist aber wahrscheinlich verderbt: anderwärts heißt er WIDI-KUNNA, Winter-bring: Letzteres wohl Volksdeutung, nachdem der Sinn des alten Namens nicht mehr verstanden ward. Wenn nur zwei Schwestern genannt werden, heißen sie »Muss« und »Kann«: – sehr bezeichnend für Menschengeschick.

X.
Die Walküren

Sie sind die »Schildjungfrauen«, »Helm-Mädchen«, auch Wunsch-Mädchen Odins: sie küren die Wal, d. h., sie bestimmen nach des Schicksals (der Nornen) unabänderlichen Satzungen, nach andern Sagen gemäß Odins Wunsch, diejenigen Helden, welche in der Schlacht fallen sollen, und die Erschlagenen (der Inbegriff der die Walstatt Bedeckenden heißt eben »die Wal«, strages, und diesen Inbegriff »küren« sie) tragen sie, aus dem Todesschlummer sie weckend, empor nach Walhall auf ihren durch die Wolken laufenden Rossen.

Oben aber, in Walhalls goldenen Sälen, vertauschen sie das Kriegerische mit friedlich-festlichem Tun: sie füllen, die Weißarmigen, den schmausenden und zechenden Göttern und Einheriar die Hörner mit schäumendem Met und Äl (sie verwahren Trinkgerät wie Essgeschirr).

In beiden ist ihr Vorbild ihre Anführerin FREYA – als solche »WAL-Freya« genannt: – sodass sie nur als deren Vervielfältigungen erscheinen: jene ist vor allen der Götter Mundschenkin und reicht den in Odins Saal Eintretenden das Trinkhorn. Die Zahl wird verschieden angegeben: auf sechs (mit Freya sieben), neun, zwölf oder dreizehn. Sie sind gewissermaßen besondere Nornen: während diese das GESAMTE entscheiden, bestimmen die Walküren nur das Geschick der SCHLACHT[134]: Sieg oder Unsieg, Tod oder Leben. Sie

(Odins Nornen) sind die Trägerinnen von Odins Willen hierin (sofern er, nicht das über ihm stehende Schicksal, als über Tod oder Leben entscheidend gilt), der sie zu jedem Kampf entsendet, auf dass sie die Fallenden küren und des Sieges walten. Aber sie wagen es wohl auch, gegen Odins Willen zu entscheiden, was er freilich mit schwerster Strafe ahndet![135]

All ihr Leben und Wesen ist Kampfesfreude: in diesen tapferen, wunderschönen, hochherzigen, begeistert durch die Lüfte jagenden Jungfrauen hat die germanischen Einbildungskraft eines ihrer edelsten, herrlichsten Gebilde geschaffen, auch hier nur der veredelnde Ausdruck des eignen Volksgeistes: denn es fehlt auch in der germanischen Geschichte nicht an mutigen Frauen und Mädchen, welche heldenhaft des Gatten, des Geliebten, des Bruders Geschick, kämpfend bis in den Tod, geteilt haben. Wunderschöne Erzählungen von Frauenliebe, von Treue und Heldentum, die sie umkleiden, hat die Sage an Walküren wie Swawa, Sigrun, Hilde, Brunhilde geknüpft (s. unten Heldensagen). Auch irdisch geborene Jungfrauen, Königstöchter zumal, können, bei entsprechender Gesinnung und unter Gelübde der Jungfräulichkeit, Walküren werden, falls Odin sie dessen würdigt, sie dazu erwählt: dann heißen sie seine »Wahl- oder Wunsch-Töchter«, wie die Einheriar seine Wunsch- oder Wahl-Söhne. »Walküren trachten«[136] heißt es in der Edda: »All ihr Trachten ist Waffenstreit«[137] und freudig Heldentum: in den Kampf zieht es immerdar die »Helmmädchen« dahin.

Sie können sich in Schwäne verwandeln oder, menschliche Bildung bewahrend, in ein Schwanenhemd (ähnlich Freyas Falkenhemd) fahren und so noch rascher als auf ihren Rossen die Luft durchlaufen. Diese Rosse sind als Wolken gedacht: die Walmädchen sind Odins Töchter: seine Naturgrundlage: Luft und Wind, fehlt auch ihnen nicht ganz:

durch die Lüfte schweben sie, nicht auf Erden stampfen ihre Pferde. Tau träuft von den Mähnen ihrer Rosse, »und das macht fruchtbar die Felder«. Daher heißt eine der Walküren geradezu »Mist«, d. h. Nebel (noch neuenglisch ebenso).

An jene Schwanenhemden der Walküren knüpfte gar manche schöne Sage. Wenn die Mädchen dieselben abgelegt haben, etwa um zu baden, und Menschen ergreifen die Flügelgewande rasch, können sie jene in ihre Gewalt bringen. Auch gehört ein Schwanenring dazu, auf dass sie ganz zu Schwänen werden können: wer ihnen diesen abstreift, hindert ihre Verwandlung und Flucht. So hatte ein Held Agnar der Walküre Brunhilde ihr Schwanenhemd hinweg-, »unter die Eiche«, getragen und sie dadurch gezwungen, ihm statt seinem Feinde Hjalmgunnar, dem Odin den Sieg bestimmt hatte, den Sieg zu verleihen. So bemächtigen sich Wieland der Schmied und seine beiden Brüder dreier Königstöchter, welche bei dem Bad ihre Schwanenhemden von sich gelegt hatten: jedoch nach sieben Jahren fliegen diese wieder davon, hinweggetragen von allüberwindendem Sehnen nach ihrem Leben mit Schild, Helm und Speer. Auch die drei Meerweiber oder die Donaunixen, welche Hagen bei der Fahrt in Königs Etzels Reich begegnen und welche er zwingt, ihm die Zukunft zu weissagen[138], indem er ihnen »die wunderbaren Gewande«, d. h. die Schwanenhemden, wegnimmt, waren Wal-küren, Sieg-weiber. Daher sind auch ihre Namen so oft mit Sieg zusammengesetzt (Sig-run, Siglind, Sig-ridh, Sigr-drifa). Aber auch Wünschel-weiber heißen sie wohl (vgl. oben), oder »wilde Weiber«, »Waldfrauen«, und im Mittelalter werden sie oft zu Meer-mädchen, »Meer-Minnen«, Wasserfrauen, Nixen, die sich gelegentlich in Schwäne verwandeln oder auch in andre Tiergebilde mit Fischschwanz, Schlangenleib (Melusine, des Staufenbergers Geliebte). Als solche vermählen sie sich wohl mit sterblichen Männern: freilich meist mit der

Neigung, nach einiger Zeit Gemahl und Kinder zu verlassen, um dem alten Beruf nachzuschweben: oder doch unter der Bedingung, alle sieben Tage oder Wochen ungefolgt und unbelauscht sich zurückziehen und in der ursprünglichen Gestalt als Schwan oder Schlange oder als Nixenkönigin mit den Genossinnen sich bestimmte Zeit tummeln zu dürfen: bricht der Mann aus Fürwitz oder Misstrauen das Gelübde, entschwindet die Edle für immerdar, und all sein Glück ist hin: das Gegenstück der Lohengrinsage, indem hier der Mann, wie bei Lohengrin das Weib, durch neugieriges Misstrauen sich der Liebe des edleren Gatten als unwürdig erweist. Zuweilen auch schließen diese überirdischen Mädchen nicht geradezu Ehe mit Sterblichen, aber ein Freundschafts- oder Liebesbündnis, und sie fliegen dann auf deren Ruf oder auf ein Zauberwort oder Zauberzeichen sofort herbei, »sie zu schützen«, Sieg, Glück, Schönheit ihnen zu verleihen: hierin gleichen die Walküren den angeborenen weiblichen Schutzgeistern, den Fülgias des Nordens, welche ihre Helden und Lieblinge von der Geburt bis zum Tode schützend umschweben[139], wie Swawa Helgi: unsichtbar oder zuweilen sichtbar werdend in Gestalt einer herrlich gerüsteten Jungfrau oder auch eines Tieres, dessen Eigenart der Eigenart des Helden besonders entspricht.

Auch nordisch Disen, althochdeutsch Idisen heißen sie wohl, was aber übermenschliche Jungfrauen überhaupt, nicht nur Walküren bezeichnet. In dem Merseburger Zauberspruch zaubern sie: »Heften Hafte, binden Bande«, durch solche sinnbildliche Handlungen Heere zu hemmen, Feinde zu fangen.[140] Unter den Walküren ragen hervor Hilde und Brunhilde, welche zugleich den Übergang der Götter- in die Heldensage sehr lehrreich darstellen.

Während die Namen der andern Walküren wechseln, kehrt überall der Namen Hilde wieder: »Hild« heißt Kampf: daher heißt »Hilde wecken« so viel wie Kampf wecken. Sie ist der personifizierte Kampfgeist: als Führerin, als Erste der Walküren ist sie – Freya selbst. Nach der Sage von Högni und Hilde entführte Hedni, Hiarandis Sohn, seine Geliebte, Hilde, König Högnis Tochter. Der Vater verfolgt sie zu Schiff und holt sie ein: beide samt ihren Mannen rüsten sich zum Kampfe. Hilde bietet dem Vater ein Halsband zur Sühne (es ist Freyas Halsband: Brisingamen): aber Högni weist den Antrag zurück: denn schon hat er die furchtbare Waffe aus der Scheide gezogen, das Schwert Dainsleif, das[141] eines Mannes Todesblut trinken muss, sooft es aus der Scheide gezogen wird. Erst das Abenddunkel scheidet die Kämpfer der schrecklichen Hiadningaschlacht. Aber in der Nacht schreitet Hilde zum Walplatz und erweckt die Gefallenen aus ihrem Todesschlaf: und so in jeder folgenden Nacht, fort und fort, bis zur Götterdämmerung und zu dem allerletzten Kampf, der auf Erden gekämpft wird.[142]

Dies ist der Grundgedanke gar mancher Sage: ein edles, herrliches Weib, in tragischen Widerstreit gestellt zwischen ihrem Vater (oder ihren Brüdern) einerseits und einem Geliebten (oder Ehegatten) anderseits. Ist einmal Blut geflossen, darf sie nach dem Sittengesetz germanischer Blutrache nicht ruhen noch rasten, bis die Rache durch Untergang der Schuldigen vollendet ist. So erscheint sie, nachdem diese Pflicht der Blutrache durch das Christentum beseitigt worden, als eine dämonische Unholdin, als eine »Walandine«, eine Teufelin, als die Verderberin ihrer Sippe oder der ihres Gatten, was sie ursprünglich keineswegs war, sondern lediglich die Verkörperung der unerbittlichen Ehrenpflicht der Blutrache. Diese ist freilich an sich tragisch, da sie mit unentrinnbarer Notwendigkeit fortrast, bis beide oder eines der darin verstrickten Geschlechter ausgerottet sind, durch jedes neue Blutvergießen neu entzündet und auch die persönlich ganz Unschuldigen (Giselher in den mittelhochdeutschen Nibelungen) erbarmungslos mit dem ehernen Tritt der Notwendigkeit dahinstürzend. Dabei ist es die der ÄLTEREN Zeit angehörige Auffassung, dass das rächende Weib auf Seite ihrer BRÜDER, die JÜNGERE, dass sie auf Seite des gemordeten GEMAHLS tritt. Jenes Schwert, das, wenn einmal gezogen, nicht wieder in die Scheide fährt, bis es eines Mannes Tod geworden, ist ebenfalls ein schaurigschönes Bild der Blutrache, die, einmal entfesselt durch Blutvergießen, nur nach neuem Blutvergießen rastet. Und so schreitet jene gewaltige Gestalt der KRIMHILD als späte Nachwirkung der Walküre HILDE furchtbar durch die germanische Dichtung hin: die Weib gewordene Blutrache, ursprünglich nicht eine »WALANDINE«, wie sie HAGEN schilt, sondern eine Göttin oder doch eine Walküre.

Noch in christlicher Zeit hat eine Sage es ausgedrückt, dass Hilde ursprünglich Freya selbst war.[143] Deren Schmuck ist das kostbare Halsgeschmeide BRISINGAMEN, welches ihr vier zauberkundige Zwerge geschmiedet – nach später, schmähender Erfindung um den Preis ihrer Liebesgunst. Odin lässt es ihr durch Loki stehlen und will es ihr nur zurückgeben, wenn sie – und hier erscheint sie als die zum Kampf treibende Walküre – zwei mächtige Könige, von denen jeder über zwanzig Jarle gebietet, verfeindet und zum Kriege fortreißt, dabei aber die Erschlagenen immer wieder zum Kampf erweckt, bis dereinst ein christlicher Held diesem Zauberbann ein Ende mache. Die Sage verrät gar vielfach ihren späten, künstlichen Ursprung: weshalb bedarf Odin Freyas zu jenem Kampfschüren, was er durch seine Runen am besten selbst versteht? Welchen Vorteil hat für Odin die GEISTERSCHLACHT, welche die Zahl der Einheriar nicht vermehrt? Die Erfindung verherrlicht lediglich das Christentum, welches durch König OLAF TRYGGVASON die Blutrache abzustellen trachtet, während diese nach der alten heidnischen Sage bei dem Kampf der HEDNINGE fortraset bis zur Götterdämmerung. Man nimmt an, dass die Sage von

Hilde und Högni in der Gudrunsage weitertönt (s. unten). Wie Hilde ist auch Brunhilde aus Freya (oder Frigg) hervorgegangen. Sie ist Walküre, hat sich aber ganz dem Helden Agnar zum Dienste geweiht, sodass sie in dem Kampfe mit Hjalmgunnar, dem Odin den Sieg bestimmt hatte, diesen durch Agnar erschlagen ließ. Da entbrannte furchtbar Odins Zorn über die »Sigr-drisa«: er nahm ihr die Walkürenschaft und bestimmte sie zur Ehe. Brunhild aber schwor, keinen zum Manne zu nehmen, der sich fürchten könne (was Odin der noch immer Geliebten gewährt, muss man hinzudenken, wenn man nicht solches Gelübde als auch für Odin unantastbar ansehen will). Odin stach ihr nun den Schlafdorn in das Haupt und umgürtete sie und die Burg, in welcher sie lag, mit »wabernder Lohe« (Wasurlogi), die nur durchschreiten mag, wer Furcht nicht kennt: es ist die Glut des Scheiterhaufens: Brünhild gilt als wirklich gestorben und verbrannt: sie weilt nun bei Hel (wie Gerda), und der Held, der zu ihr gelangen und sie durch seinen Kuss aus dem Todesschlaf erwecken will, muss in die Unterwelt eindringen, was von je als höchste Heldentat für Götter und Halbgötter (Odin als Nornagest, bei den Griechen Herakles) gilt.

Hier wölbt sich wieder die Brücke aus der Götter- zu der Heldensage: ursprünglich ist es Odin selbst, der durch die Waberlohe in die Unterwelt eindringt, dann Freyr, später in dessen Vertretung Skirnir und zuletzt Sigurd.

Aus der Heldensage senkt sich dann später die uralte Überlieferung als Niederschlag in das Märchen vom Dornröslein und in den Schwank »von dem, der auszog, um das Gruseln zu lernen«, der allein die von Ungeheuern gefangene Königstochter retten kann, weil eben er sich zu fürchten nie gelernt, bis die Befreite, nachdem sie ihm vermählt worden, auch diesen Wunsch erfüllt und ihm, während er schläft, einen großen Eimer eiskalten Wassers voll zappelnder Fischlein in das Bett und über den Leib schüttet, wobei er das Gruseln gründlich lernt.

Übrigens ist auch SCHNEEWITTCHEN, das »in den Bergen bei den sieben Zwergen«, d. h. bei den Dunkelelben in einer Höhle, oder in dem im tiefsten Walde versteckten Zwergenreich den Todesschlaf schläft, nachdem ihr der giftige Kamm (der Schlafdorn) in das Haupt gestochen worden, eine in der Unterwelt in dem Todesschlaf ruhende Göttin, die nur der jugendschöne, jugendkühne Königssohn, d. h. der Frühlingssonnenstrahl, erwecken und befreien mag.

Der germanische Heldengeist lebt durchaus nicht nur in den Männern unsers Volkes: er hat vielmehr auch hochherzige Jungfrauen und Ehefrauen in Zeiten schwerer Kämpfe und Gefahren beseelt. Schon die Römer haben dies erfahren: die Frauen der KIMBERN kämpften noch von der Wagenburg herab für ihre weibliche Ehre, nachdem die Männer erschlagen waren. Auch sonst fanden die siegenden Legionen unter den Erschlagenen auf der Walstatt manchmal Frauen in Mannesrüstung. Tacitus hebt hervor, dass die Waffen (Schild, Schwert und Framea), das aufgeschirrte Ross bei den Brautgaben nicht fehlen dürfen: – die junge Frau empfängt sie von dem Gemahl, dem auch sie Waffen schenkt: sie sollen ausdrücken, in welcher Gesinnung das Weib des Mannes Genossin werden müsse: diese Gemeinschaft auch im Werk der Waffen ist das innigste Band, das heiligste Geheimnis der Ehe; die Waffengötter sind auch die Ehegötter. Das Weib soll nicht wähnen, außerhalb der Gedanken des Heldentums stehen zu dürfen und außerhalb der Gefahren des Krieges: gleich zu Anfang der Ehe soll sie durch diese Wahrzeichen gemahnt werden, dass sie zu dem Manne komme als Genossin auch seiner Kämpfe und Gefahren, sein Schicksal teilend in der Schlacht wie im Frieden, das Gleiche wagend und erleidend. Dies bedeutet das aufgezäumte Ross und das Geschenk der Waffen: in solcher

Gesinnung soll das Weib leben, in solcher sterben, die empfangenen Waffen den Söhnen und den Schwiegertöchtern unbefleckt, nicht entehrt übergeben, so sie vererbend von Geschlecht zu Geschlecht. (Tacitus, Germania Kapitel 18.) Nur ein Heldenvolk solcher Gesinnung vermochte Gestalten wie die Walküren aus seiner Einbildungskraft, ja aus dem eignen Leben zu schöpfen.

Nicht selbst die Waffen führend, aber durch Weissagung, durch Erforschung des Ausganges bevorstehender Kämpfe die Beschlüsse der Feldherren, der Volksführer leitend, übte so die Jungfrau Belĕda, im Lande der Brukterer auf hoher Warte einsam hausend, größten Einfluss auf den Krieg der gegen Rom verbündeten Germanen bei dem Aufstande der Batăver im Jahre 69: sie hatte den Sieg verheißen und Sieg war geschehen, und der gefangene Legat der Römer wurde auf seiner eroberten Prachtgaleere ihr die Lippe hinauf als wohlverdienter Beuteanteil zugeführt.[144]

XI.
Andere Götter und Göttinnen

Von zahlreichen andern Göttern und Göttinnen sind uns Spuren erhalten, kaum hinreichend, lebendige Anschauung von ihren Gestalten zu gewähren, aber genügend, unsre Klage zu verstärken, dass uns von all dem Großartigen und Heldenhaften, Tiefsinnigen und Feinsinnigen, Ahnungsvollen und fröhlich Schalkhaften, was die Seele unsres Volkes in diesen Gebilden geschaffen hatte, nur so dürftige Trümmer und Andeutungen geblieben sind.

Unzweifelhaft ist von Heimdall, dem Sohne Odins und von neun (riesischen) Schwestern (welche ihn aufgenährt haben mit der Kraft der Erde, mit kühler Flut und mit dem Strom des Sonnenlichtes), nur bezeugt, dass er der treue

Wächter[145] der Regenbogenbrücke Bif-röst ist: er trägt das gellende Wächterhorn, Giallarhorn, in das er stößt, wenn die Riesen heranreiten zum letzten Sturm auf Asgards goldene Höhen.[146] Man hat ihn unter anderm Namen wieder gefunden als Nigr: als solcher wandert er über die Erde hin und wird der Vater der verschiedenen Stände.[147]

Auch Iring soll er heißen und nach ihm die Milchstraße »Iringstrasse«[148] benannt sein. Er ist also ein Gott des Himmels, der Luftregion, als solcher eine Seite (ein Sohn) Odins; als seine Mutter wird anderwärts die Erde bezeichnet. Auch der »Schwert-As« heißt er, und mit dem Schwertgott Eru wird er zusammengehalten. Seinen Namen hat man gedeutet als »Dolde (d.h. Spitze) des Heims«, d.h. der Erde, des Weltbaumes: daher, als ein Gott des lichten Äthers, mag er der »Weiße« heißen: daher führt er, hoch da oben wachend, das krumme Horn, d.h. die Mondsichel. Sein Ross heißt Gulltopr (Goldwipfel), und er hat goldene Zähne, also ein Gott des himmlischen Sonnenlichts. Daher heißt er auch »der sich Neigende«, da ihm der Monat, in dem die Sonne sich neigt, vom einundzwanzigsten Juni bis einundzwanzigsten Juli, geweiht war. Jedoch auch (wohltätigen) Regen spendet dieser Himmelsgott: als Loki, der heiße, sengende Sommergluthauch, Freyas (der jungen Erde) Halsgeschmeide Brisingamen (das frische Grün des Rasens) geraubt (d.h. versengt) hatte, da brachte es ihr Heimdall nach siegreichem Kampfe mit Loki wieder zurück: der erfrischende Regen belebt das versengte Grün aufs Neue.

Hödur, der schuldlose Töter Baldurs, und Odins wie Baldurs Rächer: Hermôdr, Widar und Wali, sind uns fast nur aus der Geschichte von des Lichtgottes Ermordung und der Erneuerung der Welt bekannt: ihre Hauptbedeutung liegt auf den Gebieten jener beiden großen Sagen und ist dort zu würdigen. Aber einiges ist doch auch hier schon hervorzuheben.

Wali ist das wiederkehrende Licht, welches zur Zeit der Wintersonnenwende die Tötung Baldurs, der in der Sommersonnenwende stirbt, an dem blinden Hödur rächt; er ist der Sohn Odins und der Rinda (d. h. der winterlichen Erdrinde). Sie war die Tochter eines Ruthenen-(Russen-)Königs. Odin war nach Baldurs Tod geweissagt, nur diese könne ihm einen Sohn gebären, der Baldur rächen werde. Odin naht nun in seiner Wanderergestalt mit Schlapphut und Mantel jenem König, gewinnt dessen Gunst, schlägt als dessen Feldherr die Feinde und verlangt als Lohn der Tochter Hand. Der König will sie ihm geben, aber die spröde, herbe, stolze Jungfrau gibt ihm statt des Brautkusses – eine Ohrfeige.

(Die Erzählung stammt aus Saxos Bericht, mit zahlreichen Vergröberungen der Götter, welche wir fast sämtlich übergehen.) Nun erscheint Odin als Goldschmied verkleidet und wirbt um die Maid mit künstlichen Spangen. Abermals mit einem Schlag abgewiesen, naht er als junger, blühender Krieger zu Ross und zeigt ihr seine Reiterkünste. Aber sie stößt den Werbenden so rau zurück, dass er strauchelt und sein Knie die Erde rührt. Da berührt er sie zornig mit seinem Zauberstabe (gambantein, den Skirnir gegen Gerda brauchte) und beraubt sie so des Verstandes. Aber die Werbung gibt er nicht auf: kann doch nur Rinda Baldurs Rächer gebären. Er verkleidet sich in Frauengewand, nimmt unter dem Namen Wecha Dienst bei dem Mädchen und wäscht ihr die weißen Füße. Da sie immer schwerer erkrankt, verheißt er, sie zu heilen, aber mit so harter Kur, dass die Kranke sie nur gezwungen ertragen werde. So wird ihm von dem Vater das Mädchen gebunden übergeben: er führt sie fort, vermählt sich nun mit der Widerstrebenden, und sie wird die Mutter Walis. Während seiner Abwesenheit und wegen des verübten Betruges[149] entsetzt aber ein Teil der Götter Odin der obersten Gewalt: ein andrer, Ullr, erhält

Odins Thron und Namen: aber bald gewinnt Odin die Götter wieder für sich; Ullr muss flüchten und wird im fernen Norden erschlagen.

Die Deutung ist nicht schwer. Rinda ist die winterliche Erdrinde: nach des Lichtgottes Baldur Tod ist die Erde dem wohltätigen Himmelsgott Odin entrückt. Vergebens bemüht dieser sich, sie für sich zu gewinnen: vergeblich bekämpft er tapfer die Winterriesen; vergeblich wirbt er um sie mit den goldenen Gaben des Sommers; vergebens zeigt er ihr die Lust kriegerischer Spiele, der schönsten Gabe der Sommerzeit: die Erde, die dem Liebesleben abgesagt, weist dreimal heftig den Freier zurück: die Versuche, des Winters Herrschaft zu brechen, scheitern. Da verflucht sie der Lebensgott für immer, dem Wintertode verfallen zu sein, falls sie ihn nicht erhöre: er wirbt um die Erstarrte, indem er ihr die Füße bespült (es ist wohl allzu kühn, hier an den Tauwind zu denken, der die Erdrinde in Tauwasser schmelzt: aber irgendein ähnlicher Vorgang in täuschender Hülle und scheinbar ungefährlicher Gestalt liegt hier zugrunde) und zwingt die immer noch Widerstrebende zuletzt mit Gewalt, sich dem Sieger zu ergeben und die Mutter zu werden des neuen Frühlings, der den im Vorjahr Getöteten an dem Winter- und Nachtgott Hödur rächt. Ursprünglich bezog sich Baldurs Tod nur auf den jährlichen Untergang des Lichtes: erst später ward dies auf die Götterdämmerung bezogen, und nun konnte nicht mehr Baldur selbst jeden Frühling wiederkehren – vielmehr erst in der erneuten Welt –, sondern statt seiner ein Bruder, ein andrer Sohn Odins.[150]

Wali war der Monat Liosberi (Lichtbringer: vom neunzehnten Januar bis achtzehnten Februar) geweiht, was die Grundauffassung voll bekräftigt. In diese Zeit fällt nicht nur Mariä Lichtmess (zweiter Februar), auch der Valentinstag (vierter Februar), der in England (Ophelia in Shakespeares Hamlet führt ein Volkslied darüber an), Nordfrankreich, Brabant ein Fest der Liebenden ist. An diesem Tage paaren sich nach dem Volksglauben die Vögelein, und auch die jungen Leute wählten oder erlosten für das kommende Jahr, halb im Scherz, halb im Ernst, ihren Schatz. Man hat nun Sankt Valentin als an Walis Stelle getreten gedacht, auch dieses Heiligen Namen auf einen zweiten Namen desselben Gottes: Ali, der Nährer, und einen dritten: Bui, der Bebauer, d.h. Erdbebauer, Ackerbebauer, auf Welo, Wolo (unsern neuhochdeutschen »Wohl«) zurückgeführt, d.h. einen Gott des Wohlergehens, Glückes, eines Liebesfrühlings. – Auch als guter Schütze wird Wali gerühmt: der Frühlingssonnengott entsendet die fernhin treffenden Pfeile wie Phöbus Apollon.

Ullr ist nach der echten alten Sage durchaus nicht ein von den empörten Göttern eingesetzter Gegenkönig Odins, sondern lediglich Odin selbst: nur ein winterlicher statt des sommerlichen Odins. Nur der Sommer ist die Zeit für die Kriegsfahrten des Siegesgottes – ist er doch zugleich der allbelebende Allvater der sommerlichen Lebensfreude: im Winter ruhen wie der Krieg, so jenes warme Freudeleben: Odin ist fern, so scheint es. Aber er ist doch da: nur unter dem Namen »Ullr« und in winterlicher Vermummung. Jetzt gewährt der Schnee die Fährte des Wildes dem Weidmann: nun beginnt die Jagd: Ullr führt sie an, zum Schutz gegen die Kälte in Tierfelle gehüllt, seines Pirschgangs Beute liefert ihm ja reichlich Pelzwerk – mit Bogen[151] und Pfeil, Schrittschuhe unter den Sohlen –, so verfolgt er behänd über Schnee und Eis des Wildes Spur, ein Gott der Jagd: hierin ist ihm Sankt Hubert (Hukbert, der Geistglänzende) nachgefolgt. Er ist ein Sohn der Erdgöttin Sif, aber nicht von Thor: denn er wird geboren, wann die Gewitter noch ferne sind: sein Vater konnte füglich ungenannt bleiben, wenn Ullr = Odin ist. Sich selber meint daher Odin, wenn er, in König Geirröds Saal zur Folter zwischen zwei

Feuer gesetzt, ausruft: »Wer die Lohe löscht, gewinnt Ullrs Gunst und aller Götter.« Im Sommer weilt dagegen Ullr in der Unterwelt, Odin auf Erden und in Asgard. Als winterlicher Gott hat Ullr auch die Schrittschuhe, vielleicht auch die Schneeschuhe erfunden: er besprach durch Zauber[152] einen Knochen so, dass er darauf über das gefrorene Meer fahren konnte: die Schrittschuhe wurden aus Knochen gefertigt: vielleicht aber ließ ihn die Sage auf solchen breiten, schildähnlichen Zauberschuhen auch über flüssig Wasser schreiten. Dass er aber deshalb (warum? Ein Schrittschuh ist doch kein Schild!) der »Schild-As« heißt (vgl.: »der Schwert-As«), ist ebenso unwahrscheinlich, wie dass er deshalb im Zweikampf angerufen wurde, weil hier der Schild so wichtig gewesen sei! Vielleicht war als sein Schild die Eisdecke des winterlichen Meeres gedacht, und vielleicht heißt deshalb der (Eis-)Schild »Ullrs Schiff«, weil der Wintergott, statt auf einem Schiff, auf dem Schilde des Eises das Meer überschreitet. Allein das sind lauter allzu kühne, wenig befriedigende Vermutungen.

Widar heißt »der schweigsame As«: nur allzu sehr verdient er diesen Namen: denn er schweigt auch uns gegenüber: die Forschung müht sich fast ganz vergeblich, ihn zu erklären. Doch wird man »Widar« als den »Wiederer«[153], d. h. den Wiederbringer und Erneuerer, fassen dürfen: er ist es, der seines Vaters Odin Fall an dem Fenriswolfe rächt, und er ist es, der neben Wali, dem Rächer Baldurs, vor allen andern als in der erneuten Welt fortlebend ausdrücklich genannt wird: er rächt den Allerhalter an dem Allverderber: er erneut die Welt. Vielleicht war seine Naturgrundlage die jährliche Wiedererneuerung des Lebens der Natur im Frühling, bevor noch die Weltvernichtung und Welterneuerung ausgebildet war: als diese Lehren aufkamen, ward aus dem jährlichen Erneuerer der endgültige Wiederbringer. Weil er auch das Grün der Erde wiederbringt –

alljährlich und in der GROSSEN Erneuerung –, mag es von ihm heißen: »Gesträuch grünt und hohes Gras in Widars Landwidi« (Landweite, Gebiet), was auf BEIDE Arten von Erneuerung passt. Dass er dereinst den Fenriswolf erlegen wird (und zwar in welcher Weise), verkündet die Weissagung: er werde »dem Wolf die kalten Kiefern klüften« (s. unten Buch III, II). Und zu dieser Bedeutung Widars als des Rächers und Wiederherstellers der Götter stimmt es auch trefflich, wenn es heißt: »Auf Widar vertrauen die Götter in allen Gefahren.« Stumm und abgeschieden wohnt er in der Einöde, bis er hervorschreitet, des hohen Vaters Tod zu rächen.

Wir sahen bereits, dass Odins EINE Bedeutung als Gott der Dichtung aus seinem Wesen ausgelöst[154] und in seinem Sohne BRAGI, als einem besondern Gott der Dichtung, wiederholt, selbständig persönlich gemacht wird. Wir wissen nur sehr wenig von diesem: »er ist gefeiert wegen Wortgewandtheit und Wohlredenheit und geschickt in der Skaldenkunst, die nach ihm Bragr heißt: auch werden Leute, die redegeschickter als andre, Bragurleute genannt. Seine Gattin IDUN bewahrt in einem Gefäße jene Äpfel, welche die Götter genießen, wann sie altern: denn davon werden sie alle (immer wieder) jung und mag das so dauern bis zur Götterdämmerung.«

Es verstößt nun gegen alle Erfahrung über Entstehung von Göttern und Göttersagen, mit der herrschenden Auffassung anzunehmen, in der verjüngenden Kraft dieser Äpfel sei die »verjüngende Kraft der Dichtung« gefeiert! Nein! Solche Gleichnisse einer wissenschaftlichen Kunstlehre, wie sie ein Dichter-Philosoph überfeinerter Bildung anstellt, liegen den unbefangenen Anschauungen der Urzeit fern. Vielmehr verrät eine Stelle, welche IDUN mit GERDA für eins erklärt, dass diese verjüngenden Äpfel die in jedem Frühjahr sich verjüngende Lebenskraft der Erde sind: jeden Herbst dämmern die Lichtgötter, jedes Frühjahr verjüngen sie sich wieder durch die verjüngte Lebenskraft der Erde: daher währt diese verjüngende Wirkung auch nur bis zur Götterdämmerung, vor deren Vollendung bereits das Wiederkehren des Frühlings aufhört. Erst folgeweise und später hat man dann auch die mit dem Frühling wieder beginnende Liebeslust in jenen Äpfeln gefunden und deren Eignerin[155] mit dem Liedgott vermählt.

Von Idun werden zwei verschiedene Sagen erzählt, deren erste bloß auf den Jahreswechsel sich bezieht, deren zweite, ursprünglich von gleicher Bedeutung, später auf den Untergang der Welt übertragen wurde.

Einmal zogen drei Asen wandernd über Berg und Tal: Odin, Loki und Hönir. Sie kamen in öde Lande, wo sie nur schmale Kost fanden. Da sie ins Tal hinabstiegen, erblickten sie eine Herde weidender Rinder: Eifrig und voll Freude, ihren Hunger zu stillen, ergriffen sie eines der Tiere, schlachteten es, machten Feuer an unter einer hochwipfeligen Eiche und wollten den ganzen Ochsen sieden. Nach geraumer Zeit, da sie füglich glauben durften, der Sud sei vollendet, deckten sie den Kessel auf: – aber siehe, das Fleisch war noch nicht gar. Und da sie nach langer Zeit wieder nachsahen, da war es nicht besser. Erstaunt redeten sie untereinander, woher das wohl rühren könne? Da hörten sie hoch von dem Wipfel der Eiche herab eine Stimme: »Ich, der ich hier oben sitze, wehre dem Sud, zu sieden.« Und hinaufschauend erblickten sie da oben einen Adler, der war nicht klein. »Wollt ihr mir Sättigung verstatten an dem Rinde«, rief der mächtige Vogel herunter, »so soll der Sud sieden.« Da sie nun zustimmten, flog der Aar herab, setzte sich zu dem Kessel und sofort war das Fleisch gar. Der Vogel nahm nun aber gleich vorweg für sich die besten und größten Stücke: beide Lenden und beide Bugteile. Das erzürnte Loki: er fasste eine Stange und stieß sie mit Macht dem Vogel in den Leib. Der flog auf, die Stangenspitze in dem Rumpf: aber Loki hielt noch das andre Ende in den beiden Händen und sah sich mit emporgerissen: und konnte nicht loslassen, ohne herabzustürzen und zu zerschmettern. Und der Vogel flog sausend über Felsspitzen, Bergsteine und Bäume so niedrig hin, dass Loki heftig daran stieß mit den Beinen: und auch die Arme schmerzten ihn so arg: er meinte, sie würden ihm aus den Achseln gerissen. Flehentlich schreiend bat er den Adler um Frieden. Der aber fuhr immer rascher dahin und sagte, niemals solle Loki davonkommen, wenn er ihm nicht Idun samt ihren Äpfeln aus Asgard herbeischaffe und in seine Gewalt gebe. Loki, in seiner Angst, versprach alles. Da setzte ihn der Vogel ab, dass jener zu seinen Weggefährten zurückgehen konnte. Er schwieg aber von der Lösung, die er versprochen hatte. Als sie nun wieder nach Asgard heimgekehrt waren, sprach Loki zu Idun: »Komm, du Holde, mit mir nach Midgard hinunter. Da hab ich in einem Walde einen Baum gefunden mit Äpfeln, die sind noch schöner als die deinen.« Idun wollte das nicht glauben. »Wohlan«, sprach Loki, »nimm deine Äpfel mit, halte sie daneben und vergleiche.« Und Idun tat nach seinem Rate und folgte ihm zu Walde. Da kam sausend der Riese Thiassi in Adlerhaut gefahren – denn der war es gewesen, der Loki überlistet und entführt hatte –, ergriff Idun samt ihren Äpfeln und trug sie durch die Luft davon nach Thrymheim in seine Heimat.

Den Göttern aber ging es nun gar schlecht, seit Idun verschwunden: ihre Haare ergrauten, sie wurden alt. Da traten sie zusammen, hielten Rat und forschten, was man zuletzt von der Verschwundenen gesehen oder gehört. Da ward festgestellt: das Letzte, was man von ihr gesehen, war, dass sie mit Loki aus Asgard geschritten. Da ergriffen die den schon lang Beargwohnten, banden ihn, führten ihn vor ihre Richterstühle und bedrohten ihn mit Peinigung und Tod. Loki erschrak: er gelobte, er wolle nach Idun suchen in Jötunheim – denn vielleicht sei sie dorthin entführt –, wenn ihm Freya zu rascher Reise ihr Falkenhemd leihen wolle. Und nachdem er in dies hineingeschlüpft, flog er gen Norden nach Riesenheim und kam in Thiassis Haus. Der war fort auf den See gerudert: Idun war allein zu Hause. Da verwandelte sie Loki in eine Nuss (nach andrer Lesart in eine Schwalbe), ergriff sie samt ihren Äpfeln mit den Fängen und flog davon, so schnell sie konnte. Aber Thiassi, wie er nach Hause kam, vermisste sofort Idun, fuhr in sein Adlerhemd und setzte dem Falken nach – mit Adlerschnelle. Die Götter standen auf Asgards hohen Zinnen und blickten sehnsüchtig und harrend nach Idun und nach Loki gen Norden. Da sahen sie den Falken heraneilen, die Nuss in den Fängen, hart verfolgt von dem durch die Wolken stürmenden Adler. Sie eilten herab von der Mauer, hinaus vor das Tor und häuften trockene Hobelspäne draußen hart an dem Wall. Der Falke kam noch glücklich über die Zinnen und ließ sich im Hofe gerade hinter der Mauer nieder. Da warfen die Götter Feuer in die Späne: der Adler aber konnte sich im vollen Schuss des Sturmflugs nicht mehr halten, er sauste heran, das Feuer schlug ihm ins Gefieder: da konnte er nicht mehr fliegen, er stürzte zur Erde, und rasch waren die Asen zur Hand, zerrten ihn durch das Torgatter und töteten ihn.[156]

Thiassi ist ein Sturmriese: denn als ZERSTÖRENDE Gewalt ist der Wind NICHT Odin, sondern RIESISCH: Stürme, nach Schnelligkeit und Gewalt ihres sausenden Fluges, wurden als Adler gedacht: seine Heimat Thrymheim (wo auch der RIESISCHE [im Gegensatz zur Thor] Donnerer Thrym hauset) ist das nördliche unfruchtbare Gebirge, von wannen im Spätherbst die eisigen tödlichen Stürme kommen: in diese öden Hungermarken waren die drei Asen über Berge und Ödland gewandert, deshalb fanden sie hier karge Kost: als Sturmadler hat Thiassi auch verhindert, dass der Sud gedieh: er blies das Feuer aus: er verweht die Wärme. Vielleicht hatte es auch sinnbildliche Bedeutung, dass gerade Loki (die Sommerwärme?) von dem kalten Herbststurm davongetragen wird durch die Lüfte. Wie Thrym Freya (die schöne Jahreszeit), so will Thiassi die Wiederkehr des Grüns den Göttern entreißen und für sich rauben (Uhland: das frische Sommergrün an Laub und Gras). Wirklich auch gelingt es dem herbstlichen Nordwind, das Grün des Waldes und den goldenen Blumenflor der Wiesen zu entführen: die Götter, d.h. die Natur, werden nun alt und grau. Loki, der Südwind[157], wird ausgesandt, die Entführte wiederzuholen, muss sich Freyas, der Frühlingsgöttin, Flügel entleihen, nach der Jahreswende, wann der Nordsturm gerade abwesend.

Als Nuss, d.h. als aufsprießender Samenkern, wird die Verjüngung zurückgebracht oder in Gestalt der frühlingverkündenden Schwalbe. Zwar braust der Nordsturm verfolgend hinterdrein: aber in den von den wohltätigen Mächten entzündeten Flammen der beginnenden Sommerglut muss er verenden mit versengtem Gefieder.

Eine andre Sage berichtet: Idun, Iwaldis, des kunstreichen Zwergs jüngste Tochter, war, nachdem schon andre unheilvolle Vorzeichen, schwere Träume und Ahnungen die Götter geängstet hatten, vom Weltenbaum herab zu Boden gesunken. Sie liegt an der Erde, unter des Baumes Stamm gebannt: schwer erträgt sie dies Geschick: so lange an heitere Wohnungen gewöhnt, kann sie es nicht lernen, nun weilen zu sollen bei der Tochter Nörwis, d.h. der Nacht, der Genossin Hels. Die Götter sehen ihre Trübsal um dieses Wohnens in der Tiefe willen und senden ihr ein Wolfsfell, sich zu bedecken: damit verhüllt, freut sie sich zwar dieses Mittels, ihre Farbe erneut sich. Aber doch trauert sie noch immer. Da sendet Odin drei Boten an sie aus: Heimdall, Loki und Bragi, die Niedergesunkene auszuforschen, was sie wisse von drohendem Weltgeschick, ob das ihr Widerfahrene auch den Göttern und der Welt Unheil bedeute? Aber erfolglos bleibt die Sendung: wie scheu und betäubt erscheint den Boten die Arme: sie schweigt oder sie weint; die beiden andern kehren nach Asgard zurück: nur Bragi bleibt, sie zu hüten, bei ihr zurück (ihr Gatte oder Bräutigam). »Der verstummte Gesang (auch Vogelgesang?) bei der hingewelkten Sommergrüne« (deutet Uhland schön, aber sehr kühn).

Idun ist auch hier die Sommergrüne: sie heißt die jüngste Tochter I-waldis, des »Innen-Waltenden«: denn innen im Schoße der Erde walten die Zwerge, als deren kunstvolles Gebilde der Schmuck der Oberfläche mit Blumen, Gras, Kräutern und Saaten gilt: haben sie doch auch Sifs goldenes Haar – den Goldschmuck des reifen Getreides – gestaltet. Idun ist im Herbst vom Weltenbaume sterbend herabgesunken: nahe Hels Reich liegt der Blattschmuck des jüngsten Jahres, gewöhnt, in heiteren Höhen zu wohnen, jetzt trauernd am Boden. Die Götter senden ihr zwar den Winterschnee, die Wolfsdecke, sie zu schützen. Aber auch Heimdall, der Himmelsregen, und Loki, die Wärme, vermögen sie nicht wieder zu beleben: der verstummte Gesang bleibt bei ihr zurück bis zur Wiederkehr des Frühlings (muss man im Sinne der ursprünglichen Sage beifügen), wann beide wiederkehren nach oben. Später aber ward Iduns, der Verjüngerin, Herabsinken auf die drohende Götterdämmerung bezogen: sie galt nun, wie bald auch Baldur, dessen bevorstehenden Tod ihr Herabsinken nun vorbedeutet, als unwiederbringbar den Göttern verloren bis zur Erneuerung der untergegangenen Welt. Daher die tiefernste Wendung in dem die vergebliche Botschaft schildernden Eddaliede: »Odins Rabenzauber«. Odin fordert die Götter auf, »nun andern Rat zu suchen während der Nacht«: sie finden keinen: weitere böse Ahnungen drücken sie. Er selbst aber, der Unerschrockene, sattelt sein Ross und reitet nach

Hel, eine tote Wala durch Zauber zu wecken und von ihr Auskunft zu erzwingen über das nahende Geschick.

Sehr wenig ist es, was wir von einigen andern Göttinnen und Göttern wissen: fast nur, dass ihnen gewisse Monate oder andre Jahresabschnitte geweiht waren. So einer Göttin Spurke der Februar, der nach ihr »Sporkel« hieß: vielleicht war ihr der gleichnamige Wacholderstrauch heilig: »Spörkels Kathrin (oder »Spörkels Elsken«) schüttelt ihre neunundneunzig Röcke«, sagt ein Sprichwort am Rhein oder in Westfalen: vielleicht die häufigen Regenschauer und Schneefälle dieses Monats?

Den Nordgermanen aber heißt der Februar Gôi, und von dem Weibe, das ihm diesen Namen gab, geht folgende auf Landnahme, Ackerbau und Frühlingsanfang bezügliche Sage. Der alte Riese Fornjotr hatte einen Sohn Kari, dieser einen Sohn Frosti (Frost), dieser einen Sohn Snar (Schnee), dieser einen Sohn Thorri, dem (vielleicht) um Mitt-Winter das Opfer Thorri-blôt gebracht wurde. Sein Sohn Gor gab dem »Schlacht-Monat« den Namen (im November), der andre Sohn hieß Nor: während des Thorri-Festes ward deren Schwester Gôi geraubt. Der Vater entsandte beide Söhne, die Verlorene zu suchen: vier Wochen später brachte er ein Opfer: (»Gôi-blott«) – vermutlich, auf dass die Götter die Wiedergewinnung begünstigen möchten. Gor forschte zur See, Nor zu Lande. Gor fuhr an Schweden vorbei nach Dänemark, besuchte hier seine Gesippen, die von dem Meergott Hlèr (Ögir) stammten, und segelte dann weiter gen Norden. Nor aber wanderte aus Kwenland durch Lappland nach Trondheim. Beide Brüder waren mit Gefolgschaften ausgezogen und hatten sich auf ihrer Fahrt gar manche Landschaften und Eilande unterworfen. Als sie wieder zusammentrafen, verteilten sie das Gewonnene derart, dass Nor das feste Land behielt: – er nannte es Norwegen, Gor aber die Inseln. Endlich fand Nor auch die Schwester wieder: Hrôlf, ein Enkel Thors, hatte sie geraubt aus Kwenland: zur Aussöhnung empfing Nor Hrôlfs Schwester zur Ehe. Da Goi so viel als Gau, d. h. Land, ist, erhellt, dass die ausziehenden Brüder Land suchen: die Namen Frost, Schnee, Nord weisen auf Winter-Riesen hin, denen das Bauland durch den Spross des Ackerbaugottes für immer entzogen wird. Das Einzelne der späten und künstlichen Dichtung bleibt aber unklar: die Zusammenfassung von Ansiedlung, Landnahme, Ackerbau, Frühlingsanfang als Stoffgebiete einer Sage musste verwirren. Es ist sehr willkürlich, Hrôlf als Hrôdolf auf den Monat März (in Skandinavien beginnt aber doch im März weder Lenz noch Ackerbestellung!) zu beziehen, weil dieser Monat bei den Angelsachsen »Hrêdemônadh« heißt: auch alamannisch (in Appenzell) Redi-Monat, was auf eine Göttin Hrêde zurückgeführt wird. Der weibliche Schmuck (angelsächsisch Rhedo) weist auf Freyas Brisingamen, das Halsgeschmeide, das wir als die von Gras und Blumen geschmückte Erdrinde kennen lernten.

Eine Frühlingsgöttin war auch Ostara, welche sogar dem christlichen Osterfeste den Namen gegeben hat: der April heißt nach der Göttin ursprünglich, später nach dem meist in diesen Monat fallenden Auferstehungsfest »Ostarmânoth«: sie brachte von Osten her Frühling und aufnehmendes Licht.[158] Die Edda kennt nur den die Himmelsgegend bezeichnenden Zwerg Austri. Aber bei den Südgermanen ward das fröhliche Frühlingsfest in heiteren Spielen gefeiert: die Sonne selber tut vor Lust am Morgen des Ostersonntags drei Sprünge, ursprünglich wohl drei Freuden- (oder Sieges-)sprünge über ihre wiedergewonnene Kraft (oder im Wettkampf mit dem Winterriesen?). »Osterspiel« heißt höchste Freude, daher spricht mittelhochdeutsche Liebesdichtung die Geliebte an: »du meines Herzens Ostertag«. Die Oster-Fladen, Oster-Stollen,

Oster-Stufen, Oster-Küchel, welche zu dieser Zeit gebacken werden, weisen, wie all solches Gebildbrot, auf alte Opferschmäuse: zu diesen musste jeder Hof Beiträge in Früchten oder Fleisch liefern: deutlicher noch bezeugt daher den heidnischen Ursprung dieser Festspeisen, dass in manchen Tälern Oberbayerns, z. B. in der Jachenau, die einzelnen Gehöfte in Wechselreihe verpflichtet sind (oder doch vor wenigen Jahren verpflichtet waren), zu gemeinschaftlicher Verzehrung einen Widder zu liefern, dessen Hörner mit Bändern geschmückt und mit Rauschgold überzogen waren: wir wissen aber, dass bei Opferfesten Horn tragenden Tieren die Hörner »vergoldet« wurden. Deshalb wird bei dem Osterschmaus auch der »Ostersahs« genannt: das Oster-Messer, mit dem das Opfer geschlachtet worden. Ähnliche Verpflichtungen gelten zu Ostern oder Himmelfahrt in andern Landschaften. Dass die Ostereier nicht von einer gewöhnlichen Henne, sondern vom Osterhasen (genauer: von der Frau Häsin) gelegt werden, erklärt sich ebenfalls nur aus der Bedeutung der Göttin Ostara: dieser, als einer Frühlings- und Liebesgöttin, war der Hase wegen seiner Fruchtbarkeit heilig. Dass die Ostereier – die richtigen – rot sein müssen, rührt daher, dass Rot die dem Donnergott geweihte Farbe ist, das erste Gewitter aber galt als Frühlingsanfang, als Tag des Einzugs von Frau Ostara. Die Osterfeuer, welche in norddeutschen Landschaften angezündet werden, sind die Scheiterhaufen des von dem Frühling besiegten und getöteten Winterriesen, welcher nun verbrannt wird nach altgermanischer Bestattungsweise: Judas Ischariot, der manchmal dabei ins Feuer geworfen wird, ist nur der von der Kirche eingeführte Ersatzmann für den Winterriesen, welcher in andern Gegenden heute noch als zottige Pelzpuppe, mit Schneeschaufel und Schlitten ausgestattet, in die Flammen geschleudert wird, in Festhaltung der ursprünglichen Bedeutung.[159] Noch im späten Mittelalter musste der Pfarrer am Ostersonntag nach der Frühpredigt von der Kanzel herab dem Volk einen Schwank, ein lustig »Ostermärlein« erzählen. Das Volk wollte die Kurzweil nicht missen, welche zu der heidnischen Zeit das Osterspiel gewährt hatte: und so schlugen die Leute denn nun in der Kirche ihr »Ostergelächter« auf.

Dagegen eine Sommer- oder Erntegöttin war Thors Gemahlin Sif.[160]

Loki schor ihr hinterlistig das Haar ab: jedoch Thor zwang ihn, Ersatz zu schaffen. Da ließ Loki von den Schwarzelben in der Erde ihr neue Haare von Gold machen, welche wachsen (und geschnitten werden) konnten wie natürliche: das Getreidefeld, dessen golden wallenden Haarschmuck der scheinbar freundliche, in Wahrheit tückisch schädliche Glutsommer versengt, aber von den geheimnisvoll schaffenden Erdkräften für das kommende Jahr erneut wird.

Vielleicht entsprechen dieser nordischen Erntegöttin unter andern Namen südgermanische: Frau Waud, Frau Wod (d. h. Frau Wodans = Frigg = Beratha = Holda), Frau Freke (deutlich Frigg), auch wohl Stempe, Trempe (wegen des stampfenden Fußes, reine pédauque). Pflugschar und Egge, auf denen sie gern im Ackerfeld sich niederlässt, sind ihr geweiht: sie ist unverkennbar eine Schützerin des Ackerbaues, Gewährerin des Erntesegens, eins mit Frigg in dieser Bedeutung der hausfräulichen Göttin, oder sie ist diese eine Seite von Frigg, losgelöst und selbständig personifiziert. Auch wohl Erka, Frau Erke, Frau Herke, Frau Harke heißt sie und führt den Rechen, die Harke, womit die geschnittenen Schwaden zusammengeharkt[161] werden.

Fulla, Friggs Schmuckmädchen (nach dem Merseburger Zauberspruch aber deren Schwester), trägt ein Goldband um die flatternden Locken: sie ist die Göttin der Fülle, der Üppigkeit, des Segens und des Überflusses: romanisch Dame Habonde, Abundia: also auch eine einzelne Seite von Frigg.

Sie verwahrt der Herrin Schmuckkästchen und Schuhe und ist ihrer heimlichen Pläne Vertraute.

Auch die Sonne, Frau Sunna, war eine Göttin, welche nicht bloß bei der Lehre von der Entstehung der Welt zur Erklärung des Tagesgestirnes angeführt und damit (für sich allein oder zusammen etwa mit dem Mond) abgefertigt worden wäre, sondern im Volk in allerlei gottesdienstlichen Handlungen verehrt ward und in mancherlei Erzählungen durch die Lande ging.

Während diese Göttinnen unverkennbar in dem Leben des Volks tief wurzelten, machen einige andre Namen, die in der Edda begegnen, mehr oder minder den Eindruck, als seien sie von den Skalden künstlich gestaltet, mit geringem Anhalt an dem Glauben des Volks.

Dies gilt noch am wenigsten von Gnâ, der Botin Friggs, deren Ross Hof-hwarpnir (Huf-werfer) über Wasser und durch Luft wie auf festem Boden zu laufen vermag. Wanen sahen einst sie auf diesem Ross durch die Luft brausen und fragten erstaunt: »Was fliegt da, was fährt da, was lenkt durch die Luft?« Sie aber (Gnâ, die »Hochfliegende«?) antwortete: »Ich fliege nicht, ich fahre nicht, doch lenk ich durch die Luft auf Hof-wharpnir, den Hamskerpir (Schenkel-rasch) mit Gardroswa (Stark-schweif) zeugte.«

Auch Hnoss, die Tochter Freyas und Odrs, hat vielleicht noch mehr Fleisch und Blut, da doch wenigstens ihre Eltern genannt werden: freilich bedeutet sie nur »Schmuck, Geschmeide«, und wenn es nun von ihr heißt: »sie ist so schön, dass alles, was schön und köstlich ist, nach ihr benannt wird« – so ist das eine sehr frostige Personifikation des wesenlosen Namens.

Eine ähnliche nüchterne Verbildlichung ist Gersemi, Kleinod, dann Siöfn, welche die Menschen zur Zärtlichkeit erweicht: nach ihr (die mit neuhochdeutsch »Seufzen« zusammenhängt) sei die Liebe Siafni genannt worden.

Lofn (nach der »Erlaubnis« benannt) hat von Odin und Frigg Erlaubnis empfangen, Paare zu verbinden, trotz der gegenstehenden (Rechts-)Hindernisse.

Wara, die Hüterin der Verträge, hört die Eide, die Versprechungen, straft den Vertragsbruch: sie ist so weise, dass ihrem Forschen nichts verborgen bleibt. Syn versperrt die Türen den rechtlos Andringenden, ist auch Helferin derer, die, ungerecht verklagt, vor Gericht etwas leugnen: »Syn ist vorgeschoben«, heißt es daher, bestreitet der Beklagte die Schuld.

Hlîn ist von Frigg (die auch selbst diesen Namen führt: wieder ein Fall von Loslösung und Verselbständigung einer einzelnen Seite in einer Göttergestalt) allen als Helferin bestellt, die in Gefahren Schutz brauchen (das Wort ist unser »Lehnen«).

Ebenfalls eine nüchterne Personifikation ist Snotra (die Geschnäuzte, d.h. die Kluge), »verständig und artig: und alle Verständigen heißen deshalb nach ihr«.

Diese geist-, körper- und poesielosen abgezogenen Begriffe zeigen deutlich, wie in überkünstelter Zeit Skalden gleich ganze Göttergestalten aus Wortern schaffen, die im Volksleben und Volksglauben keinen Bestand haben: – wie viel häufiger haben sie Götter zwar nicht geschaffen, aber in beliebigen Dichtungen der Einbildungskraft verwertet!

Wir sind damit an die äußerste Mark der Götterwelt gelangt: wo die Grenze zwischen Religion und Kunstdichtung, ja gekünstelter Verbildlichung endet und wendet.

Mittelhochdeutsche Dichter sprechen in fast gleichem Sinne von Frau Sälde, Frau Minne, Frau Ehre, Frau Masse, Frau Stäte, Frau Zucht, ohne an diese Wesen selbst zu glauben oder Glauben an sie von ihren Lesern oder Hörern zu verlangen.[162]

XII.
Mittelwesen: Elben, Zwerge, Riesen

Zwischen Göttern und Menschen stehen zahlreiche MITTELWESEN: nicht so mächtig wie die Götter – deren Macht aber freilich auch keineswegs unbeschränkt, keineswegs »Allmacht« ist –, jedoch mächtiger als die Menschen: zumal den Schranken des Raumes ganz oder doch zum Teil entrückt, mit übermenschlichen Gaben von Zukunfts-Kenntnis, Schönheit, Schnelligkeit, Verwandlungsfähigkeit ausgerüstet. Die Frage, ob ihre Seelen sterblich oder unsterblich, wird verschieden beantwortet. Diese Mittelwesen, fast unübersehbar schon an Mannigfaltigkeit und unschätzbar an Zahl, erfüllen in wimmelnder Menge den Äther, die Luft (obwohl hierfür Zeugnisse schwach sind), die Erde, die Meere, die Ströme, die Bäche, die Wasserfälle, die Seen, die Quellen. Sie hausen auf Bergen, in Höhlen, in Felsen, in Wäldern, in einzelnen Bäumen und Büschen, im Moos, im Kelch der Blumen, ja zwischen Stamm und Rinde sogar vermögen die Winzig-Feinen sich einzunisten: sie sind die Träger, der Ausdruck des lebhaften Naturgefühls, in welchem, lebendiger noch als Hellenen und Italiker, die Germanen alles um sie her bevölkerten und beseelten mit übermenschlichen Wesen, welche, regelmäßig unsichtbar und nur spürbar an ihren Wirkungen, manchmal sich den überraschten Augen der Menschen zeigen.[163] Solche »Mittelwesen« heißen mit allgemeinstem Namen »WICHT«: so viel wie WESEN.[164] Heute sagen wir DER Wicht in abschätzigem Sinn, aber auch »DAS Wicht« hat sich mundartlich, z. B. westfälisch, erhalten und bedeutet, ohne ungünstigen Sinn, ein Mädchen. Die Kleinheit und zugleich die Übermenschlichkeit wird ausgedrückt durch Namen wie »Wichtel«, »Wichtlein«, »Wichtelmännchen«.

Enger wohl ist der Name »ELBEN«, »der Elbe«, »die Elbin«[165]: aber doch machen die Elben und Elbinnen, selbst wieder in mehrere Gruppen gespalten, für sich ein ganzes Reich, eine ganze große Klasse von Wesen aus, wie Asen, Menschen, Riesen. Ursprünglich waren wohl alle Elben »licht«: denn der Name geht auf ›albus‹ (weiß, hell) zurück[166], und es ist vielleicht nicht ganz oder doch nicht allgemein richtig, die Dunkelelben als EINS mit den Zwergen zu fassen. Die Lichtelben sind schöner (heller) als die Sonne, die Dunkelelben schwärzer als Pech: aber böse, schädlich sind auch diese nicht; sie stehen vielmehr (in der Regel) auf Seite der Götter, denen sie Waffen und Zaubergeräte schmieden, gegen die Riesen. Ihr Reich, ALFHEIM, liegt Asenheim nahe: Freyr, der Gott der Fruchtbarkeit, erhielt Alfheim als »Zahngebinde«: einmal wird auch »BID-BLAIN« (»weit blauend«), also blauer Himmel, als ihr luftig und leuchtend Heim bezeichnet.

Alle Elben sind die im Stillen unablässig wirkenden Geheimkräfte der Natur: sie »brauen« oder »spinnen« das Wetter, sie lassen die Halme sprießen, sie schaffen oder verarbeiten doch im Schoße der Erde als Dunkelelben oder Zwerge[167] die Adern des Metalls. Aber mutwillig, ferner leicht reizbar, dann rachsüchtig sind alle Elben: auch Lichtelben lieben es, aus Mutwillen Menschen und Tiere, z.B. Pferde (daher »Pferdemahr«)[168], zu necken, zu plagen, sie vom Weg ab in die Irre zu locken, ihnen plötzlich überraschend und erschreckend auf den Rücken, auf den Nacken zu springen und sich dann, sie »reitend«, von ihnen tragen zu lassen: so reiten die elbischen »TRUDEN« Rosse und Menschen: das »ALBDRÜCKEN« ist das Bedrücktwerden im Schlaf, in beängstigendem Traum, von einem auf des Geplagten Brust reitenden Elben, dem Nachtalb, Nachtmahr: ›elf-ridden‹, sagen die Engländer. Aber auch Krankheiten, z.B. der Weichselzopf bei Menschen und Tieren, zumal plötzlich anfallende, besonders auch Hautausschläge sind vom »Elbengeschoss« dem Menschen angeblasen, angeschossen (daher »Hexenschuss« statt des ältern »Elbenschuss«), und deshalb empfiehlt die Volksheilkunst als Hauptmittel, um solcher Krankheiten sich zu entledigen, zwischen zwei nahe aneinander stehenden Bäumen, Felsen, durch eine Felsspalte hindurch sich zu drängen: je enger, desto besser, desto sicherer wird das elbische Geschoss, das winzige, unsichtbare, welches in der Haut des Erkrankten haftet, abgestreift. Jedoch auch durch den bloßen Blick (»bösen Blick«, »elbischen Blick«) können sie Unheil über den Menschen bringen, der sie reizte.

Es gibt nur SCHÖNE Lichtelben[169], dagegen bald schöne, bald hässliche (»eislich getane«) Dunkelelben. Die Zwerge sind durch den dicken Kopf, die allzu kurzen Beine, den watschelnden Gang entstellt: oft haben sie Gänse- oder Krähenfüße: und diese beschämende Ungestalt nächtlicher Gäste wird entdeckt, bestreut man Herd und Diele mit Asche: dann findet man am andern Morgen die Vogelfüße abgedrückt. Aber das nehmen die (meist) wohltätigen Hausgeister sehr übel, und man verscheucht sie damit für immerdar. Auch die guten Schutzgeister eines Landes, einer Küstenstrecke waren, eben als Elben, leicht zu verscheuchen, zu erschrecken. Böse Feinde des Landes versuchten das durch »Neidstangen« zu bewirken: aber auch unabsichtlich konnten die Scheuen verschüchtert und vertrieben werden auf Nimmerwiederkehr durch plötzlich erschreckenden Anblick. Deshalb war es manchmal verboten, an den Schiffsschnäbeln Drachenköpfe oder andre Schreck einjagende Bilder von Ungetümen anzubringen, welche, wenn sie gegen die Küste heranfuhren, die guten »Landwichte« (zugleich Landwächter) leicht erschrecken und verscheuchen mochten.

Den Elben eignet manche den Menschen überlegene Weisheit und Kunst. Opfer werden ihnen dargebracht, ihre

Gunst zu gewinnen oder zu erhalten, besonders auch, aber nicht allein, den Hausgeistern, welchen man Mehl und Salz auf dem Herde verstreut, einen Napf Milch hinstellt, wie man wohl auch den Feld- und Korngeistern die letzten Baumfrüchte hängen, die letzten Ähren stehen lässt.[170] Sie lieben die Musik: sie führen wunderbare Tänze im Mondenlicht auf: am Morgen findet man die Spuren dieses »Elfenreigens«, die »Elfringeln«, im tauigen Grase. Während sie nach heidnischer Auffassung, abgesehen von neckischem Mutwillen, den Menschen nur zur Strafe für Missachtung oder Kränkung schaden, hat das Mittelalter auch diese wohltätigen »Lieblinge« (Liuflinger im Norden) in teuflische, schädliche, hässliche, die »guten Holdchen«[171] in »Unholde« verwandelt: einzelne Elben nehmen freilich sogar der (späten) Sage nach das Christentum selbst an durch die Taufe.

Bei den Zwergen tritt mancher Zug hervor, der darauf hinweist, dass zwar keineswegs allein oder auch nur vorherrschend, aber doch auch neben natürlichen Bedeutungen ein Gegensatz der Volksart und der Bildungsstufe zugrunde liegt: zum Teil haben die einwandernden Germanen in ihre Zwergenwelt aufgenommen vorgefundene, an Kraft, Wuchs und Sitte tiefer stehende (finnische?) Bevölkerungen, welche scheu vor den hochragenden Siegern zurückwichen, in die Wälder und Felshöhlen, in die von Wasser, von Seen und Flüssen umgebenen Zufluchtsstätten[172] (Pfahlbauten) einer älteren Einwohnerschaft, welche, zwar ärmer und bildungsloser, aber mit besserem, d.h. älterem, Recht im Lande sitzt.[173] Aus den Tiefen der Berge[174] (Felshöhlen), aus den Teichen tönen die klagenden Lieder dieses aussterbenden Völkleins. Diese Leutchen sind ehrlich, ohne Falsch, sie essen nur einfache, ungekochte Speise, sie kennen kein Salz: die Kunst des Brotbackens zu erlernen, kommen sie an den Herd der germanischen Hausfrau:

sie klagen über die Untreue und Arglist[175] der ihnen weit überlegenen neuen Herren des Landes, vor denen sie verschwinden und aussterben müssen, etwa wie die Rothäute Amerikas vor den »Blassgesichtern« mit ihrem Feuergewehr und Feuerwasser. Sie wagen sich wohl manchmal noch – zumal junge Männlein und Weiblein – schüchtern aus ihrem Versteck im Wasser in das Dorf, teilzunehmen an dem Tanz um die Linde: und an Schönheit des Gesichts und an Feinheit der Tanzkunst übertreffen sie, z. B. »die drei Seejungfern«, dann weit die Menschen. Aber bevor die Sonne sinkt, müssen sie flüchtig verschwinden: der nasse Saum ihres Gewandes bekundet dann etwa ihren gewöhnlichen Aufenthalt – im Wasser, auf den Pfahlbauten –, oder der Abdruck ihrer Schwanenfüße, welche sie sorgfältig verbergen, verrät sie. Verspäten sie sich, so zerreißt sie wohl ihr Vater oder König, und ein Blutfleck schwimmt auf der Wasserfläche. Aber manche haben auch mit Menschen Ehebündnisse geschlossen und Kinder gehabt, welche sie viele Jahre pflegen, bis sie plötzlich, etwa weil man, gegen das Gelübde, um ihre Herkunft fragte oder ihre Füßchen entdeckte oder ihr nächtliches Fest mit andern zu Besuch kommenden Geistern störte, wehklagend verschwinden auf Nimmerwiederkehr.

Einigermaßen, aber auch nur zum Teil, hängt hiermit die Neigung der Zwerge zusammen, den Menschen zu STEHLEN, was die Zwerge selbst nicht zuwege bringen können: allerlei Backgerät, Braugerät (das sie wohl auch entleihen und dann stets treulich, oft zum Lohne mit Gold gefüllt, zurückbringen); denn sie sind »Meisterdiebe«: sie stehlen den brütenden Vöglein unvermerkt die Eier unter dem Leibe weg; ganz besonders aber stehlen sie Menschen selbst: Erwachsene, schöne Frauen, zumal aber Kinder aus der Wiege: – sie legen dann wohl ihre eignen hässlichen, dickköpfigen Säuglinge hinein, zum Tausch, zur Auswechselung (»Wechselbalg«) – oder auch vom Spielplatz, indem sie dieselben an sich locken, oder Kinder, die sich im Wald oder im dichten Korn des Weges verirrt haben, um so durch Vermählung mit den schönen und starkgliedrigen Menschen ihrer eignen verkrüppelten Zucht aufzuhelfen. Deshalb stehlen oder locken oder bitten sie wohl auch Menschenfrauen, welche gerade Kinder stillen, in ihre unterirdischen Höhlen, dort Zwergenkinder mitzusäugen.

Jedoch jene sozusagen ethnographische und geschichtliche Grundlage ist, wie bemerkt, nur sehr vereinzelt. Im Wesentlichen haben die Zwerge eine Naturgrundlage. Und diese erklärt zum Teil auch das eben besprochene Kinderstehlen: das ertrunkene Kind ist von dem Wasserelb hinabgeholt, das im Wald verirrte, im dichten Korn bei heißem Mittagsommerbrand verschmachtete, das in dem Sumpf erstickte vom »Waldschratt«, von der »Kornmuhme«, vom »Roggenmütterlein«, von den »Moosmännlein« verlockt und getötet.

Es ist auch keineswegs immer auf jene Scheu der (finnischen?) Zwerge vor der (germanischen) Kultur zurückzuführen, dass diese Dunkelelben den Ackerbau, das Roden der Wälder, das Anlegen von Hüttenwerken hassen, fürchten, davor auswandernd entrinnen. Die Naturgrundlage dient zur Erklärung. Die im Geheimen wirkenden und webenden Kräfte der Natur im Erdenschoß, in Wald und Berg wollen nicht vom Menschen verstört, nicht ihm dienstbar gemacht werden. Daher die Sagen, welche ungeheure Massen von unsichtbaren Auswanderern von dem Fährmann über den Strom setzen lassen: er hört nur ihre Stimmen, und sein Schiff droht unter der Last der unergreifbaren Fahrgäste zu sinken: oder man hört das Getrappel von vielen Tausenden kleiner Füße über eine Brücke. Jedoch berührt sich diese Vorstellung mit dem Sagenkreis von der Unterwelt, über deren Ströme die Seelen der Abgeschiedenen, die Schatten, sich fahren lassen, weil Zwergenreich und Totenreich (unter der Erde) nahe aneinander grenzen.

Die Zwerge, stets im Schoße der Erde, in den Tiefen der Berge hausend, kennen alle Metallgänge und sind die besten, zauberkundigsten SCHMIEDE. Zwerge, IWALDIS Söhne, hatten Odins Speer Gungnir, Freyrs Schiff Skidbladnir und Sifs goldenes Haar geschmiedet. Loki verwettete sein Haupt einem Zwerge, dass dessen Bruder nicht drei gleich köstliche Kleinode fertigen könne: aber obwohl Loki als Mücke den Gehilfen bei der Arbeit zweimal in die Hand stach, schuf dieser doch Frôs goldborstigen Eber und Odins Ring Draupnir und, obgleich er ihm bei dem dritten Werk sogar in das Auge stach, den Hammer Thors, der nur am Stiele etwas zu kurz geraten war, weil der Bläser einen Augenblick vor Schmerz geruckt und innegehalten hatte an der Esse. Aber die Götter erklärten doch Loki der Wette verlustig, d.h. diese drei Kleinode den drei ersten gleichwertig.

Übrigens haben die Zwerge als unterirdische Geister mit den Riesen die SCHEU VOR DEM TAGESLICHT gemein: ein Sonnenstrahl kann sie in Stein verwandeln. So überlistet Odin einen Zwerg in der Wette von Frag' und Antwort, indem er ihn so lange beschäftigt, bis die Sonne in den Saal scheint und den allzu eifrigen und auf sein Wissen allzu eitlen Zwerg versteint. Auch zerspringt wohl der Zwerg beim Morgenlicht. Deshalb tragen sie auch NEBELHÜTE, TARNKAPPEN, welche sie vor allem vor dem Sonnenstrahl schützen, dann freilich auch unsichtbar und zauberstark machen, sodass, wer ihnen das Hütchen abschlägt, sie erblicken und bezwingen mag. Als Bewohner der Unterwelt sind die Zwerge Nachbarn Hels, der Totenfrau, und »bleich um die Nase« – wie Leichen –, oft Hels Boten, Menschen, die sterben sollen, abzuholen (ihr Berg ist oft geradezu die Unterwelt, d.h. das Reich der Toten).[176] So wird DIETRICH VON

Bern bald von einem schwarzen Ross, bald von einem Zwerg abgeholt bei seiner Entrückung. Auch statt des Rattenfängers von Hameln holt etwa ein Zwerg die Kinder ab und lockt sie in den Berg.

Vermöge ihrer Zauberkünste können sich Zwergkönige sogar Riesen dienstbar machen. Denn die Welt der Zwerge ist in viele Königreiche gegliedert: solche zaubermächtige, reiche Zwerge waren Laurin, dessen Rosengarten mit seidener Schnur umhegt war: wer die Umfriedung verletzte, büßte mit dem linken Fuß und der rechten Hand. Andre Zwergenkönige herrschen über den Magnetberg im Lebermeer, im Harz (Giebich, ein Beiname Odins, der – um seiner Zauberkunst willen? – später von der verderbten Sage auch wohl als Zwergenkönig gedacht wird): Hans Heiling in Böhmen ist König der Berggeister: Rübezahl in Schlesien ist wohl slawisch, aber mit mancher Beimischung von Zügen aus Elben, Riesen und Zwergen.

Eine besondere Gruppe der Elben bilden die Wassergeister mannigfaltiger Benennung. »Mummel«, der Name der Wasserrosen, der Nymphäen, bezeichnet, wie Neck oder Nix, auch den männlichen Wassergeist (Mummelsee, Mümlingfluss), Nixe den weiblichen. Beide von hoher, eben von elbischer Schönheit, lieben es, im Wasser spielend den Oberleib der Sonne oder dem Mondlicht zu zeigen: sie strählen dabei ihr langes, goldenes, manchmal aber grünes Haar. Grün oder »eisern« sind auch ihre Zähne, die sie im Zorne blecken, grün ihr Hut oder rot ihre Mütze. Die Königin der Wassergeister ist (abgesehen von der Hafffrau, oder Ran, welche letztere riesisch, nicht elbisch, s. unten) Wachilde, die Ahnfrau Wittichs, welche diesen auf seiner Flucht vor Dietrich von Bern schützend in die Fluten aufnimmt (s. unten Heldensagen). Aber auch Holda (s. oben: Frigga) empfängt die Ertrinkenden auf blumigen Wiesen, die im Grunde des Sees liegen.

Die Wassergeister besonders lieben leidenschaftlich Musik und Tanz: der schwedische Strom-Karl (Karl = Kerl = Mann) verlockt die Menschen durch bezaubernden Gesang; von seinem »Alb-leich« (Elben-Tanz-Weise) dürfen nur zehn Reihen gespielt werden: wollte man die elfte auch noch spielen, welche dem Nachtgeist eigen ist, würden Tische und Bänke, Greise und Großmutter, ja die Kinder in der Wiege anheben und nicht mehr ablassen zu tanzen.

In dem Feuer selbst lebende Geist gab es unsres Wissens nicht: wohl aber solche, welche das Feuer darstellten in seiner wohltätigen und in seiner verderblichen Macht. Die Flamme des Herdes war heilig; war sie doch von Göttern umschwebt und daher mit höherem Frieden auch von dem Volksrecht umhegt. Der sonst vom Recht nicht geschützte fremde Gast, der Flüchtling, durfte wenigstens nach Gebot von Religion und Sitte nicht mehr von dem Hausherrn als rechtlos behandelt werden, nachdem es ihm gelungen, den Herd, der zugleich der älteste Altar, zu erreichen und zu umfassen. Auch die Verfolger dürften ihn nicht von dieser Zufluchtsstätte hinwegreißen: wer diesen Herdfrieden, den gesteigerten Hausfrieden, brach, hatte erhöhte Buße dem Hauseigner zu entrichten. Das Herdfeuer, welches die Halle wärmt, die Speisen kocht oder brät, der Schmiedekunst dient, wird in hohen Ehren gehalten. Die Geister, welche das Feuer, übrigens auch das Erdfeuer, darstellen, tragen oft rotes Gewand, oder doch ein rotes Hütlein oder Mützlein. Nur etwa die Irrwische, Irrlichter sind manchmal unmittelbar als Feuergeister gedacht: aber sie werden doch auch wieder von der hüpfenden Flamme selbst unterschieden: diese Feuermännlein, Wiesenhüpferlein, Lüchtemännekens gelten manchmal als Seelen ungetauft verstorbener Kinder, besonders häufig aber als Seelen von Mark-Verrückern, d.h. Bauern, welche heimlich zum Schaden der Nachbarn die Grenzsteine verschoben haben (daher in Westfalen

Schnatgänger, weil sie in der verschobenen angemaßten Schnat = Furche gehen), auch wohl Feldmesser, welche, bestochen, das Gleiche gefrevelt. Sie müssen nun den glühenden Stein in der Hand tragen und schmerzlich fragen: »Wo setz ich ihn hin? wo setz ich ihn hin?« Antwortet ihnen aber einer: »Wo du ihn hergenommen hast«, so sind sie erlöst. Aber auch Meineidige müssen nach ihrem Tode als Irrlichter oder feurige Männer umgehen: »Ick will nit spoken gohn« oder »Ick will nit glöhnig (glühend) gohn«, sagte der niederdeutsche Bauer, der ungerechten Gewinn oder die Zumutung eines gewagten Eides vor Gericht ablehnt. Ihre Namen »Tückebold« gehen auf ihre Tücke, »Huckebold« auf das elbische, neckische Aufspringen in den Nacken, »Tummeldink« auf ihr rasches Tummeln, ebenso »Fuchtelmännlein«. Dass sie als Elben gedacht sind (obzwar die verdammten Seelen als Gespenster erscheinen), bekundet noch ausdrücklich der Name: »Elflichter«.

Nicht in dem Feuer, aber an dem Feuer, neben dem Feuer des Herdes leben und wohnen die Hausgeister mannigfaltigster Art und Benennung, weil eben der Herd die heiligste Stätte, gleichsam der Kern des Hauses ist. Die Hausgeister heißen deshalb geradezu »Herdmännlein«: auf dem Herde, seinem Gesimse, waren Götter-Runen geritzt, Bilder der Götter, zumal aber der Hausgeister eingeritzt, eingebrannt, auch wohl, aus Bernstein, Ton oder Metall geformt, aufgestellt[177], welche Sitte an dem »Kamin« haftete und erst mit diesem verschwand.[178]

An die Stelle des Herdes trat später der Ofen (gotisch auhns, also h für f: h entspricht beim g in lateinisch ignis, Feuer). Dabei erklärt sich nun, dass in so vielen Sagen und Märchen der unschuldig Verfolgte, der Unglückliche, dem die Menschen nicht zu seinem Rechte verhelfen wollen oder können, die echte Königstochter, welche von der falschen verdrängt ist, in äußerster Herzensbedrängnis »dem Ofen ihr Not klagen«, worauf ihnen alsbald geholfen wird: es ist nicht ein neuzeitlicher, nüchterner Ofen, sondern der heilige Herd, an welchem gute Götter und helfende Geister wohnen, die auf solches Anrufen rettend eingreifen.

Andre Namen gehen darauf, dass die Geister, die Zwerge zumal, missgestaltet oder verkrüppelt erscheinen: Butze, Butzemann, d. h. ein im Wachstum zurückgebliebener, kleiner Stump, auch von Bäumen und Büschen, niederdeutsch Butte, Buttmann (dazu Puck). Erst später, als die Erwachsenen nicht mehr an diese Geister glaubten, vermummten sie selbst sich als solche Butzmänner, z. B. am Nikolaustag (daher auch Niss, Nissen und Klas aus Niko-laus Koboldnamen sind) als »Knecht Ruprecht«, Rüpel, die Kinder zu necken, zu erschrecken, zu warnen, zu strafen.

»Hütel«, »Hütchen« heißen sie wegen ihres unsichtbar machenden Hütchens (der Tarnkappe), »Gütel« (daraus später durch Volksdeutung: »das Jüdel«) in schmeichelnder Benennung, weil sie gute, wohltätige Geister sind: als solche schützen sie die Kinder, falls solche ohne Aufsicht im Hause zurückgelassen sind, und spielen gern mit denselben, weshalb man ihnen, wie Milch und Brosamen, auch Spielzeug schenkt, zumal kleine Bogen und Pfeile, die echte Waffe von Elben.

Als Hausgeister, ähnlich wie Frigga, der Hausfrauen Schutzgöttin und Vorbild, belohnen und fördern sie fleißiges, treues, reinliches, strafen und quälen sie faules, ungetreues, unsauberes Gesinde: sie stoßen der unachtsamen Magd den Melkkübel um, blasen ihr das Licht oder das Herdfeuer aus, zwicken und zwacken sie im Traum, drücken, »reiten« die Knechte als »Alb«. Daher können sie manchmal auch bloß als Plagegeister aufgefasst werden. Sie sind die Veranlasser des unerklärbaren Rumpelns, Polterns, Klopfens, das man zur Nacht zuweilen in alten Häusern vernimmt: daher ihre Namen Rumpelstilzlein, Poppelein

(Poppeln = Pochen), Klöpferle, Bullermann. Schon deshalb, weil die Germanen in grauer Vorzeit nicht sesshaft Ackerbau betrieben, sondern die leicht gezimmerten Holzhütten gelegentlich abbrachen und, umherwandernd, meist von Viehzucht und Jagd lebten, waren diese Schutzgeister ursprünglich nicht an einen bestimmten Ort geknüpft, sondern nur an die Sippe, auf deren Wagen sie mit weiterzogen, bis sie in dem neu errichteten Hause gleich den Menschen wieder wohnhaft wurden. So nahmen die Norweger, da sie nach Island auswanderten, die Pfeiler, welche in der Halle der alten Heimat den Hochsitz überragt hatten und in welche der Götter oder der Hausgeister Bilder eingeschnitten waren, auf den Schiffen mit, ließen sie dicht vor der Küste schwimmen, landeten an der Stelle, wo diese führenden Zeichen ans Land trieben, erbauten in der Nähe die neue Halle und richteten die alten Hochsitzpfeiler in derselben wieder auf, so den alten Göttern und Hausgeistern abermals die wirkliche Stätte bereitend. Bekannt ist das Märchen von dem neckenden Hausgeist, dem der Bauer entweichen will: er verlässt das heimgesuchte Haus, packt alle Habe auf einen Wagen und fährt damit weit weg an das neu erbaute Haus: da springt der Poltergeist vom Wagen, hüpft über die Schwelle und ruft neckisch: »Ich bin schon da!« (»Ick sin all hier!«)

Auch wohl als Seelen Verstorbener, zumal etwa ermordeter Vorfahren, werden die Hausgeister gedacht (ähnlich wie die weiße Frau oder der in andern Schlössern oder Familien umgehende graue, braune, schwarze Mönch), welche dann der Erlösung durch unerschrockene Tat, durch ein schwer zu erratendes Wort bedürfen und als »dankbare Tote« solche Erlösung reich vergelten. In christlicher Zeit sind oft die Kobolde zu Teufeln geworden (wie Wotan): man kann sie zum Dienst erwerben durch Vertrag um den Preis des Seelenheils: dann verschaffen sie wohl ihrem

Dienstherrn durch die Alraunwurzel oder durch einen Heckepfennig, der, wie der Ring Draupnir, stets sich mehrt, großen Reichtum. In die Teufel[179] und die Hexen des Mittelalters sind von Göttern, Göttinnen, weißen, Frauen, Walküren, Elben, Hausgeistern, Riesen, Zwergen gar manche Züge übergegangen.

Ein abgeschlossenes Reich bildet Riesenheim: es hat an seiner Grenze einen Mark-Wart, der Riesen Hüter. Mark-Hüter, der, fröhlich die Harfe schlagend, auf dem Hügel Wache hält.[180] Über ihm singt im Vogelholz ein schön roter Hahn.[181]

Die Riesen, wenigstens einige von ihnen, waren, wie wir sahen, ursprünglich selbst Götter, die Götter einer einfacheren, roheren, noch wenig vergeistigten Zeit, in welcher die Verehrung der Naturgewalten: Gewitter, Wind, Meer, Feuer, aber allerdings stets in deren Beziehung auf den Menschen und sein Leben, dem noch sehr schlichten religiösen Bedürfnis genügten. Wie ja auch bei den Griechen die Titanen solche Naturgötter einfacherer Zeit waren und erst spät von den Olympiern gestürzt und aus der Herrschaft verdrängt wurden. Daher erklärt es sich, dass ein riesischer Donnergott Thrymr dem asischen Thor, ein riesischer Feuergott Utgardloki dem asischen Loki gegenübersteht.

Daher ist auch den Riesen, obzwar sie nun als Feinde der Götter und der Menschen, d. h. als die Naturgewalten nach ihrer schädlichen, verderblichen Wirkung, gelten, noch gar mancher günstige, löbliche Zug verblieben, der nun freilich zu ihrer übrigen Art nicht recht passen will.

So sind die Riesen zwar einfältig, plump[182], roh: aber auch redlich, ehrlich, vertragstreu, während die schuldig gewordenen Asen mit dem erwachten Gedankenleben auch das Falsche, Treulose in sich aufgenommen haben. So eignet einzelnen Riesen (wie übrigens auch Zwergen) uralte Weisheit[183]: die Vertrautheit mit der Natur, die Kenntnis ihres

Wirkens und ihrer Erfolge liegt den reinen Naturgewalten noch näher als den arglistigen Asen. Sie leben friedlich untereinander, an Viehherden sich freuend: der Hunde, welche sie mit goldenem Halsband schmücken, der rabenschwarzen Rinder, der von der Weide brüllend heimgekehrten Kühe mit goldenen Hörnern, der Rosse, deren Mähnen sie strählen: darin spiegelt sich die Vorzeit der Germanen, da diese ganz überwiegend von Viehzucht lebten, noch nicht eifrig den Ackerbau trieben und noch nicht bei sesshafter Ansiedlung, durch den Pflug, durch Brücken- und Wegebauten – die Werke Asathors – die uralte ehrwürdige Freiheit und Ungestörtheit der Erde antasteten.

Daraus erklärt sich, dass den Riesen in ältester Zeit Opfer dargebracht wurden[184], die Naturgewalten zu versöhnen oder gnädig gestimmt zu erhalten. Später freilich wird dies so gewendet, dass die Jungfrauen, die Königstöchter, die dem Riesen, dem Drachen jährlich dargebracht werden müssen als Opfer, damit er nicht Volk und Land verderbe, von den Göttern befreit werden, welche den Riesen erlegen und die furchtbaren Opfer damit abstellen.[185] Jetzt, nachdem die Asen die Herrscher geworden[186], erscheinen die Riesen freilich ganz überwiegend als plump, ungeschlacht, roh, und bei leicht gereiztem Zorn furchtbar grausam: in solchem Riesenzorn, Riesenmut entwurzeln sie die stärksten Eichen, reißen Felsen aus der Erde[187] und schleudern sie gegen Götter und Menschen.

Dummdreist und prahlerisch pochen sie nun auf ihre blinde Kraft, welche aber in ihrer Unbehilflichkeit von Göttern und selbst von menschlichen Helden, etwa mittels überlegener (Zauber-)Waffen und durch Geist und Mut ganz regelmäßig besiegt wird. Auf plumpen Sinnengenuss und die darauf folgende Trägheit gehen auch ihre Namen: Jötun, der Esser, Fresser, und Thurs, der Durster, Säufer.

Alle Elemente und Naturgewalten, welche den Menschen

schaden können, sind nunmehr in Riesen dargestellt: daher gibt es Steinriesen, Bergriesen, Waldriesen.

Wir sahen, wie die dem menschlichen Ackerbau nichts gewährenden, vielmehr verderbliche Felsstürze herabschleudernden Steinberge recht eigentlich die Musterriesen und daher Hauptfeinde Thors sind, der ihnen mit Blitz und Regen die Häupter spaltet und zermürbt. Die Riesen wohnen also auf den höchsten Felsbergen und in Steinhöhlen (so Hyndla, die Hündin) der Berge: von Stein sind ihre Waffen, Keulen, Stangen, Schuhe, ja ihre Häupter und Herzen (s. oben Hrungnir), »Steinalt« heißen sie: oder »bergesalt«: »alt wie der Böhmerwald«, auch wie das Riesengebirge: – im Zusammenhang damit, dass das Steinalter eine unvordenklich frühe Zeit bedeutet, da die Menschen noch nicht Erzgerät und Erzwaffen führten. Die Riesen müssen vor dem Ackerbau der Menschen aus dem Lande weichen: der Anbau löst das Gestein der Berge auf. Deshalb mahnt der alte Riese, dessen kleines Mädchen vom Berg niedergestiegen war und einen Bauer samt Rind und Pflug in der Schürze aus der Niederung mitgebracht hatte als Spielzeug: »Bring's zurück, mein Töchterlein! Das ist von einem Geschlecht, das uns Riesen großen Schaden tut: wir müssen vor ihnen einst das Land räumen, und sie werden an unsrer Seite hier wohnen.«

Die Berg[188]-Riesen gehen dann leicht in Waldriesen über: Waldunholde, wilde, nackte Männer, nur mit Laubbüscheln die Lenden bekleidet, ausgerissene Bäume als Waffe in den Händen, menschenfresserisch: es sind die Schrecknisse des Urwaldes in ihnen dargestellt. Witolf und Widolf war ein solcher Waldriese: wenn alle Walen (d. h. weissagende Frauen) von ihnen abstammen, geht das schwerlich auf die geheimnisvoll flüsternden Schauer des tiefen Waldes, eher doch darauf, dass diese in einsamen Waldbergen, genauer in Höhlen, zu hausen pflegen. Dieses Wohnen gar vieler Riesen in Höhlen hat dann wohl dahin geführt, dass man Riesenheim geradezu in die Unterwelt verlegte: – die Walen sind oft tot und müssen erst wieder zum Leben geweckt werden: wie ja Hel, ursprünglich wohltätige Göttin, selbst zur riesischen Unholdin wird.[189]

Ferner FEUERRIESEN: die Söhne MUSPELS, des Holzverderbers (jetzt anders gedeutet), d.h. eben: des Feuers. Ihr König und Muspelheims Herr ist der furchtbare SURTUR, der schwarze, der allverfinsternde Brandrauch (s. unten Götterdämmerung)[190]: aber auch LOKI, den als SCHÄDLICHES Feuer der rein riesische UTGARDLOKI gewissermaßen wiederholt, tritt in dem letzten Kampf, nachdem er sich losgerissen von seinen Felsen- und Eisenbanden, als Feuerunhold gegen die Götter auf.

Zweifelhaft ist, ob Utgarloki derselbe ist, der auch HÂLOGI (Hochlohe) heißt. Hâlogaland ist nach ihm benannt: er ist ein Sohn des Altriesen FORN-JOTR, seine Gattin ist GLÖD (die Glut): beider Tochter, EISA und EIMYRIA (Asche und Glut-Asche) werden von zwei Jarlen, WÊ-SETI (Weihtums-Errichter) und WISIL (Weibnehmer) nach den Inseln BURGUNDARHOLM (Bornholm) und WIFIL-EY entführt, d.h., die ersten Besiedler dieser Inseln bringen die heilige Herdflamme und die Ehe mit. Wesetis Sohn Bui bedeutet den Anbau des unbebauten Bodens. Eine andre Tochter Hâlogis, THÔRGERD HOLGABRUD (nordisch: Thorgerdhr Holgabrudhr) wurde wie ihr Vater durch Blutopfer und Gold- und Silbergaben in besondern Tempeln verehrt, ebenso ihre Schwester YRPA. Aber sie sind riesisch: deshalb ist ihrem Bruder SOTI Odin feindlich, wie Thor das Gewitterfeuer in GEIRRÖD bekämpft und die Feuerriesin HYRRÖKIN (s. unten Baldurs Bestattung) hasst.

Von den WASSERRIESEN[191] ist vor allen zu nennen die MIDGARDSCHLANGE, das kreisförmig um den Erdrand geschlungene Weltmeer, der Wurm, der sich selbst in den Schweif beißt. Sie ist Thors Hauptfeindin, denn immer

»sucht sie Land«, d. h. trachtet sie, die Dämme und Deiche zu überfluten, welche die Götter und die Menschen zum Schutze Midgards aufgerichtet haben: solche Überschwemmung vernichtet alles Bauland und alles Menschenleben.

Wir sahen, es gelang Thor nicht, das Ungeheuer zu erlegen: sie riss sich los, als er sie geangelt hatte. Zwar floh sie, schwer verwundet, in den tiefsten Grund des Meeres: aber dereinst wird sie, wieder heil und mutig, abermals »Riesenmut« annehmen und »Land suchen«. In sehr vielen Gegenden, in der Nähe von Seen, wirkt diese uralte Vorstellung nach: in dem Grunde des Sees liegt schlafend, wund, gefesselt ein furchtbarer Wurm, Drache, Fisch: am Jüngsten Tage (christlich ausgedrückt), oder wenn Gottlosigkeit, Unglaube, Üppigkeit in der nahen Hauptstadt den äußersten Grad erreicht haben, wird sich der Drache losreißen, bei seinen gewaltigen Bewegungen tritt der See über die Ufer, und Wasser und Wurm verschlingen alles Leben in der sündhaften Stadt (so vom Walchensee und von München erzählt).

Ein riesischer König, ursprünglich riesischer Gott des Meeres ist Hlêr und Ögir (wohl derselbe wie Gymir). Seine Gemahlin ist Ran: ein (selbst riesische) im Wasser hausende Todesgöttin, Hel ganz ähnlich, nur auf die durch Ertrinken Sterbenden beschränkt. Ihr Reich ist der Grund des Meeres (in diesem Sinne heißt sie auch wohl »Haf-frau«) und andrer Gewässer; hier hält sie die Seelen der Ertrunkenen fest, welche sie mit ihrem Netz aus Schiffen oder bei dem Baden oder im Schwimmen in die Tiefe zieht, hinabraubt (dem entspricht ihr Name, der »Raub«, rapina, bedeutet, daher heißt fara til Rânar, ertrinken [zur See], sitza at Rânar [sitzen Rans Reich], ertrunken sein; Ran wäre althochdeutsch: Rahana, ähnlich wie Tanfana, Hludana): Die neun Töchter von Ögir und Ran bedeuten: »Wellen«, »Flut« und andre Erscheinungen der Gewässer.

Das Meer spielt bei allen Küsten- und Insel-Germanen

eine so gewaltige Rolle[192], dass die die Wanen verehrenden Völker eines (wanischen) Meergottes nicht entraten mochten: er ist Niördr (aus Noatun), der Vertreter des friedlichen, der Schifffahrt diensamen, den Menschen wohltätigen Meeres. Aber auch mit Ögir pflegten die Asen Gastverkehr: alljährlich zur Zeit der Lein-Ernte (im September), wann mildere Winde (Beyggwir und Beyla) walten und die Schrecken des Meeres ruhen, besuchen die Götter Ögir in seiner Halle im Grunde der See, welche, in Ermangelung von Tageslicht, von Goldlicht (schwerlich doch Bernstein! Eher das Meerleuchten, welches dichterisch auf die vielen in der See versunkenen Schätze zurückgeführt wird) beleuchtet wird. Seine Diener heißen daher Funafengr (Feuer-Fänger) und Eldir (Anzünder).

Ein Wasserriese ist auch jener Grendel, welchen Beowulf in seiner Jugend erlegt (s. unten Beowulfslied). Er und seine noch furchtbarere Mutter (wie ja auch im mittelalterlichen Schwank des Teufels Frau, Mutter oder Großmutter noch ärger erscheint als der Teufel) sind die Sturmfluten, welche im Frühling die Küsten der Nordsee (wo diese Sage entstand) bedrohen. In hohem Alter tötet Beowulf auch noch einen Drachen, der das Land verwüstet und ausraubt, sinkt aber selbst, auf den Tod verwundet, zusammen: es sind die Herbsthochfluten, welche die Ernte, den Reichtum des Landes rauben wollen: Beowulf, alt geworden, stirbt, nachdem er auch diesem Feinde gewehrt. Ursprünglich war es der Sonnengott Freyr, der, im Frühling jung, im Spätherbst gealtert, jene Unholde bekämpft: erst später ward aus dem göttlichen Helden der halb-göttliche Beowulf.

Große Helden und Königsgeschlechter stammen oft von Meer-Riesen oder Meer-Elben ab, welche die am Strande wandelnden Königstöchter mit Gewalt sich zum Weibe genommen: wie Ortnit und Dietrich von Bern wird auch das geschichtliche Königshaus der salfränkischen Merovinge auf einen solchen Meer-wicht zurückgeleitet. Wieland der Schmied (s. diesen unten) war ein Sohn Wates, der im Gudrun-Lied als Heermeister der Hegelinge auftritt, ursprünglich aber ein Wasserriese war, durch dessen »Waten« die Wiederkehr von Flut und Ebbe bewirkt ward: er gilt als Sohn der Wasser-Minne (d.h. Elbin) Wâchilt; später ward er mit Christophorus, dem watenden Träger Christi, zusammengebracht. Ein andrer Meer-Riese ist der Gebieter der Walfische, welche er, als seine Eber, in das hohe Meer führt.

Wasser-Riesen, aber nicht Meer-Riesen, sondern Vertreter verderblicher Bergströme, welche in reißenden Wirbeln mit mehrfachen (z.B. acht) Armen Bauland, Gehöfte, Herden, Menschen verschlingen, sind Hergrim und Starkadr. Letzterer, »achthändig«, besiegt den schwächeren Gießbach Hergrim im Kampf um ein Mädchen, Alfa-sprengi, das Starkadr verlobt, aber von Hergrim mit ihrem Willen entführt war; nachdem Hergrim gefallen, tötete sie sich selbst, um nicht Starkadr anzugehören: »ein schimmernder Staubbach, um den sich zwei benachbarte Stromriesen zu streiten scheinen«. Starkadr riss alle fahrende Habe Hergrims an sich: »der mächtigere Strom reißt die Wasserschätze des Besiegten an sich«. – Auch den Sohn Hergrims und Alfasprengis nimmt er nun in seine Erziehung: einen aus der Vereinigung der beiden entsprungenen Bach reißt der stärkere Strom an sich. Starkadr raubte nun Alf-hild, die Töchter Königs Alfs von Alfheim (natürlich eine Elbin: abermals ein Gewässer? oder eine fruchtbare Flur?), ward aber von Thor getötet, indem ihn der Gott von einem Felsen stürzte: der dem Ackerbau höchst verderbliche Bergstrom wird durch den mittels Wasserbauten das Bauland schützenden Gott des Ackerbaus, über einen Fels hinabgeleitet.

Winter-Riesen gar mannigfaltiger Art und Benennung

zeigen uns recht deutlich, wie stark der im hohen Norden dem Menschen und seinem Leben und Wirtschaften so machtvoll widerstreitende Winter, dessen Besiegung durch den lichten warmen Frühlingsgott den Inhalt so vieler und der bedeutsamsten Sagen ausmacht, die Vorstellungen der Germanen, zumal eben der Nordgermanen, beschäftigte. Die Winter-Riesen sind Reif-Riesen, Hrim-thursen, wobei »Reif« für »Kälte«, »Frost« überhaupt steht: Ymir, der älteste aller Riesen, war ja aus Eisströmen erwachsen, er ist besonders der Reif-Riesen Ahnherr. Gar mancher Riesen Namen sind daher mit »Hrim«, Reif, zusammengesetzt. Gletscher dröhnen, wann der Winter-Riese Hymir eintritt: sein Kinnwald ist gefroren, der Pfeiler zerspringt vor seinem Blick, d. h., »die Kälte sprengt das Holz der Bäume« (Uhland).

Wie der Feuer-Riese und der Meer-Riese ist auch der Luft-Riese Kari ein Sohn des Alt-Riesen Forn-jotr. Die Luft, sofern sie den Menschen und ihrer Wirtschaft feindlich, ist riesisch: – sofern wohltätig und Ausdruck des Geistes, ist sie asisch und in Odin dargestellt. Die feindliche Luft erscheint aber einmal als Sturm (daher die zahlreichen Sturm-Riesen: Hräswelgr, Thiassi, Thrym, Beli); dann als Kälte, Winterluft: daher stammen von Kari als Winterluft Frosti, Jökull (Eisberg), Snôr (Schnee), Fönn (dichter Schnee), Drîfa (Schneegestöber), Miöll (feinster, glänzendster Schnee). Manche dieser Gestalten sind wohl bloße Gebilde der Skalden und ohne Wurzeln im Leben des Volks. Doch werden von einigen einzelne anmutige Sagen erzählt: König Snio (Schnee) von Dänemark wirbt um die junge Schwedenkönigin: heimlich flüstert sie mit seinem Boten, auf Wintersanfang verabreden sie geheime Begegnung. Frosti entführt Miöll, die »lichtgelockte« Tochter des Finnenkönigs Snär: er fasst sie unter dem Gürtel, rasch fahren sie im Winde dahin.

Thiassi war der Sohn Äl-waldis, des »Bier-Bringers«. Als

dieser starb, teilten sich Thiassi und seine beiden Brüde Idi und Gângr in der Weise in das Erbe, dass jeder je einen Mund voll Goldes daraus nahm. Uhland hat dies so gedeutet: der Bierbringer ist der Regenwind, seine Schätze sind die Wolken; starb der Regenwind, teilen sich die übrigen späteren (d. h. jüngeren) Winde in die Wolken, sie teilen sie mit dem Munde, d. h., sie zerblasen sie.[193] Der heute noch in unsrer Sprache lebenden »Windsbraut« liegt die Sage zugrunde, dass ein stolzes Mädchen alle menschlichen Freier verschmähte: nur des Windes (d. h. keines) Braut wollte sie werden, hatte sie gelobt. Da nahm sie Odin bei dem Wort, drang des Nachts, die Fenster aufstoßend, in ihr Schlafgemach, umfasste die zugleich vor Grauen und Wonne Erbebende und trug sie in seinem dunkeln Mantel weit nach Asgards goldenen Hügeln.[194]

Drittes Buch

Die Götterdämmerung und die Welterneuerung

I.
Vorzeichen und Vorstufen der Götterdämmerung: Verschuldungen, Verluste und Vorkehrungen der Götter

Wir sahen bereits wiederholt, die Götter sind durch eine Reihe von Treubrüchen schuldig geworden, bevor sie Einbußen erleiden in dem Kampfe gegen die Riesen.

Abgesehen von ihrer dunkeln, schwer deutbaren Verschuldung, die sich an die Zauberin Gullveig knüpft, brechen sie die Treue in folgender Geschichte. Nachdem die Asen Midgard gebildet und Walhall gebaut, kam zu ihnen ein unbekannter Baumeister, vermutlich in Menschengestalt, und versprach, ihnen eine von den Riesen nie zu erstürmende Burg zu bauen, wenn sie ihm zum Lohne Freya, dazu Sonne und Mond, versprächen. Törichterweise gingen die Götter, von dem Begehren nach einer solchen Burg verlockt, auf den Vorschlag ein. Nur ward verabredet, dass der Bau in einem Winter vollendet sein müsse: fehle am ersten Sommertag auch nur das Geringste daran, solle der Meister gar nichts erhalten. Ferner solle niemand ihm helfen dürfen bei der Arbeit, außer sein Ross Swadilfari, welcher Wunsch des Meisters auf Lokis Rat, der vielleicht schon damals hieran arglistige Gedanken knüpfte, bewilligt ward.

Die Götter hatten gehofft, die gute Burg zu erhalten, ohne den Lohn leisten zu müssen, weil der Meister die Frist unmöglich werde einhalten können. Aber wie erschraken sie, als sie nun den Fremden mit seinem gewaltigen Rosse so furchtbar stark und rasch bauen sahen, gleich vom ersten Wintertag an! Sie wagten doch den mit schweren Eiden gefesteten Vertrag nicht zu brechen: der fremde, unerkannt gebliebene Baumeister war ein Riese: und ohne die heiligsten Eide hätte sich ja kein Jötun unter die Götter gewagt, zumal aus Furcht vor Thor, falls dieser heimkäme von seiner Fahrt in den fernen Osten, wo er eben wieder Riesen erschlug.

Als nun nur noch drei Tage bis zu Sommersanfang fehlten, war die Burg fertig bis auf das Tor. Voller Schrecken setzten sich die Götter auf ihre (zwölf) Richter- oder Beratungsstühle und pflogen Rates und forschten untereinander, wer den verderblichen Rat gegeben, Freya, Sonne und Mond auf Spiel zu setzen?

Da fanden sie, er, der von je zu allem Bösen rate, Loki, habe auch diesen Rat gegeben. Und sie bedrohten ihn mit dem Tode, wenn er nicht Auskunft finde, den Baumeister um seinen Lohn zu bringen: – offenbar: indem sie auch mit arglistigen Mitteln sich im Voraus einverstanden erklärten. Erschrocken schwur Loki, er werde das fertig bringen.

Als nun der Baumeister abends mit seinem Hengst ausfuhrt Steine zu holen, lief eine Stute aus dem Wald wiehernd auf ihn zu. Swadilfari ward wild, zerriss die Stränge und lief mit dem andern Pferd in den Wald. Die ganze Nacht mühte sich der Meister, sein Ross wieder einzufangen: wie die Nacht völlig, ging auch – wegen großer Ermüdung – der folgende Tag ganz für die Arbeit verloren. Der Meister merkte, dass er die Frist nicht werde einhalten können, und geriet in »Riesen-Zorn«.

Da erkannten die Götter, dass der Baumeister ein Bergriese war, vergaßen ihre Eide, riefen Thor zu Hilfe, der denn auch, nach seiner Art, flugs da war und dem Baumeister, statt mit Sonne und Mond, mit dem Hammer den Baulohn zahlte, auf den ersten Streich ihm den Schädel in kleine Stücke zerschmetternd. Loki selbst war in der Pferdegestalt Swadilfari begegnet: er gebar später ein Füllen, grau, mit acht Füßen: das ward Odins Ross SLEIPNIR, der Pferde bestes bei Göttern und Menschen.

Nachdem nun noch mancherlei andre Verschuldung der Götter hinzugekommen, manche Einbuße nur durch bedenkliche Mittel abgewendet oder wieder eingebracht worden, nahet die Zeit heran, da die Götter und alles Leben von der ersten Vorstufe und Vorbedeutung der endgültigen »Dämmerung« betroffen werden durch BALDURS TOD.

Baldur hatte schwere Träume: ihm ahnte, er werde bald sterben.

Jene Träume und Ahnungen sind einerseits der Ausdruck für die Sorge um die Abnahme von Licht und Wärme, welche Jahr um Jahr die Menschen ergreift, solange Baldurs Tod und Auferstehen sich auf den jährlichen Lichtwechsel allein bezog.

Seit aber später dieser Tod auf das große Weltenschicksal bezogen ward, sodass Baldur nicht mehr schon im nächsten Frühjahr wiederkehrt, sondern erst in der erneuten Welt – seitdem drückt solche Sorge wohl auch die schwermütige, tragische Ahnung aus von der Vergänglichkeit, von dem unvermeidlichen Untergang alles Schönen, Edeln, Erfreulichen, welches bange Gefühl – tragisch, aber nicht pessimistisch! – tief in germanischer Eigenart wurzelt. – Endlich liegt nun wohl auch das Schuldbewusstsein der Götter solcher Ahnung zugrunde, wiewohl gerade von dem lichten und reinen Baldur selbst keinerlei Schuld bekannt ist.

Vergeblich sandte Odin seinen Raben Hugin aus, von zwei weisen Zwergen Rates zu holen: der Zwerge Aussprüche glichen selbst dunkeln, nicht zu deutenden Träumen.

Da hielten die Asen Ratsversammlung und beschlossen, Baldur Sicherung gegen jede mögliche Gefahr zu schaffen, indem Frigg von allen Dingen, welche das Leben bedrohen mögen, Eide nehmen sollte, Baldur nicht zu schaden. So tat Frigg und nahm Eide von Feuer und Wasser, von Eisen und allen Erzen, von Stein und Erde, von Seuchen und Giften, von allem vierfüßigen Getier, von Vögeln, Würmern und Bäumen.[195]

Als das geschehen war, kurzweilten die Asen mit Baldur: er stellte sich mitten in ihren Kreis, wo dann einige nach ihm schossen, andre nach ihm hieben und noch andre mit Steinen warfen. Und was sie auch taten: – es schadete ihm nicht. Das deuchte sie alle ein großer Vorteil.

Als aber Loki das sah, gefiel es ihm übel, dass Baldur nichts verletzen sollte. Da ging er zu Frigg in Gestalt eines alten Weibes. Frigg fragte die Frau, ob sie wisse, was die Asen in ihrer Versammlung vornähmen? Die Frau antwortete, sie schössen alle nach Baldur, ihm aber schade nichts. Da sprach Frigg: »Jawohl! Weder Waffen noch Bäume mögen Baldur schaden, ich habe von allen Eide genommen.« Da fragte das Weib: »Haben wirklich ALLE Dinge Eide geschworen, Baldurs zu schonen?« Frigg antwortete: »Östlich von Walhall wächst eine Staude, MISTILTEIN (Mistelzweig) genannt: die schien mir zu jung, sie in Eid zu nehmen.« Darauf ging die Frau fort: Loki ergriff den Mistiltein, riss ihn aus und ging zur Versammlung. HÖDUR (»Kampf«) stand zuäußerst im Kreis der Männer, denn er war blind. Da sprach Loki zu ihm: »Warum schießest du nicht nach Baldur?« Er antwortete: »Weil ich nicht sehe, wo Baldur steht; zum andern hab ich auch keine Waffe.« Da sprach Loki: »Tu doch wie andre Männer und biete Baldur Ehre, wie alle tun. Ich will dich dahin weisen, wo er steht: so schieße nach ihm mit diesem Reis.« Hödur nahm den Mistelzweig und schoss auf Baldur nach Lokis Anweisung. Der Schuss flog und durchbohrte ihn, dass er tot zur Erde fiel: und das war das größte Unglück, das Menschen und Götter betraf.

Baldur ist das Licht in seiner Herrschaft, die zu Mittsommer ihre Höhe erreicht hat; sein Tod ist also die Neige des Lichts in der Sonnenwende. Sein Mörder Hödur ist demzufolge der Lichtlose, der Blinde, weil er das Dunkel des Winters bedeutet, dessen Herrschaft sich nun vorbereitete und zur Julzeit vollendet, wann, nach dem kürzesten Tage, die Sonne wieder geboren wird. Hödur ist sittlich an seines Bruders Mord unschuldig, weil er das unschädliche Dunkel ist, das der Herrschaft des Lichts nach der Ordnung der Natur folgen muss: denn der Wechsel der Jahreszeiten ist ein wohltätiger, der selbst in der verjüngten Welt nicht entbehrt werden kann, wo Baldur und Hödur in des Siegesgottes Himmel wieder friedlich beisammenwohnen werden.

Als Baldur gefallen war, standen die Asen alle wie sprachlos und gedachten nicht einmal, ihn aufzuheben. Einer sah den andern an. Ihr aller Gedanke war wider den gerichtet, der diese Tat vollbracht hatte. Aber sie durften es nicht rächen: denn es war an einer heiligen Freistätte (so konnte Loki entfliehen, muss man wahrscheinlich hinzudenken). Als aber die Götter die Sprache wiedererlangten, da war das Erste, dass sie so heftig zu weinen anfingen, dass keiner mit Worten dem andern seinen Harm sagen mochte. Und Odin nahm sich den Schaden umso mehr zu Herzen, als niemand so gut wusste als er, zu wie großem Verlust und Verfall den Asen Baldurs Ende gereichte.

Als nun die Asen sich erholt hatten, da fragte Frigg, wer unter den Asen ihre Gunst und Huld gewinnen und den Helweg reiten wolle, um zu versuchen, ob er da Baldur fände, und Hel Lösegeld zu bieten, dass sie Baldur heimkehren ließe gen Asgard? Und er hieß HERMODUR, der Schnelle, Odins Sohn, der diese Fahrt unternahm. Da ward Sleipnir, Odins Hengst, genommen und vorgeführt; Hermodur bestieg ihn und stob davon.

Da nahmen die Asen Baldurs Leiche und brachten sie zur See. HRINGHORN hieß Baldurs Schiff: es war aller Schiffe größtes. Das wollten die Götter vom Strande stoßen und Baldurs Leiche darauf verbrennen. Bevor aber Baldur verbrannt wird, raunt dem Sterbenden sein Vater Odin ein Wort in das Ohr: – welches das war, kann freilich (außer dem nun in Hel wohnenden Toten) nur Odin selbst wissen (daher erkennt den »Wanderer« der Riese Wasthrudnir an dieser Frage als Odin selbst): aber es war wohl das Wort des Trostes, dass Baldur ursprünglich schon im nächsten Frühling, nach der spätern welttragischen Fassung der Sage, in der verjüngten Welt wieder aufleben werde.[196] Aber das Schiff ging nicht von der Stelle. Da ward gen Jötunheim nach dem Riesenweibe gesendet, die Hyrrockin hieß. Und als sie kam, ritt sie einen Wolf, der mit einer Schlange gezäumt war. Als sie von diesem Rosse gesprungen war, rief Odin vier Berserker herbei, es zu halten; aber sie vermochten es nicht anders, als indem sie es niederwarfen. Da trat Hyrrockin an das Vorderteil des Schiffes und stieß es im ersten Anfassen vor, dass Feuer aus den Walzen fuhr und alle Lande zitterten. Da ward Thor zornig und griff nach dem Hammer und würde ihr das Haupt zerschmettert haben, wenn ihr nicht alle Götter Frieden erbeten hätten. Da ward Baldurs Leiche hinaus auf das Schiff getragen. Und als sein Weib, Neps' (des Blütenknopfs) Tochter, Nanna (also der erschlossenen Knospe Kind; nach andern die wagende, mutig, unablässig treibende), das sah, da zersprang sie vor Jammer und starb. Da ward sie auf den Scheiterhaufen gebracht und Feuer darunter gezündet. Und Thor trat hinzu und weihte den Scheiterhaufen mit Miölnir, und vor seinen Füßen lief der Zwerg, der Lit (Farbe) hieß, und Thor stieß mit dem Fuße nach ihm und warf ihn ins Feuer, dass er verbrannte. Und diesem Leichenbrande wohnten vielerlei Gäste bei: zuerst ist Odin zu nennen, und mit ihm fuhr Frigg und die Walküren und Odins Raben; und Freyr fuhr im Wagen und hatte den Eber vorgespannt, der Gullinbursti hieß. Heimdall ritt den Hengst, Gulltopp (Goldzopf) genannt, und Freya fuhr mit ihren Katzen. Auch kam eine große Menge Hrimthursen und Bergriesen. Odin legte auf den Scheiterhafen den Ring, der Draupnir heißt und seitdem die Eigenschaft gewann, dass jede neunte Nacht acht gleich schöne Goldringe von ihm tropften. Baldurs Hengst ward mit allem Geschirr zum Scheiterhaufen geführt.

Hermodur ritt unterdes neun Nächte durch tiefe, dunkle Täler, sodass er nichts sah, bis er zum Giöllflusse kam und über die Giöllbrücke ritt, die mit glänzendem Golde belegt ist. Modgudr heißt die Jungfrau, welche die Brücke bewacht. Die fragte ihn nach Namen und Geschlecht und sagte, gestern seien fünf Haufen toter Männer über die Brücke geritten, »und nicht donnert sie jetzt minder unter dir allein und nicht hast du die Farbe toter Männer: Warum reitest du den Helweg?« Er antwortete: »Ich soll zu Hel reiten, Baldur zu suchen. Hast du vielleicht Baldur auf dem Helwege gesehen?« Da sagte sie: Baldur sei über die Giöllbrücke geritten: »aber nördlich geht der Weg herab zu Hel!«

Da ritt Hermodur dahin, bis er an das Helgitter kam. Da sprang er vom Pferd und gürtete es fester, stieg wieder auf und gab ihm die Sporen. Da setzte der Hengst so mächtig über das Gitter, dass er es nirgends berührte. Da ritt Hermodur auf die Halle zu, stieg vom Pferd und schritt in die Halle. Da sah er seinen Bruder Baldur auf dem Ehrenplatze sitzen. Hermodur blieb dort die Nacht über. Aber am Morgen verlangte Hermodur von Hel, dass Baldur mit ihm reisen solle, und sagte, welche Trauer um ihn bei den Asen sei. Aber Hel sagte, dass solle sich nun erproben, ob Baldur so allgemein geliebt werde, als man sage. »Und wenn alle Dinge in der Welt, lebendige sowohl als tote, ihn beweinen, so soll er zurück zu den Asen fahren; aber bei Hel bleiben, wenn eins widerspricht und nicht weinen will.«

Da stand Hermodur auf, und Baldur begleitete ihn aus der Halle und nahm den Ring Draupnir und sandte ihn Odin zum Andenken, und Nanna sandte Frigg einen Überwurf und noch andre Gaben, und für Fulla einen Goldring. Da ritt Hermodur seines Weges und kam nach Asgard und sagte alle Zeitungen, die er da gehört und gesehen hatte. Danach sandten die Asen in alle Welt und geboten, Baldur aus Hels Gewalt zu weinen. Alle taten das: Menschen und Tiere, Erde, Steine, Bäume und alle Erze: »wie du schon gesehen haben wirst, dass diese Dinge weinen, wann sie aus dem Frost in die Wärme kommen«.

Als die Gesandten heimfuhren und ihr Gewerbe wohl vollbracht hatten, fanden sie in einer Höhle ein Riesenweib sitzen, das THÖCK genannt war. Die baten sie auch, Baldur aus Hels Gewalt zu weinen; sie antwortete: »Thöck muss weinen mit trockenen Augen über Baldurs Ende! Nicht im Leben noch im Tode hatte ich Nutzen von ihm: behalte Hel, was sie hat!« Man meint, dass dies Loki gewesen sei, der den Asen so viel Leid zugefügt hätte.

Jedoch nicht ungerächt musste Baldur nach Hel fahren: Wali, Odin und der Erdgöttin Rindr Sohn, war gerade erst geboren, als der Mord geschah: erst eine Nacht war der Knabe alt, aber auf die Nachricht von der Tat nahm er sich nicht Zeit, die Hand zu waschen oder das Haar zu kämmen – sofort tötete er Hödur. Zwar war dieser nur das unschuldige Werkzeug Lokis (der, wie wir gleich sehen werden, schwerster Strafe nicht entgeht): aber der Charakter germanischer Blutrache hält sich ganz sachlich daran, dass einer den Tod des Gesippen verursacht hat: wie ja auch Tiere und sogar fallende Bäume, Balken, welche einen Menschen getötet haben, büßen müssen. Dass Hödur AUCH ein Bruder ist, schützt ihn nicht vor des Bruders Rache für den dritten Bruder: ein freilich seltener Fall! Wie heiß brennend, wie dringend die Pflicht der Blutrache empfunden wird, drückt die Sage darin aus, dass der Rächer, erst eine Nacht alt, ohne jeden Verzug zur Tat eilt. –

Diese Pflicht erträgt keine Frist: sie lässt nicht Zeit, die

Hände zu waschen, die Haare zu kämmen, und steht ihrer Erfüllung noch Unmöglichkeit entgegen, so lässt man nach der Sitte germanischer Rachegelübde Haar und Bart und die Nägel an den Fingern wachsen, ja wäscht und kämmt sich nicht, bis der dringendsten, unaufschieblichsten Pflicht genügt ist.[197]

Es zeigt sich hier sehr deutlich die Doppelart dieser auf Naturgrundlage ruhenden, aber doch vermenschlichten und als Germanen gedachten Gewalten: der Herbst muss den Sommer töten; er ist blind: aber als germanisch menschlich gedachter Töter muss er doch die an ihm zu vollstreckende Blutrache erdulden; in der neuen Welt lebt er friedlich und versöhnt neben dem Getöteten.[198]

Baldurs Unverletzbarkeit durch Wurf und Schlag bedeutet wohl nicht die »unkörperliche Natur des Lichtes«, sondern den Wunsch aller Wesen, dass das Licht lebe. Den Tod Baldurs führte Loki herbei nur durch die Mistel: die einzige Waffe, die an ihm haftet (s. unten), ist ein Symbol des düstern Winters. Die Mistel, die im Winter wächst und reift, die darum (wie Thöck s. unten) auch nicht des Lichtes zu ihrem Gedeihen zu bedürfen scheint, ist allein nicht für Baldur in Pflicht genommen (so Uhland S. 146). Oder auch: bei den Eiden, die allen Dingen abgenommen wurden, ward die Mistel, die als Schmarotzerpflanze kein selbständiges Leben zu haben schien, übersehen. Die Staude schien zu jung, zu unbedeutend, sie in Eid zu nehmen.[199]

Thor muss den Scheiterhaufen nach nordischer Sitte mit seinem Hammer weihen. Aber er bedroht auch damit die Riesin Hyrrockin, welche das Schiff in die See stoßen soll. Indem er dem Übermut dieser Riesin wehrt, erscheint Thor als Bekämpfer der maßlosen Naturgewalt, hier (nach Uhland) des versengenden Sonnenbrandes, der nach der Sommersonnenwende einzutreten pflegt (daher ihr Name Hyrrockin, d. h. Feuerberauchte).

Das Schiff Hringhorn ist die Sonne selbst, die in der Zeit der Sommersonnenwende eine Weile stille zu halten scheint, aber nach dem gewaltigen Stoß, mit dem die Riesin es vortreibt, die Wende nimmt und abwärts lenkt. So fährt nun Hringhorn, flammend in Sonnenglut, dahin; aber es trägt nur noch die Leiche seines Gottes! Da bricht auch der Gattin Baldurs, Neps' Tochter Nanna, das Herz: sie ist die Blüte, die aus der Knospe hervorgeht und darum Neps (für hneppr, Knopf), Tochter, heißt. Mit der Abnahme des Lichtes geht auch das reichste, duftendste Blumenleben zu Ende; als Baldurs Leiche zum Scheiterhaufen getragen wird, zerspringt Nanna vor Jammer. Die Liebe Baldurs und Nannas, des Lichtes und der Blüte, bildet ein Seitenstück zu der Liebe Bragis und Iduns, des Gesanges und der Sommergrüne. Der Zwerg Lit, der Thor vor die Füße läuft und den er, im Unmut über Baldurs Tod, ihnen in das Feuer nachstößt, ist die Farbe (Litr), der reiche frische Schmelz des Frühsommers, der mit hinabmuss, wann Baldur und Nanna zu Asche werden.

Die ganze Natur klagt um Baldurs Tod, weil sie des Lichtes bedürftig ist, und seinem Leichenbegängnis wohnten selbst Hrimthursen und Bergriesen bei, sonst ein lichtscheues Geschlecht: auch sie können des allbelebenden Lichtes nicht ganz entraten. Thöck, die ihn nicht aus Hels Gewalt weinen wollte, ist der Eigennutz, die kalte herzlose Selbstsucht, die, aller Wohltaten unerachtet, welche die ganze Welt von dem Heimgegangenen genossen hat, sich in Unempfindlichkeit verstockt, weil nicht gerade sie, das Riesenweib in der finstern Höhle, Vorteil von ihm genossen zu haben sich erinnert: denn in ihren Schlupfwinkel drang das Licht des Tages nie. Ihr Name freilich bezeichnet den Dank, aber ironisch, wie wir sagen: »Das ist der Dank dafür«, »Undank ist der Welt Lohn«. Die ganze Welt klagte um Baldurs Tod: nur die Eigensucht ward durch seine Verdienste nicht überwunden.

Der Ring Draupnir gewann seitdem die in seinem Namen angedeutete Eigenschaft, dass jede neunte Nacht acht gleiche Goldringe von ihm träufen. Nach andern Überlieferungen besaß er sie von Anfang an, da ihn die Zwerge bildeten: er ist auch im Besitz Freyrs (und seines Dieners Skirnir) nebst jenen elf Äpfeln, die uns an die Iduns erinnerten: beide bedeuten Fruchtbarkeit, Vermehrung und Wiedererneuerung. Als grüßendes Wahrzeichen seiner dereinstigen Wiederkunft schickt Baldur den Ring an den Vater auf die Oberwelt, als bejahende zuversichtliche Antwort auf Odins ihm in das Ohr geflüsterten Trost.

Auch Nanna sendet Andenken aus Hels Reich herauf: Frigg einen Schleier (oder Überwurf), Fulla einen Goldring. Es sind Blumen des Spätherbstes (Uhland) oder Boten, Verheißungen des dereinst wiederkehrenden Frühlings.

Loki aber, den eigentlichen Mörder Baldurs, den Anstifter des schuldlosen Hödur, traf schwere Strafe. Die Tötung Baldurs konnte nicht sofort gerächt werden, denn sie war an heiliger Freistätte geschehen: – freilich schützt sonst die Freistätte den nicht, der sie selbst verletzt. Schon vorher hatte er die Götter wiederholt durch seinen Rat in Gefahr gebracht oder nur durch zweideutige oder unzweideutig treulose Mittel sie aus der von ihm herbeigeführten Gefahr gerettet und somit schuldig gemacht. Aber auch noch nach Baldurs Ermordung hatte er alle Götter und Göttinnen, wie sie in Ögirs Halle zu fröhlichem Festmahl versammelt saßen, durch frevle, wahre und wohl meist unwahre, mindestens böslich übertriebene Schmähungen auf das bitterste gekränkt (man hat ihn hierbei als »das böse Gewissen« der Götter auffassen wollen, gewiss nicht mit Recht). Schon um Baldurs willen vor den Göttern flüchtig, wird er nun abermals von ihnen verfolgt.

Es liegen hier allerlei Widersprüche in der Überlieferung: fest steht nur, dass er, einmal gebunden, bis zur Götterdämmerung nicht mehr loskommt: daher muss man natürlich und notwendig Baldurs Ermordung VOR Lokis Fesselung stellen, und die Verhöhnung der Götter möchte man gern VOR diese Mordtat setzen, da er sich nach ihr doch schwerlich wieder den Göttern naht! Allein die Edda stellt die Bestrafung mit jener Verhöhnung zusammen, nicht mit der Ermordung Baldurs.

Als Loki nun die Götter so sehr wider sich aufgebracht hatte, entfloh er und barg sich auf einem Berge. Da machte er sich ein Haus mit vier Türen, sodass er aus dem Hause nach allen Seiten sehen konnte. Oft am Tage verwandelte er sich in Lachsgestalt, barg sich in einem Wasserfall und bedachte bei sich, welches Kunststück die Asen wohl erfinden könnten, ihn in dem Wasserfall zu fangen? Und einst, als er daheim saß, nahm er Flachsgarn und flocht es zu Maschen, wie man SEITDEM Netze macht. So erfand er selbst das erste Netz und das einzige Mittel, damit er gefangen werden konnte. Dabei brannte Feuer vor ihm. Da sah er, dass die Asen nicht weit von ihm waren: denn Odin hatte von Hlidskialfs Höhe des Flüchtlings Aufenthalt erspäht. Da sprang er schnell auf und hinaus ins Wasser, nachdem er das Netz ins Feuer geworfen hatte. Und als die Asen zu dem Hause kamen, da ging der zuerst hinein, der von allen der Weiseste war und Kwâsir (Odin?) heißt. Und als er im Feuer die Asche sah, wo das Netz gebrannt hatte, da merkte er, dass dies ein Kunstgriff sein sollte, Fische zu fangen, und sagte das den Asen. Da fingen sie an und machten ein Netz jenem nach, das Loki gemacht hatte, wie sie es in der Asche sahen. Und als das Netz fertig war, gingen sie zu dem Fluss und warfen das Netz in den Wasserfall. Thor hielt das eine Ende, das andre die übrigen Asen, und nun zogen sie das Netz. Aber Loki schwamm voran und legte sich am Boden zwischen zwei Steine, sodass sie das Netz über ihn hinwegzogen; doch merkten sie wohl, dass etwas Lebendiges vorhanden sei. Da gingen sie abermals an den Wasserfall und warfen das Netz aus, nachdem sie etwas so Schweres daran gebunden hatten, dass nichts unten durchschlüpfen mochte. Loki fuhr vor dem Netze her, und als er sah, dass es nicht mehr weit von der See sei, da sprang er über das ausgespannte Netz und lief zurück in den Sturz (hier hält er sich also für sichrer als im Meere: warum?). Nun sahen die Asen, wo er geblieben war: da gingen sie wieder an den Wasserfall und teilten sich in zwei Haufen nach den beiden Ufern des Flusses; Thor aber, mitten im Flusse watend, folgte ihnen bis an die See. Loki hatte nun die Wahl, entweder in die See zu laufen, was lebensgefährlich war (warum?), oder abermals über das Netz zurückzuspringen. Er tat das Letzte und sprang schnell über das ausgespannte Netz. Thor griff nach ihm und kriegte ihn in der Mitte zu fassen: aber er glitt ihm in der Hand, sodass er ihn erst am Schwanz wieder festhalten mochte. Darum ist der Lachs hinten spitz. Nun war Loki friedlos gefangen. Sie brachten ihn in eine Höhle und nahmen drei lange Felsenstücke, stellten sie auf die schmale Kante und schlugen ein Loch in jedes. Dann wurden Lokis Söhne, Wali und Nari (oder Narwi) gefangen. Wali verwandelten die Asen in Wolfsgestalt: da zerriss er seinen Bruder Nari. Da nahmen die Asen die Därme: und banden Loki damit über die Felsen: der eine Stein stand ihm unter den Schultern, der andre unter den Lenden, der dritte unter den Kniegelenken, die Bänder aber wurden zu Eisen. Da nahm Skadi, Niördrs Gemahlin, einen Giftwurm und befestigte ihn über Loki, damit das Gift aus dem Wurm ihm ins Antlitz träufelte. Aber Sigyn, sein treues[200] Weib, steht neben ihm und hält ein Becken unter die Gifttropfen. Und wann die Schale voll ist, da geht sie und gießt das Gift aus: derweil aber träuft ihm das Gift ins Angesicht, wogegen er sich so heftig sträubt, dass die ganze Erde schüttert, und das ist's, was man Erdbeben nennt. Dort liegt er in Banden bis zur Götterdämmerung.

Tiefsinnig ist diese Sage.

Er weiß, dass er die Rache der Götter herausgefordert hat: so schweift er unstet umher wie der Verbrecher; sein Haus auf dem Berge hat vier Türen oder Fenster, damit er die hereinbrechende Strafe erspähen, vielleicht ihr entfliehen könne. Er quält sich mit dem Gedanken, auf welche Art die Asen ihn wohl fangen möchten? Und er knüpft sich selber das Netz, das allein ihn fangen kann, wie die Bosheit sich selber Fallstricke legt und Gruben gräbt. So wie er durch seine eignen Fallstricke gefangen wird, so wird er auch durch seine eignen Bande gebunden, d. h. mit den Gedärmen seines Sohnes gefesselt, den Folgen seiner Tat: wie sich seine Söhne auch untereinander selbst zerfleischen. Das Böse wird in Fesseln geschlagen von den sittlichen Mächten, den Göttern. Würde freilich einst die Herrschaft des Sittlichen und des Rechts völlig gebrochen, träte Verfinsterung dieser Begriffe bei den Göttern selbst ein, dann bräche das Böse sich los von seiner Kette, dann führe der Rachetag, Gerichtstag (stuatago) über die Völker. Schon jetzt rüttelt Loki oft an seinen Ketten und versucht, sie zu zerreißen: dann entsteht das Erdbeben: denn er erschüttert die Grundfesten der Welt und erschreckt die Götter, die selbst als seine Fesseln, die höpt und bönd (Haften und Bande), die Gewähr der sittlichen Weltordnung gedacht sind.[201]

Warum töten die Götter weder den Fenriswolf noch Loki? Weil sie ihre heiligen Freistätten nicht verletzen dürfen, heißt es einmal. Das gilt aber nur etwa vom Wolfe, nicht von dem friedlos gefangenen Mörder. Der wahre Grund ist: weil der Untergang Odins und Heimdalls in dem letzten Kampfe durch beide Gegner feststand: also war die Götterdämmerung AUCH IM EINZELNEN SCHON ausgebildet, als die Sagen von der Fesselung beider entstanden.

Wir sahen, ursprünglich bezog sich Baldurs Tod (wie Iduns Niedersinken vom Weltbaum) auf den jährlichen

Wechsel der Jahreszeiten: später aber auf die Götterdämmerung. Nun bleibt Baldur in Hel bis zum Ende der Dinge. Nun bedeutet er auch nicht mehr bloß das Licht, sondern die Unschuld, die Reinheit: ist diese durch das furchtbare Verbrechen des Brudermordes, den germanischem Sippegefühl unerträglichsten Frevel vernichtet, durch Loki, der zerstörenden, neidvollen Selbstsucht Vertreter, so liegt darin, wie eine Hauptursache, so die Vorbedeutung, ja schon eine Vorstufe der Götterdämmerung, jenes Tages, da die verderblichen, von den Asen nur auf Zeit gefesselten Gewalten sich losreißen und ALLE Schuldiggewordenen sich im Kampfe furchtbarer Vergeltung gegenseitig strafen, d. h. vernichten werden.

»Stark bellt Garm vor Gnipa-hellir: – die Fessel wird zerreißen, aber der Wolf rennen! Viel weiß ich der Kunden: vorwärts sehe ich weiter über der Götter Geschick, das Gewaltige, der Siegmächtigen.« –

VÖLUSPÁ, Strophe 29

(nach MÜLLENHOFF, S. 81)
noch zweimal wiederholt, je bei einem
bedeutungsvollen Abschnitt

II.
Die Götterdämmerung

Diese Götterdämmerung, – wann bricht sie herein?

Alsdann, nicht früher, aber dann auch unentrinnbar, wann die die Naturordnung und die sittliche Ordnung stützenden und schützenden Gewalten, wann die Götter selbst völlig morsch und faul geworden, wann die körperlichen und sittlichen Bande des Weltalls völlig aus den Fugen gelöst sind, wann das Chaos über Natur und Geist hereinbricht.

Diese Auffassung wird nicht etwa künstlich in die Edda hineingetragen: man muss in ihren eignen herrlichen Worten nachlesen, wie dem Hereinbrechen des letzten Kampfes zugleich die Zerrüttung der Natur, des wohltätigen Wechsels der Jahreszeiten vorhergeht. Da stöbert Schnee von allen Seiten, der Frost ist groß, die Winde sind scharf, es kommt »der große, schreckliche Winter« (»Fimbul-Winter«), der drei Jahre, ohne Unterbrechung durch einen Frühling, währt: denn »die Sonne hat ihre Kraft verloren«.

Und zuvor schon kam die äußerste Verwilderung der Sitten[202] durch drei Jahre eines furchtbaren Krieges, in dem sogar der unverbrüchliche Friede der Sippe, des blutsverwandten Geschlechts, germanischer Auffassung das heiligste Band, nicht mehr geachtet wird: »da werden sich Brüder aus Habgier ums Leben bringen und der Sohn des Vaters, der Vater des Sohnes nicht schonen: Brüder werden sich schlagen und einander zu Tötern werden; es werden Schwesterkinder die Sippe brechen[203]: arg ist es in der Welt[204]: großer Ehebruch! Es wird kein Mensch des andern schonen.«

»Da geschieht, was die schrecklichste Kunde dünken wird, dass der Wolf die Sonne verschlingt, den Menschen zu schwerem Unheil; der andre Wolf wird den Mond[205] einholen und ergreifen und so auch großen Schaden tun. Und die Sterne werden fallen vom Himmel.

Da wird auch geschehen, dass die Erde bebt und alle Berge: entwurzelt werden die Bäume, alle Ketten und Bande reißen und brechen: da wird der Fenriswolf los[206]: alsbald auch Loki, der ja das Erdbeben durch das Reißen an seinen Banden herbeiführt.

Und das Meer überflutet das Land, weil auch die Midgardschlange, lange verschüchtert und verwundet, wieder »Riesenmut annimmt und das Land sucht«: sie windet sich im Riesenzorne: der Wurm drängt die Wogen (über die Küsten): zugleich schreit der Adler (Hräswelgr), der, fahlen Schnabels, die Leichen zerreißt: da kommt NAGLFAR, das Schiff, los (»wird flott«).

Dieses Schiff baut sich aus den Nägeln der Toten, welche man diesen unbeschnitten an Händen und Füßen lässt. Und erst dann, wenn dieses Schiff fertig und flott geworden, sodass es den REIF-RIESEN HRYMR, der es nun steuert, und dessen gesamte Heerschar aufnehmen und zum Kampfe gegen die Götter heranführen kann: – erst dann bricht die Götterdämmerung herein.

Die fromme, scheuevolle Pflege und Bestattung der Leichen ist nämlich hohe sittliche und religiöse Pflicht[207] germanischen Heidentums: – dann also ist das höchste Maß sittlichen Verderbens gefüllt, wann die Ruchlosigkeit der Menschen so massenhaft die heiligste Liebespflicht unerfüllt lässt[208], dass sich ein ungeheures Kriegsschiff der Riesen als Denkmal menschlicher Pflichtvergessenheit aufbaut.

Alsdann sprengen die riesischen Ungetüme alle[209] die Bande, mit welchen die Götter sie bis dahin zu fesseln vermocht: »Es bebt Yggrasils Esche, wie sie da steht« (d. h. wohl vom Wipfel bis zur Wurzel): es stöhnt der alte Baum: aber der Riese (d. h. Loki oder der Fenriswolf) kommt los. Alle fürchten sich in der Unterwelt, bevor SURTURS Blutsfreund (d. h. Loki) sich von dannen macht.[210] Was ist bei den Asen? Was ist bei den Elben (forscht die Seherin bang)? Es tost ganz Jötunheim! Die Asen sind versammelt! Es ächzen die Zwerge vor den Felsengängen, die Feldwand-Kundigen (d. h., obwohl sie SONST so felswandkundig waren). Wisset ihr bis hierher? – und weiter?«[211]

Also von der Unterwelt an empor durch der Riesen, der Zwerge, der Elben Reich, über Midgard, der Menschen Heimstätte hin, bis hinauf zu den Göttern erdröhnt nun der Lärm der losgerissenen Gewalten!

Der Fenriswolf reißt sich los und fährt mit klaffendem Rachen einher, dass der Oberkiefer an den Himmel, der Unterkiefer an die Erde rührt, und – fügt die Edda naiv hinzu: – »wäre Raum dazu, er würde ihn noch weiter aufsperren«, Feuer glüht ihm aus Augen und Nase.

Die Midgardschlange speit Gift aus, dass Meer und Land entzündet werden: furchtbar ist der Anblick, wann sie dem Wolfe zur Seite kämpft.

Die Reif-Riesen fahren von Osten auf dem Unheils-Schiff heran, Hrymr hält, zum Kampfe bereit, vorn stehend, den Schild vor.

Ein (andres) Schiff fährt von Norden[212] her: »kommen werden über die See der Hel[212] Leute: aber Loki steuert. Die tollen (d.h. tollkühnen) Gesellen alle fahren mit dem Wolf, mit denen auch Büleipts Bruder (d.h. Loki selbst) im Zuge ist«.

Surtur und Muspels Söhne, als die zerstörenden Mächte der Feuerwelt, ziehen von Süden her zum letzten Kampfe heran. Von diesem Ertosen birst das Himmelsgewölbe: die Regenbogenbrücke zerbricht[213], da Muspels Söhne auf sie einreiten.

In drei Scharen also greifen die Riesen an: von Osten die Reif-Riesen unter Hrymr, von Norden die Leute Hels unter Loki, von Süden die Feuerriesen unter Surtur: allen voran aber rennt der Wolf, und an seiner Seite wälzt sich die Midgardschlange.

»Mimirs Söhne spielen[214]: Das Ende bricht an beim Tone des alten Giallar-Hornes«.

Auch die Asen, die Walhallgötter, rüsten sich zum Streit: Heimdall, ihr Wächter an Bifröst, der Regenbogenbrücke, erhebt sich und stößt mit aller Macht in das gellende Horn. »Odin reitet zu Mimirs Brunnen und redet (zum letzten Mal Zukunft erforschend!) mit Mimirs Haupt«[215].

Alle Götter und die Einheriar ziehen den Riesen entgegen auf die große Ebene Wigrid (d. h. Kampf-Ritt, Kampf-Reitstätte), die sich, hundert Rasten weit, nach allen vier Seiten vor Walhalls Toren dehnt[216].

»Die Asen waffnen sich zum Kampf, und alle Einheriar eilen zur Walstatt«.

Zuvorderst reitet Odin mit dem Goldhelm, der schönen Brünne und dem Speer, der Gungnir heißt. So eilt er dem Fenriswolf entgegen, und Thor schreitet an seiner Seite, mag ihm aber wenig helfen: denn er hat vollauf zu tun, mit der Midgardschlange zu kämpfen.

Freyr streitet wider Surtur und kämpfen sie einen harten Kampf, bis Freyr erliegt: und wird das sein Tod, dass er sein gutes Schwert misset, welches er einst Skirnir dahingab.

Inzwischen ist auch Garm, der Hund, los geworden, der vor der Gnypahöhle gefesselt lag: das gibt das größte Unheil, da er mit Tyr kämpft und einer den andern zu Falle bringt.

Thor gelingt es, die Midgarschlange zu töten: aber kaum ist er neun Schritte davongegangen, als er tot zur Erde fällt, von dem Gift, das der Wurm auf ihn gespien

Der Wolf verschling Odin und wird das Odins Tod.

Alsbald aber wendet sich Widar (Odins Sohn) gegen den Wolf und setzt ihm den Fuß in den Unterkiefer. An diesem Fuße hat er den Schuh, zu dem man alle Zeiten hindurch sammelt: die Lederstreifen (anderwärts wird ihm ein eiserner Schuh beigelegt) nämlich, welche die Menschen von den Schuhen schneiden, da, wo die Zehen und die Fersen sitzen. Darum soll diese Streifen jeder wegwerfen, der darauf bedacht sein will, den Asen Beistand zu leisten.[217] Mit der Hand greift Widar dem Wolf nach dem Oberkiefer und reißt ihm den Rachen entzwei und wird das des Wolfes Tod.[218]

Loki kämpft mit Heimdall und erschlägt einer den andern.

Zuletzt schleudert Surtur Feuer über die Erde und verbrennt die ganze Welt (und sich selbst)[219]: daher heißt der Weltenbrand »Surturs Lohe«.

So reiben sich in diesem letzten Kampfe, der überhaupt gekämpft wird, denn auch die beiden feindlichen Heere vollständig auf: alle andern nicht einzeln genannten Götter, ferner die Walküren, die Einheriar und die Riesen fallen im Streit oder sterben im Wasser, Felsensturz oder Feuer: denn zuletzt entzündet sich das gesamte Weltall an der Glut der Feuerriesen und verbrennt mit allem[220], was es getragen hatte, auch Elben, Zwergen und Menschen: – ein ungeheures Brandopfer sittlicher Läuterung.

Sehr zahlreich und mannigfaltig sind die Nachklänge dieser Sage von einem letzten furchtbaren Kampf, von dem errettenden Erscheinen verborgener, geheimnisvoller Helfer für ein schwer bedrängtes Volk, von dem Untergang der Welt in den Flammen dieses Kampfes, und dem Auftauchen einer bessern Welt.

In dem bayrischen Gedicht Mûspilli[221] ist die heidnische Überlieferung mit christlichen Kirchensagen auf das seltsamste verquickt, aber doch noch in höchst bezeichnenden Zügen erkennbar: am Ende der Dinge wird neben den Teufel, den Alt-Feind, ein zweiter Unhold, der Antichrist, treten. Diese beiden als Anführer aller bösen Gewalten werden gegen Gott, die Heiligen, die Kirche streiten. Gott sendet Elias auf die Erde, der oft wegen seines feurigen Wagens als Donar erscheint: der Antichrist heißt geradezu »der Wolf«. Elias »will den Guten das Reich retten«, er tötet den Wolf, doch wird auch Elias in dem Kampfe verwundet, und von seinem Blute, das zur Erde träuft, entbrennen die Berge: nicht einer der Bäume steht mehr in der Erde, die Wasser alle ertrocknen, das Meer versiegt, der Himmel schwelt in Lohe, der Mond fällt nieder, Mittelgard brennt, kein Fels steht mehr fest. Da fährt der Gerichtstag (Bußtag, stuatago) ins Land mit Lohe, den Lastern zu lohnen: da kann Freund nicht mehr Freunde vor dem Muspel (Feuer?) frommen, wann der bereite Glutstrom alles verbrennt und Feuer und Luft alles reinigen.[222]

Aber auch im späten Mittelalter, ja bis heute noch, wissen zahlreiche Sagen zu erzählen von helfenden Frauen, d. h. ursprünglichen Göttinnen (»Frau Holde« in dem hohlen Stein, »Frau Vrene«, »Frau Venus«); häufiger aber von Helden, d. h. ursprünglichen Göttern, welche, durch bösen Zauber entrückt in Berge und Felshöhlen und hier festgebannt, erst am Ende der Tage, wann der Teufel, das Böse auf Erden übermächtig geworden, und die Guten, die Frommen oder das deutsche Volk auf das äußerste bedrängt, an der Spitze schimmernder Scharen hervorbrechen und nach furchtbarem Kampfe, dem letzten, der auf Erden gekämpft wird, die bösen Feinde vernichten werden, worauf dann das Reich Gottes auf Erden beginnt, oder auch nachdem Christus und die himmlischen Heerscharen sich eingemischt und die Guten gerettet, die Teufel und die Bösen gerichtet haben, das ewige Leben im Himmel anhebt. Siegfried, Dietrich von Bern, Karl der Große, Widukind[223], Otto der Große, Friedrich der Rotbart[224], Friedrich II., die »drei Telle« (in der Schweiz, d. h. Wotan, Donar, Frô) harren so im Zauberschlaf des Weckrufs zu dem ihr Volk errettenden Kampf.

Im Kyffhäuser sitzt der Rotbart am runden Steintische, um den – ein Ausdruck der unendlich langen Zeit – sein langer Bart[225] – schon zweimal herumgewachsen.

Er nickt, den Kopf in der Hand, und blinzelt schläfrig mit den Augen. Alle seine vielen tausend Ritter und Helden schlafen in ihren Waffen um ihn her: in seiner Rüstkammer liegen die Waffen gehäuft: ungeduldig stampfen im Traum die Rosse in den unterirdischen Ställen. Der Kaiser sucht die Zahl seiner Kämpfer zu mehren, indem er tapfre Männer durch den Zwerg zu sich hinablockt in den Berg und gegen Gold in seine Dienste wirbt. Von Zeit zu Zeit fragt er den dienenden Zwerg oder einen Schäfer, der sich hineingewagt hat in die Höhle, ob die Raben noch immer um den Berg fliegen? Auf die Bejahung ruft er wohl: »So muss ich noch schlafen wohl hundert Jahr!« Endlich aber – sein Bart ist nun zum dritten Mal herumgewachsen – fliegen die Raben herein, setzen sich auf seine Schulter und raunen ihm ins Ohr. Da springt er auf und stößt in das schmetternde Horn: auf fahren seine Helden aus dem Zauberschlaf, sie greifen, noch halb verschlafen, nach Helm und Schwert, sie eilen nach oben, der Kaiser hängt seinen Heerschild an den dürren Baum am UNTERSBERG (am BIRNBAUM auf dem WALSERFELD: dieser Baum ergrünt aufs Neue – die halb verdorrte WELTESCHE erneuert sich –), Gericht zu halten und alle guten Deutschen unter seinem Heerschild zum Kampfe zu scharen. Das Walserfeld ist unverkennbar das Idafeld (Wal, so viel als Schlacht): hier wird die letzte blutige Schlacht geschlagen: der Antichrist führt die Ungläubigen gegen die Deutschen, die Christen: die Posaunen der Engel ertönen: der Jüngste Tag bricht an.

In andern Landschaften ist es ein andrer Baum (der Holunder in Nottorf in Schleswig): oft wird dabei eine Brücke (Bifröst) erwähnt, über welche vor dem Nahen der Retter eine rote Kuh (Muspels Söhne) gelaufen oder das angreifende Heer (der Riesen) gezogen sein muss.

Die arge Bedrängnis der Guten wird wohl dadurch ausgedrückt, dass nach vielen verlustreichen Schlachten die vom Heere des weißen (d. h. guten) Königs Übriggebliebenen zusammen von EINEM Schild, EINEM Tisch, EINEM Stein, EINER Platte speisen mögen.

Der weiß König (»de wite God« in den Niederlanden)

reitet auf weißem Ross (Odin oder Freyr) gegen den schwarzen (Surtur). Manchmal sind es zwölf (die Zahl der Asen) bergentrückte Helden, welche Deutschland in höchster Not erretten. Jede Zeit fasste die drohende Gefahr und die zu lösende Aufgabe je nach IHREM Verlangen: das Heilige Grab befreien, den Pfaffen feuern (d. h. die Kirche reformieren), die Türken aus Europa treiben. Das Vertrauen, dass schließlich doch der Kaiser (d. h. Wotan) kommen und alles gut machen werde, drückt man wohl in der Fassung aus, dass ein allzu Sorgloser »auf den alten Kaiser hinein lebt«.

III.
Die Erneuerung

Die alte Welt und der alte Himmel sind in Feuer und Rauch untergegangen.

Aber den Gedanken der völligen Vernichtung vermag das religiöse Bewusstsein nicht zu ertragen: es findet darin keine Versöhnung: deshalb hat es – und zwar nicht erst etwa aus christlichem Einfluss! – an den fünften Aufzug des großen Trauerspiels, an die Weltvernichtung, ein idyllisch-paradiesisches Nachspiel gefügt, von fast lyrisch-musikalisch empfundener, harmonischer Verklärung.

Aus der Asche nämlich, in welche die alte schuldbewusste Welt versunken, hebt sich, verjüngt und makelfrei, eine neue Welt, eine zweite Erde und ein junger Himmel. Die jüngere Edda berichtet: die Erde taucht aus der See auf, grün und schön, und Korn wächst darauf ungesät.[226]

Bewohnt wird die Erde von einem Menschengeschlecht ätherischer Natur – »denn Morgentau ist all ihr Mahl«. – An einem Ort, in HODD-MIMIRS[227] Holz, hatten sich während Surturs Lohe zwei Menschen verborgen, LIF und LIFTHRASIR[228]: von ihnen stammt ein neu Geschlecht.

Im Himmel leben nicht mehr die alten Götter, sondern deren Söhne[229], welche als unbefleckt von Schuld[230] zu denken sind: WIDAR und WALI, die beiden Rächer Odins und Baldurs, leben noch: weder See noch Surtur hat ihnen geschadet: sie wohnen auf dem IDAFELD, wo vorher ASGARD war.

Auch stellen sich ein die SÖHNE THORS: MODI und MAGNI (Mut und Kraft), sie haben des Vaters Hammer gerettet und geerbt und bringen ihn mit.

Danach kommen die Söhne ODINS: BALDUR der Fleckenlose, und dessen Bruder, der blinde HÖDUR[231], der ihn ohne Verschulden getötet hatte: sie kehren wieder aus dem Reiche Hels: und in seligem Frieden, ohne Schuld und Leidenschaft, leben sie fortan in der erneuten[232] Walhall, dem Idafeld.

Da sitzen sie alle beisammen und besprechen sich und gedenken ihrer Geheimnisse und reden von den Geschichten, die ehedem sich ereignet, von der Midgardschlange und von dem Fenriswolf: da werden sich – und das ist ein reizender Zug – auch jene goldenen Tafeln (Bretter, Scheiben) im Grase wieder finden, mit welchen dereinst, d.h. vor ihrem Schuldigwerden, die Asen heiter gespielt hatten.

Es leuchtet ein, dass sich hier die Sage eines alten Lieblingsbehelfes bedient: die SÖHNE der Götter sind die VERTRETER der Götter, ja gewissermaßen diese selbst: deren WIEDERHOLUNG, nur frei von den Flecken, welche auf die Väter die Sagendichtung allmählich gehäuft hatte: das drückt sich am naivsten – und wahrhaft liebenswürdig naiv! – aus bei der SONNE, von der es heißt: »Und das wird dich wunderbar dünken, dass die Sonne, ehe der Wolf sie würgte, eine Tochter geboren hatte, nicht minder schön als sie selber: diese Maid wird nun glänzend nach der Götter Fall die Bahn der Mutter wandeln.«

Rührend ist die Treue, mit welcher der HAMMER THORS

von der Einbildungskraft der Sage gerettet wird: die geliebte Nationalwaffe mag der Germane auch in dem neuen Paradiesesleben nicht missen, obwohl es keine Riesen mehr zu zerschmettern gibt: so mag der Hammer in den Händen der Erben friedlichen Weihezwecken (Brautweihe, Hausweihe u. a.) dienen.

Ferner heißt es von Hönir, der einst als Geisel den Wanen gegeben war: »Dann kann Hönir den Loszweig kiesen«, d. h. wählen, ob er zurückkehren oder bleiben will: Wanen scheinen hiernach nicht mehr zu sein, nur Asen (wenigstens werden Freyr und Freya nicht mehr genannt). Man hat dies so erklären wollen: die Wanen seien Götter der Sinnlichkeit (?!) gewesen und erst nach verlorner Unschuld der Götter in Krieg, dann in Bündnis mit diesen in Berührung getreten, also in der geläuterten Welt nicht mehr am Ort: aber eine andre Eddastelle sagt von Niördr: »am Ende der Zeiten soll er kehren zu den weisen Wanen«: bedeutet dies die Zeit nach der Surturlohe (und nicht, was sehr wohl denkbar wären, den Zeitpunkt bei Beginn des letzten Kampfes, um bei seinen Wanen zu fechten und zu fallen), so wären hierdurch doch Wanen als fortbestehend anerkannt.

Die Wahrheit aber ist: ein widerspruchfreies Ganzes ist kein Sagenkreis, auch nicht der der Germanen. Dazu kommt, dass gerade über den Zustand nach der Erneuerung nur sehr wenig ausgeführte Vorstellungen umgingen, und endlich, dass uns sogar diese wenigen durchaus nicht vollständig überliefert sind: denn dass vollends nur so viel als die (von Zusätzen gereinigte) Völuspá in acht kurzen Strophen davon erzählt, überhaupt alles gewesen, was davon gesungen und gesagt ward (wobei nur Baldur, Hödur, Hönir und der neue Götterkönig erwähnt werden), ist doch wahrlich kaum anzunehmen.[233]

Auch diese Götter können eines Götterkönigs nicht entraten. So heißt es denn, nachdem die neue Welt aufgetaucht ist: »Da kommt der Mächtige, das Recht aufrecht zu halten[234], der Starke von oben, der alles beherrscht. Urteile spricht er, die Streitsachen legt er bei, heilige Ordnungen setzt er, die da bleiben sollen.«

Dieser ungenannte oberste Gott ist nun aber durchaus nicht, wie man wohl meint, der (aus christlichem Einfluss herübergenommene) neue Christengott[235], sondern nur der von dem religiösen Gefühl dringend, ja unerlässig geforderte oberste Heiden-Gott: Ein Name, eine bestimmtere Zeichnung desselben fehlte gewiss der diese Sage bildenden religiösen Anschauung. Man muss doch wohl den erneuten Odin in ihm finden, dabei jedoch dem alten Odin nicht nur seine mannigfaltige Schuld, auch die Leidenschaften, Eigenschaften, ja sogar Vorzüge, z. B. die Kriegsfreude, abstreifen, aus welchen jene Verschuldung mit (dichterischer) Notwendigkeit hervorgewachsen war. Ein solcher Odin aber, ohne Kriegsbegeisterung, ohne überlegen planende List, ist eben gar nicht mehr das Gebilde, das wir als Odin, trotz seiner Fehler, lieben gelernt hatten. Es ist ein ziemlich farb- und inhaltloser »oberster, weiser, gerechter, starker Gott«, ohne besondere Bezeichnung (abgesehen von diesen Eigenschaften), ohne weitere Ausmalung seiner Züge, und so ist es fast gleichgültig, ob man in demselben einen neuen, erst jetzt gewordenen Gott oder einen erneuten Odin annimmt, der mit dem wirklichen so gut wie nichts mehr gemein hat. Aber immerhin wird man doch den erneuten Odin, nicht etwa Baldur, der schon vorher erledigt ist, in dem neuen Welt- und Himmelsherrscher erblicken müssen: die Sagenbildung über die neue Welt geschah doch in Anknüpfung an die alten Gestalten, und es widerstreitet dem Wesensgesetz ihres Schaffens, völlig abstrakt einen neuen Obergott »im Allgemeinen« aufzustellen.[236]

Eine Stelle der jüngeren Edda fasst den neuen Götterkönig unzweifelhaft als Odin, den sie »Allvater« nennt, aber zugleich mit feststehenden Beinamen Odins bezeichnet und schmückt. »Er lebt durch alle Zeiten, beherrscht sein ganzes Reich und waltet aller Dinge, großer und kleiner. Er schuf Himmel und Erde und die Luft und alles, war darinnen ist; und das ist das Wichtigste, dass er den Menschen schuf und ihm den Geist gab, der leben soll und nie vergehen, wenn auch der Leib in der Erde fault oder zu Asche verbrannt wird. Auch sollen alle Menschen, die gut geartet sind, leben und mit ihm sein an dem Ort, der Gimhle heißt[237]: aber böse Menschen fahren zu Hel und danach gen Niflhel: das ist unten in der neunten Welt.«

In mancher dieser Wendungen der jüngeren Edda fühlt man sich stark versucht, christlichen Einfluss zu vermuten: so, wie es hier dargestellt wird, war Odin nicht »Schöpfer« (das war er gar nicht für die alte, und doch ist er es nur sehr uneigentlich für die neue Welt!) und »Alleinherrscher«. Dazu kommen folgende doch sehr christlich gefärbte Züge: die besondere Hervorhebung der »Schöpfung des Menschen«, die Verleihung des »unsterblichen Geistes«, während »das Fleisch« verfault, der Himmel für die Guten, der Strafort (auch nachdem »Gimhle« erstand) für die Bösen: nach Hel fuhren den Heiden auch die Guten, die den Strohtod gestorben, und nach der Völuspá müsste man Hel und die Straforte samt den Bösen als untergegangen ansehen, als »Gimhle« erstand.

Desto auffallender und geradezu widersprechend christlichen Anschauungen ist es nun aber, wenn dieser »Allvater« doch anderseits als Odin durch dessen zweifellose Beinamen bezeichnet wird und wenn er auch nach der jüngeren Edda eine Mehrzahl andrer – der alten – Götter[238] neben sich hat, was mit christlicher Einzahl Gottes doch wahrlich ganz unvereinbar. Keinesfalls also ist dieser Allvater der Christengott, wenn auch sein Himmel und der Menschen Entstehung, Lohn und Strafe christlich gefärbt sein sollten.

Alles, was den Frieden der neuen Götter stören könnte, und zugleich die Erinnerung an den grauenhaften Vernichtungskampf, schaut die Seherin zusammengefasst in dem Drachen Nidhöggr versinken.

Nachdem sie die neue Herrlichkeit in Gimhle geschildert, schließt sie: »Es kommt der düstere Drache geflogen, die Natter von unten, von den Nithafelsen (Finsterfelsen), er, Nidhöggr, trägt in seinen Federn – das Feld überfliegt er – die Leichen: nun wird er[239] versinken.«

Die Straforte in Hel wird man als mit Hel und den Gestraften untergegangen annehmen müssen: das Heidentum kannte also ewige Höllenstrafen nicht: nur die erneuten Götter, Lichtelben, Zwerge und gute Menschen, die Seelen der auf Erden gestorbenen Guten, wie die erneuten guten Götter leben in dem neuen Himmel und in der neuen Welt. Der »Starke von oben« führt diesen Zustand nicht herbei – er ergibt sich aus dem Weltenbrande von selbst –, er hält ihn nur aufrecht für immerdar[240].

Von dem Leben und Walten dieser neuen Götter in dem neuen Himmel erfahren wir nun aber nichts weiter: die Muse der sagenhaften Einbildungskraft erschweiget hier.

Und zwar ganz notwendig.

Denn wollte sie abermals beginnen zu erzählen – sie müsste es in der alten Weise: und der Kreislauf, den wir eben abgeschlossen, er müsste von neuem anheben. Abermals würde die vermenschlichende und freie, nur das Schöne suchende Einbildungskraft der Sage die gegebenen, abermals viele Götter lehrenden Vorstellungen zu Gebilden aus- und umgestalten, welche abermals dem Bedürfnis der Religion nach Einheit und Heiligkeit des Göttlichen widerstreiten und zuletzt eine Wiederholung der Götterdämmerung notwendig machen würden.

Damit hängt es zusammen, dass keine einzige Göttin im neuen Himmel genannt wird: der Gegensatz der Geschlechter, der allerlei Verwicklungen im Gefolge hatte und zu dem geläuterten Gottesbegriff wenig taugt, ist nicht mehr vorhanden. Sehr viel mehr als die mitgeteilten Züge waren von dem Bilde der neuen Welt schwerlich ausgeführt.

So begnügt sich die Sage mit dem Ausspruche: neue Götter und Menschen leben schuldlos auf immerdar in einer neuen, verklärten Welt; und es schließt der Bericht der Edda mit den bedeutsamen Worten: »Wenn du aber noch weiter fragen willst, so weiß ich nicht, woher dir das kommt! Denn niemals hörte ich jemand ein Weiteres von den Schicksalen der Welt berichten. Nimm also hiermit vorlieb.«

Und so sprechen auch wir zu dem Leser: »Nimm also hiermit vorlieb.«

Anhang

Stammbäume

I.

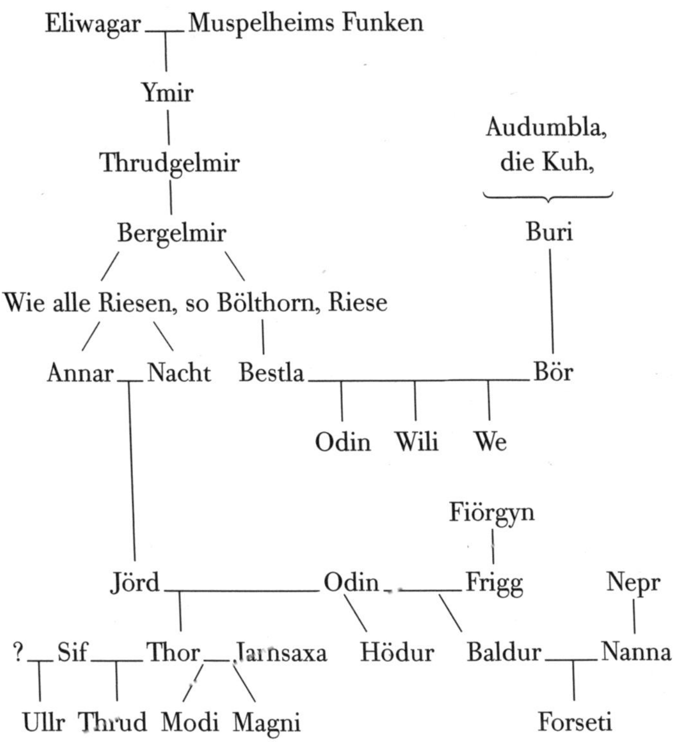
Eliwagar
Muspelheims Funken
Ymir
Audumbla, die Kuh,
Thrudgelmir
Bergelmir
Buri
Wie alle Riesen, so
Bölthorn, Riese
Annar
Nacht
Bestla
Bör
Odin
Wili
We
Fiörgyn
Jörd
Odin
Frigg
Nepr
?
Sif
Thor
Jarnsaxa
Hödur
Baldur
Nanna
Ullr
Thrud
Modi
Magni
Forseti

II.

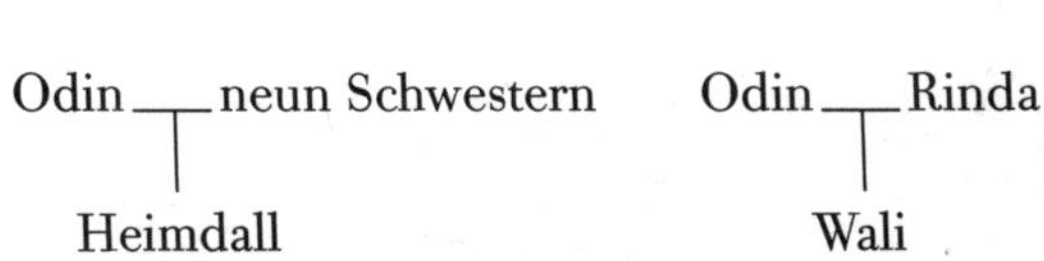
Odin
neun Schwestern
Heimdall
Odin
Rinda
Wali

III.

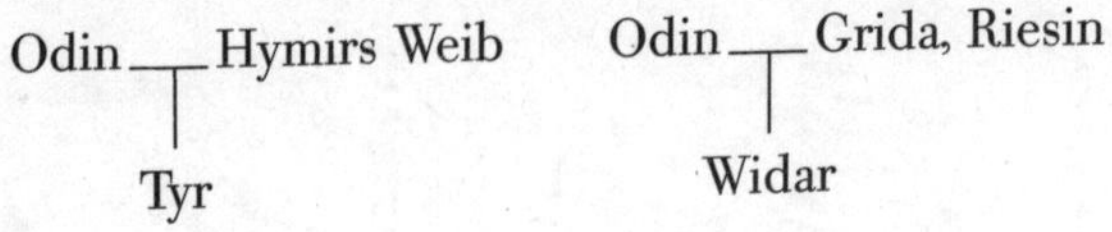
Odin
Hymirs Weib
Tyr
Odin
Grida, Riesin
Widar

IV.

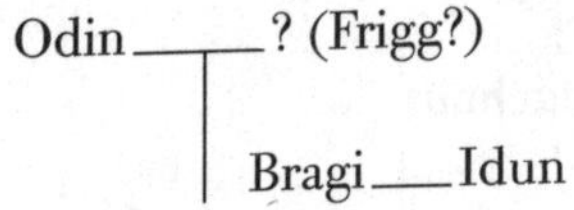
Odin
? (Frigg?)
Bragi
Idun

V.

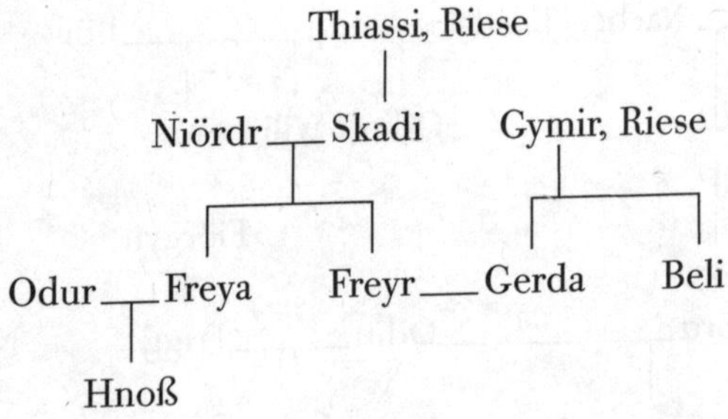
Thiassi, Riese
Niördr
Skadi
Gymir, Riese
Odur
Freya
Freyr
Gerda
Beli
Hnoß

VI.

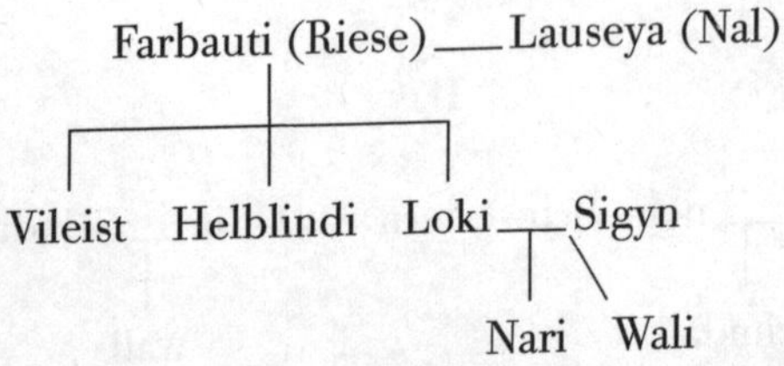
Farbauti (Riese)
Lauseya (Nal)
Vileist
Helblindi
Loki
Sigyn
Nari
Wali

VII.

Loki — Angurboda

Fenriswolf Hel Midgardschlange

VIII.

Loki — ?

Nörwi

Annar — Nacht — Delling

Odin — Jörd Tag

IX.

Forniotr (»Alt-Riese«)

Hler auf Hlesey (Lässö)
(Meer-Herrscher)

Logi — Glöd
(Halogi in Halogaland)

Kari
(Luftherrscher)

Eysa Eimyrja

Frosti

Snä

Thorri

Hrolf — Goi No Gor

Zweite Abteilung

Heldensagen

von Therese Dahn

»Heldentum darf in nichts andres gesetzt werden als in Kampf und Sieg: Held ist ein Mensch, der, gegen das Böse streitend, unsterbliche Taten verrichtet und zu göttlicher Ehre gelangt.«

Jakob Grimm,
Deutsche Mythologie, I, S. 315

Dem Angedenken
Wilhelm Grimms

Vorbemerkung

Die schönen Worte Jakob Grimms, mit welchen wir den Eingang dieser Abteilung geschmückt haben, enthalten in ihrer knappen Weisheit so ziemlich alles, was über das Wesen des Heldentums und das Werden der Heldensage bei den Germanen an dieser Stelle zu sagen ist.

Es genügt hier, noch hervorzuheben, dass Helden (welche also immer Menschen oder doch nur Halbgötter, nicht Vollgötter) in vielen Fällen ursprüngliche Göttergestalten sind, welche später vermenschlicht werden: so ist Baldur in Siegfried wiederholt, so werden Baldur und Hödur bei Saxo zu den menschlichen Helden Baltherus und Hotherus, von denen nur der Erstere noch göttliche Spuren, nun als Zauberkräfte, behalten hat, so sind manche Züge Thors auf Dietrich von Bern übergegangen, so ist statt Wotans Karl der Große oder der Rotbart in den Berg entrückt bis zum letzten Kampfe: die Menschen können dann frei erfunden sein, wie Siegfried, oder geschichtlich, wie Karl, Friedrich und Theoderich der Große.

Anderseits führt umgekehrt eine aufsteigende Bewegung Menschen (Könige, Jungfrauen, Frauen) empor zur Gleichstellung mit Halbgöttern, indem ihnen einzelne Züge von Göttern gegeben werden, oft, aber nicht immer, unter Annahme der Abstammung von einem Gott: so haben die Germanen sehr viele ihrer Königsgeschlechter* auf Odin, Thor,

* Dahn, Könige der Germanen, I, S. 29; Urgeschichte der germanischen und römischen Völker, I, S. 105; Deutsche Geschichte, I, 1, S. 215.

Freyr zurückgeführt: die Ynglinger, die Skiöldunge, die Angelsachsen Hengist und Horsa, auf einen Meerdämon die Franken ihre Merowingen.

Endlich geben große geschichtliche Ereignisse, auch wohl gewaltige oder seltsame Naturerscheinungen, Erd-, Berg-, Felsbildungen der Einbildungskraft Anlass zur Gestaltung von Heldensagen.

Aber REINE Erfindung ist echte Sage nie: sie knüpft an Götter, welche gegenständlich im Glauben des Volkes wirken, oder an geschichtliche Menschen oder an geschichtliche Ereignisse oder an örtliche Naturerscheinungen und schaltet durchaus nicht willkürlich bei ihren Ausschmückungen, sondern stets der volksmäßigen, altüberlieferten Formen sich bedienend. So ist Fürst Bismarck, so ist der Eindruck der Eisenbahn zwar sagenhaft behandelt, aber nach dem uralten Vorbild des Bündnisvertrages mit Odin.

Selbstverständlich können auch MEHRERE dieser Sagenbestandteile in EINER SAGE verwendet werden: ein lehrreiches Beispiel bietet die MITTELHOCHDEUTSCHE Gestaltung der in ihrem Kern uralten Nibelungensage: Gott Baldur wird in Siegfried vermenschlicht, Theoderich der Große wird zum sagenhaften Dietrich von Bern, dessen Feueratem von Thor entlehnt ist, Atli wird zum Hunnenkönig Attila, der Untergang des burgundischen Königs Gundikar zu Worms mit einem großen Teile seines Heeres, der schon im Jahre 437, und nicht durch Attila, geschah, wird Attila beigelegt, der uralte Gedanke weiblicher Blutrache, früher für den Vater und die Brüder, wird hier gegen die Brüder für den Gemahl gewendet, Dietrich von Bern wird als Zeitgenosse Etzels behandelt, während er doch erst mehrere Jahre nach dessen Tod geboren ist: Götter, geschichtliche Helden, große geschichtliche Ereignisse, frei erfundene Einzelheiten werden hier zu EINEM Ganzen verwoben.

Erstes Buch

Die Wölsungen

I.
Sigi – Rerir – Wölsung

In alter Zeit lebte ein mächtiger, angesehener Mann, der hieß Sigi und war Odins Sohn; ein andrer Mann hieß Skadi, der hatte einen Knecht Bredi, welcher geschickt war zu vielen Dingen und an Kunstfertigkeit sogar Edelgebornen überlegen.

Nun ritt Sigi einmal mit Bredi in den Wald, Tiere zu jagen, und als sie abends ihre Beute zusammentrugen, war die Bredis die größere. Darüber erzürnte Sigi: – übel gefiel ihm, dass ein Knecht ihn im Weidwerk übertreffen sollte – er erschlug Bredi und verbarg die Leiche unter einem Schneehaufen. Heimgekehrt sagte er, der Knecht sei im Walde von ihm geritten und seinen Augen entschwunden. Skadi aber sandte Leute in den Wald, Bredi zu suchen: sie fanden die Leiche und ward so der Mord bekannt: Sigi wurde friedlos und wich aus dem Lande.

Odin führte ihn weit fort, schaffte ihm Heerschiffe und großes Gefolge. So ausgerüstet zog Sigi auf Heerfahrten, Odin lieh ihm Sieg zu Wasser und Land: er eroberte ein weites Reich. Dann vermählte er sich einem Weib aus dem Geschlecht eines der ihm unterworfenen Fürsten und herrschte nun über Hunenland (auch Frankenland) als mächtiger König und war der größte Kriegsmann. Er gewann einen Sohn, Rerir geheißen: der wuchs in seines Vaters Hallen auf, stark und mannhaft. Als Sigi ein alter Mann war, griffen ihn die Brüder seiner Frau treulos an, wie er mit geringem Geleit einsamen Weges ging: er fiel, mit ihm das ganze Hofgesinde.

Rerir war nicht dabei gewesen. Seine Freunde schafften ihm ein so großes Heer, dass er das Reich des Vaters behaupten konnte. Dann rächte er seines Vaters Mord an den treulosen Gesippen: er erschlug sie alle, nahm ihr Land und wurde noch mächtiger als Sigi. Er wählte eine Frau, seiner Würde gemäß, aber sie blieben kinderlos. Da baten sie zu den Göttern, und Odin und Frigg erhörten ihre Bitte. Odin sandte eines seiner Wunschmädchen, Liod, des Riesen Hrimnir Tochter, mit einem Apfel zu Rerir. Liod flog im Krähenhemd dorthin, wo sie den König, sitzend auf einem Hügel, fand. Sie ließ ihm den Apfel in den Schoß fallen; der König verstand die Botschaft der Götter, trug den Apfel zu seiner Frau und bat sie, davon zu essen. Bald darauf musste Rerir auf Heerfahrt ziehen, den Frieden seines Landes zu schützen: er erkrankte und starb dabei. Die Königin aber siechte lang: vor ihrem Tode genas sie eines Kinder: das war ein Knabe, durch der Götter Walten groß und stark, sodass er, kaum geboren, hinging und seine Mutter küsste, bevor sie starb. Man nannte ihn Wölsung, König von Hunenland. Er ward kühn und mannhaft, siegglücklich in seinen Schlachten und der größte Heermann.

Als er zum Manne erwachsen war, sandte ihm Hrimnir, der Riese, seine Tochter Liod, dass er sie zur Frau nehme. Sie hatten zehn Söhne und eine Tochter. Der älteste Sohn hieß Sigmund, die Tochter Signy: diese waren Zwillinge und die schönsten und herrlichsten ihrer Kinder. Und doch waren schon die übrigen Wölsungenkinder an Kampfeslust und Klugheit hervorragend vor allen Helden, deren die Sage gedenkt in jener Zeit.

König Wölsung ließ einen Saal bauen, in dessen Mitte eine große Eiche stand: ihre Zweige mit Blättern und Früchten ragten durch und über das Dach hinaus, und sie hieß: »Stamm der Heldenjungfrau« zu Ehren Liods, die eine Walküre war, bevor sie Wölsung zum Weibe nahm.

Damals herrschte in GAUTLAND SIGGEIR, ein volkreicher König: der fuhr zu König Wölsung und bat ihn um Signys Hand. Wölsung und seine Söhne waren dessen wohl zufrieden: nicht aber Signy; doch fügte sie sich dem Willen ihres Vaters und wurde Siggeir verlobt. König Wölsung richtete ein großes Hochzeitsmahl, lud alle seine Freunde dazu und entbot König Siggeir mit seinen Gesippen und Gefolgen. Viel auserlesene Männer kamen dort zusammen.

Als man da die Feuer im Saal entzündet hatte und abends die Männer beim Gelage saßen, trat ein Mann in die Halle.

Er ging barfuß, trug einen fleckigen Mantel und breiten Hut, war groß von Gestalt, ältlich und einäugig, und in der Hand hielt er ein Schwert.

Und trat an die Eiche und stieß das Schwert in den Baum, dass es bis an Heft hineinfuhr. Niemand wagte, den Gast zu bewillkommnen. Der aber sprach: »Wer dieses Schwert aus dem Stamme zieht, der soll es von mir empfangen und erfahren, dass er nie besseres Schwert in Händen trug.« Darauf schritt er hinaus, und keiner wusste, woher er gekommen, noch wohin er ging.

Nun säumten die Helden nicht, das Schwert zu gewinnen: die Stärksten versuchten ihre Kraft daran; aber es wich nicht aus dem Stamm. Da trat auch Sigmund der Wölsung hinzu, fasste das Schwert und zog es heraus, als ob es lose da läge. Die Waffe schien allen so gut, dass sie nie eine gleiche gesehen zu haben glaubten, und Siggeir bot Sigmund an, sie mit dreimal so viel Gold aufzuwiegen.

»Wenn es dir geziemte, dies Schwert zu tragen« – antwortete Sigmund – »so hättest du es nehmen mögen, als es noch dort stak. Nun aber es zuerst in meine Hand kam, sollst du es nie gewinnen, und bötest du alles Gold, welches du besitzest.«

Darüber erzürnte Siggeir: die Antwort dünkte ihn Spott, aber er verbarg seinen Unmut, tat, als ob er der Rede nicht weiter achte, er lachte und trank: doch heimlich sann er auf Rache.

Er war über die See gekommen, und als andern Tages Wetter und Wind günstig schienen, wollte er heimziehen und ließ sich nicht zurückhalten. Signy ging zu ihrem Vater und sprach: »Ich will nicht mit König Siggeir fahren, dem mein Herz nicht zulacht; Unheil, ahn ich, erwächst aus dieser Vermählung, wird sie nicht sogleich gebrochen.«

»So sollst du nicht reden, Tochter«, entgegnete der König, »das gereichte uns wie Siggeir zur Schmach. Übel würde er uns vergelten, brächen wir den Bund, und es geziemt uns, Wort zu halten.«

Als Entgelt für das von ihm abgebrochene Hochzeitsfest lud Siggeir die Wölsungen mit ihren Gefolgen nach Gautland zu einem Festmahle binnen drei Monaten. König Wölsung versprach zu kommen, und Siggeir fuhr heim mit seinem Weibe.

Zur bestimmten Zeit zogen die Wölsungen nach Gautland. Sie hatten auf der See eine kurze Fahrt, und es war Abend, als sie in Gautland landeten. Da eilte Signy zu ihnen voraus und rief Vater und Brüder ans Ufer zu einem Gespräch und verriet ihnen Siggeirs Plan: »Ein unüberwindliches Heer hat er gesammelt, euch zu überfallen. Darum fahrt zurück und kommt mit einer Kriegsschar wieder und rächt euch an dem Verräter.«

»Gelobt hab ich, Eisen und Feuer nicht zu fliehen aus Furcht«, sprach König Wölsung: »den Schwer halt ich, alle Völker werden das zu meinem Ruhme sagen, und nicht sollen die Mädchen beim Spiel meinen Söhnen vorwerfen, dass sie sich vor dem Tode fürchteten. Oft hab ich gekämpft, bald mehr, bald weniger Heervolk gehabt: nie wird man hören, dass ich fliehe oder Frieden erbitte. Du sollst zurückkehren zu deinem Mann und bei ihm bleiben, wie immer es uns ergehe.«

Da kehrte Signy heim.

Am andern Morgen ließ Wölsung seine Mannen ans Land gehen und sich zum Kampf rüsten. Alsbald kam Siggeir mit seinem Heere gezogen, und es erhob sich die allerhärteste Feldschlacht. Neunmal durchbrachen die Wölsungen Siggeirs Schlachthaufen und hieben zu beiden Händen alles nieder.

Als sie zum zehnten Mal hineindringen wollten, da fiel König Wölsung vor seiner Schar und mit ihm alles Gefolge, außer seinen zehn Söhnen, die, von der Übermacht der Feinde überwältigt und gefangen, in Banden davongeführt wurden.

II.
Sigmund und Sinfiötli

Als Signy hörte, dass ihr Vater erschlagen lag, ihre Brüder aber in Fesseln geworfen und zum Tode bestimmt waren, ging sie zu Siggeir und bat ihn, jene nicht sogleich zu töten, sondern sie in den Stock legen zu lassen, »denn es liebt das Auge, solange es ansieht«, schloss sie.

»Rasend und aberwitzig bist du«, sprach Siggeir, »dass du für sie lieber größere Qual als den schnellsten Tod begehrst: dennoch willfahr ich dir.«

Und die zehn Wölsungen wurden in den Wald geführt und ihnen ein großer Stock an die Füße gelegt. Um Mitternacht kam eine fürchterliche Elchkuh, die biss einen der Jünglinge tot und fraß ihn auf, darauf ging sie fort. Signy aber sandte am andern Morgen einen treuen Mann ihres hunischen Gefolges in den Wald, und wie er zurückkam, erzählte er ihr das Geschehene.

Da deuchte sie's arg, wenn alle so sterben sollten. Aber sie fand keine Hilfe. Neun Nächte kam die Elchkuh wieder und biss in jeder Nacht einen zu Tode: nur Sigmund allein war übrig. Ehe die zehnte Nacht kam, rief die Königin ihren Vertrauten, gab ihm Honig, hieß ihn hingehen, damit Sigmund das Gesicht bestreichen und ihm davon in den Mund legen.

Der Mann tat so. Als in der Nacht die Elchkuh kam, roch sie den Honig, beleckte sein Antlitz und fuhr ihm mit der Zunge in den Mund. Da war Sigmund nicht feig: er biss ihr in die Zunge und hielt sie fest mit den Zähnen. Das Tier erschrak, krümmte sich und stemmte die Füße an den Stock, dass er auseinander fuhr. Sigmund ließ nicht los, bis dass die Zunge mit der Wurzel herausfuhr und die Elchkuh starb. Sigmund aber war frei und verbarg sich im Wald. Man sagte, es war Siggeirs Mutter, eine böse Zauberin, welche die Gestalt des Tieres angenommen hatte.

Signy sandte andern Morgens wiederum ihren Boten hinaus und erfuhr, wie es ergangen. Nun eilte sie selbst in den Wald zu ihrem Bruder, und sie berieten, dass er dort bleiben und sich ein Erdhaus bauen solle. Sie sandte ihm alles, dessen er bedurfte, um zu leben. König Siggeir aber glaubte alle Wölsungen tot.

Siggeir wurden zwei Söhne von seinem Weibe geboren. Der älteste zählte zehn Winter; zehn Jahre hatte sich die Königin verzehrt in Hass und Rachegedanken gegen ihren Gatten. Da sandte sie heimlich den ältesten Knaben in den Wald zu Sigmund: dieser sollte ihn zum Gehilfen seiner Rache machen. Der Knabe bestand aber nicht die Mutprobe[1]: – »So braucht er nicht länger zu leben, ergreif ihn und töte ihn«, sprach die grimmige Signy zu Sigmund, als sie ihn heimlich aufsuchte.

Nach zwei Wintern erging es dem jüngern Knaben ebenso.

Signy saß nun in ihrer Kammer und sann trauernd über ihrer Gesippen und des einsamen Sigmunds Geschick. Da trat einmal eine wunderschöne Zauberin bei ihr ein, die tauschte Stimme und Gestalt mit Signy. Die Königin schritt in der geliehenen Gestalt in den Wald zu Sigmunds Erdhaus und bat ihm um Herberge für die nahende Nacht. Er mochte der einsamen Frau die Bitte nicht weigern, vertrauend, sie werde das Gastrecht heilig halten und ihn nicht verraten. Sie setzten sich zum Mahle: sie deuchte ihm lieblich und wunderbar schön, und er vermählte sich ihr.[2]

Nach dreien Tagen war sie verschwunden, unerkannt wie sie gekommen. Sie kehrte heim in ihre Kammer und tauschte wieder ihre Gestalt mit der Zauberin.

Die Stunde kam, und die Königin genas eines Knaben. Er wurde Sinfiötli genannt und wuchs auf zu großer Schöne und Stärke. Als er zehn Winter alt war, prüfte die Königin seinen Mut. Sie zog ihm einen Rock an und nähte Ärmel und Rock durch die Haut zusammen. Er zuckte nicht dabei. Und als sie ihm den Rock abzog und das Fleisch dem Zeuge folgte, fragte sie ihn, ob das schmerze? Aber er lachte nur.

Da sandte sie Sinfiötli zu Sigmund, dass jener ihm helfe, wenn er den Vater rächen werde. Sigmund nahm den Knaben wohl auf, gab ihm einen Sack voll Mehles und hieß ihn, einen Brotteig kneten, während er selbst in den Wald ging, Brennholz zu holen. Als er wiederkam, war der Teig geknetet; er fragte den Knaben, ob er nichts in dem Mehl gefunden hätte? »Als ich anfing zu kneten«, antwortete der, »kam es mir wohl so vor, als sei etwas Lebendiges in dem Mehl: – ich habe es mit hineingeknetet.« Darauf lachte Sigmund: »Von dem Brot wirst du nichts bekommen: – einen großen Giftwurm hast du mit hineingeknetet.« Sigmund aber war so stark, dass er Gift essen konnte.

Sinfiötli schien Sigmund noch zu jung, um an dem Rachewerk teilzunehmen. Er zog vorerst – es war Sommer – mit ihm durch Wälder und Länder auf Jagd und Beute, und sie erschlugen manchen Mann. Sigmund fand den Knaben von Wölsungenart – obwohl er ihn für Siggeirs Sohn hielt: doch des Vaters Bosheit, dünkte ihm, habe er zu der Wölsungen Heldenmut geerbt. Denn Blutsfreunde schien er wenig zu lieben: gar oft mahnte der Knabe ihn seines Gramgeschicks und reizte ihn, Siggeir zu erschlagen.

Da stießen die Friedlosen einst im Walde auf ein Haus, darin lagen schlafend zwei Männer, mit goldenen Ringen an den Armen. Sie waren vom bösen Zauber befreit worden: denn über ihnen hingen zwei Wolfshemden[3], welche sie nur je den zehnten Tag ablegen konnten. Die Wölsungen fuhren in die Hemden, konnten aber nicht wieder herauskommen: der böse Zauber haftete nun IHNEN an: sie waren in WERWÖLFE, d.h. Mannwölfe, verwandelt worden und riefen mit Wolfsstimme.

Sie machten aus, dass sie sich trennen wollten, und wenn EINER auf mehr als sieben Männer stieße, sollte er den Genossen mit dem Wolfsschrei zu Hilfe rufen. Sinfiötli begegnete bald elf Männern: er rief nicht und erschlug alle im Kampf. Ermüdet legte er sich unter eine Eiche. So traf ihn Sigmund und fragte: »Warum riefst du nicht?« »Wegen elf Männern wollte ich deine Hilfe nicht«, antwortete der Knabe. Von Wolfszorn übermannt, sprang da Sigmund gegen Sinfiötli und biss ihm in die Gurgel, dass der Knabe taumelte und fiel.

Als der Zorn verraucht war, hob Sigmund Sinfiötli auf den Rücken und trug ihn in die Hütte, wo sie die Hemden gefunden hatten. Die beiden Männer waren verschwunden. Traurig saß er über den Knaben gebeugt und flehte zu den Geistern, die den Zauber gewirkt hatten, ihnen die Wolfshemden abzunehmen.

Da sah er im Walde zwei Buschkatzen sich balgen, die eine biss der andern in die Kehle, dass sie wie tot dalag. Jene lief zu Walde, kehrte mit einem Kraute zurück, legte es der Gebissenen auf die Wunde, und die sprang heil auf. Sigmund ging nun zur Hütte hinaus und sah einen Raben ihm entgegenfliegen: der trug ein gleiche Kraut im Schnabel und ließ es vor ihm fallen. Sigmund hob es auf und legte es auf Sinfiötlis Wunde. Alsogleich war der Knabe gesund und heil. Nun gingen sie in ihr Erdhaus zurück und warteten, bis sie von den Wolfshemden frei wurden. Das geschah am zehnten Tage, nachdem sie hineingefahren: sie konnten sie von sich ziehen und verbrannten sie schnell im Feuer.

Als nun Sinfiötli herangewachsen war, gedachte Sigmund, für seinen erschlagenen Vater Blutrache zu nehmen. Sie gingen eines Tages von dem Erdhaus fort und kamen spätabends in König Siggeirs Hof. Sie traten in den Vorraum vor der großen Halle: dort standen Älfässer, hinter denen verbargen sie sich. Da erfuhr die Königin, dass sie gekommen waren, und alle drei beschlossen gemeinsam, in der Nacht die Rachetat zu vollziehen.

Zwei jüngere Brüder Signys und Siggeirs spielten mit Goldringen in der Halle: ein Reif rollte dabei hinter die Fässer; der eine Knabe lief ihm nach und sah dort die zwei Männer sitzen, groß und grimmig, in tiefen Helmen und glänzenden Brünnen. Er lief in die Halle zu seinem Vater und sagte ihm, was er gesehen hatte.

Der König argwöhnte Verrat: Signy aber, die alles mit anhörte, führte ihre Knaben hinaus zu den Verborgenen: »Bringet sie um, sie haben euch verraten.« Sigmund mochte ihnen kein Leides tun: doch Sinfiötli sprang vor, erschlug beide mit seinem Schwert und warf sie in die Halle hinein, vor des Königs Sitz.

Der fuhr auf und gebot, die fremden Männer zu ergreifen; die wehrten sich lang und heldenmütig: endlich wurden sie von der Übermacht bewältigt und gefesselt und lagen die Nacht über in Banden, indes der König sann, wie er sie am grausamsten töten könne.

Und als der Morgen kam, ließ er einen Hügel aus Steinen

und Rasen bauen – wie man für Tote pflegte –, in die Mitte aber einen großen Fels setzen, sodass der Hügel in zwei Hälften geteilt war. Sigmund und Sinfiötli wurden je in eine der Höhlen geworfen, darin zu verhungern. Sie sollten sich klagen hören können, aber nicht beisammen sein: denn das schien dem König grausamste Qual.

Als die Knechte den Hügel zudeckten, kam Signy hinzu. Sie trug Stroh in ihrem Gewand, warf es Sinfiötli hinab und bat die Knechte, davon vor dem König zu schweigen. Sie sagten ihr's zu und schlossen den Hügel.

Sinfiötli fand in der Strohschaube Speck und darin steckend Sigmunds Schwert: er erkannte es im Dunkeln am Knauf. Nun stieß er die Schwertspitze oberhalb des Felsens durch und zog stark: das Schwert schnitt in den Stein: da fasste Sigmund die Spitze, und »mit Macht zersägten mit Odins Schwert den großen Felsen Sigmund und Sinfiötli«. Sie waren nun beisammen, zerschnitten Stein und Rasen und brachen aus dem Hügel. Dunkle Nacht war: sie schritten zu König Siggeirs Halle: dort lagen alle Männer im Schlaf. Sie trugen Holz an die Halle und legten Feuer daran: die darin schliefen, erwachten vom Rauch und von prasselnder Lohe.

»Wer tat das?«, rief der König.

»Das taten wir, Sigmund und Sinfiötli!«, antwortete Sigmund: »nun sollst du's spüren, dass nicht alle Wölsungen tot sind.« Mit dem Schwerte wehrte er jedem, der zu fliehen suchte. Seine Schwester bat er, sie möge herauskommen, auf dass er sie mit Ehren grüße und sie sich der Rache freue.

Aber die Königin sprach: »Erfahren sollst du nun, Sigmund, wie ich stets nur des Todes der Wölsungen gedachte. Meine Knaben ließ ich erschlagen, und Sinfiötli ist UNSER Sohn: ich aber habe allerwegs so sehr nach Rache getrachtet, dass ich nun freudig sterben will mit Siggeir, den ich, obzwar genötigt, zum Manne nahm.«

Darauf ging sie hinaus, küsste Sigmund und Sinfiötli und sprang in das Feuer zurück.

So verbrannten König Siggeir und Signy und ihr ganzes Hofgesinde.

Die Wölsungen nahmen Heervolk und Schiffe in ihre Gewalt.

Sigmund fuhr über die See zurück in sein Vatererbe, jagte den König aus dem Lande, der sich darin festgesetzt hatte, und herrschte über Hunenland als mächtiger und weiser Fürst. Borghild von Bralund nahm er zum Weib: und gewann zwei Söhne Helgi und Hamund. Sigmunds Nachkommen heißen Wölsungen und Ylfinge, d. i. Wölflinge, weil er eine Zeit lang als Wolfsmann gelebt hatte.

III.
Heli Hundingsbani
(d. h. Hundings-töter)

Von Helgis Geburt singt das Helgilied:

»Es war im Uralter, als Are sangen, heilige Wasser von Himmelsbergen rannen: da hatte Helgi, den Hochherzigen, Borghild geboren in Braland. Nacht war in der Burg, Nornen kamen, dem Edeling das Alter und Schicksal zu bestimmen.« Sie wünschten ihm, der beste und heldenmütigste König zu werden, bestimmten ihm Braland zum Erbe, und niemals zu reiten den Weg nach Hel.

Vor der Burg, auf einem Eichenbaum, saßen zwei Raben, und einer sprach zum andern: »Sigmunds Sohn steht einen Tag alt in der Brünne und schärft sein Auge, wie Krieger tun: er wird Odins Wölfe mit Leichen erfreun.« Die Männer aber sprachen: »Nun ist eine glückliche Zeit gekommen.«

König Sigmund kam gerade aus einer Schlacht, als Helgi geboren war: er ging in die Burg und reichte dem Knaben edlen Lauch (Kraut) als Zeichen, dass er ihn zu seinem Erben im Hunenreich bestimme. Er gab ihm den Name Helgi, schenkte ihm Land und Burgen und ein zieres Schwert. Helgi wurde von Hagal, einem Edlen, in dessen Burg erzogen.

Damals herrschte über Hundland Hunding, ein mächtiger König; er hatte viele Söhne, und zwischen den Hundingen und Wölsungen war Unfriede: sie erschlugen einander ihre Freunde. Als Helgi fünfzehn Jahre alt war, zog er auf heimlich Kundschaft nach Hundings Hof. Heming, einer von Hundings Söhnen, war allein zu Hause, und als Helgi wieder zum Burgtor hinausging, begegnete er einem Hirtenknaben und trug ihm auf: »Sage Heming, dass Helgi es war, der umherging in seiner Burg, unter wolfgrauen Kleidern den Panzer geborgen: und der Hunding hielt ihn für Hamal, Hagals Sohn.« Als Hunding das hörte, sandte er Krieger zu Hagal, um Helgi zu fangen. Ihnen zu entgehen, musste Helgi Magdskleider anziehen und am Mühlstein Korn zerreiben. Da sprach ein Krieger: »Wie blitzen der Magd die Augen! die ist nicht gemeinen Mannes Kind: die Steine bersten, der Mühlbeutel zerreißt: – geziemender, dünkt mich, wäre dieser Hand ein Schwertgriff statt der Mühlstange.« »Das ist kein Wunder, dass der Mühlstein dröhnt«, antwortete Hagal, »da eine Königsmaid die Walze treibt. Sie war eine Walküre, ehe Helgi sie fing: darum hat sie die zornigen Feueraugen.«

So entkam Helgi und zog mit Sinfiötli an der Spitze einer Kriegsschar gegen Hunding. Die Wölsungen obsiegten, mit eigner Hand fällte Helgi Hunding, und mit ihm fiel ein großer Teil von dessen Gefolge. Seitdem hieß der junge Fürst: Helgi Hundingstöter. Hundings Söhne heischten Wergeld für den Erschlagenen und Buße für die Wegnahme vielen Gutes. Helgi aber sandte ihnen die Antwort: »Ein gewaltiges Wetter grauer Gere und Odins Gram (Zorn) sollt ihr haben«.

Darauf rüsteten die Könige neue Heerscharen und zogen gegeneinander, in den Logabergen trafen sie auf der Walstatt zusammen. Helgi drang vor bis zum Banner der Hundingssöhne und erschlug, so viel ihrer da waren. Kampfmüde ruhte er nach der Schlacht; Abend war's, er saß am Wald auf einem Stein. Da brach Lichtglanz am Himmel hervor, und aus dem Glanze schossen Wetterstrahlen, und aus den Wolken nieder ritten Walküren in Helmen und Brünnen, blutbespritzt, und Flammen standen auf den Spitzen ihrer Speere. In frohem Übermut rief der König sie an, ob sie mit ihm und seiner Schar die Nacht heimfahren wollten zum Schmaus? Zorniges Speerrasseln scholl durch die Luft, und vom Ross herunter rief die Erste ihm Antwort: »Ein ander Geschäft als Met trinken hat Sigrun, Högnis Tochter, mit König Helgi.«

Sie ging zu ihm, ergriff seine Hand, grüßte und küsste ihn; da wuchs ihm Liebe zu dem Weibe unter dem Helm. »Mein Vater«, erzählte sie, »hat mich Hödbrod, Granmars Sohn, verheißen. Ich schalt ihn ›Katzensohn‹ und schwur, dass ich ihn nicht mehr lieben würde als eine junge Krähe. Denn einen andern Helden will ich zum Mann. In wenig Nächten aber kommt Hödbrod zur Vermählung, wenn du ihn nicht zuvor zur Walstatt entbietest oder Högnis Tochter entführst.« Helgi antwortete: »Fürchte nicht deines Vater Zorn und nicht Hödbrods Gewalt: du sollst, junge Maid, mit mir leben.« Darauf schieden sie. Helgi sandte nun Boten aus, die warben für vieles Geld starke Scharen. In Brandeiland, am Meeresstrand, erwartete sie der König. Sie kamen über die Wellen zu vielen Hunderten. Die goldgeschmückten Schiffe lagen dicht gedrängt in der Warinsbucht.

Helgi fragte seinen Steuermann, wie viele ihrer gekommen seien?

»Nur schwer konnt ich die Schiffe vom Strand aus überblicken, zwölfhundert Männer hab ich gezählt: – doch sind wohl noch halbmal mehr.« Bei Tagesanbruch wurden die Schilde von den Schiffborden weggenommen und die Segel aufgezogen. Da hub sich ungestümer Lärm. Sie schlugen Schwerter und Schilde aneinander, und mit rauschenden Segeln und Ruderschlägen fuhr die Flotte aus der Bucht nach FREKASTEIN in Hödbrods Land. Inmitten segelte Helgis Schiff. Auf offenem Meer traf sie ein gewaltiges Unwetter: Blitze fuhren über sie hin und schlugen ein. Die Wogen umdrängten die Drachenborde, als ob Berge zusammenstießen. Helgi befahl, das Hochsegel noch höher aufzuziehen: aber gegen die Wellen war kein Schutz mehr: denn RAN, die Hafffrau, legte ihre Hand auf Helgis Schiff, um es hinabzuziehen. Da ritten neun Walküren oben in der Luft, Helgi erkannte Sigrun; unerschrocken riss die Walküre der Hafffrau das Schiff aus der Hand. Das war bei GNIPAWALD; abends legte sich der Sturm, und sie kamen glücklich ans Land.

Hödbrods Brüder standen auf einem Hügel und sahen die Schiffe heranfahren: eilig sprang einer, GUDMUND mit Namen, auf seinen Hengst, ritt hinunter ans Meer und rief mit lauter Stimme: »Wer ist der König, der über das Heer gebietet und solch feindliche Scharen ans Land führt?« Sinfiötli schwang seinen roten Schild, mit goldenem Rand, an der Segelstange hinauf und gab ihm Bescheid.

»Erzähl's heut Abend, wenn du Schweine und Hündinnen zum Futter lockst, dass Wölsunge kampfbegierig nach Gnipawald gekommen seien. Hier wird Hödbrod Helgi finden, der zum Kampfe eilt, dieweil du Mägde küssest.«

»Wenig weißt du von edler Sitte, da du mir Unwahres vorwirfst. Da haustest als Werwolf, schlichst, allen verhasst, im Wald einher und mordetest deine Brüder.«

»Ein diebischer Knecht warst du!« – Und in immer heftigeren Schmähreden haderten sie miteinander, bis Helgi ihnen wehrte: »Es wär euch geziemender, in den Kampf zu eilen, als euch mit unnützen Worten zu zanken. Gar wenig gefallen mir Granmars Söhne, aber kriegsmutig sind sie doch.« –

Gudmund wandte sein Ross und brachte Hödbrod, den er in seiner Burg fand, die böse Nachricht. Der sprach: »Lasst Boten durchs Land reiten: kein Mann, der ein Schwert schwingen kann, bleibe daheim; entbietet Högni und seine Söhne, unsre Freunde, sie sind alle begierig des Kampfes.«

Bei Frekastein trafen die Feinde zur Schlacht zusammen. Helgi, Hundingstöter, war stets der Vorderste, wo gekämpft wurde: wie fester Kern war sein mutiges Herz. Da gewahrten sie, hoch in den Wolken, eine Schar von Schildmädchen, als ob man in Flammen sähe: – Helgi erkannte Sigrun, Högnis Tochter. Und nun wuchs der Gere Getös. Helgi erschlug König Hödbrod unter seinem Banner, auch Högni tötete er; alle Brüder Hödbrods und alle Häuptlinge des Heeres fielen: nur Dag, Högnis Sohn, erhielt Frieden und leistete den Wölsungen Eide. Sigrun ging über die Walstatt, bis sie Helgi fand. Sie begrüßte ihn als Sieger: »Glücklich sollst du sein, König, und deines Sieges genießen.«

»Nicht alles ist nach deinem Wunsch geschehen: Vater und Brüder hab ich dir getötet, und erschlagen auf der Erde liegen die meisten deiner Gesippen. Durch blutigen Streit wurdest du mir gewonnen: – das schufen die Nornen.«

Da Sigrun weinte, tröstete er sie: »Hilde (d. h. Walküre) bist du mir gewesen, und das Schicksal können selbst Helden nicht besiegen.« Da sprach Sigrun: »Die Heimgegangenen möcht' ich nun ins Leben zurückrufen und dennoch mich dir am Herzen bergen.«

Helgi nahm Sigrun zur Gattin und wohnte mit ihr in Sevafiöll.

Dag opferte Odin, auf dass er ihm Vaterrache gewähre, und der Gott lieh ihm seinen Speer Gungnir. Dag suchte

Helgi und fand ihn, als der einsam durch einen Wald ging, und durchbohrte ihn mit Odins Speer. Dann ritt er nach Sevafiöll und sagte Sigrun die Tat. Da sprach Sigrun: »Dich sollen alle Eide brennen, die du Helgi bei der Leiptr leuchtendem Wasser[4] geschworen hast! Nicht schreite das Schiff, das dich trägt, weht auch erwünschter Wind dahinter! Nicht renne das Ross, das dich trägt, wann du vor deinen Feinden fliehen musst! Nicht schneide das Schwert, das du schwingst, es sause dir denn selber ums Haupt: wie ein Wolf im Walde sollst du friedlos leben!« Dag bot ihr zur Sühne Gold und das halbe Reich ihres Vaters Högni; aber Sigrun antwortete: »Nicht selig kann ich fürder sitzen in Sevafiöll, es bräche denn ein Glanz aus der Pforte des Königsgrabes und Helgi ritte daher und ich könnte den Herrscher umfangen. Wie edel gewachsene Esche über niedrige Dornen, so ragte Helgi empor über alle Helden.«

Es ward nun Helgi ein Hügel errichtet; als er aber nach Walhall kam, stand Odin auf von seinem Sitz, ging ihm entgegen und bot ihm an, über alles mit ihm zu herrschen.

Am Abend des Bestattungstages ging Sigruns Magd an des Königs Totenhügel und sah Helgi mit vielen Männern in den Hügel reiten; sie lief zur Königin und sagte ihr, was sie gesehen. »Eile hinaus, wenn's dich gelüstet, den König wieder zu finden. Aufgetan ist der Hügel und Helgi gekommen: der König bat, dass du die tropfenden Wunden ihm stillen möchtest.«

Sigrun ging in den Totenhügel zu Helgi, küsste ihn, trocknete seine Wunden und sprach zu ihm: »Dein Haar ist durchreift, mit Blut bist du bedeckt, deine Hände sind feuchtkalt: – wie soll ich dir dafür Abhilfe schaffen?«

»Du allein bist schuld, Sigrun«, antwortete er, »dass Helgi mit Blut bedeckt ist: du weintest viele Zähren, ehe du schlafen gingst: eine jede fiel blutig auf Helgis Brust.« Sigrun bereitete ihm ein Lager und sagte: »Ich will dir am Herzen ruhn, wie ich es dem lebenden König tat.« Da jauchzte Helgi: »Nun weilst du, Sigrun, im Hügel bei Helgi, dem Entseelten, im Arm, und bist doch lebendig.«

Als der Morgen nahte, brach Helgi auf: »Westlich von Bifröst muss ich sein, ehe der Haushahn die Einheriar weckt.« Und Helgi und sein Gefolge ritten die Wolkenwege.

Sigrun aber kehrte heim, mit ihren Frauen, die sie begleitet hatten. Sie ließ am folgenden Abend die Magd am Hügel Wache halten; als die Königin nach Sonnenuntergang dorthin kam, sprach die Magd: »Gekommen wäre nun – wenn er zu kommen gedächte – Sigmunds Sohn aus den Sälen Odins. Hoffe nicht mehr auf Helgis Heimkehr. Sei nicht so rasend, allein in den Totenhügel zu gehen: gewaltiger werden in der Nacht, als am lichten Tag, alle toten Krieger.«

Sigrun lebte nicht lange mehr, vor Harm und Leid. Aber die Sage singt von Helgi und Sigrun, dass sie wieder geboren seien; er ein siegreicher Held und sie seine Walküre.[5]

IV.
Sinfiötlis und Sigmunds Ende

Nach dem Siege Helgis über Hödbrod war Sinfiötli mit seinen Kriegern zu seinem Vater heimgekehrt: der weilte damals in Dänemark, dem Erbe Borghilds. Nicht lange ruhte Sinfiötli, bis er abermals auf Heerfahrten ausfuhr. Auf einer solchen sah er Swintha, die schöne Königin der Warnen, und begehrte sie zur Gattin. Seiner Stiefmutter Bruder, Gunther (auch Roar), warb um dieselbe Jungfrau; sie stritten um dieses Weib im Kampf, und Gunther fiel auf grünem Holm. Er zog dann weiter auf Heerfahrt, gewann Sieg auf Sieg und kam zur Herbstzeit ruhmvoll, mit vielen schatzbeladenen Schiffen, zu seinem Vater zurück. Da erfuhr Borghild ihres Bruders Tod und gebot Sinfiötli, aus dem Lande zu weichen, denn sie wollte ihn nicht sehen. Aber Sigmund mochte den Sohn nicht von sich ziehen lassen und erbot sich, seiner Frau Buße zu leisten mit Gold und Gut: und hatte er doch nie zuvor jemandem Buße geleistet. Borghild antwortete: »Entscheide du, Herr: – das geziemt sich.«

Sie veranstaltete mit Sigmunds Zustimmung ein Leichenmahl zu ihres Bruders Gedächtnis und lud dazu viele edle Männer. Sie selbst schenkte ihren Gästen den Met und kam auch vor Sinfiötli mit einem vollen Horn: »Trink nun, Stiefsohn.« Sinfiötli nahm das Horn, blickte hinein und sprach: »Der Trank ist trüb.« »Gib ihn mir«, rief Sigmund und trank ab: ihm schadete ja kein Gift.

»Warum sollen andre für dich trinken?«, fragte Borghild und kam abermals mit dem Horn: »Trinke nun.« »Der Trank ist gefälscht«, sprach er, das Horn nehmend: und wieder trank Sigmund für ihn. Und zum dritten Mal kam die Königin: »Trinke, wenn du den Mut der Wölsungen hast!« »Gift ist im Trank!«, rief Sinfiötli, das Horn haltend. Aber Sigmunds Gedanken waren müde vom Mettrinken, darum antwortete er: »Lass es durch den Bart rinnen, mein Sohn.« Sinfiötli verstand nicht die Warnung, trank und fiel tot um.

Sigmund sprang auf, sein Gram brachte ihn dem Tode nahe. Er nahm die Leiche in seine Arme und trug sie lange Wege durch den Wald, suchend, wo er sie betten solle, bis er an eine tief ins Land einspringende Meeresbucht kam. Er konnte nicht hinüber; da sah er einen Mann in einem kleinen Kahn: der erbot sich, ihn über die Bucht zu fahren. Als aber Sinfiötli im Boot lag, war kein Raum mehr darin: die Leiche ward nun zuerst übergefahren, und der König ging die Bucht entlang. Alsbald entschwand der Mann mit dem Nachen seinen Augen: da erkannte Sigmund, dass Odin selbst Sinfiötlis Leiche in Empfang genommen hatte.

Er kehrte heim und verstieß Borghild; bald darauf starb sie.

Hiördis, des Königs Eylimi Tochter, war die schönste und weiseste aller Frauen. Sigmund hörte von ihr und machte sich auf die Reise zu Eylimi. Boten gingen ihm mit seiner Werbung voraus. Eylimi rüstete sich, den Gast geziemend zu bewirten, und so weit er herrschte, befahl er, Sigmund und seine Gefolgen freundlich aufzunehmen.

Als sie nun in Eylimis Halle zum Mahle niedersaßen, war König Lyngi, aus Hundings Geschlecht, gekommen und begehrte Hiördis ebenfalls zum Weibe.

Da sprach Eylimi zu Hiördis: »Du bist eine weise Jungfrau: wähle! Wen du zum Manne willst, den sollst du haben.« Sie antwortete: »Ich wähle den Gewaltigsten: das ist Sigmund, obgleich er bejahrt ist.« Und Hiördis ward Sigmund gegeben. König Lyngi aber fuhr hinweg. Mehrere Tage wurde die Hochzeit gefeiert; darauf kehrte Sigmund heim, sein Schwäher Eylimi zog mit, und Sigmund waltete nun seines alten Erbes im Hunenland. König Lyngi aber und seine Gesippen sammelten ein großes Heer; eingedenk ihrer alten und steten Niederlagen im Kampfe mit den Wölsungen, wollten sie nun endlich Sigmund alles heimzahlen. Sie zogen nach Hunenland und sandten Sigmund Kriegsbotschaft: denn sie wollten sich nicht zu ihm stehlen und wussten, dass der Wölsung zum Kampfe kommen würde. Sigmund zog seine Scharen zusammen und ritt in die Schlacht.

Hiördis ließ er mit einer Magd und vielen Schätzen in einem Wald in der Nähe der See verbergen. Dort blieben die Frauen während des Kampfes. Ein unermessliches Heer stieg aus den Schiffen Lyngis ans Land, Sigmund hatte ein weit kleineres. Die Banner wurden aufgerichtet, die Hörner gellten! Sigmund ließ das Horn, das schon seinem Vater gehört hatte, erschallen. In seinen grauen Haaren stand er stets im Vorderkampf; weder Schild noch Panzer hielt gegen ihn, er schritt kämpfend mitten durch das Heer seiner Feinde.

Und so viele Speere und Pfeile auch auf ihn zielten – ihn traf nicht ein Geschoss. Denn Spâ-Disen (d.i. Schutzgöttinnen) schirmten ihn, und man mochte nicht zählen, wie viele Männer vor ihm fielen. Er hatte beide Arme blutig bis an die Achseln.

Da kam ein Mann in die Schlacht, im breiten Hut und dunkelblauen Mantel, einäugig, den Speer in der Hand: der trat Sigmund entgegen und schwang seinen Speer gegen ihn. Kräftig hieb Sigmund zu: sein Schwert traf auf den Speer und – sprang in zwei Stücke. Der Mann verschwand, und nun wich der Sieg von dem Wölsung: sein Kriegsvolk fiel in großer Zahl, auch Eylimi ward erschlagen, und an der Spitze seiner Schlachtreihen sank auch König Sigmund wie tot.

Lyngi zog eilends in die Königsburg und dachte, Hiördis zu fangen. Doch weder Frau noch Gut fand er dort. Er verteilte nun Hunenland an seine Mannen und wähnte alle Wölsungen tot und dass er sich nicht mehr vor ihnen zu fürchten hätte.

Hiördis aber ging in der Nacht nach dem Kampf auf die Walstatt und suchte, bis sie Sigmund fand: sie fragte ihn, ob er nicht zu heilen wäre?

»Mancher lebt wieder auf«, antwortete er, »bei geringerer Hoffnung, ich aber will sterben. Mir ist das Glück entwichen, seit mein Schwert gebrochen ist: ich habe gekämpft, solang es Odin gefiel.«

»Lebe! und räche meinen Vater«, antwortete sie.

»Das ist einem andern bestimmt, Hiördis: unserm Sohn, den du unterm Herzen trägst. Und er wird der Herrlichste unsers Geschlechts sein; bewahre die Schwertstücke wohl auf: davon wird ein gutes Schwert geschmiedet, das wird Gram heißen, und unser Sohn wird es tragen und sein Name wird leben, solange die Welt steht: das sei dir Trost.«

Hiördis saß über ihm, bis er starb: da begann der Tag zu

leuchte und sie sah, dass viele fremde Schiffe ans Land kamen. Sie ging zurück in den Wald und vertauschte die Kleider mit ihrer Magd, und diese musste sich für die Königin ausgeben. Die Wikinge, die aus den Schiffen ans Land stiegen, sahen die Frauen in den Wald eilen, kamen auf die Walstatt und fanden die vielen Toten. Sie brachten eilig die Kunde ihrem König Alf, dem Sohn Helferichs von Dänemark, der an der Küste vorübergefahren kam. Er hieß die Frauen aufsuchen und vor sich führen. Die Magd antwortete als Königin und erzählte ihm alles. Und als er nach dem im Walde verborgenen Gut fragte, führte sie ihn an die Stelle. Er ließ alles auf sein Schiff tragen, auch die Frauen mussten ihm folgen, und er segelte heim in sein Reich.

Nach einiger Zeit fragte ihn seine Mutter: »Warum geht die schönere der fremden Frauen in geringen Kleidern? Mich deucht, dass sie die edlere ist.« Alf hegte denselben Verdacht und versuchte sie. Er setzte sich einmal beim Trinken neben die falsche Königin und fragte sie: »Was hattet ihr daheim zum Merkmal für den Tagesanbruch, falls die Nacht zögerte und kein Stern am Himmels stand?«

Sie antwortete: »Ich war gewöhnt in der Jugend, frühmorgens Met zu trinken: seitdem wach ich auf um diese Zeit.«

Der Königssohn lächelte: »Übel gewöhnt war die Königstochter« und ging zu Hiördis, sie dasselbe fragend. Sie gab den Bescheid: »Mein Vater schenkte mir einen Goldring, der erkaltet mir am Finger bei Tagesanbruch: daran erkenn ich die Stunde.«

»Da gab es Goldes genug, wo Mägde Gold trugen! – Ihr habt euch lange genug vor mir verstellt: nun will ich dich deiner würdig halten, Hiördis, Königskind: – denn du sollst mein Weib werden.« Da gestand sie die Wahrheit und wurde in hohen Ehren gehalten.

V.
Sigurd

1. Sigurds Geburt und Jugend

Hiördis gebar einen Knaben, Sigmunds Sohn, und der Knabe wurde zu Helferich getragen. Der freute sich über des Kindes helle Augen, begoss ihn mit Wasser[6] und nannte ihn SIGURD. Er wuchs bei dem König auf, und jeder liebte ihn. Hiördis gab Helferich seinem Sohn Alf zur Frau und maß ihr den Mahlschatz zu.

Damals lebte bei Helferich REGIN, ein Zwerg, kunstfertig, weise, grimmherzig und zauberkundig. Dieser übernahm Sigurds Erziehung: er lehrte ihn allerlei Künste: Brettspiel, Runen, in mancherlei Zungen reden und alles, was der Sitte gemäß für Königssöhne sich schickte. So ward Sigurd groß und weilte zuletzt beständig bei dem Zwerg.

»Wo blieb denn dann viele Gold deines Vaters?«, fragte ihn einmal Regin.

»Das hüten mir Helferich und Alf: sie können es besser bewahren als ich.«

Ein andermal begann Regin: »Willst du denn des Königs Rosshüter werden und zu Fuß einherlaufen wie ein Knecht? Warum gönnt dir Helferich nichts?«

»Dem ist nicht so«, antwortete Sigurd: »Mir steht zur Verfügung, was ich will.« »So lass dir ein Ross geben«, reizte ihn Regin. »Sobald ich will, kann ich eins haben.« Sigurd ging nun zum König und sprach: »Ich will ein Ross haben zu meiner Ergötzung.« »Wähle dir selber, welches du willst«, antwortete Helferich.

Tags darauf ging Sigurd in den Wald, wo die Rosse weideten; er begegnete einem alten, graubärtigen Mann, den er nicht kannte; der fragte ihn, wohin er wolle? »Ein Ross will ich mir kiesen, komm und rate mir dabei.«

»Wir wollen sie durch den Fluss treiben«, riet der Mann. So taten sie. Sie gingen hin und trieben die Tiere durch den Fluss: aber keines schwamm durch ans Ufer, außer einem jungen Hengst. Den wählte Sigurd. Das Ross war grau von Farbe, groß und schön von Wuchs: noch niemand war ihm auf den Rücken gekommen. Der Bärtige sprach: »Dieser Hengst stammt von SLEIPNIR, er wird aller Hengste bester«, und damit verschwand der Alte. Sigurd nannte das Ross GRANI (d.i. der Graue).

Nicht lange darauf sprach Regin wieder zu Sigurd: »Es härmt mich, dass du so wenig Gut hast und herumläufst wie ein Stallbube. Aber ich weiß einen verborgenen Hort: ihn zu gewinnen, schafft dir Ruhm. Das Gold hütet ein Lindwurm – heißt FAFNIR –, nicht weit ist's von hier: dort findet du mehr, als du je bedarfst, würdest du auch der mächtigste König.«

»Warum reizest du mich, kindjungen, so sehr dazu?«

»Höre mich«, antwortete Regin und begann zu erzählen. »HREIDMAR hieß mein Vater. Er war reich; er hatte drei Söhne: FAFNIR, OTR und der dritte bin ich. Otr lief täglich, in Ottersgestalt, in den Strom und fing Fische, dort, wo ein Wasserfall war, der ANDWARIS-fall heißt, nach ANDWARI, dem Zwerg, der in Hechtgestalt nach Fischen jagte. Fafnir war der Stärkste und wollte alles allein haben. Otr saß einst am Wasserfall und aß blinzend einen Lachs, als drei Asen: ODIN, LOKI und HÖNIR, gegangen kamen. Loki hub einen Stein auf, warf und traf den Otter zu Tode und rühmte den Wurf, der Otter und Lachs zugleich erjagt habe. Sie nahmen die Beute und kamen zu Hreidmars Gehöft, baten um ein Nachtlager – Mundvorrat hätten sie bei sich – und zeigten uns ihre Beute. Da wir Otr erkannten, forderten wir Buße von den Asen. Sie boten, so viel Hreidmar verlange. Der forderte, dass sie den Otterbalg mit Gold füllen und auch von außen mit Gold bedecken sollten. Odin schickte Loki aus, das Gold zu suchen. Loki lieh von der Meerfrau RAN deren

Netz und fing damit Andwari im Wasserfall. Andwari musste sein Leben aus Lokis Händen lösen mit allem Gold, das er besaß.

Sie gingen zu Andwaris Stein, und der Zwerg trug alle Schätze hervor; nur einen Ring hielt er zurück und wollte ihn behalten, weil er sein Gut mit dem Ring wieder erneuern konnte. Aber Loki nahm ihm auch den Ring. Andwari ging zurück in seinen Stein und legte einen Fluch auf das Gold: ›Zweien Brüdern werde es zum Mörder, acht Edelingen zum Verderben, meines Gutes soll niemand froh werden.‹

Als Odin das Gold sah, nahm er den Ring davon, weil er ihm schön dünkte. Dann füllten die Asen den Otterbalg und umhüllten ihn mit Andwaris Gold. Aber Hreidmar sah noch ein Barthaar durchschimmern: da deckte Odin den Ring darauf und sprach, dass sie der Otterbuße nun los wären, und nahm seinen Speer, und die Asen schritten hinweg. Doch Loki wandte sich noch und sagte uns Andwaris Fluch. ›Hätt ich das zuvor gewusst‹, sprach Hreidmar, ›wäret ihr eures Lebens ledig! – Doch wenig fürchte ich eure Drohungen![7] Trollet euch!‹ Seitdem hieß das Gold ›Ottersbuße‹ oder ›der Asen Notgeld‹.

Fafnir und ich verlangten unsern Teil von dem Schatz als Bruderbuße. Aber Hreidmar gönnte uns nichts. Da tötete Fafnir den Vater, als der schlief, und nahm das Gold. Nun forderte ich mein Vatererbe. Aber er gebot mir, mich fortzumachen, sonst ergehe es mir wie Hreidmar. Fafnir nahm des Vaters Helm, Ögir (›Schreckenshelm‹), und sein Schwert, Hrotti, und fuhr auf die Gnitaheide. Dort grub er sich eine Höhle, verwandelte sich in Wurmesgestalt und legte sich auf das Gold. Ich ging zu Helferich und trat in des Königs Dienst. Meine Geschichte aber bedeutet, dass ich des Vatererbes und der Bruderbuße darbe.«

»Schmiede mir ein gutes Schwert«, sprach Sigurd, »wenn du willst, dass ich den Drachen erschlage.«

Zweimal schmiedete Regin ein Schwert: die zersprangen beim ersten Hiebe Sigurds. Da ging dieser zu seiner Mutter und bat sie um die Schwertstücke, die sein Vater ihr sterbend übergeben hatte: die brachte er dem Zwerg, und der schmiedete daraus das Schwert Gram: damit zerschlug Sigurd Regins Amboss auf einen Schlag und zerschnitt mit der Schneide eine Wollflocke, die auf dem Wasser floss.

»Nun wirst du dein Wort erfüllen und Fafnir erschlagen!«, drängte Regin. »Ich werd es erfüllen: – aber zuvor noch etwas andres«, antwortete Sigurd: »Laut lachen würden Hundings Söhne, wenn mich, einen Königssohn, mehr verlangte nach roten Ringen als nach Vaterrache.«

Er forderte von König Helferich ein Heer, um Vaterrache zu nehmen.

2. Sigurds Vaterrache

Der König ließ ihm ein großes Heer rüsten: Schiffe und alles Heergerät wurden auf das sorgfältigste bereitet, auf dass seine Fahrt ehrenvoller werde als je eine zuvor. Sigurd steuerte selbst den Drachen, das schönste seiner Schiffe: die Segel waren mit Fleiß gearbeitet und herrlich anzusehen. Sie fuhren ab mit gutem Winde, südwärts dem Land entlang über die See. Regin war auch bei der Fahrt, nützlich durch seinen Rat. Nach einigen Tagen kam ein gewaltiges Wetter mit Sturm: die See war, als ob man in geronnenes Blut schaute. Die Segel zerrissen: doch Sigurd befahl, sie noch höher zu setzen; und als sie an einem Vorgebirge vorbeikamen, stand ein alter Mann auf dem Riff und rief sie an: »Wer reitet dort über Wogen und wallendes Meer?«

»Sigurd, Sigmunds Sohn!«, antwortete Regin, »wir fanden Fahrwind, in den Tod zu fahren! Wer fragt danach?«

»Hnikar[8] hieß ich, als ich Hugin erfreute auf der Walstatt, junger Wölsung. Du nenne mich den Alten vom Berge, Feng oder Fiöllnir: Fahrt will ich euch schaffen: nimm mich auf in dein Schiff.« Sie fuhren ans Land, der Mann stieg in Sigurds Schiff und beschwichtigte das Wetter.

»Sage mir, Alter«, sprach Sigurd, »da du so weise bist, was ist ein gutes Vorzeichen, wenn man in den Kampf gehen will?«

»Viele sind gut! Zuverlässig ist, wenn ein Rabe dich geleitet; oder du siehst zwei ruhmbegierige Männer beisammenstehen. Hörst du den Wolf unter Eschenzweigen heulen, so ist dein Angang[9] ein guter. Siegen wirst du, siehst du den Wolf vorwärts rennen. Kämpfe nicht bei sinkender Sonne. Fürchte Gefahr, so dein Fuß strauchelt, wann du in die Schlacht gehst: Trugdisen wollen dann dich verwunden. Bereit sei am Morgen: – denn ungewiss ist es, wo der Abend dich findet.«

Sie fuhren, bis sie im Gebiet der Hundinge ans Land kamen. Die Hundinge hatten sich nach Sigmunds Fall dessen Reich angemaßt. Sigurd fuhr nun mit Feuer und Schwert durchs Land, dass alles Volk entsetzt von dannen floh zu König Lyngi. »Sigurd, Sigmunds Sohn, fährt mordend und brennend einher, mit unabsehbaren Scharen. Flieht vor dem Wölsung.«

Aber Lyngi floh nicht; er zog ein gewaltiges Heer zusammen und stellte sich vereint mit seinen Brüdern Sigurd entgegen, dass es zur Schlacht kam.

Da erhob sich wildes Kampfgetöse. Speere und Pfeile schwirrten in der Luft, Streitäxte wurden geschwungen, Schilde zerhauen, Brünnen barsten und Helme zersprangen, Schädel wurden gespalten und Männer stürzten zur Erde. Sigurd durchbrach der Hundinge Schlachthaufen. Mit seinem Schwerte Gram zerschnitt er Männer und Rosse; er hatte die Arme bis zur Achsel blutig, und alles Volk floh, wo er hinkam.

Und als er und Lyngi zusammenstießen, tauschten sie grimme Hiebe, sodass die Schlacht eine Zeit lang stand; dann alle schauten ihrem Zweikampf zu: da spaltete Sigurd ihm Helm und Haupt und den gepanzerten Leib bis zum Wehrgurt auf EINEN Hieb. Darauf wandte er sich gegen Lyngis Bruder, und alle fielen vor seinem Schwert und mit ihnen der größte Teil ihres Heeres. Es war eine wilde Sitte, dem besiegten Feind den Blutadler zu ritzen.[10] Regin ging über die Walstatt und sprach zu Sigurd: »Nun ist der Blutaar dem Mörder Sigmunds auf den Rücken geritzt: kein Königserbe ist größer als du.« Sie hatten große Beute gemacht an Waffen, Schätzen und Kleidern: – Sigurd überließ alles seinen Heermannen und kehrte ruhmbedeckt zu Helferich zurück. Er ward mit großen Ehren empfangen, und Siegesfeste und Gastmähler wurden ihm bereitet.

3. Sigurd der Drachentöter

Nicht lange war Sigurd daheim, als Regin wieder zu ihm kam: »Nun hast du Vater und Freunde gerächt: nun gedenke deines Versprechens, Fafnir zu töten.«

»Das ist meinem Gedächtnis nicht entfallen«, antwortete Sigurd, »führe mich zu ihm.«

So ritten Sigurd und Regin lange Wege und die Gnitaheide hinauf zu dem Pfade, den Fafnir schritt, wann er zu Wasser fuhr; die Klippe, auf welcher der Wurm beim Trinken lag, maß dreißig Klafter. Regin riet Sigurd: »Mache eine Grube, setze dich hinein, und wenn der Wurm zum Trinken darüber schreitet, stich ihn von unten ins Herz.«

»Wie soll ich mir da helfen, wenn des Wurmes Blut über mich kommt?«

»Dir ist nicht zu raten! Du fürchtest dich vor jedem Ding.«

Sigurd ritt weiter auf die Heide, aber Regin ging furchtsam hinweg. Als Sigurd sich daranmachte, die Grube zu graben, kam ein alter, langbärtiger Mann dazu und fragte ihn, was er da mache? Auf Sigurds Bescheid sagte der Mann: »Das ist ein töricht unüberlegtes Werk: mache mehrere Gruben, dass das Blut sich verteilt, dann setze dich in eine und stich dem Wurm ins Herz.«

Damit verschwand der Mann, und Sigurd tat, wie er ihm gewiesen hatte. Als nun der Wurm zum Wasser schritt, erbebte die Erde weithin: über den ganzen Weg blies er Gift vor sich her: das fiel zischend auf Sigurds Haupt, aber der fürchtete sich nicht, und als der Wurm über die Gruben schritt, stieß Sigurd ihm unter den linken Bug das Schwert Gram, dass es bis ans Heft hineinfuhr. Der Wurm schüttelte sich und schlug mit Haupt und Schweif um sich. Sigurd sprang aus der Grube und zog sein Schwert an sich: und sah da einer den andern. Fafnir sprach: »Wer bist du, kläräugiger Gesell, der du Fafnir das Schwert ins Herz stießest?«

»Edeltier heiß ich. Einsam wandr ich, ohne Vater und Muter.«

»Welches Wunder erzeugte dich denn?«

Nun hehlte Sigurd seinen Namen nicht länger.

»Sigmund hieß mein Vater, Sigurd heiß ich, der ich dich erschlagen habe.«

»Junges Kind, wer reizte dich dazu?«

»Das Herz reizte mich: und die Hände und mein Schwert halfen mir.«

»Hättest du im Vaterhaus aufwachsen können, sähe man dich als Helden kämpfen, nun bist du in Haft und ein Heergefangener König Helferichs.«

Zornig rief Sigurd: »Nicht in Haft bin ich: und wär ich auch ein Heergefangener – du hast gefühlt, dass ich als Freier lebe.«

»Eines sage ich dir: das Gold und die roten Ringe werden dein Verderben.«

»Des Goldes begehren alle, und einmal muss doch jeder von hinnen fahren.«

»Du achtest für nichts der Nornen Spruch und mein Wort für törichte Rede. Wer gegen den Sturm rudert, ertrinkt im Wasser: dem Todverfallenen ist alles zum Verderben. Lang trug ich den Schreckenshelm und glaubte mich stärker als alle.«

»Der Schreckenshelm allein schützt niemand.«

»Gift blies ich auch, als ich auf dem Horte lag.«

»Wilder Wurm, du machst großes Gezisch, eh du verendest.«

»Ich rate dir, Sigurd, und du nimm den Rat an: reite heim, eile von hinnen. Das gleißende Gold, die roten Ringe werden dein Verderben.«

»Ich reite dennoch zum Hort auf der Heide. Liege du hier, bis Hel dich hält.«

»Regin verriet mich, er wird auch dich verraten: mein Leben muss ich nun lassen!« Und Fafnir starb.

Sigurd trocknete sein Schwert vom Blute; da kam Regin zurück und sprach: »Heil dir, Sigurd, du hast dir Sieg erkämpft: jetzt acht ich dich als den mutigsten aller Männer.«

»Wer weiß das! Mancher ist tapfer!«

Regin schwieg eine Weile, dann begann er wieder: »Du bist wohl stolz und siegesfroh: mir aber hast du den Bruder erschlagen. Zwar trag ich selbst einen Teil der Schuld.«

»Du allein ja rietest dazu: der Wurm besäße noch Leben und Gut, hättest du mich nicht zu der Tat gereizt«, antwortete Sigurd. Regin ging aber zu Fafnir, schnitt ihm das Herz aus und trank das Blut aus der Wunde. »Sitze nun, dieweil ich schlafe«, sprach er dann, »und halte mir zur Bruderbuße Fafnirs Herz ans Feuer: das will ich essen auf diesen Bluttrunk.«

»Du entflohst, und mit meiner Stärke hatt ich's allein zu tun wider des Wurmes Kraft, während du fern auf der Heide lagst«, sagte Sigurd trotzig.

»Ohne das Schwert, das ich dir schmiedete, hättest du ihn noch lange liegen lassen.«

»Mut ist besser als Schwerteskraft«, antwortete Sigurd. Während nun Regin schlief, briet er das Wurmherz am Spieß. Als der Saft herausschäumte, griff er mit dem Finger daran, zu fühlen, ob es gar wäre; er verbrannte sich und steckte den Finger in den Mund: und als ihm Fafnirs Herzblut auf die Zunge kam, hörte er Vogelstimmen, die er verstand: Schwalben[11] saßen auf den Zweigen eines Baumes und sangen. Die eine: »Dort sitzt Sigurd und brät Fafnirs Herz; klug wäre der Held, äße er es selbst«; die andre: »Dort liegt Regin und sinnet, wie er treulos Sigurd verderbe«; die dritte: »Hauptes kürzer lasse er den grauhaarigen Schwätzer zur Hel fahren«; die vierte: »Klug deuchte mir der Held, wenn er euren Rat verstände und auf seiner Hut wäre«; die fünfte: »Töricht wäre Sigurd, ließ er den einen Bruder entkommen und hat dem andern das Leben geraubt«; die sechste: »Sehr töricht ist er, wenn er den Feind verschont, der ihn jetzt schon in Gedanken verraten hat«; die siebente: »Hauptes kürzer mach er ihn: dann wird er allein schalten über Fafnirs Gold.«

Auf sprang da Sigurd, hieb Regin das Haupt ab, aß Fafnirs Herz und trank sein Blut. Da hörte er abermals, wie eine Vogelstimme sprach: »Eine Maid weiß ich, die allerschönste. Binde die goldnen Ringe zusammen, wenn du sie werben möchtest! Zu Giuki führen grüne Pfade: dem Wandernden weist das Schicksal die Wege. Eine Tochter hat Giuki, die magst du um Mahlschatz gewinnen. Ich weiß auf dem Berge eine Maid schlafen; Feuer lodert darüber hin, Yggr (Odin) stach sie mit dem Schlafdorn. Niemand vermag ihren Schlummer zu brechen gegen der Nornen Beschluss. Du sollst, Held, die Maid unter dem Helme sehn.« –

Sigurd ritt auf Fafnirs Spur nach dessen Hause. Von Eisen waren die Türen und standen offen, von Eisen war alles

Zimmerwerk und das Gold in die Erde gegraben. Er fand unermessliche Schätze. Er nahm den Ögirshelm, die Goldbrünne, das Schwert HROTTI, den Ring ANDWARANAUT und viele andre Kleinode und belud Grani damit. Aber das Ross wollte nicht vorwärts gehen, bis Sigurd auf seinen Rücken stieg.

4. Brunhilds Erweckung

Sigurd ritt lange Wege fort, bis dass er nach HINDARFIALL kam, und wandte sich südwärts nach FRANKENLAND. Auf einem Berge sah er ein grelles Licht, gleich als brenne dort großes Feuer, von dem es zum Himmel emporleuchte. Als er hinzukam, stand da eine Schildburg, und oben heraus ragte ein Banner. Er ging hinein und fand ein Menschenkind in voller Rüstung schlafen: er zog ihm den Helm ab und sah, dass es ein Weib war. Die Brünne war fest, wie angewachsen: er zerschnitt sie mit seinem Schwert und zog sie ihr ab; da erwachte sie, richtete sich auf und fragte: »Was zerschnitt mir die Brünne? Wie kam ich aus dem Schlaf? Wer befreite mich der Bande?«

»Der ist Wölsungen Geschlechts«, antwortete er, »der das getan: Sigurd, Sigmunds Sohn.«

»Lange schlief ich«, sprach sie wieder, »lange währender Menschen Übel. Odin waltete dessen, dass ich die Schlummer-Runen nicht abzuschütteln vermochte.«

Er setzte sich zu ihr und fragte nach ihrem Namen. Sie nahm ein Horn voll Met und gab ihm den Willkommtrunk: »Heil dir, Tag, Heil euch, Tagessöhnen! Heil dir, Nacht und nährende Erde! mit unzornigen Augen schauet auf uns und verleihet uns Sieg! Heil euch Asen! Heil euch Asinnen! Gebet uns Weisheit und heilkräftige Hände! Walküre war ich – eine Sigurdrifa (Siegspenderin), BRUNHILD heiß ich.«

Und sie erzählte, wie einst zwei Könige miteinander kämpften: der eine war alt und ein gewaltiger Krieger, und Odin hatte ihm Sieg verheißen. Der andre hieß Agnar, den wollte niemand schützen, »da ließ ich den alten König auf die Walstatt sinken, und Sieg gab ich dem jungen. Darum ward Odin mir überzornig: nie mehr Sieg erkämpfen sollte ich, sondern mich vermählen. Aber ich tat das Gelübde, mich keinem Mann zu vermählen, der sich fürchten könne. Odin stach mich mit dem Schlafdorn, umschloss mich mit Schilden, mit roten und weißen, und ließ Feuer brennen um meinen Saal. Und der allein, gebot er, solle darüber reiten, der mir das Gold darbrächte, das unter Fafnir lag.«

»Nie sah ich so schönes Weib!«, sprach Sigurd, »du bist nach meinem Sinn: dich will ich zum Weibe haben.«

»Und hätt ich zu wählen unter allen Männern: ich will dich und keinen andern.« Und sie festigten unter sich mit Eiden ihr Verlöbnis.

VI.
Sigurd und die Giukungen

1. Sigurds Vermählung

Sigurd zog bald wieder aus in die Welt, Ruhm zu gewinnen. Er ritt Grani und führte Fafnirs Schätze mit sich. Sein Schild flammte in rotem Gold, darauf war ein Drache gemalt: dunkelbraun oben und rot unten. Er trug eine Goldbrünne: mit Gold geschmückt waren alle seine Waffen: Helm, Rock und Sattelwerk; darauf glänzte das Drachenbild, und jeder erkannte daran den Fafnirstöter. Sigurds Haar war lichtbraun und fiel nieder in großen Locken, dick und kurz: und von derselben Farbe war sein Flaumbart. Er hatte ein offenes Antlitz, die Nase edel geformt, seine Augen waren scharf:

nur wenige wagten, unter seine Brauen zu blicken. Mächtig waren seine Schultern, von ebenmäßigem Wuchs sein Leib. Umgürtete er sich mit dem Schwerte Gram und schritt durch ein wohlgewachsenes Roggenfeld, so reichte der Schuh der Schwertschneide hernieder an die Ährenspitzen. Er war von gewaltiger Stärke, nie mangelte ihm der Mut, Furcht kannte er nicht, und seine Lust war: Ruhmtaten vollbringen, seinen Mannen helfen und erbeutetes Gut seinen Freunden schenken.

Giuki[12] hieß ein König, der gebot, südlich am Rhein, über ein großes Reich. Er hatte drei Söhne: Gunar, Högni und Guttorm: die waren stets bedacht, der Giukungen Ruhm und Reich zu mehren. Gudrun hieß seine Tochter, deren Schönheit war weithin berühmt. Grimhild, des Königs Frau, war zauberkundig und grimmgemut.

Einst träumte Gudrun, dass der schönste Habicht ihr auf die Hand flog; sein Gefieder war goldig, und all ihr Gut wollte sie lieber lassen als den Habicht. Eine ihrer Dienstfrauen deutete ihr den Traum: »Ein mannhafter Königssohn wird um dich werben, und du wirst ihn sehr lieben.«

Bald darauf kam Sigurd an die Burg der Giukungen, und wie er hineinritt, glaubten die Wächter, der Asen einer sei gekommen. Der König ging hinaus und grüßte den Gast: »Wer bist du, der in die Burg reitet, was keiner wagt, es sei denn, meine Söhne erlaubten's zuvor?«

»Sigurd heiß ich, ich bin König Sigmunds Sohn.«

»Willkommen sollt du bei uns sein!«, sprach Giuki und führte den Gast in die Halle. Alle dienten ihm gern; sein Ansehen wuchs von Tag zu Tag: in Kampf und Spiel war er den Gewaltigsten voraus. Der König liebte ihn wie seine Söhne, diese ehrten ihn höher als sich selbst. Und Grimhild gewahrte bald, wie oft Sigurd Brunhilds gedachte und wie sehr er sie liebte. Und auch wie keiner sich mit ihm vergleichen konnte, welch übergroße Schätze er hatte, und sie erwog bei sich, dass es ein Glück wäre, nähme er Gudrun zur Frau.

Eines Abends, als sie beim Trunke saßen, trat Grimhild vor Sigurd und grüßte ihn: »Alles Gute wollen wir dir gewähren: nimm hier dies Horn und trinke.« Er nahm es aus ihrer Hand und trank aus. Das war aber ein Vergessenheitstrank, den ihm die Königin gemischt hatte. – Sie sprach wieder: »Giuki soll dein Vater sein, ich deine Mutter, unsre Söhne deine Brüder und alle, die ihr euch Eide leisten wollt.« Sigurd nahm das wohl auf: denn seit dem Trunke dachte er nicht mehr an Brunhild. Er fuhr nun stets mit den Giukungen, wann sie auf Krieg und Heerfahrt zogen, und verweilte gern in ihrer Halle. – Grimhild aber ging zu König Giuki, legte ihm die Hände um den Hals und sprach: »Sigurd ist der größte Kämpe, den man in der Welt finden mag: gib ihm deine Tochter zum Weib und ein Reich, so groß er's will.«

»Das ist sonst nicht Königssitte, seine Töchter anbieten, aber IHM sie anbieten ist ehrenvoller als andrer Werbung.«

Und eines Abends schenkte Gudrun Met in der Halle, und Sigurd sah, wie schön die Jungfrau war.

König Giuki sprach: »Gewaltig hast du, Sigurd, unser Reich gemehrt in diesen Jahren.« Und Gunnar sagte: »Bleibe bei uns, ein Reich und die Schwester biet ich dir an, und keinem andern gäben wir Gudrun, bät er auch um sie.«

»Habt Dank für die Ehre«, antwortete Sigurd, »und das will ich annehmen.«

Er schloss Blutsbrüderschaft mit Gunnar und Högni, und ein herrliches Hochzeitsmahl wurde bereitet. Das währte manchen Tag: da sah man Freude und Kurzweil aller Art, und Sigurd ward Gudrun vermählt. Er kehrte nicht zurück in sein Hunenland, sondern zog mit seinen Schwähern weit umher auf Kriegsfahrt, ihnen Land, Schätze und Ruhm mehrend. Er gab Gudrun von Fafnirs Herzen zu essen, seitdem war sie grimm und klug; sie bekamen einen Sohn, der hieß Sigmund.

2. *Gunnars Brautfahrt und Vermählung*

Als nun Giuki gestorben und Gunnar ihm auf den Königsstuhl gefolgt war, da sprach einmal Grimhild zu Gunnar: »Eure Herrschaft blüht, aber dir fehlt die Gattin: wirb um Brunhild, und Sigurd soll mit dir reiten.« Der Rat gefiel Gunnar, alle Gesippen stimmten ein, und sorgfältig rüsteten sie zu dieser Fahrt. Högni und Sigurd begleiteten ihn. Sie zogen über Berg und Tal und ritten in König Atlis Burg ein. Der war Brunhilds Bruder, ein grimmig anzuschauender Mann, groß und schwarz von Haaren. Er nahm Gunnars Werbung an, wenn Brunhild ihn zum Gatten wolle: »Denn sie ist so stolz, dass sie nur den nimmt, den sie will.« Die Helden drohten aber mit Feuer und Schwert, wenn Gunnar die Jungfrau nicht erhielte. »Sie hat das Gelübde getan, nur den zum Manne zu nehmen, der durch das Feuer reitet, das ihre Burg umwabert«, antwortete Atli; »reitet hin, bei den Hindabergen steht ihr Saal.« Da wandten sie ihre Rosse wieder zum Burgtor hinaus und ritten den Bergen zu.

Sie sahen den Saal in Goldschmuck erglänzen und das Feuer, das außen herum brannte. Gunnar spornte seinen Hengst Goti gegen die Flammen: aber der wich zurück und wollte nicht hindurchrennen. Er bat Sigurd, ihm Grani zu leihen: aber der wollte nicht von der Stelle unter Gunnar, und so konnte der König nicht durch das Feuer. Da vertauschte Sigurd die Gestalt mit Gunnar, was er mittels seines Schreckenshelms vermochte, und ritt auf seinem Grauhengst für den König durch die Lohe.

»Das Feuer begann zu rasen, die Erde zu erbeben, und

die Lohe wallte gen Himmel: Sigurd trieb Grani mit dem Schwerte Gram, und das Feuer erlosch vor dem Edeling.«

Sigurd ging – in vertauschter Gestalt – in den Saal zu Brunhild: die fragte ihn, wer er sei? Er nannte sich Gunnar, Giukis Sohn: »Und du bist mir zur Gemahlin bestimmt mit deiner Zusage und deines Bruders Wort, wenn ich durch deine Waberlohe ritt.« Er stützte sich auf seinen Schwertknauf und fuhr fort: »Ich will dir dagegen große Morgengabe an Gold und Kleinodien geben.«

Sorgenbewegt, von ihrem Sitz herab, wie ein Schwan von der Woge, antwortete sie und hatte das Schwert in der Hand, den Helm auf dem Haupt und war in der Brünne: »Gunnar, rede nicht solches zu mir, wenn du nicht tapferer bist als jeder Mann. Denn ich fuhr in der Brünne, meine Waffen sind in Männerblut gefärbt, danach gelüstet mich noch.«

»Gedenke deiner Verheißung, dem zu folgen, der das Feuer durchritte!«, entgegnete Sigurd.

Brunhild durchschaute den Trug nicht: konnte doch nur Sigurd, dem sie sich verlobt hatte, durch das Feuer reiten! – Sie wusste ihr Schicksal nicht zu wenden, stand auf und hieß ihn willkommen. Sigurd weilte bei ihr drei Tage und Nächte, das Schwert Gram, aus der Scheide gezogen, legte er zwischen sie beide und sagte, es sei ihm beschieden, so die Verlobung mit seiner Frau zu feiern, oder er erleide den Tod. Beim Abschied zog er ihr den Ring Andwaranaut, den er ihr einst geschenkt hatte, vom Finger und gab ihr dagegen einen andern. Dann ritt er zurück zu dem harrenden Gunnar, und sie vertauschten wieder die Gestalt. Brunhild aber musste nun Gunnar folgen.

An den Rhein zurückgekehrt, rüstete Gunnar ein prächtiges Hochzeitsmahl: eine große Volksmenge strömte da zusammen: und Gunnar empfing aus Atlis Händen Brunhild zum Weib. Das Fest dauerte manchen Tag, und als es zu

Ende ging, verlor allmählich der Zaubertrank seine Kraft: es erwachten Sigurds Gedanken: er erkannte Brunhild und gedachte der Eide, die er einst ihr geschworen hatte: aber er bezwang sich und schwieg. –

3. Der Königinnen Zank

Einmal gingen Brunhild und Gudrun an den Rhein, um zu baden: aber Brunhild watete weiter hinaus in den Strom, weil sie das Wasser, das von Gudruns Haar floss, nicht an ihrem Haupte leiden wollte.

Unwillig, erstaunt fragte diese: »Warum tust du so?«

»Warum sollt ich mich dir gleichstellen?«, erwiderte Brunhild stolz. »MEIN Gatte durchritt das brennende Feuer, aber DEINER war Heergefangener König Helferichs.«

Zornig antwortete Gudrun: »Weiser wär's, wenn du schwiegest! Lästre nicht Sigurd, wenig geziemt dir's: er erschlug den Wurm, und er war's, der durch die Waberlohe ritt, und du hieltest ihn für Gunnar. Sigurd nahm dir von der Hand den Ring Andwaranaut, hier: schau ihn an meinem Finger.«

Da sah Brunhild den Ring und erkannte ihn: und ward bleich wie der Tod, ging heim und sprach kein Wort an dem Tag.

Und als abends Gudrun und Sigurd in ihrer Kammer saßen, fragte sie: »Warum ist Brunhild so unfroh?«

»Ich weiß es nicht, doch mir ahnt nichts Gutes.«

»Weshalb ist sie nicht zufrieden mit ihrem Glück, da sie doch den Mann gewann, den sie am liebsten haben wollte?«

»Sagte sie: wen sie am liebsten wolle?«

»Ich will sie morgen danach fragen.«

»Frage nicht: es würde dich reuen!«

Aber am nächsten Morgen, als Brunhild und Gudrun beisammen in ihrer Kammer waren und Brunhild schweigend saß, sprach Gudrun: »Sei heiter, Brunhild! Hat dich meine Rede betrübt? Vergiss sie. Was kränkt dir den Sinn?«

»Eitel Bosheit treibt dich zu fragen«, antwortete Brunhild, »du hast ein grimmes Herz. Frage nach Dingen, die dir zu wissen ziemen. Sei zufrieden mit deinem Geschick, da euch ja alles nach Wunsch ergeht.«

»Noch ist's zu früh, mein Glück zu loben! Was liegt hier Geheimes? Was hast du wider mich?«

»Das sollst du entgelten, dass du Sigurd gewannst. Mein ist Sigurd, und du sollst weder seiner noch des Fafnirgoldes genießen. Wir haben uns Eide geschworen, und ihr wusstet, dass ihr mich betroget: – das will ich rächen.«

»Wahrlich, ich wusste nichts von eurem Bunde. Nun bist du ja doch edelstem Manne vermählt und hast des Goldes und der Macht genug.«

»Sigurd erschlug den Wurm: das ist mehr als aller Giukungen Reich! Sigurd ritt durch das Feuer, was Gunnar nicht wagte!«

»Wohl hat er's gewagt! Aber das Ross wollte nicht rennen unter ihm.«

»Und ich traue Grimhild nicht mit ihren Zauberkünsten.«

»Beschuldige sie nicht, sie hält dich wie ihre Tochter.«

»Sie brachte ihm einen Trank, mein ich, dass er meiner vergaß.«

»Was redest du für wilde Worte? – Das ist eine böse Lüge!«

»So WAHR genießet denn Sigurds, so wahr ihr mich nicht betrogen habt!«

»Glücklicher werd ich mit ihm sein, als du es wünschest.«

»Böse redest du: – des sollst du gedenken. Doch lassen wir die Zornworte.«

»Du schleudertest zuerst Scheltreden auf mich: – nun stellst du dich zufrieden: – aber Grimm wohnt darunter.«

»Ich schwieg von meinem Harm, der mir im Herzen wohnte: lassen wir die tatlose Rede!«

»Unheimliche! Du sinnst Arges!«, sprach Gudrun und eilte fort.

4. Brunhildens Harm

Brunhild legte sich schweigend auf das Lager.

Da liefen die Mägde und sagten Gunnar, dass ihre Herrin krank liege. Er ging zu ihr und fragte, was ihr fehle? Aber sie antwortete nicht und lag wie tot da: und als er nicht abließ von ihr mit Fragen, sprach sie: »Was tatest du mit dem Ring Andwaranaut, den du mir vom Finger zogst? Ich habe mich dem Manne verheißen, der Grani reiten und durch meine Waberlohe sprengen würde! Aber dessen erkühnte sich keiner, außer Sigurd allein. Er erschlug den Wurm, er ritt durch das Feuer: aber nicht du, Gunnar, der du jetzt erbleichst wie eine Leiche. Gelobt hab ich, den allein zu lieben, der von Odins Geschlecht sei: das ist Sigurd. Eidbrüchig bin ich nun, und ihr habt mich betrogen, und deshalb sinn ich deinen Tod. Auch hab ich Grimhild zu vergelten: kein schlimmeres Weib gibt's als sie.«

»Du sprichst viel, was falsch ist. Schlimm bist du, weil die Frau du beschuldigst, die dich überragt. Sie mordete nicht Männer wie du und lebt in Ehren.«

»Kein Tadel haftet an mir. Nicht Untaten hab ich, während ich unter Helm und Brünne fuhr, getan. Anders bin ich als ihr geartet, und am liebsten möcht ich dich erschlagen.«

Und sie hätte Gunnar getötet, wenn nicht Högni, der hinzukam, sie gebunden hätte. Aber Gunnar sprach: »Ich will nicht, dass sie in Fesseln liege« und löste sie.

»Kümmere dich nicht darum!«, rief Brunhild; »nie mehr siehst du mich fröhlich in deiner Halle.«

Sie richtete sich auf, zerriss die Borten, die sie zu weben begonnen hatte, und befahl, ihre Kammertüren zu öffnen, dass man ihre Wehklage weithin durch die Burg erschallen hörte. Dann lag sie wieder schweigend auf ihrem Pfühl, und jammernd liefen ihre Mägde zusammen.

»Was ist euch? Warum gebärdet ihr euch wie Unsinnige«, fragte Gudrun eine der Frauen: »Gehe hin, wecke deine Herrin, wir wollen zu Tische gehen und fröhlich sein.«

»Das wag ich nicht«, antwortete die Frau. »Wie tot liegt sie und nimmt weder Speise noch Trank: hüte dich, zornmütig wie Götter grollt sie.«

»Geh du zu ihr, Gunnar«, sprach Gudrun, »und sage ihr: dass mir ihr Kummer Leid tue.«

»Sie hat's verboten«, entgegnete er, und ging dennoch zu ihr, aber sie gab ihm keine Antwort. Da bat er Högni: »Geh und rede mit ihr.« Unwillig ging Högni und erlangte auch nichts.

Und als andern Tages Sigurd von einer Jagd heimkam und alles erfuhr, da sprach er zu Gudrun: »Brunhild wird sterben.«

»Ein Zauber muss sie erhalten: sieben Tage hat sie nun geschlafen, und niemand wagte, sie zu wecken.«

»Sie schläft nicht. Sie sinnt etwas gegen mich.«

»Wehe!«, rief Gudrun, »geh zu ihr und besänftige ihren Zorn.«

Da ging Sigurd zu Brunhilds Saal: er fand ihn offen, trat an ihr Lager und schlug den Vorhang zurück: »Wach auf, Brunhild, die Sonne scheint über die Burg: wirf den Harm von dir und sei fröhlich.«

Da rief sie zornig: »Warum erdreistest DU dich, zu mir zu kommen?«

»Sprich, was härmt dich?«

»DIR will ich meinen Harm sagen. Nicht Gunnar ritt zu mir durch das Feuer. Ich wunderte mich über den Mann, der in meinen Saal trat und sich Gunnar nannte. DEIN leuchtend Auge glaubt ich zu erkennen. Und vermocht es doch nicht! Denn eine Hülle lag stets über meinem Glück! Damals hast du mich betrogen.«

»Auch Gunnar ist ein wackerer Held. Ich bin nicht berühmter als Giukis Söhne.«

»DU erschlugst den Wurm: – DU rittest durch das Feuer meinetwegen.«

»Aber Gunnar brachte dir die Morgengabe.«

»Mein Herz lacht ihm nicht zu! Verhasst ist mir Gunnar, verberg ich's auch vor andern.«

»Das also quält dich? Oder um was klagst du am meisten?«

»Deinen Tod begehr ich!«

»DARUM klage nicht! Bald wird ein Schwert in meinem Herzen stehn. Doch Schlimmeres kannst du dir nicht ersehnen: du wirst mich nicht überleben.«

»Ich achte meines Lebens nicht, seit ihr mich um alle Wonne betrogen habt.«

»Lebe du und sei glücklich, und all mein Gut will ich dafür geben, dass du nicht stirbst.«

»Du ragst über alle Männer: aber kein Weib ist dir verhasster, als ich.«

»Ich liebe dich mehr als mich, obgleich ich lang deiner vergessend lebte: ein Zauber hielt mich verblendet. Seit ich dich wieder erkannte, grämt ich mich oft, dass du nicht mein Weib wardst. Aber ich überwand mich. Und hatte doch schon meine Wonne daran, in deiner Nähe zu sein. – Vielleicht geht nun Fafnirs Weissagung, der alte Fluch, in Erfüllung! Doch wir wollen darum nicht bangen.«

»Zu spät klagst du! Nun finden wir keine Hilfe mehr.«

»Werde du mein Weib.«

»Rede nicht solches! Zwei Männer will ich nicht haben und eher sterben als Gunnar betrügen. – Gedenkt dir's noch, als du mich erwecktest aus meinem Schlaf und wir uns Eide schwuren? Eine Walstatt Erschlagener brachtest du mir als Brautgabe, doch das ist nun alles hin!« –

»Deines Namens erinnerte ich mich nicht mehr und erkannte dich nicht früher, als bis du vermählt warst: und das ist MEIN größter Harm.«

»ICH aber habe geschworen, nur den Mann zu nehmen, der meine Waberlohe durchritte: den Eid will ich halten oder sterben.«

»Ehe dass du stirbst, verlass ich Gudrun und nehme dich«, sprach Sigurd und seufzte so tief auf, dass seine Brünnenringe zersprangen.

Aber dumpf antwortete Brunhild: »Ich will weder dich noch einen andern.«

Da ging Sigurd hinaus und trauerte. Und als er in die Halle kam, fragte ihn Gunnar, ob Brunhild die Sprache wieder gefunden?

»Sie vermag zu reden!«, antwortete er, und abermals ging Gunnar zu ihr, befragte sie um ihren Gram und welche Buße sie heische?

»Ich will nicht leben«, sagte Brunhild. »Betrogen hat Sigurd, da er in deiner Gestalt um mich warb, mich und dich.«

Da entstand in Gunnar schwerer Argwohn, Sigurd habe sich in jenen drei Tagen Brunhild vermählt.

»Sigurd hab ich mich verlobt – und ich will nicht zwei Männer haben. Nun sterbe Sigurd, oder du, oder ich: denn er hat alles Gudrun gesagt, und sie höhnt mich.«

5. Sigurds Ermordung

Einsam vor der Burg saß Brunhild am Abend DES Tages und redete mit sich selbst: »Sigurd will ich haben oder sterben: aber Gudrun ist sein Weib, und ich bin Gunnars. Die Nornen schufen uns unlösbares Leid. Bar geh ich der Freude, bar des Gemahls! Grimm und Hass sind meine Ergötzung.«

Und sie wandelte einsam in die dunkle Nacht: – Land und Macht waren ihr leidig, da sie Sigurd nicht hatte. Gegen Morgen kehrte sie zurück in ihre Kammer, und abermals ging Gunnar zu ihr. Aber befehlend sprach sie: »Entsagen musst du mir! Heimfahren will ich zu meinen Blutsfreunden und einsam mein Leben verschlafen, wenn du nicht Sigurd erschlägst. Und sein Söhnlein folge ihm nach: jungen Wolf soll man nicht aufziehen.«

Unwillig hörte Gunnar ihr zu: er ging hinaus, und schwankenden Sinnes saß er den ganzen Tag. Dass ein Weib der Königswürde entsagte, war selten gehört worden.

Er rief Högni und fragte ihn um Rat.

»Was hat Sigurd so Schweres verbrochen, dass du ihm das Leben verkürzen willst?«, fragte Högni.

»Sigurd hat mir Treue geschworen: – und als er sie zumeist bewähren sollte, verriet er mich.«

»Brunhild hat dich zu dem Mord gereizt.«

»Sie ist mir lieber als alles: sie ist die Königin der Frauen, und eher sterbe ich, als dass ich ihr entsage.«

Die Gier nach dem Golde, der alte Fluch ergriff nun auch Gunnar: »Sigurd sterbe! So gewinnen wir das Gold und große Macht: dann mögen wir in Freuden und Ruhe des Glückes und Reichtums genießen. Willst du mir helfen?«

»Mit dem Schwert die geschworenen Brüdereide brechen? Das bringt uns in Schaden und Schande! Mächtigere weiß ich nicht auf der Welt wohnen, solang wir und Sigurd zusammenstehn!«

»Wir wollen den jungen Guttorm zu dem Werke gewinnen: er hat Sigurd keine Eide geschworen.«

»Das Werk ist Mord! Und geschieht es doch – so werden wir's entgelten.«

»Sigurd muss sterben oder ich«, antwortete Gunnar grimmig. Er ging zu Brunhild und bat sie aufzustehen: »Sei fröhlich –: Sigurd wird sterben.«

Sie riefen Guttorm, boten ihm Gold und Land, gaben ihm Wolfsfleisch zu essen und Zaubertrank zu trinken, und reizten ihn mit bösen Worten, bis er zu der Tat bereit war.

Am nächsten Morgen ging Guttorm in Sigurds Kammer, als der im Bette lag: und als Sigurd ihn anblickte, erbebte Guttorm und ging wieder hinaus. Und ebenso geschah's ein zweites Mal.

Als er zum dritten Male kam, fand er Sigurd schlafend. Da stieß er ihm das Schwert durch die Brust, dass die Spitze unter seinem Rücken in den Polstern stecken blieb.

Sigurd erwachte, als Guttorm zur Tür hinausschritt: da fasste er sein Schwert Gram und warf es Guttorm in den Rücken, und schnitt ihn in der Mitte voneinander. Der Füße Teil fiel auf die eine Seite, Kopf und Hände auf die andre.

Gudrun war sorglos neben ihrem Gatten eingeschlafen: jammervoll sollte sie erwachen. Sie sah Sigurds Blut über sich fließen und schlug so stark die Hände zusammen, dass Sigurd sich noch einmal im Bett aufrichtete: »Weine nicht so sehr, Gudrun. Dir leben noch Brüder; aber unser Söhnlein ist allzu jung, es kann nicht aus der Burg entfliehen. Das stiftete Brunhild an: sie liebte mich. Nichts hab ich gegen Gunnar getan und heiß nun doch der Buhle seines Weibes!«

Da starb er: Gudrun stieß einen Seufzer aus und schlug wiederum ihre Hände so heftig zusammen, dass die Becher auf dem Brett erklangen und die Gänse im Hof aufschrien.

Gudruns gellende Wehklage drang bis zu Brunhilds Lager: da lachte sie aus ergrimmtem Herzen.

»Lache du nicht, Verderbenstifterin, als brächte dir's Heil!«, zürnte Gunnar, der nun ob der Tat erschrak und den der Schwester Jammer rührte. »Wie schwindet dir die leuchtende Farbe! Dem Tod, mein ich, bist du geweiht. Sigurd war mein Blutsbruder. Du verdientest, dass wir dir vor Augen deinen Bruder erschlügen.«

»Wenig drückt Atli deine Drohung: er wird länger leben als du. Doch niemand nennt dich nun feige, Gunnar: Rache vollbrachtest du und gewannst Sigurds Waffen und Gold.«

Lärmend und klagend liefen die Burgleute zusammen in der Halle.

Da sprach Gudrun zu Brunhild: »Du freust dich der Freveltat, aber böse Geister werden Gunnar, den Mörder, ergreifen: eines rachgierigen Herzens Fluch wird sich erfüllen.«

Und finster sprach Högni: »Das böse Werk ist geschehen, wofür es Sühne nicht gibt.«

Und als der Abend kam, wurde in der Halle sehr viel getrunken und manches Wort dabei gesprochen, um des Tages blutigen Frevel zu vergessen: sie tranken bis tief in die Nacht, die alle in Schlaf versenkte. – Nur Gunnar wachte und wandelte unruhig umher.

Brunhild aber fuhr auf, kurz vor Tagesanbruch, aus schweren Träumen.

6. Brunhilds Tod

Der Morgen kam, und Gudrun saß über dem toten Sigurd: stumm, ohne Schluchzen und Klagen: sie begehrte zu sterben. Männer und Frauen gingen zu ihr, sie zu trösten: eignes Leid, das sie im Leben gelitten, erzählten sie ihr. Doch Gudrun konnte nicht weinen: so voller Gram und Grimm war sie.

Da trat ihre junge Schwäherin, Gullrönd, Gunnars Schwester, hinzu, wies die andern zurück und rief: »Schlecht versteht ihr, gramvolles Weib zu trösten.« Sie riss das Bahrtuch von dem Toten weg und legte Sigurds Haupt in Gudruns Schoß: »Schau den Geliebten und lege deine Lippen an den bärtigen Mund, als lebte er noch.«

Einmal nur schaute Gudrun auf: sah das blutige Haupt, sah die leuchtenden Augen erloschen, die Brust vom Schwerte durchbohrt: dann sank sie zurück, und ein Tränenstrom rann nieder in ihren Schoß.

Laut pries sie Sigurds Herrlichkeit, verwünschte Brunhild und sprach drohend zu Gunnar: »Du wirst dich nicht des Goldes erfreuen, weil du Sigurd die Eide brachest.«

Zornig schallte da Brunhilds Stimme: »Mann und Kinder misse die Dirne, welche dir, Gudrun, die Tränen gelöst und dir lindernde Klageworte erweckt hat.«

»Schweige, du Weltverhasste«, rief Gullrönd der Eintretenden entgegen, »zum Unheil wardst du Edelingen: wie sein böses Schicksal scheut dich jeder, männermordendes Weib.«

Brunhild stand an einem Pfeiler, sie schlang den Arm um den Schaft, und Feuer brach aus ihren Augen, als sie Sigurds Wunde sah: »Treibt mich an oder haltet mich ab«, rief sie – »der Mord ist vollbracht: mein Leid muss ich sagen, bevor ich sterbe.«

Alle schwiegen: niemand gefiel solcher Frauenbrauch, und sie hörten mit Grausen, wie sie weinend von dem Werke zu klagen anhob, zu welchem sie lachend die Helden getrieben hatte.

»Grimmes sah ich im Schlaf, Gunnar. In dem Saal alles tot: – ich schlief im kalten Bett –: dieweil du gefesselt rittest in der Feinde Heer. So soll all euer Geschlecht der Macht verlustig gehen: denn meineidig seid ihr! Vergaßest du's, Gunnar, so ganz, wie euer beider Blut gemeinsam in die Fußspur rann? Mit Bösem hast du ihm vergolten, dass er immer der Mutigste war! Als du um mich warbest, da hat Sigurd dir die Treue bewährt, nicht die Treue gebrochen. Das Schwert Gram lag zwischen uns beiden. Zweimal ist er zu mir durch die Flammen geritten: nur er ist mein Mann; und ein edel gesinntes Weib kann nicht mit fremdem Manne leben: – darum will ich nun sterben.«

Gunnar ging, umschlang Brunhilds Nacken und bat sie, von ihren Todesgedanken zu lassen: und so baten sie alle.

Aber unwandelbaren Herzens war Brunhild: sie liebte nur EINEN und keinen andern: sie stieß Gunnar zurück, ließ sich von niemand wehren.

Gunnar aber eilte zu Högni: »Heiße alle Mannen, deine wie meine, hineingehen in den Saal zu Brunhild, eh es vom Wort zum Werke kommt.«

»Niemand halte sie ab vom Todesgang, die zum Unheil Geborne und Männern zum Herzleid.« So antwortete Högni und wandte sich unwillig hinweg, während Brunhild ihre Mägde zusammenrief und Gold und Schätze unter sie austeilte.

Dann kleidete sie sich in ihre Walkürenbrünne und rief: »Gehet herzu alle, die ihr mit mir und Sigurd sterben wollt, ich gebe jeder einen Halsschmuck, Schleier und Gewand.«

Zögernd schwiegen sie: endlich sprach eine für alle: »Genug der Leichen sind's! Wir wollen noch leben und unsres Dienstes froh sein.«

»Niemand soll unfreudig um meinetwillen sterben«, sprach sie, und durchbohrte sich die Brust. »Sitze nieder zu mir, Gunnar! Schneller, als du denkst, wirst du mit Gudrun versöhnt werden. Nun will ich dich noch eine Bitte bitten, meine letzte: Lass einen Scheiterhaufen auf dem Feld errichten, so groß, dass wir alle, die wir mit Sigurd starben, darauf Raum finden. Umzelte die Brandburg mit Schilden und spreite darüber in Männerblut getränkten Teppich. Mir zur Seite brenne Sigurd: und das Schwert Gram liege zwischen uns. Und Sigurd zur Seite lass brennen meine goldgeschmückten Knechte, und fünf der Mägde, dazu zwei Hunde und zwei der Habichte. Manches sagt ich: mehr noch wüsst ich zu sagen, wäre Raum zur Rede: die Stimme versagt, die Wunde schwillt: Wahres allein sagt ich: – so gewiss ich nun sterbe.«

Da schichteten sie mit vieler Sorgfalt nach altem Brauch einen Scheiterhaufen, und als er in Brand stand, wurde Sigurd darauf gelegt und verbrannt, an seiner einen Seite Brunhild, an der andern sein erschlagenes Söhnlein, und mit ihnen ihr Leichengefolge.

VII.
Der Giukungen Ende

1. Gudruns Flucht und Wiedervermählung

Gudrun, voll Grams über Sigurds Tod, floh heimlich aus der Burg und gelangte nach mühseligen Tagen des Wanderns nach Dänemark und in die Halle König Alfs. Hiördis, Sigurds Mutter, war gestorben, und Alf hatte sich mit Thora, Hakons Tochter, vermählt. Freundlich nahm Thora die Verlassene auf. Dreiundeinhalb Jahre blieb Gudrun bei ihr: sie wirkte und stickte Gudrun zur Ergötzung allerlei Bilder auf bunten Borten von der Wölsungen Heldentaten.

Gunnar und Högni aber nahmen Sigurds Gold, und darüber entstand Unfriede zwischen ihnen und Atli, der ihnen Brunhildens Tod zur Last legte. Da ward dahin vertragen, dass sie Atli Gudrun zur Gattin geben sollten.

Gudrun aber trauerte um Sigurd: da riet Grimhild ihren Söhnen, die Schwester durch Wort und Werk zu überreden.

Gunnar und Högni bereiteten sich alsobald zur Fahrt nach Dänemark: sie sandten nach ihren Freunden, rüsteten Helme und Schilde, Brünnen und Heerkleider und wählten aus ihrer Schatzkammer köstliche Gaben für Gudrun, ihr den Sohn und den Gatten, die Erschlagenen, zu büßen.

Fünfhundert Mannen: Langobarden, Friesen und Franken, zogen mit Gunnar, darunter Fürsten und Edelinge; auch Atli und Grimhild waren bei der Fahrt. –

Die Schar der Fürsten eilte in des Dänenkönigs Halle vor Gudrun: Gold und herzliche Worte boten sie ihr, dass sie wieder Vertrauen fasse und Sühne nehme für all ihr Leid.

Grimhild reichte ihr einen Trank, den sie mit Zauberkünsten gemischt hatte: der betäubte ihren Schmerz. Drei Könige, Gunnar, Högni und Atli, neigten sich vor ihr und warben um ihre Hand; aber Gudrun sprach: »Ich will nicht wieder vermählt sein; und es geziemt mir nicht, Brunhilds Bruder zu nehmen.«

»Lass Atli deinen Hass nicht entgelten«, bat Grimhild, »ich hab ihn in vielem als vortrefflich befunden. Dein volles Vatererbe zahl ich dir aus nach Gunnars Tod, dazu geb ich dir hunisches Gold und hunische Jungfrauen, die kostbare Teppiche wirken und sticken, auch Land und Gefolgen biet ich dir noch: – nimm alles, Tochter, und willige ein.«

Da widerstand Gudrun nicht länger den Bitten: »Ich will ihn wählen wider eignen Willen, von euch genötigt: kein Glück wird aus unserm Bunde erwachsen.«

Rasch saßen die Werber wieder zu Rosse, Gudrun und ihre Frauen wurden auf die Wagen gehoben, und sie zogen mit ihrem Heergeleite nach Atlis Land. Dreimal sieben Tage währte die Reise: dann standen sie vor den Toren der Königsburg. Gudrun saß schlafend auf ihrem Wagen: böse Träume kündeten ihr Unheil an, da weckte sie Atli. Die Wächter schlossen die Gittertüren auf, sie fuhren ein: Gudrun stand in Atlis Halle. Dort war ein Gastmahl bereitet – wie sie es vorher verabredet hatten, und wurde da Gudrun mit Atli vermählt.

Er gab ihr zum Mahlschatz eine Fülle von Kleinodien, dreißig Knechte, sieben treffliche Mägde und Silber in Überfluss. Sie achtete das alles wie nichts: denn ihr Herz lachte Atli nicht zu.

2. Atlis Gastgebot

Zwei Söhne, Erp und Eitil, wurden Atli von Gudrun geboren, aber wenig Frohsinn herrschte in seiner Halle, seit die Giukungen-Tochter dort eingezogen war. Der König verlangte gierig nach Fafnirs Hort: den wollten Gunnar und Högni allein besitzen: sie gaben ihm nichts davon. Mit guten und bösen Mitteln suchte Atli das Gold zu gewinnen.

Da fuhr es Atli durch den Sinn, wo es wohl geborgen sein möchte? – Das wussten nur Gunnar und Högni: und er ging mit sich zu Rat, wie er den Schatz endlich in seine Gewalt bringen könnte? Und er fasste den Entschluss, die Schwäger zu einem Gastmahl zu laden: da sollten sie das Gold ausliefern, in Güte oder gezwungen. Er rief Wingi, seinen Vertrauten: lang raunten sie miteinander: gute Worte und ehrende Geschenke sollten die Giukungen überreden, der Einladung zu folgen. Wingi führte des Königs Sendemänner.

Gudrun hatte argwöhnenden Herzens ihr heimliches Zwiegespräch bemerkt: sie fürchtete einen listigen Anschlag gegen ihre Brüder. Sie ritzte warnende Runen, nahm den Ring Andwaranaut, knüpfte ein Wolfshaar daran und bat Wingi, Runen wie Ring Gunnar und Högni zu überbringen.

Bevor Wingi an den Rhein kam, besah er der Königin Runen und ritzte sie um. –

Die Sendemänner traten in Gunnars Halle und tranken den Willkomm-Becher, dann begann Wingi mit kalter Stimme: »Atli sandte mich her auf schnaubendem Ross, durch den dunkeln Wald, euch gastlich in seine Burg zu laden: Speere und Schilde, Helme und Hengste, Brünnen und Bogen, silberne Satteldecken, Heergewänder und hunische Knechte könnt ihr euch dort wählen, Schiffe und Städte, die Gnitaheide und den dunkeln Wald bietet er euch.«

Da wandte Gunnar das Haupt zu Högni: »Was rätst du auf

solche Rede? Des Goldes haben wir genug, sieben Hallen voll Schwerter, ein jedes mit goldnem Griff: mein Ross ist das beste, mein Schwert das schärfste, Bogen, Brünnen und Schilde hängen uns an den Wänden: ich achte sie für besser als alle hunischen.«

»Ein Wolfshaar fand ich an den Ring geknüpft«, antwortete Högni, »ich meine, die Schwester warnt uns.«

Weder Gesippen noch Freunde rieten dem König, dem Gastgebot zu folgen. Glaumvör, Gunnars zweites Gemahl, und Kostbera, die reizendste aller Frauen, Högnis Weib, gingen in die Halle, grüßten die Boten und gedachten ihrer Pflicht: sie schenkten Wein und pflegten der Gäste. Der Abend war gekommen, das Saalvolk ging zur Ruh: die Fürsten saßen noch trinkend beisammen. Wingi zeigte nun die Runen, die, wie er sagte, Gudrun geritzt habe. Kostbera war runenkundig, die Kluge nahm die Stäbe und erforschte beim flackernden Hallfeuer ihre Deutung: sie waren schwer zu erraten, zwiefacher Sinn schien darin zu liegen. Die Könige tranken überviel.

Das gewahrte Wingi: »Atli wird alt«, sagte er, »seine Söhne aber sind noch zu jung, das gewaltige Reich zu schirmen: da will er euch zu Hütern ihrer Jugend und des Reichs bestellen.«

Da nun Gunnar trunken war und sein Herz Übermutes voll und ihm ein Reich geboten wurde, gelobte er, zu kommen, und sagte das Högni.

»Ein Königswort muss gelten, und ich werde dir folgen, ob ich's gleich nicht eilig habe.«

»Steh auf, Fiörnir«, rief aber Gunnar trotzig einem Gefolgen zu, »lass die großen Goldhörner durch die Hände der Männer kreisen. Mögen wilde Wölfe unsres Erbes walten und zottige Bären die Saaten verwüsten, wenn Gunnar nicht heimkehrt.«

In der Nacht ängstigten Kostbera schwere Träume. Als der Morgen dämmerte und Högni an ihrer Seite erwachte, sprach sie: »Du schickst dich an, dein Haus zu verlassen: hüte dich! Fahr ein andermal: ich erriet die Runen deiner Schwester! Sie ladet euch nicht, zu kommen: verworren sind sie geritzt, als laure der Tod auf euch in Atlis Burg. Ein Stab fehlt – oder die Runen sind gefälscht.«

»Misstrauisch seid ihr Weiber. Ich will nicht danach forschen und fürchte mich nicht, und käme das Schrecklichste.«

»Ich sah heut Nacht im Traum dein Leintuch brennen, und die Lohe brauste durch unser Haus.«

»Hier liegt viel Leinwand, auf die ihr wenig Acht habt: die wird bald brennen: das sahst du im Traum.«

»Und ein Bär brach in unsre Halle, mit kratzenden Pranken warf er die Bänke nieder: in seinen Rachen riss er uns alle. Wir kreischten laut: die Angst war groß.«

»Ein Wetter wird aufsteigen: du sahst einen Weißbären, da kommt Sturm von Osten.«

»Einen Aar sah ich in die Halle fliegen: er beträufte uns alle mit Blut: und mich dünkte, er war Atlis Schutzgeist.«

»Wir schlachten bald, da fließt Blut: träumt man von Adlern, bedeutet's oft nur einen Ochsen. Was dir auch träumte, sorge nicht«, schloss Högni.

Gunnar und Glaumvör erwachten bei Tagesgrauen, auch ihr hatten böse Träume Unheil verkündet: sie widerriet die Fahrt: »Einen Galgen sah ich dir errichtet, Gunnar: Nattern nagten an dir, dieweil du noch lebtest: was bedeutet das? Ein Speer, deuchte mich, durchstach dich, und Wölfe heulten an des Speeres beiden Enden. Was bedeutet das?«

»Nur Jagd und Hundegebell von Atlis Meute verkündet dein Speertraum.«

»Und einen Strom sah ich in die Halle fließen: er stieg

und schwoll, die Bänke überschwemmend: euch Brüdern zerbrach er die Füße: nichts konnte die Fluten hemmen: das bedeutet etwas! Und verstorbene Weiber, kostbar gekleidete, kamen in der Nacht hierher, wollten dich zum Gatten kiesen, luden dich, auf die Bänke zu sitzen. Weh! Die Schutzgöttinnen[13], fürcht ich, schieden von dir.«

»Du warnst zu spät, nun die Fahrt beschlossen ist. Niemand mag seinem Schicksal entfliehen. Wohl deutet vieles, dass unser Leben kurz sein wird.«

Früh am leuchtenden Morgen bereiteten sich die Geladenen zur Reise. Aber ehe sie zu Ross saßen, gingen Gunnar und Högni insgeheim hin, nahmen Fafnirs Erbe und versenkten es in den Rhein: und niemals hat sich das Gold wieder gefunden.

Selbfünft ritten die Giukungen – zwei Söhne und ein Schwager Högnis zogen mit –, und gegen zwanzig Dienstmannen folgten ihnen. Die Frauen geleiteten sie bis an den Rhein. Glaumvör wandte sich zu Wingi: »Ich weiß nicht, WIE du unsern guten Willen lohnst? Du warest hier ein arger Gast, wenn dort Übles geschieht.«

»Atli sollen die Riesen holen, wenn er euch belügt«, verschwor sich Wingi, »am Galgen soll er reiten, hält er nicht Frieden.«

»Fahret denn selig! Und folg euch der Sieg!«, sprach Kostbera aus holdem Herzen, und Högni rief zurück: »Seid wohlgemut, wie es auch ergehe.«

Dann folgte er den Recken ins Schiff. Die Frauen schauten ihnen nach, bis sie entschwanden: da schied das Schicksal ihre Wege.

Die Recken begannen so kräftig zu rudern, dass die Ruderstangen zerbrachen, die Ruderpflöcke barsten. Unangebunden blieb das Boot liegen, als sie ans Land stiegen.

Sie ließen ihre Rosse über die Berge durch den dunklen Wald und bebautes Land rennen. Endlich sahen sie Atlis

Burg ragen. Kriegsvolk stand auf den Wällen, Wächter an den Pforten. Klirrend flogen die Riegel auf, als Högni ans Tor pochte. Da rief Wingi, vom bösen Gewissen getrieben: »Bleibet fern dem Hause! Leicht lieft ihr ins Garn, und gleich erschlägt man euch.«

Aber Högni gedachte nicht zu weichen: er scheute vor nichts, wenn es galt, Mut zu erproben: »Du wirst uns nicht schrecken! Fahre zur Hel, meineidiger Verräter.«

Und zornig schwang er das Schlachtbeil und schlug ihn nieder.

4. Der Kampf

Sie ritten ein in die Burg.

Atli saß in seiner Halle beim Wein, als Boten die Ankunft der Gäste meldeten. Er fuhr in die Brünne und schritt mit einer Schar Gerüsteter den eintretenden Giukungen entgegen: »Seid willkommen«, rief er, »und gebet das Gold her, das mir zukommt, Sigurds Hort, der nun Gudrun gebührt.«

»Niemals!«, antwortete Gunnar. »Und willst du uns Kampf bieten, so sollst du uns tapfer finden, ehe wir fallen.«

»Lang hab ich gelobt, euch zu erschlagen: über das Gold will ich schalten und das Neidingswerk rächen, dass ihr Brunhild und Sigurd betrogt.«

»Wenig hat uns geschadet, was du lang beschlossen hast«, rief Högnir, »wir aber ließen schon deinen treulosen Sendboten zur Hel fahren.«

Zornig hörten's die Burgleute: sie hoben die Langbogen, und sausend schwirrte ein Schwarm von Pfeilen auf die Giukungen. Der Lärm drang bis zu Gudrun in ihre Kammer. Wild riss sie ihre Halsketten ab und schleuderte sie an den Boden, dass sie klirrend zersprangen. Sie schritt hinaus, riss zornig die Hallentür auf und furchtlos trat sie zwischen die

Streitenden, umarmte und liebkoste ihre Brüder und sprach: »Ich sandt euch ein Sinnbild zur Warnung! Dem Schicksal widersteht man nicht: ihr kamet doch! Verraten bist du, Gunnar! Was wollt ihr nun tun wider Atlis List?«

»Nun ist's zu spät, Schwester! Zu weit ist's bis an den Rhein, unsre Scharen zu rufen.«

Mit klugen Worten versuchte Gudrun die Grimmherzigen zu versöhnen, aber sie achteten nicht darauf: alle riefen: »Nein!«

Da sah sie den Kampf beginnen: sie warf den Mantel ab, fasste ein Schwert und schwang es an der Brüder Seite und ging vorwärts wie der tapferste Mann: einen Bruder Atlis traf sie, dass er nicht mehr aufstand, dem andern hieb sie den Fuß ab, und ihre Hände zitterten nicht. Gunnar und Högni gingen todbringend durch Atlis Scharen, ihre jungen Blutsfreunde folgten ihnen tapfer, und so gewaltig drangen die Giukungen vor, dass Atli sich in einen festen Turm flüchtete und die Tür hinter sich zuschlug. Das Fechten währte vom Morgen bis Abend: in der Nacht ruhte es, um am andern Tag heftiger wieder zu entbrennen. Hof und Halle flossen von Blut. Gudrun ließ Feuer an den Saal legen: sie kämpfte nicht mehr: außen stehend erwartete sie, wie alles enden werde, und mit so heißer Wut tobte das Schlachten und Morden, dass bald alle Gefolgen Gunnars tot lagen: auch Kostberas Söhne und ihr Bruder fielen da. Nur die beiden Brüder widerstanden noch tapfer. Atli harrte in sicherm Turme des Ausgangs. Eine übermächtige Schar griff nun Gunnar an: lange schirmte ihn Högni, Tote auf Tote türmend: endlich überwältigten die übermächtigen Feinde Gunnar, fingen ihn lebendig, banden ihn und führten ihn weg.

Högni aber kämpfte unerschrocken fort: sieben Männer erschlug er, den achten warf er ins Feuer, wie er zuvor schon manchem getan hatte. Alle nannten ihn den gewaltigsten

Kämpen, aber zuletzt – blutend, kampfmüde – erlag auch er der Überzahl und wurde gebunden.

5. Der Könige Tod

Da schritten Atli und Gudrun wieder in die Halle: »Übel sieht's hier aus«, sprach Atli. »Erschlagen meine Kämpen, tot liegen meine Brüder! Das dank ich dir, Gudrun. Ich hatte herrliche Schwäher, ich leugne es nicht, verderbliches Weib. Wir stimmten selten, seit ich dich nahm, überein: du wirktest stets dagegen, dass ich den Hort gewann, und meiner Schwester Tod hast du verschuldet.« –

»Meine Mutter[14] ergriffst du und mordetest sie um des Goldes willen: – in der Höhle musste sie verhungern. Ich lache, willst du klagen: den Göttern Dank, dass es dir übel ergeht.«

»Mehrt dem Weibe den Harm, ihr Mannen«, befahl Atli, »ergreifet Högni und schneidet ihm das Herz aus! Den grimmen Gunnar bindet an den Galgenpfahl: im Wurmgarten sollen ihn die Schlagen nagen.«

»Tu, wie dich gelüstet«, rief Högni, »ich habe schon Schlimmeres ausgehalten. Solang ich heil war, widerstand ich euch: – nun bin ich in deiner Gewalt.«

Gudrun aber eilte hinaus zu ihren Söhnen und sagte, sie möchten des Vaters Knie umfassen und der Könige Leben erbitten: doch die Knaben schlugen der Mutter die Bitte ab. –

Inzwischen sandte Atli einen Boten zu Gunnar: ob er das Leben erkaufen wolle mit Sigurds Gold.

»Zuvor will ich Högnis Herz blutend in der Hand halten«, antwortete der Stolze.

Atli winkte den Schergen ans Werk. Der Burgwart raunte ihnen zu: »Lasst uns Högnis schonen und den blöden

Knecht Hialli greifen: – der ist alt, und wie lang er auch lebt – er bleibt stets ein armer Tropf.«

Hialli stand in der Küche bei den Kesseln, als sie ihn suchten: er klagte und kroch in alle Winkel, bis sie ihn fingen: noch ehe er die Spitze des Messers fühlte, schrie er laut: das Schmählichste wolle er vollführen und sich glücklich schätzen, käm er davon.

»Lasst ihn laufen«, sagte Högni, »mir ist das ein geringes Spiel: – und wer möchte länger solch Gewinsel mit anhören!«

Dennoch töteten sie den Knecht und trugen sein blutend Herz zu Gunnar.

»Das ist eines Knechtes Herz: wie zittert es in der Schüssel! Zweimal so stark zitterte es, da es noch in der Brust lag«, sprach der König.

Nun blieb keine Wahl mehr: Atlis Befehl musste geschehen.

Högni lachte laut und erduldete die Todesqual, ohne einen Schrei auszustoßen. Sie brachten das blutige Herz zu Gunnar. »Des kühnen Högni Herz«, rief er, »halt ich hier in Händen: kaum zittert das auf der Schüssel, und niemals hat es gebebt, da Högni es in der Brust trug. Nun weiß niemand, außer mir, wo der Hort ruht, und niemals, Atli, wirst du das erfahren.«

»Auf! Schirrt den Wagen! In den Wurmgarten mit ihm«, befahl da Atli.

Gudrun vernahm den grausigen Befehl: sie drängte die Tränen zurück, als sie in die Halle trat. »Also ergeh es dir, Atli, wie du Gunnar die Eide hieltest, die oft gelobten, die bei der Mittagssonne, bei Odins Berg und Ullrs Ring geschworenen.«

Aber Atli stieg zu Ross: inmitten seiner Speerträger ritt er auf die Heide, wo ein umhegtes Gebüsch lag, von Schlangen und Nattern durchkrochen: unter ihren Bissen sollte Gunnar sterben. An den Händen gefesselt, wurde der stolze Mann in den Garten geführt. Gudrun ließ ihm heimlich eine Harfe senden. Einsam, zorngemut, schlug er die Saiten mit den Zehen wie sonst mit der Hand, und so schön klang sein Spiel, dass Männer und Frauen weinten, die es fernhin hörten: die Schlangen aber, die zischend gegen ihn aufbäumten, schliefen darüber ein; nur eine große Natter, alt und scheußlich, die fuhr gegen ihn und biss ihm bis tief ins Herz. Da starb Gunnar im trotzigen Heldenmut.

6. Gudruns Rache

Und Atli wandte seinen Hengst: – bald scholl seiner Speerträger Lärmen, wildes Rufen und das Gedräng von Rossen im Burghof: – sie waren von der Heide zurückgekommen. –

Nun dünkte sich Atli groß, als er vor Gudrun hintrat. Höhnend sprach er: »Tot liegen deine Brüder, und du selbst hast Schuld, dass es so erging.«

»Frohen Sinnes kommst du, mir den Mord zu verkünden? Reue wird über dich kommen: das Unheil weicht nicht mehr von dir: – es sei denn, dass ich sterbe.«

»Dafür weiß ich Rat: mit Mägden, Kleinodien und Silber tröst ich dich.« –

»Das wähne nicht: ich sage nein! Galt ich vorher für grimmig – nun bin ich's gewiss. Meiner Brüder Mord wirst du mir nie sühnen! – Was du auch bietest – mir ist's leidig. Doch« – fuhr sie sich bezwingend fort – »des Mannes Übergewalt beugt den Willen der Frau: du magst hier allein aller Dinge walten.«

Töricht traute ihr der König, als sie so wider ihr eignes Herz redete.

Er ließ die Toten aus der Halle schaffen und feierlich bestatten: auch Högnis und Gunnars Leichen erwies er die letzten Ehren, dann kehrte er in den Saal zurück. Gudrun schritt ihm hier entgegen, einen goldenen Becher in der Rechten, zwei Speere in der Linken: sie stellte sich durch solche Totenehrung versöhnt: »Heil dir, König! Empfange als Gudruns Gabe ihrer Brüder Speere.« Und sie rüsteten gemeinsam ein Trinkgelag[15] zum Gedächtnis aller Gefallenen. Mit Pracht und Überfluss bereitet, stand bald das Mahl in der gesäuberten Halle.

Gudrun aber nahm grimmen Herzens Rache, die grässlichste, die je ein Weib ersonnen hat.

Sie lockte ihre und Atlis Söhne in ihr Gemach und schnitt ihnen die Hälse ab. Und als die Helden abends zusammengeschart im Saal saßen und die Becher klangen, schenkte sie Wein und reichte dem König Leckereien. Er trank und fragte, ob seine Söhne draußen spielten, da er sie nirgends sehe.

»Du erschlugst mir die Brüder«, antwortete Gudrun, »und höhntest mich noch am Morgen: der Abend ist gekommen: ich biete dir Gleiches. Du ziehst sie fürder nicht an dein Knie, weder Erp noch Eitil: nie siehst du sie wieder von deinem Sitze herab Pfeile schäften, Mähnen glätten und Mähren tummeln. Ihr Blut mischte ich in deinen Wein, ihre Schädel waren dir Trinkschalen, ihre Herzen aßest du gierig für Kalbsherzen: nichts ließest du übrig von der Speise. Du weißt nun, wo deine Knaben sind. Ich tat, was ich musste. Ich lobe es nicht.«

Entsetzt fuhren die Männer auf von den Bänken und hoben drohend die Waffen: – und alle weinten, nur Gudrun nicht: nie weinte sie, seit sie Atlis Weib geworden war.

»Übergrimmig bist du«, rief der König, »da du das vermochtest! Morgen sollst du gesteinigt werden und verbrannt auf dem Scheiterhaufen.«

»Sieh selber morgen, solches zu meiden; schöneren Todes will ich in ein andres Licht fahren.«

Berauschenden Trankes war übergenug in der Halle: das meiste Volk saß trunken oder schlafend da.

Auch Atli hatte sich besinnungslos getrunken und suchte sein Lager. Als er eingeschlafen war, nahm Gudrun einen Dolch und durchbohrte ihm die Brust. Er erwachte, fühlte die Wunde und sah mutig sein Ende nahen: »Wer erschlug Budlis Sohn?«, fragte er.

»Ich hehl dir's nicht: ich tat's.«

»Falsch ist, wer den vertrauenden Freund betrügt! Als ich ausritt, um dich zu werben, nannten sie dich hoffärtig und wildherzig. Das war keine Lüge. Ich hab's erfahren. Reichen Mahlschatz zahlte ich dir, und dich dünkte alles wie nichts. Seit du hier waltest, fand ich von Herzen froh keinen mehr der Hausgenossen.«

»Du lügst, Atli! – Selten zwar war ich sanft, doch du mehrtest stets meinen Zorn. Andres fand ich hier als bei den Giukungen und Sigurd! Ihr Brüder strittet hässlich um euer Erbe untereinander. Zugrunde ging alles, was diesem Hause zum Heile sein sollte. MEINE Brüder und Sigurd, als sie in Treue beisammenstanden, waren unbezwingbar. Sie fuhren auf Glück und Sieg: sie erschlugen, wer uns nicht huldigte. Nach Willkür riefen wir aus den Wäldern Friedlose zurück und gaben dem die Macht, der uns beliebte. Als Sigurd starb: – da sank mein Glück: herb war da mein Kummer. Doch härter die Qual, dir zu folgen. Ein Held war Sigurd. Nie kamst DU vom Kampf und hattest den Feind gefällt. Ich ließ es beruhn: doch dich ehrte das nicht.«

»Die zornigen Worte bessern unser beider Los nicht. Sorge nun, Königin, für des Königs Ehren, wenn man ihn hinausträgt.«

»Ich will ein Schiff kaufen und eine bunte Bahre und sorgen für alles – als ob wir uns hold wären«, sprach Gudrun, von des Königs heldenmütiger Ruhe, mit der er starb, gerührt.

Atli lag tot: der Tag brach an, und Gudrun erfüllte, was sie ihm versprochen. Er wurde in ein Schiff gebahrt, mit allen Ehren, welche die Königswürde heischte, und Wind und Wellen der See übergeben. –

Trauernd saßen Atlis Mannen in der Burghalle. Als die Nacht kam und die Burgleute schliefen, löste Gudrun die Hunde von der Kette, legte Feuer an die Halle und verbrannte alle, die darin lagen und beim Mord ihrer Brüder geholfen hatten.

Der ganze Bau stand in Flammen: Schatzkammern und Gebälk stürzten ein: – auch die Mägde sanken tot in heiße Glut, und Gudrun wollte nun auch sterben.[16]

VIII.
Swanhild und ihre Brüder

Gudrun wanderte allein, bis sie das Meer erreichte, und stürzte sich in die Wogen, ihr Leben zu enden.

Sie ward aber von den Wellen ans Land getragen, dorthin, wo König Jonakur herrschte. Der führte sie in seine Burg. Hier fand sie ihre Tochter wieder. Nachdem sie nämlich in Alfs Halle geflohen war, gebar sie dort ein Mädchen, Sigurds Tochter, das Swanhild genannt wurde und, seit Gudrun Atli folgte, bei jenem König Jonakur erzogen worden war.

Jonakur nahm Gudrun zur Frau. Sie gewannen drei Söhne: Sörli, Hamdir und Erp. Die ersten zwei hatten dunkles Haar, wie Gunnar und Högni, der dritte aber hatte rotes.

Swanhild hatte Sigurds scharfe Augen und goldene Locken und war von wunderbarer Schönheit. Das hörte Ermenrich[17], der Gotenkönig, und sandte seinen Sohn Randwer und Sibich[18], seinen Ratgeber, zu Jonakur, um Swanhildens Hand zu werben.

»Es sei«, sprach Jonakur, »das ist eine würdige Heirat und Ermenrich ein machtreicher König.«

Und Swanhild wurde den Sendmännern mitgegeben.

Als sie über die See fuhren, sprach Sibich zu Randwer: »Besser geziemte sich's, du gewännest die schöne Swanhild zur Frau, als dein Vater, der ein alter Mann ist.«

Der Rat gefiel Randwer, er ging zu Swanhild und sprach freundlich mit ihr.

Als sie aber heimkamen, sagte Sibich zu Ermenrich, dass Randwer heimlich Swanhildens Gunst gewonnen habe.

Der König folgte stets zu seinem Unheil den Ratschlägen Sibichs und vermochte sich im Zorn nicht zu mäßigen: darum befahl er, seinen Sohn an den Galgen zu knüpfen.

Und als Randwer unter dem Galgen stand, nahm er einen Habicht, rupfte ihm die Federn aus und sandte ihn seinem Vater.

Da der Vater den Habicht sah, kam ihm zu Sinn, dass, wie der Vogel unflügge und federlos, so auch sein Reich ohne Bestand, er selbst nun ohne Erben wäre. Und er entsandte einen Boten und befahl, Randwer vom Galgen zu nehmen.

Indessen hatte Sibich aber das Urteil schon vollstreckt, und Randwer war tot. –

Abermals ging Sibich zum Könige und sprach: »Nur Swanhild ist an allem schuld. Lass sie mit Schmach sterben.«

»So gescheh's«, antwortete Ermenrich.

Man band Swanhild auf der Erde am Burgtor fest und ließ wilde Rosse auf sie einsprengen: wie sie aber ihre hellen Augen aufschlug, scheuten die Tiere und wagten nicht, auf sie zu treten. Sibich befahl da, ihr einen Sack übers Haupt zu ziehen: und so ließ Sigurds Kind ihr Leben unter den Hufen der Hengste.

Gudrun erfuhr Swanhilds Schicksal: sie ging zu ihren Söhnen und sprach: »Warum sitzet ihr müßig hier? Ermenrich hat eure Schwester, jung an Jahren, auf dem Heerweg zerstampft durch weiße und schwarze, durch graue Rosse der Goten! Nicht Gunnars, nicht Högnis Art habt ihr geerbt! Einsam bin ich geworden, wie eine Espe im Walde – entblößt der Freude, wie die Föhre, die man der Zweige beraubt hat.«

Ihr antwortete Sörli klugen Sinnes: »Was begehrst du, Mutter, das du vor grimmem Schmerz nicht zu sagen vermagst?«

Und Hamdir sprach mutvoll: »Einmütig wollen wir die Schwester rächen. Schaff uns Waffen.«

Lachend flog Gudrun zur Rüstkammer und brachte ihnen Brünnen und Helme, die kein Eisen zerschnitt: aber vor Stein, warnte sie, sollten sie auf der Hut sein.

Kampfbereit ritten die Brüder zum Burgtor hinaus.

Gudrun aber ging weinen in die Halle und klagte: »Drei Feuer kannt ich, drei Herde hatt ich, dreien Gatten ward ich ins Haus geführt: Sigurd allein liebt ich. Ich ging zum Strand, gram war ich den Nornen, sterben wollt ich, aber die Wogen trugen mich ans Land: leben sollt ich. Wie ein freundlich blinkender Sonnenstrahl war Swanhild hier im Saal. Das ist mir das Härteste, dass sie Swanhilds lichte Locken in den Kot stampften: das Schmerzlichste, dass sie Sigurd erschlugen: das Grimmste, dass Gunnar die Nattern nagten: aber am schärfsten stach mir ins Herz, dass sie Högni lebendig zerschnitten. Nun lasst mich sterben. Säume nicht, Sigurd! Lenke dein schwarzes Ross hierher: gedenke, was du gelobtest: dass du kommen wollest aus der Halle Hels, mich heimzuholen. Schichtet mir den Scheiterhaufen, ihr Männer: das Feuer verbrenne mir das harmvolle Herz, die leidvolle Brust: in der Glut schmelze mir im Herzen der Harm. Männern sänftige es den Mut, Jungfraun lindr es die Schmerzen, wenn sie mein Gramlied zu Ende hören.«

Da starb Gudrun und wurde verbrannt.

Die beiden Rächer fanden Erp auf ihrem Weg, auf einem Rosse reitend: er war klein von Gestalt und unschön, aber der Mutter Liebling. Ihn hatte es fortgetrieben zur Schwesterrache, noch ehe die Mutter dazu mahnte.

»Euch Blöde musste die Mutter erst mahnen«, rief er vorwurfsvoll, »mich mahnte der Schwester Blut.«

»Wie willst du, fuchsiger Knirps, uns Hilfe leisten?«, fragte zornig Sörli.

»Wie eine Hand der andern, wie ein Fuß dem andern.«

»Wie soll uns das helfen! Das dünkt mich verächtlich«, rief Hamdir, und, ergrimmt ob seiner stolzen Vermahnung, erschlugen sie den Bruder.

Sie ritten weiter. Kurz darauf strauchelte Hamdir, er hielt sich mit der Hand und sagte: »Erp sprach wahr: hätte die Hand mich nicht gehalten, wäre ich gefallen.«

Und nicht lange, so stolperte Sörli und glitt aus mit einem Fuß, doch stützte er sich noch mit dem andern. »Nun wär ich gefallen, hätte der Fuß mir nicht geholfen«, sprach er, und sie gestanden sich, dass sie übel getan hatten, ihren Bruder zu erschlagen.

Sie kamen zu König Ermenrichs Burg und stürmten in seinen Saal, wo er beim Weine saß mit seinen Mannen und sich wenig vor den Rächern fürchtete. Streit und Kampf entbrannte: Hamdir hieb Ermenrich die Hände ab, Sörli die Füße. »Abgehauen wäre nun auch Ermenrichs Haupt, wäre Erp hier, den wir erschlugen«, sprach Hamdir.

Sie wehrten sich tapfer gegen die wilde Überzahl, kein Eisen verletzte sie. Da trat ein einäugiger Mann in Mantel und Schlapphut unter die Goten und rief: »Werft Steine auf sie.«

Da fielen sie: Sörli an des Saales Schwelle, Hamdir an des Hauses Rücken.

Fortleben aber wird der Ruhm des Heldentrotzes der Wölsungen und Giukungen, wo immer Menschen davon hören.

Zweites Buch

Beowulf

I.
Von den Schildingen

1. Schild

In Urtagen schwamm über die See ein Schiff an die Küste DÄNEMARKS: Schilde deckten den Bordrand, oben vom Mastbaum flatterte ein golden Banner.

Unten, daran gelehnt, saß schlafend ein Knabe, Waffen lagen rings um ihn: der war eines Gottes[19] Sohn, SCHILD hieß er bei den Menschen. Unter Staunen liefen die Leute herbei: heiliger Schauer und freudige Hoffnung ergriffen sie, als sie nun den von den Göttern ihnen Zugesendeten aufnahmen. Er wuchs groß, gewann Würde und Macht und wurde König der GERDÄNEN.

Lang waren sie getreu HEREMOD, ihrem König, gefolgt: als er aber im Alter finster, gabenkarg und blutgierig wurde, ließen sie von ihm.

Nun schützte Schild die Dänen gegen ihre Feinde, mehrte ihre Macht und teilte ihnen Schätze aus: einen guten König nannten sie ihn. Lange lebte er, und ließ Land und Reich seinen Nachkommen, den SCHILDINGEN. Und als er schied, trugen seine Gefolgen den Toten ans brandende Ufer, wie er selber geboten hatte. Sie rüsteten ein Schiff aus mit Schilden und Waffen, sie legten ihren lieben Herrn, den Schatzspender, an den Mastbaum und häuften um ihn köstliche Schätze und Kleinodien; das goldene Banner banden sie ihm zu Häupten und schoben das Schiff hinaus auf die See: die ihn einst hergetragen hatte, entführte ihn wieder, und niemand weiß, wer ihn empfing.

2. Heorot

König Hrodgar, Healfdenes Sohn, einem Urenkel Schilds, folgte Heerglück und Waffenruhm, sodass Gesippen und Volk ihm gern dienten. Er ließ ein prächtiges Hallgebäude aufführen mit einem großen Metsaal: Heorot, d.i. der Hirsch, nannten sie den Saal wegen seiner hohen Zinnen.

An den Wänden hingen kostbare Waffen, Heergerät und Schatzstücke aller Art. Die hartholzigen Tische und Bänke waren goldbeschlagen, und wo sie standen, deckten den gestampften Estrich Holzdielen.

Auf dem Hochsitz saß da Hrodgar im Kreise seiner Degen und teilte Baugen (Ringe), Waffen und Gewande unter die Dänen aus. Von fern und nah kamen sie nach der gastlichen Heorot gezogen. Dort lebte sich's ohne Sorge in Lust und Frieden. Das Methorn kreiste, Harfenschlag erklang, Sänger sangen ihre Lieder, und weithin schallte jeglichen Tag der Jubel.

3. Grendel

Den hörte tief im Sumpfwald ein Unhold, der in Moor und Meer hauste: Grendel hieß er bei den Leuten.

Zur Nacht schlich der üble Markgänger spürend in die schöne Halle. Da lagen auf dem Estrich, behaglich auf Polstern gebettet, im Schlaf die Edelinge, welche die schmuckreiche Halle hüteten. Gierig raffte der scheußliche Riese dreißig der Schläfer und trug sie mit sich in seinen Bau.

Auf Freude folgte da Wehruf und Mordschrei in Heorot! – Die Fußspur des Unholds verfolgten sie bis an den verrufenen Sumpfwald, der über wildes Geklüft am Seestrand sich hinzog. Noch kein Lebender hatte sich dort hineingewagt.

In der nächsten Nacht aber kam das Scheusal abermals

und raubte noch mehr der Helden als zuvor. Bald flohen die meisten die schöne Halle: denn Grendel kehrte allnächtlich wieder und raffte schonungslos einen Helden nach dem andern dahin, bis die stolze Heorot leer stand. Zwölf Winter wütete er so voll Hohn und Feindschaft. Machtlos waren auch die Tapfersten gegen seine Riesenstärke. Nicht um Lösegeld gab er die Geraubten frei, noch schonte er ihres Lebens. Alt und Jung ängstigte er, meuchelnd und mordend, wann er zur Mitternacht aus dem Nebelmoor aufstieg. Schwer lastete der Kummer auf dem König: gebrochnen Mutes saß er auf dem Hochsitz und raunte oft mit weisen Männern, ob sie Rat wüssten? Vergebens opferte er den Göttern in Hof und Heiligtum und rief ihren Beistand an wider den Würger. Jahraus, jahrein quälte den Herrscher die eine Sorge, und er wusste doch nicht das Weh von seinem Volke zu wenden. Bald wurde es lautbar: über der Dänen Mark hinaus drang die Kunde von dem Unhold.

II.
Beowulf

1. Die Ausfahrt

Da hörte von Grendels Gräueltaten, fern im Geatenreich, Beowulf, des Königs Hygelak Schwestersohn und tapferster Degen. Er entstammte dem königlichen Geschlecht der Wägmunde in Schweden. Als siebenjähriger Knabe war er an den Hof seines mütterlichen Großvaters, des Geatenkönigs Hredel, gekommen, der ihn mit seinen eignen Söhnen erziehen ließ: er ward der Liebling seiner Gesippen und des Volks.

Nun befahl er, ein Schiff bereitzumachen: denn er wollte hinüberfahren zu Hrodgar, der eines Helden bedürfe. Vierzehn der kühnsten Geaten kor er sich zu Fahrtgesellen. Bald lag unter dem Hügel am Meeresstrand schaukelnd auf den Wellen das Schiff mit dem schön gebogenen Steven bereit.

Die Segelbrüder trugen eilend ihre Kriegswehr hin und bargen sie in dem weitbäuchigen Nachen. Ein seekundiger Lotse führte das Steuer. Da flog das halsumschäumte Schiff, vom Winde geschoben, wie eine Möwe über die Flut, bis zu selben Stunde des andern Tages die Seefahrer das Land erblickten: blinkende Seeklippen und ragende Berge dahinter. Die Fahrt war zu Ende, die Weigande stiegen auf den Strand, zogen das Schiff nach und seilten es fest. Dann trugen sie ihre Wehrkleider heraus, legten sie an und schritten erzklirrend landeinwärts.

2. *Der Strandwart*

Da – vom Landwalle her – gewahrte der Schildinge Strandwart, der die Seeküsten hütete, die Helden, wie sie Schilde und Brünnen ans Land trugen. Er ritt hinab: den Wurfspeer in der erhobenen Hand wiegend, rief er sie an: »Wer seid ihr, brünnenbewehrte Waffenträger, die ihr auf umbrandetem Kiel übers Meer geschwommen seid? Als Strandhüter bin ich hier bestellt, dass kein leidiger Feind der Dänen landen mag. Nie zuvor sah ich Krieger unverhohlener landen! Schwerlich wisst ihr doch das Losungswort, noch habt ihr des Dänenkönigs Erlaubnis verlangt?« Und auf Beowulf deutend, fuhr er fort: »Und nie sah ich gewaltigeren Kämpen als den EINEN: das ist kein Herdhocker, wenn nicht sein Antlitz trügt! Ich muss nun aber eure Herkunft wissen, ehe ihr gar als Späher ins Dänenland zöget. Darum gebt Bescheid!«

»Wir sind Geaten«, antwortete ihm Beowulf, »Herdgenossen Hygelaks, unsers Königs. Beowulf heiß ich, EKGTHEOWS

Sohn: Völker und Fürsten kannten ihn, und weise Männer gedenken noch sein. Mit holdem Herzen suchen wir Hrodgar, deinen Herrn, auf. Gib du freundliche Auskunft, du musst es ja wissen, ob dem so ist, wie wir sagen hörten? Dass bei den Schildingen ein mitternächtiger Schadestifter in Hass und Bosheit Mordfrevel übt? Ich will Hrodgar Rat finden, ob er nicht den Unhold bezwinge und so der Frohsinn nach Heorot zurückkehre und des Königs Kummer beschwichtigt werde, oder ob er für immer diesen quälenden Druck tragen muss, solange er in seiner Halle sitzt.«

Vom Ross herunter entgegnete der Buchtwart: »Wort wie Werk soll ein verständiger Kriegsmann verstehen. Holde Gäste seid ihr meinem Herrn. Nehmt denn eure Waffen auf, ich will euch den Weg weisen. Auch werd ich meinen Mitwächter mahnen, dass man am Strand euer Schiff hüte und seiner wohl achte, bis es euch wieder zur WEDERNMARK[20] trägt. Möge jeder Held heil seine Tat vollbringen.«

Das Schiff blieb in der Bucht am Anker liegen, die Helden aber schritten hinter dem Seewart her – von ihren Helmen glänzten goldne Eberbilder –, bis sie in der Ferne die goldgeschmückte Heorot schimmern sahen. Da wies ihnen der Wächter den nächsten Weg und wandte sein Ross: »Fahrt im Schutze der Götter: ich muss zurück an die See und Wache halten gegen räuberische Feinde.«

3. Begrüßung

Mit bunten Steinen war der Weg gepflastert, den sie hinanstiegen: die Brünnen erglänzten, die Panzerringe klirrten, als sie in den Königshof geschritten kamen. In der Vorhalle lehnten sie ihre harten Schilde an die Mauer, die grauen Eschen-Gere stellten sie zusammen, mit den Eisenspitzen nach oben, und als sie auf die Bänke niedersaßen, kam ein

Bote Hrodgars – Wulfgar, der Wendeln Fürst – und befragte sie um ihr Begehr.

»Von wo führt ihr Wehr und Waffen her? Noch nie zuvor sah ich Männer mutigeren Ansehns: als Verbannte kommt ihr nicht: – zu tapferen Taten trieb's euch wohl her?«

»Wir sind Hygelaks Hallgenossen: – Beowulf ist mein Name, und meine Botschaft will ich selbst deinem König sagen, wenn er vergönnt, dass wir ihn begrüßen dürfen.«

»Ich will den König der Dänen fragen, ob er deine Bitte gewähren will, und dir die Antwort sogleich künden«, antwortete Wulfgar und eilte in die Halle.

Der weißhaarige Fürst saß auf dem Hochsitz im Kreise seiner Edlen: Wulfgar neigte sich vor ihm und sprach: »Von fern her über die See kamen Geatenleute gefahren: Beowulf nennen sie ihren Gefolgsherrn: sie bitten, mit dir, mein König, reden zu dürfen; weigre es ihnen nicht: sie scheinen deiner Gunst und Gegenrede wohl würdig zu sein, zumeist ihr Führer.«

Der König antwortete: »Beowulf? Ich kannte ihn, da er noch ein Knabe war und Ekgtheow, seinen Vater, dem Hredel, der Geatenkönig, die einzige Tochter zum Weibe gab. So fuhr Beowulf nun übers Meer, den alten Freund aufzusuchen? Seefahrer sagten mir, dass er in der Faust die Kraft von dreißig Männern habe. Mir ahnt, Allvater sandte ihn uns wider Grendel. Seiner Kühnheit will ich lohnen. Bitte sie nun eilends einzutreten und melde ihnen, dass sie uns willkommen sind.«

Wulfgar ging und tat, wie ihm geheißen war: »So kommt nun in Helm und Brünne: Schild und Speer lasst einstweilen hier zurück.«

Beowulf erhob sich mit seinen Genossen – nur einige blieben in der Vorhalle und hüteten das Heergerät –, folgte Wulfgar in den Saal, ging vor Hrodgars Hochsitz und begrüßte den König: »Heil dir, Hrodgar! – Ich bin Hygelaks

Schwestersohn und Gefolgsmann. Von Grendel und seinen Übeltaten hörte ich: Seefahrer erzählten mir, die schöne Heorot stehe leer und nutzlos allen Recken, sobald die Sonne gesunken sei. Da rieten mir unsres Volkes Edelinge, dich aufzusuchen. Sie kennen meine Kraft: oft sahen sie mich blutig aus der Schlacht kommen, wie ich fünf Feinde band; Riesen hab ich erschlagen und nachts in den Wellen die Wasserelben getroffen. Nun will ich, einer allein, mit Grendel, dem ungetümen Riesen ins Gericht gehen. Versage du, Schirm der Kämpen, diese Bitte nicht: lass mich mit meinen Speergenossen Heorot des Gräuels reinigen. Und weil, wie ich hörte, der Unhold keine Waffen scheut, so gelobe ich – so wahr Hygelak, mein Herr, mit seine Huld bewahre! –, weder Schwert noch Brünne, noch goldgebordeten Schild in dem Kampfe zu tragen: mir der bloßen Faust will ich den Feind ergreifen und Leib gegen Leib ums Leben ringen. Wen von uns dann der Tod dahinrafft, der trage sein Geschick. Sicherlich, wenn er's vermag, wird Grendel uns Geaten fressen, wie er Dänen tat. Trifft mich der Tod, so brauchst du um meinen Leib nicht mehr bedacht sein: er wird ihn wegschleppen und in seinem Bau verschlingen, den Leichenbrand dir sparend. Sende Hygelak, wenn ich im Kampfe falle, die meine Brust beschirmte, die beste der Brünnen, das köstlichste Heergerät: sie ist Hredels Nachlass und Wielands[21] Werk. Das Schicksal geht seinen Weg.«

»Also Kämpfens halber kommst du, Freund Beowulf, und um die Ehre zu mehren«, antwortete der König. »So war auch dein Vater: als ich, obwohl noch ein Jüngling, hier zu herrschen begann – denn Heorogar, mein älterer Bruder, lag tot –, suchte Ekgtheow einmal Schutz bei uns Dänen. Da hab ich mit Gold seine Fehde gesühnt und beigelegt. – Es fällt meinem Herzen schwer zu sagen, wie viel Hohn und Bosheit Grendel in diesem Saal wider mich ausübt: mein Burg- und Heervolk ist hingeschwunden, durch Grendel weggetilgt. – Gar oft erboten sich bei der schäumenden Schale die Weigande, hier zur Nacht ihn mit dem Schwert zu erwarten; aber wann der Tag hereinglänzte, war die Methalle mit Geifer beschmutzt, von Blut überflossen standen alle Bankdielen. Ich hatte der Tapfern umso weniger. Sitze nun zum Schmaus, und wecke beim Met den Männern Sinn und Siegeslust, wie dein Herz dich treibt.«

Da wurde den Gästen eine Bank geräumt, wo sie sich zu frohem Ergötzen niederließen. Der König setzte Beowulf an die Seite seiner Söhne. Ein Degen ging umher mit dem schön geschmückten Älkrug und schenkte ihnen den schieren[22] Trank. Dazwischen sang ein Sänger sein heiteres Lied, und wie einst widerhallte Heorot von dem Jubel der edlen Dänen und Wedern.

Hunferd, des Königs erster Sänger, hub da ein Streitlied an; ihm war Beowulfs Ankunft leid: denn er liebte es nicht, dass ihn ein andrer an Ruhm übertreffe.

»Bist du der Beowulf, der einst im Wettkampf mit Breka durch die See schwamm? Wo ihr tollkühn in vermessenem Mut euer Leben in den tiefen Wassern wagtet? Weder Freund noch Feind konnten euch abhalten. Da rudertet ihr in den Sund, maßet die Meeresstraßen, schlugt die Wasser mit den Händen, über die Tiefen gleitend. Die winterkalte See stürmte und brauste: sieben Nächte schwammt ihr im Wasser. Breka besiegte dich: er hatte mehr Kraft. Die Hochflut warf ihn am nächsten Morgen ans Land, von wo er in seine Heimat eilte, in das Land der Brondinge, wo er über Burg und Volk gebietet. Darum, fürcht ich, wird es dir schlecht ergehn – wie tapfer du dich auch immer im Streite hieltest –, wenn du es wagst, hier zur Nacht Grendel zu erwarten.«

»Freund Hunferd«, entgegnete Beowulf, »was du doch – biertrunken – alles von Breka und seinem Sieg zu erzählen weißt! Fürwahr, ich sage dir, dass ich in jenem Wettstreit mehr vollbracht habe denn irgendein Mann. Als halb erwachsene Knaben gelobten und verbanden wir uns, in der See einmal unser Leben zu wagen: das hielten wir. Das nackte Schwert führten wir in der Hand, da wir in den Wellen schwammen, uns damit der Wale zu erwehren. Weder Breka konnte weg von mir, voran, schwimmen, noch wollte ich von ihm fort. Fünf Nächte blieben wir zusammen in der See, bis uns die Flut trennte. Rollende Wogen, eisiges Wetter, neblige Nacht und Nordwind wüteten gegen mich. Kalt waren die Wellen, und Seeungeheuer stiegen auf: dagegen schützte mir die Brust meine geflochtene, golddurchwirkte Brünne. Ein Seetier zog mich hinab mit seinen Griffen: ich erstach den Unhold mit dem Schwert. Sie bedrängten mich hart, die Ungetüme: doch ich diente ihnen mit dem Eisen, wie's ihnen gebührte. Rottenweis lagen sie am andern Morgen zur Ebbezeit tot auf dem Sand. Die hemmten keinen seefahrenden Mann mehr! – Da kam von Osten Licht, des Gottes blinkendes Zeichen, die See ward ruhig: nun konnt ich die windigen Küsten erkennen: oft rettet das Schicksal kühnen Mann, wenn seine Kraft es wert ist. Neun Nicker hab ich erschlagen: nie hört ich von schlimmerem Kampf noch von bedrängterem Mann, und dennoch entging ich den Klauen meiner Angreifer, so müd ich war: dann warf mich die Flut bei den FINNEN ans Land. – Von dir, Hunferd, hab ich nichts dergleichen gehört, und nichts von dem Schreck deines Schwertes! Nicht Breka, noch du, keiner von euch hat je solche Taten vollbracht: – ich sage es nicht aus Ruhmrede. Freilich, du hast deine eignen Brüder erschlagen; das wirst du in Hel büßen, so witzig du bist! Wahrlich, Sohn EKGLAFS! Nie hätte der arge Grendel so viel Gräuel wider deinen Herrn hier verübt, wäre dir Herz und Sinn so schwertgrimm, als du wähnst! Der Unhold fand es wohl aus, dass es eure, der Siegschildinge, Schwerter nicht zu scheuen hat: keinen der Dänenleute verschont er ja: nach Lust bekriegt er sie, würgend und schändend und keinen Widerstand fürchtend. Nun soll ihm ein Geate im Kampf begegnen! Dann eile wieder freudig, wer mag, hierher zur Methalle, sobald das Morgenlicht über die Erde scheint und von Mittag die schimmernde Sonne.«

Die Verheißung hörte Hrodgar mit hochgemutem Herzen. Rede und Widerrede, Lachen und Lust erhuben sich aufs Neue.

Wealchtheow, Hrodgars Gemahlin, schritt im Saal umher und grüßte die Gäste. Um ihren Nacken trug sie goldenen Halsschmuck, ein köstliches Kleinod. Zuerst reichte sie den Becher dem König, ihn zur Heiterkeit mahnend, dann weiterschreitend zwischen Edeln und Kriegern, bot sie jedem den Trunk, bis sie mit dem Becher auch zu Beowulf kam. Freundlich grüßte sie ihn, Walvater dankend, dass nun Befreiung von dem Landschaden zu erhoffen sei.

Beowulf nahm den Becher aus der Königin Hand und sprach, des Kampfes begierig: »Als ich den Drachen bestieg, hab ich gelobt, dass ich der Dänen Sehnsucht erfüllen wolle oder enden unter des Feindes Griffen, und vollbringen will ich die Tat oder fallen in dieser Halle.«

Gut gefiel des Geaten Gelübde der Königsfrau: sie kehrte zurück zu ihrem Sitz an Hrodgars Seite, und von Heiterkeit und Freude erdröhnte die Halle, bis der König aufbrach, die Abendruhe zu suchen: wann die Nacht herniedersank, dann, wusste er, entbrannte tödlicher Kampf in Heorot! Alles Wehrvolk erhob sich, einer grüßte den andern; Hrodgar aber sprach: »Heil dir, Beowulf, deiner Hut vertrau ich nun der Häuser bestes. Sei eingedenk der Ehre, erweise deine Kraft und wache wider den Wüterich! Keinen Wunsch versag ich dir, wenn du dies Heldenwerk vollbringst.«

Dann schritt der König im Gleit seiner Helden hinaus, Wealtheow hatte schon früher die königliche Schlafhalle gesucht; und der Gast blieb allein mit seinen Gefährten als Saalwart zurück.

4. Der Kampf

Beowulf legte die eiserne Brünne ab, nahm den Helm vom Haupt und reichte sein Schwert einem Krieger, der seines Heergeräts hüten sollte.

»Nicht geringer als Grendel acht ich mich an Grimm und Kraft, darum will ich ihn nicht mit dem Schwert erschlagen: er weiß nichts von Waffen, so erfahren er auch in Neidingstaten ist. Waffenlos wollen wir den nächtlichen Kampf ausfechten: – Siegvater gewähre Sieg, wie gerecht ihm dünkt.« Darauf legte er sich nieder auf das Polster, rings um ihn seine Gefährten. Von denen hoffte da wohl keiner die liebe Heimat je wieder zu schauen: allzu viel des Schrecklichen hatten sie von Grendel sagen hören. Bald lagen sie im Schlaf: nur Beowulf wachte.

Da kam vom Moor her im Nebel Grendel gegen das goldziere Haus gegangen: er hoffte sicher, einen oder den andern in der Halle meuchlings zu beschleichen. Er schritt die Stufen empor: die mit eisernen Riegeln gefestigte Tür erbrach er mit gewaltigem Druck seiner Fäuste, gieriges Feuer flackerte aus seinen Augen: ein geräumiger Handsack hing ihm, aus Drachenfell, mit Zauberkünsten gefertigt, am Gürtelriemen befestigt, nieder: – dahinein pflegte er seine Beute zu stecken. Er schritt über den buntfarbigen Estrich in den Metsaal. Da sah er die schlafenden Helden liegen, und der Unhold lachte in seinem Herzen: alle dachte er zu erwürgen. Doch andres beschied ihm das Schicksal.

Den Nächstliegenden ergriff der Räuber, riss ihn in zwei Teile, zerbiss sein Gebein, trank sein Blut und verschlang große Stücke des Fleisches, nur Hände und Füße ließ er übrig. Nun trat er an Beowulfs Lager und griff nach ihm: aber schnell fasste der Recke, sich auf den einen Arm stützend, des Riesen Faust mit überwältigendem Handgriff.

Da fühlte Grendel, dass er noch nie einem Manne von so

großer Kraft begegnet war. Er erschrak in seinem Herzen und wollte zurück in die Nacht entfliehen. Doch er konnte es nicht: Beowulf hielt ihn fest gefasst, hurtig sprang er auf, und den Riesen rückwärts stoßend, zerbrach er ihm die Finger und begann grimmig mit ihm zu ringen. Gern wäre der Schadenstifter entwichen in Sumpf und See.

Die Halle schütterte von dem wütenden Kampf, aber weil sie sorglich mit Eisenklammern von außen und innen umschmiedet war, stand sie fest; doch von den goldbeschlagenen, am Boden gefesteten Metbänken brach manche krachend zusammen. Dazu stieß Grendel ein grausiges Geschrei aus: Schrecken rüttelte die Männer, die auf dem Burgwall die brüllenden Jammerlaute des sieglosen Unholds hörten.

Beowulfs Gefährten fuhren vom Schlaf auf und schwangen die Schwerter, ihrem lieben Herrn zu helfen: aber vergebens, kein Eisen mochte Grendel verwunden: doch kam er nicht los aus Beowulfs Händen: voll tödlichen Hasses ertrug er grässliche Schmerzen und zerrte und zog, seine Faust aus Beowulfs Griff zu befreien: da klaffte ihm eine Wunde an der Achsel: die Sehnen zerrissen, Fleisch und Bein barst und brach, und die Faust samt Achsel blieb in Beowulfs Hand: todwund aber floh Grendel hinaus übers Moor in seinen Meersaal.

Heorot war gesäubert, und zum klaren Zeichen des Sieges heftete Beowulf die Riesenfaust allen zur Schau mitten unter die Decke der Methalle.

5. Dank und Gabenspende

Die Siegeskunde flog von Mund zu Mund: im Frühlicht eilten die Dänen zur Halle, über weite Wege zogen die Volksführer herbei und schauten staunend das grause Siegeszeichen und Grendels Fußstapfen, wie er zurückgeflohen war übers Moor und über Steinklippen hinab in Meerestiefe. Die Brandung wallte blutig rot, die Wogen stockten in starrenden Blutlachen: der Landschade war vernichtet! Frohen Mutes ritten Alt und Jung von der schaurigen Meeresklippe zurück zur Königsburg, laut preisend Beowulfs Heldentat. Im Wettspiel ließen sie die falben Mähren über die kiesigen Wege rennen: der Sänger sang ein Lied von Beowulfs Kühnheit und Kraft. Und immer wieder strömten Neugierige in die Halle.

Dahin schritt nun auch im hellen Morgenschein der König mit seinen Gefolgen und die Königin im Geleit ihrer Mägde. Hrodgar stand auf dem Hochsitz, schaute empor an die goldene Decke, wo Grendels Hand hing, und sprach: »Dem Allwaltenden sei dieses Anblicks Dank gesagt! Grimmes Leid hab ich von Grendel erdulden müssen. Noch ist's nicht lang, dass ich wähnte, erblickte ich diese Halle blutbeschmutzt, niemals Lösung davon zu gewinnen! Schauet! Ein Held vollbrachte nun, was wir alle nicht vermochten. Wahrlich! Lebt sie noch, die diesen Weigand gebar, heut mag sie sich des Kindes rühmen. Nun will ich dich, Beowulf, wie meinen eignen Sohn lieben: halte dies neue Sippe-Band in Ehren! Nichts gebreche dir der Wunschgüter, über die ich Gewalt habe. Ewig wird dein Ruhm leben um dieser tapfern Tat willen.« »Freudigen Herzens hab ich sie getan«, antwortete Beowulf, »und mein Leben an seine Kraft gewagt. Möchtest du den Schrecklichen doch sehen können! Gern hätt ich ihn gebunden. Doch das ward mir nicht beschieden: nur die Faust musst er mir lassen. Aber dem Elenden nützt sein Entrinnen nichts; die schmerzhafte Wunde hält ihn gefangen, und unter Qualen muss der Unhold sein Ende erwarten.«

Alle betrachteten nun Grendels Faust unter der Decke: an den Fingern starrten statt der Nägel eiserne Krallen, und einmütig gestanden sie: da habe freilich härtestes Eisen an dem Ungetüm nicht haften können.

Hurtig wurde der Saal nun gesäubert und geschmückt: Frauen und Männer regten die Hände: an den Wänden hängten sie goldschimmernde, bunte Decken auf: denn der Bau war bei dem fürchterlichen Ringen rissig geworden, die Türangeln waren ausgebrochen, nur das Dach stand unversehrt, weil Grendel zeitig die Flucht ergriffen hatte, am Leben verzweifelnd. »Denn nicht leicht ist es, dem Tod zu entfliehen! Versuch's, wer es will: ein jeder muss einst das enge Bett suchen, wo sein Leib nach des Lebens Fröhlichkeit schläft: ihn zwingt die Not.«

Als nun Zeit und Stunde des Festes kam, da saß Hrodgar auf dem Hochsitz, nah ihm HRODULF, sein Neffe: HREDRIK und HRODMUND, des Königs junge Söhne, und ihre Gespielen zogen Beowulf in ihre Mitte. Da sah man der Schildinge zahlreiche Gesippen und der Dänen Edelinge freundlich mit ihren Gästen beisammensitzen: die Halle war ganz von Männern erfüllt. Fleißig kreiste der Metkrug, und weder Verrat noch Gewalttat störte das Fest. Der König reichte Beowulf als Siegeslohn ein goldenes Banner, dazu Helm und Brünne und ein kostbares Kampfschwert. Ein Eberbild schützte und schmückte das von Metallfäden umsponnene Dach des Helmes. Darauf ließ Hrodgar acht geschirrte Schlachtrosse in den Burghof führen: auf einem lag ein schön geformter, mit Edelsteinen gezierter Sattel, der war des Königs eigner Heersessel, wann er in den Kampf ritt. Waffen wie Rosse übergab er Beowulf, dass er sich ihrer erfreue. Auch dessen Segelbrüdern reichte der milde Fürst wertvolle Gaben: den einen aber, den Grendel meuchlings ermordet hatte, ließ er ihm mit Gold aufwägen.

Da war viel Schall und Klang froher Stimmen, und freudig wurde der Sänger mit der Harfe begrüßt: der hob nun an, alte Lieder zu singen, die sie stets wieder gerne hörten.

Der Sänger begann von dem Überfall in Finnsburg[23]: »König Finn herrschte über Jüten und Friesen: In Finnsburg[24] stand sein Hochsitz. Hildburg, die Königin, war die Tochter Hoks, eines Dänenfürsten, und vielleicht um alte Fehde der Völker beizulegen, Finn vermählt worden. Hnäf, Hildburgs Bruder, nun Herrscher der Dänen, samt sechzig Gefolgen, darunter auch Hengest[25], der Seefahrer, mit einigen seiner Jüten, weilten als Gäste bei Finn. Vielleicht war mit Zorn- oder Schmähreden der alten Blutfehde zwischen den versöhnten Völkerschaften gedacht worden und so der Hader aufs Neue entbrannt? Denn verräterisch überfielen zur Nacht Hnäf[26] und Hengest die Finnsburg. Greller Feuerschein – die Dänen hatten Brände in den Bau geworfen – schreckte den Schlaf von Finns Augen: laut auf schrie der König: ›Das ist nicht der von Osten kommende Tag noch eines Drachen Feuerflug, und doch flammt es wie Frührot: getäuscht singen die erwachten Vöglein, dröhnend hallen Speerstöße wider Holz. Noch wandelt der Mond zwischen Wolken, und Mordtaten geschehen nun um des alten Hasses[27] willen. Erwacht, meine Weigande, haltet eure Lande, steht einmütig dem Feind.‹ Da fuhren die Mannen vom Lager auf und gürteten sich mit den Waffen: Sigeferd und Eaha, zwei tapfere Helden Finns, eilten mit geschwungenen Schwertern an das Tor der Halle, das von außen zu erstürmen suchten Oslaf und Gudlaf, die Dänen, und Hengest. ›Wer hält das Tor?‹, rief Garulf, Gudlafs Sohn. ›Ich, Sigeferd, ein schlachtkundiger Recke, das sollst du nun erproben.‹

In grimmem Streit ward jetzt um das Tor gekämpft: manche hatten den Schild, andre die Brünne vergessen anzulegen, so sehr eilten sie in den Kampf. Der Burgflur erdröhnte von krachenden Schilden und Schwerthieben, als Garulf unter Sigeferds Streichen zusammenbrach. Und tot um ihn lagen viele tapfere Feinde: von Helm und Eisen stoben die

Funken: Hnäfs wildmütige Dänen vergalten nun im Rachekampf Sang und reinen Mut des jungen gefallenen Edelings, der ihrer aller Freude gewesen war. Sie fochten fünf Tage, keiner von ihnen fiel, und sie gewannen das Tor. Da wandte sich Hnäf von der Walstatt: die Brünne zerhauen, den Helm zerspalten, Schild und Speer zersplittert, schartig und stumpf das Schwert, todwund sein Leib: er ging zu sterben. Aber vom Speer durchbohrt lagen auch Finns Söhne, und der Kampf hatte alle seine Edelinge verschlungen, bis auf so wenige, dass er sich nicht mehr vor Hengest, der nun die Feinde führte, behaupten konnte. Da boten die Friesen Vergleich an: die Hälfte ihrer Huben mit Halle und Hochsitz wollten sie Hengest einräumen, und Finn sollte dann gleiche Gaben austeilen unter Friesen wie Dänen.

Mit Eiden wurde der Friede gefestigt, und Hengest gelobte Finn mit unverbrüchlichem Schwur, dass keiner der Seinen je mit Worten noch Werken den Frieden brechen sollte. Wofern aber ein Friese mit frecher Rede den verderblichen Hass erneue, sollte er's mit dem Schwert büßen. So schwuren sie den Eid, und Finn teilte allen Gold zur Sühne aus. Ein Scheiterhaufen wurde geschichtet, die Gebeine der Toten zu verbrennen: Hnäf legten sie oben darauf in blutiger Brünne und goldenem Eberhelm, um ihn die andern Gefallenen: da befahl Hildburg, auch ihre Söhne auf die Scheiter zu betten an Hnäfs Seite. Ein gramvoll Weib stand sie dabei, die eignen Kinder und den Bruder zugleich beklagend. Bis zu den Wolken empor stieg der Brand, die gierige Lohe verschlang alle im Kampf Gefallenen.

Die Dänen verteilten sich über Friesland in die ihnen zugewiesenen Höfe: Hengest blieb bei Finn, er versäumte die Herbstzeit, wann er den Schiffssteven hätte heimwenden können, bis der Winter kam mit Sturm und Eis und die Seewege sperrte: so überwinterte er in Finnland. Aber auch als der Frühling kam, der zur Heimkehr einlud, hielten ihn heimliche Rachegedanken zurück. Den beschworenen Frieden zwar mochte er nicht brechen: aber er hoffte, die Friesen, der Fremdlinge überdrüssig, würden die Zwietracht zuerst beginnen, dann musste er Gelegenheit zur Rache für Hnäfs Fall finden. Auch ihm war sein Geschick schon zugemessen: Finn[28] ließ ihm heimlich mit dem Schwerte die Brust durchbohren und auch seine Gefolgen ermorden. GUDLAF und OSLAF entrannen übers Meer, kamen aber mit einem großen Heere zurück. Laut klagten sie wider Finn um Mord an Hengest und griffen ihn in seiner Burg an. Mutvoll, jedoch vergebens verteidigte sich Finn: er selbst ward erschlagen, Hildburg gefangen weggeführt: alle Habe des Königs – Baugen, Münzen, kostbarste Steine –, so viel sie deren in Finnsburg fanden, raubten die Schildinge und brachten Hildburg übers Meer zurück nach Dänemark.«

Das Lied war verhallt: in frohen Jubel brachen die Lauscher aus, und entfesselt stieg die Lust beim Mahle: die Schenken gossen Wein aus schönen Krügen. Da schritt auch FREAWARE, des Königs holde Tochter, zwischen den Zechenden einher und schenkte den älteren Männern Met oder Wein. Sie war INGELD, einem HÄDOBARDENFÜRSTEN, verlobt. Hrodgar hatte Ingelds Vater im Kampfe getötet und dessen Reich sich unterworfen: nun sollte die Braut Frieden und Freundschaft sichern. Und WEALTHEOW, die Königin, kam unter goldenem Reif gegangen, schritt dahin, wo Hrodgar saß, bot ihm den Becher und sprach: »Nimm diesen Becher, mein Fürst und Herr! Glücklich und ruhmvoll sei immerdar, männerfreundlicher Schatzverteiler! In Wort und Tat erweise dich hold den Geaten. Friede hast du nun nah und fern: genieße des Lebens Freuden, solange dir's gewährt ist – und wenn du dann von hinnen fahren musst, lass deinen Söhnen Volk und Krone. Dem Schutze Hrodulfs überweis ich die Jugendlichen, scheidest du früher als er aus der Welt: – ich vertraue, er wird dann unsern Söhnen vergelten, was wir einst ihm, dem Knaben, an Ehren und Freuden angetan.« Dann wandte sie sich zu der Bank der Jugend, wo Beowulf bei Hredrik und Hrodmund saß. Ihm brachte sie den Becher und legte ihm mit freundlichen Worten zwei goldene Armreife an, reichte ihm Gewand und Ringe und eine Halsbauge; schönere ist nie bei Erdenvölkern gesehen. »Nimm und trage Bauge wie Kleid zu deinem Heil, lieber Held Beowulf; leb und gedeihe! Und meinen Knaben sei treu und mild gesinnt: ich will dir's lohnen. Dich ehren fortan alle Männer nah und fern, so weit das Weltmeer windige Küsten umwallt. Sei glücklich, Edeling, solang du lebst!« –

Sie kehrte zu ihrem Sitz zurück. Schmausend und trinkend bis zum Abend saßen die Männer – nicht ahnend, was das Schicksal wirkte: – da ging der König zur Ruhe in seine eigne Halle. Zahlreiche Edelinge blieben zur Nachtwache in Heorot, wie sie früher getan. Bänke und Tische räumte man auf die Seite und breitete Decken und Polster auf dem Estrich aus. Von Met müde sank da mancher Recke in den Schlaf. Zu ihren Häuptern stellten sie die Holzschilde, auf den Bänken lagen Helme und Brünne. So war ihr Gebrauch daheim wie in der Fremde, dass sie stets kampfbereit waren, wann immer der König ihrer bedurfte: – das war ein dienstfreudiges Volk!

6. Grendels Mutter

Aber Grendel lebte eine Rächerin: die Mutter dem Sohn. Raubgierig und grimmigen Mutes schritt sie den Rachegang in die Halle, wo die Kämpen schlafend lagen. In jähem Schrecken fuhren Wächter und Edelinge auf, griffen nach Schild und Schwert – keiner dachte in der Angst daran, Helm und Brünne anzulegen – und schwangen die Waffe empor gegen die Riesin. Da wandte sie sich voll Angst, zu entfliehen: die blutige Faust riss sie noch von der Decke. Schon aber hatte sie einen der Schlafenden gepackt – er war Hrodgars liebster Held – und eilte mit ihrer Beute fort.

Beowulf schlief nicht in der Halle: man hatte ihm ein eignes Gemach eingeräumt. Lärm und Wehrufe erfüllten die Burg. Dem König ward die Kunde gesagt: er eilte in den Saal und hörte voll Grames den grausen Tod seines Freundes. Alsbald wurde Beowulf gerufen: – der Morgen dämmerte kaum, da eilte er vor den greisen König, ihn höflich fragend, ob die Nacht ihm nicht wohl bekommen sei?

»Frage nicht nach meinem Ergehen«, antwortete Hrodgar – »tot ist Äskher, mein Ratgeber und Speergenosse (Achselkämpfer), so oft wir im Kampfe standen. Gut, wie er war, sollte jeder Held sein! Hier im Saal hat ihn ein Ungetüm erwürgt, Grendel rächend und die alte Fehde erneuend. Meine Hand, die euch jeglichen Wunsch erfüllen möchte, ward zu schwach! – Von Landleuten hört ich einmal hier im Saal erzählen, dass sie zwei wunderliche Wichte übers Moor schreiten sahen, gewaltige Ungetüme: das eine glich – wie sie meinten – einem Weibe: doch wie ein Mann ging das andre einsame Wege, aber menschliche Größe weit überragend. Seit uralten Tagen nannten die Gaubewohner ihn Grendel. Niemand kennt ihre Sippe. In Wolfsschluchten hausen die Unholde, auf windigen Klippen, in gefährlichen Sumpflöchern und dort, wo Bergströme zwischen Geklüft niederstürzen und das Land unterwühlen. Nicht weit von hier ist's bis zum Meer, wo ein düstrer Hain steht mit knorrigen Wurzeln, das Wasser überschattend (»überhelmend«). Allnächtlich kann man dort ein schauerliches Wunder sehen: Feuer ist in der Flut! Aber niemand lebt, der je die Tiefe erforscht hätte. Wenn der hornstarke Hirsch, von Hunden gehetzt, dahin flieht, lässt er eher sein Leben dort am Ufer, als dass er sich in jenem Wald berge. Dort ist's nicht geheuer! Dunkel und trübe steigen die Wellen gegen die

Wolken empor, wann der Sturm in bösen Wettern tobt und die Luft sich verfinstert. Du allein kannst wieder helfen! Den gefährlichen Ort kennst du noch nicht, wo du das Scheusal finden magst: such's, wenn du's wagst. Herrlich will ich dir den Kampf lohnen, kehrst du wieder.«

»Fasse dich, weiser Fürst«, antwortete Beowulf, »mehr frommt's, einen Freund rächen, als ihn viel betrauern. Jeden erwartet sein Lebensende: wer's vermag, der vollbringe Heldentat: das taugt dem Mann am meisten dereinst nach dem Tod. Auf! Lass uns hurtig die Spur von Grendels Mutter suchen. Sie soll keinen Schutz vor mir finden, nicht im Schoß der Erde noch im Bergwald, noch auf des Meeres Grund, wohin sie auch floh. Das schwör ich dir! Gedulde dich nur noch diesen Tag.«

Der Greis erhob sich, dankte den Göttern für Beowulfs Gelöbnis und befahl, den Hengst zu zäumen. Gerüstet ritt der König einer Schar kampflustiger Recken voran. Die Fußspur war auf den Waldwegen deutlich zu sehen, sie lief gerad hinaus übers düstre Moor. Die Riesin hatte den toten Äskher mitgeschleift. Bald mussten sie über steile Felshänge auf schmalen, ihnen unbekannten Pfaden wandern und über schroff abfallende Klippen, wo Nicker hausten.

Hrodgar ritt mit wenigen Freunden spähend voraus, bis sie auf einen Hügel kamen, wo ragende Bäume graues Gestein überschatteten. Unten die Meerflut war trübe von Blut, und Äskhers blutiges Haupt stak auf einer Holmklippe: mit bitterem Weh schauten es die Schildinge: sie stießen in die Hörner und bliesen mit lang gezogenen Tönen eine schaurige Totenklage. Alle saßen nieder. In den Wellen aber sahen sie allerlei Schlangen, seltsame Seedrachen sich tummeln und Nixe auf den Klippen lauern. Eiligst entfloh all das Ungetier vor dem gellenden Horn. Einem schoss Beowulf mit dem Pfeil in die Weiche: sterbend versuchte es, noch davonzuschwimmen, aber noch lebend wurde das scheußliche

Wassertier mit hakigen Saufängern auf den Strand gezogen und voll Staunen betrachtet.

7. Der Kampf im Meer

Rasch bewehrte sich Beowulf mit seiner Brünne: – die schützte ihm die Brust gegen Bisse wie der Eberhelm das Haupt. Hunferd lieh ihm sein altererbtes Schwert, HRUNTING hieß es. Die Klinge war von Eisen, mit Gift gebeizt und in Blut gehärtet: nie hatte es im Kampf getrogen.

Längst reuten Hunferd die bösen Worte, die er, weintrunken, geredet hatte: sich selbst fühlte er nicht stark genug zu dem Kampf in kühler Flut: – so lieh er neidlos dem Kühnern seine Waffe.

»Sohn Healfdens«, sprach Beowulf, »gedenke nun, was wir gestern sprachen: du wolltest mir an Vaters Stelle sein, Hrodgar, lieber Fürst; sei, wenn ich falle, meinen Gefährten ein Schirmherr. Die Schätze, die du mir gegeben hast, sende Hygelak, damit er erkenne, wenn er die Gaben bewundert, welch freigebigen Herrn ich hier fand. Hunferd aber habe zum Ersatz das Schwert, welches du mir reichtest. Nun will ich mir Ruhm erringen, oder mich halte der Tod.«

Ohne die Antwort abzuwarten, eilte Beowulf ans Ufer und tauchte hinunter in die wallende Brandung. Eine Weile dauerte es, bevor er des Meeres Grund erkennen konnte. Da sah die hassgrimme Seewölfin, wie ein Mann von oben herab ihre Höhle auszuforschen strebte. Sofort fuhr sie ihm entgegen mit ihren Krallen, doch vergebens versuchte sie mit ihren gräulichen Fingern des Helden Brünne zu zerkratzen: ihm geschah kein Leid.

Da zog sie ihn nieder auf den Meergrund und zerrte ihn in ihren Saal. Dabei fielen ihn von allen Seiten wunderliche Seetiere an und zerbissen mit Fangzähnen sein Heerkleid, die Arme ihm hemmend, sodass er gar nicht sein Schwert gebrauchen konnte. Nun sah er, dass sie beide in einen Meersaal gekommen waren, wo hinein kein Wasser drang: oben wölbte sich eine Decke, über derselben wallte die Flut. Mit bleichem Schein erleuchtete ein Feuer die Halle: dabei erkannte er das riesische Meerweib. Mutig schwang er das Schwert, und sausend fuhr ihr die Klinge ums Haupt, aber sie biss nicht ein in der Unholdin Leib. Verächtlich warf Beowulf das Schwert hin und vertraute der Stärke seiner Hände. So soll ein Mann, will er Sieg gewinnen, nicht verzagend um sein Leben sorgen!

Er packte die Riesin bei den Schultern: – ihm kam nun der Zorn: – und schüttelte sie, dass sie zu Boden stürzte. Aber sie hielt ihn mit den fürchterlichen Griffen umkrallt und rang mit ihm, bis er, ermattend, strauchelte und fiel. Da richtete die Riesin sich auf und zog ihr breites Messer, seine Brust zu durchstoßen. Und sicher wäre da Beowulf erlegen, hätte ihn nicht die feste Brünne geschützt und – SIEGVATER. So gelang es dem Helden, wieder aufzustehn: da sah er, unter anderem Hallgerät, ein Riesenschwert an der Wand hängen, so groß, dass es kaum ein Mann hätte führen können. Grimmen Mutes fasste er die Hilze, schwang das Schwert empor und schlug dem Weib so wild auf den Nacken, dass ihr der Rückenwirbel brach und das Eisen sausend durch ihr Fleisch fuhr. Tot stürzte sie zu Boden. Nun schaute der Held im Schein des flackernden Feuers die Halle entlang, nach Grendel spähend; fest hielt er das bluttriefende Schwert gefasst: er wollte ihm seine Mordfrevel vergelten.

Da sah er den Meerriesen starr und leblos auf der Bank liegen: mit wuchtigem Hieb schnitt er ihm das Haupt vom Rumpfe.

Derweilen standen oben die Schildinge und merkten, wie das Wasser sich dicker und klebriger mit Blut mischte, und sprachen: nun sei keine Hoffnung auf Beowulfs Wiederkunft mehr: die Seewölfin habe ihn zerrissen. Bis zum Mittag warteten sie; dann kehrte Hrodgar mit seinen Gefolgen heim. Die Geaten aber blieben auf der Klippe zurück und starrten traurigen Herzens in die Brandung: sie hofften nicht mehr, ihren lieben Herrn wieder zu schauen.

Unten im Meersaal aber stand Beowulf und sah mit Staunen, wie ihm das Riesenschwert in der Hand zerschmolz von dem Blute der beiden Erschlagenen: so heiß und giftig war es. Von all den Schätzen, die er in der Halle fand, nahm er nichts mit als Grendels Haupt und die Hilze des zerronnenen Schwertes. Er tauchte wieder aufwärts und schwamm, seiner Beute froh, ans Land. Da erblickten ihn seine Gefährten und eilten ihm entgegen, begrüßten ihn jubelnd und lösten ihm Helm und Brünne: Blut und Wasser rannen von seinem Leibe nieder. Freudig machten sie sich dann auf den Heimweg. Vier von ihnen trugen auf einem Ger Grendels Haupt: denn EINEM war es zu schwer. Beowulf ging in ihrer Mitte: so schritten sie in die Methalle; entsetzt schauten Frauen und Männer das Riesenhaupt.

»Sieh hier, mein König«, sprach Beowulf, »was ich dir bringe als Zeichen des gewaltigen Kampfes da unten im Meersaal: schier wär er mir zum Unglück geraten. Mit Hrunting konnt ich nichts ausrichten: da zeigte mir – in höchster Not! – der Waltende ein gewaltig Schwert an der Wand hängen: ich riss es herab und erschlug die Riesin. Bis auf diese Hilze hier ist das Eisen von ihrem Blute zerronnen. Sorglos magst du nun in deiner Burg schlafen mit deinen Gefolgen.«

Da wurde die goldene Hilze, »das alte Enzen-Werk«, dem greisen König überreicht. Eine bunte Schlange war darin eingelegt, und mit Runenstäben stand auf dem lichten

Golde verzeichnet der alte Streit zwischen Asen und Reifriesen und für wen das Schwert geschmiedet war.

»Beowulf«, hub Hrodgar an, »dein Ruhm wird durch die Völker wandern! Du vereinst Macht und Weisheit. Fünfzig Jahr habe ich über die Dänen gewaltet und sie wehrlich geschirmt, dass ich mir keinen Feind unter dem Himmel wähnte. Aber welcher Jammer nach all dem Jubel geschah mir, seit Grendel hier allnächtlich einkehrte! Den Göttern Dank, dass ich sein blutendes Haupt schauen durfte! Geh hin zum Sitze und genieße des Gastmahls Lust.« Die währte bis an den Abend, wann sich alle sorgenfrei dem Schlaf überließen.

8. Der Abschied

Früh am nächsten Morgen rüsteten sich die Geaten zur Heimreise. Beowulf gab Hunferd das geliehene Schwert zurück, mit keinem Wort es tadelnd. Dann ging er und nahm von Hrodgar Urlaub.

»Nun will ich heimkehren zu Hygelak«, sprach er. »Gut und hold warst du gegen uns, und wenn ich dir je wieder Herz und Gemüt erfreuen kann, so bin ich stets zum Kampf bereit. Und hör ich über der See, dass dich Nachbarn bedrängen, dann bring ich dir tausend tapfere Recken zu Hilfe; auch Hygelak, weiß ich, wird gern dazu helfen. Kommt aber einmal Hredrik, dein Sohn, zu uns Geaten herüber, dann soll er viele Freunde finden. Wer selber stark, mag ruhig die Fremde suchen.«

»Nie hört ich so weises Wort aus so jugendlichem Mund. Erlischt Hygelaks Geschlecht, so könnten die Geaten keinen bessern König erkiesen als dich. Je länger, je mehr lern ich dich lieben, Beowulf. Du hast den Frieden zwischen Dänen und Geaten gefestigt, und der Hass, der sie früher entzweite, ist erloschen für immer. Gold und Schätze wollen wir gemeinsam besitzen. Manchmal besuche einer den andern über die See, und das Schiff trage freundliche Gaben von Land zu Land.«

Und abermals gab er ihm zwölf köstliche Geschenke, dann umschlang er mit den Händen Beowulfs Nacken und küsste ihn: helle Zähren liefen in seinen weißen Bart hinab. Eine gute Heimkehr wünschte er ihm, aber noch sehnlicher, Beowulf wieder zu sehen, so lieb hatte er ihn gewonnen.

Die Geaten schritten nun zum Strande hinab, wo ihr Schiff vor Anker lag. Auf dem Wege priesen sie Hrodgars reiche Gaben: der war ein guter König, in allem untadelig.

Der Strandvogt – sobald er die Gäste kommen sah – ritt ihnen mit Willkommenruf entgegen und geleitete sie zu ihrem Schiff. Hurtig wurde das mit den Rüstungen, Rossen und Schätzen beladen. Dem Bootwart schenkte Beowulf zu Dank ein Schwert mit goldenem Griff. Dann folgte er seinen Gefährten, stieg ins Schiff und stieß es hinaus ins Tiefwasser. Das Segel ward ausgespannt: es blähte sich vor dem Wind, der Kiel erdröhnte und, den Bug von Wellen umschäumt, flog der Segler über die Salzflut, bis die heimatlichen Gestade vor den Blicken der Seefahrer auftauchten. Bald schoss der Kiel empor und lag schaukelnd am Strand.

Der Küstenwächter, der ihre Fahrt längst beobachtet hatte, stand schon bereit: er zog den bauchigen Drachen auf den Sand und festigte ihn mit Ankern. Dann befahl er seinen Leuten, Beowulfs Rosse und Schätze ans Land zu schaffen.

9. Die Heimkehr

Nah der Düne lag Hygelaks Königshaus: hoch und geräumig war die Methalle. Dem König zu Seite waltete darin Hygd, Häreds Tochter, sein junges, wohlgestrenges Gemahl. Weder allzu vertraut tat sie mit den Leuten, noch kargte sie mit Lohn und Geschenken.

Die Sonne schien von Süden, als die Heimgekehrten landeinwärts zu Hygelaks Burg kamen. Ein Bote war ihnen vorausgeeilt und hatte dem König Beowulfs Rückkunft schon gemeldet, »er folge ihm auf dem Fuße«. Da trat er schon ein: rasch wurde für die Helden Raum geschafft in der Halle.

Beowulf musste nach der ersten Begrüßung an Hygelaks Seite niedersitzen. Hygd ging mit den Metschenken umher und reichte selbst freundlich und leutselig lautern Trank.

»Wie erging dir's auf der Reise, lieber Beowulf?«, begann der König voll Neugier, »hast du Hrodgar von dem Unhold erlöst? Ich habe mich in Sorge um dich verzehrt: du weißt, wie sehr ich dich bat, den Kampf nicht zu suchen, Grendel fernzubleiben. Nun sei den Göttern Dank, dass ich dich gesund wiederhabe.«

»Das will ich dir gern berichten, wie ich und Grendel kampflich einander trafen. Ich vergalt ihm alle seine Freveltaten.« Und nun erzählte Beowulf von seinem Kampfe mit den Riesen, von dem Siegesjubel der Dänen, wie sie ihm Feste feierten und ein Gastmahl bereiteten, rühmte Hrodgars Weisheit und Milde, gedachte der Königin und ihrer Kinder, sprach von alten Mären und Liedern, die er in der Halle hatte singen und sagen hören, und wie er niemals und nirgendwo größere Fröhlichkeit beim Met gesehen als dort bei den Dänen.

»Herrliche Geschenke gab mir der König«, schloss Beowulf seine Erzählung, »die will ich dir, Hygelak, meinem liebsten Blutsfreund, darbringen!« Dabei überreichte er dem König Eberhelm, Brünne und Schwert: »Die Waffen sind ein altes Erbteil der Schildinge: HEOROGAR ließ sie seinem Sohn Hrodgar: gebrauche du sie siegreich.«

Vier gleich große, apfelfahle Rosse fügte er dem Geschenk noch hinzu. Den schönen Halsschmuck Wealchtheows aber überreichte er Hygd und dazu drei schlanke schön gesattelte Hengste.

So erwies sich Beowulf Verwandten und Freunden hochherzig und freigebig. Niemals missbrauchte er seine gewaltige Kraft zu übermäßigem Kampf, niemals übermannte ihn Zorn, dass er einen Herdgenossen geschlagen hätte. Lang war er von den Geaten, deren Stamm er ja nur durch seine Mutter angehörte, geringschätzig angesehen worden. Langsam und zögernd schalten sie ihn einst: nun baten sie ihm die Schmährede mit rühmenden Worten ab. Hygelak aber befahl Nägling, das goldgezierte Erbschwert seines Vaters Hredel herbeizuholen. Keine bessere Waffe gab's im Geatenland. Er schenkte es Beowulf und gab ihm Land und Burg mit stolzem Hallenhaus.

III.
Der Feuer-Drache

1. Des Drachen Ausfahrt

Und nach vielen Jahren ward Beowulf König der Geaten. Nachdem er dieses breiten Reiches wohl an fünfzig Winter gewaltet hatte, führte er nach Hrodgars und Hrodulfs Tod auch über die Dänen die Oberherrschaft. Haar und Bart waren ihm ergraut.

Da begann ein Drache im Land zu wüten: denn sein Hort, den er in einem Berge, nah der See, bewachte, war beraubt worden. Ein Pfad – niemand bekannt – lief in den Berg. Ein Knecht, der vor den Schlägen seines geatischen Herrn floh, geriet auf den Steig und erschaute den Hort, während der Drache schlief. Da lagen in der Erdhöhle viele uralte Schätze angehäuft. Der friedlose Mann nahm eine kostbare Schale davon und brachte sie seinem Herrn, sich damit Verzeihung zu erkaufen. Der Herr nahm die Sühne an und gewährte dem Knecht Frieden. Als aber der Wurm erwachte, brach seine Wut aus: er beroch das Gestein und witterte bald des Menschen Spur, der bis nah an sein Haupt hingeschritten war. – So mag ein Glücklicher Gewagtes vollbringen, wenn's ihm der Waltende gewährt. –

Der Wurm suchte eifrig über den Grund hin, um den Menschen zu finden, der ihm im Schlafe Schaden getan. Zornig, wildwütig umkreiste er von außen den Berg, wieder und wieder: aber bis weithin über die Heide sah er niemand. Er kroch in seine Höhle zurück und zählte seine Schätze: da sah er deutlich, dass er bestohlen war. Ungeduldig erwartete er den Abend, seine Wut schwoll und schwoll: mit Feuer wollte er Land und Leuten den Hortraub vergelten. Als die Nacht kam, fuhr er brennend aus dem Berge, flog, Gluten speiend, über das Land, versengte Höfe und Hallen und verwüstete alles. Nichts Lebendiges wollte er übrig lassen. Vor Tagesanbruch kehrte er zurück und schoss nieder auf seinen Hort in der Erdhöhle, wo er sich sicher wähnte.

Eilig liefen die Boten mit der Schreckenskunde zu Beowulf: des Königs eignes Haus, wo er vom Hochsitz Gaben zu verteilen pflegte, verschlangen lodernde Flammen. Gram ergriff den guten König; düstere Gedanken beschwerten ihn, als er seines Volkes Land weithin verwüstet sah: grimmig beschloss er's zu rächen.

Einen Schild, ganz von Eisen, befahl er zu schmieden; kein großes Heer sollte ihn begleiten, er fürchtete des Wurmes Wut nicht: manch kühnen Kampf, manch gefährlichen Sturm hatte er ja gefochten! Mit elf Gefolgen ging er, den Drachen zu suchen. Er hatte nach der Ursache der Erzürnung des Ungetüms geforscht, und da war ihm die Schale ausgeliefert worden und der Knecht, der sie geraubt und all den Jammer verschuldet hatte: als Dreizehnter, widerwillig, musste der ihnen voranschreiten, den Weg weisend zu der Höhle im Berge nah der See. Auf einer Klippe vor dem Berge hielt Beowulf an und saß nieder. Traurig, todbereit nahm er Abschied von seinen Herdgenossen. Schon trat das letzte Schicksal an des greisen Königs Seite.

»Viele Kämpfe, viel Unheil«, begann er, »hab ich schon in früher Jugend ausgehalten. Sieben Winter war ich alt, als mich Hredel in seine Halle nahm und gleich seinen Söhnen hielt. Mit meinem Schwert und meiner Treue hab ich den Gesippen ihre Liebe vergolten. Alles dessen muss ich gedenken! Mit Beil und Schwert soll mir nun diese Hand des Wurmes Hort erkämpfen. Maß ich mich oft in der Jugend mit tapfern Helden, will ich nun im Alter als meines Volkes Schirmwart auch diese Fehde suchen und den Landschaden vernichten.« Einen jeden seiner lieben Genossen grüßte er noch zum letzten Mal.

»Gern ging ich ohne Schwert: aber Gift und Feueratem hab ich von dem Wurm zu gewärtigen, deshalb trag ich Schild und Brünne. Nicht Fußes breit will ich dem Drachen weichen: ergeh's, wie's das Schicksal will! In Brünnen und Waffen erwartet hier vor dem Hügel, wer von uns den Kampf überlebt. Ich gewinne das Gold, oder der Tod nimmt euch den König.«

2. Der Kampf

Da erhob sich der kühne Held, nahm Schild und Schwert und schritt unter die Steinklippen.

Er fand an der Bergwand einen gewölbten Stein, unter dem brach ein Strom aus dem Berg: das Wasser war heiß von des Drachen Feuerhauch. Niemand konnte, ohne sich zu versengen, in die Höhle gelangen. Erbost rief Beowulf den Wurm zum Kampfe heraus: sein Herz stürmte, grimm und gellend drang seine Stimme unter den hohlen Stein: der Hass war nun zwischen ihnen geweckt. Der Lindwurm erkannte die Menschenstimme: der Hügel erdröhnte, und des Unholds heißer Atem fuhr Dampf sprühend aus der Höhle. Beowulf schwang seinen Schild empor gegen den grauenhaften, geringelten Wurm, den er zu Streit aufgerüttelt hatte. Das Schwert in der Faust, stand er, ihn erwartend. Der Wurm zog sich, eingekrümmt, rasch zusammen und kam schnaubend und Feuer blasend im Bogen geschossen. Der Eisenschild schützte den Mutigen nicht viel vor der Lohe: – doch stolz hob er sein gutes Schwert und schlug nach dem grausigen, buntfarbenen Drachen: die Schneide glitt – ohne tief einzuschneiden – von dem Bein ab, aber der grimme Hieb brachte den Unhold in wilde Wut; er spie brennende Lohe aus; weithin schossen die Feuerstrahlen. Beowulf konnte da in der Not mit seinem Schwert nicht viel ausrichten. Aber er war nicht gewillt, so leicht sein Leben zu lassen, und schon wälzte sich mit neuem Grimm der Wurm, den Hals mit giftigem Atem geschwollen, schnaubend und blasend heran. Da litt der greise Held bittre Not, rings vom Feuer umspien.

Als Beowulfs Gefolgen draußen den Berg erdröhnen hörten und das wilde Feuer aus der Höhle schießen sahen, entliefen sie und bargen sich im nahen Gehölz: nur Wiglaf, Weochstans Sohn, sorgte sich um seines Königs Leben. Er gewahrte, wie sein Herr unter dem hohlen Steine ganz mit Lohe überschüttet stand: – da gedacht er all des Guten und der Ehrengeschenke, die er von Beowulf empfangen, und verhielt sie nicht länger, die treue Tapferkeit. Er griff nach Schild und Schwert und rief den flüchtigen Recken nach: »Gedenkt, wie wir so oft Gaben von Beowulf empfingen und sie ihm zu vergelten gelobten, bedürft er unser in der Not! Er selbst kor uns aus dem ganzen Heer zu dieser Fahrt, weil er uns für tapfer hielt: wollte er auch allein dies Heldenwerk vollbringen – wie er so viele vollbracht hat! Er bedarf nun unsres Beistandes, ihr Weigande! Lasst uns gehen und ihm helfen wider das Feuer spuckende Untier. Lieber soll dann die Lohe auch meinen Leib mit dem meines Herrn verschlingen. Schande uns, trügen wir die Schilde heim, ehe der Drache gefällt und des Königs Leben gerettet! Fürwahr! Das stünde schlecht zu altem Brauch, sollt er allein die Gefahr aushalten und fallen im Streit! Schwert, Helm, Brünne und Schild sollen uns beiden gemeinsam sein.«

Da rannte er allein – die Flüchtigen kehrten nicht um – durch den Rauch an die Seite seines Herrn und deckte ihn mit seinem Schild: »Beowulf, lieber Herr, halte stand! Wie du schon in der Jugend gelobt hast, solange du lebst, nicht vom Ruhme zu lassen. Nun verteidige dein Leben! Ich helfe dir.«

Da kam der Wurm zum andern Mal in Feuerwellen gefahren: auf brannte lichterloh Wiglafs Holzschild, auch seine Brünne schützte ihn nicht vor der Glut, und hurtig barg er sich hinter Beowulfs Eisenschild. Der hieb nun mit aller Kraft sein Schwert auf des Drachen Haupt: NÄGLING zerbarst und versagte ihm in der Not. Beowulfs Hand war zu stark: sie hatte das Eisen im Streich übernommen. Und zum dritten Mal griff der Wurm an: Flammen speiend fuhr er gegen den greisen Helden und wand sich ihm beißend um den Hals, dass das Blut Beowulf überspritzte und in Strömen niederrann. Nun erwies sich Wiglafs Treue und Kühne: er wich nicht, ob auch seine Hand verbrannte, er traf mit seinem Schwert den Drachen in die Weiche, dass er ein wenig vom Beißen und Feuerblasen nachließ: und Beowulf, die entschwundene Besinnung wiedergewinnend, zog erbittert sein kurzes Gürtelschwert (Scramasax) und durchschnitt den Wurm in der Mitte: vereint hatten sie ihm Kraft und Leben gebrochen.

Das war Beowulfs letzter Siegkampf: seine Wunde begann alsbald zu schwellen und zu schwären, er fühlte den giftigen Drachengeifer im Blute brennen. Da ging er, setzte sich an die Bergwand und betrachtete die Riesenhöhle, wie sie Steinbogen im Innern gestützt hielten. Wiglaf schöpfte Wasser, labte den geliebten Gebieter damit und löste ihm den Helm.

Beowulf begann – er wusste genau, dass seiner Tage Zahl abgeronnen, dass es für ihn vorbei war mit der Erde Lust und der Tod ihm nahte –: »Nun sollt ich meinem Sohn diese Waffen schenken, wäre mir einer vergönnt. Fünfzig Winter hab ich dieses Land beherrscht: kein Volkskönig unter allen Umwohnenden wagte, mir mit einem Heer zu nahen und mich mit Kriegsschrecken zu bedrängen. In meinem Erbland erwartete ich der Zeit Geschick, hielt das Meine, suchte nicht Streit, schwur nicht Meineide: und der Waltende kann mir nicht meiner Blutsfreunde Mord vorwerfen, wenn sich nun Leben und Leib scheiden. Lauf hurtig unter den hohlen Stein und suche den Hort, lieber Wiglaf, da der Wurm ja erschlagen liegt. Aber eile dich, dass ich die Schätze noch schaue und leichter dann das Leben lasse und Land und Leute.«

Schnell, aufs Wort, gehorchte Wiglaf; da fand er im Berge die Höhle voller Kleinodien; gleißend lag das Gold am Grunde, er sah an der Wand manch Wunder, sah des Wurmes Bett, und uralte Krüge standen da, bestaubt, schon mancher Zier beraubt. Da lagen Helme, alt und rostig, zusammengeschnürte Armringe, und über dem Hort hing ein gülden Banner, mit Siegrunen durchwirkt: von ihm ging ein Lichtstrahl aus, dass Wiglaf den ganzen Erdbau übersehen konnte. Vom Wurm war keine Spur mehr. Da nahm er von dem Riesenhort Becher und Schalen, das Banner und ein erzgeschuhtes Schwert und trug alles eilends zurück zu Beowulf: er fand ihn traurig, dem Tode nah: er wusch ihm aufs Neue die Wunde und labte ihn mit Wasser, bis er wieder sprechen konnte. Sorgenvoll schaute der greise Held auf die Schätze: »Dank sei dem Waltenden für diesen Hort und dass es mir noch vergönnt war, meinem Volke den Schatz zu erwerben. Ich habe mit meinem Leben das Gold bezahlt: mindert ihr nun damit der Leute Not. Ich darf nicht länger hier weilen: einen Hügel wölbt mir auf Hronesnäss, nah der See, dass die Seefahrer, wann sie die Drachen über die Flut steuern, ihn schauend, ›Beowulfs Burg‹ ihn grüßen.«

Er nahm den Halsring – Wealchtheows Gabe – vom Nacken und gab ihn dem jungen Wiglaf, dazu seinen goldgeschmückten Helm und seine Brünne: »Gebrauche sie wohl! Du bist der Endspross unsres Geschlechtes: – Wurd entführte mir alle Freunde zu der Seligen Saal: – ich folge ihnen.«

Das war sein letztes Wort, tot lehnte er an der Bergwand.

Jammer befing den jungen Wiglaf, als er den geliebten König sterben sah. Es währte nicht lange, da kehrten die zehn verzagten, treubrüchigen Gesellen, die ihrem Herrn in der Not nicht hatten beistehen wollen, aus dem Walde zurück. Beschämt näherten sie sich dem toten Fürsten und schauten auf Wiglaf, der an des Toten Schultern saß und ihn immer wieder mit Wasser benetzte, vergebens bemüht, das entflohene Leben zu wecken. Verächtlich sah er die Feigherzigen an und sprach: »Fürwahr, dieser milde König, der euch so viel Gaben reichte, euch die Waffen schenkte, in denen ihr hier vor ihm steht – nutzlos hat er all sein Gut an euch vergeudet! – Ich allein konnte ihm nur wenig das Leben schirmen in diesem Kampf: getreulich half ich, aber zu wenig Helfer umstanden den König, als er die Todeswunde empfing. Nun soll es euch an Gold und Waffen gebrechen: – euch und all euren Gesippen! Friedlos, Landrechtes verlustig sollt ihr wandern, erfahren erst rings im Reiche die

Leute von eurer Flucht. Der Tod wäre euch besser als solche Schmach.« Darauf sandte er die Trauerkunde in die Huben, wo die Männer zusammengeschart saßen, des Tages Ende und Beowulfs Rückkehr erwartend.

»Tot liegt der Geaten Fürst«, rief der Bote, unter sie tretend, »vom Biss des Wurms; ihm zur Seite, hingestreckt von des Königs Messer, der Feuerdrache. Wiglaf sitzt über Beowulf und hält die Totenwache über Freund und Feind. Schwere Zeiten erwarten uns nun: der Franken und Friesen Milde haben wir nicht zu gewärtigen! Und der Schweden Treue bricht – sorg ich –, sobald sie erfahren, dass Beowulf das Leben ließ. Auf, eilen wir, den König auf den Scheiterhaufen zu tragen. Keines Mannes Gut braucht mit zu schmelzen: unermessliches Gold birgt der Hort: das haben wir erkauft – mit des guten Königs Leben! Dies Gold soll der Totenbrand verzehren: kein Mann trage die Ringe, kein Mädchen schmücke den Hals damit.«

Alles Heervolk erhob sich und eilte weinend an den Berg: da sahen sie ihren König tot auf dem Sand liegen – ihm gegenüber den leidigen Wurm, von der eignen Glut verschwelt: fünfzig Fuß maß er an Länge, und neben ihm standen und lagen, rostzerfressen, Krüge, Schalen, Becher, Schwerte des tausendjährigen Hortes.

Da sprach Wiglaf: »Schauet den Schatz! Eine mächtige Beute trug ich heraus, sie dem König zu zeigen, solange er noch lebte: euch zu grüßen befahl er noch. Auf, ich führe euch hin, wo eure Augen sich übersatt an blankem Golde sehen. Einige von euch bereiten indessen rasch die Bahre.«

Und er befahl allen Burgherren, durch ihre Knechte Brandscheite nach Hronesnäss zu führen: »Feuer soll den kühnen Helden verzehren, der oft einen Schauer von Pfeilen aushielt, wann die gefiederten Schäfte sausend vom Strange schnellten.«

Sieben der stärksten Recken wählte Wiglaf aus und

schritt mit ihnen in den Stein: der zuvörderst ging, trug einen Feuerbrand. Alles, was sie von Schätzen, Gold und Kleinodien fanden, trugen sie heraus. Den Wurm wälzten sie von der Klippe hinab in die See, die ihn verschlang. Der greise Tote ward fortgetragen, der Hort aber auf Wagen geladen und mitgeführt nach Hronesnäss.

Dort errichteten sie einen Scheiterhaufen, umhangen mit Helmen, Heerschilden und Brünnen, und legten in die Mitte Beowulfs Leiche.

Dann entzündeten sie ein Brandfeuer: schwarz stieg der Rauch von den Scheiten auf: – sausend schoss die Lohe empor, untermischt mit den Wehrufen des Volkes, das voll Gram seines Königs Tod beklagte.

Als das Feuer den Toten verzehrt hatte, wölbten sie einen Hügel auf dem Berge, hoch und weithin sichtbar den Seefahrern. Zehn Tage bauten sie an dem Mal: eine Wallmauer umgab des Königs Asche; Gold, Ringe, edle Steine, alles, was sie aus des Wurmes Bett fortgetragen, bargen sie in dem Hügel und schlossen ihn.

Dann umritten zwölf Recken den Hügel, sangen die Totenklage und priesen in Liedern Beowulfs Mut und ruhmvolle Taten.

Das ganze Volk beklagte ihn als den würdigsten König, den tapfersten Schirmer, den mildesten Mann, den leutseligsten Herrn.

Drittes Buch

Kudrun

I.
Hettel und Hagen

1. Von den Hegelingen

Zu STÜRMEN in der Mark im Dänenland[29] war König HETTEL erwachsen, unter Zucht und Pflege des alten WATE, seines Gesippen, der Burg und Land von Hettels Geschlecht zu Lehen trug.

Nun saß der junge König in HEGELINGEN, nicht fern von ORTLAND [30], das ihm dienstbar war. Er hatte achtzig Burgen und wohl mehr, deren Hüter ihm mit großen Ehren dienten.

Hettel war verwaist; ein Weib tat ihm Not: so viel er der Freunde hatte, ihn verdross seines einsamen Lebens. Er solle geziemender Minne pflegen, rieten seine Gefährten. »Ich weiß keine, die würdig wäre, eines Hegelingen Frau zu sein«, antwortete Hettel. Aber der junge MORUNG sprach: »Eine Maid weiß ich: wie ich sagen hörte, lebt keine schöner auf der Erde: die sollte dein Gemahl werden: HILDE in IRLAND! HAGEN heißt ihr Vater, ein König aus altedlem Geschlecht. Wird Hilde deine Königin, so lebst du in Freuden und Wonne.« Da sandte der König einen Boten ins Dänenland und ließ HORAND, seinen Neffen, entbieten. Am siebenten Morgen kam der Recke mit seinen Gefolgen an. Der König ging ihm entgegen: da war auch FRUTE, der kühne Däne, mitgekommen. Hettel wandte sich zu Horand: »Hilde, der jungen Königstochter in Irland, will ich Dienst und Botschaft meiner Minne senden.«

»Das geht nicht an! – Niemand reitet dir als Bote in Hagens Land. Ich dränge mich selber nicht dazu! Wer um Hilde wirbt, den lässt Hagen erschlagen oder hängen.«

»Hängt Hagen meinen Boten, so muss er selber mir tot liegen; wie frevel er sei, sein Grimm soll ihm zu Schaden gereichen.«

Frute sprach: »Wollte Wate dein Bote ins Irenland sein, so möchte uns wohl gelingen, Hilde dir herzuführen. Oder man schlüge uns Wunden, bis ins Herz hinein.«

»Auf, sendet nach Stürmen: ich bin ohne Sorge, dass Wate gerne reitet, wohin ich ihn auch reiten heiße.«

Irold der Friese zog eilig nach Stürmen, bis er Wate fand, und entbot ihn zu Herrendienst nach Hegelingen. Als Wate zur Königsburg hereinschritt, ward Hettel froh zumut: er eilte hinaus: »Sei willkommen, Wate! Lang hab ich dich nicht gesehen.« Er führte den Alten in die Halle, dort saßen sie zusammen und niemand bei ihnen.

»Ich hab nach dir gesandt«, begann Hettel, »weil ich einen Boten in des wilden Hagen Land brauche. Nun weiß ich niemand besser zu solch gefahrvollem Dienst als dich, Wate, lieber Freund.«

»Was ich tun soll dir zu Lieb und Ehren, das tu ich gerne: vertrau auf mich.«

»Mir raten meine Freunde, durch dich um Hagens schöne Tochter zu werben: und danach stehn sehr meine Sinne.«

»Wer dir das riet, dem wär's nicht leid, dass ich heute stürbe! Die Maid ist wohl gehütet! – Dazu reizte dich niemand andrer als Frute. Ja, Horand, mein Schwesterkind, und Frute haben dir von ihrer Schönheit gesagt! Nun ruh' ich nicht, bis sie beide mit mir sich diesem Dienst unterziehen.« Und als er die zwei sah, rief er: »Seid auch hübsch bedankt, dass ihr meine Ehre durch Hofdienst zu mehren so eifrig bedacht waret. Ihr müsst mitsamt mir zu Hagen: wer meine Ruhe stört, der soll auch die Arbeit mit mir teilen.«

»Das tu ich gern!«, rief Horand, »erließ es mir auch der

König; wo ich schöne Frauen sehe, will ich gern Arbeit haben.«

Der kluge Frute sprach: »Wir wollen siebenhundert Dänen mitnehmen. Von Herrn Hagen kann sich niemand Gutes erwarten. Herr König, heißt Schiffe bauen, eu'r Heervolk über die See zu tragen. Und schaff uns Zehrung für die Reise: wir wollen als Kaufleute ziehen und Hagens Kind wegführen. Lass Helme und Brünnen schmieden: wir wollen Waffen feil bieten: auch soll Horand Gold und Gestein an die Frauen verkaufen, desto eher wird man uns trauen.«

»Ich kann nicht Kaufhandels pflegen«, sprach der alte Wate. »Was ich hatte, teilt' ich stets mit meinen Recken: dabei will ich bleiben! Ich hab es nicht gelernt, mit zieren Frauen um Gold feilschen. Heiße nur die Schiffe mit starken Dielen decken: voll tapfrer Krieger müssen sie sein, die uns streiten helfen, wenn Hagen uns nicht in Frieden will ziehen lassen.«

Da antwortete der König: »Reitet heim, macht euch bereit uns sorget nicht um Ross noch Gewand: all euren Recken geb ich solch Reisezeug, dass ihr euch mit Ehren vor jeder Frau zeigen mögt.«

Die Helden kehrten in ihre Burgen zurück, indessen der König zur Werbefahrt rüsten ließ. Fleißig rührten da Zimmerer die Hände: sie bauten Schiffe, banden mit Silber die Fugen längs den Schiffswänden, setzten feste Masten ein und plätteten mit rotem Gold die Ruder. Denn Hettel war reich, und seine Boten sollten löblich ausgerüstet fahren. Bald lagen die Schiffe gebälkt und gedielt schaukelnd auf den Wellen. Da wurden die zur Werbefahrt Bestimmten einberufen, und alles, was sie brauchten, das fanden sie vollauf in den Schiffen: Reisige, Rosse und Gewand.

»Lasst euch die Jungen anbefohlen sein, die in meinem Dienst in Gefahren ziehen«, sprach der König zu den Führern.

»Wie's ergehe«, antwortete Wate, »halte dir den Sinn von Sorgen frei, dass der Mut dir frisch bleibt. Hüte du unser Erbe: – dem jungen Volk soll's nicht an meiner Zucht fehlen.«

Frute schaute noch in den Schiffskammern nach, wo Gold, Gestein und viele andre Dinge geborgen lagen: – da fehlte nichts: gern gab Hettel, was man begehrte. Wessen Frute eines wollte, gab er dreißig.

»Sorge nicht!«, rief Horand. »Siehst du uns wieder nahen, dann schau'st du ein viel schönes Weib: freudig wirst du das empfangen.«

Die Rede hörte Hettel gern, und mit Küssen ließ er seine Getreuen von sich scheiden.

Aber sein Gemüt ward traurig: er musste immer ihrer Mühen und Gefahren denken.

2. Frutes Kramladen

Als der Hegelinge Geschwader in Irland ans Ufer schwamm, nahm man von Hagens Burg aus ihrer wahr. Die herbeilaufenden Leute staunten: woher mochten die stolz gekleideten Gesellen über die Fluten gekommen sein?

Nur sechzig von den Recken stiegen, nach bürgerlicher Weise gekleidet, auf den Sand. Frute war ihr Meister: – besseres Gewand ließ ihn als solchen erkennen. Wate schickte Boten zu Hagen und bat um des Königs Schutz. »Frieden und sicher Geleit entbiet' ich den fremden Herren« – ließ der König antworten: »Mit der Wiede[31] büßt, wer meine Gäste belästigt.«

Kleinode, tausend Mark wert, gaben sie Hagen: er hatte nicht einen Heller begehrt: nur schauen wollte er gern, was des Geziemenden für Ritter und Frauen sie bei sich führten.

Nun trugen sie all ihr reiches Kaufgut auf den Strand; unmutig schauten's die in dem Schiff verborgenen Krieger;

sie hätten lieber gleich stürmend um schön Hilde gefochten, statt zu warten auf günstige Gelegenheit.

Frute schlug am Seestrand seinen Kramladen auf. Da war das nie geschehen weitum im Lande, dass Kaufleute ihr Gut für so geringen Preis hergaben! Es kaufte, wer Lust hatte, Gold und Steine: und wer, ohne Kauflust, irgendetwas ihres Krames lobte, dem gaben sie's umsonst. Der König ward ihnen aus der Maßen hold.

Oft hörte die Königstochter von ihrem Kämmerling Wunderdinge von den Gästen sagen. »Viellieber Vater«, sprach sie darum, »lass doch die Fremden zu Hofe reiten: ich höre so viel von dem EINEN: ich muss ihn sehen, den Alten, mit den wunderlichen Sitten.« »Das mag wohl geschehn«, antwortete der König: er selber wollte Wate gern schauen; und konnten's die Frauen kaum erwarten.

3. Wie die Gäste zu Hofe ritten

Der König entbot seinen Gästen: wenn sie eines Dinges Not hätten, sollten sie an seinen Hof kommen und sich mit Speis und Trank versorgen.

Auf Frutes Rat folgten sie der Ladung, schlossen einstweilen den Kram und schritten zur Königsburg. Wate und Frute waren fast gleich alt; ihre grauen Locken hatten sie mit Gold bewunden: stolz und herrlich schritten sie in die Halle.

Der König ging ihnen entgegen: die Königin stand von ihrem Sitz auf, da Hagen ihr Wate zuführte; der schaute aus, als wenn er nie lachte. –

Die Gäste mussten niedersitzen, ihnen wurde vom allerbesten Wein geschenkt: unter heitrer Rede weilten sie dort. Als die Königin den Saal verließ, bat sie Hagen, dass er die Fremden auch in die Frauenkemenate lasse; gern versprach er's, und die Frauen schmückten sich mit Gold und Festgewanden. Freundlich empfing das Königskind den alten Wate, als er hereinschritt: sie grüßte ihn zuerst vor allen: war's ihr auch ein wenig bang, als sie ihn küssen sollte, denn sein Bart war lang und breit! Sie bat ihn und Frute, sich zu setzen, und Mutter und Tochter begannen übermütige Scherzrede.

Ob's ihm gut gefiele, fragte Hilde, wenn er so bei schönen Frauen sitzen dürfe? Oder ob er lieber in hartem Streite stehen wolle?

»Wenn ich auch noch nie so sanft bei schönen Frauen saß«, antwortete Wate, »ich wollte doch lieber mit guten Mannen in harten Stürmen fechten.«

Laut lachte Hilde: sie sah wohl, ihm war's leid, bei Frauen zu sitzen. Sie wandte sich an Morungs Mannen: wie wohl der Alte heiße?

»Und hat er Burg und Land daheim? Und Weib und Kind, sie freundlich zu herzen? Damit befasst er sich wohl selten?«

»Sicherlich hat er Weib und Kind daheim in seinem Land« – antwortete einer – »und um Ehre wagt er gern Gut wie Leben: er ist ein kühner Mann.«

Die Recken gingen von dannen, zurück zum König: »Oft sollt ihr wiederkommen«, bat Hilde; »bei uns Frauen sitzen, ist euch keine Schande.«

Vor dem König wurden allerlei Spiele getrieben: von den einen dieses, von den andern jenes. Die Burgleute trugen Schilde und Waffen herzu: da wurde mit dem Schwerte gefochten, mit dem Speer geschossen und mit Wurfsteinen geschleudert.

»Saht ihr in eurem Land je solch gutes Kämpfen, wie es meine Iren tun?«, fragte Hagen den alten Wate.

Der lachte verächtlich und sprach: »Ich sah es nie: – wenn mich's einer lehrte, wär' ich froh! Ein Jahr lang wollt' ich lernen und meinem Meister gern mit Geld lohnen.«

»Reicht mir das Schwert«, rief der wilde Hagen, »ich will mit dem Alten kurzweilen. Meine vier guten Hiebe lehr' ich ihn, dass er's mir danken soll.«

Waten gefiel das sehr: »Sag mir erst deinen Frieden zu, dass du mich nicht gefährden willst! Schlägst du mir Wunden, müsst' ich mich vor den Frauen schämen.«

Niemand traute da seinen Augen, wie Wate fechten konnte! Hagen erkannte bald des Alten Meisterschaft. Fast zürnte er, wär's nicht seiner Ehre zuwider gewesen: auch hatte er sich bis jetzt noch als den Stärkeren erwiesen.

»Lassen wir's nun sein«, sprach Wate. »Ich habe deiner Hiebe wohl schon vier gelernt und will dir's danken.«

»Und hätt' ich dich eher gekannt, Alter, so wäre das Gewaffen zum Kampf mit dir gar nicht in meine Hand gekommen: nie sah ich Schüler so geschwinde lernen«, antwortete der König und stimmte ein in das Lachen der Burgleute, die sich mit den Gästen im Spiel die Zeit vertrieben.

4. Horands Gesang

Das war eines Abends, dass ihre List gelang, da Horand von Dänemark sang mit so süßer Stimme, dass es allen gefiel und die Vögelein schwiegen.

Wohlgefällig lauschte der König mit all seinen Mannen. Frute hatte seine Freude daran: die alte Königin vernahm das Lied oben in der Frauenkemenate, wie der Schall durchs offene Fenster zu ihr drang.

»Was ist das für ein Klang?«, sprach schön Hilde. »Das ist von allen Liedern die allerschönste Weise, die sich mir je zu Ohre stahl.«

Und unten im Saal sagten Hagens Helden: »Todkranke würden lauschen, hörten sie den Schall aus des wunderbaren Sängers Mund erklingen.«

»Ich wollte«, sprach der König, »dass ich das selber könnte.«

Da begann Horand eine Weise, die hatte man nie zuvor vernommen, und niemand mochte sie lernen, außer er erlauschte sie auf wilden Meereswogen.[32] Drei Lieder sang er; keinem währten sie zu lang, tausend Wegstunden Reitens wären jedem bei dem Schalle wie ein Augenblick entschwunden, das Tier im Walde ließe von der Weide, die Würmlein, die im Grase gehen, die Fische, die in der Flut fließen, sie ließen ihre Wege: – also sang er. Wer ihn hörte, dem war alles verleidet, was zuvor ihm guten Klanges deuchte. Der Pfaffen Chor, der Kirchenglocken Läuten lockte ihn nicht mehr. – Alle riss zum Entzücken der fremde Sänger hin.

Da warb schön Hilde mit zwölf Goldbaugen einen Kämmerling, der musste insgeheim den Sangesmeister gewinnen, dass er noch den Abend verstohlen in ihre Kammer komme. Hei!, freute sich da Horand. In aller Stille kam er; Hilde bat ihn, niederzusitzen. »Lass mich noch einmal dein Lied hören; deine reine Stimme ist besser als alle Kurzweil.«

»Frau, um deinen Dank säng' ich zu aller Zeit so schönen Ton, dass jedem, der die süße Weise hörte, sein Leid gemindert würde. Wär's mir erlaubt, vor dir zu singen, und nähm' mir nicht darob dein Vater das Haupt – mit allen meinen Liedern wollt' ich dir dienen immerdar, daheim, in meines Herren Land.«

»Wer ist dein Herr? Trägt er Königskrone? Und hat er eigen Land?«

»Reicheren König sah ich nie! Und willst du's nicht verraten, vielschönes Königskind, dann erzähl' ich dir alles von meinem Herrn: wie er uns entsendet hat hierher um deinetwillen.«

»Ei, lass hören! Was entbietet mir dein Herr?«

»Dass dich sein Herz begehrt! – Lass ihn deiner Güte genießen. Dich EINE hat er erkoren unter allen Frauen.«

»Versprächst du mir zu singen am Abend und am Morgen, wollt ich seine Königin werden.«

»Das tu ich gern, vieledle Jungfrau! Und meinem Herrn dienen zwölf, die im Gesange vor mir den Preis erringen: – doch die allersüßeste Weise singt er selbst!«

»Ist so geartet dein Herr, dann gehört ihm auf immerdar meine Gunst: ich will ihm seine Liebe lohnen! Wagt' ich's vor meinem Vater, wollt' ich euch gerne folgen.«

Da schied der listige Sänger von dannen, verstohlen, wie er gekommen. Es war nun an der Zeit, für die Gäste zur Herberge heimzugehen.

Horand sagte dem alten Wate die Kunde: »Hilde ist unserm Herrn in Minne zugetan.«

Und sie berieten, wie sie die Jungfrau entführen wollten, und rüsteten heimlich zur Rückfahrt. Die im Schiff Verborgenen hörten's nicht ungern.

5. Die Entführung

Danach, am vierten Morgen, kamen die Hegelinge zu Ross in neuem Gewand nach dem Königsschloss geritten: sie wollten scheiden und erbaten des Königs Urlaub.

»Was flieht ihr mein Land?«, sprach Hagen. »Ich dachte mit allen Sinnen nur darauf, dass es meinen Gästen hier behagen solle! Und nun wollt ihr schon wieder fort?«

»Der Hegelinge Herr sandte her«, antwortete Wate, »zur Rückfahrt mahnend. Auch sehnen sich sehr nach uns, die wir daheim ließen: – da müssen wir eilen!«

»Mir wird's leid sein nach euch! – Nun empfanget von mir Gold und Gestein, Ross und Gewand, dass ich euch eure Gabe vergelte.«

»Herr, wir begehren ein einzig Ding von dir: das dünkt uns große Ehre, wolltest du es gern tun: dass du selber unsern Vorrat schautest! Und auch die Königin und deine schöne Tochter sollen unsre Habe sehen: das allein begehren wir. Willst du uns diese Ehre versagen, edler König Hagen, dann bitten wir um keine andre Gabe.«

»Die sei euch nicht versagt!«, antwortete huldreich der König. »Wenn ihr es denn durchaus wollt, lass ich morgen früh hundert Pferde satteln für Mägde und Frauen, und ich selber komme auch, eure schönen Schiffe anzuschauen.« –

Die Hegelinge ritten an den Strand zurück und trugen nun alles schwere Kaufgut, Vorrat und Speise aus den Schiffen an Land. Die Schiffe wurden leichter. Frute von Dänemark, der war klug!

Am nächsten Tag in früher Morgenstunde ritt Hagen mit den Frauen, von tausend Recken geleitet, nach dem Strande zu den Schiffen. Die Frauen hob man von den Rossen. Am Ufer stand der Kram offen, dass die Königin die Wunder schauen mochte.

Niemandens Zorn noch Kummer wägte Wate da lang, noch fragte er viel, wer die Sachen nähme, die auf dem Kram lagen: – schnell und geschickt trennte er Hilde von ihrer Mutter und führte sie mit ihren Jungfrauen auf eines der Schiffe: die darin verborgenen Recken sprangen empor, rasch hissten sie die Segel auf, und alle Mannen Hagens, die mit auf die Drachen gekommen waren, wurden ohne Verzug hinausgestoßen: sie wurden nass – und schwammen eilig an den Strand. Der alten Königin ward's weh um ihr liebes Kind: den wilden Hagen fasste Gram und Grimm. »Bringt die Speere!«, schrie er laut – »alle müssen sterben, die ich noch mit Händen erlangen mag.«

»Nur nicht so eilig!«, rief lustig der junge Morung, »kommt ihr auch mit tausend wehrhaften Degen heran zum Streit: – da unten in der Flut betten wir euch zur kühlen Ruh'.«

Doch Hagen ließ nicht ab: bald glänzte es rings am Ufer

von Waffen: Schwerter flogen aus der Scheide, Speere schossen durch die Luft. Rasch tauchten die Hegelinge die Ruder ein: die Schiffe flogen vom Gestade hinaus. Wate sprang ins letzte, dass ihm die Brünne klang. Fast hätte er zu lang gesäumt: schon kam der wilde Hagen mit dem Speer in der Hand. Befehlend schritt er am Strand einher und trieb zur Eile: er wollte die Gäste noch erjagen, die ihm solches Leid getan. Ein Heer stand bereit: aber die Schiffe, die es in schneller Fahrt tragen sollten, waren leck oder nicht segelfertig: man sagte es dem König. Da war nichts zu tun, als eilig die Werkleute zu berufen: die besserten die Schäden aus und bauten neue Schiffe für die Meerfahrt.

6. Kampf und Versöhnung

Zu Waleis[33] lief Wate auf den Sand, die wassermüden Helden stiegen ans Ufer: Wates Mannen zelteten eine Herberge für Hilde und ihre Frauen. Bald hörten sie, dass Hettel gekommen sei und ihnen entgegenreite. Da vergaßen die Maide alle Sorge; von fern her sahen sie den König kommen: zu Sprüngen trieb er seinen Hengst. Wate und Frute gingen ihm entgegen.

»Ich habe schwere Sorge getragen um euch«, sprach Hettel, »mir bangte sehr, ihr säßet bei Hagen gefangen.«

»Dahin ist's nicht gekommen«, antwortete Wate, »doch hab ich noch keinen so gewaltig in seinem Lande schalten sehen wie Hagen. Sein Volk ist übermütig, er selbst ein Held.«

»Wir haben die schönste aller Frauen gebracht, die ich je auf Erden sah«, sprach Frute, und beide geleiteten nun den König zu Hildes Zelt.

Irold von Ortland und Morung von Friesland fassten die Maid an der Hand und führten sie dem König entgegen. Mit schönen Sitten grüßte er die Jungfrau, umfing sie mit den Armen und küsste sie. Dann begrüßte das Ingesinde einander und saß nieder im Grünen um das Seidenzelt des fürstlichen Paares.

Als der Abend sank, sah Horand auf dem Meer ein Segel glänzen: ein Kreuz und andere Gebilde waren darein gewirkt. Und Morung rief Irold zu: »Wecke König Hettel aus süßer Ruh' und meld ihm das: ich seh in reichem Segel Hagens Wappenzeichen: unsanft wird sein Willkommen klingen.«

Alle Recken machten sich kampfbereit.

»Nun wehrt euch, meine Mannen!«, sprach Hettel. »Wer nie Gold gewann, dem will ich's morgen ohne Waage zuteilen. Dass ihr heute mit Iren kämpft, des sollt ihr immer froh gedenken.«

Da liefen Hagens Schiffe auf den Sand. Sausend schossen wohlgezielte Speere ihnen entgegen: die auf dem Ufer wehrten grimmig den Landenden. Schön Hilde bangte: Hagen sprang in großem Zorn über Bord und watete ans Gestade, ob auch Pfeile wie Schneegestöber auf ihn schwirrten.

Dröhnend, »dass die Woge erdoß«, rief er seine Mannen an, dass sie die Landung ihm erzwingen hülfen. Bald ward das Wasser rot von heißem Todesblut. Hagen ersah den jungen Hettel und drang auf ihn ein: die Hegelinge stellten sich dazwischen: aber der starke Hagen brach mit Schwerthieben durch die Schar und fällte den Speer, da das Schwert seinem Groll nicht genügte. Mancher sank speerdurchbohrt rückwärts nieder.

Auf beiden Seiten hatte sich das Kriegsvolk gesammelt, und nun trafen Wate und Hagen zusammen: wer ihnen aus dem Wege kam, mochte sich glücklich preisen.

Hagens Speer traf auf Wates Schild. Keiner konnte besser fechten als der Alte: doch wollte Hagen nicht weichen: er schlug ihn aufs Haupt, dass das Blut ihm aus dem Helme niederrann.

Mit Zürnen vergalt Wate den mordgrimmigen Streich: er hieb dem König mit dem Schwert auf die Helmspangen, dass Funken davonstoben. Hagen ward's Nacht vor den Augen.

Da rief Hilde jammernd Hettel an, dass er ihren Vater aus der Not bringe und dem grauen Alten wehre. Und herrlich drang Hettel mit seinem Volk in den Streit bis zu Wate – dem war's leid! – und rief mit heller Stimme: »Um deiner eignen Ehre willen, König Hagen, lass den Hass, dass nicht noch mehr unsrer Freunde fallen!«

»Wer mahnt mich zum Frieden?«, fragte der wilde König.

»Das tu ich: Hettel von Hegelingen, der seine Getreuen fernhin entsandte, um Hilde zu werben.«

»So sandtest du sie nicht um schnöden Frevels willen? – Wohlan! Große Ehre haben dir deine Boten errungen! Mit schönen Listen wussten sie dir mein liebes Kind zu gewinnen!«

Hettel nahm den Helm vom Haupte: den Frieden hörte man da über die Walstatt ausrufen, und Hagen sprach, dass der Streit geschlichtet sei. Nie vernahmen die Frauen liebere Märe. Schön Hilde sprach: »Wie gern ich meinem Vater entgegenginge, ich getraue mir's nicht: denn ich habe ihm schweres Leid angetan. Ihn und die Seinen mag's wenig nach meinem Gruß verlangen.«

Aber Horand und Frute nahmen sie bei der Hand und führten sie zu Hagen.

»Es sei!«, sprach der, »ich kann nicht anders. Willkommen du vielschöne Tochter, ich grüße dich.«

Nicht länger sollte die Jungfrau auf dem blutigen Felde verbleiben: »Bringt die Toten zur Ruh'«, befahl Hagen, »und lasst uns fort von hier.«

Hettel bat ihn zu Gast in seine Halle. Nicht allzu willig

folgte Hagen: doch freute er sich bald sehr, wie er sah, welch reiche Lande Hettel dienten, und mit großen Ehren ließ er sich in Hettels Burg geleiten. –

Als er wieder daheim bei Hildes Mutter saß, sprach er: »Es konnte unserm Kinde kein besseres Los werden; hätte ich mehr der Töchter, ich schickte sie all nach Hegelingen.«

Hilde gebar Hettel zwei Kinder: Ortwein, den Knaben, erzog der alte Wate; das Töchterlein: Kudrun, die Schöne von Hegelingen, sandte Hettel zu den Dänen, seinen nächsten Anverwandten, damit sie die Maid erzögen. Sie wuchs zu solchem Maße, dass sie wohl ein Schwert hätte tragen können. Und viele Fürsten und Edelinge warben um ihre Liebe.

II.
Kudrun

1. Hartmut und Herwig

Im Lande der NORMANNEN ward die Mär vernommen, keine sei schön erkannt wie Hettels Tochter, Kudrun. Jung HARTMUT, des Normannenkönigs LUDWIG Sohn, wandte da seine Sinne nach der Jungfrau: das riet ihm GERLIND, seine Mutter. Aber Ludwig sprach: »Wer sagte euch, dass Kudrun so schön sei? Und wäre sie aller Frauen erste, sie wohnt uns zu fern: um ihretwillen möchten viele unsrer Boten verderben.«

»Zu weit ist keine Ferne, will ein König Weib und großes Gut sich zu steter Freude gewinnen«, entgegnete Hartmut. »Ich will, dass Boten zu ihr gehen.«

»Heißt Werbebriefe schreiben«, trieb die alte Gerlind. »Gold und Gewand biet' ich den Boten zum Gewinn.«

»Ist euch denn nicht bekannt, wie Hilde, Kudruns Mutter,

aus Irland kam?«, mahnte Ludwig. »Die Hegelinge sind übermütig: leicht könnten sie uns verschmähen.«

Aber Hartmut rief: »Müsst' ich ein großes Heer nach Kudrun über Land und Wasser führen: um sie tät' ich's freudig. Schön Hildens Tochter will ich mir gewinnen.«

Da wählte Hartmut sechzig Mannen zu seinen Sendeboten. Sorgfältig ausgerüstet mit Gewand und Speise ritten sie Tag und Nacht, bis sie in Hettels Land kamen. Es seien reiche Herren, sprach man zu Hegelingen, vor allem darunter ein Graf. Stolz ritten die Normannen auf ihren schönen Rossen in die Königsburg und sagten Hettel Hartmuts Werbung.

»Ihr guten Boten«, antwortete der König, »ich heiß' euch unwillkommen. Herrn Hartmuts Botschaft verdrießt mich sehr.«

»Wie könnte Kudrun Hartmut minnen?«, sprach die stolze Hilde. »Hundertunddrei Burgen in Karadie[34] gab mein Vater König Ludwig zu Lehen. Übel stünde meiner Sippschaft solch Ehebündnis.«

Den Boten war das leid, dass sie mit dieser Antwort in Scham und Sorgen heimziehen mussten.

»Sagt geschwind«, fragte sie da Hartmut, »saht ihr Kudrun mit eignen Augen? Ist sie so schön, als man von ihr sagt?«

»Wer sie einmal schaut, dem ist es angetan«, antwortete der reiche Graf.

»So muss sie mein werden«, sprach der junge König.

Aber auch Herwig von Seeland[35] warb eifrig um Kudrun. Er war ein naher Nachbar Hettels; doch, hätte er an einem Tage tausendmal seine Boten nach Hegelingen gesandt, er fand da nichts andres als Hoffart und Verschmähen. Hettel bat ihn, das Werben zu lassen. Zornwilde Antwort entbot Herwig: »Fortwerben will ich, und wär's auch mit Schwert und Schild, euch allen zu Schaden.«

Er gewann dreitausend kühne Mannen, das schwere Spiel mit den Hegelingen zu wagen. Hettels Degen hatten Herwigs Drohung verachtet. – In morgenkühler Stunde langte Herwig vor des Königs Feste an, da alles Volk noch schlief. Nur der Wächter rief laut von der Zinne herunter:

»Wacht auf, ihr da unten! Waffnet euch! Ich sehe Helme blinken, fremde Gäste nahen der Burg.«

Hettel eilte herzu: da sah er Herwigs Recken an das Tor stürmen in machtvollem Andrang.

Bald standen hundert Gewaffnete um Hettel; nun griff er selber nach Schild und Schwert und führte sie hinaus. Sie waren allzu kühn: tiefe Wunden gewannen sie vor der Burg im Kampf gegen die Stürmenden. Kudrun die Schöne sah's zu blutiger Auenweide: Herwig deuchte ihr wacker; das war ihr lieb und leid!

Herwig und Hettel sprangen ein jeder vor seine Schar und trafen sich im Kampfe. Feuerfunken stoben unter ihren starken Streichen aus Schild und Helmgespäng: jeder fand seinesgleichen. Kudrun sah und hörte das. Unstet, wie ein Ball, rollt das Glück im Gefecht: die schöne Frau wollte Vater und Feind scheiden und rief vom Saal hinab: »Hettel, hehrer Vater! Wie fließt das Blut aus den Brunnen zu Tal, allum bespritzt sind unsre Mauern: Herwig ist ein übler Nachbar! Ihr sollt euch versöhnen um meinetwillen; gönnt euch eine Weile Ruh' im Streit: ich will Herrn Herwig fragen nach Adel und Macht seines Geschlechts.«

»Friede soll sein, Frau, lässt du mich ungewaffnet vor dich kommen«, rief Herwig ihr zurück. »Frage, was immer du willst, gern geb ich dir Antwort.«

Der Kampf wurde eingestellt, und mit hundert seiner Mannen ging Herwig hin zur »mutentzweiten« (d. h. schwankenden) schönen Kudrun, wo sie inmitten ihrer Frauen saß. Er begann zögernd: »Mir ward gesagt, dass Ihr mich verschmäht, weil ich Euch zu gering bin, und doch findet oft der Reiche bei Armen Lieb' und Wonne.«

»Welche Frau«, antwortete Kudrun, »könnte solchen

Mann nach solchen Heldenstreichen hassen! Glaubt mir, ich verschmähe Euch nicht: – keine Maid ist Euch holder, als ich es bin. Vergönnen's meine Gesippen, so will ich Euch gern folgen.«

Er sah ihr in die Augen mit Blicken voller Liebe: sie trug ihn im Herzen und hehlte es nicht.

Da fragte König Hettel, nach der Hegelinge Rat, seine Tochter, ob sie Herwig zum Manne nehmen wolle?

»Nicht Bessern wüsst' ich mir zu wünschen«, antwortete sie, und so ward die schöne Kudrun Herwig von Seeland anverlobt. Freud' und Leid ward ihm kund durch sie.

2. Kudrun wird geraubt

SIEGFRIED, ein Fürst von MORLAND[36] ließ Schiffe rüsten und entbot seine Genossen zu einem Streifzug in Herwigs Reich. Um die Maienzeit kamen die Recken über See gefahren von Abakie und Alzahe[37]; stolz fuhr da mancher einher, der bald im Staube liegen sollte!

Brennend und raubend trugen sie den Kampf in Herwigs Lande. Schnell entbot der Fürst seine Mannen und zog den Seeräubern entgegen. Lange und grimmige Schlacht ward geschlagen: wie viele auch der Friedebrecher fielen, Herwig kam in große Not. Er musste in seine Warte fliehen: meilenweit ringsum rauchten seine verheerten Lande. Er entsandte einen Boten nach Hegelingen um Hilfe. Aber noch ehe der vor Kudrun kam, hatte die Schreckensmäre sie schon erreicht: »Weh«, rief sie dem Sendemann entgegen, »verloren hab ich Land und Ehre!«

Sie stand auf, eilte zu König Hettel und schlang weinend ihre Arme um seinen Hals: »Hilf uns, König! Wenn nicht deine Recken der Not steuern, vermag niemand Herwigs Unheil zu wenden.«

»Ich will ihm Hilfe bringen«, antwortete Hettel, »ich entbiete Wate und meine andern Kämpen.«

Der König brach sogleich auf mit seinen Mannen: weinend und doch mit Freuden sahen Hilde und Kudrun ihn scheiden. Am dritten Morgen folgte ihm Wate mit tausend Recken nach; am siebenten gesellte sich Horand mit viertausend Streitern dem Heerzug, und Morung von Waleis – der schönen Frau zuliebe stritt er gern! – führte zweitausend ins Feld: sie fuhren wohl gewaffnet und ritten fröhlich von dannen.

Ortwein kam mit viertausend Recken über die See um der Schwester willen.

Unterdessen litt Herwig bittre Not; was er unternahm, misslang: bis dicht an sein Burgtor ritten schon seine Feinde: als aber die Hegelinge eintrafen, wandte sich das Siegesglück.

Hart bedrängt sorgten die Friedebrecher zur Nacht, ob sie den Morgen noch erleben würden. Sie wichen aus ihrem Lager in eine Feste, deren eine Seite durch einen Strom gedeckt war: Schritt für Schritt mussten sie den Rückzug erkämpfen: Hettel und Siegfried taten ihr Bestes in heldentapferm Streit: manch lichter Schildrand wurde von ihrer Hand durchhauen. Siegfried wagte nicht mehr, offene Feldschlacht zu bieten: er brauchte all seine Kräfte, sich hinter den Mauern der erreichten Burg zu verteidigen. Wate schloss ihn von der See ab, und Frute legte sich vor die Tore, und so, von ihren Feinden umklammert, blieben die Seeräuber voll Angst und Not eingeschlossen.

Unterdessen eilten normannische Späher zu Ludwig und Hartmut und meldeten ihnen, dass Hettel, fern seinem Reich, in Kampf liege. Da scharten die Normannenkönige zehntausend Krieger zusammen, Kudrun zu entführen, ehe noch Hettel mit seinen Mannen wieder nach Hegelingen käme. Wie eifrig hatte es Gerlind, zu rächen, dass Hettel Hartmuts Werbung schmählich abgewiesen hatte: hängen wollte sie beide, Wate und Frute. »Allen Frauen«, sprach sie, »versag' ich mein Gold und Silber und geb es euren Kriegern hin.«

»Wenn das geschehen möchte«, rief Hartmut, »dass Kudrun hierher käme in unsere Burg KASSIANE und mir hold würde – das wär' mir lieber als ein weites Reich!«

In Bälde waren kundige Seeleute geworben, die sollten in guten Schiffen das Heer über die Meereswogen steuern. Nicht lange dauerte die Fahrt: sie segelten vorüber an NORDLAND und gingen im Hegelingenland vor Anker. Hettels Burg lag unfern landeinwärts, und geschwind ritten Hartmuts Sendemänner hin. Sie mussten den Frauen des Normannenkönigs Werbung entbieten. »Und spricht sie nein, so sagt« – befahl Hartmut – »weder mit Gold noch Gut erkauft sie sich Frieden: dann will ich der vielschönen Kudrun eine blutige Augenweide schaffen. Und sagt ihr ferner, Hartmut weicht nicht aus dem Land! Man soll mich hier in Stücke hauen, folgt mir nicht von hinnen die schöne Hegelingen Tochter.«

Da nun die Boten in die Königsburg kamen, empfing und begrüßte sie Hilde geziemend. Die Recken sagten, was sie zu sagen hatten, aber Kudrun antwortete:

»Das soll nie geschehen, dass Hartmut an meiner Seite steht. Herwig heißt, den ich erkoren: ihm bin ich anverlobt als meinem Herrn und Gemahl, und keinen andern begehr' ich.«

Die Boten kehrten zurück an den Strand; Hartmut lief ihnen hoffend entgegen.

»Euch ist abgesagt!«, antwortete einer, »EINEN Verlobten habe die herrliche Maid, den sie von ganzem Herzen liebe. Wollt ihr nicht ihren Wein trinken[38], so wird euch heißes Blut geschenkt.«

In zornwildem Mut ordneten Ludwig und Hartmut ihre Scharen. Von der Burg sah man fernher ihre Banner flattern. »Grimme Gäste kommen zu meiner lieben Tochter«, klagte

Hilde. Aber die Burgleute, welche die Stadt und das Land hüteten, sprachen ihr zu: »Was auch Hartmuts Recken hier wagen, wir vergelten's ihnen mit tiefen Wunden.« Die Königin befahl, die Stadttore zu schließen, jedoch ihre Mannen folgten nicht; sie steckten ihres Königs Feldzeichen auf: vor den Burgmauern, im Freien wollten sie die feindlichen Gäste schlagen. Mit gezogenen Schwertern standen sie, wohl tausend, vor dem Tor. Hartmut kam mit tausend Speerreitern: sie saßen ab, und der Streit hob an. Aber bald traf auch Ludwig mit seinen Scharen auf der Walstatt ein. Sorgenvoll sahen die Königinnen seine Banner hoch im Winde flattern, und bei jedem an dreitausend Krieger. Vor der vereinten Normannen Sturm wollten Hettels Kämpen die Tore schließen: aber wie viele der Normannen man auch von den Mauern herabwarf und herabschoss – es schreckte sie nicht: sie waren allzu viele: die treuen Burghüter wurden erschlagen, Ludwig und Hartmut kamen ins Tor und trugen ihre Waffen in Hettels Halle. Oben durch die Zinne ließen sie ihr Banner flattern.

Hartmut ging zu Kudrun. »Edle Jungfrau«, sprach er, »Ihr habt mich verschmäht: trüg ich's Euch nach, dann müssten wir hier, statt zu fangen, alle hängen oder erschlagen.«

»O weh, Vater mein!«, sprach Kudrun, »wüsstest du, dass deine Tochter gewaltsam entführt wird, mir armem Königskind geschähe nicht der Schade noch die Schande.«

Die Burg wurde gebrochen, die Stadt verbrannt, zweiundsechzig Frauen gefangen mit Kudrun fortgeführt.

Traurig schaute Hilde aus einem Fenster zum letzten Mal auf ihr armes Kind. Dann sandte sie ihre Getreuen mit der Unglücksbotschaft zu König Hettel. – »Eilet«, drängte sie die Boten, »meldet ihm alles und saget, dass ich alleine bin. Voll Hoffart fährt der reiche Ludwig in seine Heimat, indessen an tausend unsrer Mannen erschlagen oder todwund vor dem Tore liegen.«

Die Boten ritten schnell; Horand sah sie zuerst kommen. König Hettel ging ihnen entgegen und sprach nach altem Brauch: »Willkommen, ihr Herren, hier im fremden Land, sagt an, wie gehabet sich Hilde und wer sandte euch her?«

»Das tat unsre Königin: die Burg ist gebrochen, die Stadt verbrannt, Kudrun mit ihrem Ingesinde fortgeführt; an tausend deiner Recken liegen erschlagen: und das taten Ludwig und Hartmut, die Normannen.«

Da sprach der alte Wate: »Nun lasst das Jammern über den geschehenen Schaden! Wir werden uns bald, in großer Fröhlichkeit, davon erholen und Herrn Ludwig und Hartmuts Haus in groß Trauer versetzen. Wir sagen jetzt dem Fürsten von Morland und seinen Leuten Frieden an, führen sogleich unsre Scharen den normannischen Räubern nach und befreien dein Kind Kudrun.«

»Das ist der beste Rat«, rief der kühne Herwig. »Eilet, mit den Feinden zu vertragen, damit wir bald fortkommen: mir ist unmaßen leid um Kudrun.«

So kam's zur Sühne, und die noch vor kurzem Feinde waren, boten nun Freundesdienste an. König Hettel eilte mit seinen Heerscharen auf die See und wandte seines Schiffes Schnabel gen Normannenland.

3. Auf dem Wülpensand

Drei Tage hatte Hartmut gebraucht, um alles, was seine Mannen auf Hettels Burg raubten, auf die Schiffe zu schaffen. Dann rauschten die Segel, die Wellen brausten um die gleitenden Kiele: sie wandten sich von Hettels Land einem wilden, breiten Werder, dem Wülpensande[39], zu, senkten die Anker und gingen ans Ufer. Sieben Tage gedachten die Normannen hier der Ruhe zu pflegen: wenig fürchteten sie die Hegelingen. Sie schlugen Zelte auf für die Frauen, für die

Männer und die Rosse. Voll Herzeleid saßen die Entführten auf dem öden Sand am Ufer. Allenthalben flackerten die Lagerfeuer. Da sah der Schiffsmeister mit vollen Segeln Schiffe übers Meer kommen und sagte es den Königen an. Bald fuhren die Schiffe so nah an dem Werder, dass man lichte Helme blinken sah.

»Wohlauf«, sprach Hartmut, »meine grimmen Widersacher kommen«, und nahm den Schild zur Hand. Ludwig rief seine Mannen an: »Ein Kinderspiel war, was wir bis jetzt getan: nun müssen wir erst mit tapfern Helden streiten; wer fest zu meinem Banner steht, den mach ich reich.«

Die Schiffe legten an, mit dem Speerschaft konnte man von den Borden bis zum Ufer langen: Lanzen flogen hinüber und herüber. Schwer mussten die Hegelinge die Landung erkämpfen. Wate sprang mitten in die Feinde: Ludwig rannte ihn an mit scharfem Speer, dass die Stücke vom Schild sprangen. Nun kamen auch die von Stürmen ans Ufer. Ihr Meister schlug Ludwig einen Schwerthieb durch den Helm: und hätte der König nicht unter der Brünne ein Seidenhemd von Abalie getragen, das auch den Kopf bedeckte, so wäre der wackere Hieb sein Tod gewesen. Kaum entrann er auf der Walstatt dem alten Kämpen, von dessen Hand nun Mann auf Mann niedersank.

Hartmut sprang Irold entgegen: fernhin erklang es von ihren Hieben auf Helm und Schild.

Herwig von Seeland sprang in die Flut. Das Wasser stand ihm bis unter die Achseln. Ertränken wollten ihn die Normannen: mancher Speer wurde auf ihm zerbrochen, doch der Held watete auf den Sand und ließ sie's büßen mit scharfen Streichen. Großes Gewühl entstand: oft wurde ein Freund vom andern niedergetreten. Bis Hettels Mannen Fuß gewonnen hatten, sah man die Flut von heißem Todesblut rot gefärbt, so weit hinaus, dass kein Speerschaft darüber flog.

Ortwein und Morung mit ihren Heergesellen gingen tapfer übers Schlachtfeld, wenige taten es ihnen gleich. Alle Speere waren verschossen, und immer noch schritt Ortwein einher mit froher Kampfbegier.

Bitterlich weinten Kudrun und ihre Frauen. Je näher der Abend sank, desto mehr Schaden erlitt Hettel: der Sieg neigte sich den Normannen zu. Ludwig und Hettel trafen einander mit hoch geschwungenen Waffen: Hettel sank tot auf den Sand unter Ludwigs Hieben. Als Wate seines Königs Tod vernahm, tobte er wie ein Eber: in großem Zorn fuhr er unter die Feinde.

Auch Ortwein und Horand wollten den Gefallnen rächen. Schon dämmerte die Nacht: ein Däne sprang mit gezücktem Schwert gegen Horand, ihn in der Dunkelheit für einen Feind haltend. Tot ließ ihn der Sänger aufs Feld sinken: es war sein eigner Neffe: erst als er des Sterbenden Stimme hörte, erkannte er, wen er erschlagen hatte, und hob traurig an zu klagen.

»Die Schlacht wird zum Mord!«, rief Herwig. »Wir werden in der Dunkelheit Freund wie Feind erschlagen.«

Da gaben die Hegelinge unfreudigen Herzens das Streiten auf: doch lagerten sie sich so nah den Feinden, dass sie deren Helme und Schilde im Widerschein der Zeltfeuer schimmern sahen.

Ludwig ersann eine List: »Tut, als ob ihr euch zur Ruh legtet auf eure Schilde«, befahl er den Kriegsmännern, »und macht großen Lärm dabei, dass die Feinde unserer Schiffe nicht Acht haben: dann gelingt's mir wohl, euch davonzuführen, wann jene schlafen.«

Als die Frauen aufbrechen mussten, klagten sie mit Weheruf: doch sogleich verbot der König ihnen das laute Weinen und drohte, jede, die nicht davon lassen wollte, ins Meer hinabzustoßen.

Durch solche List kamen die Normannen auf die See und

entflohen, während die Hegelinge im Schlafe lagen. Ehe diese der Tag weckte, waren ihre Feinde schon weit. Sie erhoben sich: zu Fuß und zu Ross drängten die zusammengeschmolzenen Häuflein über den Ufersand gegen das verlassene Lager, den Normannen neuen Streit zu entbieten. Laut ließ Wate sein Heerhorn gellen: da gewahrten sie, dass der Feind entflohen war. Wate wollte ihnen nach, aber Frute sprach, den Wind prüfend: »Was hülfe unser Eilen? Wohl dreißig Meilen sind sie schon fern, wir erreichen sie nimmer. Auch haben wir nicht mehr genug Leute, den Heerzug zu unternehmen. Bringt die Wunden an Bord und schafft die Erschlagenen von der Walstatt: bestattet sie auf dem wilden Sande.«

»Auch die«, fragte Irold, »die uns diesen Schaden getan? Oder sollen wir sie am Ufer liegen lassen, Wölfen und Raben zum Fraß?«

»Keiner liege unbestattet«, rieten da weise[40] Männer. So begruben sie ihren treuen König Hettel und alle andern, welches Volkes und Landes sie waren.

Voll Besorgnis ritt Wate dann zum Hegelingenland: auf seiner Königin Huld durfte er wenig hoffen! Da die Leute ihn sahen, verzagten sie: wenn er sonst aus dem Streite heimkehrte, fuhr er mit lautem Schall: – nun ritt er schweigend mit seinen Heerleuten.

»Weh mir«, rief Frau Hilde, »was ist geschehen? Zerbrochne Schilde tragen Watens Mannen, langsam gehen ihre Rosse, von herrenlosen Waffen schwer beladen: sagt an, wo ist König Hettel?«

Da ritt Wate in die Burg: das Ingesinde eilte ihm entgegen, nach Herren und Freunden zu fragen.

»Euer König und eure Freunde liegen tot«, sprach Wate. Alt und Jung erschrak darob.

»Weh, meines Leides!«, klagte die Königin. »Mit König Hettel ist meine Ehre von mir geschieden! Und Kudrun, mein Kind, seh' ich nimmermehr.«

»Frau«, sprach Wate, »lass das wilde Klagen: du rufst damit die Toten nicht wieder ins Leben zurück. Sind uns erst neue Männer hier erwachsen, dann rächen wir's an Hartmut und Ludwig.«

»Dürft' ich das erleben!«, antwortete die Trauernde, »alles, was mein ist, gäb' ich darum, dass ich Rache erlangte und meine Tochter wiedersähe.«

»Das kann erst geschehen, wenn unsre Kinder schwertreif geworden: denn wir sind zu wenige zum Heerzug: die meisten unsrer Kriegsleute blieben tot auf dem Wülpensand oder liegen siech an schweren Wunden. Gedulde dich, bis der Sohn des Vaters gedenkt und mit uns auszieht zur Rache.«

4. Kudruns Gefangenschaft

Günstiger Wind trieb die Normannen über die See der Heimat zu. Als Ludwig seine Burg liegen sah, sprach er zu Kudrun: »Siehst du die Burg, Frau? Dort sollst du Freude genießen. Willst du uns hold werden, so dienen dir reiche Lande.«

Vieltraurig antwortete die edle Jungfrau: »Wem könnt' ich hold sein? Bin ich doch selber von aller Huld geschieden. Des gedenk' ich immerdar.«

»Lass ab von deinem Leid; wähle Hartmut, den stolzen Recken; alles, was wir haben, biet' ich dir.«

»Eh' ich Hartmut nehme, lieber lieg' ich tot: und nicht geziemt's deinem Sohn, um Hettels Tochter zu werben.«

Hartmut hatte Boten vorausgeschickt zu Gerlind, mit der frohen Kunde: sie solle sich zum Empfang rüsten. Lieberes hatte Gerlind nie gehört. Sie zog mit dem Hofgesind aus dem Schlosse den Heimkehrenden entgegen. Die Schiffe legten im Hafen an, freudigen Mutes sahen die Normannen die Heimat wieder. Nur Kudrun mit ihren Frauen ging in schwerer Trauer. Hartmut führte sie an der Hand: sie hätt' es abgewiesen, wär's bei ihr gestanden: gezwungen nahm sie den Dienst an, den er gerne bot. Ihrer Herrin folgten die Frauen.

Hartmuts Schwester ORTRUN empfing sie mit holdem Gruß: sie küsste mit weinenden Augen die »elende« (d. h. in der Fremde lebende, unglückliche) Maid und fasste ihre weiße Hand. Auch Gerlind wollte sie küssen: aber unmutig versagte ihr das die Stolze: »Was gehst du mir so nah? Ich will dich nicht küssen, und du sollst mich nicht empfangen.« Gegen niemand als Ortrun war Kudrun freundlich.

Ortrun war gütevoll: was immer andre taten, sie stand der Leidvollen bei, damit sie, die nur nach ihren Freunden Sehnen trug, die neue Heimat lieb gewinne.

»Wann soll denn die Fremde«, sprach Gerlind, »Hartmuts Weib werden? Es darf sie nicht verdrießen: er kann sich ihr wohl vergleichen.«

Kudrun vernahm die Rede und antwortete: »Frau Gerlind, Euch selber wär's sicher leid, wenn man Euch zwingen würde, dem zu dienen, der Euch Eure Freunde erschlagen hätte!«

Aber Gerlind sprach zu Hartmut: »Unerfahrenes Kind sollen Weise ziehen: willst du sie mir in Zucht geben, so vertrau' ich wohl, dass sich ihre Hoffart etwas lege.«

»Tu nach deinem Willen«, sprach er. »Sie muss mein werden: doch halte sie mir gut bei all deiner Zucht, um ihrer und deiner Ehre willen: gramvoll ist die Maid, darum sollst du sie IN GÜTE lehren.«

So überwies Hartmut die schöne Kudrun seiner Mutter: hart kam das die Arme an. Was immer Gerlind lehrte, sie hörte nicht darauf. Da sprach die schlimme »VALANDINE« (Teufelin): »Willst du nicht Freude genießen, so musst du

Leid tragen: mein Frauengemach sollst du heizen und die Brände schüren am Herde.«

»Was Ihr mir gebietet, kann ich tun: doch gar selten hat meiner Mutter Tochter Brände geschürt.«

»So tu nun, was Königinnen nicht geziemend ist; ich denke, dir die Hoffart zu verleiden: ehe morgen der Abend sinkt, wirst du von deinen Frauen geschieden.«

Zürnend ging die üble Gerlind zur Königshalle: »Das Hettelskind hat dich, Hartmut, so stolz verschmäht: ehe ich das hören muss, wollt' ich es lieber nie mehr sehn.«

»Wie das Kind sich auch gebärdet, Frau Mutter, halte sie in liebreicher Hut, ich will dir's danken. Ich hab ihr solches Leid angetan, dass sie nach meinem Minnedienst wohl nicht begehren mag.«

»Sie folgt niemand, sie ist hartgemutet. Zieht man sie nicht mit Strenge, wird sie dir nie ein gutes Weib.«

Die Frauen wurden nun voneinander getrennt: die in der Heimat Herzoginnen waren, mussten Garn winden. Eines Fürsten Tochter musste jetzt den Ofen heizen mit ihrer weißen Hand, wann Gerlinds Frauen ins Gemach gingen, und empfing nicht einmal Dank dafür.

Schmachvolle Arbeit taten Kudrun und ihre Frauen viertehalb Jahr, bis Herr Hartmut aus drei Heerreisen heimkehrte. Er ließ die Hegelingentochter vor sich bringen und sprach: »Vielschöne Jungfrau, wie erging es dir, während ich fern war?«

»Ich musste dienen, dass es dir zu Schmach und Schande gereicht.«

»Wie, Gerlind? Befahl ich sie doch deiner Huld und Güte, damit ihres Kummers Last ihr erleichtert würde.«

»Wie konnt' ich anders Hettels Tochter ziehen?«, antwortete die Wölfin. »Du sollst wissen: ich mochte befehlen oder verbieten – dich und deine Freunde, dazu deinen Vater hat sie stets gescholten.«

»Und sie hat Recht: wir machten Kudrun zur Waise: mein Vater erschlug den ihrigen: darum kränkt sie schon ein leichtes Wort.«

»Immer besser soll sie's nun haben«, antwortete Gerlind. Und Hartmut ahnte nicht, dass es den Armen schlechter als zuvor erging.

Kudrun tat mit gutem Willen, was man sie hieß: sieben Jahre diente sie im fernen Land wie eine Magd und wurde wahrlich nicht wie ein Königskind gehalten.

Als ein neues Jahr anbrach, gedachte Hartmut, dass er noch nicht die Krone trug und doch Herr über Königsländer hieß. Seine Freunde rieten ihm, Kudrun in Güte zu überreden, dass sie sein Weib werde, und sich dann mit ihr – ob's Gerlind lieb oder leid sei – krönen zu lassen.

Er ging hin, wo er Kudrun in einer Kemenate fand, und begann, ihre Hand fassend: »Vieledle Königstochter, gönne mir deine Liebe: werde meine Königin, und alle meine Recken dienen dir!«

»So ist mir nicht zumute! Die schlimme Gerlind tut mir so viel Leid an, dass mich nach deiner Minne nicht gelüsten mag: ihr und ihren Gesippen bin ich Feind mit allen meinen Sinnen.«

»Das ist mir leid! – Was meine Mutter dir Böses tat, will ich dich durch Freude vergessen lehren: – zu unser beider Ehre.«

»Nicht auf DICH hoff' ich als meinen Retter.«

»Du weißt, Kudrun: Land und Burgen und alles Volk ist mein Eigen: ich kann hier tun, wie ich will: – wer wollte mir's wehren, wenn ich dich, als meine Magd, mir zu Willen zwänge?«

»Wahrlich, keine Sorge ficht mich an, dass König Hagens Enkelkind Hartmuts Buhle werde«, antwortete sie stolz.

»Jungfrau«, begann Hartmut wieder, »wenn es dir nur gefällt, so wirst du meine Königin.«

»Nie kann ich dich lieb gewinnen! Du weißt es gut, Hartmut, wie's darum steht, welch Leid du mir schufest, als du mich fingst und fortführtest, und wie dein Vater Ludwig meinen Vater erschlug. Wär' ich ein Mann – er dürfte ohne Waffen nicht vor mich kommen! Wie sollt' ich dich da minnen!«

Da ließ Hartmut Ortrun zu ihr gehen; die sollte mit ihrer Güte die stolze Hegelingentochter von ihrem treuen Willen abbringen.

»Ich will dir immer dienen«, sprach Ortrun, das Kind, »damit du allen Kummer vergissest; mein Haupt will ich vor dir neigen, ich und meine Frauen.«

»Hab Dank, Ortrun! Dass du mich gern als Hartmuts Gemahl gekrönt sähest und mir hohe Ehre gönnst, das lohn' ich dir mit Treue: – doch mein Gram ist allzu groß. Hartmut, du weißt es wohl«, so wandte sie sich an den harrenden Recken, »Herwig von Seeland bin ich mit festen Eiden zum ehelichen Weibe anverlobt.«

Sie sprach's so oft, bis es Hartmut verdross: »Bin ich denn nicht ebenso viel wert als Herwig, dessen Weib zu heißen dir solche Ehre dünkt? Du strafst mich wahrlich allzu sehr.«

Da befahl Gerlind: »Ist sie so starrsinnig, muss sie mir weiter dienen und soll nicht von der Arbeit kommen.«

»Was ich mit Willen und Händen dir dienen kann, will ich fleißig tun. Mein Unglück hat mich hier ja nicht bei Freunden geborgen«, antwortete die edle Maid.

»Gewand sollst du täglich an den Strand tragen und waschen für mich und mein Gesinde; und hüte dich, dass man dich zu keiner Stunde müßig treffe!«

»Vielreiches Königsweib«, entgegnete stolzen Herzens Kudrun, »so schafft, dass man mich lehre, wie ich meine königlichen Hände dazu zwinge, Gewand zu waschen. Wonne such' ich nicht hier: darum mehret nur stets mein Leid.«

Gerlind befahl einer Frau, die Gewande auf den Strand hinunterzutragen und Kudrun das Waschen zu lehren.

Als sie ihre edle Herrin am Wasser stehen sahen – die Schmach ging allen Hegelingenfrauen tief ins Herz. Und eine von ihnen, Hildburg aus Irland, sprach: »Es tut uns allen weh: man gönnt ihr keine Ruh'! Um den reichen Gott, Frau Gerlind, ihr dürft sie nicht so unbegleitet lassen: sie ist ein Königskind! Mein Vater trug auch Krone – doch ich tu es gern – lasst mich mit ihr waschen.«

»Das wird dir viel Weh bringen!«, antwortete Gerlind. »Wie hart der Winter sei: du musst in den Schnee und waschen in kaltem Wind, wenn du oft lieber in der warmen Kemenate säßest.«

Aber Hildburg konnte kaum den Abend erwarten, der der heimkehrenden Kudrun diesen Trost bringen sollte. Sie ging mit ihr in das schlechte Gemach, und da klagten sie einander ihr Elend.

5. Königin Hildes Heerfahrt

Frau Hilde in Hegelingen trug stets nur in Gedanken, wie sie ihre Tochter wiedergewinnen möge. Sieben große, langkielige Schiffe hatte sie zimmern heißen, fest und gut, und zweiundzwanzig kleinere mit rundem Bug und reichlich versehen mit allem Seezeug.

Das war zur Julzeit: da eilten ihre Boten durch die Lande, die Rächer zu werben. Freudig begrüßte sie Herwig von Seeland: »Du Bote viel willkommen! Niemand kann mehr nach dieser Heerfahrt verlangen als ich.«

Herr Horand sprach: »Ich bin schon bereit mit all den Meinen.«

In Ortland trafen die Boten den jungen König Ortwein mit seinen Freunden an einem breiten Strom auf der Falkenbeize. »Hei!«, rief er, »da kommen Boten von Hilde, meiner Mutter: wir haben ihrer Heerfahrt nicht vergessen.« Er ließ die Falken fliegen und sprach zu den Abgesandten: »Ein Heer von zwanzigtausend Recken führ' ich ins Normannenland, die Schwester zu befrei'n, ob auch von allen nicht EINER wiederkehre.« In allem waren es mehr als sechzigtausend, die sich zum Rachezug zusammenscharten in der Königsstadt. Die freudelose Hilde ging allen entgegen und grüßte sie: den Auserlesenen schenkte sie reiche Gewand- und Wehrstücke. Die Kiele lagen bereit, die Herzoge drängten zur Abfahrt: doch nicht bevor das ganze Heer reichlich mit allem Nötigen ausgerüstet war, entsandte es die Königin. Viele goldne Ringe bot sie Wate und seinem Ingesinde; zu den Dänen sprach sie: »Ich lohne euch jeden Streich, den ihr im Sturme schlagt! Folgt meinem Bannerträger: der ist Horand, Hettels Schwesterkind, weichet nicht von ihm.« Da zogen manche Waisen in dem Heer, die ihre auf dem Wülpensand erschlagenen Väter zu rächen gedachten.

Auf der Fahrt sah Wate bewaldetes Gebirg aus dem Meer auftauchen: da ließ er die Schiffe dorthin lenken und vor Anker gehen. Die Recken stiegen an das wilde, einsame Ufer und lagerten sich im Walde. Irold stieg auf einen hohen Baum und hielt Landschau. »Freut euch, Gesellen«, rief er, »ich sehe sieben hohe Hallen und inmitten ein stolzes Königshaus: wir stehen auf Normannenerde.«

Da befahl Wate: »Nun tragt Schilde, Waffen und all euer Heerzeug aus den Schiffen heraus: lasst von den Knechten die Riemen an Helmen und Halsbergen knüpfen und macht die Rosse munter.«

Am Ufer sprengten bald die Mähren hin und her: viele der Hengste waren von der Seefahrt steif und träge in den Gliedern, die wurden mit kühlem Wasser gelabt.

Ortwein und Herwig wollten als Späher vorausziehen und erforschen, ob die Frauen noch am Leben wären. Bevor sie gingen, beschieden sie ihre Leute vor sich: »Ihr guten Mannen«, sprachen die Fürsten, »werden wir gefangen oder erschlagen, so rächet uns an den Normannen und haltet fest an den Eiden, die ihr uns geschworen habt.«

Da gelobten die Tapfersten in die Hand ihrer Fürsten, dass sie die Heimat nicht eher wieder schauen wollten, bis dass sie die geraubten Frauen befreit hätten.

6. Kudrun am Seestrande

Einmal nach der Wintersonnenwende, als die Tage sich wieder längten, standen Kudrun und Hildburg am Meeresstrand und wuschen, wie sie es täglich mussten.

Es war um eine Mittagszeit: da kam ein wilder Schwan über die Flut geschwommen. »Weh dir, schöner Vogel«, sprach Kudrun, »du erbarmst mich, dass du im Meere treibst, von den kalten Wellen geschlagen.« Da antwortete der Schwan: »Du magst dich Glückes versehn, elende Maid: große Freude wird dir werden. Willst du, so frage mich nach deinen Gesippen, ein Bote bin ich dir gesandt.«

»So sag mir, ist Frau Hilde, der armen Kudrun Mutter, noch am Leben?«

»Hilde, deine Mutter, hab ich gesund gesehen, da sie ein Heer für dich warb.«

»Lebt Ortwein noch, mein Bruder? Und lebt Herwig, mein Verlobter? DAS wüsst' ich gern.«

»Ortwein und Herwig sind beide heil: ich sah sie heute auf den Meereswellen fahren, die beiden Gesellen zogen an EINEM Ruder.«

»Sage mir noch: hast du das vernommen, ob auch Horand von Dänemark mit seinen Helden kommt?«

»Dir kommt aus Dänenland Horand mit all seinen Mannen. Hildens Heerbanner trägt er in Händen, wann die Hegelinge vor Hartmuts Burg stehn.«

»Und kannst du mir sagen, dass noch Wate von Stürmen

lebt, so will ich nimmer klagen. Wäre auch Frute bei unsern Fahnen, des freuten wir Frauen uns alle.«

»Dir kommt in dieses Land von Stürmen Wate: ich sah ihn in einem Schiffe, neben Frute ein starkes Steuer haltend. Bessern Freund findest du nicht im Urlog (Krieg).«

Da rauschten des Schwanes Schwingen: er musste scheiden, die Frauen fragten nicht mehr. In ihre Freude drängte sich sorgende Frage, wo ihre Erretter weilten. Lässig wuschen sie die Gewande: von den Hegelingenhelden redeten sie und spähten harrend nach ihnen aus. So sank der Tag, und die Frauen mussten in die Normannenburg zurückkehren. Da wurden sie mit Scheltreden von der üblen Gerlind gestraft: »Was fiel euch ein, so nachlässig zu waschen? Die weißen Seidengewande müsst ihr schneller bleichen. Habt ihr nicht besser Acht, so wird es euch noch zu Tränen gereichen.«

Hildburg antwortete: »Wir schaffen, was wir können. Eure Zucht, Frau, ist hart genug: uns Arme friert gar sehr. Wehten draußen warme Winde, wüschen wir wohl fleißiger.«

Zürnend sprach Gerlind: »Wie auch das Wetter wüte, ihr wascht früh und spät! Mit Tagesanbruch zieht ihr morgen hinaus. Die Festtage nahen: da kommen wohl Gäste: und schafft ihr meinem Gesinde nicht saubere Kleider, so erging's noch keiner Wäscherin im Königshaus so schlimm, als euch geschehen wird.«

Die Jungfrauen gingen in ihr Gelass und legten die nassen Kleider von sich: zwei Hemden waren all ihr Gewand. Auf harten Bänken, ohne Kissen, hatten sie ihr Nachtlager.

Wenig schliefen sie und konnten kaum erwarten, bis es Tag wurde. Im Morgengrauen trat Hildburg ans Fenster: da war ein Schnee gefallen, das schuf ihnen Sorge.

»Gespiel«, sprach Kudrun, »du sollst der üblen Gerlind sagen, dass sie uns erlaube, Schuhe zu tragen: sie muss ja selber einsehn, gehen wir heute barfuß, so müssen wir auf den Tod erfrieren.« Sie gingen in des Königs Schlafsaal, wo Gerlind an ihres Gemahls Seite schlafend lag. Die Jungfrauen wagten nicht, die Gebieterin zu wecken, aber sie erwachte von Kudruns leiser Klage: »Was zögert ihr hier?«, fragte sie. »Warum geht ihr nicht sogleich an eure Arbeit?«

»Ich weiß nicht, wie wir gehen sollen«, antwortete Kudrun. »Ein kräftiger Schnee ist über Nacht gefallen, und gibst du uns nicht Schuh an die Füße, so müssen wir heut erfrieren.«

Grimmig sprach Gerlind: »Daraus wird nichts! Ihr geht barfuß, tu's euch sanft oder weh: und wascht ihr nicht fleißig, geschieht euch noch weher. Was kümmert mich euer Tod!«

Weinend gingen die Armen an den Strand und standen und wuschen Gewande. Oft blickten sie sehnlich hinaus auf die Flut nach Frau Hildens Heldenboten. Da sahen sie endlich in einem Kahn zwei Männer nahen.

»Dort kommen zwei«, sprach Hildburg, »die mögen dir Boten sein.«

»Traut Gespiel, Hildburg, nun rate: sollen wir forteilen oder von unsern Freunden uns hier finden lassen in unsrer Schmach? Lieber wollt' ich für immer Dienerin heißen.«

Und sie wandten sich beide und liefen davon. Doch die Männer im Schiff – Ortwein und Herwig waren es – hatten die Frauen schon erschaut und gewahrten, wie sie davoneilen wollten. Sie sprangen auf den Sand und riefen: »Ihr schönen Wäscherinnen, was fliehet ihr? Wir sind fremde Leute: schaut uns nur an: lauft ihr davon, nehmen wir die reichen Gewande hier fort.«

Daraufhin kehrten die Frauen um: im nassen Gewand, die Haare vom Märzwind durchwühlt.

Einen guten Morgen bot ihnen Herwig: das tat den Heimatlosen wohl: sie hörten's selten in Frau Gerlinds Haus.

»Sagt an«, fragte Ortwein, »wem gehören diese reichen Gewande? Für wen wascht ihr sie? Ihr seid so schön: wie kann einer euch das zumuten? Dass der reiche Gott vom Himmel ihm das mit Schanden vergelte!«

Traurig antwortete das schöne Königskind: »Der Herr der Gewande hat noch schönere Mägde, als wir sein mögen. Fragt, was ihr wollt; doch sieht man uns von der Zinne her mit euch sprechen, wird's uns schlimm ergehen.«

»Lasst es euch nicht verdrießen: wir geben euch vier goldene Ringe zum Lohn für euren Bescheid.«

»Behaltet die Ringe! Wir nehmen von euch keinen Lohn«, antwortete Kudrun, »fragt nur, was ihr wollt.«

»Wessen ist dies Land hier und die Burg? Wie heißt der Herr, der euch ohne ordentlich Gewand dienen lässt? Hält er auf Ehre, so soll ihm das niemand zu Lob anrechnen.«

»Hartmut heißt der eine, dem dienen Land und Burgen, der andre ist Ludwig, ihm dienen viele Helden: hoch geehrt wohnen sie in ihren Reichen.«

»Wir möchten sie gern sehen«, sprach Ortwein wieder. »Sagt uns doch, vielholde Mägdlein, wo wir sie finden mögen? Wir sind an sie gesandt und selber eines Königs Gesinde.«

»Dort in jenem Schloss! Da wir's bei Tagesanbruch verließen, lagen sie noch schlafend mit vierzighundert Mannen; ob sie seitdem ausritten, weiß ich nicht zu sagen.«

Herwig schaute die Sprecherin prüfend an: – sie deuchte ihm so schön und wohl geartet, dass er im Herzen aufseufzte: denn sie gemahnte ihn einer, der er stets gedenken musste. Ortwein begann wieder zu fragen: »Und habt ihr nichts vernommen von fremden Frauen, die man herführte mit starker Heeresmacht? Wir haben gehört, die Entführten seien in großem Jammer hergekommen.«

»Die ihr sucht, ihr Herren, hab ich in schwerem Leid gesehen.«

»Sieh hin, Ortwein«, sprach da Herwig, »lebt Kudrun, deine Schwester noch, so ist es DIESE. Keine andre kann ihr so sehr gleichen.«

»Auch ich kannte einen«, antwortete Kudrun, »dem Ihr gleichet: Herwig von Seeland war er geheißen. Wenn der noch lebte, er erlöste uns aus diesen Banden.«

»Schau meine Hand, ob du das Gold erkennst? Mit dem Ring ward ich Kudrun vermählt: bist du Herwigs Braut? Wohlan, ich führe dich von hier.«

Sie lachte in ihrer Freude: »Das Ringlein kenn' ich gut, denn früher war es mein. Nun schau dies hier: das gab mir mein Geliebter, als ich voll Wonne saß in meines Vaters Saale.«

Er sah nach ihrem Finger und erkannte den Goldring.

»Dich, Ringlein, trug keine andre als eine Königin! Heil mir! Nun schau ich wieder nach langem Leid meines Herzens Wonne.« Er umschloss sie mit Armen und küsste sie – wer weiß wie oft – und küsste auch die heimatlose Hildburg. »Wahrlich«, sprach er dann, »besser konnt' uns die Fahrt nicht gelingen. Nun lass uns eilen, Ortwein, dass wir die Jungfrauen fortführen.«

»Das sei mir fern«, antwortete Ortwein, nachdem er Kudrun umarmt hatte, »und hätt' ich hundert Schwestern: ich ließe sie hier sterben, ehe ich also im fremden Land mein Tun hehlte. Die mir mit Sturm Genommenen will ich meinen Feinden nicht wegstehlen.«

»Ich sorge nur, wird man unser inne, so führt man die Frauen so weit davon, dass keine wieder vor unsre Augen kommt.«

Aber Ortwein entgegnete: »Sollen wir der Frauen edles Ingesind hier in der Knechtschaft zurücklassen? Dass Kudrun Ortweins Schwester ist, das soll allen ihren Dienerinnen zugute kommen.«

Da sprangen die Degen in ihr Boot zurück. Kudrun rief

Herwig nach: »Die ich einst die Erste war, nun bin die Allerärmste; was lässt du mir zum Trost?«

»Nicht elend bist du, die Erste sollst du, vieledle Königin, sein. Schweige von uns: eh morgen die Sonne scheint, bei meiner Treu', steh' ich vor dieser Burg mit sechzigtausend Recken.«

Rasch stießen sie ab und ruderten über die Wellenbahn. Härteres Scheiden geschah selten: so weit sie konnten, schauten ihnen die Frauen nach.

7. Kudruns List

»Kudrun«, sprach Hildburg, »müßig ruhen deine Hände: des unsauberen Gewandes ist noch viel: gewahrt das Gerlind, straft sie uns mit Schlägen.«

»Nimmer wasch ich Gerlinds Kleider! Zu solchem Dienst ist mir die Lust vergangen, seit mich zwei Könige geküsst haben. All die Gewande werf ich ins Meer, lustig mögen sie auf den Wellen fließen: einer Königin kann ich mich wieder vergleichen.«

Was auch Hildburg mahnte, alle Kleider Gerlinds trug Kudrun zum Meer und schwang sie, erzürnend, mit den Händen weit hinaus: – sie schwammen eine Weile, und niemand mag sie wieder gefunden haben. Da war auch der Abend gekommen. Mit sorgenvollem Herzen ging Hildburg heim, gebeugt unter der Last der Kleider und Schleier, die sie gewaschen hatte: mit leeren Händen schritt Kudrun neben ihr. Die üble Gerlind wartete ihrer schon: »Wo hast du meine Schleier?«, fragte sie das Hegelingenkind, »dass du deine Hände leer und müßig hältst?«

»Unten am Meer hab ich sie gelassen. Sie waren mir zu schwer. Ich frage nichts danach, ob Ihr sie je wieder seht.«

»Das kommt dir schlimm zu stehen, noch bevor ich schlagen geh!« Sie befahl aus Dornen Ruten zu binden: ungefüge Zucht gedachte sie der Stolzen zu. Aber die sprach voller List: »Wisset, Frau Gerlind, wenn Ihr mich mit diesen Ruten schlagt, so wird es vergolten werden, wenn mich je ein Auge an Königs Seite erschaut. Darum lasst Ihr's doch wohl lieber bleiben: denn ich will nun Hartmut minnen, und hier soll bald mein Königsstuhl stehn.«

»Dann lass ich meinen Zorn! Und hättest du mir tausend Schleier verloren, ich wollte sie gern verschmerzen.«

Eilig liefen von den Umstehenden einige zu Hartmut, wo der mit Ludwigs Mannen saß: »Gebt mir Botenlohn«, sprach der erste, »Hildes schöne Tochter entbietet Euch ihren Dienst: Ihr sollt, wenn's Euch beliebt, in ihre Kemenate gehen.«

»Du lügst«, sprach Hartmut, »wäre dein Wort wahr, drei Burgen, reiches Land und sechzig Goldringe wollt' ich dir geben.«

Da rief ein zweiter: »Gib mir die Hälfte, Herr, ich hört' es auch: die Jungfrau sagte, dass sie Euch minnen und Königin Eurer Lande sein wolle.«

Auf sprang vom Sessel Hartmut: ihm war, der Wunschgott habe ihn beraten. Mit seinen Gefolgen ging er zu Kudrun. Schön und bleich stand sie im schneedurchnässten Hemd; mit tränenfeuchten Augen begrüßte sie ihn. Er wollte sie mit den Armen umfassen.

»Nein, Hartmut, das kann noch nicht geschehen«, sprach sie. »Die Leute würden's dir verdenken: ich steh hier, eine arme Wäscherin, du ein reicher König: nimmer darfst du mich da umfassen. Steh ich vor dir in königlichen Kleidern, die Krone auf dem Haupt, dann ist's uns beiden geziemend.«

Sittevoll trat er zurück von ihr.

»Edle Jungfrau, beliebt es dir, mich zu minnen, so will ich dich auch herrlich halten: über mich und meine Freunde magst du nun gebieten.«

»So ist mein erst Gebot, nach meiner harten Schmach, dass man mir ein Bad bereite, bevor ich heute schlafen gehe. Zum Zweiten befehl' ich: suche all meine armen Frauen unter Gerlinds Gesinde und bringe sie mir her. Keine bleibe zurück in der Arbeitsstube.«

»Das tu ich gern«, sprach Hartmut und ließ die Jungfrauen suchen und zu ihrer Herrin führen. In schlechten Kleidern, mit verwirrten Haaren kamen sie: die üble Gerlind war ein maßlos Weib.

»Nun siehe, Hartmut, wie meine Mägde gehen«, sprach Kudrun. »Kann dir das Ehre bringen?«

»Ich lasse ihnen alsogleich gute Kleider reichen«, antwortete der König.

Da wurden Bäder zugerüstet für die Frauen: viele von Hartmuts Gesippen drängten sich dazu, Kudrun als Kämmerlinge zu dienen.

Als die Frauen vom Bade zurückkehrten, wurde ihnen vom allerbesten Wein geschenkt. Hartmut verließ ihren Saal und sandte ihnen Truchsesse. Die trugen köstliche Speisen auf, und in würdiger Stille saß die junge Königin mit ihren Dienerinnen beim Mahle.

Da begann eine aus Hegelingen mit feuchten Augen: »Wenn ich dessen gedenke, dass wir bei denen bleiben sollen, die uns gewaltsam hierher führten, so wird's mir weh zumute.«

Die das hörten, fingen auch zu weinen an: da lachte Kudrun hell auf. Eilig raunten die Kämmerlinge Frau Gerlind, dass Kudrun lache, während ihre Frauen weinten. Gerlind suchte Hartmut: »Mein Sohn, über euch alle kommt große Mühsal: ich weiß nicht, worüber Kudrun, die junge Königin, lacht? Wie es immer zugegangen sei – sicher ist ihr von ihren Freunden eine heimliche Botschaft gekommen. Darum hüte dich wohl, dass du nicht Leben und Ehre verlierst.«

»Lass gut sein, Mutter«, antwortete er, »ich gönn's ihr

gerne, wenn sie sich mit ihren Mägden freut. Weite Ferne trennt uns von ihren Gesippen. Wie sollten die mir schaden!«

Kudrun befahl ihren Frauen, im Saal nachzusehen, ob ihr geziemend gebettet sei: sie wolle schlafen gehen. Das war ihre erste kummerlose Nacht im fremden Land. Normannenknaben trugen ihr Fackeln voraus: da waren weiche Polster für alle Frauen gerichtet.

»Edle Herren«, sprach Kudrun, »ihr mögt nun auch schlafen gehen: ich will mit meinen Frau'n eine lange Ruhe haben.«

Da gingen alle Normannen, die alten mit den jungen, aus dem Frauengemach. »Schließt mir die Tür«, befahl Kudrun ihren Mägden. Rasch flogen vier starke Riegel vor. Dick waren des Saales Wände: kein Lauscher konnte draußen erhorchen, was innen geschah. Und nun saßen sie erst recht fröhlich beisammen und tranken guten Wein, der stand noch reichlich auf den Tischen.

»Ihr treuen Frauen«, sprach die Königin, »nun freut euch nach dem langen Leid! Morgen lass ich euch liebe Augenweide schau'n: ich habe heut geküsst Herwig, meinen Bräutigam, und Ortwein, meinen Bruder! Die unter euch gern reich werden will, die sorge, dass sie uns morgen den Tag zuerst verkünde.«

8. Der Hegelinge Ankunft

Als Ortwein und Herwig gegen Abend wieder zu ihrem Heer auf dem wilden Sand kamen und ihre Begegnung mit den Frauen erzählt hatten, sprach der alte Wate: »Brecht auf! Zögern kann uns nichts nutzen. Die Luft ist heiter, der Mond scheint breit und klar: morgen, eh' es tagt, müssen wir vor Ludwigs Burg stehen.«

Sie sprangen auf die Rosse und ritten die ganze Nacht.

Als der Morgenstern hoch am Himmel stand, trat in Kudruns Saal eine Jungfrau ans Fenster: da sah sie lichte Helme und Schilde erglänzen: die Burg war von Kriegerscharen umschlossen. Geschwind ging sie zu Kudruns Lager: »Erwachet, edle Frau, ein Heer belagert diese Feste: unsre Freunde sind gekommen.«

Die meisten in Ludwigs Schloss schliefen noch; der Burgwart aber rief mit starker Stimme: »Wafena, Herr König, Wafena! Wacht auf, ihr Kämpen, ihr habt schon zu lang geschlafen.«

Das hörte Gerlind in ihrem Gemach, sie ließ den alten König schlafend liegen, eilte selber auf die Zinne und sah die grimmen Gäste vor den Toren. Schnell ging sie zurück: »Erwache, Ludwig, dein Schloss umstehen behelmte Gäste. Kudruns Lachen bezahlen deine Mannen heute mit dem Leben.«

Ludwig ging mit Hartmut zu einem Fenster: von dort aus konnten sie die Heere übersehen. »Ich seh' ein weißes Banner mit goldenen Gebilden darin«, sprach Hartmut, »das sind Frau Hildes Zeichen. Daneben flattert eines von wolkenblauer Seide, Seeblätter[41] schwimmen darin: das brachte Herwig von Seeland her: er will seine Schande rächen. Das dritte dort mit lichtroten Sparren, darein Örter[42] stehen, führt der junge Ortwein, dem wir den Vater erschlugen: der kommt nicht, uns Freundschaft zu bieten! Wohlauf denn, meine Mannen: haben die grimmen Gäste uns solche Ehre zugedacht, dass sie bis an unsre Burg geritten sind, so wollen wir sie – vor dem Tor! – mit Schwerthieben empfangen.«

Die Burgleute sprangen aus ihren Betten und griffen nach ihren Streitgewanden: viertausend eilten zum Kampf. »Was willst du tun, Hartmut?«, fragte Gerlind, »willst du Leib und Leben verlieren? Geht ihr hinaus, so erschlagen euch leicht die übermächtigen Feinde.«

»Mutter, geh zurück! Männer kannst du nicht beraten:

lehre deine Frauen, wie sie Edelsteine und Gold in Seide legen sollen.«

»Ich rate euch gut: schießt mit Bogen aus den Fenstern auf die Feinde. Die Wurfmaschinen lass ich beseilen: ich selbst trag euch mit meinen Mägden die Steine zu.«

»Frau«, zürnte nun Hartmut, »geht zurück! Eh' ich in der Burg mich einschließen lasse, will ich lieber draußen auf dem Felde fallen.«

9. Die Erstürmung der Feste

Die Schlacht begann. Wate stieß in sein Horn, dass man es wohl dreißig Meilen weit gellen hörte: da scharten sich alle Hegelingen um Frau Hildes Banner. Er blies zum andern Mal: die Recken sprangen in den Sattel und ordneten ihre Scharen zum Angriff. Und zum dritten Mal blies Wate mit Riesenkraft, dass die Flut aufwallte und das Ufer erdoste; und er hieß Horand, Hildes Banner aufschwingen. Wate hielt gute Zucht: niemand ward laut: ein Ross hörte man wiehern, so stille war's.

Kudrun stand oben in der Zinne und sah, wie stattlich ihre Befreier gegen Hartmut anritten. Wohl gerüstet kam der mit seinen Mannen aus dem Burgtor gestürmt, von den Zinnen her sah man die Helme der Burghüter erglänzen. Kühn ritt der Normanne vor seinem Zug: hell leuchtete sein Streitgewand in der Sonne, sein freudiger Mut war noch ungebrochen. Ortwein erkor er sich aus und trieb sein Ross mit großen Sprüngen gegen ihn. Sie senkten die Speere: krachend stießen sie zusammen, Funken stoben von den Brünnen: jeder traf den andern. Ortweins Hengst sank auf die Hinterbeine, doch auch Hartmuts Ross hatte sich schier überschlagen. Die Mähren waren viel zu schwach für der Könige Zorn: sie richteten sich wieder auf, die Recken zogen ihre Schwerter und stritten mit ritterlichen Streichen. Sie waren beide kühn: keiner wich dem andern.

Da ward großes Schlachtgedräng, wild durcheinander mengten sich die Scharen und schlugen sich breite Wunden: »der Tod tat seines Amtes«. Horand sah Ortwein verwundet: »Wer hat mir meinen lieben Herrn getroffen?«, rief er. Hartmut lachte. »Das tat Herr Hartmut«, antwortete Ortwein selbst. Horand gab das Banner einem andern und schlug sich Bahn zu Hartmut. Der wandte sich, den Sänger zu bestehen. Unter ihrer Hiebe Wucht bogen sich die Schwertschneiden. Wie er Ortwein getan, schlug Hartmut auch Horand eine tiefe Wunde, dass das Blut wie ein roter Bach an dem Dänen niederfloss: wacker erwehrte sich der Normann seiner Angreifer. Wie viele da gefochten, wie viele gefallen – wer weiß das! An allen vier Enden klangen Schwertschläge: man unterschied im Gewühl die Trägen nicht mehr von den Schnellen. Herr Wate stand nicht müßig! Herwig ging mit breiter Schar gegen Ludwig an. »Wer ist jener Alte«, fragte er laut, »der so viele unsrer Recken niederwirft?«

Das hörte der König und antwortete: »Wer begehrt, mit mir zu streiten? Ich bin Ludwig von Normandie und kämpfe gern mit allen, die vor mich kommen.«

»Herwig von Seeland bin ich, du raubtest mir die Braut! Die sollst du wiedergeben, oder einer von uns muss nun das Leben lassen.«

Da liefen sie einander an; von beiden Seiten sprangen die Gefolgen neben ihre Herren. Herwig war tapfer: aber der alte Ludwig schlug ihn, dass er strauchelte, und hätte ihn vom Leben geschieden, wenn nicht Herwigs Getreue die Schilde vorgehalten und ihrem Herrn aus der Todesgefahr geholfen hätten. Der sprang auf und blickte nach den Zinnen empor, ob Kudrun ihn wohl habe fallen sehen. »Dass mich der Alte vor ihr niederschlug«, dacht' er, »dessen schäm' ich mich gar sehr.« Er hieß sein Banner wieder gegen

Ludwig tragen und stürmte mit seinen Mannen auf ihn ein. Zornig wandte sich der alte König gegen seinen hartnäckigen Feind: der Streit ward grimmer als zuvor. Mit starker Hand traf Herwig den Normannen zwischen Helm und Schildrand: eine tiefe Wunde klaffte an Ludwigs Hals, er musste vom Kampf ablassen. Da schlug ihm der heißmutige Herwig das Haupt von der Achsel: so vergalt er ihm das Straucheln.

Ludwigs führerlose Scharen trugen ihr Feldzeichen nun zur Burg zurück: aber sie hatten weit bis dahin: viele sanken tot nieder, ihr Banner nahmen die Hegelingen.

Die Burghüter hatten alles mit angesehen: und Männer wie Weiber hoben laute Klage an, die bis auf die Walstatt hallte. Doch Hartmut wusste noch nicht, dass auch sein Vater erschlagen lag.

»Lassen wir vom Streit«, rief er seinen Kriegern zu. »Zurück in die Burg, dort warten wir auf besseres Kriegsglück!«

Mit scharfen Schlägen erkämpften sie den Rückzug. Aber der alte Wate scharte tausend seiner besten Gefolgen um sich und drang ungestüm bis ans Burgtor, Hartmut den Eingang sperrend. Steine flogen nieder von den Mauern auf des Alten Haupt: er wich und wankte nicht. Da sprach Hartmut: »Alles einstige Unrecht soll uns heute vergolten werden. Doch fliegen kann ich nicht, und kann nicht in der Erde Schoß: auch aufs Meer können wir nicht entrinnen vor unsern Feinden. Es geht nicht anders, Genossen! Sitzt ab und hauet ein.«

Sie sprangen aus den Sätteln und stießen die Rosse zurück. »Vorwärts«, rief Hartmut, »näher heran! Geh's übel oder gut: ich muss zu dem alten Wate! Lass sehen, ob ich ihn nicht vom Tor wegbringe.«

Mit aufgeschwungenen Schwertern schritten sie vor; Hartmut bestand Wate: das erwarb ihm Ehre. Oben in der Burg sah's Ortrun: sie eilte in Kudruns Saal, die Hände ringend, fiel sie der Stolzen zu Füßen und flehte: »Lass dich erbarmen, edles Fürstenkind! Gedenke, wie dir war, als man deinen Vater erschlug. Nun liegt auch mein Vater tot mit vielen meiner Freunde, und Hartmut steht in großer Not vor der Warte. Erinn're dich meiner Treue: niemand hier im Schloss beklagte dich als ich: du hattest keinen Freund außer mich: geschah dir Leid, so weinte ich!«

»Das hast du wahrlich oft getan«, sprach Kudrun, »doch weiß ich nicht, wie den Streit beenden. Ja, wär' ich ein Mann in Waffen, dann wollt' ich sie scheiden, und niemand sollte dir den Bruder erschlagen.« Aber Ortrun weinte und bat, bis Kudrun an das Fenster ging und mit ihrer weißen Hand winkte. Ob keiner aus Hegelingen in der Nähe wäre?, fragte sie. Herwig antwortete: »Von Hegelingen ist hier keiner, wir sind von Seeland; was heischt ihr, Frauen?«, und näher an die Mauer kommend, erkannte er die Ruferin: »Bist du's, Kudrun, liebe Braut? Gern will ich dir dienen: sage, was ist's?«

»Willst du mir dienen, so zürne nicht über meinen Wunsch: mich bitten hier schöne Mägdlein, Hartmut und Wate zu scheiden.«

»Das will ich tun, Vielholde«, antwortete er und befahl, seinen Genossen voraufschreitend: »Tragt mein Banner gegen das Hartmuts.«

»Wate, lieber Freund«, rief er den Alten an, »vergönne, dass ich euren Kampf scheide: holde Mägdlein bitten darum.«

Im Zorn antwortete Wate: »Herr Herwig, wollt' ich auf Frauen hören, wo hätt' ich da meinen Sinn? Wie sollt' ich meinen Feind schonen? Das tat ich selten: Hartmut soll mir seine Frevel büßen.«

Da sprang Herwig zwischen die beiden und endete ihren Zweikampf. Erzürnt schlug Wate einen tüchtigen Hieb nach Herwig, dass der vor ihm lag. Die von Seeland sprangen ein und halfen ihrem Herrn davon: nun wurde Hartmut von Herwig und den Seinen gefangen.

Wate tobte sehr: er brach sich mit dem Schwerte Bahn zum Burgtor. Von den Mauerzinnen flogen Steine und Pfeile auf die Stürmenden nieder: dicht und dichter, aber Wate gewann das Schloss. Die Riegel wurden aus den Mauern gehauen. Horand trug Frau Hildes Banner und pflanzte es auf die Zinne des stolzesten Turmes. Die von Stürmen drangen durch die ganze Burg: schon suchten die Sieger nach Beute. »Wo sind die Knechte mit den Beutesäcken?«, fragte Wate. Und manch reiches Gelass wurde erbrochen, Lärm und ungefüges Krachen war überall. Die einen plünderten, die andern erschlugen, wer ihnen in den Weg kam. Irold rief Wate an: »Was haben dir die JUNGEN getan? Die haben doch wahrlich keine Schuld an ihrer Eltern Frevel! Lass sie leben.«

»Du hast Kindesart«, antwortete der greise Kämpe, »soll ich die leben lassen, die in der Wiege weinen? Wüchsen sie auf, so möcht' ich ihnen nicht mehr als einem wilden Sachsen trau'n.«

Blut floss fast in allen Kammern: und wieder eilte Ortrun zu Kudrun, neigte das Haupt und sprach: »Habe Mitleid mit mir. Hilfst nicht du mir, so muss ich sterben.«

»Ich schütze dich, steht es bei mir«, antwortete sie, »ich will dir Frieden erbitten: tritt zu mir mit deinen Frauen.«

Mit dreiunddreißig Mägden und zweiundsechzig Degen flüchtete Ortrun zu Kudrun.

Auch Gerlind kam, sie bot sich der Siegerin ganz zu Eigen: »Rette mich nur vor dem grimmen Wate! Du kannst das allein, sonst ist's um mich geschehen.«

»Dir sollt ich gnädig sein?«, antwortete Kudrun. »Wie könnt' ich das! Niemals haben dich meine Bitten erweicht: ungnädig warst du mir stets, darum muss ich dich hassen.«

Da ward der alte Wate Gerlindens gewahr: mit knirschenden Zähnen, mit blitzenden Augen und ellenbreitem

Bart schritt er heran: alle, die um Kudrun standen, fürchteten sich. Er ergriff Gerlind bei der Hand und zog sie fort: »Hehre Königin«, sprach er grimm, »nun soll euch meine Jungfrau Kudrun nie mehr Kleider waschen.« Die Frauen schrien auf vor Schrecken – da kam er schon zurück, Gerlind lag tot.

»Wo sind nun mehr noch von Gerlinds Sippschaft? Zeige sie mir; Kudrun: zu hoch ist mir keine, ich beuge jeder jetzt das Haupt.« Aber in Tränen sprach die junge Königin: »Lass mich von dem Tod erretten, die mich um Frieden baten und hier um mich stehen: Ortrun und ihrem Ingesinde soll kein Leid widerfahren.«

Da fügte sich Wate: dem Streiten gebot er Einhalt. Blutbedeckt kam Herwig mit seinen Walgenossen in König Ludwigs Saal geschritten: Kudrun empfing ihn voller Liebe. Er band sein Schwert von der Seite, und schüttete seine blutigen Panzerringe in den Schild: eisenfarben stand er neben seiner schönen Braut, um die er die Walstatt oft auf und nieder geschritten war.

10. Heimfahrt und Hochzeit

Die Sieger hielten Rat: seit sie die gute Burg Kassiane gebrochen, war auch das Land ringsum bezwungen: »Türme und Palas stecken wir in Brand«, sprach Wate. Frute widerriet: »Die Toten schafft hinaus und wascht das Blut von den Wänden. Die Burg ist fest und geräumig: die Frauen und die Gefangenen müssen hier bleiben, dieweil wir Hartmuts Lande mit Heerfahrt durchziehen wollen.«

Da befahlen sie Horand, Kudruns nächstem Schwertmagen, die Feste mit allen, die darin waren, und trugen Frau Hildes Banner durch Hartmuts Reich und wieder zurück ans Meer, wo die Schiffe ihrer zur Heimfahrt harrten. Hartmut wurde mit fünfhundert Gefangenen an Bord der Schiffe geführt: da erfuhr er's, wie einst Kudrun und ihren Frauen zumute war. Gold, Gestein, Gewand und Rosse, eine reiche Kriegsbeute, brachten die Hegelingen auf die Schiffe. Aber dreitausend Mannen hatten sie verloren.

Der Wind war günstig, die Schiffe segelten ruhig durch die Wellen. An Frau Hilde waren Boten mit der Siegeskunde vorausgesendet: »Lebt mein liebes Kind? Und leben ihre Frauen?«, war ihre erste Frage.

»König Herwig bringt sie Euch; Ortrun und Hartmut führt Wate gefangen mit.«

Die landenden Schiffe wurden mit hellem Jubel begrüßt: mit Hörnerschall und Flötenklang. Frau Hilde kam mit ihrem Ingesinde an den Strand geritten. Irold führte Kudrun ihr entgegen: Kudrun erkannte die Mutter schon von fern. Aber gramvoll sprach Hilde, sie sah an hundert Frauen kommen: »Nun weiß ich nicht mehr, wen ich als meine liebe Tochter empfangen soll! Sie ist mir fremd geworden. Darum seid mir alle willkommen.«

»Diese hier ist Eure Tochter«, antwortete Irold, und Kudrun trat dicht zur Mutter hin: sie küssten einander, und vergessen war da all ihr langes Leid. Dann begrüßte Frau Hilde all ihre getreuen Recken. »Willkommen, Wate von Stürmen«, sprach sie, »wer könnte dir würdige Gabe zum Lohn bieten: es wäre denn ein Reich und eine Krone!«

»Was ich dir dienend leisten mag, Frau Königin, das tu ich dir bis an mein Ende.«

Sie küsste ihn vor lauter Lieb' und Freude, und küsste Ortwein und Herwig.

»Nun grüße auch, vielliebe Mutter«, sprach Kudrun, »diese Jungfrau hier: in meinem Elend hat sie mir manchmal Ehre angetan.«

»Ich will hier niemand, den ich nicht kenne, küssen, wie's nur Freunden gebührt. Wer ist sie?«

»Ortrun von Normannenland!«

»Nie küss ich die! – Besser geziemte sich's, ich ließe sie töten: ihre Gesippen schufen mir grimmes Leid und bitt're Tränen.«

»Mutter, dieses Kind riet wahrlich nichts, was dir Herzleid brachte. Du sollst sie nicht hassen.«

Da küsste die Königin auch Ortrun und hieß ihr Gesinde willkommen. Frute führte Hildburg an der Hand, und wieder sprach Kudrun: »Vielliebe Mutter, begrüße Hildburg: kein Dank ist zu reich für ihre große Treue!«

»Davon hab ich vernommen: wie sie mit dir Leid und Schmach duldete: und nicht eher will ich fröhlich unter Krone gehen, bis ich ihr das herrlich gelohnt habe.«

In der Königsstadt ruhten die Heer- und Reisemüden fünf Tage: aller ward sorglich gepflegt, nur Hartmut lag in Banden. Aber auch für ihn baten die Frauen um Frieden bei ihrer Königin.

»Liebe Tochter, lass ab«, antwortete Hilde. »Durch Hartmut geschah mir viel Leid und große Schmach: in meinem Kerker büßt er seinen Frevel.«

Mit sechzig edlen Mägden fiel ihr Kudrun zu Füßen, und alle weinten, bis Frau Hilde nachgab: »Hört auf zu weinen! Ich lasse Hartmut und seine Genossen ungebunden zu Hofe kommen, wenn sie eiden, dass sie nicht entfliehen wollen.«

Heimlich ließ Kudrun den Befreiten Bäder bereiten und gute Kleider reichen, ehe sie in die Königshalle gingen. Herrlich anzuschauen in allen seinen Sorgen stand Hartmut vor den Frauen: sie sahen ihn gern: nicht lange, so vergaßen sie ihres Hasses und wurden ihm hold.

Herwig drängte zur Heimkehr in sein Reich: aber Frau Hilde mochte das kaum wiedergewonnene Kind nicht sogleich wieder hergeben: »Nein, Herr Herwig, das geht nicht an«, sprach sie. »Ihr tatet mir schon so viel zulieb', tut auch dies und eilt nicht so. Erst soll feierliche Hochzeit sein, solang noch alle Gäste hier beisammen sind.«

»Frau, die uns daheim blieben, sehnen sich sehr, die Ihrigen wieder zu sehen.«

»Gönnt mir die Ehre und Freude, edler Herwig, dass meine Tochter hier gekrönt werde.«

Er gab ihr ungern nach: doch bat sie so lang, bis er's tun musste. Davon kam Frau Hilde in große Freude: früh und spät hatte sie zu schaffen und anzuordnen. Hundert Frauen erhielten reiche Gewande, auch den Normannenfrauen reichte sie Festkleider; sie teilte allen Gaben aus. Und da ward Kudrun als Herwigs Königin gekrönt. Als sie beim Mahl in einer offenen Frauenkemenate des großen Saales inmitten ihrer Frauen saß, ließ sie Ortwein zu sich rufen. Sie fasste seine Hand und führte ihn zur Seite: »Lieber Bruder«, sprach sie, »hör und befolge meinen Rat: willst du Freuden und Wonnen genießen, so sieh zu, Ortruns Liebe zu gewinnen.«

»Wie, Schwester? Hartmut und mich bindet keine Freundschaft, wir Hegelinge erschlugen ja Ludwig. Gedächte Ortrun dessen an meiner Seite, mir deucht, dann müsste sie oft schmerzlich seufzen.«

»Verdien's um sie, dass sie das nicht tue. Aus Treue rat' ich dir's: du wirst mit ihr keinen bösen Tag verleben.«

»Sie ist schön, und ich möchte sie gern gewinnen«, antwortete Ortwein und sagte das seinen Gesippen. Die Mutter widersprach, bis Herwig dazukam: dem gab sie nach, da er zuriet. Frute sprach: »Nimm sie: sie bringt dir viele und gute Recken. Und den gegenseitigen Hass wollen wir so versöhnen, dass wir Hartmut der edlen Hildburg vermählen.«

»Dann kann sie sich als Hartmuts Frau einer jeden vergleichen«, fügte Herwig bei, »an tausend reiche Burgen hat er in seinem Land.« Kudrun sprach insgeheim zu Hildburg: »Du Vieltreue, willst du, dass ich dir deine Treue lohne, so wirst du Krone tragen in Normandie.«

»Das kommt mich schwer an«, sprach Hildburg. »Soll ich einen kiesen, der noch niemals Herz und Mut mir zuwandte? Wir würden wohl oft miteinander in Zorn gefunden.«

»Das wirst du nicht! Ich will Hartmut fragen, was ihm besser gefalle: hier gefangen zu sein oder heimzukehren als König mit dir als seiner Königin?«

Alsbald führte Frute Hartmut zu Kudrun, wo sie in der Kemenate saß. Wie er durch die Mägdlein schritt, stand eine jede auf, keiner dünkte das zu gering. »Setze dich, Hartmut, zu meiner lieben Freundin, die mit mir für dich und deine Helden wusch«, begann Kudrun. »Wir wollen dir ein Gemahl geben, deine Ehre und dein Land dir wiederschenken: unsre Feindschaft soll vergessen sein.«

»Wen wollt ihr mir geben? Ehe ich mich einem Weib vermähle, das mir und den Normannen daheim eine Schmach wäre, lieber will ich hier sterben.«

»Ortrun soll meines Bruders Frau werden, so nimm du die edle Königstochter Hildburg. Besseres Gemahl kannst du nicht gewinnen.«

»Erwählt Ortwein, wie du sagtest, Ortrun zum Weib – dann nehm' ich Hildburg und der Hass sei vergessen.«

»Er hat's gelobt: dein ganzes Reich lässt er dir.«

Da kam der alte Wate und sprach: »Wer könnte sühnen, ehe Ortrun und Hartmut Frau Hilde zu Füßen fallen und um Gnade bitten? Willigt sie ein, so mag alles ein gutes Ende haben.«

»Sie zürnt nicht mehr, glaube mir, Wate«, sprach Kudrun. »Sie willigt gern ein: vertrau auf mich.«

Da wurden Ortrun und Hildburg Herrn Ortwein und Herrn Hartmut vermählt.

»Nun will ich«, sprach Frau Hilde, »dass Friede bleibe.«

Viertes Buch

Aus verschiedenen Sagenkreisen

I.
Von den Wilkinen und ihrem Reiche

1. König Wilkinus

WILKINUS[43] hieß ein König: durch Tapferkeit und Siegesglück gewann er Macht und Herrschaft über Wilkinenland (d. i. Skandinavien). Niemals ruhte sein Schwert lange. So rüstete er wieder einmal ein Heer und fuhr ins Ostreich, wo König HERTNIT über RUSSENLAND und viele andre Reiche und bis ostwärts ans Meer hin herrschte: schier das ganze Ostreich war ihm und seinem Bruder HIRDIR unterworfen.

Hertnit zog Wilkinus entgegen: sie bekämpften einander in vielen Schlachten, und Wilkinus blieb stets Sieger. Er nahm eine Burg nach der andern und zog auf HOLMGARD, Hertnits Königsburg. Gewaltiger Kampf wurde da gestritten, ehe Hirdir tot lag mit seinen Scharen und Hertnit in die Flucht stob. Wilkinus nahm Holmgard und erbeutete so viel des Goldes und der Schätze wie nie zuvor.

Bald darauf verglich er sich mit Hertnit: der empfing sein Reich zurück, musste aber Wilkinus Schatzung zahlen von allen Landen, über die er herrschte, solange sie beide lebten.

Wilkinus gedachte nun heimzukehren; und als er über die Ostsee segelte, geschah's, dass seine Drachen wegen ungünstigen Fahrwindes vor Anker gehen mussten. Der König stieg ans Land und schritt allein in einen nahen Wald. Dort fand er eine wunderschöne Frau. Er schlang seine Hände um ihren Hals, küsste sie und vermählte sich ihr. Das war aber WACHHILD, eine Hafffrau. Des Königs Mannen vermissten ihren Herrn und suchten ihn: da kam er ihnen aus dem

Wald entgegen. Der Wind war günstig: sie lichteten die Anker und segelten hinaus.

Als sie weit ins Meer gekommen, tauchte neben des Königs Schiff ein Weib empor, griff ins Steuerruder und hielt es fest: das Schiff stand. Der König sah das Meerweib und erkannte es als die Frau, die er im Wald gefunden hatte. »Lass mich meines Weges fahren«, sprach er, »und willst du etwas von mir, so komm in meine Königsburg: dort werd' ich dich willkommen heißen.« Und nun ließ das Weib das Steuer fahren und versank. Der König aber fuhr heim.

Nach einem Halbjahr kam eine Frau in des Königs Hof und sagte, dass sie Mutter eines Kindes sei. Wilkinus erkannte die Seefrau und ließ sie in eines seiner Häuser führen. Bald darauf gebar sie einen Knaben, den nannte der König Wadi.[44] Nun wollte die Meerminne nicht länger in der Halle bleiben und verschwand, und niemand weiß, wohin sie gekommen ist. Wadi wuchs auf und wurde groß wie ein Riese: er war verhaltenen, unheimlichen Wesens und allen verhasst. Auch sein Vater liebte ihn nicht viel, gab ihm aber zwölf Höfe in Seeland zu Eigen.

Wilkinus hatte noch einen Sohn, der hieß Nordian: er war groß, schön und stark, aber hart, grimm und geizig, und seines Vaters stolzer Ruhm folgte ihm nicht. Als Wilkinus siech von Alter geworden, gab er Reich und Krone Nordian und mahnte ihn, des Rates seiner treuen Freunde wohl zu achten. Dann starb er, und Nordian nahm die Gewalt über Wilkinenland.

2. Nordian und Hertnit

»Wohl mir«, sprach König Hertnit zu seinen Mannen, »dass ich auf meinem Hochsitz den Tag erlebe, der mir die Kunde von Wilkinus' Tod bringt. Nun zahl' ich keine Schatzung mehr und lebte ich noch drei Menschenalter. Das Joch ist von unserm Nacken genommen, das der starke König uns aufgelegt hatte. Höret, all meine Getreuen: Jedermann in meinem Reiche, der zu Ross reiten, Schild tragen, Schwert schwingen kann und zu streiten wagt, der rüste sich und komme zu mir: wir wollen unsre Schmach rächen an den Wilkinen. Unsre Eide haben wir gehalten: aber der Friede zwischen Wilkinen und Russen ist zerrissen mit Wilkinus' Tod.«

Bald hatte Hertnit seine Schar gerüstet und ritt von Holmgard aus nordwärts nach Wilkinenland: unterwegs stieß ein unbezwingbares Heer zu ihm: mit diesem zog er verwüstend durch Nordians Marken: – Männer wurden erschlagen, Frauen davongeführt, die Siedelungen verbrannt, Habe und Gold geraubt – und er fuhr, bis er König Nordian mit seinem Heere traf. Eine blutige Schlacht wurde geschlagen. Nordian hatte nur geringe Scharen: viele seiner Edelinge und mächtigsten Grafen waren ihm nicht gefolgt, weil er übermäßig karg war. Er wurde geschlagen und musste fliehen. Drei Tage verfolgte ihn Hertnit. Da erkannte Nordian, dass ihm sein gespartes Gold daheim wenig nützte: er musste aus seinem Reich flüchten oder sieglos fallen. Er entschloss sich aber, Frieden zu suchen, und ging zu Hertnit, fiel ihm zu Füßen und ergab sich mit allen seinen Mannen, die noch übrig geblieben waren, des Königs Gnade.

Hertnit antwortete: »Dein mächtiger Vater gewährte mir Frieden, als ich in seine Gewalt kam: das will ich nun an dir vergelten: Frieden sollst du haben. Dein Reich beuge sich mir zu Gehorsam und Schatzung, du aber sollst eiden, Treu' und Frieden zu halten.«

Nordian leistete den Schwur: König Hertnit unterwarf sich ganz Wilkinenland und setzte Nordian über Seeland. Und hatte Nordian nun nichts mehr von seinem ganzen großen Reiche und all seinem gesparten Geld.

Als König Hertnit alt und lebensmüde ward, rief er seine Söhne zu sich: Oserich, dem ältesten, gab er das Königreich der Wilkinen, und Nordian blieb dort Unterkönig. Waldemar, den zweiten, machte er zum König über Russenland und die ganze Osthälfte seines Reiches. Ilias, seinen dritten Sohn, von einer andern Frau, ernannte er zum Grafen über Grekaland[45]. Das war ein gewaltiger Kämpe und großer Kriegsmann. Kurz darauf starb Hertnit.

3. König Oserich

Nordian auf Seeland hatte vier Söhne: Edgeir, Abentrod, Widolf mit der Stange und Aspilian. Sie waren Riesen an Kraft, Wuchs und Wesensart. Oserich setzte Aspilian nach Nordians Tode zum König in dessen Reich ein. Widolf war allein so stark wie zwei seiner Brüder, deren Haupt nur bis an seine Achsel reichte. Dazu war er so böse, sobald er in Zorn geriet, dass er nichts verschonte. Darum ging er auf Oserichs Befehl in Eisenketten: Edgeir und Abentrod mussten die Ketten tragen: nur wenn er zum Streit ging, sollten sie ihn freilassen. Dann führte er eine lange Eisenstange: daher hieß er Widolf mit der Stange. Edgeir trug eine eiserne Barte als Waffe, die konnten zwölf Männer nicht aufheben. Und diese drei Riesen waren König Oserich untertan und gingen in seinem Gefolge.

In reichem Lande herrschte damals der hochmütige Milias, seine Tochter Oda war die schönste aller Frauen. Könige, Heerführer und Grafen hatten um sie geworben: Milias aber liebte Oda so sehr, dass er sie keinem Manne geben wollte. Da hörte Oserich von dem Königskind und sandte sechs seiner Gefolgen wohl ausgerüstet zu König Milias mit einem Brief: »Oserich, König der Wilkinen, sendet Gruß an Milias, König der Hunen, dem mächtigen, langbärtigen. Ich hörte deiner Tochter Schönheit rühmen und werbe um sie, mir zur Ehefrau. Sende mir Oda und reiches Gut und Gefolge, wie deiner Tochter und meiner Ehefrau geziemend ist. Dagegen gelobe ich dir meine Freundschaft. Weisest du aber meine Werbung ab, oder tust du Unehre meiner Botschaft an, so werden unsre Heere die Sache ausfechten.« Als Milias den Brief aus der Sendboten Hand empfing und vorlesen hörte, antwortete er: »Mächtigere Könige als der eure haben um die Hand meiner Tochter geworben mit Höflichkeit und Anstand: und dennoch hab ich ihnen die Schwägerschaft versagt. Der Wilkinenkönig ist übermütig! Durch Kriegsdrohung will er meine Schwägerschaft erzwingen; das mag er erproben.«

Die sechs Edelinge ließ er in den Kerker werfen, dort sollten sie ihren Herrn erwarten. Bald erfuhr davon Oserich: er berief seine Treuen und befragte sie um ihren Rat. Ein weiser Mann riet: noch einmal zu werben mit höflichen Worten und reichen Gaben und die edelsten Männer mit dieser Botschaft zu betrauen: »Will König Milias auf deine Bitten nicht hören, weist er deine Geschenke zurück, dann erst drohe – und trotziger als zuvor – mit Krieg und Feindschaft.«

Nun waren in jener Zeit Ilias' Söhne Hertnit und Hirdir an Oserichs Hof gekommen. Hirdir zählte zehn, Hertnit zwölf Winter, und er war der kühnste und schönste unter allen Edelingen. Der König machte ihn zum Grafen, setzte ihm zum Führer seines Gefolges und gab ihm Lehen in Wilkinenland. Ihn erlas Oserich zum Boten ins Hunenreich und befahl ihm, zuerst mit Schmeichelworten und reichen Geschenken um Oda zu werben. Helfe das nicht, dann solle er des Königs Fehdebrief überreichen. Hertnit war dazu gern bereit. Seine Fahrt ward aufs prächtigste ausgerüstet: elf der vornehmsten Degen begleiteten ihn, beladen mit Gold und Kleinodien. Bald stand er vor König Milias und brachte in langer, höflicher Rede die Werbung vor; der König nahm sie verdrießlich auf. Und als Hertnit seines Herrn Geschenke darbieten ließ – Purpur, feine Leinwand, zwei goldene Tischbecher, ein Zelt aus goldumsäumter Seide –, antwortete er: »Um Geld und Gaben erkauft ihr meine Tochter nicht: eine Dienstmagd will ich euch dafür geben.« – Nun überreichte Hertnit Oserichs Brief. Als aber der König den gelesen hatte, sprach er zornig: »Hochmütig ist Oserich, da er wähnt, meine Tochter und meine Freundschaft durch übermütige Reden oder Drohungen zu erlangen. Sechs seiner Boten schmachten deshalb schon im Kerker: werft nun auch sein Bruderskind samt dessen Gefährten hinein.«

Und so geschah's.

Weit durchs Land flog bald die Kunde, dass Hertnit im Kerker liege, flog bis zu König Oserich. Da schickte er den in Blut getauchten Pfeil durch sein ganzes Reich und entbot jeden Mann, der Schwert schwingen, Schild tragen oder Bogen spannen konnte. Zehntausend Reiter und dreitausend Fußmannen scharten sich zusammen, unter ihnen auch Aspilian und seine Brüder.

Als der König mit diesem Heere in Milias' Land kam, nannte er sich Dietrich. Friedlich fuhr er, tat niemand ein Leides an; überall bot man den Heerleuten zum Kaufe, was sie bedurften. So kamen sie vor die Hauptburg und trafen König Milias von großer Volksmenge umgeben. Oserich bat um Einlass in die Königsstadt, der wurde ihm gewährt. »Heil dir und deinen Mannen!«, grüßte er König Milias auf dem Hochsitz: Oda saß ihm zur Seite. »Heil dir, wer bist du und was willst du von mir?«

»Dietrich heiß' ich und war Herzog in Wilkinenland: aber Oserich hat mich vertrieben: nun will ich dir meine Dienste anbieten.«

»Guter Held, du scheinst mir ein tüchtiger Mann: fahre heim, versöhne dich mit deinem Herrn: ihm hast du zu dienen.«

Bittend umfasste Oserich des Königs Knie, der aber fuhr fort: »Ein großes Heer hast du in mein Land geführt; würdest du nun mein Mann und wir gerieten einmal in Streit, fielen eher alle meine Mannen, bevor ich euch bezwänge.« Darauf sprach Oda: »Warum willst du mich nicht dem König Oserich zum Weibe geben, der so mächtig ist, dass er solchen Häuptling vertreiben konnte? Und mich dünkt: schon dieser hier gewänn' all dein Land mit dem Schwert, wollte er Kampf anheben.« Doch Milias mochte weder den immer noch vor ihm Knienden aufheben noch ihn zum Mann annehmen. Das hörten draußen vor der Halle die Riesen: Widolf ward zornig und wollte Milias erschlagen: mit Gewalt hielten ihn seine Brüder zurück: da stampfte er mit den Füßen bis an die Knöchel in die Erde und rief: »Herr, weshalb liegst du zu Füßen dem König Milias? Viel edler bist du als er: brechen wir seine Burg nieder, fahren wir mit dem Feuer und Schwert über sein Reich, nimm du seine Tochter und habe sie als Magd.« Oserich merkte, dass Widolf in Zorn geriet, und sandte einen Diener zu seinen Brüdern: sie sollten ihn mit Ketten an die Burgmauer binden. Und noch einmal umfasste er des Königs Knie und bat: »Gewäre Frieden mir und meinen Mannen hier im Land um deiner Ehre und Königswürde willen: heim kann ich nicht ziehen; denn Oserich bedroht mich mit dem Galgen.«

»Steh auf, Mann! geh hinweg und fahre friedlich aus meinem Reich. Diese Stadt ist voll von deinen Kriegern: ich will kein ausländisch Heer in meinem Land haben. Tust du aber das nicht, dann lass ich meine Hörner gellen: meine Helden werden sich wappnen und mit Gewalt treib' ich euch aus der Burg.«

Dies Wort hatte der Riese Aspilian vernommen: nun ward auch er zornig: er ging hinein in die Halle, hub die Faust und schlug König Milias wider das Haupt, ohnmächtig stürzte der nieder. Auf sprang da Oserich und schwang sein

Schwert und mit ihm alle Wilkinen, die in der Halle waren. Die draußen standen, hörten den Waffenlärm und hieben sich zu ihnen hinein. Widolf aber brach alle Bande, die ihn gebunden hielten, ergriff seine Eisenstange und lief in der Burg umher und erschlug Männer, Frauen, Kinder, Vieh und alles, was ihm Lebendiges vorkam; laut rief er dazu: »Wo bist du, Jung Hertnit? Sei heiter und fröhlich, ich komme und befreie dich.« Jung Hertnit hörte auch bald im Kerker des Riesen Rufen: da wurden die Gefangenen frohgemut und fingen an, sich zu befreien. Dem Stärksten unter ihnen gelang es, das Gefängnis aufzubrechen: sie liefen heraus, dem Rufe Widolfs nach, und kamen zu ihren Landsmännern. Die Wilkinen erschlugen oder überwältigten alle Burgmänner, König Milias rettete sich durch Flucht. Oda war ergriffen und vor König Oserich geführt.

»Ich will dich«, sprach er, »zu meinem Herrn führen und mir Frieden und Freundschaft durch dich erkaufen.« »Herr«, antwortete Oda, »nun ist es dahin gekommen, dass du über mich schalten kannst, wie dir's beliebt.«

Oserich nahm einen zierlichen Schuh, aus Silber geschlagen, kniete nieder vor dem Königskind, setzte ihren Fuß auf sein Knie und zog ihr den Schuh an: er passte, als wär er für sie gemacht. Nun zog er ihn wieder ab und passte einen goldnen Schuh an denselben Fuß, und der saß noch besser. »Ihr guten Götter«, seufzte Oda, »könnt' ich den Tag erleben, dass ich so meinen Fuß auf König Oserichs Hochsitz ruhen dürfte!« Da lachte der König: »Der Tag ist heut! Dein Fuß steht in König Oserichs Schoß.« Nun erkannte Oda, dass der König selber vor ihr kniete: froh und freundlich begrüßte sie ihn. Er nahm das Königskind und zog heim mit seinem Heer. Dann sandte er Boten aus, König Milias zu versöhnen: ihm blieb sein Reich, und Oda ward des Oserich Ehefrau: und ihre Ehe ward überglücklich.

4. Etzel (Attila) und Helche (Erka)

Als König Milias alt wurde, brach der kriegerische Fürst der HEUNEN, ETZEL, unablässig in sein Land: darüber starb König Milias; nach blutigen Kämpfen unterwarf nun Etzel sich auch dieses Reich. Seinen Sitz schlug er in SUSA auf. Von dort entsandte er den MARKGRAFEN RÜDIGER VON BECHELAREN ins Wilkinenland, für ihn um HELCHE zu werben. Sie war die Tochter von Oserich und Oda, wegen ihrer Schönheit und edlen Sitten hochgepriesen: nicht Geringeres rühmte man von BERTHA, ihrer jüngern Schwester. König Oserich nahm den Markgrafen wohl auf, nicht so seine Botschaft. »Allzu kühn, dünkt mich, ist Etzel«, antwortete er: »um meine Tochter wagt er zu werben, nachdem er mit Heerfahrt das Land in Besitz nahm, das mir zukommt. Und das allein noch brachte ihm Ruhm; denn geringem Geschlecht entstammt er. Zieh heim, Etzel hat keine Hoffnung, dass ich ihm Helche gebe.«

»Herr«, warnte der Markgraf, »Etzel ist ein gewaltiger Kriegsmann: gibst du ihm deine Tochter nicht, so wird er dein Land verheeren.«

Laut lachte Oserich: »Du bist ein guter Mann, Rüdiger! Dein König Etzel komme so schnell als möglich mit seinem Heer! Wir Wilkinen haben scharfe Schwerter, harte Brünnen und gute Rosse, auch sind wir nicht träge, uns zu schlagen.« – Mit dieser Antwort musste der Markgraf zurückreiten nach Susa. König Etzel sammelte seine Kriegsmannen und griff die Wilkinen an. Oserich war ihm entgegengezogen mit großer Übermacht, und nach kleinen Scharmützeln, in welchen die Wilkinen durch des Markgrafen kühne Tapferkeit fünfhundert Ritter verloren, kehrten beide Könige wieder in ihre Burgen zurück. Da trat einmal Rüdiger vor König Etzel und sprach: »Herr, gib mir dreihundert Ritter zu einer Fahrt und des Geldes, so viel ich dazu bedarf. Frage nicht, wohin und warum ich reiten will: kehr' ich aber nach drei Wintern nicht zurück, dann bin ich tot.« Rüdiger war ein so getreuer Mann, dass der König seine Bitte gewährte, ohne weiter zu forschen. Und der Markgraf ritt mit seinem Geleit aus Susa und wandte sich auf die Straße nach Wilkinenland. Bald kamen sie an einen unbebauten Wald. »Keines Menschen Fährte ist hier in der Nähe« – sprach Rüdiger zu seinen Gefährten – »hier bleibt, bis ich zurückkomme. Nehmt dieses Gold und sendet Leute in die nächsten Siedelungen, euch alles zu kaufen, dessen ihr zum Leben bedürft. Kehr' ich nach drei Wintern nicht wieder, dann reitet heim zu König Etzel und sagt ihm, dass ich tot bin.« –

Er ritt allein weiter ins Wilkinenland, bis er an die Königsburg kam. Durch Verkleidung hatte er sein Aussehen völlig verändert: als ein alter, blöder Mann mit langem Bart und breitem Hut trat er vor Oserich, umfasste seine Füße und bat um Schutz. »SIEGFRIED heiß' ich und war ein Mann des König Milias; als aber Etzel sein Reich brach, wollten weder ich noch meine vier Brüder ihm dienen. Drei meiner Brüder erschlug er, und mich machte er friedlos. Kleine Rache war's, dass ich hundert seiner Krieger vor seinen Augen erschlug: – nun gib du mir Frieden und nimm meinen Dienst.« So gelang es ihm, Oserich zu täuschen, der hieß ihn willkommen und behielt ihn an seinem Hof. Da geschah es, dass ein König NORDUNG kam und um Helche warb. Oserich wollte den Antrag annehmen, wenn es seiner Tochter Wille wäre. Er rief den Markgrafen und sagte: »Nun bist du zwei Winter hier: ich habe dich als einen weisen, treuen Mann erprobt: gehe zu meiner Tochter, trage ihr Nordungs Werbung vor und erforsche, ob sie gern einwilligt.« Helche wohnte in einem besonderen Teil der Burg mit Bertha, ihrer Schwester, und dreißig Jungfrauen, und nie durfte dorthin zu ihnen ein Mann kommen. Rüdiger ging nun an das Tor und bat, dass man ihm aufschließe. König Oserich und

Nordung standen aber auf der Burgmauer und sahen alles. Als Helche hörte, dass ein Sendbote ihres Vaters gekommen war, ließ sie ihn hereinführen und hieß ihn willkommen.

»Du musst ein weiser Mann sein«, sagte sie dann, »zweimal zwölf Monate bist du hier und forschtest nur nach Nützlichem; auch kamst du niemals hierher zu müßigem Gespräch.«

»Frau, das geschieht nicht oft in unserm Land, dass ein Mann zu seiner Königin geht zum Gespräch, außer der König erlaubt es: weil aber dein Vater mich zu dir sendet, so dürfen wir jetzt heimlich miteinander reden.«

»Geh hinaus«, sagte Helche zu ihrer Schwester, »und ihr Mädchen alle: wir wollen allein bleiben.«

»Gehen wir lieber in den Garten«, riet der Markgraf. »Dein Vater steht auf der Burgmauer: und kann uns von dort sehen, und dennoch wird niemand unser Gespräch hören.«

»Fürwahr, du bist ein Mann von feinen Sitten und geschickten Gedanken«, antwortete sie und bat ihre Schwester, zwei Polster unter den Lindenbaum in den Garten tragen zu lassen. Dort setzten sich die zwei unter den Baum, und die Könige Oserich und Nordung sahen sie von der Mauer her. Als die Mädchen sich entfernt hatten, hub der Markgraf an: »Jungfrau, nun sieh auf mich, wenn ich meinen Hut abnehme. Ich betrog Männer und Frauen, betrog Nordung und Oserich und habe dich betrogen, Königskind: ich bin nicht Siegfried, ich bin Rüdiger, König Etzels Markgraf. Für ihn werb' ich um dich, nimm ihn zum Mann! Burgen und Kleinodien wird er dir geben, die edelsten Frauen werden dir dienen, mächtige Herzoge deine Schleppe tragen, du selbst aber sollst Königin sein zuhöchst über die Welt.« Voll mutigen Zorns rief Helche Bertha herbei: »Höre, süße Schwester, dieser ist nicht Siegfried, sondern Rüdiger, und er betrog uns alle! Markgraf, nun soll mein Vater an dir

Rache nehmen, weil du ihm fünfhundert Ritter auf der Walstatt erschlugst.«

»Tu lieber, was ich dir sage«, entgegnete ruhig der Markgraf, »und werde Königin von Heunenland, Jung Bertha aber werde MEINE Frau.«

Bertha war herangetreten: »Du bist ein Königskind«, sprach sie stolz zu ihrer Schwester, »und sollst den Mann nicht verderben, der vertrauend sich in deine Gewalt gab. Denke nun deines Wunsches, ›dass ich doch Etzels Königin würde‹! Siehe! die Götter haben deinen Wunsch erhört: folge dem Markgrafen, und ich ziehe mit dir.«

»Wohlan«, sprach Helche, »du kühner Mann, ich will Etzels Königin werden, und Bertha werde deine Frau: nimm diesen Goldring zum Pfande.«

König Oserich und Nordung sahen, wie der Markgraf den Ring empfing, und dachten, dass Helche Nordungs Werbung annehme. Der Markgraf aber ging zu ihnen und sagte: »Herr, deine Tochter will keinen Mann in den nächsten zwölf Monden: zum Pfand dafür gab sie mir diesen Ring.« König Nordung war gern bereit, die Frist abzuwarten, und ritt zurück in sein Reich. Oserich wollte dem Markgrafen nun Ritter und Burgen verleihen, wenn er sein Dienstmann würde. Doch Rüdiger bat um Urlaub, seinen Bruder zuvor zu holen: »Der soll dir dienen, er ist ein weit tapferer Mann als ich.« Und weil Oserich beide Degen zu gewinnen hoffte, ließ er Rüdiger ziehen. Der ritt aber zu jenem Wald zurück, wo seine Gefährten verweilten, holte OSID, den jungen Brudersohn Etzels, und stellte ihn Oserich als seinen Bruder vor. Nach einigen Tagen war es ihnen gelungen, des Königs Töchter mit ihrem Plan vertraut zu machen. Am Abende, als alle in der Burg schliefen, gingen die kühnen Recken zu ihren Rossen und ritten an den Turm der Frauen: Helche und Bertha kamen ihnen unter dem Tor entgegen. Rasch schwangen die Männer die Jungfrauen auf ihre Rosse und ritten fort, so schnell ihre Renner nur liefen, Tag und Nacht. Als Oserich des Verrates gewahrte, ließ er eine Schar rüsten und fuhr ihnen nach. Die Fliehenden erreichten bald die im Walde Verborgenen und zogen gemeinsam mit ihnen ins Heunenland. Aber so eilig folgten ihnen die Wilkinen, dass die Verfolgten nicht mehr entrinnen konnten: sie erreichten noch eine Burg im Falstrwald, ritten hinein und sperrten die Tore hinter sich zu. König Oserich lagerte sein Heer rings um die Burg und hielt alle darin eingeschlossen. Nur zwei Männer hatte der Markgraf gleich entsendet zu Etzel um Hilfe. Als diese nach Susa kamen und alles berichteten, ließ Etzel sofort seine Hörner blasen, sammelte ein großes Heer und zog mit ihm Tag und Nacht, bis er die Burg erreichte. Inzwischen hatten die Belagerten tapfer gekämpft und viele Wilkinen erschlagen: bald brachen sie aus, bald stritten sie von den Mauern herab. Oserich konnte die Burg nicht bezwingen, und sobald er Etzels gewaltige Heerscharen kommen sah, brach er seine Zelte ab und kehrte, der Übermacht weichend, mit seinen Kriegern zurück nach Wilkinenland. Die Befreiten eilten nun aus der Burg ihrem König entgegen: der Markgraf Rüdiger übergab da seinem König Helche, das Königskind. Fröhlich zogen alle nach Susa: bald darauf ließ Etzel ein prachtvolles Gastmahl veranstalten und vermählte sich Helche. Bertha gab er dem getreuen Markgrafen zur Frau[46] und schenkte ihm Land und Burgen.

II.
Wieland der Schmied

1. Wielands Jugend

Riese WADI wohnte auf seinen Höfen in Seeland: er war kein Kriegsheld, sondern begnügte sich mit dem, was ihm sein Vater Wilkinus gegeben. Riese Wadi hatte einen Sohn, der hieß WIELAND. Als der neun Jahre alt war, wollte Wadi, dass er eine Kunst erlerne, und führte ihn zu MIME[47], einem Schmied, damit er seinem Sohn Eisen schmieden lehre. Wadi kehrte auf seine Höfe zurück. Wieland hatte aber viel zu leiden von Jung Siegfried (s. unten V. Buch 6. Hauptstück), der auch bei dem Schmiede war. Das hörte der Riese in Seeland und nahm den Knaben nach drei Jahren wieder fort. Wieland blieb ein Jahr daheim: er gefiel jedermann und war überaus geschickt.

Riese Wadi hörte nun von zwei Zwergen, die in einem Berge hausten, der KALLOVA hieß. Sie verstanden Waffen zu schmieden und kostbare Kleinodien aus Gold und Silber so kunstvoll wie gar niemand.

Riese Wadi nahm nun seinen Sohn und reiste zu den Zwergen. Als er an den GRÖNSUND kam, fand er kein Schiff, übers Wasser zu fahren. Da setzte er Wieland auf seine Schultern und watete durch den Sund: und der war neun Ellen tief. Wadi traf die Zwerge und sagte: sie sollten Wieland zwölf Monde zu sich nehmen und ihn allerlei Schmiedearbeit lehren. Dafür wolle er ihnen so viel geben, als sie verlangten. Die Zwerge waren dazu bereit und forderten eine Mark Goldes. Und sie setzten einen Tag fest, nach der Frist von zwölf Monden, wann der Riese seinen Sohn wieder holen sollte. Darauf fuhr Wadi heim.

Wieland aber war so gelehrig, dass die Zwerge ihn nicht ziehen lassen wollten, und sie baten den Vater, als er kam, den Knaben abzuholen, dass er ihn nochmals zwölf Monde dalassen solle. Und lieber wollten sie die Mark Goldes zurückgeben als Wieland ziehen lassen: auch wollten sie ihm noch halbmal mehr Kunstfertigkeiten lehren. Aber es gereute sie sofort wieder, dass sie Wielands Dienste so teuer erkaufen sollten: und sie machten die Bedingung, falls Wadi nicht an dem bestimmten Tag käme, sollten sie Wieland das Haupt abschlagen dürfen. Der Riese war's zufrieden: er rief Wieland aus dem Berg heraus und stieß ein Schwert in einen Sumpfbusch: »Wenn ich nicht zur bestimmten Frist komme und die Zwerge wollen dir das Leben nehmen, so hole dieses Schwert und wehre dich männlich: das ist besser als von Zwergen ermordet werden. Und ich will nicht sagen hören: Wadi hat eine Tochter statt eines Sohnes aufgezogen.« Dann schieden sie, und Wadi kehrte wieder in seine Höfe zurück.

Wieland lernte bald alles, was die Zwerge konnten, und diente ihnen treu. Und doch missgönnten sie ihm seine Geschicklichkeit und hofften, dass er derselben nicht lange genießen werde, da sie sein Haupt zum Pfande hatten. Als die zwölf Monde zu Ende gingen, machte sich Wadi auf die Fahrt und fuhr so eilig bei Tag und Nacht, dass er drei Tage zu früh an den Berg kam. Der war verschlossen. Wadi legte sich nieder, um die Frist zu erwarten, schlief aber vor Müdigkeit ein, und während er schlief, kam ein starker Regen und ein Erdbeben, und ein großes Felsstück löste sich von dem Berg ab. Das stürzte mit Gestein, Erde und Holz auf den Riesen und erschlug ihn. Die Zwerge taten den Berg auf und sahen sich nach Wadi um. Auch Wieland ging heraus. Da er den Bergrutsch sah, kam es ihm in den Sinn: der Stein könnte seinen Vater erschlagen haben, und er gedachte dessen, was ihm sein Vater geraten. Er sah sich nach dem Sumpfbusch um: aber den hatte der fallende Fels mit fortgerissen, nur der Schwertknauf stak aus der Erdmasse hervor. Er fasste ihn und zog das Schwert heraus und sprach bei sich: »Nun ist mein Vater tot, und ich bin dem Tod bestimmt – aber ich fürchte mich wenig.« Er lief zu den Zwergen, die sich seines Vorhabens nicht gewärtigten, und hieb einem nach dem anderen den Kopf ab. Dann ging er in den Berg, nahm all ihr Werkzeug, Gold und Silber, so viel er mitführen konnte. Er belud damit ein Ross, welches die Zwerge besaßen, und nahm selbst noch eine Bürde, so schwer er zu tragen vermochte. So zog er, bis er an die Weser kam, und konnte nicht über den Strom. Er fällte einen starken Baum und höhlte ihn aus. In dem dünnen Ende barg er sein Werkzeug und sein Gold, in dem dickeren Speise und Trank. Dann legte er sich hinein und verschloss den Baum auf geschickte Art: vor die Löcher setzte er Glas, welches er wegziehen konnte, sobald er wollte: waren die Löcher aber geschlossen, so drang kein Wasser ein. Er bewegte sich in dem Stamm hin und her, bis er ihn so hinauswälzte in den Strom. Der Stamm trieb den Strom hinab in die See und fuhr achtzehn Tage und Nächte lang in den Wellen, dann kam er in Jütland ans Land. Dort herrschte König Nidung. Seine Leute fuhren eines Tages in die See hinaus, Fische zu fangen. Sie warfen ihr Netz aus und zogen es ans Land. Es war so schwer, dass sie es kaum emporziehen konnten, und sie sahen, dass ein großer Baum hineingeraten war. Als sie ihn genau betrachteten und wunderbar behauen fanden, hielten sie ihn für einen Schatzbehälter und riefen den König herbei. Der befahl, sie sollten den Baum untersuchen, was darinnen sei. Wie aber Wieland in dem Stamme merkte, dass sie denselben zerhauen wollten, rief er ihnen zu, einzuhalten. Die Leute dachten, ein böser Wicht stecke darin, und liefen entsetzt davon. Wieland machte nun den Baum auf, trat vor den König und sprach: »Ein Mensch bin ich, kein Unhold, Herr, und bitte dich, gib mir Frieden für Leben und Habe.« Der König sah, dass Wieland ein schöner

Mann war, und obwohl er auf unheimlich wunderbare Weise an sein Land gekommen, gewährte er ihm doch Frieden. Wieland nahm seine Werkzeuge und Habe und verbarg alles heimlich unter der Erde, samt dem Stamm. Dies sah ein Mann des Königs.

Nun lebte Wieland bei Nidung als dessen Gefolgsmann, und der König behandelte ihn gut und ehrenvoll. Einst ließ Wieland des Königs bestes Messer, als er es reinigen wollte, in die See fallen. Er fürchtete, für ungeschickt zu gelten, und ging zu des Königs Schmied Amilias, ein andres zu bekommen. Er fand niemand in der Schmiede, setzte sich hin und schmiedete ein Messer, das dem verlorenen gleich sah. Darauf schlug er einen Nagel mit drei Köpfen, den ließ er auf dem Amboss und ging fort. Als Amilias zurückkam, fand er den Nagel und fragte, wer von seinen Gesellen den geschmiedet hätte? Aber keiner bekannte sich dazu.

Wieland stand vor des Königs Tisch: der König nahm das Messer, ein Brot zu zerschneiden, und schnitt das Brot entzwei und noch ein Stück von dem Tisch, so weit das Messer fasste. Den König deuchte es wunderlich, wie das Eisen so scharf sei, und sprach zu Wieland: »Wer mag dieses Messer gemacht haben?« »Wer anders als Amilias, Herr?« Amilias hörte ihr Gespräch und sagte: »Herr, sicherlich habe ich es gemacht, du hast keinen andern Schmied.« »Nimmer sah ich so gutes Eisen aus deinen Händen kommen«, entgegnete Nidung, »wer auch dieses Messer gemacht habe, du tatest es nicht;« er blickte auf Wieland: »Hast du dies Messer gemacht? Sage die Wahrheit, bei meinem Zorn.« Da sprach Wieland: »Deinen Zorn will ich nicht haben«, und er erzählte, wie es damit geschehen war. »Das wusste ich«, sagte Nidung, »dass Amilias solches nicht vermöge.« Doch Amilias entgegnete: »Herr, es mag sein, dass Wieland dieses Messer geschmiedet hat: aber ich vermag dasselbe: und ehe ich ungeschickter heiße als er, eher wollen wir beide unsre Geschicklichkeit versuchen.« »Nur Geringes versteh' ich«, antwortete Wieland, »aber das wenige spar' ich nicht: mache du ein Stück, ich will ein andres machen: man mag dann urteilen, welches das bessere ist.« »Darauf will ich wetten«, sprach Amilias. »Ich habe nicht viel Eigen«, entgegnete Wieland.

»Hast du kein Gold dazu, so setze dein Haupt daran, und ich setze meines dagegen. Schmiede du ein Schwert, ich will Helm, Brünne und Brünnenhosen machen. Und wenn dein Schwert diese Waffen durchschneidet, sodass du mich verwundest, dann magst du mir das Haupt abschlagen. Vermag aber dein Schwert dies nicht, so gehört dein Haupt mir.« »Wohl«, sprach Wieland, »halte, was du sagst.« »Dafür will ich einen Bürgen schaffen«, rief Amilias. Zwei vornehme Gefolgen des Königs waren dazu bereit. Aber Wieland hatte keine Bürgen, weil er fremd im Lande war und niemand seine Geschicklichkeit kannte. Da kam dem König der wunderbare Baumstamm in den Sinn, und er bürgte selbst für Wieland. Der bat den König, ihm ein Schmiedehaus bauen zu lassen. Als das fertig war, ging er hin, aus dem verborgenen Baumstamm seine Werkzeuge und Habe zu holen. Da war der Stamm aufgebrochen und alles gestohlen. Wieland fiel ein, dass ein Mann des Königs ihn bei dem Verbergen gesehen hatte, und schloss daraus, dass dieser der Dieb war; aber den Namen des Mannes kannte er nicht. Er ging zum König und sagte ihm alles. Niedung fragte, ob er den Mann erkennen würde, wenn er ihn sähe? Als dies Wieland bejahte, ließ er ein Ting berufen und gebot, dass jeder Mann in seinem Reiche dazu kommen sollte. Und da das Ting eröffnet war, trat Wieland vor jeden Mann hin und suchte nach dem Dieb – und fand ihn nicht darunter. Der König war zornig und schalt Wieland einen Toren. Aber Wieland schmiedete heimlich ein Mannesbild und setzte dieses eines Abends in eine Ecke der Halle, an welcher der König vorübermusste, wenn er in seine Kammer schritt. Als der König nun schlafen ging, trug ihm Wieland die Fackel vor. Der König erblickte das Bildnis in der Ecke und sprach: »Heil dir, guter Freund Regin! Warum stehst du so einsam hier? Und wann kamst du zurück? Und wie erging es dir mit meinen Aufträgen?«

Wieland sprach: »Herr, dieser Mann kann dir nicht antworten: ich machte dieses Bildnis nach meiner Erinnerung: so sieht der Dieb aus, der meine Habe stahl.« Da antwortete König Nidung: »Den Mann konntest du nicht auf dem Ting finden, denn ich habe ihn mit einer Botschaft entsendet. Fürwahr, du bist geschickt und gut: ich schaffe dir alles wieder, was er dir genommen hat, und werde gutmachen, was ich Böses wider dich sprach.« Als Regin zurückkehrte, gestand er ein, Wielands Habe des Scherzes wegen fortgenommen zu haben, und gab dem Schmied alles zurück.

Nach einiger Zeit sprach der König zu Wieland: »Geh nun zur Schmiede und setze dich an die Arbeit: du hast es mit einem geschickten und bösen Mann zu tun.« Wieland machte in sieben Tagen ein Schwert; der König kam selbst in die Schmiede, es anzusehn. Sie gingen an einen Fluss: Wieland warf eine Wollflocke hinein, einen Fuß dick, und tauchte das Schwert ein, mit der Schneide gegen den Strom gewendet: die Flocke trieb an, und das Schwert zerschnitt sie. Der König nannte es ein gutes Schwert, Wieland aber sagte: »Es soll noch viel besser werden.« Und er ging zur Schmiede, zerfeilte das Schwert, schmolz die Feilspäne zusammen, schied alles Ungehärtete daraus und schmiedete es neu. Mit diesem zerschnitt er eine zwei Fuß dicke Wollflocke im Strom: aber er zerfeilte es abermals, und wie er es zum dritten Mal geschmiedet hatte, waren drei Wochen verstrichen. Das Schwert war nun mit Gold eingelegt und hatte einen schönen Griff und war um vieles kleiner als die ersten. Im Strom zerschnitt es eine drei Fuß dicke Wollflocke ebenso leicht wie das Wasser selbst. König Nidung war sehr froh und sprach: »Das ist das beste Schwert in der Welt. Das soll mir gehören, und ich will es immer tragen, wann ich in den Kampf reite.«

Wieland antwortete: »Niemand als dir gönne ich dieses Schwert: aber ich will es noch mit Scheide und Gehäng ausrüsten, ehe ich es dir gebe.« Damit war der König zufrieden und ging. Wieland machte ein andres, dem ersteren so ähnliches, dass niemand sie unterscheiden konnte. Das gute aber versteckte er unter seine Schmiedebälge: »Liege du dort, Mimung, vielleicht bedarf ich deiner.«

Am festgesetzten Tage zeigte sich Amilias prahlend allen Leuten in seiner Rüstung und setzte sich im Hofe des Königs auf einen Stuhl und war bereit, die Wette auszumachen. Wieland holte sein Schwert Mimung, stellte sich hinter Amilias und setzte ihm die Schwertschneide auf den Helm und fragte, ob er etwas spüre? »Hau zu oder stich aus aller Kraft, du wirst es nötig haben«, antwortete Amilias. Nun drückte Wieland mit dem Schwerte und zog daran, dass es durch Helm und Haupte und Brünne und Rumpf fuhr bis auf den Gürtel. Und so starb Amilias. Da sagte mancher: »Wen der Hochmut am höchsten hebt, den lässt er am schnellsten fallen.« Und der König verlangte das Schwert, denn er wollte es gleich mit sich forttragen. »Herr, ich muss doch zuvor die Scheide holen, und will dir alles zusammen geben«, sprach Wieland und eilte in die Schmiede. Mimung warf er wieder unter seine Schmiedebälge, nahm das andre Schwert, stieß es in die Scheide und überbrachte es dem König.

Wieland ward nun des Königs Schmied und arbeitete ihm köstliche Kleinode. Er wurde weithin so berühmt, dass man von einem vorzüglichen Geschmeide sagte, »der es gemacht habe, wäre ein Wieland an Geschicklichkeit«.

Einst als König Nidung in den Krieg fuhr und schon fünf Tage mit seinem Heer ausgezogen war, gewahrte er, dass er seinen Talisman, einen Siegesstein, zu Hause gelassen hatte. Er versprach dem, der ihm den Siegesstein bis zum andern Tage bringen würde, seine Tochter und ein Drittel seines Reiches zu geben. Am andern Tage sollte die Schlacht sein. Wieland war dazu bereit und sprengte auf seinem Hengst SCHIMMING zurück. Um Mitternacht langte er vor des Königs Burg an, und noch bevor die Sonne aufging, traf er wieder bei dem Heer ein. Des Königs Truchsess ritt ihm mit sechs Kriegern entgegen und wollte den Siegesstein von Wieland erhandeln: als dieser sich weigerte, griff der Truchsess ihn an: aber Wieland erschlug ihn; die sechs Krieger flohen davon. Wie König Nidung die Tat erfuhr, ward er zornig und bannte Wieland aus seinem Reich bei Todesstrafe. Wieland sprach: »Das tust du mir, weil du dein Versprechen nicht halten willst.« Er zog fort, und niemand wusste, wohin.

2. Wieland in Wolfstal

Wieland suchte seine beiden Brüder EGIL (Eigel) und SLAGFIDR auf: mit ihnen zog er in einen von Menschen unbewohnten Wald: »ein Wolfstal«. Dort bauten sie sich Häuser. Am Wolfssee fanden sie einst in der Morgenfrühe drei Frauen, die waren Walküren, neben ihnen lagen ihre Schwanenhemden: sie saßen und spannen Flachs. Die Brüder ergriffen die Hemden und zwangen die Mädchen, ihnen als ihre Frauen zu folgen. Egil nahm ÖLRUN, Slagfidr SVANHVIT, ALVIT wurde Wielands Gemahlin. Sieben Winter lebten sie so, den achten grämten sich die Frauen und im neunten brachen sie ihre Bande und zogen wieder auf Urlog (Kriegsfahrt). Die drei Brüder kamen aus dem Forst von der Jagd und fanden ihren Herd verlassen. Zwei zogen aus, ihre Frauen zu suchen: Wieland blieb zurück und harrte, ob Alvit wiederkommen würde. Er saß im Waldhaus und schlug funkelnd Gold und schnürte rote Ringe auf Lindenbast.

Da hörte Nidung, dass Wieland einsam in Wolfstal in der Waldschmiede sitze. Er fuhr in mondheller Nacht mit einer Schar Gewappneter dorthin. Ihre Helme blinkten im Schein der Mondsichel. An der Türe des Hauses stiegen sie ab und gingen in den Saal. Wieland fanden sie nicht: aber sie sahen die Ringe am Lindenbaste schweben, sie banden sie ab, siebenhundert waren's, und banden sie wieder an: nur einen nahm Nidung davon, den Ring Alvits. Dann verbargen sie sich und erwarteten den Schmied. Der kam, vom Weidwerk wegmüde: er ging zur Feuerstelle und briet der Bärin Fleisch, die er erjagt hatte. Auf der Bärenschur sitzend, zählte er die Ringe und vermisste den einen. Da dachte er, Alvit, die junge, sei zurückgekehrt und hätte ihn sich genommen.[48] So saß er lange, bis er einschlief; er erwachte traurig: Fesseln fühlte er an Händen und Füßen. »Wer sind die Leute, die mich in Bande legten?«, fragte er. König Nidung trat aus seinem Versteck und rief: »Woher nimmst du, Wieland, weiser Elbe, das Gold hier in Wolfstal?«

»Hier war kein Gold«, antwortete Wieland trotzig. – »Als ich daheim war, hatt' ich wohl mehr« – und weigerte die Auskunft. Der König führte ihn nun mit sich auf seine Burg; das Schwert Mimung hatte er ihm genommen und trug es selbst, den Goldring gab er seiner Tochter Badhild. Wieland sann heimlich auf Rache: er machte sich unkenntlich, schlich sich unter des Königs Köche, briet und kochte mit ihnen und mischte einen Liebeszauber in Badhilds Speise. Als die Schüssel vor die Jungfrau gesetzt ward, stach sie mit einem Messer hinein. Das Messer, von Zwergen geschmiedet, hatte aber die Eigenschaft, dass es erklang, sobald es eine Speise berührte, in welcher Unreines war. Das Messer erklang, und die Jungfrau erkannte, dass ein Trug in der Speise war, und sagte es ihrem Vater. Zornig befahl der, den

Koch auszuforschen: da wurde Wieland entdeckt und vor Nidung geführt: »Übles hast du getan, aber du sollst deines Lebens nicht beraubt werden«, sprach der König, und auf den Rat der Königin ließ er dem kunstfertigen Schmied die Sehnen an den Kniekehlen durchschneiden, sodass er gelähmt war und nicht entlaufen konnte. Dann ward er wieder in seine Schmiede gebracht, dort sollte er sitzen und für den König Waffen und Kleinode schmieden. Niemand getraute sich, zu ihm zu gehen, als allein der König: »Deine Kunstfertigkeit mag ich nicht missen, Wieland: darum ließ ich dich lähmen, aber ließ dir doch das Leben: ich will dir die Schmach büßen mit Gold und Gestein, so viel du verlangst: schmiede nun wieder für mich wie ehedem.« Und nun glaubte der König recht weise getan zu haben; aber schlaflos saß Wieland und schlug mit dem Hammer funkelnd Geschmeid und sann auf Rache.

3. Wielands Rache

Einst liefen zwei Söhnlein des Königs in die Schmiede und kamen an eine Truhe, darinnen sahen sie Gold und Gestein und wollten alles anschauen.

Wieland sprach zu ihnen: »Geht und kommt wieder, wenn frischer Schnee gefallen ist: kommt rückwärts gegangen: kommt allein und sagt niemand davon: dann will ich euch alles zeigen und von dem Golde geben.« Es war aber Winter und in derselben Nacht fiel ein frischer Schnee: da liefen die Knaben in der Frühe rückwärts zur Schmiede und ließen sich die Kiste öffnen. Eifrig beugten sie ihre Köpfe über, um zu schauen: da warf Wieland den schweren Deckel zu, der schnitt ihnen die Köpfe ab. Im Sumpf unter seinem Wassertroge verbarg er die Rümpfe.

Die Königssöhne wurden bald vermisst: niemand wusste,

wohin sie verschwunden waren: man begann, sie zu suchen, und kam auch zu Wieland in die Schmiede. Er sagte, sie seien dort gewesen und wieder fortgegangen, er habe sie gehen sehen auf dem Weg zur Königshalle. Da gingen die Boten heim und sahen, dass die Fußspuren der Kinder sich heimwärts wandten, und so hatte niemand Verdacht auf Wieland. Man suchte sie viele Tage vergeblich, und der König dachte nun, dass ihnen im Walde ein Verderben begegnet sei von wilden Tieren oder dass die See sie verschlungen hätte.

Aber Wieland fertigte aus den Schädeln Trinkgeschirre und sandte sie dem König, aus den Augen Edelsteine für die Königin und aus den Zähnen Halsgeschmeide für Badhild. Bald darauf zerbrach Badhild jenen Ring, den ihr der König gegeben hatte, ging zur Schmiede und bat Wieland, ihn ihr wieder auszubessern. »Keinem wag' ich's zu sagen außer dir allein.« »Ich bess're ihn dir so«, sprach Wieland, »dass er deinen Vater schöner, deine Mutter besser und dich ebenso gut dünkt.« Aber er verschloss die Schmiede und zwang sie, sich ihm zu vermählen. Dann besserte er ihr den Ring, ehe sie schieden. –

In dieser Zeit kam Egil, Wielands Bruder, an des Königs Hof, weil Wieland ihm Botschaft gesendet hatte. Er schoss mit dem Handbogen besser als alle andern Männer. Der König nahm ihn wohl auf und wollte erproben, ob er so gut schieße, als die Sage ging. Er ließ den drei Jahre alten Sohn Egils nehmen und ihm einen Apfel auf den Kopf legen, und Egil sollte den Apfel treffen; und nur einen Pfeil durfte er verschießen. Egil nahm drei Pfeile, legte einen auf die Sehne und schoss den Apfel mitten entzwei. Da lobte der König den Schuss und fragte, weshalb er drei Pfeile genommen habe, da er doch nur einen Schuss tun durfte? »Herr«, antwortete Egil, »ich will dich nicht belügen: Hätt' ich den Knaben getroffen, so hatte ich dir diese zwei Pfeile zugedacht.«

Wieland ließ durch Egil Badhild zu einem geheimen Zwiegespräch bitten: da wuchs ihre Liebe zueinander. Sie berieten manches, sie gelobten sich da, einander treu zu bleiben; und Wieland sprach: »Wenn du einen Sohn gebären wirst, und ich ihn nicht sehe, so sage ihm einst, dass ich ihm Waffen geschmiedet und dort verborgen habe, wo das Wasser hinein- und der Wind hinausgeht.«[49]

Egil musste seinem Bruder Federn zusammentragen, große und kleine: er erjagte darum allerhand Vögel, und Wieland machte sich ein Flügelhemd, das sah dem Federhemd eines Geiers ähnlich. Er bat Egil, hineinzufahren und es zu versuchen. »Hebe dich gegen den Wind empor in die Luft und setze dich mit dem Wind.« Egil flog in dem Hemd empor in die Luft, leicht wie der schnellste Vogel: – als er sich aber setzen wollte, stürzte er heftig zur Erde. Da sprach er: »Wäre so gut sich setzen in dem Hemd, wie damit fliegen war, so wäre ich jetzt weit weg, und nimmer bekämst du es wieder.« »Ich will daran bessern, was fehlt«, sprach Wieland. Mit Egils Hilfe fuhr er selbst hinein und hub sich dann lachend in die Luft. »Falsch wies ich dir, wie du es gebrauchen solltest: wisse, alle Vögel setzen sich gegen den Wind und heben sich ebenso empor. Nun will ich heimfahren: zuvor aber mit dem König eine Unterredung haben. Wenn er dich dann zwingt, nach mir zu schießen, so ziele unter meinen linken Arm: darunter hab ich eine Blase voll Blut gebunden: du ziele so, dass dein Schuss mich nicht verwundet. Tue das um unsrer Brüderschaft willen.«

Wieland flog auf den höchsten Turm in des Königs Hof und rief laut, dass er mit dem König zu sprechen habe. Nidung saß seit dem Verlust seiner Knaben traurig in seiner Halle; er sah den Schmied und sprach zu seiner Königin: »Immer gemahnt's mich deiner falschen Ratschläge und des Todes meiner Söhne; ich will nun Wieland darum befragen.« Er ging hinaus und fragte: »Sage mir, Wieland, was ward aus meinen Söhnen?« Wieland antwortete: »Erst sollst du mir alle Eide leisten, bei Schwertes Spitze und Schiffes Bord, bei Schildes Rand und Rosses Bug, dass du Wielands Weib nicht tötest, hätt' ich auch ein Weib, dir nah verwandt, oder auch ein Kind hier im Hause.«

Nachdem er so Weib und Kind vor des Königs Zorn gesichert hatte, antwortete er auf des Königs Frage: »Stets war ich eingedenk des Verrats, den du an mir verübt hast: – nun flieg' ich von hinnen, und nie bekommst du mich wieder in deine Gewalt, solange du lebst. Geh zur Schmiede: dort findest du deiner Knaben Rümpfe: aus ihren Schädeln macht' ich dir Trinkbecher und Geschmeide für die Königin und eure Tochter. Badhild aber ist mein Weib.«

Zornig befahl der König Egil, bei Verlust seines Lebens, auf Wieland zu schießen. Egil legte einen Pfeil auf die Sehne und schoss, so wie sie es verabredet hatten. Als das Blut niederfloss, glaubte der König, Wieland sterben zu sehen. Aber lachend hob sich der Schmied in die Luft; traurig schaute ihm Nidung nach. Dann ging er zu Badhild und fragte sie, ob Wieland wahr geredet habe? »Wahr ist es«, sprach sie, »in der Schmiede ward ich Wielands Weib.«

Sie gebar einen Knaben, schön von Wuchs und Ansehn, der wurde Wittig genannt. Der König erkrankte bald danach und starb. Das Reich nahm sein Bruder: der war bei allen Leuten beliebt und freundlich gegen seine Niftel.

Als Wieland auf seinen Höfen in Seeland das hörte, sandte er eine Botschaft nach Jütland und bat um Frieden und Versöhnung. Der junge König war gern dazu bereit.

Wieland fuhr nach Jütland und empfing aus des Königs Händen Badhild und seinen drei Winter alten Sohn Wittig. Er zog mit ihnen zurück in seine Heimat. Die Waffen, die er für Wittig geschmiedet hatte, holte er erst unter dem Essenstein hervor. Auch Mimung erhielt er zurück; der König gab ihm Gold und Schätze, und sie schieden als gute Freunde.

Wieland lebte lange auf Seeland und ward berühmt weit durch die Welt wegen seiner Geschicklichkeit.

III.
Walther und Hildgund

1. Die Flucht

König Etzel ließ das Heerhorn blasen: an den Rhein gegen die Franken und weiter nach Burgund und Aquitanien ging sein Heerzug. Gibich, der Frankenkönig, erkaufte sich Frieden: er zahlte Zins und stellte seinen jungen Vetter Hagen als Geisel, weil sein Sohn Gunther noch allzu jung war.[50] Herrich von Burgund vergeiselte dem Heunen seine Tochter Hildgund und Alphart von Aquitanien seinen Sohn Walther. Hildgund war sieben und Walther zwölf Winter alt. Zufrieden mit seiner Beute kehrte Etzel wieder um. Die Geiseln wurden gehalten wie eigne Kinder. Die Jünglinge wuchsen zu tapfern Recken heran und gewannen Etzels Gunst. Die Jungfrau ward der Königin sehr lieb: sie erteilte ihr das Amt einer Schatzmeisterin. Als aber Gibich starb und Gunther König in Worms war, brach er das heunische Bündnis und verweigerte den Zins. Sobald Hagen das erfuhr, entfloh er heimlich nach Worms. Nun wurde die Heunenkönigin besorgt, dass Walther auch so tun werde, und riet dem König, Walther sesshaft zu machen durch Vermählung mit einer Heunenfürstin. Allein Walthers Sinn stand auf andre Dinge; er merkte, dass ihm der König die Wege verlegen wollte, und geschickt wusste er das Anerbieten abzulehnen. In einem bald darauf ausbrechenden Krieg erstritt Walthers Tapferkeit den Sieg für Etzel. Als er aus der Schlacht zurückkehrte und kampfmüde in die Königshalle trat, traf er Hildgund dort allein und ließ sich von ihr einen

Becher Firneweins reichen. Sie wussten, dass ihre Väter sie dereinst miteinander verlobt hatten; traulicher Zwiesprach pflogen sie da: er fasste der Jungfrau Hand und sprach: »Wie lange noch sollen wir der Fremde Leid tragen und sind doch füreinander bestimmt?«

Auf flammte Hildgunds blaues Auge: »Was redet deine Zunge, wonach dein Herz nicht begehrt!«

»Hör mich, Hildgund! Ich wüsst' ein süß Geheimnis, wolltest du verschwiegen sein.« Da stürzte das Kind ihm zu Füßen: »Wohin du willst, ich folge dir nach.«

Er hob sie auf, tröstete sie und sprach: »Heimweh verzehrt meine Seele! Doch bliebest du zurück, wäre Flucht mir kein Gewinn. Höre nun«, fuhr er flüsternd fort, »nimm aus dem Königsschatz des Königs Helm und Waffenhemd und Riemenpanzer; die stelle mit zurecht; dann fülle zwei Schreine mit Gold und Spangen, so hoch, dass du sie kaum vom Boden zur Brust heben kannst. Auch beschaffe vier Paar starker Schuhe für mich, desgleichen vier für dich: – der Weg wird lang sein. Beim Schmied heische krumme Angeln, weil wir auf der Reise von Fischen und Vögeln leben müssen. Das alles halte bereit heut über sieben Tage; dann sitzt der König mit den Seinen beim Gelag, und wenn sie dann alle weintrunken schlafen – dann reiten wir der Heimat zu.«

So geschah es. Als nun um Mitternacht Etzel und alle Heunen wein- und schlaftrunken dalagen, rief Walther Hildgund in den Burghof. Er führte sein Ross aus dem Stall, hing ihm beide Schreine und ein Körbchen mit Speise über den Rücken. Dann hob er die Jungfrau in den Bügel und schwang sich in den Sattel, gepanzert und geschient. Es hing ihm zur Linken sein eignes Schwert, zur Rechten Etzels krummer Säbel, dazu trug er Schild und Speer. Hildgund führte die Zügel und hielt die Angelruten in der Hand. So entflohen sie im Schutz der Nacht.

Hoch stand schon die Sonne, als die trunkenen Heunen erwachten. Vergebens rief Etzel nach Walther, die Königin nach Hildgund: sie gewahrten bald, dass die beiden entflohen waren. Die Königin war untröstlich, der König entbrannte in bösem Zorn: er zerriss den Purpur und schleuderte ihn von sich: einen Haufen Goldes verhieß er dem, der ihm Walther gebunden zurückführe, aber keiner hatte Lust dazu. Die Fliehenden ritten unterdessen hastig weiter in der Nacht, bei Tag bargen sie sich im Waldesdunkel und hielten Rast. Sie mieden der Menschen Behausungen und suchten ihren Weg im bahnlosen Gebirge. Walther fing Vögel und Fische, dem Hunger zu wehren. Am Abend des vierzehnten Tages erreichten sie den Rhein bei Worms: dem Fährmann gab Walther als Fahrgeld die letzten Fische, die er in der Donau gefangen hatte. Der Ferge trug sie andern Tages zu des Königs Küchenmeister; der briet und würzte die Fische und setzte sie dem König vor. Erstaunt rief Gunther, dass er nie solche Fische gegessen habe. Der Koch verwies an den Fergen, und der erzählte von dem gepanzerten Helden auf starkem Ross und der leuchtenden Jungfrau vor ihm im Sattel, von den zwei Schreinen, die am Bug des Rosses niederhingen, und dass es darin erklungen sei wie von Gold und Edelsteinen, wann das Tier den Nacken schüttelte, die Fische aber habe ihm der Held als Fahrlohn gegeben.

Da rief Hagen: »Freut euch mit mir! Walther, mein Gesell, kehrt heim von den Heunen.«

»Freut euch vielmehr mit mir«, entgegnete Gunther übermütig. »Der Schatz, den mein Vater den Heunen zahlen musste, kehrt heim.«

Den Zechtisch stieß er um mit dem Fuß und hieß die Rosse satteln. Zwölf seiner stärksten Recken wählte er aus, auch Hagen, der ihn vergebens bat, davon abzustehen, wegen seiner Freundschaft mit Walther.

»Hüllt eure Heldenknochen in Eisen«, befahl der König, »und folgt mir, dem Räuber den Schatz abzujagen.«

Walther eilte unterdessen unablässig fort und kam in den Wasichenwald[51], wo er zwischen zwei Bergen eine zackige Schlucht fand, in welcher er rasten wollte. Seit ihrer Flucht hatte er nur auf des Rosses Rücken, über den Schildrand nickend, geschlafen. Nun legte er die Waffen ab und streckte sich zur Ruhe, das Haupt in Hildgunds Schoß. Die Jungfrau hielt Wache, während Walther schlief.

2. Der Kampf

Gunther fand bald im Sande die Spur von Huftritten: die Rosse spornend, gelangten er und seine Recken an den Fuß der Felsschlucht.

»Das geht so glatt nicht ab«, warnte ihn Hagen. Hildgund aber schaute zu Tal und sah Lanzen blinken: leise weckte sie Walther.

»Die Heunen sind da! Hau ab mein Haupt, dass ich keines andern Mannes werden muss.« Walther waffnete sich, hinabschauend, und tröstete Hildgund: »Nicht Heunen – Franken sind es und fürwahr«, er deutete auf einen Helm –, »das ist Hagen, mein alter Gesell.« Er trat nun an das schmale Felsentor: Hagen erkannte ihn und bat den König nochmals, friedlich wegen des Schatzes zu verhandeln. Da entsandte der König Ganelo von Metz. Der ritt hinauf und fragte nach Walthers Namen und Vorhaben.

»Fürwahr, was ficht Euch an, mich auszuforschen?«, antwortete Walther. »Doch weil dich König Gunther sendet – Walther von Aquitanien bin ich, und, der Geiselschaft müde, wandt' ich mich und ziehe nun in die Heimat.«

»Ross und Schreine und die Jungfrau lief're aus: – dann sei dir dein Leben geschenkt.«

»Wie kann dein König schenken, was mein Eigen? Doch hundert Spangen will ich geben, des Königs Namen zu ehren.«

Hagen riet zur Annahme, aber der König schalt ihn: »Du artest deinem Vater nach: auch er focht lieber mit Worten als mit Waffen.«

Da ritt Hagen abseits auf einen Hügel, stieg vom Ross und schaute zu. Gunther winkte Ganelo, der flog zurück mit der Antwort.

»Den ganzen Schatz lief're aus.«

»Zweihundert Spangen will ich geben ums Wegrecht – zeig's deinem König an.«

»Des Redens bin ich satt: jetzt gilt's dein Blut«, rief Ganelo, hob den Speer, zielte und warf. Walther bog ihm aus, der Speer flog in den Rasen. Nun sauste Walthers Schaft: der fuhr durch Ganelos Schildrand, seine Rechte durchbohrend, und drang mit der Spitze tief in des Rosses Rücken: rasch sprang Walther hinzu, und mit einem Schwertstoß sanken Ross und Reiter nieder.

»Jetzt sterb' ich oder räche des Oheims Fall«, rief der goldlockige Skaramund und sprengte hinauf: er warf zwei Lanzen zugleich: die eine flog ins Gras, die andre traf nur den Schildrand: nun drang er mit gezücktem Schwert ein – aber Walthers Speer durchstach ihm den Hals, tot fiel er vom Ross neben dem Oheim.

Werinhard ritt als Dritter hinauf: er führte Pfeil und Bogen. Von weitem richtete er seine Geschosse auf Walther: der deckte sich mit seinem großen Schild, und als der Schütze nahe kam, war der Köcher schon leer, und bevor er das Schwert geschwungen, warf Walther den Speer: der traf das Ross, das bäumte sich und warf den Reiter ab. Dem Fallenden entriss Walther das Schwert und hieb ihm das blonde Haupt ab. Nun entsandte der König Ekkefried, den Sachsen, der am Frankenhof in Verbannung lebte, weil er seinen Herzog erschlagen hatte. Auf rotbraunem Schecken trabte er den Felsweg hinauf. Sein Eisenspeer prallte ab an Walthers Schild, und Walther warf ihn so grimmig zurück, dass das Eisen Ekkefrieds tierhautbespannten Schild zerspaltete, ihm den Rock zerriss und tief in die Lunge fuhr. Todwund sank Ekkefried vom Ross: das führte Walther als Beute mit sich.

Hadwart folgte als fünfter Kämpe: der ließ den Schaft zurück und vertraute seinem scharfen Schwert. »Des Feindes Schild lass mir, König Gunther, wenn ich den Sieg gewinne«, bat er. Die Leichen sperrten seinem Ross den Weg, darum stieg er ab. Lang kämpften die zwei, Hadwart mit dem Schwert, Walther mit dem Speer: da wollte der Franke mit einem gewaltigen Hieb den Streit beenden, doch Walther fing den Streich und zwang ihm das Schwert aus der Faust, dass es sausend seitab flog. Hadwart sprang der Waffe nach, Walther folgte, hob mit beiden Händen den Speer und durchstach Hadwart mit tödlichem Stoß den Nacken: mit dumpfem Krach fiel er.

Patafried, Hagens Schwestersohn, eilte jetzt zum Kampf: vergebens bat ihn der Ohm, davon abzulassen: der Jüngling begehrte allzu sehr nach Heldenehren. »Schlänge doch Hel das Goldne Erz hinab!«, grollte da Hagen, »in den Tod reitest du, Patafried! – was soll ich deiner Mutter, was deinem jungen Weibe sagen!« Walther hörte von fern des Freundes Klage und sprach gerührt zu dem Anstürmenden: »Steh ab: hier liegen schon manche Recken: es wäre mir leid, dich ihnen beizugesellen.«

»Was kümmert das dich! Steh und ficht!«, rief der Jüngling entgegen, und schon flog sausend sein knorriger Speer: mit dem eignen schlug ihn Walther zur Seite, zu Hildgunds Füßen fiel er nieder. Aufschreiend lugte sie aus der Felsspalte hervor, ob ihr Freund sich noch halte. Noch einmal warnte Walther, doch wütend stürmte Patafried mit gezücktem Schwert an. Schweigend deckte sich Walther, und als sein Gegner nun zu mächtigem Hieb ausholte, senkte er sich ins Knie und bog ihm aus, dass die Wucht des leeren Streiches Patafried zu Boden riss; blitzschnell sprang nun Walther auf und durchbohrte dem Jüngling den Leib. Seinen Fall zu rächen, kam GERWIG gesprengt: die doppelschneidige Streitaxt warf er nach dem Gegner: schnell hob er den Schild, stieß die blutige Klinge ins Gras, griff nach dem Speer und stellte sich dem Angriff. Wortlos kämpften sie: der den Freund zu rächen, der für sein Leben. Gerwig tummelte sein Ross im Kreis, Walther zu ermüden: da ersah dieser den Augenblick, als der Franke den Schild hob: schnell flog sein Speer und durchstach dem Feinde die Weiche. Mit lautem Schrei fiel er auf den Grund – er war ein stolzer Graf im Wormser Gau gewesen.

Nun stutzten die Franken und baten Gunther, vom Streit zu lassen. »Hei, ihr Tapfern! Schafft Unglück euch Furcht, statt Zornes? Soll ich als geschlagener Mann zu Worms durch die Gassen ziehen? Zuvor reizte mich des Fremden Gold, nun dürstet mich seines Blutes. Blut heischt Blut: Auf!« – Da entbrannten alle zu neuem Kampf: jeder wollte der Erste sein: hintereinander trabten sie den Felsenpfad hinan. Indes hatte Walther den Helm abgenommen und hing ihn an einen Baum, sich ein wenig zu kühlen. Da rannte RANDOLF mit schwerer Eisenstange heran und hätte den Unbehelmten schier durchbohrt. Doch der trug auf der Brust ein Geschmeide, von Wielands Hand verfertigt, das wehrte den Stoß: die Stange splitterte. Rasch hielt Walther den Schild vor, den Helm konnte er nicht mehr aufsetzen: denn schon sauste ihm Randolfs Schwert um die Ohren: zwei Locken schor es ihm ab; der zweite Hieb blieb in Walthers Schild stecken. Blitzschnell sprang der Held zurück und wieder vor und riss Randolf von dem Gaul herunter, dass er das Schwert verlor, und, den gepanzerten

Fuß ihm auf die Brust setzend, hieb Walther ihm das Haupt ab.

Eilig sprang Helmnot zu Fuß vor: er schleppte einen schweren Dreizack an einem Seile, das hielten hinter ihm seine Genossen gefasst. Hoch schwang er den Dreizack: sausend kam das Geschoss gegen Walther geflogen, spaltete den Stachel am Schild und haftete darin. Scharf zogen und zerrten die Franken an dem Seil, Walther zu Fall zu bringen, selbst der König fasste mit an. Aber fest gewurzelt wie eine Eiche stand Walther und wankte nicht: wenigstens den Schild wollten die Franken ihm vom Arm reißen. Viere waren sie noch außer Hagen. Walther ward wild über solches Streiten: den Schild ließ er fahren, barhäuptig sprang er in die Feinde. Eleuther spaltete er Helm und Haupt und Nacken bis in die Brust mit einem Schlag: Trogus hing verwickelt im Seil: – bei dem Ziehen hatten die Franken die Waffen abgelegt: die wieder zu nehmen, sprang Trogus vergebens auf: Walther durchhieb ihm die Waden und nahm ihm den Schild, bevor Trogus diesen am Boden ergreifen konnte. Der Wunde griff nach einem Feldstein und warf ihn mit solcher Gewalt, dass der kaum gewonnene stierhautbespannte Schild an Walthers Arm zerbarst. Im Grase kriechend, schwang nun Trogus das Schwert: – da schlug ihm Walther die Schwerthand ab, und schon wollte er ihm den Todesstreich geben, als Tannast, der nun, gleich dem König, die Waffen wiedergewonnen hatte, heraneilte, den Wunden mit seinem Schild zu decken. Unwillig wandte sich Walther gegen ihn: mit durchhauener Schulter und durchstochener Seite sank Tannast ins Gras. Trogus stieß bittere Schmähungen gegen Walther aus. »So stirb denn!«, rief der Held und erdrosselte den Schmäher mit seiner eignen güldenen Kette.

Entsetzt floh Gunther talab, schwang sich auf sein Ross und ritt zu Hagen; mit Bitten suchte er ihn zum Kampf zu bewegen. Doch kalt antwortete Hagen: »Mir lähmt ja das feige Blut den Arm: mein Vater focht ja schon lieber mit Worten als mit Waffen: für immer hast du mit jenem Wort mein Schwert in die Scheide gestoßen.« – Der König ließ aber nicht ab: er mahnte ihn, der Franken Ehre zu gedenken und diesen Schimpf von ihr zu wenden: kniefällig mit aufgehobenen Händen bat er. Da fasste Hagen Erbarmen: »Ich werde gehen, König Gunther! Die Treue heischt es: FÜR den König, GEGEN den Freund.«

Und nun riet Hagen: zum Schein wollten sie abziehen, dann werde Walther den Engpass verlassen und sie könnten ihn im offnen Feld angreifen. Vor Freuden umarmte und küsste der König Hagen; dann ritten sie fort, legten sich in einen Hinterhalt und ließen die Rosse im Walde grasen.

Walther hatte ihre Umarmung gesehen und fürchtete böse List: er beschloss, die Nacht im Engpass zu verbleiben. Dorngestrüpp und Strauchwerk hieb er sich vom Hag ab und verschloss die Schlucht mit stacheligem Verhack. Dann fing er zuerst die Rosse der Toten ein und band sie zusammen: sechs waren's noch: zwei waren getötet, drei hatte der König mitgenommen. Darauf legte er die Rüstung ab, labte sich an Speis und Trank und streckte sich auf den Schild zur Ruh'. Die ersten Stunden wachte Hildgund: zu seinen Häupten sitzend, scheuchte sie den Schlaf mit Gesang. Nach Mitternacht löste Walther sie ab und wandelte auf und ab, den Speer in der Hand.

Als der Morgen dämmerte, schritt er zu den Erschlagenen und nahm ihnen die Waffen – doch ließ er ihnen die Gewande –, damit belud er vier Rosse, aufs fünfte hob er die Jungfrau, das sechste bestieg er selber. Vorsichtig, ringsum ausschauend, trat er vor den Engpass: alles war still. Nun trieb er die vier Rosse voran, dahinter folgte Hildgund: er selber führte das Ross mit den Schreinen am Zügel und beschloss den Zug als Hüter. Kaum waren sie tausend Schritt gekommen, da gewahrte Hildgund umblickend zwei Männer, die ihnen scharf nachritten. Walther wandte sich und erkannte die Feinde. Die Zügel des Goldrosses gab er Hildgund: »Der dichte Busch dort bietet dir sicheren Zufluchtsort: ich will hier am Bergrand die Feinde erwarten.«

Während Hildgund ihm gehorchte, rückte er ruhig Schild und Speer zurecht, da schrie ihn Gunther schon von weitem an. Verächtlich entgegnete Walther kein Wort: an Hagen wandte er sich: »Hagen, alter Genoss! Was ist geschehen, dass du mir die Wege verlegst? Gedenkst du nicht mehr unserer Freundschaft? Steh ab und ich will dir den Schild mit rotem Golde füllen.«

Aber Hagen wies das Gold zurück und forderte Rache für seines Neffen Tod. Er sprang vom Ross: der König und Walther taten desgleichen, und nun standen zwei gegen einen. Hagen brach zuerst den Frieden. Zischend flog sein Speer: Walther hielt den Schild schräg entgegen: – das Geschoss prallte zurück und wühlte sich tief in den Rasen ein. Gunther warf den schweren Eschenschaft kecken Mutes, doch mit schwacher Kraft: er traf nur den Schildrand, Walther schüttelte das Eisen ab. Nun griffen die Franken zum Schwert.

Walther wehrte sich mit dem Speere, dass die kurzen Klingen ihn nicht erreichen konnten. Da winkte der König Hagen, vorzudringen, stieß die Klinge in die Scheide und fasste den Speer, der dicht vor Walthers Füßen lag: doch der sprang an gegen Hagen und trat auf den Schaft, dass der König wankte und schier erlegen wäre, hätte nicht Hagen ihn beschirmt.

Walther stand, sich verteidigend, wie der Bär vor der Meute. Gewaltig warf er nun seinen Speer auf Hagen, ihn leicht verwundend, dann sprang er mit dem Schwerte gegen Gunther, schlug ihm den Schild zur Seite und hieb ihm Bein und Schenkel bis zur Hüfte weg. Von neuem holte er aus zum Todesstreich: da warf Hagen das eigne Haupt dem Hieb entgegen: sein Helm war stark, Funken sprühten, und Walthers Schwert sprang in Stücken. Zornig warf Walther den Griff von sich – das ersah Hagen und hieb ihm die ungedeckte Rechte ab. Doch Walther verbiss den Schmerz: er schob den blutigen Stummel in den Schild, riss mit der linken Faust das krumme Schwert Etzels von seiner rechten Hüfte und stieß damit Hagen das rechte Auge aus, durchschnitt ihm die Schläfe, spaltete seine Lippe und riss ihm noch sechs Backenzähne weg. So endete der Kampf: der König lag am Grund – Hagen und Walther setzten sich: mit Kräutern stillten sie den Blutstrom ihrer Wunden. Walther rief Hildgund, die kam und legte ihnen guten Verband an. »Nun gib uns Wein, wir haben ihn verdient! Der erste Trunk sei Hagen gereicht: treu war er seinem König und tapfer im Kampfe; dann reich ihn mir, zuletzt mag Gunther trinken! Nur lässig hat er gestritten.«

Aber Hagen sprach zu ihr: »Walther, deinem Herrn biete den ersten Becher: er hat das meiste geleistet.« Sie schlossen Frieden und trieben Scherz und Kurzweil beim Becherklang.

»Nun wirst du künftig um die rechte Hüfte dein Schlachtschwert gürten«, rief Hagen, »und Hildgund musst du mit der Linken umarmen – und alles, was du tust, wird linkisch sein.«

»Hör auf, Einäugiger«, lachte Walther, »ich werde mit der Linken noch manchen Hirsch niederstrecken, derweil dir Eberfleisch schwerlich munden wird: und queren Auges seh' ich dich blicken: doch ich schaffe dir Rat: lass dir Kindelbrei kochen – der behagt zahnlosem Munde.«

So wurde unter Scherz und Neckreden der alte Treubund erneuert.

Dann hoben sie den schwer verwundeten König aufs Ross und ritten auseinander: die Franken nach Worms, Walther nach Haus. Und bald nach seines Vaters Tod führte er sein Volk noch dreißig Jahre und gewann in gar manchem schweren Kampf ehrenvollen Sieg. Und schön Hildgund thronte an seiner Seite.

Fünftes Buch

Aus den Sagenkreisen von Dietrich von Bern und von den Nibelungen

Fünftes Buch

Aus den Sagenkreisen von Dietrich von Bern und von den Nibelungen

I.
Dietrichs Jugend

1. Dietrich von Bern

In Bern herrschte König Dietmar aus der Amalungen Geschlecht, welches bis zu den Göttern emporstieg: seine Gattin Odilia war die geschickteste aller Frauen. Sie hatten einen Sohn, Dietrich geheißen, der wuchs heran zu ungewöhnlicher Körperkraft. Sein Angesicht war oval und hellfarbig, seine scharfen Augen waren von der Farbe des Adlerauges, in langen Locken fiel sein starkes Haar herab, glänzend wie geschlagenes Gold. Er hatte keinen Bart, so alt er auch wurde. Schmal war er in der Mitte des Leibes, aber gar breit in den Schultern, dick in den Hüften und von so großer Stärke, dass er sie kaum selber ganz erproben konnte. Dabei war er munter, leutselig und freigebig; geriet er aber in Zorn, dann fuhr Feuer aus seinem Munde.

Damals lebte in Venedi Herzog Reginbald[52] aus dem Geschlecht der Wölsinge. Hildebrand hieß sein ältester Sohn: der war ein schöner, hoch gewachsener Mann mit wunderguten Augen, blond waren ihm Haar und Bart und kraus wie Hobelspäne. Voll Tapferkeit, war er zugleich ein trefflicher Ratgeber und fest in der Freundschaft. Als er in den dreißigsten Winter ging, sprach er zu seinem Vater: »Wie soll ich Ruhm erlangen, wenn ich stets zu Hause sitze? Ich will zu König Dietmar fahren und ihm meinen Dienst anbieten.« Der König von Bern nahm Hildebrand freundlich auf: er setzte ihn an seine Seite in der Halle und gab ihm den erst fünfjährigen Dietrich zur Erziehung. Hildebrand pflegte und lehrte den Knaben, bis er zwölf Winter alt wurde. Da empfing Jung Dietrich[53] aus seines Vaters Hand das Schwert und erhielt ein großes Gefolge. Hildebrand und Dietrich liebten einander sehr bis an ihren Tod.

2. Von Grim und Hilde

Einst ritten die Freunde hinaus in den Wald mit Habichten und Hunden. Dietrich verfolgte einen Hirsch und sah einen Zwerg laufen: rasch wandte er sein Ross und setzte ihm nach, und ehe der Zwerg in seine Höhle gelangte, griff Dietrich ihn mit der Hand am Nacken und riss ihn zu sich in den Sattel. Das war ALFRICH, der berüchtigte Dieb und geschickteste aller Zwerge. »Herr«, sprach Alfrich, »wenn ich mein Leben damit aus deiner Hand lösen kann, so will ich dich dorthin führen, wo du noch einmal so viel Schätze finden wirst, als dein Vater fahrende Habe hat. Und das alles besitzen HILDE und ihr Mann GRIM: der ist stark wie zwölf Männer, aber sie ist noch stärker, und beide sind sie bös. Auch hat er das Schwert NAGELRING, das ich geschmiedet habe. Aber du kannst ihn nicht erschlagen, wenn du nicht zuvor Nagelring gewinnst. Uns es steht dir besser an, danach zu streben, als nach meinem geringen Leben.« Dietrich antwortete: »Dein Leben musst du lassen, schwörst du nicht, dass du Nagelring noch heut in meine Hand schaffst und mich dann dorthin führst, wo die Schätze sind.« So tat der Zwerg, und Dietrich ließ ihn los. Die Sonne stand noch hoch am Himmel, als der Zwerg mit dem Schwerte zurückkam: er wies den beiden einen Felsen an der Berghalde, wo sie Grims Erdhaus finden würden, und verschwand aufs schnellste. Dietrich und Hildebrand stiegen von den Rossen, zogen das Schwert aus der Scheide und sahen staunend, dass sie niemals ein schöneres geschaut hatten. Dann gingen sie an die Halde hin bis zum Erdhause, banden die Helme fest und schwangen die Schilde vor sich. Kühn schritt Dietrich über die Schwelle, Hildebrand dicht hinter ihm. Als der Berserker Grim sie erblickte, griff er sogleich nach seiner Waffenkiste, vermisste aber sein Schwert.

Da nahm er einen brennenden Baumast vom Herdfeuer und ging ihnen damit entgegen. Sie kämpften aufs tapferste. Hilde umschlang so fest Hildebrands Hals, dass er keinen Stoß gegen sie führen konnte. Sie rangen miteinander: »Hildebrand fiel und Hilde oben auf ihn, und sie wollte ihn binden. »Herr Dietrich«, rief Hildebrand, »hilf mir, nie zuvor kam ich in solche Lebensgefahr.« Da hieb Dietrich Grim das Haupt ab, sprang an die Seite seines Pflegers und schlug Hilde in zwei Stücke. Aber sie war zauberkundig, und ihre zwei Leibeshälften liefen wieder zusammen, und sie war heil. Dietrich hieb nochmals auf sie, und es erging ebenso: da riet Hildebrand: »Tritt mit deinen Füßen zwischen Haupt und Fußstück, nur dann wirst du dies Ungetüm besiegen.« Nun hieb er sie zum dritten Mal in zwei Stücke und trat mit seinen Füßen dazwischen: da war das Weib tot. Hildebrand sprang auf, und sie nahmen von den Schätzen, so viel ihre Rosse tragen konnten. Sie fanden auch den Helm, von welchem Alfrich ihnen gesagt hatte, dass er Hilde und Grim so wert war, dass sie ihn nach ihren Namen Hildegrim nannten. Den Helm trug Dietrich seitdem in manchem Kampfe.

3. Von Heime

Ein Gehöft lag im Walde, darauf waltete Studas. Er züchtete dort edle Rosse; die waren alle von grauer, hellgelber oder schwarzer Farbe. Studas hatte einen Sohn, der hieß wie er, aber er wurde Heime genannt nach einem Wurm, der grimmiger war als andre, und alle Schlangen waren vor ihm in

Furcht. Wie dieser Wurm, war Heime hartgemut, ehrfürchtig und wollte niemand dienen. Kurz gewachsen, trug er auf breiten Schultern ein starkes Haupt mit großen schwarzen Augen. In seiner gewaltigen Stärke fand er allein Lust daran, das Ross zu tummeln und zu fechten. Blutgang hieß sein Schwert, Rispa sein Hengst, und der war grau und groß.

Heime verachtete seines Vaters Beschäftigung und verließ ihn, um Dietrich von Bern aufzusuchen: »Des Todes will ich sein oder berühmter als Dietrich!«, sprach er und sprang auf seinen Hengst. Und als er an die Königsburg zu Bern gelangte, bat er einen Diener, Ross und Speer zu bewachen, bis er aus der Königshalle zurückkehre. Dann schritt er hinein vor des Königs Hochsitz, grüßte ihn und wandte sich zu Dietrich: »Weither bin ich geritten, um dich zu finden: willst du nun dich und deine Stärke versuchen, so fordr' ich dich zum Zweikampf draußen vor Bern: und wer der Sieger ist, der soll des andern Waffen davontragen.« Dietrich ward zornig: noch keiner hatte gewagt, ihn zum Zweikampf herauszufordern. Schnell sprang er auf und ging hinaus, sich zu wappnen. Ihm folgten Hildebrand und viele seiner Ritter, und alle halfen, ihn rüsten: dann sprang er auf sein Ross und sie ritten hinaus.

Dietrichs Schild war rot wie Blut und ein goldener Löwe darauf gemalt; sein Schwert Nagelring trug er an der Seite, in der Hand einen starken Speer. Heime wartete schon des Kampfes: mit gesenkten Speeren ritten sie gegeneinander, zweimal unversehrt: zum dritten Mal fuhren sie so gewaltig an, dass Dietrichs Ross von dem Stoß auf die Hinterbeine sank, die Speere zerbrachen, und Heime ward leicht verwundet. Sie stiegen nun ab, zogen die Schwerter und schlugen sich lange; und keiner wich vor dem andern zurück: endlich tat Heime einen starken Hieb mit Blutgang auf Dietrichs Helm Hildegrim: das Schwert sprang aber in zwei Stücke: nun war er waffenlos und gab sich in Dietrichs Gewalt. Der aber mochte ihn nicht töten, sondern machte ihn zu seinem Genossen. Auf dem Heimweg ritt Heime zu Dietrich und sprach:

»Du bist ein gewaltiger Held und reitest auf einem so elenden Ross, dass es kaum einen Stoß aushalten kann? Ich weiß einen Hengst in meines Vaters Gehöft: kommst du je auf dessen Rücken, so setz' ich mein Haupt zum Pfand: eher erlahmt dein starker Arm, denn des Rosses Rücken unter dir sich beugt.«

»Kannst du das Ross mir verschaffen, will ich dir's danken mit reichem Lohn«, antwortete Dietrich und gab ihm Urlaub zur Reise. Heime suchte in seines Vaters Gehöft den größten Hengst von fahler Farbe und dreiwintrig, und der hieß Falka. Den führte er nach Bern und gab ihn Dietrich, der Heime reich belohnte.

4. Wittigs Ausfahrt

Als Wielands Sohn Wittig zwölf Winter alt war, wollte er nicht Hammerschaft noch Zangengriff berühren, sondern Ross und Waffen begehrte er und einem ruhmreichen Fürsten zu dienen und mit ihm in den Kampf zu reiten. Er war stark, groß, ansehnlich, tapfer und ohne Übermut. »Dietrich von Bern ist schon weithin berühmt und nicht älter als ich«, sprach er. »Mit ihm will ich mich messen im Kampfe: fall' ich zur Erde, so reich' ich ihm mein Schwert und werde sein Mann: – vielleicht aber werde ich der Sieger sein.« Da schmiedete ihm Wieland eine Rüstung, glänzend wie Silber, hart wie Stahl; einen Helm, mit großen Nägeln beschlagen, dick und biegsam; eine goldfarbene Schlange war darauf abgebildet, die spie Gift aus dem Rachen: das bedeutete Wittigs Ritterschaft und grimme Streitlust. Sein Schild war weiß, und mit roter Farbe waren Hammer und Zange darauf gemalt, weil sein Vater ein Schmied war; oben im Schilde standen drei Karfunkelsteine, die bedeuteten seiner Mutter Königsgeschlecht. Dazu gab Wieland ihm MIMUNG, das Schwert, und den Hengst SCHIMMING. Der Sattel war aus Elfenbein und eine Natter darauf gezeichnet.

Seine Mutter gab ihm drei Mark Goldes und ihren goldenen Fingerring. Dann küsste Wittig Mutter und Vater, nahm seinen Speer und sprang in den Sattel, ohne den Steigbügel zu berühren. Da lachte Wieland, als er das sah, geleitete ihn auf den Weg und bezeichnete ihm genau die Straßen, die er zu reiten hatte. Und gab ihm noch manchen weisen Rat, und Vater und Sohn schieden. Wittig kam nach langem Ritt an einen großen Strom, aber er fand die Furt nicht, die ihm sein Vater bezeichnet hatte: darum stieg er ab, legte Waffen und Kleider von sich und verbarg sie in einer Erdgrube, damit sie ihm nicht genommen werden könnten, während er im Wasser die Furt suchte. Er watete in das Wasser hinaus und fuhr schwimmend auf und ab im Strom. Da kamen drei Männer des Weges geritten: der eine war Hildebrand, der andre Heime und der dritte Jarl HORNBOGI aus Winland, den Dietrich von Bern zu sich geladen hatte, dass er sein Genosse werde mit allen seinen Mannen. – Hildebrand sah Wittig im Strome und sprach: »Ich sehe einen Zwerg im Wasser, vielleicht ist es Alfrich, den Jungherr Dietrich schon einmal fing. Wir wollen ihn nochmals fangen, und sein Lösegeld soll kein geringeres sein als damals.«

Aber Wittig hatte alles gehört, was sie sprachen, und rief: »Gebt mir Frieden und lasst mich ans Land steigen, dann könnt ihr sehen, ob ich mein Haupt niedriger trage als ihr.« Sie gewährten ihm das, und er sprang ans Ufer, neun Fuß in einem Schwung.

Als Hildebrand nach seinem Namen fragte, antwortete er: »Lasst mich erst meine Waffen nehmen, dann frage, was du fragen willst.« Schnell legte er Kleider und Waffen wieder an, sprang auf seinen Hengst und ritt ihnen entgegen. Und nun sagte er seinen Namen und sein Geschlecht und dass er zum Kampfe mit Dietrich reite: »Und ehe ich heimfahre, muss erwiesen sein, wer von uns der Stärkere ist.« Als Hildebrand sah, wie überaus groß und gewaltig Wittig war, zweifelte er, wer im Zweikampf obsiegen werde, und sann, wie er seinen Herrn Dietrich vor einer Niederlage beschirmen möge. Er lobte Wittigs Absicht und bot ihm Blutsbrüderschaft an. Er nannte sich auf Wittigs Befragen Boltram, und sie gelobten, einander beizustehen in allen Nöten. Darauf ritten sie zum Strom: Hildebrand wusste die Furt durch denselben. Sie zogen, bis sie an eine Wegscheide kamen. Da sprach Hildebrand: »Beide Wege führen nach Bern: der eine ist lang, der andre kurz: aber auf dem kurzen müssen wir über einen Strom, und das können wir nur auf einer Steinbrücke; bei dieser liegt ein Kastell, das haben zwölf Räuber inne: der Erste heißt Gramaleif, und auf der Brücke liegt ein Zoll, dort müssen wir Waffen und Rosse lassen und froh sein, kommen wir mit dem Leben davon. Schwerlich kommen wir hinüber: Herr Dietrich hat vergebens versucht, dies Kastell zu erstürmen. Reiten wir also den langen Weg.« Doch Wittig rief: »Wir wollen den kürzeren reiten.« Und bald kamen sie an einen Wald, vor welchem das Kastell lag. Wittig bat seine Gefährten zu warten: er ritt voraus, um zu versuchen, ob sie nicht ohne Schatzung über die Brücke kämen.

Oben vom Kastell herunter sahen die zwölf Räuber Wittig. Gramaleif sprach: »Dort reitet ein Mann her, der hat einen großen Schild, den will ich haben, ihr mögt seine übrige Rüstung teilen.« Nun teilten sie unter sich Wielands ganze Ausrüstung, aber schon für den neunten blieb nichts mehr übrig; da verlangte er Wittigs rechte Hand, der zehnte den rechten Fuß, und der elfte wollte sein Haupt haben. Aber der zwölfte, Studfus, sprach: »Der Mann soll nicht erschlagen werden«, und Gramaleif befahl: »Geht hin zu dritt: nehmt ihm alles und lasst ihn davon mit dem linken Fuß, dem linken Arm und dem Leben.« Die drei ritten Wittig entgegen und forderten Waffen, Kleider und Ross und Hand und Fuß als Schatzung. Wittig fand das sehr unbillig und hieß sie ihren Häuptling herbeirufen. Als Gramaleif das hörte, waffnete er sich samt seinen Gesellen, und sie ritten über die Steinbrücke. Wittig hieß sie willkommen. »Gar nicht willkommen bist du«, antwortete Gramaleif, »deine Habe ist unter uns schon geteilt, und Hand und Fuß musst du dazu lassen. Deinen Schild will ich.« Und ein jeder forderte seinen Teil. Aber Wittig wollte ihnen nicht einen Heller geben, sondern verlangte, in Frieden über die Brücke zu reiten.

»Fürwahr«, sprach Studfus, »wir sind große Narren, dass wir zwölf vor einem Mann stehen; zieht eure Schwerter, nun soll er alles lassen und sein Leben oben drauflegen.« Grimmig zog er sein Schwert und hieb nach Wittigs Helm, der war aber zu hart für seine Waffe. Mit großem Zorn riss auch Wittig sein Schwert Mimung aus der Scheide und schnitt Studfus in zwei Teile auf den ersten Schlag: zur linken Achsel herein, zur rechten Seite heraus. Nun drangen alle auf ihn ein: Gramaleif hieb gewaltig auf Wittigs Helm, doch sein Schwert konnte ihn nicht zerschneiden. Wittig aber spaltete Gramaleif das Haupt und den Rumpf, dass er tot zur Erde fiel.

Unterdessen sprach Hildebrand zu seinen Genossen: »Sie sind aneinander gekommen: wir wollen hinreiten und ihm beistehen.«

Doch Heime riet: »Lasst uns warten, bis wir sicher sind, dass er die Oberhand hat: unterliegt er aber, so wollen wir fortreiten und wegen eines Unbekannten uns nicht in Gefahr bringen.« »Das wäre schändlich«, sagte Hildebrand, und Hornbogi meinte: dass sie um der Brüderschaft willen ihm helfen müssten. Da ritten sie hin.

Wie sie auf die Steinbrücke kamen, hatte Wittig sieben der Räuber erschlagen, und die fünf andern, darunter Sigstaf, flohen davon. Die Sieger ritten nun in die Burg, nahmen Wein, Speisen und Kleinodien und blieben dort die Nacht. Als es Mitternacht war, stand Hildebrand auf, nahm Wittigs Schwert und legte seins dafür an die Stelle, nachdem er zuvor Knauf und Griff des Schwertes vertauscht hatte. Am andern Morgen sprach er zu Wittig: »Ich will mich nicht länger vor dir verleugnen: ich bin Hildebrand, und wir alle sind Dietrichs Genossen, aber unsre Brüderschaft will ich dir treu halten. Nun rate ich, dass Heime und Hornbogi diese Burg hüten: ich reite mit dir nach Bern zu Dietrich. Scheidet ihr beiden als Freunde, so besitzt gemeinsam diese Burg, scheidet ihr unversöhnt, so gehört sie dir allein.« Wittig antwortete: »Ein böser Zoll lag auf dieser Brücke: daran war das Kastell schuld, welches die Zollherrn schirmte. Jedermann, will ich, soll in Frieden über diese Brücke zieh'n.« Und Jarl Hornbogi sagte: »Wer diese Burg mit seinem Schwert eroberte, hat auch das Recht, damit nach seinem Gefallen zu tun.« Da warf Wittig einen Feuerbrand in den Bau, und sie ritten nicht eher von dannen, bis alles verbrannt und niedergebrochen war. Ihr Weg führte sie bald wieder an einen Strom: darüber war eine Brücke gespannt zwischen zwei Felsen. Über diese Brücke war Sigstaf mit seinen Gesellen geflohen, sie hatten die Brücke hinter sich abgebrochen, damit Wittig nicht über den Strom komme. Als Wittig sah, dass die Brücke fortgerissen war, drückte er seinem Hengst die Sporen ein, und Schimming sprang über den Strom von dem einen Felsen bis auf den gegenüberstehenden wie ein abgeschossener Pfeil. Als Hildebrands Ross von dem Felsen sprang, flog es in den Strom und musste schwimmen: dieselbe Fahrt tat Hornbogi, doch kam er früher als Hildebrand ans Land. Heimes Hengst Rispa setzte in einem Sprung über den Strom, und gleich nach Wittig war er dort. Sigstaf und seine Gesellen waren nicht weit gekommen: alsbald gewahrte sie Wittig: er ritt auf sie zu und begann von neuem den Kampf mit ihnen. Derweil saß Heime auf seinem Hengst und wollte ihm nicht helfen. Doch Hornbogi gelangte nun ans Land und ritt Wittig zu Hilfe. Sie erschlugen alle Räuber, ehe noch Hildebrand dazukam.

Als sie in Bern einritten, saß Dietrich bei Tisch; er stand auf und ging hinaus, sie zu begrüßen. Wittig zog den silbernen Handschuh von seiner Hand und reichte ihn Dietrich hin: »Hiermit fordere ich dich zum Zweikampfe: du bist gleich alt mit mir; nun will ich versuchen, ob du ein so großer Kämpe bist, wie von Land zu Land gesagt wird.« »Den Frieden will ich einsetzen in meines Vaters Land und meinem eignen, dass nicht jeder Landstreicher es wagt, mir hier Zweikampf zu bieten«, antwortete Dietrich. Aber Hildebrand warnte ihn: »Herr, du weißt nicht genau, mit wem du redest«, und einem Manne Dietrichs, der Wittig schmähte, schlug er so stark mit der Faust gegen die Ohren, dass er in Ohnmacht fiel. »Ich sehe«, sprach Dietrich wieder zu Hildebrand, »du bemühst dich mit großem Eifer für deinen Fahrtgenossen: – des wird er wenig genießen: noch heute soll er vor Bern aufgehängt werden.« »Kommt er durch Kampf in deine Gewalt, Herr, muss er sich deinem Urteil fügen, so hart es sei – noch ist er ungebunden, und mir ahnt, dass er es bleiben wird.«

Dietrich rief nun nach seinen Waffen; rasch wurden ihm diese gebracht. Er rüstete sich und sprang auf den Hengst Falka, der war ein Bruder Schimmings und Rispas. Mit großem Geleite ritt er vor Bern hinaus. Dort fand er Wittig, bei ihm Hildebrand und wenige Männer. Wittig saß in all seinen Waffen auf seinem Hengst zum Kampfe bereit. Heime trat zu Dietrich mit einer Schale voll Weins: »Trink, Herr! Dein sei der Sieg heute und immer!« Dietrich nahm die Schale und trank aus. Da reichte Hildebrand auch Wittig eine Schale.

»Bringe sie zuvor Dietrich«, sprach Wittig, »und bitte ihn, mir zuzutrinken.« Dietrich aber war so zornig, dass er die Schale nicht nehmen wollte. »Du weißt nicht, auf wen du zornig bist«, warnte wieder Hildebrand, »du wirst einen Helden vor dir finden.« Er kehrte zurück zu Wittig und reichte ihm den Wein: »Trink und wehre dich tapfer, und möge es dir wohl ergeh'n!« Wittig nahm die Schale, trank sie aus und reichte sie zurück. Dann streifte er seinen Goldring vom Finger und gab ihn Hildebrand: »Habe Dank für deinen Beistand.« Und nun rief er Dietrich an, ob er bereit sei zum Kampf?

Sie stießen ihre Hengste mit den Sporen, legten die Speere ein und ritten so schnell aufeinander los, wie ein hungriger Habicht auf seine Beute fliegt. Dietrichs Speer glitt von Wittigs Schild ab, aber der Wittigs barst in drei Stücke an Dietrichs Schild: unverwundet schossen sie aneinander vorüber. »Wende dein Ross«, rief Wittig, »und reite kräftig auf mich los: du sollst deinen Speer nicht weniger verlieren als ich den meinigen, oder fälle mich vom Ross zur Erde.« Dietrich wandte den Hengst und ritt scharf gegen Wittig, sein Speer stieß auf dessen Brust, und er gedachte ihn zu töten. Doch Wittig hieb mit dem Schwert den Speerschaft entzwei und zugleich von seinem eignen Schild den Rand ab. Unversehrt sprengten sie wieder aneinander vorüber. Nun sprangen sie von den Rossen und gingen mit den Schwertern aufeinander los. Mit wuchtigem Hieb traf Wittig Dietrichs Helm: – Hildegrim barst nicht, Wittigs Schwert aber zersprang in zwei Stücke. Unmutvoll sprach er: »Vater Wieland, des Himmels Zorn über dich, da du so schlechtes Schwert schmiedetest; das bringt nun Schande, dir wie mir.« Dietrich packte Nagelring mit beiden Händen, Wittig das Haupt abzuschlagen. Da trat Hildebrand dazwischen und sprach zu seinem Herrn: »Gib diesem Mann Frieden! Und nimm ihn zu deinen Genossen an, einen Kühneren findest du nicht: er allein nahm den zwölf Räubern die Burg ab, die du mit deinem Heere nicht bezwungen hast. Ehrenvoll ist dir sein Dienst.«

»Es bleibt, wie ich gesagt«, antwortete Dietrich, »noch heute soll er vor Bern aufgehängt werden.« »Tue das nicht, Herr, er ist von königlichem Geschlecht, nimm ihn ehrenvoll auf unter deine Mannen.« Grimmig entgegnete Dietrich: »Dein Dienst frommt weder dir noch ihm: gehe hinweg von da, wo du stehst, oder ich haue erst dich in zwei Stücke und dann ihn.« Da sprach Hildebrand: »Ich sehe es wohl, du verstehst es nicht, meinen Beistand anzunehmen; so habe denn, wonach du begehrst; ich aber halte die Treue, die ich dir, Wittig, geeidet; nimm hier zurück Mimung, dein eigen Schwert. Wehre dich tapfer, und helfe dir ein Gott, denn ich kann dir nicht mehr helfen.« Freudig griff der Waffenlose nach dem Schwerte, küsste es und rief: »Vergib, Vater Wieland, was ich wider dich sprach.« Und nun stritten sie zum andern Mal, und Wittig tat einen Hieb nach dem andern und schlug mit jedem Streich ein Stück von des Gegners Rüstung ab. Dietrich wehrte sich tapfer, vermochte aber mit nicht EINEM Hieb, Wittig zu verletzen, und konnte nichts tun als sich schützen, und blutete schon aus fünf Wunden. Da rief er seinen Waffenmeister: »Komm hierher, Hildebrand, und scheide unsern Zweikampf: ich allein vermag es nicht.« Trotzig antwortete der: »Als ich euch scheiden wollte, dir zu Ruhm und Ehre, nahmst du meinen Rat nicht an vor allzu großer Grimmigkeit: scheide nun selbst den Streit, wie du vermagst.«

Da nun König Dietmar sah, dass sein Sohn unterliegen würde, nahm er seinen roten Schild und trat zwischen die Kämpen. »Was willst du tun, König?«, fragte Wittig. »Ich sage dir, wenn du mir hier Gewalt antust mit deinem Gefolge, so heißt dich niemand darum weder einen bessern Helden noch einen größern Mann.« »Guter Held, bitten will ich dich, dass du meines Sohnes schonest und den Streit beendest. Ich gebe dir eine Burg in meinem Lande und vermähle dich, dass es dir hohe Ehren schafft.« »Das will ich sicherlich nicht: deinem Sohn soll werden, was er mir bot.« Der König ging zurück, und sie begannen aufs Neue harten Kampf. Tapfer wehrte sich der Berner, aber Wittig drang allzu heftig ein: er zerschnitt zuletzt den Helm Hildegrim von der linken Seite zur rechten, dass das obere Teil abflog und Dietrichs Scheitellocken nachfolgten.

Da sprang Hildebrand zwischen sie und sprach: »Nun scheidet! Guter Gesell Wittig: um unsrer Brüderschaft willen gib Dietrich Frieden und werde sein Genosse: und reitet man durch die ganze Welt, man findet nicht euresgleichen.«

Wittig antwortete: »Obwohl er's nicht an mir verdient hat – es sei! Um unsrer Brüderschaft willen.« Darauf legten sie ihre Hände ineinander, und so wurden Dietrich und Wittig Genossen.

5. Von Ecke und Fasold

Als Dietrich von seinen Wunden geheilt war, ritt er allein aus Bern fort. Niemand außer Wittig wusste um sein Vorhaben. Diesem sagte er: »Bin ich auch dir unterlegen, so will ich doch meinen Ruhm nicht verlieren: und nicht eher kehr' ich wieder zurück, bis ich eine Heldentat vollbracht, die mich berühmter macht, als ich zuvor war.« Er ritt sieben Tage durch bebautes und unbebautes Land auf unbekannten Wegen, bis er an einen Wald kam. Dort herbergte er und hörte die Mär, dass auf der andern Seite des Waldes in einer Burg eines Königs Witwe lebte mit neun Töchtern: die Königin aber hatte sich aufs Neue einem Mann Ecke verlobt, mit dem konnte kein Held im Land sich messen. Sein Bruder hieß Fasold und war so stark wie stolz, er hatte das Gelübde getan, wen er im Kampfe begegne, nur mit einem Schlag zu treffen: und er hatte noch keinen gefunden, der mehr als den ausgehalten. Ecke pflegte in diesem Walde zu jagen in allen seinen Waffen, und begegnete er einem Mann, so wollte er ihn kampflich überwinden. Dietrich dachte, Ecke diesmal zu vermeiden, da ihn die Wunden noch brannten. Er ritt zur Nacht fort, und hoffte, so durch den Wald zu kommen, ohne dass Ecke sein gewahr würde. Aber er verirrte sich, und ehe er sich dessen versah, kam Ecke daher, rief ihn an und fragte, wer er sei, der so stolz einherreite? Dietrich nannte sich Heime. »Es mag so sein«, fuhr Ecke fort: »Aber deine Stimme klingt, als wärest du Dietrich, und bist du ein so tüchtiger Held, wie man dich rühmt, so verleugne deinen Namen nicht.«

»Da du so eifrig forschest, wisse denn: ich bin Dietrich von Bern.«

»Ich hörte sagen, du seiest unlängst im Zweikampf unterlegen: hier kannst du nun größere Ehre gewinnen als damals Unehre, wenn du mit mir kämpfest. Du verlorst gute Waffen, nicht schlechtere gewinnst du, fällst du mich zu Boden.«

»Wie sollten wir fechten in dunkler Nacht, da keiner den andern sieht – ich will nicht.« Aber Ecke reizte ihn immer mehr, rühmte seine Waffen und vor allem Eckesax, sein Schwert: »Alfrich, der Zwerg, hat es unten in der Erde geschmiedet, und er suchte durch neun Königreiche, bis er das Wasser fand, worin er es härten konnte; setzest du die Schwertspitze auf die Erde, so scheint es, als laufe eine goldene Schlange hinauf nach dem Griff; hältst du das Schwert aber empor, so scheint es, als laufe sie hinauf zur Spitze: das glänzt alles, als ob der Wurm lebendig wäre. König Rozeleif (Ruotlieb) hat einst damit manchen Mann erschlagen: seitdem trugen es viele Königssöhne: nimmst du es mir ab, so genieße sein: zuvor aber will ich es nicht schonen.«

»Nun sollst du mich nicht länger zum Zweikampf fordern«, sprach Dietrich, »wann der Tag kommt, nehme jeder des andern Hand ab, was er vermag – deine Prahlerei sollst du entgelten, ehe wir scheiden.«

»Höre noch von meinem Geldgurt«, fuhr Ecke fort, »zwölf Pfund Goldes sind darin; auch die kannst du gewinnen. Mir brennt das Herz vor Begier, gleich mit dir zu streiten. Willst du nicht kämpfen, weder um des Goldes noch um der Waffen willen, so tu es wegen der neun Königstöchter und ihrer Mutter, zu deren Ehren ich Heldentaten vollbringe.«

Da sprang Dietrich von seinem Hengst und rief: »Nicht um Gold und Waffen, aber um die Anmut der Königinnen will ich gern mit dir kämpfen.« Er zog Nagelring und hieb vor sich in die Steine, dass ein starkes Feuer daraus flog und er zu sehen vermochte, wo er seinen Hengst an einen Baum binden konnte. Zornigen Herzens trat er auf den Kies, alles stob empor, was vor seinen Fuß kam. Ecke hieb nun auch mit dem Schwert in die Steine, und Feuer sprühte hervor, wo Stahl und Steine sich trafen. Im Schein der Funken fanden sie einander, und von ihrem Kampf wird gesagt, dass nie gewaltigerer zwischen zwei Männern getobt habe. Von ihren Hieben entstand ein Tosen und Krachen wie Donnerschläge, und Feuer sprühte von ihren Waffen gleich Blitzen. Und ob sie einander alle Schutzwaffen zerhauen hatten, blieben sie doch unverwundet. Da führte Ecke einen Streich aus aller Kraft nach Dietrich, dass er zu Boden stürzte. Ecke warf sich über ihn, umspannte ihn mit seinen Armen und sprach: »Willst du nun dein Leben behalten, so liefere dich selbst, Waffen und Ross mir aus; gebunden und überwunden will ich dich vor meine Königinnen führen.«

»Eher will ich hier sterben als den Spott ertragen«, antwortete zornig Dietrich, machte seine Hände los und fasste Ecke um den Hals. Und sie begannen nun, aus aller Macht miteinander zu ringen, und rollten weit umher, und kamen an die Stelle, wo Falka, Dietrichs Ross, stand; da sprang der Hengst wild empor und mit beiden Vorderfüßen nieder auf Eckes Rücken. Dadurch kam Dietrich empor, fasste sein Schwert und hieb Ecke das Haupt ab. Er nahm des Besiegten Waffen und Heerkleider und wappnete sich damit, dann stieg er auf sein Ross und ritt fort. Die Nacht war der Morgenhelle gewichen, und als er aus dem Walde kam, sah er die Burg der Königinnen liegen. Dahin ritt er. Auf dem Turm der Burg stand die Königin und sah ihn: sie glaubte, Ecke sei es, der von einem Sieg zurückkomme. Sie schmückte sich mit ihren Töchtern, und freudig eilten sie ihm entgegen. Da erkannten sie aber, dass es ein fremder Mann in Eckes Waffen war. Sie liefen zurück und erzählten die Kunde den Burgmannen. Die fuhren eilig in die Waffen und wollten ihren Herrn rächen. Als Dietrich ihre allzu große Übermacht erkannte, wandte er seinen Hengst und ritt, so schnell er vermochte, davon.

6. Fasold

Dietrich ritt nun durch den Wald zurück, immer des Kampfes gewärtig, da er den Fürsten des Landes erschlagen hatte. Bald ritt ihm ein Mann entgegen, hoch von Wuchs und wohl gewappnet, das war Fasold, Eckes Bruder: und weil er dessen Waffen erkannte, glaubte er, dass Ecke es selber sei, und rief ihn an:

»Bist du's, Bruder Ecke?«

»Ein andrer Mann«, antwortete Dietrich, »nicht dein Bruder ist's.«

»Du böser Hund und Mörder! Du hast meinen Bruder im Schlaf erschlagen: denn wachend hättest du ihn nimmer besiegt.«

»Du redest unwahr, dass ich ihn schlafend erschlug: vielmehr gewährte ich ihm nur ungern den Zweikampf, und die Waffen nahm ich ihm, als er tot lag.«

Da zog Fasold sein Schwert, ritt mit großem Zorn gegen Dietrich und hieb so stark auf dessen Helm, dass er betäubt von seinem Hengste fiel. Fasold gedachte seines Gelübdes: keinen Mann, der auf EINEN Schlag von ihm nicht tot gefallen war, zu töten, noch ihm die Waffen zu nehmen: er ritt fort. Doch Dietrich kam alsbald wieder zu sich, sprang auf sein Pferd und holte ihn ein: »Reite nicht fort! Räche lieber deinen Bruder, wenn du ein so stolzer Kämpe bist, als man dich rühmt – willst du aber nicht, so bist du jedem Manne ein Schuft.« Als Fasold die Schmährede hörte, hielt er an und wollte lieber mit ihm streiten als solches erdulden. Sie stiegen von den Rossen und gingen einander zu hartem Kampf entgegen. Sie versetzten sich viele Hiebe: Dietrich hatte davon drei leichte Wunden, aber Fasold fünf schwere: der große Blutverlust ermüdete ihn: er sah, dass er sein Leben nun würde lassen müssen, und lieber erbot er sich, die Waffen zu strecken und Dietrichs Dienstmann zu werden. »Du bist ein guter Held und sollst Frieden von mir haben«, sprach Dietrich, »aber deinen Dienst will ich nicht: denn ich kann dir nicht trauen, solange dein erschlagener Bruder ungebüßt ist. Willst du aber Ehre für Buße annehmen, so wollen wir einander BRÜDERSCHAFT schwören.« Diese Buße nahm Fasold gern an und dankte ihm. Sie schwuren den Eid und ritten miteinander, und Dietrich fuhr nun heim nach Bern, da er Ruhm und Ehre wiedergewonnen hatte.

7. Heime von Dietrich fortgewiesen

Nun saß Dietrich wieder in Bern auf seinem Hochsitz, und eines Tages, da Heime ihm diente und vor ihm stand mit der gefüllten Goldschale, zog Dietrich Nagelring und sprach:

»Sieh hier, Heime, für deinen Dienst schenk' ich dir dies gute Schwert, und keinem gönn' ich es lieber als dir.« Heime nahm das Schwert und dankte, aber Wittig fuhr heftig auf: »Nun bist du übel angekommen, Nagelring! Lieber wärst du eines tugendhaften Mannes Waffe: denn gering acht' ich Heime, seit ich allein kämpfte gegen Sigstaf und seine vier Genossen, und Heime saß wohl gerüstet auf seinem Ross und wollte mir nicht beistehn.« »Übel ist, wer seinem Gefährten nicht Hilfe leistet in der Not«, sprach da Dietrich. »Heime, ziehe weg aus meinem Angesicht.«

Zornig ging Heime hinaus, nahm seine Waffen und schwang sich auf seinen Hengst. Er ritt nordwärts über das Gebirge, bis er in den Falstrwald kam. Dort hauste Ingram, ein gewaltiger Räuber, mit zehn Gesellen. Zu diesem ritt Heime und erbot sich, ihr Genosse zu werden: er wurde gern aufgenommen, und sie vollführten Raubzüge weithin.

8. Dietleib

Auf Schonen lebte Biterolf, ein vornehmer Mann und der größte Kämpe im Dänenreich. Seine Gattin hieß Oda und war die Tochter eines Grafen von Sachsen. Sie hatten einen Sohn, Dietleib mit Namen, jung noch und groß gewachsen glich er gar nicht seinen vornehmen Eltern: er lag stets im Kochhause in der Asche und mochte keinerlei ritterliche Kunst erlernen. Vater und Mutter liebten ihn darum wenig und hielten ihn für einen Dummkopf; denn er sah Rosse reiten, Schwerter schwingen und manches andre, aber er schien darauf nicht zu achten und pflegte weder seines Körpers noch seiner Kleider. Da wurde Biterolf mit seiner Gattin und seinen Mannen zu einem Gastmahl geladen und rüstete zu dieser Fahrt. Als Dietleib davon erfuhr, stand er auf, schüttelte die Asche von sich, ging zu seiner Mutter und sagte, dass er mit zu dem Gastmahle reiten wolle. Sie nannte ihn einen Toren und wies ihn hart ab. Darauf ging er zu seinem Vater und bat: »Gib mir Ross und Waffen, denn ich will mit euch fahren zu dem Gastmahl.«

»Das brächte uns Schande statt Ehre, liege du im Kochhause in der Asche«, war die Antwort. »So fahr' ich gegen euren Willen«, entgegnete Dietleib und ging in den Hof, nahm seines Vaters bestes Ross und ritt vor die Burg zu einem Bauern: der musste ihm seine Waffen leihen. Die waren gering: und als der Vater den Sohn so schlecht ausgerüstet im Hof erblickte, mochte er ihm nicht länger weigern, worum er gebeten hatte. Er gab ihm gute Waffen, und seine Mutter sandte ihm Gewand. Nun schmückte sich Dietleib mit den Kleidern, legte die Waffen an und ritt mit stattlichem Anstand neben seinem Vater zum Gastgebot. Und gaben seine Sitten niemand Anlass zu Tadel. Nach drei Tagen endete die Gasterei; Oda kehrte mit allen Leuten heim, Biterolf aber und Dietleib ritten allein. Ihr Weg führte sie durch den Falstrwald. Hier kamen ihnen Ingram und seine Gesellen entgegen. Biterolf fürchtete um seines Sohnes willen: aber Dietleib sprang voll Kampfeslust vom Ross und riet dem Vater, dasselbe zu tun: Rücken an Rücken gekehrt wollten sie sich gegen die Räuber verteidigen. Vater und Sohn wehrten sich nun tapfer und ließen nicht ab vom Kampf, bis alle Räuber tot lagen, nur Heime stand noch aufrecht: und als Biterolf von seinem Hieb besinnungslos zur Erde fiel, führte Dietleib voll Zorn einen gewaltigen Streich auf Heimes Haupt, dass er in die Knie sank: doch rasch sprang dieser wieder auf, schwang sich auf seinen Hengst und ritt davon, so schnell er vermochte, und war froh, mit dem Leben davonzukommen. Er ritt Tag und Nacht geradewegs nach Bern zu Herrn Dietrich und versöhnte sich wieder mit ihm. Biterolf und Dietleib kehrten zurück nach Schonen.

Nachdem Dietleib sich im ersten Waffenkampf versucht

hatte, wollte er Welt und Menschen kennen lernen und ausziehn zu neuem Wagen und Gewinnen. Seine Eltern setzten nun großes Vertrauen in ihn und rüsteten ihn aufs stattlichste zu seiner Fahrt. Wehr und Waffen, Kleider und Gold, trefflichen Rat und treuen Wunsch gaben sie dem Scheidenden.

Dietleib ritt südwärts seines Weges. In einem Abenteuer, welches er siegreich bestand, gewann er zehn Mark Goldes. In Sachsen stieß er auf einen fahrenden Mann aus Amalungenland, den fragte er nach Herrn Dietrich und wo er weilte, und erfuhr, dass Dietrich auf der Fahrt war nach Romaburg zu Ermenrichs Gastgebot. Weg und Straßen dahin ließ er sich bezeichnen, und mit goldnem Fingerring lohnte er dem Mann seine Worte.

Er ritt nun übers Gebirge in die Täler von Hof zu Hof den gewiesenen Weg, bis er in Fritilaburg Dietrich, Wittig und Heime fand. Er nannte sich mit falschem Namen, verneigte sich vor Dietrich und sprach: »Heil, Herr! Ich will dir und deinen Mannen meinen Dienst anbieten.« Der Berner nahm ihn wohl auf, und er sollte ihrer Rosse und Waffen hüten. So ritt er in Dietrichs Gefolge zu Ermenrichs Gastmahl.

9. Dietleibs Gastmahl

In Romaburg waren die prachtreichen Hallen König Ermenrichs für seine edelsten Gäste geöffnet; Dienstmannen, Reisige wie Rosse wurden in abgesonderten Hallen untergebracht, mit ihnen auch Dietleib. Missvergnügt, weil er nicht in des Königs Haus bewirtet ward, lud Dietleib alle Dienstleute in seine Halle und richtete ihnen ein Gastmahl zu, wie es üppiger nicht auf des Königs Tisch stand. Bald war all sein Gold verprasst: doch sein Gastmahl wollte er aufrechterhalten, solange das des Königs dauere –: das waren neun Tage.

Er ging hin und setzte Heimes Ross und Waffen zu Pfand gegen zehn Mark, bald darauf auch Wittigs Ross und Waffen gegen zwanzig Mark. Als am siebenten Tage all das Geld draufgegangen war, verpfändete er auch Dietrichs Hengst, Waffen und Heerkleider gegen dreißig Mark. Und er lud Reisige, Dienstmänner, Sänger und Spielleute, so viele ihrer kommen wollten: da saßen an dreitausend Männer an seinem Tisch, zwei Tage lang, und als es zu Ende ging, gab er Isung, dem ersten Spielmann, seiner Mutter Goldreif, dazu purpurgesäumte Kleider. Der Berner wollte nun heimreiten, rief Dietleib und verlangte seine und seiner Mannen Rosse und Waffen. »Herr«, antwortete Dietleib, »da musst du zuvor die Zeche bezahlen, welche ich und meine Gesellen verzehrten.«

»Gewiss, wie viel ist es denn?« »Nicht viel, Herr, zuerst meine eignen dreißig Mark: doch die magst du beruhen lassen; das andre sind sechzig Mark, und die musst du zahlen, denn dafür stehen zu Pfand dein Hengst und deine Waffen und die Heimes und Wittigs.«

Dietrich ging darauf mit ihm zu König Ermenrich und sprach: »Willst du die Zeche meiner Dienstleute und Rosse bezahlen?«

»Gewisslich will ich das, wie viel Geld ist es?« »Frage nur den Mann hier«, antwortete Dietrich, und König Ermenrich wendete sich an Dietleib: »Du, junger Mann, wie viel Geld habt ihr und eure Rosse verzehrt?«

»Herr, das ist wenig. Von meinem Eignen dreißig Mark, die magst du beruhen lassen, wenn du willst: aber außerdem verzehrt' ich sechzig Mark, und die musst du bezahlen, weil ich dafür Waffen und Ross meines Herrn Dietrich und die von zweien seiner Gesellen zum Pfande setzte.«

»Was für ein Mann bist du«, rief der König zornig, »dass du in neun Tagen so viel Geld vertun darfst! Bist du ein Kämpe oder ein Narr?« Aber Dietleib sagte: »Wo immer ich zu edlen Männern kam, bot man mir Speise und Trank, bevor man mich reden hieß.«

Da befahl der König, dass man Speise bringe, und Dietleib aß wie drei Männer. Eine Goldschale voll Weines, so groß wie der Schenkdiener nur tragen konnte, trank er auf einen Zug leer. Der König und Dietrich und alle Mannen schauten ihm staunend zu.

Walther von Wasgenstein, König Ermenrichs Schwestersohn, aber sprach: »Was kann dieser Mann sonst noch vollbringen, außer Geld vertun und essen und trinken? Verstehst du dich aufs Steinewerfen oder Schaftschießen?« »Das will ich beides unternehmen mit jedem von euch«, antwortete Dietleib.

»Dann sollst du diese Spiele mit mir begehen«, rief Walther hitzig. »Obsiegst du, so magst du über mein Haupt schalten, verstehst du aber nichts, so wirst du hier mit Schimpf dein Leben lassen, und mit dem Geldvertun ist's aus.«

Sie gingen, mit ihnen viele Mannen, auf einen freien Platz. Walther nahm einen schweren Stein und warf zuerst; weit flog der Stein, aber Dietleib warf ihn einen Fuß weiter.

Wiederum und weiter noch schleuderte Walther den Stein, aber Dietleib warf fünf Fuß darüber hinaus. Da wollte Walther nicht mehr daran gehen, und Dietleib hatte das Spiel gewonnen. Laut lobten ihn die Umstehenden. Darauf nahmen sie eine große schwere Bannerstange. Walther warf den Schaft über die Königshalle, dass er am andern Ende der Hallenwand niederfiel: alle sprachen, dass das wunderstark geworfen wäre. Nun fasste Dietleib den Schaft, warf ihn zurück über die Halle und rannte, nachdem er geworfen hatte, durch die Halle, zur einen Tür herein, zur andern hinaus, und fing den Schaft in der Luft auf; da hatte Dietleib auch dies Spiel und Walthers Haupt gewonnen. König Ermenrich aber sprach: »Du guter Degen, ich will das Haupt meines Blutsfreundes lösen, so teuer du willst.«

»Was soll mir das Haupt deines Blutsfreundes? Ich schenk' es dir, Herr, aber auslösen musst du die Waffen meines Herrn Dietrich und seiner Genossen.« Der König dankte ihm und war nun gern dazu bereit. Auch gab er Dietleib eine kostbare Ausrüstung, dazu so viel des Goldes, als er von seinem Eigen aufgewendet hatte. Jetzt nannte Dietleib seinen wahren Namen und sein Geschlecht. Der Berner aber machte ihn zu seinem Genossen, und sie gelobten einander Treue. Dann schieden sie von König Ermenrich, und Dietrich ritt heim mit allen seinen Mannen, auch Isung der Spielmann zog mit.

10. Laurin

Einst saßen Dietrichs Speerbrüder zu Bern und priesen seine Taten und nannten ihn den Ersten von allen Helden. »Ich weiß in Bergen wilde Zwerge wohnen«, sprach Meister Hildebrand, »mit ihnen hatte Dietrich nie zu streiten: hätte er die besiegt, dann wollt' auch ich ihn den Ersten über alle loben, aber ...«

»Du fabelst nur von solchem Gezwerg, Meister Hildebrand«, fiel Dietrich ein: er war unbemerkt eingetreten und hatte die letzte Rede gehört. Zornig fuhr Hildebrand auf: »Weil ich dich vor Unsieg bewahren wollte, verschwieg ich's. Laurin heißt der Zwerg: kaum drei Spannen hoch, hat er schon manchen Recken in den Rasen geworfen: ihm dienen viele tausend Zwerge als ihrem König. In den Tiroler Bergen hat er sich einen Rosengarten erzogen: von rotseidenem Faden ist er umhegt: wer den Faden zerreißt, muss es ihm büßen mit der rechten Hand und dem linken Fuß.«

»Die Rosen will ich sehen, und komm ich auch in große Not! Wer reitet mit?«, fragte Dietrich.

»Ich reite mit dir, und die Rosen tret' ich nieder«, rief Wittig, und sofort machten sie sich auf die Fahrt. Bald erreichten sie das Gebirg und ritten lange durch dichten Wald: dann kamen sie auf einen grünen Anger vor einen Rosengarten, der war umhegt mit rotseidenem Faden. Mit Goldborten und rotem Gestein waren die Rosen geschmückt, und süßer Duft ging von ihnen aus.

»Das mag wohl der Garten sein, von dem uns Hildebrand sagte«, sprach Dietrich. »Tag und Nacht würd' ich der Rosen nicht überdrüssig, ließe mich Laurin hier.«

»Ich muss ihm seinen Hochmut austreiben«, zürnte Wittig und schlug die Rosen ab: den Goldschmuck trat er nieder, der Faden ward zerrissen. Sie setzten sich ins Gras und warteten, was nun geschähe. Alsbald kam ein Zwerg dahergeritten auf scheckigem Pferd, nicht größer als ein Reh. Das war Laurin: er trug einen goldumwundenen Speer in der Hand: seine goldene Brünne war in Drachenblut gehärtet, darüber trug er einen Zaubergürtel, der gab ihm zwölf Männer Kraft. An der Seite hing ihm ein spannenlanges Schwert mit goldenem Griff, das schnitt Eisen und Stein. Sein Beingewand war rot wie Blut, sein Wappenrock aus farbiger Seide gewirkt, und Edelsteine waren darauf genäht. Golden war sein Helm, rote Rubine und ein leuchtender Karfunkel staken darin, und oben darauf prangte eine Goldkrone, auf der waren mit allerlei Zauber Vöglein angebracht, die sangen, als seien sie lebend. In seinem goldfarbenen Schild stand ein goldener Leopard, springend, als wäre er lebend. Von Elfenbein war sein Sattel, die Decke golden, von Golde der Zügel und alles mit Edelsteinen geziert.

»Hilf, Herr!«, rief Wittig, »das mag ein Lichtelbe sein.«

»Ich fürchte, er trägt uns großen Hass und das mit Recht«, antwortete Dietrich, und beide grüßten den Zwerg, als er ihnen nahte, aber zornig fuhr er sie an:

»Wer hat euch Narren heißen hier niedersitzen und eure

Rosse auf meinen Anger grasen lassen? Wer hat euch hergebeten, dass ihr meine lieben Rosen niedertratet? Den rechten Fuß, die linke Hand büße mir jeder von euch.«

»Kleiner, lass deinen Zorn«, antwortete Dietrich, »um Hand und Fuß pfändet man nicht edle Fürsten, die reiche Buße in Gold und Silber bieten. Zur nächsten Maienzeit wachsen andre Rosen wieder.«

»Ich habe mehr Gold als euer drei«, sprach Laurin, »und schöne Fürsten mögt ihr sein! Hab ich euch doch nichts zu Leid getan, ihr aber verwüstet meinen Garten. Begehrtet ihr Kampf, so hättet ihr mir ihn ansagen müssen: – das wäre fürstlich getan.«

»Höre, wie uns der Zwerg verhöhnt!«, brauste Wittig auf, »am liebsten nähm' ich ihn bei den Füßen und schmisse ihn an die Felsenwand.«

»Kluger Mann«, mahnte Dietrich, »tut oft, als hör' er nicht, und spart seinen Zorn bis zur Not.«

»So darfst du fürder keine Maus mehr erschrecken, wenn du das Gezwerg dort fürchtest! Er reitet ja ein Ross wie eine Geiß: tausend seinesgleichen will ich bestehen.«

»Bist du gar so kühn«, rief Laurin, »so komm und kämpfe mit mir.«

Wittig gürtete sein Ross fester, sprang auf und ritt Laurin an: der stach ihn mit dem ersten Speerstoß nieder in den Klee: dann stieg er hurtig ab und wollte dem Besiegten Hand und Fuß nehmen. Das verdross Dietrich, er sprang hinzu und hielt sein Schwert über Wittig:

»Nichts da, kleines Wunder! Der Held ist mein Speerbruder: tätest du ihm solch Leid an, hätte des der Berner ewig Schande.«

»Bist du der Berner? Willkommen! Gib nur gleich auch Hand und Fuß her.«

Nun erzürnte Dietrich, sprang auf seinen Hengst Falka und wollte den Zwergenkönig anrennen. Da kam Meister

Hildebrand auf den Anger geritten: er war aus Besorgnis seinem Herrn gefolgt; Wolfhart, seinen Neffen, und Dietleib hatte er mitgenommen.

»Höre mich, Dietrich«, rief der Waffenmeister, »so bezwingst du den Zwerg nicht: steig ab, besteh ihn zu Fuß, nimm dein Schwert und schlag ihn mit dem Knauf um die Ohren.«

Dietrich folgte der Lehre: »Nun räche an mir deinen Rosenverdruss, Kleiner«, rief er. Laurin lief Dietrich zu Fuß an und schlug ihm mit einem Schlag den Schild vom Arm. Zornig tat Dietrich einen Hieb auf den goldenen Leopardenschild, dass er Laurin aus der Hand fiel, und nun fasste er sein Schwert an der Spitze und schlug mit dem Knauf so gewaltig auf den kunstvollen Helm, dass Laurin Hören und Sehen verging: er wusste nicht mehr, wo er war: aber hurtig zog er aus seiner Tasche eine Helkappe, streifte sie über sein Haupt und machte sich damit unsichtbar: und nun fiel er Dietrich von allen Seiten an. Der vermochte nicht, sich des Unsichtbaren zu erwehren: mit großem Zorn schlug er nach ihm in die Steinwand: das Gestein spaltete, der Zwerg war zur Seite gewichen.

»Suche mit ihm zu ringen«, riet ihm Hildebrand, »dann wirst du seiner Herr werden.«

Kaum hörte Laurin das, da zeigte er sich wieder: das Schwert warf er weg, unterlief Dietrich, umspannte ihn bei den Knien und beide fielen in den Klee.

»Zerbrich ihm den Gürtel!«, rief Hildebrand wieder. Dietrich wurde nun zornig: Feueratem glutete aus seinem Mund, er griff den Zwerg in den Gürtel, hob ihn auf und stieß ihn so heftig auf die Erde, dass der Gürtel barst und in das Gras fiel.

Schnell nahm Hildebrand den Gürtel an sich. Nun hatte Laurin seine Kraft verloren, und Dietrich warf ihn nieder auf den Boden. Da heulte der Kleine, dass es über Tal und Hügel schallte: »Lass mir mein Leben! Ich will dein Eigen sein mit allem, was ich habe.«

Aber der Berner zürnte und wollte ihn töten.

»Hilf mir! Dietleib«, bat Laurin, »wegen deiner Schwester[54], die mein ist.«

Dietleib bat alsogleich: – aber vergebens: – da sprang er aufs Ross, ergriff den Zwerg, riss ihn zu sich in den Sattel, entführte ihn über die Heide und versteckte ihn in einem hohlen Baum.

»Mein Ross, Meister Hildebrand!«, befahl Dietrich, sprang auf und jagte den Entfliehenden nach. Hildebrand, Wolfhart und Wittig folgten ihm.

Nachdem Dietleib Laurin verborgen hatte, ritt er Dietrich entgegen und bat noch einmal: »Überlass mir den Zwerg!« Das machte den Berner gar zornig: er senkte den Speer, Dietleib wollte nicht weichen: sie ritten einander an und stachen einer den andern aus dem Sattel. Sie schwangen die Schilde empor und zogen die Schwerter: Dietleib schlug Dietrich den Schild aus der Hand, dass ihm das Schwert zugleich Wehr und Waffe – Schutz und Trutz – sein musste.

»Wolfhart und Wittig«, sprach Hildebrand nun, »laufet ihr Dietleib an und steckt ihm das Schwert in die Scheide: ich zwinge meinen Herrn.«

Während Dietleib von jenen bezwungen wurde, zog Hildebrand den Berner zur Seite und ließ nicht ab von ihm, bis auch er sein Schwert einstieß. Sie mussten Frieden schließen, und Laurin wurde darin aufgenommen.

Dietleib holte ihn aus jenem Versteck und befragte ihn über seine Schwester. »KUNHILD ist aller Zwerge Königin«, erzählte Laurin: »Ich sah sie einst unter der Linde mit ihren Genossinnen: ungesehen kam ich dahingeritten: schnell fing ich sie bei der Hand, warf ihr die Helkappe über, schwang sie vor mich aufs Ross und ritt mit ihr in den Berg, und niemand konnte uns sehen. Nun fehlt es ihr an nichts: ich bin kein armer Mann, und bald soll unsre Hochzeit sein.«

»Lass mich meine Schwester sehen«, sprach Dietleib, »und ist alles so, dann will ich sie dir zur Frau geben.«

Hildebrand nahm Dietrich beiseite und brachte es zuwege, dass Laurin als Geselle aufgenommen wurde; Wittig hatte keine Freude an dem neuen Speergenossen.

»Kommt nun mit mir in den Berg«, sprach Laurin, »ich will euch meine Schätze und Wunder zeigen, und was ich habe, mach' ich euch untertan.«

Die Helden berieten mit Hildebrand: »Ich weiß nicht, wozu raten«, antwortete er, »aber gingen wir aus Furcht nicht mit, das stünd' uns übel an.«

»Lasst uns die Bergeswunder ansehen«, sprach Dietrich.

»Mit Lügen und Listen wird er uns alle verderben«, grollte Wittig. Aber Hildebrand rief Laurin herbei.

»Nun höre, Kleiner: wir wollen auf deine Treue bauen und mit dir gehen.«

»Verlasst euch auf mich«, antwortete Laurin, und er führte sie an einen hohen Berg. Auf einem grünen Plan, unter einer Linde stiegen sie ab und banden ihre Rosse an. Sträucher und Blumen blühten da, Vögel sangen, und allerlei gezähmte Tiere sprangen auf der Wiese.

»So Schönes hab ich nie gesehen: die Wiese ist aller Freuden voll«, sprachen Dietrich und Wolfhart.

»Lobt den Tag nicht vor dem Abend«, mahnte Hildebrand; und Wittig sagte: »Wolltet ihr mir folgen, so kehrten wir um: Zwerge sind aller Listen voll.«

Das hörte Laurin und antwortete: »Seid unbesorgt und erfreut euch. Hier gehen wir Elben hin, wollen wir Luft genießen: dann schmücken wir uns mit Kränzen und tanzen; künftig sollt ihr diese Wiese mit uns teilen. Aber das ist nichts gegen die Wunder meines Berges.« Sie gingen nun in den Berg: sie traten durch eine goldene Tür: da standen zwölf Zwergjungfräulein, die verneigten sich artig vor den Helden. Das Tor schlug hinter ihnen zu, und man sah nicht mehr, wo sie hereingekommen waren.

»Freunde«, sagte Wittig, »ich wähne, wir sind alle betrogen.«

»Seid ohne Sorgen, es geschieht euch kein Leid«, beteuerte Laurin.

Von Gold und Edelsteinen erglänzte rings die Bergesnacht. Der Zwergenkönig führte seine Gäste in einen Saal: auf goldenen Bänken mussten sie niedersitzen, und Wein und Met schenkte man ihnen zum Willkomm. Allerlei Kurzweil sahen sie da: in kostbaren Kleidern kamen die Zwerge gegangen: die einen schossen mit Speeren, andre warfen mit Steinen, andre sangen und tanzten: Pfeifer und Sänger, Harfner und Geiger traten vor die Fürsten und ließen ihr Spiel hören: »Die Kurzweil gefällt mir, der Berg ist voller Freuden«, sprach Dietrich. Da kam Kunhild gegangen, umgeben von Zwerginnen: sie trug eine funkelnde Krone. Sie grüßte die Gäste und umfing Dietleib mit den Armen und weinte.

»Vielliebe Schwester«, fragte er, »was betrübt dich? Was fehlt dir? Willst du fort von dem Zwerg?«

»Mir fehlt es an nichts«, antwortete sie. »Zwerge und Zwerginnen dienen mir: aber mein Herz ist freudeleer: der Zwerge Treiben passt nicht für mich: ich sehne mich unter Menschen zurück.«

»Sei ruhig, Schwester: ich nehme dich dem Kleinen, und koste es mein Leben.« Darauf ward die Königin wieder in ihre Gemächer geleitet; Laurin aber bat seine Gäste, zu Tisch zu gehen: sie legten ihre Waffen ab und taten festliche Gewande an, die ihnen Laurin überreichte. In einem großen Saal war ein prächtiges Mahl bereitet. In silbernen Schüsseln trugen die Zwerge duftende Speisen auf. Golden waren Kannen und Becher; elfenbeinern der Tisch und mit Gold beschlagen: leuchtende Steine blitzten überall. Und alle

Kurzweil begann von neuem. Während die Berner eifrig tranken und schmausten, ging Laurin zu Kunhild in ihr Gemach und klagte ihr die Schmach, die ihm widerfahren war und die er nicht hatte rächen können; und wär' es nicht um Dietleibs willen, so ginge es ihnen jetzt an ihr Leben.

»Höre, Laurin«, sprach die Jungfrau, »hältst du hart auf deine Ehre, so lege ihnen eine leichte Buße auf, damit sie dich künftig in Frieden lassen: aber das gelobe mir, dass du keinem ans Leben willst.« Das gelobte er ihr und steckte ein gülden Ringlein an seine Hand: davon gewann er zwölf Männer Stärke. Nun ging er in seine Kammer und ließ Dietleib zu sich rufen.

»Lieber Schwager«, begann er, »nimm dich nicht deiner Gesellen an: dann teile ich mit dir alles, was ich habe.«

»Eh' lass ich mein Leben, eh' das geschieht«, antwortete Dietleib unwillig.

»Dann musst du so lange hier bleiben, bis du andren Sinnes wirst.« Und schnell sprang Laurin hinaus, schlug die Türe zu und schob den Riegel vor. Dann kehrte er in den Saal zurück zu seinen Gästen. Er hieß neuen Wein auftragen; heimlich mischte er einen Zaubertrank darunter und nötigte zu eifrigem Trinken: bald sanken die vier, vom Schlaf überwältigt, auf die Bänke. Da legte Laurin ihnen Fesseln an und warf sie in einen Kerker. Als sie erwachten und merkten, dass sie gebunden waren, geriet Dietrich in großen Zorn: sein Feueratem versengte seine Fesseln: Hand und Füße machte er los und befreite seine Genossen. Aber ihr Kerker war fest verschlossen: sie konnten nicht heraus.

Kunhild schlich an Dietleibs Kammer und schob den Riegel fort: grimmen Zornes voll sprang er heraus: »Wo sind meine Genossen? Auf deine Treue, sage mir das, vielliebe Schwester!«

»Gefangen und gebunden liegen sie in einem tiefen, dunklen Kerker.«

»Schaffe mir meine Waffen zur Hand, dass ich sie befreien kann.« Sie gab ihm einen Goldreif und sprach: »Nimm diesen Ring und steck ihn an deinen Finger: dann wirst du die vielen Zwerge hier im Berg sehen.«

Er tat so und sah sie …

»Hätt' ich nur meine Waffen! Ich erschlüge sie alle! Es ist ein ungetreues Volk.«

»Komm«, sprach Kunhild und führte ihn in den Saal, wo die Waffen noch lagen, und half ihm, sich waffnen: den Helm band sie ihm auf, das Schwert gab sie ihm in die Hand.

»Hüte dich vor Laurin«, warnte sie besorgt und sprach noch einen Segen über ihn. Dietleib nahm auch die Waffen seiner Gesellen und trug sie – Kunhild wies den Weg – an den Kerker: – der Riegel flog zurück, und er warf die Waffen in das Gewölbe vor seine Genossen hin, dass es im Berg erklang. Das hörte Laurin und blies in sein Heerhorn: durch den Berg erscholl es und rief die Zwerge zu den Waffen. Sie griffen nach Brünne, Helm und Schwert und kamen gelaufen, dreitausend an der Zahl oder mehr.

»Keiner von meinen Gästen bleibt am Leben«, befahl Laurin und zog an ihrer Spitze vor den Kerker; da stand Dietleib, der schwang sein Schwert, sprang unter die Zwerge und erschlug ihrer viele. Darob erzürnte Laurin und lief Dietleib an: er schlug ihm tiefe Wunden, während eine Schar Zwerge ihn im Rücken anfiel. Dietleib konnte Laurin nichts anhaben, und so viel er der Zwerge erschlug, gleich waren wieder andre da: sie drängten ihn zuletzt in das Kerkergewölbe. Unterdessen hatten Hildebrand und Dietrich die Waffen angelegt und kamen nun herzu.

»Ich höre von Waffenlärm den Berg ›erdosen‹ und sehe doch keine Feinde«, rief Dietrich.

»Nimm hier Laurins Gürtel«, antwortete Hildebrand, »umgürte dich damit, dann wirst du ihrer genug sehen.« Dietrich tat so und sah die Zwerge und wie sie Dietleib bedrängten. Da sprang er mit gezücktem Schwert unter sie und trieb sie hinweg: »Bleibt zurück, Genossen«, sprach er, »ihr seht die Zwerge nicht.«

»Herr«, bat Hildebrand, »Laurin trägt an der rechten Hand ein Ringlein: davon hat er die große Stärke: schlag ihm die Hand ab und gib mir den Ring.«

Dietrich trat nun vor die Kerkertür, da sprang ihm Laurin entgegen und schlug ihm Wunde auf Wunde. Heiß und heißer entbrannte des Berners Kampfzorn: sein Feueratem versengte Laurins Brünne, und mit sausendem Hieb schlug er ihm den Ringfinger ab: da erschrak der Zwerg, aber hurtig griff Dietrich nach dem Ring und warf ihn Hildebrand zu, der ihn ansteckte und alsogleich die Zwerge ringsum schaute.

Voller Schrecken war da ein Zwerglein vor den Berg gelaufen und blies in ein schallendes Horn: da stampften fünf Riesen herzu, die waren den Zwergen dienstbar: mit langen Stangen kamen sie gelaufen gegen Dietrich und Dietleib.

»Riesen seh' ich kommen, da muss ich euch helfen«, rief Hildebrand und trat an Dietleibs Seite.

Tief im Kerker sprach Wittig: »Sollen wir nun müßig stehen, Wolfhart?«

»In den Kampf sollen wir gehen!«, rief Wolfhart. »Wo wir Lärm schallen hören, dorthin lass uns dringen und blind mit dem Schwert dreinhau'n.«

Sie rückten die Helme und Schilde zurecht und stürmten dem Lärm nach. Da rief Kunhild sie an: »Ihr Helden, wartet: nehmt jeder einen Goldreif an den Finger, dass ihr eure Feinde SEHEN könnt.«

Freudig nahmen sie die Gabe und sahen vor sich die unzählbar vielen Zwerge: mit scharfen Schwerthieben fegten sie sich Bahn durch die dichten Reihen, bis sie zu ihren Genossen vor die Riesen kamen. Die wären gern woanders gewesen: jeder der Helden nahm einen vor, und sie schlugen in ihre langen Leiber so viele Wunden, bis die Riesen zu den erschlagenen Zwergen sanken. Ängstlich entfloh das kleine Volk scharenweis in seine dunklen Schlupfwinkel: die Mutigsten hielten noch stand an Laurins Seite: als der aber sah, wie die Berner niemand verschonten, fiel er Dietrich zu Füßen und bat: »Leib und Leben ergeb' ich deiner Gnade, gib den Zwergen Frieden.« Aber zornig antwortete Dietrich: »Du hast uns die Treue gebrochen: du und die zu dir gehören, müssen das Leben lassen.«

Das hörte Kunhild und eilte herzu: »Edler Herr Dietrich«, sprach sie, »um aller Frauen Ehre bitte ich dich: gib mir frei Laurin und der Zwerge Volk: schone ihres Lebens.« Und da Dietrich sich weigerte, fuhr sie fort: »Man rühmt dich gütig und milde: nun erweise deine Tugend!«

»Tu, wie dich die Königin bittet«, sprach Hildebrand, »nimm Laurin als Gefangenen mit nach Bern: die Zwerge aber sollen dir untertan sein mit all ihren Schätzen.« Und auch Dietleib bat für die Besiegten um Gnade.

»So sei denn«, sprach Dietrich, »wie du bittest, Jungfrau«, und Wolfhart und Wittig, die noch kämpften, rief er an: »Lasst ab vom Streit: ich habe ihnen Frieden gegeben.«

Nun machten sie sich zum Scheiden bereit: der hohe Berg wurde einem fürstlichen Zwerg übergeben, der schwur, Dietrich treu zu dienen. Mit Gold und Kleinodien beluden sie ihre Pferde, dann wurde auch Kunhild auf ein Ross gehoben, und Laurin führten sie in ihrer Mitte mit sich nach Bern.

Vierzehn Tage weilte Kunhild dort: »Lass dir Laurin befohlen sein, Herr Dietrich«, sprach sie dann, »er machte mir untertan alles, was sein war im hohlen Berg: das lass ihn nun entgelten.« Das gelobte ihr Dietrich: bei ihrem Scheiden aber schrie und heulte Laurin so sehr aus unmäßigem Weh, dass auch Kunhild zu weinen begann. Da fasste Dietleib die Schwester und führte sie hinweg und brachte sie auf sein Schloss, wo sie sich bald einem gar edeln Manne vermählte.

Laurin ward dem alten Isung übergeben, und bald schwuren Dietrich und Laurin sich treue Freundschaft, die nie gebrochen ward.

II.
Dietrich, König von Bern

1. Von Wildeber[55] *und Isung dem Spielmann*

Als König Dietmar starb, wurde Dietrich König von Bern. Einst saß er mit seinen Genossen in der Halle: da trat ein hoch gewachsener, fremd aussehender Mann herein. Schlecht waren seine Kleider und Waffen, einen breiten Hut hatte er tief ins Gesicht gezogen. Er ging hin vor des Königs Hochsitz und grüßte höflich und bescheiden: »Wildeber heiß' ich und biete dir meine Dienste an.«

Dem König gefiel seine Höflichkeit: »Zwar bist du mir unbekannt, Wildeber: doch sollst du mir willkommen sein, wenn meine Gefährten dich in unsre Genossenschaft aufnehmen wollen.«

»Keiner wird gegen ihn sprechen, Herr!«, rief Wittig, »wenn du für ihn bist.«

Nun wurde Wildeber aufgenommen und ihm ein Sitz in der Halle angewiesen. Bevor er aber niedersaß, ging er hin, seine Hände zu waschen. Dabei streifte er seinen Rockärmel hinauf, und Wittig sah einen dicken Goldreif an seinem Arme glänzen. Daraus schloss er, dass Wildeber ein vornehmer Mann war, obgleich der selbst gering von sich tat. Und als er nun die guten Kleider und Waffen anlegte, welche der König ihm reichen ließ, sah man, dass er der Schönste war an Dietrichs Hof. Wittig und er wurden so gute Gesellen, dass keiner ohne den andern sein mochte. Um diese Zeit kam auch der junge Amalung, des Grafen Hornbog Sohn, und trat in des Berners Dienst, und bald darauf auch HERBRAND. Er war weit umhergefahren in der Welt gegen Aufgang und Niedergang, so kannte er vieler Völker Sitten und Sprachen: darum hieß er auch BRAND DER WEITGEFAHRNE. Ihm hatte Dietrich Botschaft gesandt, dass er kommen möge, sein Genosse zu werden.

Um diese Zeit brachten Gesandte aus SUSA Brief und Insiegel des Königs Etzel: darin stand, wie er König Dietrich zu Hilfe rief wider Oserich.

Der hatte sich ganz verändert im Alter: hart und geldgierig geworden, bedrückte er schwer seine Untertanen, wenn er daheim war: lag er außer Landes im Krieg – und das tat er meistens –, dann mussten sie noch größere Schatzung zahlen. Und mit König Etzel wollte er sich nicht gütlich versöhnen, stand weiter in dem Brief, und der Berner möge sich den Brief nicht unters Kopfkissen legen, sondern kommen um ihrer Freundschaft willen. Da ritt Dietrich zu Etzel mit fünfhundert Kriegern und allen seinen Genossen.

Gemeinsam brachen nun die beiden Fürsten ins Wilkinenland. Oserich kam ihnen entgegengezogen mit einem gewaltigen Heere: da ward eine männervernichtende Schlacht geschlagen. Hildebrand trug das Löwenbanner Dietrichs; er ritt voran: zu beiden Seiten hauend, warf er einen Toten auf den andern. Hinter ihm folgten Dietrich und seine Gefährten in übermütiger Kampfeslust, einer stets dem andern beispringend in Not und Gefahr: keine Schar widerstand ihrem Ansturm. Da kam ihnen Widolf entgegengelaufen. Wittig war weit vor seinen Genossen: der Riese hub die Eisenstange und schlug ihn damit so grimmig auf den Kopf, dass er betäubt auf die Erde stürzte. Heime war in der Nähe und sah ihn fallen: rasch sprang er hinzu, nahm dem Betäubten das Schwert Mimung und eilte fort. Über Wittigs Fall siegjauchzten die Wilkinen und drangen immer weiter vor. Aber Dietrich rief den Seinen zu: »Lasst nun den Übermut:

schließt eure Reih'n und zeigt den Wilkinen Amalungenhiebe.«

Um ihren König geschart ritten die Berner nun so ungestüm in den Feind, dass Oserich sich zur Flucht wandte. Dietrich und Etzel verfolgten ihn. Da kam Hertnit, König Oserichs Brudersohn, mit seiner Schar aufs Schlachtfeld, seinem Ohm Hilfe zu bringen: aber er kam zu spät, auch er musste fliehen. Er sah den immer noch betäubt daliegenden Wittig: er erkannte dessen Wappen und ihn selber vom Sehen und Sagen, rasch banden sie den Wehrlosen und nahmen ihn mit. Die Wilkinen hielten ihre Rosse nicht eher an, als bis sie zu Hause waren. Den Gefangenen ließ der König in den Kerker seiner Burg werfen.

König Dietrich kehrte nach Bern zurück, voll des Grams um Wittigs Verlust. Wildeber bat ihn um Urlaub: nicht wolle er nach Bern zurückkehren, erlange er nicht sichre Kunde von Wittigs Leben oder Tod. So blieb er an Etzels Hof, und bald gesellte sich zu ihm Isung der Spielmann. Ihn hatte Dietrich auf Kundschaft geschickt nach Wittig; denn Spielleute konnten frei und unbehindert durch aller Herren Länder ziehen. Einen ganzen Tag lang ergötzte er durch seine Kunst Etzel und alle Burgleute. Am Abend aber, als alle schliefen, suchte Wildeber den Spielmann und bat ihn um Beistand zur Ausführung seines Vorhabens: »Durch deine Kunst und List, Isung, hilf mir dazu, dass ich mit dir in Oserichs Halle komme, ohne dass man mich erkennt.«

»Wohl, morgen früh bin ich bereit zur Reise: rüste auch du dich bis dahin.«

Wildeber hatte auf einer Jagd, als er allein im Walde zurückblieb, einen übergroßen Bären erlegt: dem hatte er die Haut abgezogen und sie an einem nur ihm bekannten Ort verborgen. Die Bärenhaut nahm er nun heimlich mit. Zu König Etzel sagte er: »Ich will heimfahren nach Amalungenland: bald komm ich zurück: allein, ohne meine Mannen geh ich: nur Isung der Spielmann zieht mit mir.«

So gingen die beiden fort, und als sie auf einsame Straße kamen, zog Wildeber die Haut hervor und zeigte sie Isung: »Nun sieh hier, kluger Spielmann, meine Jagdbeute, die nahm ich mit: vielleicht dient sie uns zu einer List?«

Isung betrachtete die Haut von allen Seiten, dann lachte er: »Fahre hinein, Wildeber, gerüstet, wie du bist: ich führe dich als Bären zu König Oserich.« Wildeber fuhr in den Balg, und der Spielmann nähte die Haut fest zusammen an Händen und Füßen und wo es Not war: und tat das mit so viel Geschicklichkeit, dass Wildeber darin wirklich einem ungeheuren Bären gleichsah. Dann legte er ihm noch einen eisernen Reifen um den Hals und führte ihn am Seile hinter sich her. So kamen sie ins Wilkinenland: dicht vor der Königsburg trafen sie einen Mann. Isung knüpfte ein Gespräch an und erfuhr gar bald, was er wissen wollte: dass Wittig in der Königsburg im Kerker lag und dass Hertnit nicht dort war.

König Oserich empfing den Spielmann freundlich: »Was kannst du denn so vieles spielen?«, fragte er, »dass man dich preist über alle andern Sänger?«

»Herr König, hier im Land wird wenig gespielt werden, das ich nicht besser zu singen verstünde!«, und nun schlug er die ihm gereichte Harfe so wunderbar schön, wie nie zuvor ein Saitenspiel erklungen war im Wilkinenland. Sein Bär aber hub sich auf die Hinterbeine und tanzte und hüpfte dazu. »Weisleu« nannte ihn der Spielmann: alle staunten über das seltne Schauspiel. »Kommt ihm nicht zu nahe«, warnte Isung: »er kratzt und zerreißt alles, was ihn anrührt – nur mich nicht.«

Zumeist ergötzte sich der König: »Dein Bär ist trefflich geschult: versteht er noch andre Künste als Tanzen?«

»Noch vielerlei Spiele versteht er, König Oserich, und

besser als die meisten Männer. So weit ich durch die Welt gefahren bin, fand ich kein größer Kleinod als meinen Bären.« Da bat der König den Spielmann, er möge ihm eine Kurzweil mit dem Bären erlauben. »Das sei dir gestattet«, sprach Isung, »wenn du ihn nicht allzu sehr necken willst.«

»Ich will meine Jagdhunde auf ihn loslassen, zu erproben, wie stark der Bär ist.«

»Herr König, das wäre nicht wohl getan: denn wenn der Bär dabei umkäme und du bötest mir all dein Gold als Buße – ich nähm' es nicht; zerreißt aber der Bär deine Hunde, dann wirst du zornig, und deine Leute erschlagen mir ihn.«

»Versage mir das nicht, Spielmann, ich muss meine Hunde auf ihn hetzen: aber ich gelobe dir, dass weder ich noch meine Leute deinen Bären angreifen sollen.« Da willigte Isung ein, und der nächste Tag wurde dazu bestimmt.

In der Burg ward nur gesprochen von Isung und dem Bären und dem kommenden Spiel: so war auch zu Wittig im Kerker die Kunde gedrungen: er vermutete, dass der getreue Spielmann gekommen sei, ihn durch irgendwelche List zu befreien: die Hoffnung lieh ihm neue Kraft: er begann, seine Bande zu zerreißen.

Am nächsten Morgen ging's vor die Burg hinaus auf ein weites Feld: ein großer Zug folgte dem König: darunter seine beiden Riesen: die mussten immer um ihn sein, den dritten hatte er verabschiedet. Widolf ging in Eisenbanden, damit er niemand Schaden tue. Auch Frauen und Kinder kamen herzugelaufen, das Spiel anzusehen.

Der König ließ nun sechzig Hunde gegen den Bären lösen: die liefen ihn zugleich an: der Bär ergriff den größten und erschlug mit ihm zwölf der andern – da ward der König zornig: er sprang auf den Bären zu, zog das Schwert und hieb ihm auf den Rücken. Die Klinge durchschnitt das Bärenfell, aber die Brünne darunter blieb unversehrt. Der König ging zurück: doch der Bär riss Isung dem Spielmann das

Schwert von der Seite, lief dem König nach und hieb ihm das Haupt ab. Sodann sprang er gegen die Riesen: zuerst gab er Abentrod den Tod und darauf dem gebundenen Widolf. So ließ Oserich sein Leben zugleich mit seinen Riesen, an denen er einen so großen Trost zu haben glaubte.

Die Männer, die waffenlos dabeistanden, flohen entsetzt bei dem Fall ihres Königs: sie dachten, ein Unhold stecke in dem Bären.

Wildeber lief nun in die Burg und rief nach seinem Freunde Wittig: der hatte sein Gefängnis unterdessen erbrochen und kam hervor. Die Gefährten erschlugen, wer ihnen Widerstand leistete. Wittig fand bald seinen Hengst Schimming und all seine Gewaffen, nur Mimung fehlte. Nun riss Wildeber die Bärenhaut ab und zeigte, wer er war. Zu spät erkannten die Feinde, dass kein Unhold, sondern ein tapferer Held ihren König erschlagen hatte. Die Nächststehenden griffen zu den Waffen, aber die Berner sprangen auf die Rosse und ritten eilig davon: sie hatten nicht versäumt, zuvor Gold und Silber aus des Königs Schatz zu nehmen, so viel sie konnten. Sie mieden die bewohnten Gegenden und die großen Heerstraßen, bis sie ins Heunenland und zu König Etzel kamen. Hocherfreut, Wittig frei und heil wieder zu sehen, ließ er sich alles berichten: »Fürwahr«, rief er dann, »ein gewaltiger König ist Dietrich, und herrlich sind seine Genossen: jeder setzt Ehre wie Leben für den andern ein. Und besser wäre meine Freundschaft König Oserich gewesen als solcher Tod.« Die drei nahmen Abschied und ritten nach Bern zu König Dietrich.

Freudigen Willkomm rief der ihnen entgegen, als sie in seine Halle traten. Ausführlich musste der Spielmann alles erzählen. Reichen Dank erntete Wildeber, und weit über die Lande ging seitdem der Ruhm seiner kühnen Tat.

Die Wilkinen erhoben Hertnit, Oserichs Neffen, zu ihrem König.

2. Wittig erschlägt Rimstein und gewinnt Mimung zurück

Wittig grämte sich wegen seines verlornen Schwertes: »Und finde ich den Mann, der Mimung trägt, so lasse ich mein Leben oder gewinne das Schwert zurück«, sprach er zum König.

»Du brauchst nicht weit nach ihm zu suchen«, antwortete Dietrich: »der Mann ist Heime, unser Genosse, er nahm Mimung, als du gefallen warst.«

Nun sandte damals ERMENRICH aus ROMABURG Dietrich Botschaft, dass er ihm beistehen möge wider seinen Lehnsmann RIMSTEIN, der ihm den schuldigen Zins verweigerte. Dietrich brach auf mit fünfhundert Kriegern und all seinen Schildgefährten. Wittig aber forderte von Heime sein Schwert zurück. Auf vieles Bitten beließ er es ihm aber noch für diesen Kriegszug und trug solange Nagelring. Dietrich und Ermenrich zogen nun mit Feuer und Schwert durch Rimsteins Land, bis sie vor seine feste Burg GERIMSHEIM kamen, in welcher er sich verschanzt hielt. Sie lagerten ihre Heere rings um die Stadt, schlugen ihre Zelte auf und bestürmten wochenlang vergebens die starken Mauern.

Da ritt eines Abends Rimstein mit sechs Männern aus der Burg auf Spähe, nachdem er zuvor seine Krieger kampfbereit aufgestellt hatte an allen Toren in der Stadt.

Als Rimstein zurückkehrend zwischen die Lagerzelte der Feinde und die Mauern der Burg kam, ritt ihnen ein Mann entgegen, das war Wittig. Bald erkannten sie, dass er ein Feind war; sie stiegen von den Rossen und griffen ihn an. Wittig setzte sich grimm zur Wehr und zerspaltete Rimstein Helm und Haupt: tot fiel er zur Erde. Seine Begleiter sprangen bestürzt auf ihre Rosse und flohen in die Stadt.

Wittig aber ritt, seinen Hengst lustig tummelnd, ins Lager zurück.

König Dietrich und alle sahen ihn kommen, und Heime

sprach: »Seht, stolz reitet Wittig heran: gewiss hat er etwas vollbracht, das ihm eine Heldentat dünkt und seinen Übermut noch größer macht!«

Wittig rief den Freunden schon vom Ross herunter zu: »Nun braucht ihr wegen Rimsteins nicht länger hier zu liegen: Rimstein ist tot.«

Alle fragten, wie das geschehen sei oder wer denn das getan habe?

»Das tat der Mann, der jetzt von seinem Hengste springt«, antwortete der Gefragte und stieg ab.

»Wahrlich ein geringes Heldenwerk«, sprach Heime darauf. »Rimstein war alt und schwach, jedes Weib hätte ihn erschlagen können.« Zornig sprang Wittig auf Heime zu und riss ihm Mimung von der Seite. Nagelring warf er ihm vor die Füße und forderte ihn zum Zweikampf. Aber Dietrich und alle Schwurbrüder sprangen dazwischen und baten Wittig, davon abzustehen. Jedoch zürnend antwortete der: »Stets schmähte mich Heime: genug des Grolls tragen wir einander! Als ich auf der Walstatt lag – statt mich zu bergen –, entwandte er mir mein Schwert: wenig männlich war das! Früher oder später muss es doch ausgefochten werden zwischen uns, und nicht eher soll Mimung wieder in seine Scheide kommen, bis er nicht zuvor mitten durch Heimes Haupt gefahren ist.«

Da sprach König Dietrich: »Heime, du hast nicht wohl getan! – Nun versöhne Wittig: du schufst ihm den Zorn.« Und die Waffenbrüder ließen nicht ab, bis sie den Streit schlichteten und Heime mit einem Eide schwur, nur scherzweise, nicht Wittig zur Schmach, habe er die Worte gesprochen. Und so gewann Wittig Mimung zurück.

Am andern Tag erfuhr König Ermenrich Wittigs Heldentat: da ließ er sofort Sturm laufen gegen die Stadt, und die führerlosen Eingeschlossenen fanden nichts Weiseres zu tun, als sich seiner Gewalt und Gnade zu übergeben.

Ermenrich gewährte ihnen Frieden für Leben und Habe, die Stadt aber nahm er für sich zu Eigen und setzte Walther von Wasgenstein darüber als Vogt. Dann zogen die Könige mit ihren Heeren wieder ab, jeder in seine Heimat.

3. Herburt und Hilde

Graf Herdegen war vermählt mit Isolde, König Dietrichs Schwester: sie hatten drei Söhne, der älteste hieß Herburt, der zweite Herdegen, der jüngste Tristram. Als sie heranwuchsen, gab der Graf ihnen Wigbald, einen tüchtigen Kämpen, zum Meister, der lehrte sie das Waffenwerk und alle höfischen Künste. Herburt und Herdegen waren gelehrige Schüler, Tristram aber lernte langsam und schwer. Als sie einst mit ihrem Meister zu Tische saßen, sprachen die älteren Brüder, dass Tristram das Waffenwerk nicht lernen könne und es sei besser, er beschäftige sich mit anderm. Aber Tristram entgegnete: »Ich will mich mit euch im Fechten versuchen: dann wollen wir sehen, was ich davon verstehe! Und gleich auf der Stelle lasst uns das tun.« Nun gingen sie hinaus und nahmen ihre gewöhnlichen Schwerter, die waren nicht geschärft.

»Stumpfe Schwerter schneiden keine Wahrzeichen«, rief Tristram, »lasst uns scharfe nehmen.«

Wigbald, der ihnen gefolgt war, wollte versuchen, was sie gelernt hätten, und gab ihnen geschärfte Klingen, ermahnte sie aber, sich nicht zu verfeinden, wenn auch einer den andern verwunden sollte.

»Fürwahr, das soll mich nicht anfechten«, antwortete siegesgewiss Herdegen und wollte sich zuerst mit Tristram versuchen. Zornig schwang der sein Schwert empor, ging dem Bruder entgegen und hob seinen Schild. Meister Wigbald schalt ihn, weil er den Schild verkehrt hielt, und wollte ihn darin unterweisen, doch heftig wies ihn Tristram zurück: »Hab ich zuvor nichts gelernt, so hilft mir die Lehre jetzt auch nichts mehr.« Herdegen glaubte, seinem Bruder jeden Hieb versetzen zu können, wenn er sein nicht schonen wolle. Tristram holte nun aus zum Hieb, Herdegen schwang den Schild entgegen: doch rasch stieß ihm Tristram das Schwert unter dem Schild in die Weiche, ihn ganz durchbohrend: tot fiel Herdegen zu Boden.

Tristram schleuderte den Schild von sich, schritt mit gezücktem Schwert hinweg und ritt aus dem Land. Er kam nach Brandinaborg und trat in des Herzogs Iron Dienste. Als aber der Vater das Geschehene erfuhr, ward er überaus zornig auf Herburt: »Nun hab ich zwei Söhne auf einmal verloren! Du allein trägst die Schuld: weil der Älteste, hättest du ihr törichtes Unternehmen verhindern müssen. Dir gebührte, dass du die Tat büßtest: – niemals wirst du ein tüchtiger Mann.«

Herburt nahm sich des Vaters Zorn sehr zu Herzen: ohne langes Besinnen sattelte er sein Ross und ritt nach Bern zu seinem Oheim Dietrich und klagte ihm sein Leid. Gut nahm ihn der König auf und erfand ihn bald als geschickt in Kampf und Spiel. Nun hatte Dietrich damals keine Gemahlin: er hatte Boten ausgesandt über alle Welt, nach der schönsten Frau zu forschen. Die kamen zurück und erzählten von Hilde in Bertangaland, König Artus' Tochter.

»Sie ist die wunderschönste Frau, das sagen uns alle, die sie je geschaut haben; sorgfältig wird sie gehütet, nur des Königs allernächste Freunde dürfen sie sehen.«

Dietrich fragte Herburt, ob er für ihn um Hilde werben wolle bei König Artus? Und als Herburt dazu bereit war, gab er ihm vierundzwanzig Edle und ließ sie geziemend ausrüsten zu der Fahrt. So ritt Herburt zu König Artus und trug ihm seines Oheims Werbung vor.

»Warum kommt der Berner nicht selbst und wirbt um

meine Tochter, wenn er sie will?«, antwortete König Artus. »Du kannst Hilde nicht sehen: es ist nicht Sitte hier, dass Männer Königsjungfrauen schauen, außer an dem Tag, wann sie zur Kirche gehen.«

Herburt blieb nun an König Artus' Hof und trat in dessen Dienst: die Feinheit seiner Sitten und die Höflichkeit seines Wesens gewannen ihm aller Gunst. Der König übertrug ihm das Schenkenamt und ließ vornehme Gäste von ihm bedienen: bald erhob er ihn zu seinem eignen Mundschenk, und nun hatte er nur dem König den Becher zu reichen. Als der Tag kam, da Hilde zur Kirche gehen sollte, schritt Herburt auf dem Weg vor ihr, um sie zu sehen. Die Königsjungfrau ging inmitten von zwölf Grafen, sechs ihr zu jeder Hand, die hielten ihres Gürtels Enden gefasst; hinter ihr schritten zwölf Mönche, die trugen ihres Mantels Saum; dann folgten zwölf Edelinge in Brünnen und Helmen, mit Schwert und Schild: die mussten jedem wehren, der sie ansprechen wollte. Auf ihren Schultern trug sie zwei Vögel, deren ausgebreitete Fittiche die Sonnenstrahlen von ihr abhielten; ein Seidenschleier war um ihr Haupt geschlagen, damit niemand ihr Antlitz sehen konnte. In der Kirche setzte sie sich in ihren Stuhl, nahm ein Buch und sah nicht EINMAL auf. Herburt ging so nah an ihren Sitz als möglich und konnte sie doch nicht sehen, denn ihre Wärter standen vor ihr. Nun hatte er zwei lebende Mäuse mitgenommen, die eine mit Gold, die andre mit Silber geschmückt. Die goldgeschmückte zog er jetzt hervor und ließ sie los: sie lief längs der Wand auf Hilde zu: – da schaute die Königstochter sich nach der Maus um, und Herburt sah etwas von ihrem Antlitz. Nach einer Weile gab er auch die silbergeschmückte frei: die lief denselben Weg auf Hilde zu: und abermals schaute die Jungfrau auf die Maus, und nun erblickte sie Herburt – da lächelte er ihr zu. Und Hilde sandte heimlich ihre Gefolgsfrau zu ihm, zu erfragen, wer er sei und was er wolle?

»Herburt bin ich, ein Blutsfreund König Dietrichs von Bern und von ihm hergesandt: was ich aber will, kann ich nur Hilde allein sagen.«

Bald brachte die Dienerin ihm die Antwort: hinter der Kirche möge er sich verborgen halten und warten, bis der König und die Königin hinweggegangen. Herburt tat so: und als Hilde, ihrem Vater folgend, aus der Kirche schritt, wandte sie sich schnell hinter die Tür und fragte nach seinem Anliegen.

»Schon ein halbes Jahr bin ich hier! Was ich Euch zu sagen habe, ist lang: drum lasst mich Euch ungestört sprechen.«

Sie antwortete, dass sie es so fügen wolle: da trat ein Mönch zwischen sie und stieß Herburt scheltend zur Seite – der aber fasste des Mönches Bart und schüttelte ihn zornig: »Ich will dich lehren, Herburt zu stoßen«, und Haare samt Haut riss er ihm aus.

An diesem Tage saß Hilde in der Königshalle zu Tisch und trank mit dem Könige. Herburt waltete seines Schenkenamtes. Da bat sich Hilde des Königs Mundschenk zu ihrem Dienstmann aus. König Artus gewährte die Bitte, und als Hilde in ihr Schloss zurückkehrte, folgte ihr Herburt mit den andern Dienern und Dienerinnen. Alsogleich sandte Herburt zwölf seiner Begleiter zu König Dietrich und ließ ihm melden, dass er Hilde gesehen habe und mit ihr sprechen könne: sie sei die schönste aller Frauen.

Herburt sagte nun dem Königskind, dass Dietrich von Bern um sie als seine Ehefrau werbe.

»Was für ein Mann ist Dietrich?«

»Er ist der größte Held der Welt und der mildeste Mann.«

»Vermagst du wohl, Herburt, mir an die Steinwand hier sein Antlitz zu zeichnen?«

»Das kann ich leicht: und jeder, der Dietrich einmal sah, würde ihn in diesem Bild erkennen.« Und er zeichnete ein Antlitz an die Wand, groß und schrecklich.

»Sieh, hier ist's, Jungfrau: und so ein Gott mir helfe – König Dietrichs Antlitz ist noch schrecklicher.«

Hilde erschrak und rief: »Niemals möge mich dies elbische Ungeheuer erhalten! – Warum wirbst du für Dietrich und nicht für dich selber?«

»Meines Oheims Botschaft musst' ich ehrlich ausrichten«, antwortete Herburt, »wenn du ihn auch nicht haben willst, dann – nimm mich! Bin ich auch nicht König, ich stamme aus edlem Geschlecht: Gold und Silber habe ich dir reichlich zu bieten, und ich fürchte weder deinen Vater noch Dietrich von Bern, noch sonst etwas in der Welt.«

»Dich will ich, und nicht Dietrich von Bern«, antwortete Hilde, und sie legten ihre Hände zusammen und gelobten, dass nichts sie scheiden solle außer der Tod.

Nach einigen Tagen riet Herburt, sie wollten heimlich fliehen, ehe König Artus ihr Verlöbnis erfahre. Willig folgte ihm Hilde, und auf zwei Rossen ritten sie im Morgendämmer aus der Burg, in den nahen Wald. Die Torwächter, als sie Herburt reiten sahen, argwöhnten, wer die Frau sei, die, im Mantel verhüllt, ihm folgte. Sie gingen zum König und zeigten es ihm an. Bald war der König dessen gewiss: da gebot er seinem Degen Hermann, den Entflohenen nachzureiten und nicht eher zurückzukommen, bis er Herburts Haupt mitbringe.

Hermann, dreißig Degen und dreißig Knechte, gepanzert und gewappnet, ritten, der Fliehenden Spur verfolgend, dem Walde zu. Als Herburt fernher sie kommen sah, sprach er voll Übermuts: »König Artus fand sicherlich, dass du mit zu geringen Ehren fortgezogen bist: er sendet dir seine Mannen nach, damit sie uns dienen.«

»Ich fürchte«, warnte Hilde, »sie werden dein Leben haben wollen.«

»So will ich nicht vor ihnen davonlaufen«, antwortete er, stieg vom Ross, hob auch Hilde herunter und band die Rosse an einen Baum. Dann ruhten sie im Walde.

Bald kam die verfolgende Schar an die Stelle. Herbert trat ihnen, Willkomm bietend, entgegen, doch Hermann fuhr ihn zornig an: »Keinen Frieden sollst du haben, Elender! Aber bevor du stirbst, sage, du Dieb, was ward aus Hilde?«

»Mein Weib«, antwortete Herburt. Da stieß Hermann ihm den Speer gegen die Brust: aber Herburt hieb mit dem Schwert den Schaft entzwei, und mit dem zweiten Hieb spaltete er Hermann Helm und Schädel. Dem nächsten Kämpen schlug er den Schenkel durch, dass er vom Rosse fiel. Den dritten durchstach er ganz und gar, und so kämpfte er fort, bis viele erschlagen und verwundet lagen – die Übrigen flohen zurück. Hilde wusch und verband Herburts Wunden; seine Waffen waren so zerfetzt, dass sie nutzlos geworden. Dann ritten sie ihre Straße weiter und kamen zu einem König, der sie friedlich aufnahm. Herburt wurde sein Herzog, und viel noch erzählt die Sage von seinen ferneren Heldentaten.

4. Wie Sibich treulos ward

König Ermenrich saß in Romaburg; er war der mächtigste aller Herrscher: ihm dienten und schatzten Könige, Herzoge und Grafen, und sein Landgebiet reichte im Süden bis an die Adria. Sein Ratgeber hieß Sibich, der hatte eine Frau, Odilia, von züchtigen Sitten und wundergroßer Schöne: allzu sehr gefiel sie dem König. Er entsandte Sibich in eine Stadt, an Königs Stelle Bann zu üben und Recht zu sprechen. Odilia saß unterdes daheim und nähte an einem Seidenhemd für ihren Gatten. Da kam Ermenrich zu der Einsamen, und als sie ihn von sich wies, kränkte er gewaltsam ihre Ehre. Dem bald darauf heimkehrenden Sibich trat Odilia weinend unter der Haustür entgegen und klagte ihm das Geschehene. Ergrimmt antwortete Sibich: »Sei ruhig, Weib, und stelle dich, als sei nichts geschehen: bisher hieß ich der getreue Sibich, nun will ich ein ungetreuer Sibich werden: – und ich räche die Schmach.«

Sibich war ein mittelgroßer, starker Mann: rot waren ihm das Haar und der lange Bart, sein lichtfarbiges Antlitz voll roter Flecken. Er änderte nun seine Gemütsart, rachgierig, hinterlistig, treulos und harten Herzens führte er seine furchtbare Rache aus.

Vor König Ermenrich neigte er sich und diente ihm scheinbar treu wie zuvor. Bald riet er seinem Herrn, von König Oserich, der damals noch lebte, Schatzung zu heischen, und deshalb sollte er seinen Sohn FRIEDRICH in geringer Begleitung, wie es einem Boten zieme, nach Wilkinenland senden. Als der Königsohn nun in eine Wilkinenburg einritt, wurde er von dem Burggrafen, einem Blutsfreunde Sibichs, erschlagen. Heimlich hatte Sibich den Grafen dazu aufgefordert. Ermenrich aber glaubte, der Mord sei auf Oserichs Befehl geschehen. Noch bevor Friedrichs Tod in Romaburg bekannt wurde, entsandte Ermenrich – wiederum auf Sibichs Rat – einen andern Sohn, REGINBALD, zu Schiff nach ENGLAND: der sollte dort Schatzung fordern. Sibich wies ihm ein altes, gebrechliches Fahrzeug an, das sank, sobald es auf offene See kam, und Reginbald ertrank mit allen seinen Mannen. Wohl betrübte den König der Verlust seiner Söhne[56], aber sein gieriger Sinn folgte immer wieder den Ratschlägen Sibichs.

5. Von den Harlungen

König Ermenrichs Bruder, HARLUNG, der auf der FRITILABURG gebot, war gestorben. Um seine Witwe, die schöne BOLFRIANA, warb Dietrich für Wittig. »Ich will ihm Frau und Burg geben«, entschied Ermenrich, »wenn Wittig fortan MIR so treu dienen wird wie bisher dir.« Und so ward es vereinbart und ward Wittig Ermenrichs Graf. Auch Heime trat in Ermenrichs Dienst.

Die verwaisten Harlunge Fritila und Imbreke lebten zu Breisach in der Hut ihres Pflegers, des getreuen Ekkehart. Ihres Schatzes und Landes war nicht wenig, und leicht gelang es Sibich, Ermenrich danach begierig zu machen: durch verleumderische Beschuldigungen reizte er den König gegen seine eignen Neffen auf. Das geschah in des Königs Halle, als Ekkehart zufällig dort war.

»Friedlos sollen die Harlunge vor mir sein«, sprach Ermenrich, »und das schwör' ich: ich will sie hängen so hoch, wie nie vorher eines Menschen Kind gehangen hat.«

»Wehe!«, rief Ekkehart, »ehe das geschieht, muss erst mancher Helm gespalten werden: und der Kopf folgt nach!«

»Dein übermütig Reden frommt ihnen nichts: lieber häng' ich sie noch höher.«

»Das sollst du nicht, solange ich noch aufrecht stehen kann«, antwortete Ekkehart, ging fort, schwang sich aufs Ross und ritt nach Breisach, so schnell er konnte. Und als er an den Rhein kam, saß er ab und schwamm durch den Strom, das Ross folgte. Nun standen die Harlunge gerade auf der Zinne ihrer Burg und sahen einen Mann in den Fluss springen und durchschwimmen. Fritila erkannte ihn zuerst und sprach zu Imbreke: »Dort schwimmt Ekkehart, unser Pfleger: er muss viel wichtige Botschaft haben, weil er nicht auf den Fährmann wartete. Lass uns hinabgehen.«

Als Ekkehart ans Ufer kam, gingen die Brüder ihm entgegen und befragten ihn, warum er so eilte.

»Große Not treibt mich dazu: König Ermenrich ist auf der Fahrt hierher mit einer Heerschar, euch zu ermorden: eilt und rettet euch.«

»Wir werden schon versöhnt werden mit ihm«, entgegneten die Brüder, »warum sollten wir unsern Oheim fürchten?«

Ekkehart erzählte nun, was in der Königshalle geschehen war, aber die Harlunge wollten nicht fliehen und zogen die Brücke über dem Graben auf, sich in der Burg zu verteidigen. Bald langte Ermenrich mit seinem Heere vor derselben an: er ritt, so nah er konnte, an den Graben und schoss seinen Speer hinüber und in die Burg. Fritila trat auf die Mauer und fragte: »Herr, wessen klagst du uns an, dass du unsre Burg nehmen willst? Und unsern Tod heischest?«

»Nicht euch Rede zu stehn, kam ich her«, antwortete Ermenrich. »Heute noch sollt ihr hängen, an dem höchsten Baum, den ich finde.«

Der Sturm begann, aber lange trotzten die festen Mauern. Da wusste Sibich Rat: aus großen Wurfschleudern ließ er Feuer in die Feste schießen, dass Stadt und Schloss aufloderten.

Nun war der treue Ekkehart vor Ermenrichs Ankunft ausgeritten in der Harlunge Dienst.[57] Die Harlunge konnten den Brand nicht bewältigen, aber sie wollten nicht verbrennen, feigen Hunden gleich: von sechzig treuen Mannen gefolgt, brachen sie aus der Burg hervor und kämpften, bis vierhundert ihrer Feinde erschlagen lagen: da wurden die kampfmüden Jünglinge von der Überzahl mit den Händen gegriffen und gleich gehängt. Ermenrich ging in die Burg, nahm der Harlunge Schatz und zog wieder ab.

Als der getreue Ekkehart heimkehrte, Breisach verbrannt, seine Herren tot fand, ließ er alle Burgen im Land besetzen und befahl, niemand einzulassen. Er selbst ritt nach Bern zu Dietrich und klagte ihm die Märe.

Der Berner und Ekkehart brachen mit einer Heerschar in Ermenrichs Land: das Schloss, in welchem sie den König auf seinem Heimzug antrafen, erstürmten sie und erschlugen viele Mannen: aber Sibich und Ermenrich entflohen ihnen.

»Hüte dich nun vor Dietrich!«, sprach Sibich zu Ermenrich. »Denn einmal erzürnt, lässt er nicht mehr vom Kampfe, und willst du Königtum und Leben vor seinem Zorn bewahren, so rüste dich. Seit er König von Bern ward, hat er sein Reich stets gemehrt, aber deins eher gemindert: oder wer erhält Schatzung von Amalungenland? Dein Vater hat es erobert mit dem Schwert, und doch gönnt Dietrich dir nichts davon.«

»Wahr ist es, dessen du mich gemahnst!«, grollte der König.

»Darum«, fuhr Sibich fort, »sende Herzog REINALD mit sechzig Gefolgen nach Amalungenland und fordere Schatzung, und wer dawiderspricht, der ist dein Feind.«

Der Rat gefiel dem König, und sogleich befolgte er ihn. Die Sendboten ritten aus und beriefen ein Ting nach GARTEN[58] in Amalungenland. Dort trug Reinald den Landsassen Ermenrichs Gebot vor.

»Bisher haben wir Dietrich gezinst«, sprachen die Männer: »Will er die Schatzung Ermenrich übergeben, so ist's uns recht: aber beiden wollen wir nicht zahlen.« Und sie sandten Boten zu Dietrich, die sagten ihm alles, und er möge für sie die Antwort geben. Dietrich ritt mit zwölf Begleitern zu dem Ting, ging mitten unter die Versammelten, hub an zu reden und gab Bescheid. Fest und ruhig klang seine tönende Stimme:

»Mein ist das Recht und mein das Amalungenland: solang ich König von Bern bin, erhält Ermenrich keine Schatzung davon. Wenig Dank weiß ich dir deinen Botenritt, Reinald: fahre heim und sage Ermenrich, was du gehört hast.« Eilig kehrte Reinald mit der Antwort zu Ermenrich zurück.

»Siehst du nun«, sprach Sibich, »dass Dietrich sich dir gleich dünkt an Würden und Macht?«

»Übermutes ist er voll«, rief Ermenrich heißgrimmig. »Mir und meinem Reiche stellt er sich gleich. Lasset die Hörner blasen, auf nach Bern! Hängen soll auch er; dann wissen wir's beide, wer der Mächtigere von uns ist!«

»Helfe der Wunschgott König Dietrich!«, sprach Heime. »Wutverblendet verdirbst du deine Gesippen, einen nach dem andern! Aber du wirst es noch mit Schmach entgelten. An alledem ist der tückische Sibich schuld.«

»Ja«, sprach auch Wittig, »das wird dir zur größten Schande werden, Ermenrich, und solange die Welt steht, wird man ihrer gedenken.« Und damit ging Wittig hinaus und ritt zu Dietrich.

Aber Ermenrich ließ alle Heerhörner blasen: von nah und fern strömten die Krieger herzu: alsbald hatte sich ein Heer zusammengeschart, und Ermenrich brach auf, Tag und Nacht reitend, so schnell er vermochte; und auf der Fahrt stießen noch viele zu ihm, die so schnell dem Heerpfeil nicht hatten Folge leisten können. Heime war unterdessen denselben Weg geritten, den Wittig genommen hatte. Mitternacht war's, als Wittig vor Bern ankam: er nannte seinen Namen und bat um eiligen Einlass. Sofort wurde er Dietrich gemeldet, der stand auf und empfing ihn freundlich.

»Eilet und fliehet, mein lieber Herr Dietrich. König Ermenrich ist mit einem gewaltigen Heer im Anzug: wenn Ihr den Tag erwartet, seid Ihr verloren! Bei Sonnenaufgang kann er hier sei.«

Dietrich ging in seine Halle: schmetternde Hörner beriefen seine Kämpen dorthin zum Rat, da erfuhren sie Wittigs Botschaft.

»Nun wählet«, sprach der Berner, »wollen wir bleiben und uns gegen die Übermacht verteidigen, bis wir Land und Leben verloren haben, oder hinwegreiten: Bern ist dann – für jetzt – verloren: aber unsre Kriegsschar und unser Leben gerettet.«

Hildebrand antwortete: »Nun hilft nichts, wir müssen fliehen! Und jeder, der seinem Herrn folgen will, geh und rüste sich: wir haben keine Zeit zu verlieren. Auf, ins Heunenland zu König Etzel.« Alle standen auf.

Großer Lärm entstand da in der Stadt von Rossewiehern und Waffengetöse: dazwischen scholl das Weinen und Klagen der Frauen und Kinder, die von den Fliehenden Abschied nahmen. Als alle gerüstet waren, gingen sie noch einmal in die schönen Königshallen und tranken den Abschiedsbecher. Da stürmte Heime herein: »Auf, König Dietrich, flieht ohne Säumen! Ermenrich folgt mir auf der Ferse mit fünftausend Degen und ungezählten Mannen; ihm widerstehst du nicht.«

Hildebrand fasste Dietrichs Bannerstange und schwang das Banner mit dem goldenen Löwen empor: »Nun folgt mir: ich reite voran und weise euch den Weg.« Alle sprangen empor, eilten hinaus zu ihren Rossen und scharten sich zusammen. Dietrich nahm seinen zweijährigen Bruder DIETHER in den Arm und schwang sich auf Falkas Rücken: er stieß das Burgtor auf. Hildebrand ritt voran, das Banner tragend. So zogen sie fort, nordwärts über die Grenze, bei König Etzel Zuflucht zu finden. Ehe sie sich aber ins Heunenreich wandten, streiften sie heerend durch Ermenrichs Gebiete.

Wittig und Heime ritten traurig zurück, bis sie Ermenrich in einer Burg antrafen, wo er Rast hielt. Heime ging zu ihm und sprach voll Zornes: »Du tatest bisher schon genug Übeltaten: deine Söhne hast du in den Tod gebracht, deine Neffen ermordet: und nun hast du auch Dietrich und Diether und mit ihm die besten Helden verjagt: – das stiftete alles Sibich, der böse Hund.«

»Höre, König, den hochmütigen Heime«, sprach Sibich. »Besser wär's, du ließest ihn im Walde Rosse hüten, wie sein Vater es tat.«

»Hätt' ich Nagelring nun zur Hand, erschlüg' ich dich, wie man einem Hunde tut«, rief Heime entgegen und schlug Sibich mit der Faust ins Gesicht, dass er zur Erde stürzte.

»Ergreift Heime und hängt ihn!«, befahl der König. Aber Heime eilte hinaus, nahm seine Waffen, sprang auf seinen Hengst Rispa und ritt zum Burgtor hinaus. Sechzig Mannen setzten ihm nach: doch Wittig trat in das Tor und schwang ihnen Mimung entgegen. Da wagte sich keiner mehr vorwärts. Heime ritt mit seinen Genossen in den Wald und führte wieder ein Räuberleben: wo er Höfe Ermenrichs oder Sibichs fand, verbrannte er sie, ihre Krieger erschlug er und tat ihnen vielen Schaden. Sibich wagte nur noch mit großem Gefolge zu reiten und fürchtete sich stets vor Heime.

Als König Dietrich auf seiner Flucht an die DONAU vor die Burg BECHELAREN kam, meldeten die Türmer ihrem Markgrafen die Gäste. RÜDIGER ritt ihnen mit GOTELINDE, seiner Frau, und seinen Burgmannen entgegen und begrüßte die Heimatlosen. Dietrich klagte ihm Ermenrichs Übeltaten und dass sie deshalb zu Etzel flüchteten. Aber Rüdiger ließ sie so rasch nicht fort: lange und gute Rast hielten sie, und als sie endlich von Bechelaren schieden, gab der milde Markgraf jedem ein Gastgeschenk und zog selbst mit ihnen nach Susa. Ein Wächter meldete ihr Nahen. Mit flatternden Fahnen, umgeben von Spielleuten, ritten Etzel und HELCHE einer Schar voran, Dietrich feierlich einzuholen.

»Wir kommen – landflüchtige Männer! – bei dir eine Zuflucht suchend«, sprach Dietrich.

»Sei willkommen, bleibe da und sei mein Gast, solange du willst«, antwortete der Heunenkönig. Er bot ihnen ein großes Gastmahl und wies ihnen eine eigne Burg in seiner Hauptstadt an. So blieb König Dietrich mit seinen Kämpen nun bei Etzel.

III.
Etzels Krieg mit den Russen

1. Waldemar wird geschlagen

König Etzel wurde die Kunde gebracht, dass Waldemar[59], König von Holmgard[60], mit seinem Sohn Dietrich ins Heunenreich gebrochen wäre. König Dietrich von Bern stand auf dem höchsten Turm in Susa und spähte hinaus: da sah er Rauch und Feuer aufsteigen weit übers Land. Er eilte zu Etzel: »Steh auf, Herr, und rüste dich! Waldemar verbrennt deine Höfe und Städte.« Etzel fuhr empor und ließ die Heerhörner blasen. Waldemar hatte unterdessen Burgen und Dörfer verbrannt und viele Männer erschlagen, andre schleppte er gefangen mit geraubten Schätzen davon. Als er aber hörte, ein Heunenheer schare sich zusammen, floh er zurück in sein Land. Nun unternahm Etzel einen Vergeltungszug ins Russenland: heerend und brennend zog er umher und tat großen Schaden. Da sammelte Waldemar aus seinem ganzen Reich ein unabsehbares Heer um sich und rückte Etzel entgegen. Im Wilkinenland trafen sie sich. Etzel ordnete seine Heunen gegen das Banner Waldemars. Die Amalungen stellten sich gegen Dietrich, Waldemars Sohn. Der Berner ritt seiner Schar voran, zu beiden Seiten die Feinde niedermähend: da sprengte ihm Waldemars Sohn entgegen, und sie fochten erbitterten Zweikampf. Schwere Hiebe und große Wunden schlugen sie einer dem andern. Neun Wunden klafften an des Berners Leib: aus fünf tiefen Wunden blutete der Russe Dietrich, und der König ließ nicht ab von ihm, bis er ihn gefangen genommen und gebunden hatte. Da erschallte großes Heergeschrei, und König Dietrich sah Etzel fliehen mit all seinen Heunen. Laut und grimmig rief er: »Ihr Amalungen, steht und streitet, ich fliehe nicht!« Rasch sammelten die Goten sich um ihren Herrn und folgten ihm freudig in das dickste Kampfgewühl. Etzel hatte fünfhundert Krieger verloren, er floh bis ins Heunenreich. Die Amalungen kämpften fort den ganzen Tag und zogen sich in eine verödete Burg zurück. Aber Waldemar war ihnen gefolgt, stets drängend und angreifend, und legte sich rings um die Burg, mit mehr denn zwölftausend Kriegern. Dietrich hatte zweihundert seiner Degen verloren, doch jeden Tag brach er hervor und schlug sich mit den Russen. Bald mangelten ihnen die Lebensmittel: da hatte er durch Kundschafter die Stunde erspäht, wann Waldemar mit seinem Heere beim Essen saß. Fünfhundert Kämpen hieß er sich wappnen: die erste Hälfte ging zu einem, die zweite zum andern Tor hinaus; die Russen, als sie furchtbaren Kriegslärm und Heerruf von zwei Seiten her vernahmen, wähnten die Heunen zurückgekehrt und flohen. Die Säumigen wurden erschlagen, und Dietrich erbeutete reichlich Vorräte an Speisen und Wein. Kaum aber hatte er die Beute in der Burg geborgen, als Waldemar, die List erkennend, kehrtmachte und die Goten wieder in der Burg einschloss, bis ihnen abermals alle Lebensmittel ausgingen und sie zuletzt ihre Rosse essen mussten. Dietrich und Hildebrand gingen zusammen und hielten Rat.

»Ich will einen Boten zu Markgraf Rüdiger schicken um Hilfe: welcher Degen ist wohl der tauglichste zu dieser Fahrt?«, fragte der König.

»Ist einer dreist und tollkühn unter uns, so ist's Wildeber.«

Dietrich rief ihn und fragte: »Wildeber, bist du kühn genug, durch Waldemars Heer zu reiten und den Markgrafen Rüdiger um Hilfe zu bitten?«

»Solang ich Speer und Schild tragen kann, scheide ich mich nicht von dir: – aber ich bin wund und tauge nicht zu diesem Botenritt. Wähle Ulfrad, deinen Verwandten.«

Ulfrad sprach: »Wagt Wildeber nicht, durch Waldemars Heer zu reiten, so leih mir Falka, Hildegrim und Eckesax, dann bin ich dazu bereit.«

Das bewilligte Dietrich, und Ulfrad ritt zur Nacht fort. Als er an ein verlassenes Wachtfeuer kam, riss er einen lodernden Feuerbrand heraus und ritt mitten in Waldemars Heer hinein: alle hielten ihn für einen Wachtmann, weil er ganz furchtlos einherzog. So kam er an des Königs Zelt und schleuderte den Feuerbrand hinein: knisternd brannte die Seide. Die in dem Zelte lagen, sprangen heraus: zehn von ihnen erschlug Ulfrad – dann sprengte er fort, so schnell er konnte. Dietrich, Hildebrand und Wildeber standen auf der Burgmauer, sahen das Zelt brennen und freuten sich Ulfrads Kühnheit. Der jagte, so eilig Falka rennen konnte, ins Heunenland, bis er Etzel mit seinem Heere traf.

»Willkommen, Rüdiger«, rief der den Markgrafen an, »Dietrich sendet dir Gruß und braucht deine Hilfe.« Rüdiger erkannte nun erst, dass es nicht Dietrich selber war:

»Wohl mir«, rief er, »dass ich Dietrich noch am Leben weiß.« Kaum hatte er Ulfrads Erzählung zu Ende vernommen, so eilte er zu Etzel. Nun wurden die Zelte wieder abgebrochen, und das Heer kehrte um, die Amalungen zu entsetzen. Als Waldemar die Scharen heranrücken sah, hob er die Belagerung auf und zog davon. Dietrich brach aus der Burg hervor und verfolgte ihn; zurückgekehrt traf er Etzel, der ihn mit freudigem Willkomm begrüßte.

»Nun bin ich so alt«, sprach Hildebrand zu Rüdiger, »und kam noch nie in solche Not! Sieben Rosse sind noch übrig von denen, die wir mitbrachten.« König Dietrich überließ seinen Gefangenen dem König Etzel: »Tu mit ihm nach deinem Gefallen.«

»Das Geschenk«, lachte Etzel, »ist mir lieber als ein Schiffspfund roten Goldes.«

Fröhlich kehrten sie nach Susa zurück. Der gefangene

Dietrich wurde in den Kerker geworfen. König Dietrich aber lag schwer wund in seiner Burg.

2. Die beiden Dietriche

Nach einigen Monden unternahm Etzel wieder einen Heerzug gegen die Russen. König Dietrich konnte nicht mit ihm ziehen, er lag noch wund. Da bat die Königin Helche ihren Gemahl: »Lass mich meinen Blutsfreund Dietrich aus dem Kerker holen und seine Wunden heilen: söhnt Waldemar sich mit dir aus, so wird es besser sein, er erhält seinen Sohn lebend und gesund wieder.«

»Das kann ich nicht gewähren«, antwortete Etzel. »Denn wird er heil, während ich fort bin, so wird er auch frei, und nie mehr bekomme ich ihn in meine Gewalt.«

»Ich setze dir mein Haupt zum Pfand, dass er nicht entflieht«, bat Helche. Da erzürnte Etzel.

»Allzu eifrig bemühst du dich für meine Feinde: wohlan, ich nehme dein törichtes Pfand an. Aber des sei gewiss: entflieht Dietrich, so fordere ich es ein.« Der König zog fort, und es geschah, wie die Königin wollte: sie ließ Dietrich, Waldemars Sohn, in einen behaglichen Turm führen, wo sie ihn selber pflegte und seine Wunden heilte: die köstlichsten Leckerbissen trug sie ihm zu, bereitete ihm stärkende Bäder und schenkte ihm allerlei Kleinodien. Zu König Dietrich hatte sie eine ihrer Dienstfrauen gesendet: die verstand die Heilkunst schlecht, und Dietrichs Wunden wollten nicht heilen.

Als Waldemars Sohn genesen war, ging er hin, rüstete sich und frohlockte: »Nun liegt der Berner noch in seinen Wunden, ich aber bin heil und will heimreiten: niemand kann's mir wehren: Etzel ist fern: – der Berner liegt, unfähig des Kampfes.«

Helche merkte sein Vorhaben, ging zu ihm und mahnte ihn: »Lohnst du mir so, was ich dir Gutes tat? Dein Entrinnen bringt dir keine Ehre: ich habe mein Haupt zum Pfande gesetzt für dich: aber freilich! Dich kümmert's wohl wenig, ob es mir abgehauen wird, wenn du nur fortkommst.«

»Du bist eine mächtige Königin«, antwortete Dietrich. »Dein Gatte wird dich nicht erschlagen – wenn aber ich ihn erwarte, so lässt er mich töten.«

Nun ging er hin, führte ein gutes Pferd Etzels aus dem Stall, legte ihm den Sattel auf und schwang sich hinein. Königin Helche war ihm bittend gefolgt: »Bleibe hier, Dietrich, und ich will dich mit Etzel aussöhnen: entfliehst du mir, so wird der Heune fürchterlich ergrimmen, und mein Haupt muss ich lassen.«

Doch Dietrich achtete nicht auf sie und ritt fort. Königin Helche zerriss vor Jammer ihre Kleider und eilte weinend zum Berner: »Dietrich, vieltreuer Held, nun rate, hilf! Ich habe meinen Blutsfreund geheilt: zum Dank ist er mir entflohen. Kehrt Etzel heim, so ist mein Tod gewiss, wenn du mir nicht beistehst.«

»Recht geschah dir, dass er dir's so lohnte«, antwortete Dietrich. »Ihn hast du liebreich gepflegt, während ich einer unwissenden und unwilligen Magd überlassen war: nun sind meine Wunden noch einmal so schlimm als von Anfang, und ich bin so siech, dass ich weder stehen, noch gehen, noch gar mit einem Mann fechten kann.«

»Wehe mir!«, klagte Helche, »dass ich nicht DICH heilte. Du bist der tapferste aller Recken. Nun muss ich mein Haupt König Etzel lassen.«

Da jammerte Dietrich der Königin: »Bringt mir meine Waffen«, rief er, »ich will Waldemars Sohn im Kampf bestehn.« Nun wurde er gewappnet, ein Diener führte seinen Hengst in den Burghof. Dietrich sprang in den Sattel und ritt zum Tor hinaus: aus seinen Wunden strömte ihm das

Blut über Brünne, Gurt und Ross. Bald kam er an jene Burg im Wilkinenland, in welcher einst FRIEDRICH, Ermenrichs Sohn, erschlagen worden war. Die Tochter des Burggrafen stand auf einem Turm: sie hatte Waldemars Sohn vorüberreiten sehn und sah nun einen Mann eilig hinterdrein kommen. Neugierig lief sie ans Tor, und als Dietrich heransprengte, sah er die Jungfrau und fragte sie: »Sahst du einen Mann in glänzender Brünne auf grauem Ross hier vorüberkommen?«

»Ich sah ihn: es ist noch nicht lange, als er vorbei und in den Wald ritt.«

Dietrich stieß Falka mit den Sporen, dass er weit springend ausgriff. Aber die Jungfrau ahnte nun, dass nicht Freundschaft den Mann trieb, darum rief sie ihn an: »Du bist wund, Herr, Blut strömt aus deiner Brünne: komm hierher, ich will deine Wunden verbinden, dann kannst du noch behaglicher jenem folgen.« Allein Dietrich jagte nur noch hitziger fort: da merkte sie wohl, dass er den Mann zum Kampfe aufsuchte, und sie wartete am Tor, um zu erspähen, wie es enden werde.

Dietrich kam an den Burgwald und sah Waldemars Sohn reiten; er rief ihn an: »Kehr um, guter Gesell, ich will dir Gold und Silber geben und dich mit Etzel aussöhnen.«

»Warum bietest du mir Gold?«, entgegnete Waldemars Sohn, »ich will dein Freund nicht werden. – Wende deinen Hengst! Hinweg von mir mit deine ekeln Wunden.«

»Kehr um«, bat Dietrich nochmals. »Dein Entfliehen ist ehrlos: Königin Helches Haupt steht zu Pfande für dich! Wir beide wollen dir Frieden mit Etzel verschaffen.«

Waldemars Sohn gab dieselbe Antwort wie zuvor, und nun ergrimmte Dietrich sehr: »Wenn du nicht umkehren willst, nicht um Gold und Silber, nicht um meiner Freundschaft willen, nicht wegen der Königin Leben, ja, nicht um deiner eignen Ehre willen, so steige vom Ross und kämpfe mit mir. – Willst du aber auch das nicht, so heiß ich dich einen Schuft und schlage dich tot.«

Da wandte Waldemars Sohn sein Ross und ging zum Streit, und er wusste, dass er in den Tod ging. Sie saßen ab und trafen zusammen: sie zerhieben einander Schild und Brünne und wurden müde von Wunden und Kampf. Sie stellten ihre Schilde vor sich, stützten sich darauf und ruhten so eine Weile.

»Guter Freund«, hub Dietrich an, »kehr um mit mir! Ich söhne dich aus mit Etzel, und will er's nicht, dann nehm' ich meine Waffen und Mannen und reite mit dir in dein Reich.« Aber Waldemars Sohn weigerte sich, wie zuvor, und sie gingen nun in großem Zorn wieder zum Kampfe zusammen. Einen gewaltigen Hieb tat der Berner und traf Waldemars Sohn an der rechten Seite des Halses, dass der Kopf zur Linken abflog. –

Er band das Haupt an seinen Sattelriemen und ritt zurück; an der Burg traf er die Jungfrau und ließ sich nun von ihr seine Wunden verbinden; dabei warf er den Mantel über das blutige Haupt, damit sie nicht es sehen und erschauern sollte. Währenddessen kam der Graf, ihr Vater, dazu und fragte, wer Dietrich sei?

»Ahnt mir recht«, sprach der Berner, »so hab ich durch dich meinen Blutsfreund, Friedrich, verloren: – denn ich bin Dietrich, Dietmars Sohn.«

Als der Graf das hörte, bewirtete er Dietrich aufs höflichste und bat ihn, in der Burg zu nächtigen. Mit seinen Genossen aber ging er heimlich zu Rat: ob sie Dietrich für Friedrich Sühne bieten oder ihn überwältigen und ermorden wollten? Sie fürchteten aber Etzel sehr: und weil Dietrich ein so gewaltiger, weit berühmter Held, rieten alle zur Aussöhnung. Der Graf veranstaltete ein üppiges Gastmahl, Dietrich musste manche Tage bei ihm rasten; dann rüstete er sechs Degen aufs prächtigste aus, führte sie vor den Berner und sprach: »Diese Krieger sollen deine Mannen werden, mit all ihrer Habe: du dagegen rechne mir das nicht an, dass ich auf Sibichs Verlangen deinen Blutsfreund erschlug. Wahrlich, hätt' ich gewusst, wie schuldlos Friedrich war, ich hätt' es nicht getan.«

»Wegen deiner Unwissenheit will ich die Sühne annehmen; hättest du sie aber nicht geboten, würd' ich Friedrich blutig gerächt haben.« So schieden sie.

Als Dietrich inmitten seiner sechs Gefolgen in die Königsburg ritt, glaubte die Königin, Waldemars Sohn komme zurück, und wollte ihnen freudig entgegengehen. Da trat der Berner in ihren Saal und warf das abgehauene Haupt der Königin vor die Füße. Weinend beugte sie sich darüber und klagte, wie so viele ihrer Blutsfreunde ihretwillen das Leben lassen mussten. Dietrich ging in seine Burg und lag in seinen Wunden wie zuvor.

Etzels Heerfahrt endete mit Unsieg und Flucht. Als die Scharen zurückkamen, ging Hildebrand zu seinem Herrn und sprach: »Froh bin ich, dich am Leben zu sehen. Aber noch froher wäre ich, wenn du bald wieder kriegstüchtig würdest. Oft hast du von Etzel gesagt, er wäre ein tapfrer Held: – mich dünkt er der elendeste Feigling aller Heunen: als der Kampf am ärgsten tobte und wir Goten lustig vordrangen, da wandte der feige Hund sich zur Flucht und riss alle seine Heunen mit sich. Mich stach Waldemars Bruder, Graf Iron, vom Ross herunter, und nur dem tapfern Rüdiger dank' ich mein Leben.«

»Meister Hildebrand, halt ein!«, rief Dietrich, »sage mir nichts mehr von eurer Fahrt: – sie ist schlecht ausgefallen! – Sind aber meine Wunden erst geheilt, dann wollen wir erproben, wer flieht, ob König Waldemar oder wir Goten.«

Nach sechs Monden war Dietrich genesen und rächte die Schmach in einem gewaltigen Heerzug, zu welchem er Etzel getrieben hatte. Er trennte sich mit seiner Schar von den

Heunen – der ließ die tapfern Helden nur zögernd von sich – und begegnete allein mit seinen Goten Waldemar in einer wilden Schlacht. Heißen Heldenzorn atmend, ritt er mitten in den Feind, bis vor den König: dem Bannerträger schlug er die rechte Hand ab, die flog samt dem Banner zur Erde, mit einem zweiten Schlag gab er König Waldemar den Todesstreich. Da flohen die Russen und fielen unter den Gotenhieben wie Gras vor dem Schnitter.

Etzel hatte indes die Feste Pultusk belagert und mit Sturm genommen: Graf Iron, der die Burg verteidigte, musste sich gefangen geben mit allen seinen Kriegern. Auf Dietrichs Rat ließ Etzel ihm nicht nur das Leben, sondern setzte ihn auch als Unterkönig über das Reich der Russen. Er musste Etzel Treue schwören, jährliche Schatzung zu zahlen, und Heerdienst leisten.

3. Fasold und Dietleibs Fall

Es war ein König Isung von Bertangaland, ein Freund Etzels, der hatte den Heunen stets Hilfe gegen die Wilkinen geleistet. Das zu rächen, unternahm Hertnit, König der Wilkinen, einen mörderischen Raubzug durch Isungs Gebiete. Sobald Isung davon Kunde bekam, sammelte er mit seinen starken Söhnen ein Heer und zog Hertnit nach. Fasold den Starken, Dietleib den Dänen und manchen andern Freund rief er durch rasche Boten zu Hilfe. Freudig folgten sie dem Rufe: vereint brachen sie mit ihren Scharen ins Wilkinenreich. Alle flohen vor ihnen: einige in Wälder, andre zu Schiff, einige auf öde Heiden und wieder andre zu König Hertnit, und riefen: »Isung mit seinen Söhnen ist in dein Land gekommen, mit ihm Fasold der Starke und Dietleib der Däne – ein Heer von fünftausend folgt ihnen!«

Sofort sammelte Hertnit seine Scharen und eilte in die

Schlacht. Seine Gattin Ostacia aber war eine »Wale«, d.i. zauberkundig. Sie ging in ödes Land und sammelte durch Zauber allerlei wilde Tiere um sich, darunter auch Drachen. Sie zähmte die Tiere und zwang sie sich zum Gehorsam. Sich selbst wandelte sie in einen Flugdrachen und zog so an der Spitze ihres Tierheeres auf die Walstatt, wo die Wilkinen schon zu erliegen bangten.

Gräuliche Verwüstung richteten die Zaubertiere unter Isungs Heervolk an, wie viele auch der Ungetüme die Krieger erschlugen. Isung selbst fiel mit allen seinen Söhnen. Fasold hatte mit seiner starken Hand manches Hundert Wilkinen getroffen: er war wund und müde vom Kampfe. Da ritt König Hertnit gegen ihn und stach ihm den Speer mitten durch die Brust: tot sank Fasold vom Ross.

Dietleib, der Däne, hatte so wacker gestritten, dass der Leichenhaufe bis zum Sattel hoch um ihn lag. Seine Mannen waren meist erschlagen, er selber schwer wund. Da sah er Fasold fallen: er gab seinem Hengst den Sporn und rannte mit gesenktem Speere Hertnit an, durchstach ihm den Schild, die zwiefache Brünne und die Schulter an der Achselhöhlung. Der König stürzte vom Ross auf die Erde, und über ihn sanken viele seiner Gefolgen unter Dietleibs Hieben – viele aber entflohen vor dem Dänen. Da flog ein großer Drache mit klaffendem Rachen gegen den Helden. Dietleib stach dem Ungetüm mit dem Speer durch Rachen und Hals, doch der Drache umklammerte den Recken mit seinen Krallen und warf sich mit den Schwingen schlagend auf ihn. So fand Dietleib, der Däne, den Tod und unter ihm sein Ross. Die Wilkinen gewannen den Sieg: wer nicht entrann, den erschlugen sie; ihren schwer wunden König aber hoben sie auf: geschickte Ärzte verbanden seine Wunde. Als er in seine Burg heimgekommen, fand er Ostacia siech und erkannte nun, woher ihm der Beistand des Zauberheeres gekommen war.

Ostacia starb nach drei Tagen, König Hertnit aber wurde wieder geheilt und vollbrachte noch viele Heldentaten.

IV.
Dietrichs Zug gegen Ermenrich

1. Rüstung und Auszug

König Dietrich lebte nun seit zwanzig Jahren im Heunenlande: sein Bruder DIETHER war, unter Helches Pflege, zu einem stattlichen Jüngling herangewachsen, durch innige Freundschaft den etwas jüngeren Söhnen Etzels, ERP und ORTWIN[61], verbunden: die drei hatten aller Menschen Lob im Heunenland. Da geschah es einmal, dass Dietrich in Helches Halle trat, wo sie inmitten ihrer Frauen saß. Als sie ihn kommen sah, stand sie auf, ließ eine Goldschale voll Wein füllen und reichte sie ihm selber: »Willkommen, guter Freund«, sprach sie dazu. »Setze dich her und trinke mit mir. Von wo kommst du? Hast du ein Begehr? Oder kannst du mir eine neue Mär sagen?«

»Frau Königin«, antwortete er harmvoll, »ich komme aus meiner Burg. Keine neue Mär kann ich dir sagen: aber eine große, die dir lange bekannt ist: ich gedenke, wie ich aus meinem Reich entfliehen musste und bei Etzel Schutz fand – zwanzig Winter hab ich nun mein Land gemieden! – Das härmt mich sehr! Und das will ich klagen vor dir und allen Heunen.«

»Wahrlich, du mahnst mich an große Dinge; oft und siegreich hast du uns beigestanden, und willst du nun versuchen, dein Reich wiederzugewinnen, so ist es billig, dass die Heunen dich dabei unterstützen. Ich will dir tausend Degen ausrüsten zu dieser Fahrt, und ich will Etzel bitten, dass auch er dir helfe.«

Dabei stand sie auf, warf ihren Mantel um, schritt zu des Königs Halle, und Dietrich folgte ihr. Als sie vor Etzels Hochsitz kam, empfing der König sie freundlich: er reichte ihr aus goldenem Becher Wein, bat sie, sich neben ihn zu setzen, und fragte, welche Bitte sie habe?

»Herr, eine Mahnung habe ich«, begann Helche. »König Dietrich hat mich klagend daran erinnert, wie er einst Bern und Raben[62] und sein ganzes Reich verloren hat: das härmt ihn sehr, er will nun wieder in sein Land fahren. Zwanzig Winter lebte er hier: in manche Gefahr und Schlacht ging er für dich; nun wirst du's ihm wohl lohnen und ihm ein Heer geben, sein Reich zurückzugewinnen.«

Zornig antwortete Etzel: »Wenn Dietrich Hilfe will – ist er zu stolz, selbst darum zu bitten? Meint er, ich soll sie ihm anbieten?«

»Nicht Stolz oder Hochmut hält König Dietrich zurück, sondern ich spreche für ihn, weil er glaubte – wie auch ich –, dass König Etzel Helches Bitten leichter erhören werde. Ich gab ihm tausend Mannen; nun magst du sagen, was du ihm geben willst.«

»Frau, du sprichst wahr: König Dietrich hat mein Reich geschirmt und gemehrt: unköniglich wär's, ihm den Beistand zu weigern, und insbesondere, da du, Königin, für ihn bittest. Ich will ihm den Markgrafen Rüdiger geben und zweitausend Kämpen.«

»Habt Dank, beide, für eure Hilfe«, rief Dietrich über die Maßen froh.

Während des Winters wurde ein Heer gerüstet, und es gab in Heunenland nichts eiliger zu schmieden als Schwerter, Speere, Brünnen und Helme, und Sättel und Rosse auszurüsten, und alles, dessen ein Heer bedarf.

Da gingen Erp und Ortwin zu ihrer Mutter und verlangten, sie solle Etzel bitten, dass er ihnen die Fahrt mit Dietrich ins römische Land erlaube. Unter Tränen mahnte die

Mutter, davon abzustehen, weil sie noch zu jung und der Gefahren viele seien. Aber die Knaben ließen nicht nach: da kamen Etzel und Dietrich dazu in die Halle und befragten Helche um die Ursache ihres Weinens. Nun wandten die Jungherren sich mit Bitten an den Vater, aber auch er weigerte sich. Jedoch als König Dietrich bat, den Knaben zu willfahren, und sich verbürgte für ihre Sicherheit, willigte Helche darein, und auch Etzel widerstand da nicht länger.

Im Frühjahr versammelte sich das Heer in Susa: zehntausend Reiter und ungezähltes Fußvolk waren zusammengekommen. Königin Helche ließ ihre Söhne aufs prächtigste rüsten: ihre Brünnen waren vom besten Stahl, mit gleißendem Golde geziert: an den blinkenden Helmen die Nägel vergoldet: und dazu bekamen sie armsdicke Schilde mit roter Farbe bemalt.

»Seid tapfer, meine Söhne, wie eure Waffen gut sind«, sprach die Königin: »Sosehr ich um eure Leben sorge – mehr noch liegt mir am Herzen, dass man euch tapfer nenne, wann ihr aus der ersten Schlacht wiederkehrt.« Dann rief sie Diether, küsste ihn, schlang ihre Arme um seinen Hals und sprach: »Lieber Pflegesohn, euch drei Knaben hat bisher die Liebe geeint in jedem Spiel: nun ziehet ihr in die erste Heerfahrt, haltet fest zusammen und leiste jeder dem andern treuen Beistand.«

»Frau Königin«, antwortete Diether, »wir sind gut gerüstet zum Streit: nun walte des der Gott des Sieges, dass ich dir die Söhne heil mag heimführen: fallen sie aber, so wirst du nicht hören, dass ich lebe, während sie tot liegen.«

Das dankte ihm Helche und reichte auch ihm stolze Waffen von bestem Stahl: Helm und Brünne waren mit Gold ausgelegt, und kostbare Steine funkelten in der Helmzier. Der mit Gold bedeckte Schild zeigte einen roten Löwen: und niemand hatte je Königskinder besser gerüstet gesehen.

In der Stadt erhob sich gewaltiger Lärm von den Kriegsscharen, die dicht gedrängt in den Straßen lagerten und wogten. König Etzel stieg auf den höchsten Turm seiner Burg und gebot Ruhe: da ward Stille, und weithin scholl Etzels Stimme.

»Ordnet eure Scharen, wie ich's befehle: König Dietrich ziehe mit seinem Gotenvolk; Markgraf Rüdiger führe meine Heunen: alle andern aber, Gezählte wie Ungezählte, folgen meinen Söhnen und dem jungen Diether.«

Nun sprang Rüdiger aufs Ross und zog mit seiner Schar aus der Burg. Ulfrad ritt ihm als Bannerträger voraus. Dann folgten Etzels Söhne und Diether. Herzog NUDUNG von WALKABURG, Rüdigers junger Schwäher, trug Jung Diethers Banner. Mit ihnen ritt auch HELFERICH. Weinend schaute Helche ihnen nach. Da schwang sich auch Dietrich auf Falkas Rücken und sprach scheidend zur Königin: »Frau Helche: ich schwör's, nicht komm ich lebend aus diesem Kampfe, wenn ich deine Söhne verliere.«

Meister Hildebrand schwang Dietrichs Banner empor – in weißer Seide stieg der goldne Löwe: die Königin selber hatte es ihm gegeben – und ritt vor seinem Herrn zum Tore hinaus. Ihm folgten Wildeber und alle Goten.

Als sich das Heer auf der Straße südwärts wandte, schickte Dietrich zwei Boten nach Romaburg, die ritten Tag und Nacht, bis sie vor den König kamen, und riefen: »Hör uns, König Ermenrich: Dietrich und Diether kehren heim ins Amalungenland. Vergolten wird nun all deine Untreue: ihnen folgen ein Heunenheer und Etzels Söhne. Willst du das Reich wahren, so komm ihnen entgegen nach Raben. Nicht wie ein Dieb will König Dietrich sich ins Land stehlen: Heersage haben wir angesagt.«

Ermenrich ließ den Männern Kleider und Rosse als Botenlohn geben und sprach: »Reitet zurück! Nun ich's weiß, dass sie kommen, fürcht' ich mich wenig vor den Heunen.«

Er sandte aber Boten über sein Reich und ließ jeden waffenfähigen Mann zum Kampfe rufen: nach drei Tagen und Nächten war in Romaburg ein Heer zusammengeschart von siebzehntausend Reitern, darunter auch Wittig mit seinen Kriegern: die trugen schwarze Hornbögen und Plattenbrünnen. Sibich führte sechstausend Reiter, mit ihnen ritt Ermenrich selber: Herzog Reinald hatte fünftausend, und sechstausend folgten Wittig.

»Dietrich und Diether müssen erschlagen werden«, sprach Ermenrich, »und höre, Wittig, vor allem lasst die Söhne Etzels nicht mit dem Leben entrinnen.«

»Gern will ich mit Heunen streiten«, antwortete Wittig, »doch gegen Dietrich und Diether zieh' ich mein Schwert nicht.«

So zogen sie nordwärts und trafen Dietrich mit seinem Heere bei Raben, nördlich vom Strome (Padus, Po) gelagert.

Ermenrichs Scharen schlugen ihre Zelte nun südlich des Stromes auf. In der Nacht ritt Hildebrand allein auf Spähe aus, den Strom hinab, und traf Herzog Reinald auf ebensolcher Fahrt. Sie waren alte Freunde und freuten sich sehr ihrer Zusammenkunft. Als der Mond aufstieg, zeigte einer dem andern, wie die Zelte aufgeschlagen und die Scharen zur bevorstehenden Schlacht geordnet waren.

»Und Sibich, euer größter Feind«, sprach dann Reinald, »führt ein Heer, als erster Herzog.«

»Gegen ihn«, rief der Alte, »reiten wir Goten: und ich hoffe, ihm seine Bosheit zu vergelten!«

»Das wirst du schwerlich, so wenig ich dir's wehre: denn ihm folgt allzu viel Kriegsvolk. Der zweite Herzog ist Wittig, euer Freund: mit ihm reiten Amalungen, die haben geschworen, den Heunen die Schädel zu spalten.«

»Dem Markgrafen Rüdiger folgen Heunen«, sprach Hildebrand.

»Dann führ' ich meine Schar gegen Rüdiger, und meide

so Blutsfreunde und Goten. Freilich muss Wittig dann gegen Etzels Söhne streiten, wiewohl er nicht mit Jung Diether kämpfen will.«

Darauf küssten sie sich zum Abschied und ritten ihren Lagern zu. Sie hatten aber zuvor fünf Wachtmänner begegnet, die, Hildebrand erkennend, trotz Reinalds Abwehr, auf den Alten eindrangen und ihm die Helmzier durchhieben.

Da schlug Hildebrand dem ersten den Kopf ab; die übrigen ritten eiligst ihres Weges. Durch sie erhielt Sibich Kunde, dass Hildebrand in die Nähe der feindlichen Zelte gekommen sei: er rüstete sich eilig, mit einigen Mannen ihn zu überfallen. Wie er ausreiten wollte, kehrte Reinald gerade ins Lager zurück und wehrte ihm.

»Willst du den einsam Reitenden erschlagen? So lass ich meine Hörner blasen, und du sollst zuerst uns bekämpfen.«

»Wie, Reinald«, drohte Sibich, »willst du Ermenrich verraten und seinen Feinden beistehen?«

»Das will ich nicht, obwohl ich gegen Verwandte und Freunde kämpfen muss. Doch Hildebrand sollst du nicht überfallen, nun er allein durch die Nacht reitet: in der Schlacht wird er dir nicht ausweichen: dann wehr' ich dir's nicht, mit ihm zu streiten.«

So musste Sibich sich fügen, und Hildebrand kehrte ungekränkt zurück. Er berichtete Dietrich alles, was er in der Nacht erfahren hatte.

2. Die Rabenschlacht[63]

Als der Morgen anbrach, ließ König Dietrich die Schlachthörner blasen: und alsogleich erklangen auch aus Diethers und Rüdigers Lagern die schmetternden Rufe: das Heer ging durch eine Furt über den Strom gegen die Feinde.

Nun ließ auch Sibich zum Streite rufen, und die sechs

Scharen zogen in die Schlacht gegeneinander, also geordnet: der starke Herzog Walther[64] trug Ermenrichs Banner: das war gewirkt aus schwarzer, goldgelber und grüner Seide und mit goldenen Schellen ringsum behangen, die klangen weithin über das Walfeld. Dahinter ritt Sibich mit sechstausend Reitern und vielem Fußvolk. Dietrich befahl Meister Hildebrand, sein Löwenbanner Sibich entgegenzutragen.

Reinalds Banner, rot wie Blut und drei goldene Knäufe darein gewirkt, flog dem Rüdigers entgegen. Der starke Runge trug Wittig das Banner voraus: das war schwarz: mit weißer Farbe standen Hammer, Zange und Amboss darein gezeichnet. Ihm entgegen ritt Jung Diether, Nudung trug dessen Banner, um dieses scharten sich Etzels Söhne, Helferich und viele Edelinge. Sie waren an Waffen und Wehrkleidern so reich mit Gold geschmückt, dass ein Glanz von ihnen ausging, als sähe man in Feuer.

König Dietrich ritt allen voran, schwang sein Schwert und hieb zu beiden Seiten Männer wie Rosse nieder: er fällte einen Feind über den andern. Hildebrand hielt mit einer Hand das Banner hoch und erschlug mit der andern manchen Mann; Wildeber folgte ihnen stets.

»Oft haben wir Russen und Wilkinen besiegt«, rief Dietrich, – »heut kämpfen wir für unsre Heimat! Vorwärts, meine Goten!« Und mitten in Sibichs Schar ritt Dietrich mit seinen Gefolgen und schlug alles nieder, was ihm widerstand: – da wagte keiner mehr, gegen ihn zu streiten. Wildeber drang nach einer andern Richtung in die Feinde, und wohin er kam, behielt kein Mann weder Waffen noch Leben vor ihm. Das sah Herzog Walther, wie Wildeber die Männer erlegte gleich jagdbarem Wild und wie die Krieger flohen, sobald sie ihn nur sahen: da ritt er ihm hitzig entgegen, stieß ihm die Bannerspitze in die Brust und im Rücken drang sie heraus. Wildeber aber hieb mit dem Schwert den Speerschaft vor seiner Brust ab, ritt dicht an Walther heran und mit einem letzten Hieb schlug er ihm auf den Schenkel: die Brünne sprang entzwei, das Schwert blieb erst im Sattel stecken: dann sanken beide tot von den Hengsten.

Als aber Sibich Walther erschlagen und Ermenrichs Banner gesunken sah, floh er mit seiner ganzen Schar, und Ermenrich folgte ihnen. Dietrich setzte nach, und die Goten erschlugen, wen sie erreichten. Wittig sah Sibich fliehen und drang nun, den Sieg noch zu retten, mit doppeltem Ungestüm vorwärts. Er ritt Nudung zu grimmem Einzelkampf an: mit sausendem Streich hieb er zuerst die Bannerstange entzwei – das Banner sank –, und sogleich tat er einen zweiten Schlag gegen Nudungs Hals, dass Haupt und Rumpf vom Rosse niederfielen.

»Seht Wittig, wie er uns Nudung erschlägt! Auf, gegen ihn!«, rief Ortwin Helferich zu; beide sprengten auf Wittig und den starken Runge ein mit geschwungenen Schwertern, und ein wilder Kampf begann: Ortwin und Helferich fielen tot zur Erde, bevor noch Erp und Diether herzukamen. Diether tat einen schweren Hieb auf Runges Helm und spaltete den und den Schädel dazu: der Bannerträger stürzte tot vom Ross. Aber währenddessen kam mit wildem Racheschrei Erp gegen Wittig gerannt und führte Streich auf Streich nach dessen Haupt. Zürnend schwang Wittig Mimung empor und fällte den ungestümen Knaben zur Erde. Da erbleichte Diether vor Leid und Zorn: er kam zu spät, den Freund zu retten: grimmig schlug er auf Wittig ein.

»Reite hinweg, Jung Diether – um deines Bruders willen mag ich dir kein Leids tun –, reite hinweg und schlage dich mit andern!«, rief Wittig. Aber Diether antwortete: »Meine Jungherren hast du, böser Hund, mir erschlagen: Rache heisch' ich für sie: du oder ich, einer muss das Leben lassen.«

Und er hieb aus aller Macht auf Wittigs Helm: jedoch der Helm war hart: das Schwert sprang ab und fuhr vor dem

Sattelbogen nieder in den Hals des Rosses, dass dessen Haupt abflog: so ließ Schimming sein Leben. Wittig aber sprang aus dem Bügel und rief: »Fürwahr, nun muss ich tun, was ich nicht will, oder mein Leben verlieren!« Dabei fasste er sein Schwert und spaltete Diether von den Achsel bis auf den Gürtel.

Als er aber den Jüngling tot daliegen sah, brach er in Tränen aus und klagte laut: »Weh! Dass ich dich erschlagen habe: nun muss ich vor Dietrich allwege das Land räumen.« Doch der Kampf tobte um ihn fort: er schwang sich auf Diethers Ross und stürmte ins dickste Getümmel.

Ulfrad trug Rüdigers Banner: sie hatten viele Amalungen erschlagen, die ihnen Herzog Reinald entgegengeführt. Der warf einen Heunen über den andern, Ross und Brünne waren ihm ganz blutig; da sah er, wie die Amalungen vor Ulfrad, seinem Blutsfreund, wichen: todeskühn ritt er dem Bannerträger mit gesenktem Speer entgegen und durchbohrte ihm Brünne und Brust. Tot sank Ulfrad aufs Walfeld.

Doch Rüdiger nahm das Banner auf, hielt es empor und ritt vorwärts. Reinalds Bannerträger hieb er den Kopf ab und schlug dessen Banner nieder. Als nun die Amalungen sahen, wie Sibich geflohen, wie ihr Banner gesunken war, da wandten auch sie sich zur Flucht, und Reinald wurde von seinen eignen Mannen mit fortgerissen.

Eilig sprengte nach Diethers Fall ein Bote hinter dem Berner her und rief: »Reite nicht länger den Fliehenden nach, kehr um! Erschlagen liegen Nudung und Helferich, daneben Etzels Söhne und Diether, dein Bruder: und das alles hat Wittig getan: kehr um und räche sie!«

»Wehe!«, klagte Dietrich. – »Sterben will ich oder sie rächen.« Er wandte Falka und stieß ihn mit dem Sporn und ritt so scharf, dass seine Gefolgen weit hinter ihm zurückblieben. Harmvoll, grimmig, zornig sprengte er übers Walfeld: brennendes Feuer flog aus seinem Munde: die noch kämpften, senkten die Waffen und flohen entsetzt vor seinem Anblick. Da schaute Wittig den Zornigen und floh längs des Stromes. Aber Dietrich folgte ihm und rief ihn an: »Warte mein, Wittig! Ich muss meinen Bruder rächen, den du mir erschlagen hast. Bist du ein Held, so warte mein.«

Wittig tat, als hörte er nicht, und ritt nur schärfer.

»Wenn du Mut hast, so warte mein; Schande ist's, vor einem Manne fliehen, der seinen Bruder rächen will.«

»Nur aus Not erschlug ich Diether«, antwortete Wittig, das Haupt halb wendend, »und wahrlich, ich hätt' es nicht getan, wusst' ich anders mein Leben zu retten vor ihm. Mit Gold und Silber will ich dir büßen.« Er trieb dabei sein Ross vorwärts, was es nur laufen konnte: »Gelber Hafer«, flüsterte er ihm ins Ohr, »und lindes Heu will ich dir geben: nur rette mich diesmal!« Aber Dietrich drückte Falka den Sporn ein, dass Blut hervorspritzte. So kamen sie an die brausende See: todesmutig sprengte Wittig in die Wellen. Dietrich war ihm um eines Rosses Sprung nahe gekommen und schoss seinen Speer nach ihm: aber zugleich versank Wittig in die See. Der Speer fuhr in die Erde und blieb da stecken. Eine Meerminne fing den sinkenden Wittig in ihre Arme auf und führte ihn mit sich auf den Meeresgrund. Das war WACHHILD, Wittigs Ahnmutter.

Dietrich sprengte dem Verschwundenen nach ins Meer, weit, weit: bis ihm die Flut den Sattelbogen überspülte: da musste er umkehren. Er wartete lange am Ufer, ob er ihn nirgends sähe: wie er aber nicht wieder auftauchte, ritt er zurück aufs Walfeld.

Da lagen Helches Söhne in ihren weißen Brünnen und harten Helmen, die ihnen doch nichts gefrommt hatten. Dietrich küsste ihre Wunden und biss sich vor Schmerz in den Finger und klagte laut: »Oh, lebtet ihr und ich läge tot! Weh mir! Viellieber Bruder Diether, da liegst auch du starr und kalt! Und ich konnte dich nicht einmal rächen.« Dann erhob er sich: die Edlen und Mannen versammelten sich um ihn.

»Markgraf Rüdiger, fahre heim mit deinem Kriegsvolk«, sprach Dietrich. »Ich kehre nimmer zurück ins Heunenland, weil ich Helche verhieß, ihr die Söhne wiederzubringen: und das kann ich nun nicht erfüllen.«

Da riefen Vornehme und Geringe: »Ziehe du mit uns! Wir alle wollen für dich sprechen bei Etzel und bei Helche.«

Und Rüdiger sprach: »Nur zu oft werden uns die liebsten Helden in der Schlacht gefällt. Willst du nicht mit uns ziehen, so folgen wir dir: streite denn mit Ermenrich, bis du dein Reich wiedergewonnen hast.«

Aber Dietrich hatte seinen Sieg mit so großen Verlusten für Etzels Heer erkauft, dass er nicht wagte, dasselbe ferneren Schlachtgefahren auszusetzen, und zog mit zurück nach Heunenland. In Susa angekommen, verbargen sich Dietrich und Hildebrand in einer kleinen Hütte: Rüdiger sollte die traurige Botschaft in die Königshalle tragen. Als er eintrat, liefen schon die Rosse der Jungherren mit ihren blutigen Sätteln in den Burghof: die sah Helche und erriet, was ihr Leides geschehen.

»Heil dir, König Etzel«, grüßte der Markgraf seinen Herrn.

»Willkommen, getreuer Rüdiger! Lebt Dietrich, und gewannen die Heunen Sieg oder Unsieg?«

»König Dietrich lebt, und die Heunen haben Sieg gewonnen. Aber tot liegen zu Raben auf dem Walfeld eure Söhne.« Da brach Helche in laute Klagen aus und verfluchte den Berner.

»Wer von den Helden ist mit unsern Söhnen gefallen?«, fragte der König dumpf.

»Herr, mancher gute Degen: vor allen Jung Diether, der treue Helferich und Herzog Nudung, Wildeber und viele andre.« Und Rüdiger erzählte nun, wie die Knaben erschlagen wurden, von Wittigs Flucht und wie ihn die See Dietrichs Rache entrissen habe. Und wieder sprach der König: »Nun ist's geschehen wie oft zuvor: die müssen fallen, die zum Tode bestimmt sind. Wo ist Dietrich?«

»Dietrich und Hildebrand sitzen in einer Hütte; die Waffen haben sie abgelegt: und so sehr bekümmert Dietrich der Jungherren Verlust, dass er nicht vor dein Antlitz treten will.«

Etzel sandte zwei Boten nach ihm, aber sie kamen zurück ohne Dietrich: zu groß sei sein Harm, er wage nicht zu kommen. Da erhob sich Königin Helche aus Jammer und Klagen: »Weh, dass ich dem getreuen Mann fluchen mochte!«, und sie ging mit ihren Frauen in die Hütte, wo Dietrich saß.

»Willkommen, König Dietrich«, grüßte sie ihn. »Sage mir, stritten meine Söhne als tapfere Helden, bevor sie fielen?«

»Frau, fürwahr, das taten sie«, antwortete Dietrich gramvoll. Und Helche trat zu ihm, schlang ihre Arme um seinen Hals, küsste ihn und sprach: »Geh nun mit mir zum König Etzel, treuer Mann, und sei uns willkommen wie ehedem.«

Da folgte ihr Dietrich in die Halle, trat vor des Königs Sitz und neigte sein Haupt in Etzels Schoß und sprach: »Räche nun dein Leid an mir.«

Aber Etzel küsste ihn, hieß ihn willkommen und setzte ihn neben sich auf den Hochsitz. Und ihre Freundschaft war nicht geringer als vordem.

3. Helches Tod

Zwei Jahre darauf ergriff die Königin ein Siechtum: sie sah ihren Tod voraus und ließ Dietrich und Hildebrand an ihr Siechbett rufen.

»Dietrich, treuer Freund«, sprach sie, »viel Gutes haben wir dir zu lohnen: nun wird der Tod unsre Freundschaft scheiden: darum empfange zuvor, was ich dir bestimmt habe: die edle Jungfrau Herrad will ich dir zum Weibe geben.« Und sie ließ ihm zehn Mark Goldes in einem Becher, dazu ein kostbares Purpurkleid überreichen. Dietrich nahm die Gaben und klagte: »Gute Königin Helche, weh um dich, dass du nun sterben sollst.« Er weinte wie ein Kind und ging hinaus, weil er vor Gram nicht mehr zu reden vermochte. Meister Hildebrand reichte die Königin den besten Goldring, den sie an ihrer Hand trug: »Lass uns als Freunde scheiden und uns als solche wieder finden, wenn wir uns treffen.«

Unter Tränen dankte Hildebrand der Königin ihre Treue; dann ließ sie den König rufen und sagte: »König Etzel, wir müssen nun scheiden – nicht lange wirst du ohne Gemahlin bleiben: nimm kein Weib aus Nibelungenstamm, es wird dir und deinen Nachkommen Unheil bringen.« Und als sie das gesprochen, wandte sie sich von ihm und starb. Etzel und ganz Heunenland beweinten sie, und alle lobten ihre Güte und Milde.

Herrad aber, König Nantwins Tochter, die als Speergefangene an Etzels Hof lebte, wurde da Dietrichs Frau.

V.
Dietrich von Bern und die Nibelungen

Vorbemerkung

Es ist immer noch lebhaft bestritten, wie viel von der Wölsungen- (s. oben) beziehungsweise Nibelungensage nordgermanischen, wie viel deutschen Ursprungs sei: auch über den Ort der frühesten Aufzeichnung ist man nicht einig. Fest steht aber, dass Sigurd (Siegfried), seine Vermählung mit Krimhild (der Gudrun der Wölsungensage), seine Ermordung durch Hagen (in der Wölsungensage durch

Guthorm), dann der große Kampf in der Halle des Heunenkönigs Etzel (Attila) und der Untergang der Burgunden in diesem Kampf ursprünglich DEUTSCHE Sagen waren, welche aus Deutschland nach Skandinavien getragen und dort erst umgestaltet wurden.

Es ist hier nicht der Ort, darauf einzugehen, in welcher Weise dies, namentlich durch Anknüpfung von Sigmund an die ältesten Wölsungenahnen, geschah. Die MYTHOLOGISCHE Grundlage der deutschen Siegfriedsage ist die Gestalt eines, Baldur gleichen, Frühlingsgottes, der den Drachen, den Winterriesen, tötet, aber selbst in der Blüte der Jahre getötet wird. GESCHICHTLICHE Züge traten hinzu: der Untergang des Burgundenkönigs GUNDIKAR zu WORMS, der zwar durch Hunnen, aber nicht durch ATTILA und nicht in dessen Reich, sondern am Rheine geschah.[65] Dies wurde später auf Attila übertragen, der ursprünglich mit dem Atli der Wölsungen so wenig identisch ist wie die Hunnen mit den »Hunen«. Auch THEODERICH DER GROSSE ward jetzt als DIETRICH VON BERN in diesen Sagenkreis gezogen, als Zeitgenosse Attilas und Überwinder wie Siegfried so Hagens, obwohl er erst mehrere Jahre nach Attilas Tod geboren ist.

Das uns erhaltene MITTELHOCHDEUTSCHE NIBELUNGENLIED nun unterscheidet sich in sehr wesentlichen Dingen sowohl von der nordischen Wölsungensage wie von der ursprünglichen althochdeutschen Fassung der Siegfriedsage.

Die ganze Vorgeschichte, welche zwischen Siegfried und Brunhild spielt, ist der mittelhochdeutschen Dichtung fremd: also der ERSTE Ritt Siegfrieds durch die Waberlohe, Brunhilds Erweckung, die Verlobung der beiden. Daher bedarf es nun freilich keines Zauber- und Vergessenheitstrankes, um Siegfried zu Worms mit Krimhild (der Gudrun der Wölsungen) zu verloben: allein es fehlt nun durchaus an jedem ausreichenden Beweggrund für Brunhildens Hass gegen Siegfried und ihr Begehren nach seinem Tod. Daher lebt auch DIESE »Brünhild« nach Siegfrieds Ermordung ganz ruhig fort. Ganz anders endlich ist hier die Stellung von Siegfrieds Witwe: sie vermählt sich Attila (Etzel), um den Mord des Gemahls an ihren Brüdern zu rächen, während die Gudrun der Wölsungen umgekehrt die Brüder vor Atlis Ränken warnt und zuletzt deren Tod an dem Gemahl und den gemeinsamen Kindern rächt: ganz wie schon in der früheren Generation der Wölsungen; auch findet die Krimhild der Nibelungen nach deren Untergang sofort ebenfalls den Tod, und wird nicht noch eines Dritten Gemahlin: von allen andern Unterschieden, welche z.B. durch das Hereinziehen Dietrichs herbeigeführt werden, zu schweigen. Diese Bemerkungen werden genügen, Verwirrung und Unklarheit auszuschließen. Wir beschränken uns darauf, von der späten und ohnehin am meisten bekannten mittelhochdeutschen Fassung bloß dasjenige ausführlicher zu erzählen, was an die DIETRICHSSAGE knüpft, während wir von den Begebenheiten vor der Fahrt der Nibelungen in Etzels Land nur kurz das Unerlässliche mitteilen.

SIEGFRIED war der Sohn des Königs SIEGMUND »in Niederlanden« am Rhein, in der Burg XANTEN, und der SIEGELIND: er war der herrlichste Held.[66]

So hatte er den unermesslichen Hort der NIBELUNGE gewonnen: SCHILBUNG und NIBELUNG, die Söhne des (ursprünglich elbisch gedachten) Königs NIBELUNG konnten sich nicht in das Erbe ihres Vaters teilen (s. oben). Von ungefähr kam Siegfried an ihre Burg: sie baten ihn, das Gut ihnen zu teilen, und gaben ihm im Voraus zum Lohne ihres Vaters Schwert BALMUNG. Da er bei bestem Willen den unermesslichen Hort zu teilen nicht vermochte, griffen sie ihn zornmütig mit ihren zwölf Riesen und andern Mannen an:

aber Siegfried schwang Balmung und erschlug beide Könige und die Riesen und viele Mannen; er bezwang auch den wilden Zwerg Alberich, dem er die Tarnkappe abgewann und dann auftrug, als sein Kämmerer des Hortes zu warten in dem tiefen Berge. Bei dem Zwerge Mime (s. Wieland der Schmied), dem Regin der Wölsungen, hatte er schon als Knabe die Schmiedekunst lernen sollen, bald aber ein viel besseres Schwert geschmiedet als dieser, mit dem er Mimes Amboss auseinander schlug. Auch erlegte er einen Lindwurm (d.h. Glanzwurm, Goldglanz hütender Wurm) und badete in dessen Blut: da ward seine Haut hörnern (»hürnen«), keine Waffe durchdrang sie.

Da er vernimmt, dass die allerschönste Jungfrau Krimhild sei, die Tochter des (verstorbenen) Burgundenkönigs Dankrat und der Frau Ute zu Worms, Schwester des dort herrschenden Königs Gunther, zieht er aus, sie zur Gattin zu gewinnen: anfangs will er mit jenen Helden kämpfen, wer obsiegt, soll beide Reiche – Burgund und Niederland – beherrschen. Doch wird das klug abgewendet, Siegfried wird gut aufgenommen und bleibt lange zu Worms am Hofe der Burgunden, wo außer dem König dessen beide Brüder Gernot und der junge Giselher (das Kind), Hagen, der gewaltige Held, dessen Bruder Dankwart, beider Neffe Ortwein von Metz und der frohe und tapfere Sänger Volker von Alzei ihn in hohen Ehren halten. Krimhild hat er noch nicht gesehen: aber sie hat ihn heimlich gar oft im Hofe beim Waffenspiel betrachtet und seitdem wohl nicht mehr Manneslieb und Ehe verschworen wie vordem: sie hatte einmal im Traum einen edeln Falken, den sie manchen Tag gezogen, von zwei Aaren zerkrallt gesehen, was ihr Frau Ute auf einen geliebten Gatten gedeutet hatte. Nachdem Siegfried einen Sachsen- und einen Dänenkönig, welche das Burgundenreich bedroht, besiegt und gefangen, wird ihm bei dem Siegesfeste zuerst der schönen Krimhild Anblick gewährt, der ihn sofort mit tiefster Liebe erfüllt. Da begehrte Gunther die gewaltige Jungfrau Brünhild, die jenseits der See auf dem Eisenstein auf Island gebot, zum Weibe: die hielt mit jedem Freier drei Kampfspiele, und wer in einem unterlag, verlor das Haupt: noch nie war sie besiegt worden. Siegfried erbot sich, mitzuziehen und die Unbezwungene zu bezwingen, wenn er Krimhilds Hand zum Lohn erhalte. Diese ward ihm zugesagt, und nun bezwang Siegfried, in der Tarnkappe unsichtbar hinter Gunther stehend und schwebend, die getäuschte Jungfrau, welche nun König Gunther als Braut folgen musste. Alsbald wurden die beiden Paare zu Worms mit großer Pracht getraut: aber noch einmal musste Siegfried an Gunthers Stelle in dunklem Gemach Brünhilds Widerstand brechen, bevor sie des Königs Kuss und Umarmung sich fügte. Dabei streifte Siegfried ihr einen Ring vom Finger und nahm ihren Gürtel mit: beide schenkte er Krimhild, ihr das Geheimnis jener Nacht anvertrauend. Siegfried und Krimhild ziehen darauf nach Niederland, wo sie zehn Jahre herrlich herrschen; ihr Söhnlein heißt Gunther. Gunthers und Brünhildes Knabe wird Siegfried genannt. Brünhild grollt nun – sehr wenig motiviert! – darüber, dass Siegfried, der sich auf Island bei ihr als Gunthers Dienstmann ausgegeben, so herrlich über Niederland und das Nibelungenreich herrsche, und setzt es durch – denn sie will Siegfried »dienen« sehen –, dass er und Krimhild nach Worms geladen werden. Bei diesem Besuche rühmt nun – wieder sehr ungenügend begründet! – Krimhild, ihr Mann sei der herrlichste Held. Brünhild stellt Gunther höher, da Siegfried nur dessen Dienstmann sei, und wie sie darauf nach heftigem Streit beide zum Münster gehen, verlangt sie vor allem Volk offen als Königin den Vortritt vor Krimhild, des Dienstmanns Weib. Krimhild antwortet, Brünhild sei ja nicht durch Gunther, sondern durch Siegfried zur Frau gemacht worden in jenem nächtlichen Ringen, und zum Beweise weist sie Brünhilds eignen Gürtel dar. Darauf schwört zwar Siegfried, dass er in jener Nacht nur für Gunther Brünhild gezwungen habe. Aber diese versinkt – man weiß wieder nicht, weshalb: da sie Siegfried nie geliebt hat! – trotzdem in tiefste Trauer. Hagen von Tronje gelobt ihr, sie durch Siegfrieds Tod zu rächen, und reizt auch Gunther zu dem Mord, indem er ihn auf den Hort und die Reiche Siegfrieds verweist, die dann den Burgunden untertan würden. Gunther willigt endlich ein: es wird ein neuer Angriff der Dänen und Sachsen vorgegeben: Siegfried erbietet sich sofort, wider sie zu ziehen. Krimhild bittet Hagen, über sein Leben zu wachen, und verrät die eine Stelle, wo die »hörnerne Haut« nicht schirmt, weil während des Badens im Drachenblut ein Lindenblatt darauf gefallen war, und sie näht mit Seide fein ein Kreuzlein auf die Stelle im Nacken, zwischen den Schultern. Alsbald wirft Hagen Siegfried, als dieser auf der Jagd im Odenwald niederkniet, aus einem Quell zu trinken, den Speer in den Nacken und tötet ihn. Zwar will Gunther die Tat leugnen und auf Schächer im Walde schieben: aber Krimhild verlangt das Gottesurteil des Bahrgerichts, d. h., sie fordert, die von ihr Beschuldigten sollen an die Leiche treten: als Hagen herantritt, bricht die Wunde wieder auf und blutet aufs Neue, die Schuld des Mörders erwahrend. Brünhild triumphiert. Hagen beredet Gunther, Krimhilds Verzeihung zu gewinnen, um durch sie den Nibelungenhort in das Land zu schaffen. Krimhild lässt sich auch wirklich mit Gunther versöhnen, nur nicht mit Hagen, und schafft den Nibelungenhort, den ihr Siegfried zur Morgengabe geschenkt, nach Worms. Dadurch gewinnt sie so viele Freunde und Dienstmannen, dass Hagen Gunther beredet, um ihrer Rache vorzubeugen, ihr den Hort zu rauben. Das geschieht mit abermaliger Täuschung: aber alsbald bemächtigt sich Hagen allein des Hortes und senkt ihn zu Lochheim in den Rhein, auf dass er allein die Stelle wisse, wo er von dem Unerschöpflichen stets, so viel er wolle, heben könne. Seit die Burgunden so das Nibelungengold gewonnen hatten, wurden sie selbst »die Nibelungen« genannt. Dreizehn Jahre lebte nun Krimhild, des Gatten und der Rache beraubt, an dem Hofe zu Worms.[67]

1. Etzels Werbung um Krimhild

Da wollte Etzel im Heunenland um Krimhild werben. Er entsandte den Markgrafen Rüdiger mit fünfhundert Mannen; in zwölf Tagen erreichte er Worms, wo er freudig empfangen wurde.

»Königin Helche ist tot«, sprach er zu Gunther, »Etzel voll Grams und das Volk ohne Freude: darum soll Krimhild Etzels Krone tragen.«

Die Burgunden nahmen die Werbung an, wenn Krimhild einwillige: nur Hagen riet dagegen. »Nimmt sie den mächtigen Heunen, so schafft sie uns Leid, wie sie's kann«, sprach er zu den drei Königsbrüdern.

Zürnend antwortete Giselher: »Ihre Ehre ist unsre Freude.« Sie trugen ihrer Schwester die Werbung vor und baten sie, ja zu sagen: auch Ute redete ihr zu, doch vergebens. Da hießen sie Rüdiger zu ihr gehen: »Nach Herzleid, Frau«, sprach er gütig, »ist freundliche Liebe wohltuend. Über zwölf Kronen und dreißig Fürstenlande wirst du Gewalt haben, und Helches Gesinde, Mannen und Frauen, werden dir dienen.« Bis zum andern Morgen versprach sie ihm den Bescheid.

Und abermals drang Giselher in sie, ihrem Witwenleid zu entsagen und der neuen Freude und Ehre zu leben. Aber als der Markgraf wieder vor ihr stand, sagte sie nein, wie er auch bat, bis er ihr heimlich zusagte, er wolle an ihr vergüten, was man zu Worms an ihr verbrochen habe.

Mit all seinen Mannen schwur er ihr Treue und dass er ihr keinen Dienst versagen werde, den sie fordre: solchen Eid hatte sie gefordert.

Vier und einen halben Tag bereitete Krimhild sich mit ihrem Gesinde, Rüdiger zu folgen. Was sie vom Nibelungengold noch hatte, davon wollte sie an des Markgrafen Mannen spenden – aber Hagen, der das erfuhr, litt es nicht. Rüdiger tröstete sie, Etzel werde ihr mehr schenken, als sie je werde verbrauchen können, und selbst als Gernot auf Gunthers Befehl ihr das Spenden freigab, lehnte der Markgraf alle Gaben ab.

Nur zwölf Schreine, gefüllt mit Gold und vielem Schmuck, nahm Krimhild mit. Ihr folgten hundert reich geschmückte Mägde und der Markgraf Eckewart mit fünfhundert Mannen, ihr für immer zu dienen. Giselher und Gernot geleiteten die Schwester bis zur Donau. »Wenn dich je etwas gefährdet«, sprach Giselher beim Scheiden, »so sende nach mir, und ich reite zu deinem Dienst in Etzels Land.«

2. Krimhild im Heunenland

Boten eilten voraus, dem Heunenkönig Krimhildens Kommen zu verkünden, indessen sie in Rüdigers starkem Schutz folgte. Es war ein stattlicher Zug: »Genug aus Bayerland hätten gern genommen den Raub auf der Straße, so tun sie jederzeit«: denen wehrte Rüdigers Hand. Es war zu Anfang der Sommerzeit – Rüdiger hatte Gotelind, seinem Gemahl, Botschaft nach Bechelaren, an der Donau, gesandt, und sie entboten, Frau Krimhild entgegenzureiten mit würdigem Geleit. Bei Ens auf dem Felde begrüßten die Frauen einander. Dort waren Zelte zum Nachtlager aufgeschlagen, und am andern Morgen zogen sie nach Rüdigers Burg: die gute Bechelaren ward aufgetan: sie ritten ein. Rüdigers Tochter,

Dietlind, ging Krimhild grüßend entgegen und empfing zwölf Armringe von der Königin geschenkt. Dann zogen sie ins Heunenland; bei der Trasem lag eine Feste Etzels, Zeissenmauer, dort ruhten sie wieder drei Tage. Auf der Reise nach Tuln staubte die Straße, als ob es brenne: denn Etzel nahte. Vor ihm her zogen Scharen aus allerlei Völkern, Christen und Heiden: Griechen, Russen, Polen, Wlachen, Petschenegen.

Vierundzwanzig Fürsten ritten vor Etzel: Krimhild nur zu schauen, dünkte ihnen schon große Freude und Ehre.

Vor den Toren begrüßte die Königin ehrerbietig die Scharen: Herzog Ramund aus Wlachenland mit siebenhundert Mann zu Ross, Fürst Gibeke mit seiner Schar, Hornboge mit tausend Degen. Dann kam der kühne Hawart von Dänemark, der »falschlose« Iring und Irnfried von Thüringen, die führten zwölfhundert Krieger. Herr Blödel, Etzels Bruder, begrüßte sie mit dreitausend Heunen. Zuletzt kam Etzel und Dietrich von Bern mit seinen Speerbrüdern. Sie stiegen ab: der König ging Krimhild entgegen, und sie küsste ihn. Auch Blödel küsste sie und König Gibeke, und noch neun der vornehmsten Fürsten.

Ein herrlich Gezelt war aufgeschlagen, darin saß Etzel mit Krimhild: ihre weiße Hand lag in seiner Rechten. Auf dem Felde turnierten und tjostierten die Helden: Schäfte flogen splitternd, Schilde barsten, und die raschen Rosse stampften im Wettlauf über die Heide, bis der Abend dem Kampfspiel ein Ende machte. Am andern Morgen ritten sie nach Wiene (Wien), und dort war Hochzeit, die währte siebzehn Tage. Da ward nichts gespart, und niemand litt eines Dinges Not: was aber jemand auch vertat in Gaben, das war nichts gegen des Berners Spenden. Zwei Spielleute Etzels, Werbel und Swemmelin, gewannen jeder wohl an die tausend Mark.

Am achtzehnten Tage brach Etzel auf nach seiner Königsburg. Sieben Königstöchter fand Krimhild dort unter Helches Frauen, die nun ihr dienten. Herrat, des Berners Gemahl, lehrte sie des Landes Brauch.

Silber, Gold und Gestein, so viel sie mit über den Rhein gebracht hatte, verschenkte Krimhild an die Heunen. Etzels Gesippen und Lehnsmänner wurden ihr untertänig, und nie hatte Helche so gewaltig geboten, wie nun Krimhild bei den Heunen tat. Bis ans siebente Jahr lebten sie miteinander und hatten einen Sohn, der hieß Ortlieb. Alle sagten, keine Frau habe je besser und milder als Königin geherrscht. Das Lob trug sie bis ins dreizehnte Jahr. Zwölf Könige sah sie stets vor sich, und niemand trat ihrem Sinn entgegen.

Da gedachte sie des Leides, das ihr zu Worms geschehen war, und ob es Hagen je vergolten würde? »Das geschähe, könnt' ich ihn in dies Land bringen.« Und von Giselher träumte sie oft, wie sie ihn freundlich küsste; und erwacht musste sie dann gedenken, wie sie in Freundschaft von Gunther Abschied genommen und ihn zur Versöhnung geküsst hatte: – dann ward sie traurig, und Rache für Siegfrieds Ermordung begann sie zu begehren. Sie sprach zu Etzel: »Zeige mir, dass du meinen Gesippen hold bist: sende Boten über den Rhein: ich will sie hierher zu Gast laden.«

»Es geschehe, wie du wünschest, ich sehe deine Freunde ebenso gern wie du. Ich sende ihnen meine Fiedelleute.« Und zu den Herbeigerufenen sprach er: »Sagt Krimhilds Gesippen, dass wir sie zur Sonnenwend bei meinem Feste sehen wollen.«

Heimlich redete Krimhild noch mit den Boten: »Ich mach' euch reich, wenn ihr recht meinen Willen tut: sagt niemand, dass ich hier je trüben Mutes war: sprecht, die Heunen wähnten, ich hätte keine Freunde am Rhein, darum sollen sie der Ladung folgen. Sagt Gernot, dass ich ihm hold sei, er möge unsre besten Freunde herführen; und mahnet Giselher, zu gedenken, dass mir durch ihn nie ein Leid geschah, darum sehnt' ich mich nach ihm. Und von Tronje Hagen, der mag den Weg weisen: er ist ihm ja seit seinen Kindertagen bekannt.«

Mit würdigem Geleite zogen die Spielleute fort; in Bechelaren kehrten sie ein und nahmen Rüdigers und der Seinen Grüße mit nach Worms. In zwölf Tagen langten sie dort an. »Etzels Fiedelleute kommen«, rief Hagen, ging ihnen entgegen und fragte, wie's im Heunenreich stehe. »Das Reich stand nie so stolz, nie waren die Heunen froher«, antwortete Werbel und überbrachte König Gunther das Gastgebot. In sieben Tagen sollten sie Antwort erhalten. Die Boten begrüßten noch Frau Ute und gingen in ihre Herbergen. Gunther aber befragte seine Freunde: alle rieten zu, nur Hagen riet dawider. »Du sagst dir selber Feindschaft an«, sprach er heimlich zu Gunther: »Gedenke, was wir taten!«

»Sie ließ von ihrem Zorn: mit Küssen schied sie von mir, sie vergab: – etwa dir allein, Hagen, mag sie grollen.«

»Folgst du der Ladung, so musst du Leben und Ehre wagen, Krimhild trägt Rache im Herzen.«

»Weil du, Hagen, den Tod im Heunenreiche fürchten musst«, sprach Gernot nun, »sollen wir abstehen, unsre Schwester zu besuchen?«

Und Giselher sprach: »Fühlst du dich schuldig, Hagen, so bleibe hier und behüte dich: aber lass die, welche sich's getrauen, mit uns ziehn.«

»Ihr könnt keinen mit euch führen«, zürnte der Tronjer, »der sich's eher getraute als ich.«

»Wollt ihr Hagen nicht folgen«, begann Rumolt, der Küchenmeister, »so hört auf mich, der euch stets treu diente, und lasst Etzel und Krimhild unbesucht, wo sie sind. Euer Land ist reich: genießet des und bleibet hier.«

»Ich riet euch aus Treue«, schloss Hagen, »wollt ihr doch fahren: so fahrt mit Wehr! Sendet nach euren Recken. Tausend der besten wähl' ich selber aus, dann mag uns Krimhild nicht gefährden.«

»So sei's«, sprach Gunther, und so geschah's. Dreitausend Mannen kamen. DANKWART, Hagens Bruder, kam mit achtzig Degen, VOLKER, der stolze Spielmann, mit dreißig Gefolgen, Hagen mit tausend, die er erprobt hatte.

Die Heunenboten wollten heim; Hagen hielt sie hin aus List, dass sie nicht zu früh vor ihnen in Etzels Burg kommen sollten: dann konnte Krimhild mit ihren Kriegsmannen sich nicht auf die Gäste bereiten. Als Hagen gerüstet hatte, ließen die Könige die Boten kommen und sagten die Fahrt zu; dann verhießen sie ihnen, den nächsten Tag sollten sie Brünhild begrüßen, und gaben ihnen viel des Goldes. »Der König verbot uns, Gaben zu nehmen«, sprach Swemmelin, »auch haben wir dessen nicht Not.« Das verdross Gunther, und sie mussten nehmen. Dann schieden sie von allen, auch von Frau Ute, und zogen ihres Weges. In GRAN trafen sie ihren Herrn und brachten ihm vom Rhein Grüße über Grüße: »Welche meiner Gesippen kommen?«, fragte Krimhild. »Und was sagte Hagen?«

»Wenig gute Sprüche, Frau Königin! Die Fahrt in den Tod nannt' er die Reise. Er kommt mit euren drei Brüdern: wer sonst noch, weiß ich nicht, doch Volker ist auch dabei.«

»Den wollt' ich gern hier im Land mit seiner Stärke entbehren. Dass Hagen kommt, des bin ich froh!«, sprach sie und befahl, Palast und Saal für den Empfang der Burgundengäste zu bereiten.

3. Die Nibelungen ziehen ins Heunenreich

Eintausendundsechzig Mannen, dazu neuntausend Knechte, zogen über den Rhein mit König Gunther, zu Etzels Sonnwendfest.

Ute träumte die Nacht vor ihrem Aufbruch, dass alles Gevögel im Rheinland tot lag. »Wer sich an Träume kehrt«, antwortete ihr Hagen, »der vergisst, was seine Ehre gebietet: wir wollen bei Krimhilds Fest sein.« Rumolt wurden Land und Leute anbefohlen. Dankwart war Reisemarschall: am zwölften Tage kamen sie zur Donau, die war angeschwollen und keine Furt zu finden. Hagen stieg ab und suchte den Fährmann.

Da fand er drei badende Wasserminnen, die bei seinem Anblick entfliehen wollten: aber rasch nahm er ihre Gewande fort.

»Wir sagen dir, Hagen, wie die Fahrt ergeht«, sprach Hadburg, die erste, »wenn du uns die Hemden wiedergibst.« Er ging darauf ein. Da sagte sie: »Nie zog eine Heldenschar zu so hohen Ehren in ferne Lande.«

Das freute Hagen: er gab ihnen die Kleider zurück: als die Nixen sie angelegt hatten, sprach Sieglind, die zweite: »Lass dich warnen, Hagen, Aldrians Sohn: meine Muhme hat dir gelogen um der Gewande willen: kehr um, ihr müsst sterben in Etzels Land! Wer hinreitet, sei des Todes gewärtig.«

»Ihr betrügt mich ohne Not! Wie sollte sich das fügen, dass unser ganzes Heer dort umkäme.«

»Keiner wird leben bleiben als König Gunthers Kaplan, der kommt zurück ins Burgundenland.«

Grimmgemut sprach Hagen: »Das wäre übel meinem Herrn zu sagen! Nun zeige uns die Furt durchs Wasser, du so vielweises Weib.«

»Willst du dennoch nicht ablassen – stromaufwärts steht des Fährmanns Hütte.«

Da schritt er fort. »Warte noch, Hagen, du bist zu schnell«, rief ihm die dritte Wasserelbin nach, »höre: drüben am Ufer heißt der Herr der Mark Else, sein Bruder Gelfrat ist ein Held im Bayerland: ihm ist der grimme Fährmann untertan. Seid bescheiden und bietet ihm Gold: findest du ihn nicht in der Hütte, rufe über den Strom und nenne dich Amelrich – dann kommt er.«

Da verneigte sich der übermütige Hagen vor ihr und schritt das Ufer hinauf. »Hol über, Fährmann«, rief er, eine goldne Spange geb ich dir zum Lohn.« Die Flut toste bei seiner Stimme Schall. »Hole mich, Amelrich, Elsens Lehnsmann.« Und auf der Schwertspitze bot er dem Fährmann die Spange. Selten nahm der Gold, nun aber griff er zum Ruder und kam herüber. Da er Amelrich nicht fand, zürnte er: »Du gleichst nicht dem Amelrich, den ich hier vermutete: er war mein Vaters Bruder; du betrogst mich: nun bleib, wo du bist.«

»Ich bin ein fremder Mann und in Not; nimm meinen Lohn und fahr mich über.« Und Hagen sprang in das Schiff.

»Meine Herren haben Feinde: ich fahre keinen Fremden in ihr Land. Steig wieder aus.«

»Nimm dies Gold in Freundschaft von mir und fahre uns: tausend Rosse und Mannen.«

»Nimmermehr!«, rief der Fährmann, hob ein breites Ruder und schlug auf Hagen, dass der strauchelte. Die Stange barst in Splitter: doch Hagen griff sein Schwert, schlug ihm das Haupt ab und warf's samt dem Rumpf in den Fluss. Das Boot schnellte in die Strömung: Hagen zog mit also starkem Zug das zweite Ruder, dass es brach: schnell band er's mit seinem Schildriemen und landete nah einem Walde, wo er Gunther traf. Der sah das Blut und fragte: »Wo ist der Fährmann hingekommen?«

»Bei einer wilden Weide fand ich dies Schiff und löste es: einen Fährmann sah ich nicht: ich fahr' euch hinüber ans andre Ufer: war ich doch der beste Fährmann am Rhein.«

Die Rosse schwammen zusammengekoppelt durch. Das Schiff war groß: es trug fünfhundert auf einmal. Viele Ruder tauchten ein, viele Hände zogen: Schiffsmeister war Hagen. Wie sie zum letzten Mal abfuhren, fiel ihm ein, was die Wasserminne von dem Kaplan gesagt hatte: er stieß ihn aus dem Schiff ins Wasser. »Halt ein«, zürnte Giselher. »Was nützt dir sein Tod? Was tat er dir?«, sprach Gernot.

Der arme Pfaff schwamm kräftig nach, zornig stieß ihn Hagen hinab. Solch Tun gefiel keinem. Nun wandte sich der Schwimmer zurück zum Ufer und kam ans Land und stand, sich schüttelnd, auf dem Sande. Da erkannte Hagen, dass der Wasserfrau Weissagung nicht zu ändern war. »Sicher verlieren wir das Leben«, dachte er. Der Kaplan zog wieder nach Worms. Als alle übergesetzt waren, zerschlug Hagen das Schiff. Das wunderte alle. Später sagte er Dankwart, er habe es getan, damit jeder Verzagte, der ihnen in der Not habe entfliehen wollen, an dem Strom schmählichen Tod leiden müsse.

»Nun wahret euch wohl«, rief Hagen, »wir wollen nie zurückkehren ins Burgundenland! Das sagten mir heut früh weise Meerfrauen. Nur dem Kaplan verhießen sie Heimkehr: gern hätt' ich ihn darum ertrinken sehn. Immer in Waffen lasst uns fahren!«

Der Abend sank; der starke Volker band den Helm fest und ritt ihnen als Wegweiser voraus: ihm waren Straßen und Wege bekannt. Hagen führte mit Dankwart die Nachhut. Des Fährmanns Tod war schon Else und Gelfrat zu Ohren gekommen: sie ritten dem Zuge nach und griffen an. Dankwart stellte sich zum Kampf.

»Wer jagt nach uns?«, fragte Hagen.

»Ich such den, der unsern Fährmann erschlug«, antwortete der Bayer, »der Ferge war ein starker Held.«

»Er wollte uns nicht überfahren: ich erschlug ihn: ich tat's aus Not.«

Da ging's ans Streiten. Gelfrat und Hagen rannten gegeneinander mit den Speeren. Dankwart bestand Else. Hagen fiel rückwärts vom Ross, sein Gefolge schützte ihn: er erhob sich und rannte den Gegner abermals an, doch musste er

Dankwart zu Hilfe rufen. Der schlug Gelfrat mit scharfem Streich zu Tode. Else und sein Gesinde mussten das Feld räumen. Die von Tronje jagten ihnen eine Weile nach, dann wandten sie sich wieder, dem Hauptzug Gunthers zu folgen. Vier hatten sie verloren, hundert aus Bayerland lagen tot.

Sie ritten die ganze Nacht, und erst am lichten Morgen, da Gunther Hagens blutige Brünne sah, erfuhr der König von dem Kampf.

Als sie an Rüdigers Markung kamen – es war abends –, ruhten die Burgunden aus. Hagen hielt die Wacht und fand einen Mann, der schlafend auf seinem Schwerte lag. Er fasste die Hilze, zog es unter ihm hervor und weckte den Schläfer. Der griff umsonst nach seinem Schwert und rief, aufspringend: »Wehe mir für diesen Schlaf! Fort ist meine Waffe, und übel habe ich Rüdigers, meines Herrn, Mark gehütet: ein Heer kam in sein Land: drei Tage und drei Nächte wacht' ich – und schlief nun ein.«

»Sieh her«, sprach Hagen, »ich gebe die diese Goldspange, und du sollst daran mehr Freude haben als der, dem ich sie zuerst bot. Nimm auch dein Schwert zurück und fürchte nichts für Rüdiger von unsrer Schar. Der Markgraf ist unser Freund, König Gunther gebietet unserm Heer. Nun weise uns eine gute Herberge an für die Nacht und sage, wie heißest du?«

»Ich heiße Eckewart und wundre mich, dass du kommst, Hagen, Aldrians Sohn, der du Siegfried erschlugst. Hüte dich, solang du im Heunenland bist! Ich nenn' euch aber einen Wirt, den ziert höchste Güte wie keinen andern Mann. In die gute Bechelaren zu Markgraf Rüdiger führ' ich euch.«

»Eile heim: zu ihm wollten auch wir: melde, dass wir kommen.«

Eckewart ritt davon, Hagen aber hieß die Burgunden aufstehn und ihm in die gute Bechelaren folgen. Vor dem Tor kam ihnen der Markgraf entgegengeritten. Saal und Gemächer standen für die Gäste zu frohem Willkomm bereit. Bis zum zweiten Morgen mussten sie verweilen: da ward Dietlind, Rüdigers Tochter, Giselher verlobt. Gunther und Gernot schenkten ihr Burgen und Land zur Brautgabe; der Markgraf gab ihr Gold und Silber, so viel hundert Saumrosse tragen konnten. Dann reichte er Gunther ein Gastgeschenk: einen goldüberzogenen, mit Edelsteinen gezierten Helm, Gernot ein starkes Schwert. »Und was siehst du, Hagen, in meiner Burg«, fragte er, »das du begehrst?«

»Dort hängt ein dunkler Schild, groß und stark: der hält, denk' ich, einen guten Hieb aus: den will ich mitnehmen in Etzels Land.«

»Das ist Herzog Nudungs Schild: er trug ihn, bis Wittig ihn erschlug.«

Gotelinde hörte das und weinte, weil sie ihres Bruders Nudung gedenken musste. Sie ging hin, hob den Schild von der Wand und brachte ihn Hagen. Lichte Steine zierten den Schildrand.

Volker nahm seine Fiedel zur Hand und sang der Markgräfin ein süßes Lied zum Abschied. Zwölf Goldspangen reichte sie ihm zum Dank. Und Rüdiger ritt selber mit ihnen zu sicherem Geleit. Er küsste Gotelind beim Scheiden, so tat auch Giselher Dietlind. Sie ritten die Donau zu Tal, ins heunische Land.

4. Empfang in Etzels Burg[68]

Ein Bote brachte Etzel die Nachricht, die Burgunden kämen gezogen. Vor den Toren der Stadt ritt ihnen Dietrich von Bern mit seinen Amalungen entgegen und führte sie in die Königsburg. Krimhild stand auf einem Turm und sah sie einreiten: »In Helm und Brünne, mit lichten Schilden kommen meine Brüder – und mich grämen Siegfrieds Wunden«, sprach sie leise und grüßte die Einziehenden. Die ganze Burg war von Nibelungen und Heunen angefüllt. Etzel empfing seine Schwäher freundlich und geleitete sie in den ihnen bereiteten Saal, wo lodernde Feuer brannten. Die Nibelungen zogen die Brünnen nicht aus und legten die Waffen nicht ab.

Da kam Krimhild in den Saal geschritten: als Hagen sie sah, band er den Helm fester, und ebenso tat Volker.

»Sei dem willkommen, Hagen, der dich gern sieht«, sprach sie. »Bringst du mir zur Gabe Siegfrieds Hort?«

»Einen starken Feind bring' ich dir, und meine Brünne lege ich nicht ab.«

»Komm hierher, Schwester«, rief Gunther, »und setze dich zu uns.«

Sie ging zu Giselher, küsste ihn und setzte sich weinend zwischen ihn und Gunther.

»Was weinst du, Schwester?«, fragte Giselher.

»Ich weine um Siegfrieds Wunde, nun und immerdar.«

»Lassen wir Siegfied und seine Wunde nun ruhn«, sprach Hagen. »König Etzel ist uns ebenso lieb, wie dir ehedem Siegfried war.«

Da stand Krimhild auf und ging hinaus. König Dietrich aber trat ein und rief die Nibelungen: sie sollten ihm zum Mahl in Etzels Saal folgen. Hagen und Dietrich schlangen die Arme einer um des andern Schulter und schritten so voran. In jeder Halle und jedem Hof und auf den Burgmauern standen Frauen und Männer, und alle wollten Hagen schaun.

»Wer ist jener Recke, den Dietrich so freundlich umschlungen hält?«, fragte Etzel, als er sie kommen sah. Ein Gefolgsmann Krimhildens antwortete: »Von Tronje Hagen: wie freundlich er auch tut, er ist ein grimmer Mann.« »Ja Hagen, von ihm ist mir genug bekannt! Einst war er mir vergeiselt: von Helche und mir empfing er das Schwert: er leistete mir manchen Dienst in seiner Jugend.«

Etzel thronte auf dem Hochsitz, ihm zur Rechten saß Gunther, dann folgten Giselher und Gernot, Hagen und Volker; an des Königs linker Seite waren die Sitze bereit für Dietrich von Bern, Rüdiger und Hildebrand; und sie saßen in fröhlicher Laune bei Wein und Speisen. Friedlich verschliefen sie die Nacht: Hagen und Volker hielten Wacht an der Saaltür. Des Spielmanns Fiedel schallte durch die Stille.

Am Morgen aber kamen Dietrich und Hildebrand zu den Nibelungen: »Freund Hagen«, sprach der Berner, »hüte dich hier im Heunenland: denn Krimhild beweint jeden Tag Jung Siegfried.«

In des Berners und seines Waffenmeisters Geleite schritt Gunther durch Burg und Stadt. Hagen und Volker folgten ihnen mit verschränkten Armen, in tiefen Helmen: wo artige Frauen standen, nahmen sie die Eisenhüte ab und ließen sich sehen. Schmal um die Mitte, breit in den Schultern war Hagen, sein Antlitz lang und aschfahl, von dunklen Locken umrahmt, aber sein Auge scharf blickend. Alles Volk wollte ihn sehen, der den starken Siegfried von Niederland, Krimhildens Gemahl, erschlagen hatte und von dem die Sage ging, er sein ein Elbensohn.

5. Das Gastmahl im Palast[69]

»Tragt statt der Rosen Waffen in der Hand und statt der Hüte und seidnen Hemden Brünnen und Helme, statt der Mäntel breite Schilde, dass ihr wehrhaft seid, wenn jemand mit euch zürnt. Trennet euch nicht, und schnöden Gruß beantwortet mit Todeswunden: so geziemt's uns«, befahl Hagen den Burgunden.

Inzwischen war Krimhild zu Dietrich in dessen Halle geeilt und sprach: »Fürst von Bern, ich suche Rast und Hilfe bei dir: leiste mir Beistand: Siegfrieds Mord will ich rächen an Hagen und Gunther. Ich biete dir Gold und Silber, so viel du heischest.«

»Das tu ich nicht, Königin: deine Bitte ehrt dich wenig. Auf gute Treue kamen sie her in dieses Land!«

Weinend ging sie fort und in Herzog Blödels Saal: »Siegfried will ich nun an den Nibelungen rächen, und du sollst mir helfen.«

»Etzel ist euren Gesippen hold, ich wag' es nicht.«

Sie wies auf sein Schild: »Ich fülle dir den Schild mit Gold, Herzog Nudungs Mark und schöne Witwe werden dein: und immer werd ich dir eine huldreiche Königin bleiben.« Da reizte es Blödel, den reichen Lohn zu gewinnen: »Geht Ihr in den Saal zum Fest, Königin. Ich beginne den Kampf, bevor einer der Fürsten dort es gewahrt: gebunden liefr' ich Euch Hagen.« Krimhild ging in den Königssaal, wo das Mahl bereitstand. Etzel saß auf dem Hochsitz, seiner Gäste wartend. Die kamen in Waffen geschritten: das sei ihre Landessitte, die drei ersten Tage bei einem Königsfeste gewaffnet zu gehen, hatte Hagen gesagt. – Aber burgundische Sitte kannte Krimhilde. Sie ging den Nibelungen entgegen und sprach: »Nun gebet mir eure Waffen zur Aufbewahrung: seht, waffenlos sitzen hier auch alle Heunen.«

»Du bist eine Königin«, antwortete Hagen. »Wie dürftest du Männern die Waffen abnehmen? Ich will mein eigner Kämmerer sein. Mich lehrte mein Vater, auf Weibestreue hin niemals Waffen abzulegen, und so will ich tun, solang ich im Heunenlande bin.« Er setzte seinen Helm auf und band ihn fest. Da sahen alle, dass Hagen zornig war. Gernot argwöhnte Verrat und band seinen Helm auf.

Der König grüßte nun die Gäste und wies ihnen Sitze an: Gunther zu seiner Rechten, Giselher zur Linken; Krimhild ließ ihren Stuhl Etzel gerad gegenüberstellen. Während des

Mahles ward der junge Königssohn von seinem Pfleger hereingeführt. »Seht den jungen Ortlieb«, sprach Etzel, »ich will ihn euch mitgeben an den Rhein: ihr sollt ihn erziehen. Einst wird er ein reicher Mann und ein König über zwölf Lande sein: dann dankt er euch die Pflege.«

»Schon dem Tode verfallen, mein' ich, ist der Knabe anzusehn«, rief Hagen. Etzel schaute schweigend auf den Tronjer: das Herz war ihm beschwert. Hagen war wenig aufgelegt zu Kurzweil.

Währenddessen hatte Blödel tausend Mannen gerüstet und eilte mit ihnen in die Hallen, wo Dankwart als Marschall das Mahl der Knechte überwachte.

»Willkommen, Blödel«, rief er, »was sollen deine Krieger?«

»Behalte deinen Gruß, mein Kommen ist dein Ende: weil Hagen Siegfried erschlug, entgeltet ihr's nun alle.

»Ich war ja ein Knabe, als das geschah: ich habe nichts mit dem Mord zu tun!«

»Doch dein Bruder tat's – das ist all eins: wehrt euch, keiner entrinnt meinem Schwert.«

Schnell sprang Dankwart auf, zog sein Schwert, und mit jahem Hieb schlug er Blödel das Haupt ab: – da liefen die Heunen ihre Gäste mit gezückten Schwertern an, die stießen die Tische fort. Die kein Schwert zur Hand hatten, schwangen die Schemel; grimmig wehrten sie sich und trieben die Schar aus dem Hause.

Als die Heunen Blödels Fall vernahmen, rüsteten sich – noch ehe Etzel es gewahrte – zweitausend Heunen. Den eingesperrten Knechten half ihre Tapferkeit nichts: sie wurden alle erschlagen, dazu zwölf Edle. Dankwart allein stand noch: »Nun weicht mir, ihr Heunen«, rief er, »und lasst mich sturmmüden Mann hinaus.« Er sprang ins Freie und schritt, wie ein Eber um sich hauend, zu dem Königssaal. In seinen Schild flogen zu viel Speere, er musste ihn fallen lassen; er schritt die Stufen vor dem Saal empor und trat unter die Tür: blutüberflossen war sein Gewand, das bloße Schwert hielt er in der Faust: »Bruder Hagen«, rief er laut, »zu lange schon sitzt ihr hier beim Mahle: tot liegen unsre Knechte in den Herbergen. Das hat Herr Blödel mit seinen Heunen getan: ihm hab ich das Haupt angeschlagen.«

»Um ihn ist's wenig schade«, sprach Hagen, »aber sag geschwind, Bruder, bist du von deiner Wunden Blut so rot?«

»Heil kam ich davon.«

»Dann hüte mir die Tür und lass nicht einen hinaus. Ich hörte, Krimhild könne ihr altes Herzleid nicht verwinden: nun trinken wir Freundschaft und zahlen des Königs Wein: der junge Ortlieb muss der Allererste sein.«

Drohend rief's Hagen, fasste den Schwertgriff und schlug dem Knaben das Haupt ab: es flog Krimhild in den Schoß, und mit dem zweiten Hieb schlug er dem Pfleger das Haupt, mit dem dritten Werbel die Rechte auf der Fiedel ab. Da sprang Etzel empor und befahl: »Auf, alle meine Mannen, schlagt die Nibelungen tot«, und das Morden hob an im Saal.

Die Burgundenkönige traten zwischen die Kämpfenden und suchten noch zu schlichten: – aber Hagen begann zu wüten –, da schlugen auch sie tiefe Wunden in Heunenleiber. Dankwart, unter der Tür, wurde von außen und innen angegriffen: »Volker, rette mir den Bruder«, rief Hagen dem Spielmann zu. Volker brach sich Bahn zu ihm: »Steh du außen, Dankwart, ich hüte die Tür von innen.«

Nun warf Hagen den Schild auf den Rücken und begann erst recht zu rächen die treulos erschlagenen Knechte. Krimhild bat Dietrich: »Hilf mir hinaus, Berner: erreicht mich Hagen, so hab ich den Tod an der Hand.«

»Ich will's versuchen«, antwortete er und rief so gewaltig in den Kampf, dass die Burg von seiner Stimme widerhallte. »Haltet ein mit dem Streiten«, gebot Gunther. »Was ist dir geschehen, Herr Dietrich, edler Fürst? Ich bin dir zu jeder Buße erbötig.«

»Mir ist nichts geschehen: doch lasst mich mit meinen Mannen und Freunden aus diesem Saale gehen.«

»Führe fort, wen du willst, nur nicht meine Feinde: die bleiben hier.«

Da umschloss Dietrich Krimhild mit dem einen Arm, mit dem andern Etzel, und schritt hinaus: ihm folgten alle Amalungen.

»Wollt ihr auch mir und den Meinen Frieden geben?«, fragte Markgraf Rüdiger.

»Geht«, antwortete Giselher, »eure Treue ist fest.« Fünfhundert räumten mit Rüdiger den Saal. Dietrich und der Markgraf gingen in ihre Hallen.

Dann brach der Kampf wieder aus.

»Hörst du, Hagen«, sprach Gunther, »die Töne, die Volker den Heunen fiedelt? Er hat seinem Fiedelbogen 'nen roten Anstrich gegeben! Nie sah ich einen Spielmann so herrlich streiten: seine Weisen klingen durch Helm und Schild.«

Von allen Heunen im Saal blieb nicht einer am Leben. Die Burgunden legten die Schwerter aus den Händen.

6. Iring fällt

Sie trugen die Toten vor die Tür und warfen sie die Stiege hinab: wehklagend und drohend standen die Heunen vor der Halle. Volker schoss einen Speer unter sie, furchtsam wichen sie zurück. Hagen trat an Volkers Seite und höhnte König Etzel, weil er nicht an der Spitze seiner Mannen kämpfte, wie's Fürsten geziemend. Zürnend rief Krimhild: »Wer mir Hagen erschlägt, dem füll' ich den Königsschild mit rotem Gold und geb' ihm Land und Burgen.«

»Wie sie zaudern, die verzagten Helden!«, lachte Volker.

»Die des Königs Brot essen, weichen nun von ihm, da er in Not ist. Kühn wollen sie sein: ich heiße sie schmachbeladen.«

»Bringt mir meine Gewaffen!«, rief Iring, Hawarts Mann, »ich will mit Hagen kämpfen.«

Er waffnete sich. Irnfried von Thüringen und Hawart von Dänemark mit ihren Leuten gesellten sich ihm.

Unwillig sprach Volker: »Iring wollte dich allein bestehn: sieh, nun geht eine Schar mit ihm.«

»Heiße mich keinen Lügner«, entgegnete Iring, »ich will ihn allein bestehn«; er bat seine Freunde so lange, bis sie ihm nachgaben.

Er zückte den Speer, deckte sich mit dem Schild, lief in den Saal und auf Hagen los: sie schossen scharfe Speere durch die Schildränder: die Schäfte splitterten. Dann griffen sie zu den Schwertern: Palast und Burg widerhallten von ihren Hieben, doch Hagen blieb unverwundet. Da ließ Iring ihn stehn und rannte den Fiedler an: Volker schlug ihm einen starken Schlag zur Abwehr: da ließ Iring auch ihn stehn und wandte sich gegen Gunther. Sie waren gleich stark: keiner verwundete den andern. Auch Gunther kehrte er den Rücken und rannte Gernot an. Da hätte ihn schier der Burgunde erschlagen, ein schneller Sprung rettete Iring, der nun vier der edelsten Gefolgen erschlug. »Die sollst du mir büßen«, rief zürnend Giselher und hieb so scharf auf den Dänen, dass er für tot niederfiel. Aber die Sinne kehrten ihm bald zurück, er war unverwundet: behände sprang er auf und zur Tür hinaus, wo er Hagen fand: mit jähen Schlägen hieb er auf den Tronjer und verwundete ihn durch den Helm. Da sauste Hagens Schwert auf des Dänen Haupt nieder. Der schwang den Schild über den Helm und rannte die Stufen hinunter, zu den Seinen zurück. »Rotes Blut quillt aus Hagens Helm, sei bedankt, ruhmvoller Iring«, sprach Krimhild.

»Dank ihm mäßig!«, rief Hagen. »Will er's noch einmal

gegen mich versuchen – dann nenn' ich ihn einen kühnen Mann.«

Der Däne nahm einen neuen Schild, einen starken Speer und schritt abermals gegen Hagen. Der konnte ihn nicht erwarten, die Stiege hinunter lief er ihm entgegen. Sie stritten, dass die Funken flogen, und Iring erhielt eine Schwertwunde durch Schild und Helm: er rückte den Schild höher vor das Gesicht, da fasste Hagen einen Speer, der ihm vor den Füßen lag, und schoss ihn auf Iring: er blieb in dessen Haupt stecken. Ehe seine Freunde ihm den Helm abbanden, brachen sie den Speer ab – da starb Iring. Bitter klagte Krimhild um ihn.

Irnfried und Hawart schritten nun mit ihrer Schar zum Saal hin: da ward unbändig gefochten.

Irnfried lief Volker an: sie verwundeten sich gegenseitig, doch der Thüring erlag vor dem Spielmann. Hawart war mit Hagen zusammengekommen: er starb von des Burgunden Hand. Da die Dänen und Thüringe vor dem Saal ihre Herren tot sahen, erkämpften sie mit wilder Wut die Tür. »Lasst sie herein«, sprach Volker, »der Tod wartet ihrer.« Sie drangen ein, und alle wurden erschlagen. Es ward stille: das Blut quoll allenthalben aus dem Saal. Die Burgunden setzten sich, zu ruhn: Volker stand vor der Tür, ob noch jemand sie mit Streit angehen wolle?

König Etzel und Krimhilde wehklagten laut. Allenthalben saßen Frauen und Mägde und litten Herzensqual.

7. Krimhild lässt Feuer an den Saal legen

»Nun bindet die Helme ab«, sprach Hagen. »Wagen Etzels Mannen sich wieder heran, dann warn' ich euch.« Viele entwaffneten sich und pflegten der Verwundeten.

Und noch einmal, ehe der Tag sank, schickten Etzel und

Krimhild ein Heunenheer, das bewaffnet in der Burg harrte, zum Kampf gegen die Burgunden.

Dankwart sprang der Erste hinaus, den Feinden entgegen. Bis zur Nacht erwehrten sich die Burgunden der Heunen. Da begehrten die Nibelungen Frieden; aber Etzel antwortete: »Niemals gewähr' ich euch Frieden, weil ihr mir den Sohn und Gesippen erschlagen habt.«

»Dazu zwang uns die Not«, sprach Gunther, »ihr mordetet zuerst meine Knechte. Auf Treue kam ich her zu dir. Willst du unsre Feindschaft beilegen, so ist's wohl für beide Teile gut.«

»Ungleich steht mein und euer Verlust«, zürnte Etzel, »Schmach und Schande hab ich gewonnen: keiner von euch soll lebend davonkommen.«

»Dann lasst uns«, rief Gernot, »ins Freie zum Kampfe mit deinen Heunen.«

Das wollten Etzels Recken zugestehen, aber Krimhild wehrte ihnen: »Kommen sie heraus, und wären es nur Utes Söhne, dann seid ihr alle des Todes.«

»Vielschöne Schwester«, sprach Giselher, »das erwartete ich nicht, dass du mich über den Rhein hierher in den Tod geladen hättest. Gedenk unser in Gnaden.«

»Ungnade allein hab ich für euch: ihr alle müsst nun Hagens Mordtat entgelten, Brüder. Doch wollt ihr mir Hagen ausliefern, so lass ich euch das Leben und versöhne euch mit Etzel.«

»Das verhüte der reiche Gott«, rief Gernot, »wenn unsrer tausend wären, wir lägen lieber alle tot, als dass wir den einen Hagen ließen.«

»Uns Nibelungen scheidet niemand«, schloss Giselher, »wer mit uns fechten will, der komme.«

Aber Dankwart rief mahnend hinunter: »Sei gewarnt, Königin, es wird dir wohl noch leid, dass du nun den Frieden weigerst.« –

»Lasst keinen herauskommen«, befahl Krimhild den Heunen, »dringt an, näher und näher, und legt Feuer an den Saal, an allen vier Ecken.«

Das Feuer schwelte an dem Holzgefüge des Baues: vor dem Wind schoss die Lohe sausend auf, und bald stand der Saal in hellem Brand. Schwer litten die Burgunden von Rauch und Hitze; brennender Durst quälte sie.

»Wen die Not zwingt«, sprach Hagen, »der trinke der Erschlagenen Blut.« Zögernd befolgte einer den Rat, bald machten ihm's andre nach. –

Prasselnde Feuerbrände fielen von der hochgewölbten Decke auf die Helden: sie fingen sie mit den Schilden auf. »Steht an der Wand und tretet die Brände mit den Füßen in das Blut hinab«, riet Hagen. »Ein Unheilsfest gibt uns hier Frau Krimhild.«

So verbrachten sie die Nacht: Volker und Hagen, auf ihre Schilde gelehnt, standen vor der Tür, die Heunen erwartend.

Als es tagte, kehrten sie in den Saal zurück: die noch übrig waren, waffneten sich aufs Neue. Da boten ihnen die Heunen mit Speer und Bogen den Morgengruß. Etzels Mannen war der Mut entflammt, Krimhilds Lohn zu gewinnen. Sie ließ das Gold in Schilden herbeitragen; wer zum Kampfe ging, empfing davon. Ein Heer von Heunen versuchte, die Nibelungen zu bezwingen: einer nach dem andern erlag vor den Burgunden.

8. Markgraf Rüdiger fällt

Da kam Rüdiger zu Hofe gegangen und sah das fürchterliche Morden, das geschehen war: er sandte zu Dietrich, ob sie beide nicht bei Etzel dem Rest der Gäste Frieden erbitten könnten?

»Etzel will niemand friedlich den Streit schlichten lassen«, antwortete Dietrich.

»Schaut, Frau Königin«, rief ein Heune, »wie der Markgraf weinend dasteht. Viel Burgen, reiches Land und Ehren empfing er von Etzel und tat hier noch nicht einen Schlag.«

Zürnend ballte Rüdiger die Faust und schlug den Schmäher nieder.

Krimhild sprach: »Markgraf Rüdiger, nun mahn' ich dich des Eides, den du mir schwurst, da du um mich für Etzel warbst. Wie hieß der Schwur?«

»Dass ich Ehre und Leben für Euch wagen wollte in Eurem Dienst – aber nicht meine Treue. Wie sollt' ich gegen die Nibelungen kämpfen, die ich in meine Burg geladen, denen ich Freundlichkeit gelobt und die ich in dies Haus zu friedlichem Fest geleitet habe?«

»Gedenke deines Eides: dass du stets bereit sein wolltest, meinen Schaden und mein Leid zu rächen.«

Der Markgraf wandte sich zu Etzel: »Nimm alles, was ich von dir empfangen habe, zurück, ich will mit Weib und Kind aus dem Lande ziehen – aber erlass mir diesen Kampf.«

»Markgraf!«, antwortete der König, »was nützt mir dein Land und deine Burg? Dein Schwert heisch' ich, dass es meine Schmach an den Nibelungen räche: ein König an Etzels Seite sollst du zum Lohne dafür werden.«

»Deine Treue heisch' ich«, befahl Krimhild, »mein Dienstmann bist du: nun diene mir! Auf zum Kampf mit den Nibelungen.«

»So will ich sterben – ich befehl' euch zu Gnaden mein Weib und Kind, und alle landflüchtigen Goten, die in Bechelaren Zuflucht gefunden haben.«

»Das sag ich freudig zu«, antwortete Etzel, »doch vertrau' ich, dass du lebend aus dem Kampfe wiederkehrst.«

Trüben Mutes rüstete sich Rüdiger mit seiner Schar und schritt ihr voran zum Saal. Er setzte den Schild vor den Fuß und sprach: »Wehrt euch, ihr kühnen Nibelungen: einst waren wir Freunde, nun muss ich der Treue ledig sein.«

»Das verhüte Gott!«, rief Gunther.

»Ich muss mit euch streiten, Krimhild will's mir nicht erlassen.«

»Steh ab«, mahnte Gernot, »du milder Wirt.«

»Ich wollt', ihr wär't am Rhein und ich läge tot.«

»Wie, Rüdiger«, bat nun auch Giselher, »willst du die eigne Tochter zur Witwe machen?«

»Mögst du entrinnen, Giselher! Nun gnade uns Gott, wir müssen kämpfen.«

»Verweile noch, Rüdiger«, rief Hagen, »wir wollen noch reden. Sag, was nützt Etzel unser Tod? Der Schild, den mir Gotelind gegeben, den haben mir die Heunen ganz zerhauen: könnt' ich noch so guten gewinnen, wie du einen am Arme trägst, so bedürft ich keiner Brünne mehr.«

»Nimm ihn, Hagen! Und mögest du den Schild heimtragen an den Rhein.« Das war die letzte Gabe, die der gute Markgraf je auf der Welt bot. Manche Augen wurden dabei von Tränen nass. »Gleich dir, Rüdiger, lebt keiner auf der Welt«, sprach Hagen und nahm den Schild. »Nun soll dich meine Hand nicht befehden.«

»Auch ich sage dir Frieden zu«, rief Volker, »das hast du verdient mit deiner Treue.«

Darauf schritt Rüdiger hinauf, Volker und Hagen wichen vor ihm zur Seite: er fand noch manchen Kühnen zum Streite bereit. Giselher und Gernot ließen ihn in den Saal, die von Bechelaren sprangen ihm nach. Hagen und Volker fochten grimmig: sie gaben keinen Frieden als dem EINEN. Der Markgraf mied die Könige und kämpfte wie im Schlachtturm mit dem Gesinde. »Du willst uns keinen Mann mehr übrig lassen, Rüdiger«, rief Gernot, »wende dich mir entgegen und bestehe mich, kühner Mann!« Gernot schwang das Schwert, welches ihm Rüdiger als Gastgeschenk in Bechelaren gereicht hatte: da trafen sie einer den andern: zum Tode verwundet von Rüdigers Hand, gab Gernot ihm einen Hieb durch Schild und Helm: tot sanken beide zu Boden. So fiel der Markgraf.[70]

»Ihrer beider Tod ist großer Schaden!«, sprach Hagen und bedrängte gewaltig Rüdigers Gesinde. Hier sanken sie erschlagen zu Boden, dort wurden die Wunden im Gedräng mit den Füßen niedergetreten, dass sie in den Blutlachen erstickten.

Giselher rächte grimmig Gernots Fall: bald lebte nicht einer mehr derer von Bechelaren.

»Lasst uns ins Freie, unsere Panzer zu kühlen«, sprach Giselher, »mich dünkt, es geht zu Ende.« Kampfmüde lehnten und saßen umher, die noch lebten. Das Tosen war verschollen.

Krimhild sprach zu Etzel: »Es ward so still. Rüdiger bricht uns die Treue, er will ihnen davonhelfen.«

Das hatte Volker gehört: »Er tat so ernst, was Etzel ihm befahl«, sprach er, »dass er nun mit seinem Gefolgen tot liegt.« Sie trugen den Markgrafen dahin, wo Etzel ihn fernher sehen konnte. Bei seinem Anblick brachen er und Krimhild in ungestüme Klagen aus.

9. Dietrichs Speerbrüder fallen

Der Jammer war so laut, dass Türme, Palast und die ganze Stadt davon erfüllt wurden. »Ich glaube, sie haben Etzel oder Krimhild erschlagen«, sprach aufhorchend einer in des Berners Halle. Dietrich entsandte einen Boten, der kam bald zurück mit der Antwort: »Die Burgunden haben den milden Rüdiger erschlagen.«

»Wie hätte Rüdiger das um sie verdient!«, rief Dietrich.

»So müssen wir ihn rächen«, fuhr Wolfhart auf, Hildebrands Schwestersohn. Dietrich befahl Hildebrand, zu erkunden, wie alles geschehen sei.

Waffenlos wollte der Alte gehen, aber Wolfhart mahnte ihn: »Geh in Waffen, dass sie dich fürchten.« Da gürtete Hildebrand sein Schwert um, und ehe er es hindern konnte, standen Dietrichs Mannen gerüstet um ihn. »Wir gehen mit, Meister: ob Hagen von Tronje so kecken Sinn hat, dir mit Spott zu antworten?«

Volker sah sie kommen: »Gewaffnet und gehelmt schreiten Dietrichs Gesellen daher, sie wollen uns befehden.«

Hildebrand setzte den Schild vor seine Füße und sprach: »Was hat euch Rüdiger getan? Dietrich, mein Herr, hat mich gesandt: ob ihr den Markgrafen wirklich erschlagen hättet, wie man uns sagte? Das ertrügen wir nicht ruhig.«

»Da sagte man euch wahr!«, antwortete Hagen. »Ich wünschte um Rüdigers willen, es wäre gelogen.«

Laut klagten die Amalungen. »Der Landflüchtigen Wonne habt ihr erschlagen!«, sprach einer. »Wer soll Gotelinde trösten?«, der andre, und Wolfhart rief zornig: »Wer soll nun die Recken führen, so gut wie Rüdiger es oft getan hat?«

Vor Gram mochte Hildebrand nicht weiter fragen. »Bringt uns nun den Toten aus dem Saal, damit wir ihn ehrenvoll bestatten.«

»Ihr lohnt ihm geziemend, was er an euch getan«, sprach Gunther.

»Wie lang' sollen wir warten?«, rief der ungeduldige Wolfhart.

»Niemand bringt ihn euch entgegen«, antwortete Volker. »Holt ihn euch aus dem Saal, dann ist es voller Dienst, den ihr ihm tut.«

»Fiedelmann! Reiz uns nicht!«, drohte Wolfhart, »wagt ich's, käm't ihr bald in Not – doch Dietrich hat uns das Streiten verboten.«

»Feig' ist, wer alles lässt, was man ihm verbietet.«

»Hüte dich, Volker! Deinen Übermut werd' ich nicht ertragen.«

»Wagst du dich gegen mich, so trüb' ich deines Helmes Glanz.«

Da wollte Wolfhart Volker kampflich angehen, aber Hildebrand hielt ihn fest. »Lass ihn los, Meister«, rief der Spielmann, »ich schlag ihn, dass er kein Wort zur Widerrede sagt.«

Hei, wie ergrimmten die Amalungen! Jäh sprang Wolfhart die Stiege hinan, ihm folgten seine Freunde. Hildebrand wollte seinen Neffen nicht allein in den Kampf lassen, er erreichte ihn vor der Tür und rannte Hagen an. Schwerter klirrten, Funken stoben davon: da schlug Wolfhart einen Hieb auf den Helm, den ihm der Fiedler wacker vergalt. Ein Amalunge, WOLFWEIN, trennte die zwei. Hildebrand focht, als ob er wüte.

Dietrichs Schwestersohn, SIEGSTAB, zerschrotete Helm nach Helm: das sah Volker, von Zorn entbrannt, schlug er ihn zu Tode.

»Weh um meinen jungen Herrn! Spielmann, nun sollst du sterben«, rief Hildebrand, und grimmig war er zu schaun, als er nun mit raschen Schlägen Volker Helm und Schild zerhackte und zerspellte, bis der starke Spielmann sein Ende fand. Hagen sah ihn fallen: »Meinen besten Heergesellen hast du erschlagen!« Und den Schild höher rückend, schritt er fechtend voran. Da ward auch Dankwart erschlagen. Wolfhart schritt zum dritten Mal durch den Saal: da rief ihn Giselher an, und sie kämpften miteinander. Zum Tode verwundet, ließ Wolfhart den Schild fallen und schnitt Giselher mit dem Schwert durch Helm und Brünne. Tot sanken beide hin. Da war von Gunthers und Dietrichs Mannen keiner mehr am Leben: außer Hagen und Hildebrand.

Der sterbende Wolfhart tröstete seinen Ohm: »Klage nicht um mich! Herrlich bin ich von eines Königs Hand erschlagen. Du aber hüte dich vor Hagen.«

Und Hagen war schon bereit: Volker wollte er rächen. Sausend schwang er Balmung auf den Waffenmeister und schnitt ihm durch die Brünne. Als der Alte die Wunde fühlte, warf er sein Schild auf den Rücken und entrann Hagen. Blutüberströmt ging er zu König Dietrich.

»Was bist du so rot von Blut?«, fragte der König. »Wer tat dir das?«

»Das tat mir Hagen, kaum bin ihm mit dem Leben entronnen. Und Rüdiger liegt tot.«

»Wer hat ihn erschlagen?«

»Gernot.«

»Geh, Hildebrand, bring mir meine Waffen. Gebiete auch meinen Speerbrüdern, sich zu waffnen: ich will die Burgunden um Rüdigers Tod befragen.«

»Herr, alle liegen sie erschlagen: ich allein bin übrig.«

»Wehe mir armen Dietrich, der ich ein reicher König und allen furchtbar war! Sag, wer lebt noch von den Gästen?«

»Niemand mehr als Hagen und Gunther.«

10. Der Nibelungen Ende

Da Legte König Dietrich seine Waffen an und klagte laut um seine Blutsbrüder: die Halle schütterte von seiner Stimme Schall. Er fasste den Schild und schritt hinaus, von Hildebrand gefolgt. Vor des Saales Tür fand er Gunther und Hagen an die Wand lehnend. »Dort kommt Dietrich«, sprach Hagen, »er heischt Rache. Traun, ich getraue mir wohl, ihn zu bestehen.«

Der Berner setzte seinen Schildrand nieder: »Warum habt ihr mir landflüchtigem Mann meine treuen Genossen erschlagen? War's nicht genug an dem guten Rüdiger?«

»Deine Recken kamen gewaffnet heran«, antwortete Hagen.

»Sie begehrten, dass ihr den toten Rüdiger herausbrächtet: Spott war eure Antwort.«

»Versagten wir's«, sprach Gunther, »so ward's Etzel zu Leid getan, nicht Euch.«

»Wohlan, Gunther: zur Sühne für alle mir Erschlagenen ergib dich mir als Geisel: dich und Hagen. Ich will euch schützen, dass euch hier nichts geschieht.«

»Niemals!«, rief Hagen. »Wehrhaft und bewaffnet, frei und ledig vor unsern Feinden stehen wir zwei.«

»Ihr dürft's nicht verweigern. Ich biet' euch meine Treue und geleit' euch sicher in euer Land zurück, oder mich halte der Tod.«

»Lass ab«, grollte Hagen, »wir Nibelungen ergeben uns nicht.«

»Es kommt wohl noch die Stunde«, warnte ihn Hildebrand, »da ihr gern meines Herrn Sühne annähmet.«

»Ehe ich vor einem Feind wegliefe, wie du vor mir getan, ja freilich, lieber ging ich in Vergeiselung. Ich wähnte, du stündest fester, Alter.«

»Ei, wer war's, der im Wasgenwald auf einem Steine müßig saß, während ihm Walther so viele Freunde erschlug?«

»Lasst das Schelten«, gebot Dietrich. »Hört' ich recht, Hagen, dass du sagtest: allein wolltest du mich bestehen?«

»So sagt' ich, und mich ergrimmt sehr, dass du uns als Geiseln begehrst.«

Da hob Dietrich den Schild: eilig sprang Hagen ihm entgegen, die Stufen hinab. Gewaltig stritten sie, bis endlich Dietrich Hagen eine breite und tiefe Wunde schlug.[71] »Ich will ihn nicht erschlagen«, dachte Dietrich, »ich will ihn mir zur Geiselhaft zwingen.« Er ließ den Schild fallen, umschloss Hagen mit seinen starken Armen und band ihn. In Fesseln führte er ihn vor Krimhild.

Da frohlockte sie: »Ich will dir's danken, Berner.«

»Dann sollst du ihm das Leben lassen, Königin«, verlangte Dietrich. Sie ließ ihn in ein festes Verlies bringen.

»Wohin kam mir der Berner? Hagen will ich an ihm rächen!«, rief Gunther und stürmte mit Zornestoben hinaus, gegen Dietrich.

Die Burg widerhallte von ihren Schwertschlägen. Dietrich schlug ihm eine Wunde, wie er gegen Hagen getan hatte, und legte auch ihn in Bande. Dann fasste er ihn an der Hand und führte ihn zu Krimhild.

»Willkommen, Gunther aus Burgund«, sprach sie.

»Ich würde dir danken, Schwester, wäre dein Gruß nicht schnöder Spott.«

»Königin«, sprach Dietrich, »so edle Helden wurden noch nie vergeiselt: du sollst ihnen milde und gnädig sein um meinetwillen.« Mit feuchten Augen schritt er hinweg.

Krimhild aber heischte Rache.

Sie ging zu Hagen und sprach: »Willst du mir den Hort Siegfrieds herausgeben, so mögt ihr lebend heimziehen.« Er wusste gut, dass sie ihm das Leben nicht ließ – überlisten wollte sie ihn: darum sprach er: »Ihn geb' ich nicht heraus, so lang' noch einer meiner Herren lebt.«

»Nun mach' ich ein Ende«, zürnte sie und befahl, Gunther das Haupt abzuschlagen: an den Haaren trug sie's vor Hagen hin.

»Nun hast du's nach deinem Willen zu Ende gebracht!«, rief er stolz; »den Schatz, den weiß nun keiner als ich und Gott allein, er soll dir Valandine immer verhohlen sein.«

»So will ich doch Siegfrieds gutes Schwert besitzen: er trug's als ich zuletzt ihn sah.«

Und sie zog Balmung aus der Scheide, schwang das Schwert und schlug Hagen das Haupt ab.

König Dietrich sah's von fern: grollend rief er: »Jammer und Wehe! Von eines Weibes Hand erliegt der allerkühnste Mann, der je zum Streite ging und Schild trug.«

»Und bracht' er mich auch in Todesnot«, rief Hildebrand, »ich räche Hagen!« Er sprang zu Krimhild und schlug sie mit einem Schwung des Schwertes in Stücke.

Etzel und Dietrich wehklagten um ihre Toten. Frauen und Männer, Mägde und Knechte trauerten um verlorne Freunde.

So endete König Etzels Sonnwendfest – und der Nibelungen Not.

VI.
Dietrichs Heimkehr

1. Dietrich scheidet von Etzel

»Tot liegen all unsre Freunde, erschlagen sind unsre Gefolgen«, sprach König Dietrich zu Hildebrand, »allzu lange weilten wir fern der Heimat, was tun wir noch länger im Heunenland? Lieber will ich kämpfend für mein Reich fallen als hier vor Alter sterben. Wir wollen heimfahren.«

»Wir wollen heimfahren! Herr, du hast Recht. Ich habe Botschaft erhalten, über Bern herrsche Herzog Hadubrand: und das soll mein Sohn sein, den ich niemals gesehen habe: denn er ward geboren, nachdem wir Bern verlassen mussten.«

Sie berieten nun, wie sie ihre Fahrt ausführen wollten: allein mussten sie ziehen; denn im Heunenland waren so viele Männer gefallen, dass Etzel ihnen kein Heer hätte geben können.

»Mag es Etzel wohl oder übel dünken, wir fahren«, schloss Dietrich, »und niemand soll darum wissen.« Dann ging er zu Herrad und fragte sie: »Ich will heimziehen nach Amalungenland und mein Reich wiedergewinnen oder den Tod. Willst du mir dazu folgen, Herrad?«

»Wohin es auch sei, ich folge dir«, antwortete sie.

»Habe Dank für deine Treue, du vielliebe Frau! Und rüste dich eilig, wir reiten noch heut Abend.«

Frau Herrad nahm da alles, was Helche ihr geschenkt hatte: und musste sie gleich vieles zurücklassen, so führte sie doch Kleinodien mit, an achttausend Mark Goldes wert. Weinend sagten die Dienerinnen ihr Lebewohl, und niemals ward zwischen Frauen so kurzer Abschied genommen.

Am Abend hatte Hildebrand ihr drei Rosse gesattelt und gerüstet und ein viertes mit Gold und Schätzen beladen. Dietrich hob Herrat aufs Ross und sprach zu Hildebrand: »Reitet voraus an das Burgtor: ich will von König Etzel Abschied nehmen.«

Er ging in den Königsbau und trat in Etzels Schlafhalle; ungefragt ließen die Wächter ihn ein, obwohl er in Waffen ging, denn sie wussten, dass er ein treuer Freund ihres Herrn war. Dietrich schritt an des Königs Lager und weckte ihn.

»Willkommen, Freund«, sprach der Erwachte, »weshalb kommst du in Waffen?«

»Ich will heimfahren nach Amalungenland und mein Reich wiedergewinnen oder den Tod.«

»Wie willst du ein Reich erobern ohne Kriegsleute? Bleibe lieber noch einige Zeit bei mir: dann will ich dir wieder ein Heer rüsten: ziehe nicht so von mir!«

»Habe Dank, König, für deine Freundschaft; allzu viel deiner Heunen liegen schon erschlagen: ich will die Übriggebliebenen nicht auch in den Tod führen. Ich zieh' allein: nur Hildebrand und Herrad, meine Frau, begleiten mich.«

Da härmte es Etzel sehr, dass Dietrich so von ihm ging: er stand auf und geleitete ihn bis an das Burgtor, dort küssten sie sich und schieden voneinander.

Dietrich schwang sich auf Falkas Rücken, Meister Hildebrand ritt voran mit dem Saumross, Dietrich und Frau Herrad hinterher. Sie wandten sich westwärts auf die Straße und ritten neun Tage und neun Nächte, ohne Menschen zu begegnen. In einer Nacht kamen sie an Bechelaren vorüber: da gedachte Dietrich mit vielem Gram des Markgrafen, des mildesten aller Männer, des tapfersten Helden.

»Als ich aus meinem Reich fliehen musste, da kam Rüdiger uns hier entgegen, mit Gotelind, seiner Frau: die gab mir ein grünes Kriegsbanner, das führte seitdem manchen Heunen in den Tod.«

»Ja, ein tapferer Held war der Markgraf«, stimmte Hildebrand ein. Wär' er nicht gewesen, so hätt' ich im Russenland mein Leben lassen müssen: das dank' ich ihm stets.«

Sie mieden Burgen und Dörfer und ruhten am Tag in Wäldern, aber ritten bei Nacht. Und dennoch blieb ihre Fahrt nicht geheim: Graf Else, der junge, war auf einer Reise über den Rhein geritten und bekam Kunde davon. Da kam ihm in den Sinn, dass er Blutrache zu fordern hätte an Dietrich, für Elsung den Langbärtigen von Bern, den Dietrichs Gesippen erschlagen hatten. Und er ritt mit seinen Gefährten auf Waldwegen und spürte den Heimkehrenden nach, bis er auf ihre Fährte kam.

Dietrich hatte im Wald geruht, die Sonne war gesunken: sie rüsteten zum Aufbruch und ritten hinaus auf die Heerstraße, diesmal der König voran mit Herrad, Hildebrand folgte mit dem Saumross. Da gewahrte er, umblickend, Staub aufwirbeln und Helme blitzen und, schärfer hinspähend, rief er Dietrich an: »Herr, ich sehe dicken Staub fliegen und dahinter Schilde und Brünnen blinken: und scharf reitet man uns nach.«

Dietrich wandte Falka und lüftete, zurückschauend, den Helm: »Das sind wahrlich gewappnete Männer: wer mag so gewaltig reiten?«

»Ich weiß hier im Lande niemand außer Graf Else, den jungen: ist er's, so kommt er mit feindlichem Herzen.«

»Sollen wir in den Wald weichen und fliehen, Meister Hildebrand, oder wollen wir von den Hengsten steigen und streiten?«

»Steigen wir ab, Herr, und rüsten wir uns! Etwa dreißig mögen ihrer sein: etliche erschlagen wir, die andern fliehen.«

Sie saßen ab und hoben Herrad vom Ross herunter: dann banden sie ihre Helme fester und zogen die Schwerter.

»Meister Hildebrand«, lachte Dietrich, »du bist doch ein ebenso guter Held wie früher: der ist glücklich daran, der dich im Streit an der Seite hat«, und zu Frau Herrad, die voll Sorge weinte, sprach er tröstend: »Sei munter, Herrad, und weine nicht früher, bis dass du uns fallen siehst: aber es wird uns nicht so schlimm ergehen.«

Nun kam auch Else mit seinen Gewaffneten heran, und Amalung, sein Neffe, rief voranreitend: »Lasst uns die Frau dort, dann mögt ihr euer Leben behalten.«

»Sie folgte wahrlich nicht König Dietrich aus Etzels Reich, um mit euch heimzufahren«, antwortete Hildebrand drohend.

»Nie hört' ich einen alten Mann kecker und hoffärtiger reden!«, rief einer zurück.

»Dann musst du weit dümmer sein, als du alt bist, obwohl die Zahl deiner Winter keine geringe ist«, zürnte Dietrich. »Er ist in Ehren ein Greis geworden, hüte dich, sein Alter zu verspotten.«

»Übergebt sogleich eure Waffen und euch selbst«, rief ungeduldig Amalung, »willst du das nicht, Alter, so greif' ich dich an deinem Bart.«

»Kommt deine Hand an meinen Bart, so hau' ich sie ab, oder mein Arm zerbricht. Doch wer ist euer Anführer?«

Da antwortete ein andrer: »Du bist lang von Bart, aber kurz von Witz! Kennst du nicht Graf Else dort, unsern Herrn? Wie kannst du überhaupt so keck sein, danach zu fragen? Wir sind Narren, lange vor zwei Männern zu stehen, die uns mit Worten aufhalten.« Und er hieb mit seinem Schwert nach Hildebrand auf dessen Helmhut, aber der Alte trug Hildegrim. Hildebrand blieb unverletzt, und er spaltete mit einem Hieb dem vorlauten Angreifer Helm und Haupt, Brünne und Bauch, dass er tot aus dem Sattel fiel. Nun schwang auch Dietrich Eckesax und schlug dem vordersten Reiter auf die Achsel: Arm und Schulter flogen ab, der Mann sank tot auf die Erde. Den zweiten Schlag gab er Else selbst unter den rechten Arm und hieb, die Achsel hinauf, den Arm ab, die Kinnbacke entzwei und Else stürzte tot zur linken Seite vom Ross. Dennoch flohen die andern noch nicht, sondern es hob sich harter Kampf: bald hatte Dietrich sieben erschlagen und Hildebrand neun. Da griff Amalung den Alten an, aber der versetzte ihm einen solchen Streich, dass er zu Boden fiel und Hildebrand auf ihn.

»Gib dich«, rief er grimmig, »wenn du dein Leben behalten willst.«

»Es ist zwar wenig Ehre dabei, von so altem Mann besiegt zu sein, aber für diesmal will ich die Waffen strecken.« Die andern waren vor Dietrich geflohen.

Hildebrand fragte nun Amalung, weshalb Else sie angegriffen hätte; und war da, wie er vorhergesagt, Blutrache für Elsung den Langbärtigen die Ursache. Auch sagte Amalung, dass er Dietrich verwandt sei.

»Höre, Amalung«, sprach der König, »sage mir, was weißt du von den Reichen südlich vom Gebirge[72]? Dann sollst du dein Leben, deine Waffen und auch die deiner Genossen behalten. Und diese Verschonung soll die Buße für Graf Elsung sein.«

»Guter König Dietrich, ich weiß dir eine große Märe zu sagen: Ermenrich ist siech: seine Eingeweide waren zerrissen, und das Fett beschwerte ihn. Sibich riet ihm: er solle sich den Bauch aufschneiden und das Fett herausnehmen lassen. Und so ward getan: aber ich weiß nicht, ob ihm wohler danach ward oder ob er darüber gestorben ist.«

Hellauf lachte der alte Hildebrand und auch der König: sie dankten Amalung für seine große Märe, wünschten ihm recht glückliche Reise und zogen ihres Weges.

2. Wie Dietrich im Walde haust

Sie zogen über das hohe Gebirg, und als sie südlich herabkamen, fanden sie vor sich einen großen Wald, in welchen sie einritten. Dietrich und Herrad blieben im Forst, Hildebrand ritt aber heraus und einer ragenden Burg zu. Er traf unterwegs einen Mann, der dieser Feste angehörte und im Walde Holz spaltete. Hildebrand sprach ihn an und erfuhr, dass Herzog Ludwig und sein Sohn Konrad die Burgherren seien.

»Und wer herrscht über Bern?«

»Hadubrand, der Sohn des alten Hildebrand.«

»Ist er ein tapferer Degen? Und wie ist er geartet?«, fragte der Meister weiter.

»Der ist ein großer Held! Dabei mild und herablassend, aber grimmig gegen seine Feinde.«

»Weißt du sonst noch Neues?«

»Ja. Man sagt hier bei uns, Ermenrich in Romaburg soll tot sein.«

Nun waren sie an die Burg gekommen, die an einem Berghang lehnte. Hildebrand gab dem Mann einen Goldring und bat ihn um Botendienst.

»Geh hinein und bitte deinen Jungherrn, zu mir herauszukommen: er wird leichter zu Fuß sein als sein Vater.«

Eilig lief der Mann zu Konrad mit dem Auftrag: »Draußen vor der Burg steht ein großer gewaffneter Mann mit einem weißen Bart, der ihm bis auf die Brust reicht, und bittet, dass du zu ihm hinausgehst: und als Botenlohn gab er mir seinen goldnen Fingerring.«

Der Jüngling ging sogleich vors Burgtor hinaus. Hildebrand begrüßte ihn und fragte nach seinem Namen.

»Ich heiße Konrad, mein Vater ist Herzog Ludwig, und wer bist du?«

»Hildebrand, der Wölsinge Meister, wenn du den Mann hast nennen hören.«

»Meister Hildebrand!«, rief Konrad und küsste ihn, »du glücklichster und seligster aller Helden! Ich bin auch vom Wölsingengeschlecht: geh mit mir zu meinem Vater und sei uns hochwillkommen!«

»Das kann ich jetzt nicht: was weißt du Neues aus Romaburg?«

»König Ermenrich ist tot.«

»Und wer trägt seine Krone?«

»Der böse Hund, der falsche Verräter Sibich. Aber sage, woher kommst du? Und welche Märe bringst du?«

»Vielleicht hast du sie schon gehört: Graf Else, der junge, ist erschlagen, und König Dietrich ist ins Amalungenland gekommen.«

»Jaria!«[73], rief Konrad. »Hadubrand hat Boten nordwärts entsendet zu König Dietrich, dass er in sein Reich zurückkehren solle. Er will Bern nicht an Sibich übergeben noch sonst eine Amalungenstadt: lieber wollen alle Amalungen sterben, ehe dass Sibich über Bern herrsche. Komme nun in die Burg und bleibe bei uns.«

»Ich muss zuerst in den Wald zurückreiten: denn dort wartet meiner König Dietrich«, und der Alte wandte sich.

»Meister Hildebrand, warte noch, bis ich die Nachricht meinem Vater gebracht habe.« Hurtig sprang Konrad ins Burgtor und lief zu Herzog Ludwig.

»Vater, König Dietrich von Bern ist gekommen und Meister Hildebrand mit ihm: er steht draußen vor der Burg und wartet meiner.«

Als der Herzog das hörte, stand er sogleich auf und ging vor die Burg hinaus zu Hildebrand. Er küsste ihn und sprach: »Sei mir willkommen, Meister, kehr ein und empfang alle Ehre, die wir dir erweisen können: aber wo ist König Dietrich?«

»Im Walde«, antwortete Hildebrand; und nun rief der Herzog nach seinem Ross, weil er sofort zu Dietrich reiten wollte. Da kamen gerade sieben Burgmänner eingefahren, mit einem Wagen voll Wein und Honig. Diesen Wagen ließ der Herzog mit den besten Speisen beladen und in den Wald hinausfahren; dann ritt er mit Hildebrand und seinem Sohn hinein, bis dass sie Dietrich fanden. Auf zerbröckeltem Stein saß der König an einem großen Feuer, das er entzündet hatte: er hielt die Hände über die flackernde Flamme. Ludwig und Konrad stiegen von den Hengsten, knieten nieder und küssten Dietrichs Hand.

»Willkommen, teurer Herr, König Dietrich von Bern! Nimm uns und all unsre Mannen zu deinem Dienst: was immer du getan haben willst – wir sind bereit.«

Der König stand auf, fasste ihre Hände und bat sie, sich zu ihm zu setzen. Das taten sie: und nun musste der Berner erzählen von seinen Kriegsfahrten, seinen Kämpfen und all den Geschehnissen im Heunenland, die er erlebt hatte. Dann berichtete Herzog Ludwig, was er vom Amalungenreich zu sagen wusste, und bat den König, nun in die Burg Einkehr zu halten.

»Im Walde muss ich hausen, vorerst«, sprach Dietrich, »denn ich habe gelobt: in keines Menschen Haus will ich ruhen, bevor ich wieder eintrat in meine gute Burg Bern.«

Meister Hildebrand wollte seinen Sohn Hadubrand aufsuchen und ritt fort. König Dietrich aber blieb im Walde zurück und bei ihm der Herzog und sein Sohn.

Hildebrand zog gen Bern. Und als er der Stadt so nahe gekommen war, dass er ihre Türme erkennen konnte, ritt ihm ein Mann entgegen auf einem weißen Ross: an dessen Schuhen blinkten goldne Nägel, hell leuchtete die Rüstung, und in dem weißen Schild waren goldne Türme gezeichnet. Hadubrand war's: da er einen ihm unbekannten Mann in Waffen reiten sah, senkte er den Speer und rief ihn an: »Weshalb reitest du in Helm und Brünne, alter Graubart, was suchst du in meines Vaters Land?«

»Sage mir«, entgegnete Hildebrand, »wer dein Vater ist oder welchem Geschlecht du angehörst? Wenn du mir nur EINEN nennst, so weiß ich die andern alle: denn mir sind bekannt aller Völker Geschlechter.«

»Mit arglistigen Worten willst du mich locken, alter Heune! Mit dem Speer will ich dich werfen: du wärest nun besser daheim geblieben.«

»Töricht sprichst du da: mir ist bestimmt, in den Kampf zu reiten bis zu meiner Heimfahrt.«

»Ein alter Späher bist du, voll Arglist; gib deine Waffen her! Und du selbst musst mein Gefangener werden, wenn du dein Leben behalten willst.«

»Dreißig Winter lebt' ich fern der Heimat: stets stand ich im Vorderkampf, und niemals trug ich Fesseln: ich werde mich auch deiner erwehren. Ein Feigling, der dir nun den Kampf weigerte, dessen dich so sehr gelüstet. Speerwurf entscheidet, wer des andern Brünne gewinnt.«

Da ließen sie scharfe Eschenspeere fliegen, dass sie in den Schilden stecken blieben. Dann stiegen sie ab und sprangen zusammen: »harmvoll« (grimmig) hieben sie mit schneidenden Schwertern auf die weißen Lindenschilde, die krachend barsten: beider Blut spritzte auf: aber Hildebrand tat einen gewaltigen Schlag gegen Hadubrands Schenkel: die Brünne zersprang, und eine tiefe Wunde klaffte ihm am Bein. Kampfmüde sprach Hadubrand: »Nimm mein Schwert. Ich kann dir nicht länger widerstehn. Wotan steckt in deinem Arm.«

Hildebrand wandte den Schild zur Seite und streckte die Hand vor, das dargebotene Schwert zu ergreifen: da hieb Hadubrand verstohlen nach der Hand, sie abzuhauen, doch Hildebrand schwang rasch den Schild vor.

»Den Hieb lehrte dich ein Weib«, rief er zürnend und drang ungestüm gegen den Besiegten und warf ihn zu Boden. Er setzte ihm die Schwertspitze vor die Brust und sprach: »Sage mir schnell deinen Namen! Bist du vom Geschlecht der Wölsinge, dann sollst du dein Leben behalten.«

»Hadubrand heiß' ich: Frau Ute ist meine Mutter, und Hildebrand heißt mein Vater.«

»Dann bin ich, Hildebrand, dein Vater«, rief der Waffenmeister, schloss dem Jüngling den Helm auf und küsste ihn. Auf sprang Hadubrand voll Freude zugleich und voll Grames.

»Weh', Vater, lieber Vater! Die Wunden, die ich dir geschlagen, wollt' ich lieber dreimal an meinem Kopf haben.«

»Die Wunden werden bald heilen, lieber Sohn. Wohl uns, dass wir hier zusammengekommen sind.«

Sie stiegen nun auf ihre Hengste – es war noch früh am Tag – und ritten zu Frau Ute, die in der Burg Her[74] nahe bei Bern wohnte. Hadubrand führte den Vater in die Halle und setzte ihn auf den Ehrensitz. Da kam Frau Ute gegangen und fragte staunend: »Sohn, wer schlug dir die Wunde? Und wer ist dein Fahrtgenosse? Oder dein Gefangener?«

»Er hätte mich schier zu Tode geschlagen, aber er ist kein Gefangener: freue dich, liebe Mutter, Hildebrand, der Wölsinge Meister ist's, biet ihm den Willkomm.«

Freudig erschreckt füllte Frau Ute einen Becher voll Weins und brachte ihn Hildebrand: – hatte sie ihn doch seit zweiunddreißig Jahren nicht mehr gesehen –, der trank den Becher leer, zog ein Fingerringlein ab, ließ es hineinfallen und reichte ihr den Becher zurück. Sie kannte das Ringlein gut und schlug ihre beiden Arme um Hildebrands Hals und küsste ihn unter Lachen und Weinen.

Nun verband sie Vater und Sohn die Wunden: und sie blieben den Tag über bis zur Nacht beisammen. Dann brachen die beiden Männer auf und ritten in die Burg nach Bern.

4. Dietrichs und Hildebrands Empfang zu Bern

Hadubrand sandte sofort durch die Stadt und ließ noch in derselben Nacht die Vornehmsten Berns in die Königshalle rufen. Dort sprach er zu ihnen: »Ich kann euch gute Botschaft melden: König Dietrich, Dietmars Sohn, ist ins Amalungenland gekommen und will sein Reich wiederfordern. Wollt ihr nun dem König dienen oder Sibich, dem Verräter?«

Darauf antwortete einer: »Das weiß ich, dass alle Männer hier und im ganzen Amalungenland des Königs harren: lieber werden sie sterben als Sibich dienen.«

Alle stimmten ihm zu mit lautem Beifallsruf, der weit durch die Nacht schallte.

»Aber ist's auch wahr, dass er zurückkehrte?«, fragte zweifelnd ein andrer.

»Das ist wahrlich wahr!«, antwortete Hadubrand. »Und ihm ist gefolgt Hildebrand, der Wölsinge Meister, mein lieber Vater. Seht ihn hier.« Und er zog den Alten, der im Dunkel der Halle gewartet hatte, an seine Seite.

»Willkommen, Hildebrand, du tapferster Held und treuester Mann!«, riefen alle zugleich dem Graubart entgegen.

»So nehmt nun eure Waffen und eure besten Gefolgen

und lasst uns reiten, unserm Herrn und König entgegen«, sprach Hadubrand und gab das Zeichen, auseinander zu gehen.

Alle eilten, sich zu rüsten. Am Morgen ritten Hildebrand und Hadubrand mit siebenhundert Mann aus Bern in den Wald zu König Dietrich. Sei stiegen von den Rossen, knieten vor dem König und huldigten ihm. Der dankte für ihre Treue und küsste Hadubrand: dann ward sein Hengst vorgeführt und er ritt mit ihnen nach Bern. Als der Torwart den Zug kommen sah, stieß er ins Horn, und alles Volk der Stadt zog hinaus mit fliegenden Bannern und mit klingendem Spiel, König Dietrich entgegen. Hildebrand, mit dem Banner, ritt ihm zur rechten, Hadubrand an der andern Seite. Am Tor angekommen, legte Hadubrand seine Hand in die des Königs und reichte ihm einen goldenen Fingerring.

»Mächtiger König Dietrich«, sprach er, »seit Ermenrich mich über Bern und Amalungenland setzte, habe ich das Reich vor Sibich gehütet: nimm diesen Ring, und mit ihm Bern, ganz Amalungenland und mich selbst und alle meine Mannen als deine Gefolgen.«

Nun boten die Mächtigsten und Vornehmsten dem König und der Königin Geschenke: etliche Höfe und Rosse, andre Schwerter, Brünnen und allerlei Heergerät, wieder andre Gold und Silber und kostbare Kleider. Der König dankte allen und ritt ein an ihrer Spitze in seinen Hof und seine Halle. Hildebrand und Hadubrand führten ihn und Frau Herrad auf den Hochsitz, und da kamen Vornehme und Edle, leisteten den Treueid und gaben sich in des Berners Dienst. Zehntausend Gäste saßen an diesem Tag an seinem Tisch. Dietrich schickte Boten über sein ganzes Reich und ließ alle Freien nach Bern entbieten. Und sie kamen gezogen Tag auf Tag, übergaben dem König Burgen und Herrschaften und stellten sich zu seinem Dienst.

So sammelte sich in wenigen Tagen ein großes Heer in Bern, und der König zog an der Spitze desselben nach Raben. Hier berief er ein Ding, ließ sich von den versammelten Ravennaten huldigen und Streitkräfte stellen. Mit siebentausend Kriegern brach er auf und rückte gegen Süden nach Romaburg, von wo Sibich ihm mit einem Heer entgegenkam. Bald stießen sie aufeinander, und eine harte Schlacht begann.

Mitten im Kampf traf eine frische Schar von siebentausend Römern auf dem Walfeld ein und fiel den Amalungen in den Rücken. Da wandte sich Dietrich gegen diese und Hadubrand mit seiner Schar gegen Sibich. Voll stolzen Heldenmuts ritt Dietrich in den Feind; Hildebrand trug ihm das Banner voran: Männer wie Rosse fielen vor ihnen, nichts konnte ihnen standhalten. Hadubrand sprengte indessen in kampfesfreudigem Ungestüm gegen Sibich: mit dem ersten Schlag hieb er dem Bannerträger die Hand ab und das Banner entzwei. Nun rannte Sibich ihn an zu grimmem Zweikampf: lange hielt einer dem andern stand: zuletzt sank Sibich tot aus dem Sattel. Als er fiel, erhoben die Amalungen brausenden Siegesruf, die führerlosen Römer streckten die Waffen. Sie waren nicht sehr betrübt über Sibichs Verlust: das ganze Heer ergab sich in Dietrichs Gewalt. Der König ritt über das Walfeld zu Hadubrand und dankte ihm für seine tapfere Tat. Dann zog er mit den vereinten Heeren nach Romaburg. Wohin er kam, da wurden ihm Burgen und Städte ausgeliefert. In Romaburg ritt er geradewegs in die Königshalle: als er den Hochsitz Ermenrichs bestiegen hatte, setzte Hildebrand ihm die Krone aufs Haupt, und alle Untertanen Ermenrichs huldigten ihm als ihrem König: die einen aus Liebe, die andern aus Furcht.

König Dietrich führte nun gar wunderbare Friedenswerke

aus: er legte in Romaburg ein Bad an und ließ sein Bildnis von Metall anfertigen: wie er, auf Falkas Rücken, in der Linken den Schild trägt, in der Rechten den Königsspeer schwingt. Und dies Bild ward in Romaburg auf die Mauer gestellt. Ein andres Erzbild von sich ließ er zu Bern fertigen: dort stand er auf einem Mauerturm, das Schwert Eckesax gegen die Steinbrücke der Etsch schwingend.

Bis über die fernsten Reiche drang der Ruhm seiner Macht und milden Weisheit.

Herzog Hadubrand empfing Bern und ein weites Land von ihm zu Lehen. Meister Hildebrand wich nicht von des Königs Seite. Aber es kam die Zeit, da ergriff den Alten ein Siechtum, schnell und heftig. Der König saß an seinem Lager, sorgend über ihm, Tag und Nacht.

»Herr«, sprach Hildebrand, »nun kommt der Tod: lass Hadubrand deiner Freundschaft genießen und gib ihm meine Waffen: die soll er vor dir tragen, wo du sie bedarfst.« Darauf starb er; sehr beweinte ihn der König und klagte laut: weil der tapferste Held, der treufesteste Mann gestorben war. In Liedern wird gesungen, dass er zweihundert Winter gesehen habe.

Hadubrand nahm seitdem des Vaters Amt und trug König Dietrich das Schwert vor. Bald nach Hildebrands Tod ergriff auch Frau Herrad, die Königin, ein Siechtum, an dem sie starb. Sie war von großer Herzensgüte, eine milde und freigebige Herrin gewesen.

6. Heimes letzte Taten und Ende

Seit Dietrichs Flucht hatte Heime in öden unwegsamen Wäldern gelebt, mit seinen Speergenossen. Stets nur bedacht, Sibich Schaden zu tun, ritt er oft in dessen Land, verbrannte die Höfe, erschlug die Dienstleute und raubte, was des

Mitnehmens wert war. Als er Dietrichs Heimkehr und Sibichs Fall vernahm, bekümmerten ihn seine bösen Werke, und er beschloss, Mönch zu werden. Gewaffnet ritt er auf seinem Hengst Rispa in ein Kloster: im Hofe stieg er ab und bat die Mönche, sie möchten den Abt rufen. Der kam und fragte nach seinem Begehr. »Ich heiße Ludwig«, sagte Heime, »bin aus Amalungenland und diente vornehmen Herren.« Dann tat er seine Waffen ab und legte sie vor des Abtes Füße.

»Herr Abt, diese Waffen, diesen Hengst, mich selbst und meine fahrende Habe, nicht weniger als zehn Pfund Goldes, das will ich dieser frommen Stätte schenken –: nun nehmt mich in die Ordensregel auf: denn ich muss meine Übeltaten büßen.«

»Das hat ihm der Herr ins Herz gegeben«, sprachen die Mönche. »An den Waffen sieht man, dass er ein vornehmer Mann ist«, und das Beste deuchten ihnen die zehn Pfund Goldes für die fromme Stätte. »Nimm ihn nur auf, Herr Abt, er wird unser Kloster zieren.«

Der Abt aber überlegte zögernd, ob ein Mann von so gewaltiger Leibeskraft ihm wohl Gehorsam leisten werde? Er fürchtete sich ein wenig; aber das Gold gefiel ihm, so fasste er »Ludwig« bei der Hand, führte ihn in die Kirche und reichte ihm die schwarze Mönchskutte. Hätten sie gewusst, dass er Heime war, so würden sie ihn nicht um alle Schätze Ermenrichs aufgenommen haben. Nun geschah es, dass Aspilian, ein übler Riese[75], der in der Gegend hauste, in seiner gierigen Art den Mönchen einen reichen, großen Hof fortnahm. Dem Abt missfiel dies sehr, und er schickte seine Mönche zu dem Riesen: der sagte, er habe mehr Recht an dem Hof als das Kloster: »Doch will ich mich mit euch nach Landesrecht vertragen. Stellt einen Mann, der mit mir um den Besitz kämpfen soll: unterliege ich, so gehöre euch der Hof, siege ich, so offenbart euer Gott selbst, dass ich ihn behalten soll: – das ist hier Landesrechts: wenn zwei um ein Ding streiten, entscheidet der Zweikampf.«

Die Mönche wussten wenig zu erwidern und brachten dem Abt die Antwort. Der berief die Mönche ins Kapitel, und sie beschlossen, den Zweikampf zu wagen. Aber nah und fern fanden sie niemand, der mit dem Riesen streiten wollte. Das bekümmerte die Mönche viel, bis Ludwig von der Sache erfuhr und sich erbot, mit Aspilian zu kämpfen.

»Wo ist mein Schwert? Wo sind meine Heerkleider?«, fragte er. Da ahnte der Abt, dass der neue Bruder ein gar gewaltiger Kämpe gewesen war, und antwortete: »Dein Schwert ist zerhauen, und aus den Stücken sind Türbeschläge hier an der Kirche gemacht. Deine Heerkleider sind auf dem Markte zu Nutzen der frommen Stätte verkauft.«

»Ihr bücherweisen Mönche!«, rief Ludwig, »von Heldenschaft versteht ihr nichts.« Zornig ging er auf den Abt zu, fasste ihn an seiner Kapuze und schüttelte seinen Kopf so heftig, dass ihm vier Zähne ausbrachen.

»Du Tor! Hattest du kein ander Eisen, deine Kirchentüren zu beschlagen, als mein gutes Schwert Nagelring, das manchen Heldenhelm zerhauen, manchen Riesen zu Fall gebracht hat?«

Nun merkten die Mönche, dass sie den gefürchteten Heime in ihr Kloster aufgenommen hatten: sie liefen in die Rüstkammer und holten all sein sorglich aufbewahrtes Wehrgerät heraus. Als Heime Nagelring in die Hand nahm, ward er bleich und rot vor Heldenfreude und fragte nach Rispa, seinem Hengst.

»Dein Hengst«, antwortete der Abt, »zog Steine zum Kirchenbau: nun ist er wohl tot. Aber wir haben viele gute Gäule: du magst dir selbst einen auswählen.« Sie ließen die besten Rosse von ihren Höfen holen und in den Klosterhof treiben. Heime stieß einem die Hand in die Seite: da fiel es um; einem andern, das ihm das beste dünkte, stemmte er die Faust auf den Rücken, dass ihm das Rückgrat brach.

»Die Mähren taugen nichts«, sagte er. »Bringt mir eine bessre Zucht.«

Nun führten sie einen alten, magern, aber großen Hengst vor: Heime erkannte Rispa: er ging hin zu ihm und zog mit aller Kraft an Mähne und Schweif, aber der Hengst stand unbeweglich; da lachte Heime:

»Mein guter Rispa, so alt und mager bist du, wir reiten in den Kampf. Nehmt ihn«, befahl er den Mönchen, »gebt ihm reichlich Korn und pflegt ihn mir sorgfältig.«

Sechs Wochen stand Rispa im Stall: dann war er schön und fett wie in seiner Jugend.

Der Abt sandte Aspilian Botschaft und bestimmte ein Eiland zum Kampfplatz. Die Mönche rüsteten ein Schiff und ruderten Heime und Rispa dorthin: sie empfahlen ihn dem Schutze Gottes und ließen ihn allein auf die Insel reiten. Aspilian kam ihm auf einem Elefanten entgegen.

»Was«, rief er, »du kleiner Mensch willst mit mir kämpfen? Kehr lieber um.«

»Höre, Riese«, antwortete Heime zornig, »so groß du bist, bevor wir scheiden, sollst du zu mir emporschauen.«

Er gab Rispa die Sporen und rannte Aspilian mit dem Speer unter den Arm; der Schaft brach, der Riese aber war unverletzt und schoss seine Stange nach Heime: doch der bückte sich vor, die Riesenstange flog über ihn hinweg und so tief in das Erdreich, dass sie niemals wieder gefunden ward. Heime sprang ab und zog sein Schwert; auch Aspilian stieg von dem Elefanten und schlug mit dem Schwert nach Heime; der sprang zur Seite, und die Klinge fuhr wieder in das Gras, aber hurtig hieb Heime dem Riesen die Hand ab, oberhalb des Schwertgriffes, und mit dem zweiten Schlag schnitt er ihm die Hüfte weg. Nun wollte der Wehrlose sich auf Heime fallen lassen, ihn zu erdrücken. Der Held mochte nicht fliehen, sondern sprang auf den Ungefügen zu, und als der plumpe Leib zur Erde kam, stand Heime unverletzt zwischen des Riesen beiden Beinen. Er wandte sich und tat einen Schlag nach dem andern auf die langen Glieder, bis sie zerhauen waren.

Die Mönche im Schiff hörten zitternd das Dröhnen: als sie aber den Riesen fallen sahen, stimmten sie ein Tedeum an und gingen auf das Eiland, Heime entgegen. Am Klostertor empfing ihn der Abt und führte ihn in feierlichem Zug in die Kirche auf seinen Sitz. Große Ehre ward ihm erwiesen, und er lebte wieder als Mönch wie zuvor.

Seit König Dietrich aus dem Heunenland fortgezogen war, waltete Etzel seines Reiches bis zu seinem Ende. Die einen sagen, er sei erschlagen worden, die andern, er sei verschwunden. Dietrich aber nahm sein Reich in Besitz, und kein König wagte, sich gegen ihn zu erheben noch ihn anzugreifen, wenn er dem Berner auf dessen einsamen Ritten begegnete.

Als König Dietrich sagen hörte, ein Mönch habe Aspilian, den Riesen, erschlagen, wunderte ihn das sehr: und es kam ihm in den Sinn, dass solche Hiebe einst Heime zu hauen pflegte. Vergeblich fragte er nach dessen Verbleib, niemand wusste von ihm. Da ritt der König mit seinem Gefolge nach jenem Kloster, dessen Mönch den Riesen sollte gefällt haben.

Als er vor dem Tore hielt, ging der Abt hinaus, verneigte sich vor dem König und fragte nach seinem Begehr.

»Ist hier ein Mönch, der Heime heißt?«, fragte Dietrich.

»Ich kenne die Namen aller Brüder: Heime heißt keiner.«

»Dann musst du mich ins Kapitel führen und alle Mönche zusammenrufen«, befahl Dietrich. Aber da kam gerade ein

Bruder aus dem Kloster geschritten, klein von Wuchs, mit breiten Schultern, er trug einen breitkrempigen Hut und hatte einen langen grauen Bart. Dietrich glaubte, den Gesuchten zu erkennen.

»Bruder«, sprach er ihn an, »wir haben manchen Schnee gesehn, seit wir schieden: du bist Heime, mein Speerbruder.«

»Ich kenne Heime nicht«, antwortete der Mönch, »und war niemals dein Genosse.«

»Erinnre dich, wie unsre Hengste tranken in Friesland, dass das Wasser zwei Schuh abnahm, so groß es auch war.«

»Ich erinnere mich dessen nicht, da ich dich nie gesehen habe, soviel ich weiß.«

»So denkst du doch noch des Tages, da ich von Bern floh und Ermenrich dich in Verbannung trieb?«

»Ich habe wohl Dietrich und Ermenrich nennen hören: doch ich weiß nichts Näheres von ihnen.«

»Du musst dich erinnern, Heime, wie wir nach Romaburg zu Ermenrichs Gastmahl kamen! Laut wieherten unsre Hengste, schöne Frauen standen und grüßten uns! Da hatte ich goldige und du braune Haare, und purpurne Kleider trugen wir: – nun sind unsre Haare weiß, und die Farbe deiner Kutte gleicht der meines Gewandes. Gedenke des, Freund, und lass mich nicht länger vor dir stehen.«

Da lachte Heime freudig auf: »Guter Herr Dietrich! Ich gedenke all unsrer Heldentaten, und ich will wieder mit dir ziehen.«

Die Kutte warf er ab, rüstete sich mit seinen Waffen, zog seinen Hengst aus dem Klosterstall und ritt mit dem König nach Romaburg, wo er in hohen Ehren lebte.

Einst sprach er zum König: »Du nimmst Schatzung von allen Untertanen; weshalb forderst du keine von dem Kloster, in welchem ich lebte?«

»Die Mönche müssen sehr reich sein, und ich forderte

noch niemals Zins von ihnen«, antwortete der König, »dünkt dich das aber billig, so sollst du ihn eintreiben.«

Dazu war Heime gleich bereit: in seinen Waffen ritt er allein nach dem Kloster. Die Mönche empfingen ihn übel, weil er fortgezogen war, ohne den Abt um Erlaubnis zu fragen; anderseits waren sie froh gewesen, dass sie ihn losgeworden waren: denn sie fürchteten sich vor ihm. Eine Nachtherberge ward ihm jedoch bewilligt. Am andern Morgen berief er Abt und Brüder ins Kapitel und sprach zu ihnen: »Gold und Schätze liegen hier gehäuft, viel mehr, als euch zum Unterhalt der frommen Stätte vonnöten ist: darum sollt ihr von nun an König Dietrich Schatzung zahlen.«

Der Abt antwortete: »Das Gold und Silber, das wir hier verwahren, gehört dem Himmelsherrn, und wir brauchen keinem Erdenkönig zu zinsen.«

»Schatzt ihr nicht dem König, so werdet ihr euch seinen Zorn aufladen. Auch ist es höchste Ungebühr, dass ihr hier unmäßige Schätze anhäuft, die keinem Menschen etwas nützen und von denen ihr nicht einmal dem König Zins zahlen wollt.«

»Heime«, antwortete der Abt, »du bist fürwahr ein böser Mensch! Erst läufst du aus dem Kloster fort in des Königs Hof, und nun kommst du wieder und willst das Kloster berauben? Fahr heim zu deinem Herrn und sei ein Unhold, wie er einer ist, dein König.«

Da wurde Heime über die Maßen zornig: er zog sein Schwert und schlug dem Abt einfach das Haupt ab, und alle Mönche, die nicht zeitig davonliefen, erschlug er dazu. Dann ging er ins Kloster, trug Gold und Silber und alle Wertsachen hinaus und belud damit die Klosterrosse. Bevor er mit seiner Beute abzog, legte er Feuer an die fromme Stätte und verbrannte die ganze Siedelung. Darauf kehrte er nach Romaburg zurück und erzählte Dietrich, wie er den Zins eingetrieben hatte. –

Nun wurde Heime erzählt von einem starken, alten Riesen, der hoch in den Bergen in einer Höhle hauste und viel Gold eignete, von dem er dem König keinen Zins entrichtete. Weil er gar schwerfällig war, lag er meist auf EINER Stelle: daher wussten die Leute weiter nicht viel von ihm. Heime sagte Dietrich, er wolle diesen Riesen aufsuchen und den Königszins von ihm holen. Das schien dem König gut. Heime wollte kein Gefolge mitnehmen: allein ritt er in jenes Gebirg und fand in einem großen Walde die Höhle. Er stieg ab und ging hinein: da lag schlafend ein so gewaltiger Riese, wie er noch nie einen gesehen. Sein Haar war grau und so lang, dass es sein Gesicht überdeckte.

»Steh auf, Riese«, sprach Heime, »und wehre dich: hier kommt ein Mann, der mit dir kämpfen will.« Der Riese erwachte und gab Antwort: »Dreist bist du, Mensch. Ich will aber nicht aufstehen; meine langen Beine hier behaglich ausstrecken dünkt mich weit ehrenvoller als dich erschlagen.«

»Stehst du nicht auf, du Tölpel, so erschlag' ich dich, wie du daliegst, mit meinem Schwert.«

Da stand der Riese auf und schüttelte sein Haupt: das lange Haar sträubte sich empor, dass es ein Schrecken war, es anzusehen. Er ergriff eine lange, dicke Stange, schwang sie empor und traf mit dem ersten Schlag Heime so grimmig, dass er weithin flog, wie ein Bolzen vom Bogen saust: als er niederfiel, war er tot.

Bald wurde Heimes Tod im Lande bekannt: als König Dietrich die Kunde erhielt, gelobte er zürnend: »Ich räche dich, Heime, oder lasse mein Leben.«

Alsogleich ward sein Hengst gesattelt, seine Diener legten ihm die Waffen an, und der König ritt fort, bis er an des Riesen Höhle kam. Er sprang ab und rief hinein: »Riese, steh auf und rede mit mir!«

»Wer ruft nach mir?«, fragte der Riese.

»Ich, König Dietrich von Bern.«

»Was willst du von mir, dass du mich zur Zwiesprach rufst?«

»Hast du Heime, meinen Freund, erschlagen, so bekenne das.«

»Ich weiß nicht, ob Heime dein Freund war: aber erschlagen habe ich ihn, weil er sonst mich erschlagen hätte.«

»Hast du ihn getötet, so will ich ihn rächen: steh auf und kämpfe mit mir.«

»Ich dachte nicht, dass ein Menschenmann mir Zweikampf bieten dürfte! Nun du danach begehrst, sollst du ihn wahrlich haben.«

Schleunig stand er auf, fasste seine Stange und stapfte dem König entgegen: mit beiden Händen schwang er die Stange empor und schlug nach Dietrich; der unterlief den Riesen, die Stange fuhr über ihn hin, mit dem äußersten Ende in die Erde. Hurtig hieb Dietrich mit Eckesax auf EINEN Schlag dem Riesen beide Hände ab: da war der Furchtbare sieglos und handlos, fiel um und starb. Das war der letzte Zweikampf, den Dietrich bestanden hat: es fand sich kein Riese noch Kämpe mehr, den er des Kampfes wert hielt.

Nur eines freute ihn noch: mit Hund und Habicht auf die Jagd reiten und wilde Tiere erjagen, an die sich kein andrer wagte. Auf seinem schnellen Ross BLANKA, das ihm Herzog Hadubrand geschenkt hatte und dem kein andres folgen konnte, ritt er allein auf öden Wegen und durch unwegsame Wälder: denn er fürchtete weder Mensch noch Unhold.

7. Dietrichs Entrückung

Einst, nachdem Dietrich ein Bad genommen hatte und auf dem Marmorsitz ruhte, rief einer seiner Diener: »Herr, dort läuft ein Hirsch: einen so großen und schönen hab ich nie gesehen.«

Der König sprang auf, hüllte sich in seinen Wollmantel und rief, als er den Hirsch erblickte: »Holt meinen Hengst und meine Hunde!«

Die Knappen liefen danach, so eilig sie konnten, aber das währte dem König zu lange: da sah er ganz in seiner Nähe einen rabenschwarzen aufgesattelten Hengst stehen.

Er lief hin, sprang auf und jagte dem Hirsch nach. Indes kamen die Diener zurück und ließen die Hunde los: die wollten aber dem Rappen nicht nachlaufen. Der rannte schneller, als ein Vogel fliegt. Der behändeste Diener ritt auf Blanka hinterher: – nun folgten auch die Hunde. Dietrich merkte, dass das kein Ross war, was er ritt: er wollte absteigen: doch er konnte sich nicht rühren auf des Hengstes Rücken.

»Herr«, rief der Diener, der immer weiter zurückblieb, »wohin reitest du so schnell? Und wann willst du wiederkommen?«

»Zu Wotan reit ich« – rief Dietrich zurück –, »und ich werde wiederkommen, wann es die Waltenden wollen.«[76]

Bald verschwand der Rappe den Blicken des Dieners, und niemand weiß zu sagen, wohin König Dietrich gekommen ist. Alte Sagen aber gehen um, dass er mit Wotan reitet im »wilden Heere« für und für.

Anmerkungen

Erste Abteilung: Göttersagen

1 EDDA heißt »Ältermutter« (Ahnfrau): eine solche wird als ihren Nachkommen diese Sagen erzählend dargestellt. Man nimmt jetzt an, dass die Sammlung erst um 1240 angelegt ward: jedenfalls auf Island. Für weitere Belehrung verweise ich auf die vortreffliche Darstellung von DR. OSKAR BRENNER: Altnordisches Handbuch, Leipzig 1882, S. 21. Ich legte zugrunde folgende Ausgaben der Edda: I. von MUNCH, Christiania 1847. II. von LÜNING, Zürich 1859. III. von BUGGE, Christiania 1867. IV. von GUDBRAND VIGFUSSON und F. YORK POWELL, im Corpus Poeticum Boreale, Oxford 1883, II Vol.; dabei folgte ich, sofern die neuen Ausgaben nicht abweichende Texte boten, meist der Übersetzung von SIMROCK, aber nicht ohne Veränderungen, und für die Völuspá der von MÜLLENHOFF, deutsche Altertumskunde V, 1, Berlin 1883, S. 79f.

2 Wenn man auch neuerlich in Skandinavien in Annahme solcher jüdischer, christlicher, keltischer, griechischer, römischer Einflüsse auf die Gestaltung der Edda viel zu weit gegangen ist: s. darüber DAHN, Urgeschichte der germanischen und römischen Völker I, Berlin 1881, S. 125, und DAHN, Deutsche Geschichte I, 1, Gotha 1883, S. 278. DAHN, Bausteine V, Berlin 1885. – Ausführlich gegen jene Irrtümer MÜLLENHOFF a. a. O.

3 Geboren 4. Januar 1785 zu Hanau in Hessen, gestorben 20. September 1863. Seine deutsche Mythologie erschien zuerst 1835, vierte Ausgabe 1875–1878; sein rüstigster Mitarbeiter war sein Bruder WILHELM (geboren 24. Februar 1786 zu Hanau, gestorben 16. Dezember 1859, von dessen Arbeiten hierher »Die deutsche Heldensage« (1829, zweite Ausgabe 1867) gehört. Vgl. auch die Kinder- und Hausmärchen (zuerst 1812) und die deutschen Sagen (1816) von J. und W. Grimm. – Wir erwähnen hier noch als Hilfsmittel SIMROCKS deutsche Mythologie (1. Auflage, Bonn 1853) und die schönen Abhandlungen des edlen Dichters LUDWIG UHLAND über Odin und Thor. Vgl. auch DAHN, Das Tragische in der germanischen Mythologie. Wotan und Donar als Ausdruck des deutschen Volksgeistes. Die germanischen Elemente in der mittelalterlichen Teufelssage. Ger-

manischer Brauch und Glaube. Altgermanisches Heldentum im deutschen Volksleben der Gegenwart. Der Feuerzipfel am Kesselberg. Ein Beitrag zur Lehre vom Feuer in der germanischen Mythologie: in »Bausteine« I, Berlin 1879. Nordischer Götterbegriff und Götterglaube, Bausteine V, 1885.

4 Freilich neuerdings bestritten.

5 Über die zwei oder drei Brunnen unter den Wurzeln des Weltbaums s. unten.

6 S. unten, Odin.

7 Dem Fenriswolf; s. unten, die Riesen.

8 Sie verabreden nach germanischer Sitte Ort und Art des Kampfes, auch wohl die Kämpferpaare: es ist aber nur ein Kampfspiel: die schwersten Wunden heilen sofort wieder; ein Hahn weckt täglich die Männer in Odins Saal.

9 Sährimnir, der Eber, der täglich gesotten wird, aber am Abend wieder unversehrt ist; Andrhimnir heißt der Koch, Eldrhimnir der Kessel.

10 Aus manchen Andeutungen erhellt, dass man sich Walhall auf dem Gipfel eines hohen Berges, oberhalb des höchsten Punktes der Erde, dachte: daher heißt Odin »der Mann vom Berge«; auf einem Berge steht er manchmal, den Helm auf dem Haupt, das gezogene Schwert in der Hand; anderwärts wird freilich Walhall mit dem Totenreich verwechselt und in den Schoss eines Berges verlegt: wie in den Sagen von Karl dem Großen in den Untersberg oder von dem Rotbart in den Kyffhäuser: s. unten »Odin«, Buch II, I. Wie ein Burggraben umzieht der von Nordosten kommende, bitter (giftig) kalte Strom Slidr, der »Schädliche«, der Schwerter und Schneiden wälzt, die Walhalle, welche, wie andre Gehöfte, mit hoher Verzäunung umgeben ist, deren Einlässe fest verschlossen und für den von außen Kommenden unauffindbar sind. (Nach Müllenhoff.)

11 Vgl. Dahn, Das Tragische in der germanischen Mythologie. Bausteine I, Berlin 1879.

12 Siehe hierüber Dahn: »Über Skeptizismus und Leugnung der Götter bei den Nordgermanen«. Bausteine I, S. 133, Berlin 1880.

13 Ursprünglich wohl ebenfalls Götter einer einfacheren, einer bloß die Naturmächte umfassenden Religion, vielleicht zum Teil auch als einer andern, von den Nordgermanen vorgefundenen, feindlichen, tiefer stehenden Nationalität, der finnischen, angehörig gedacht, aber mit germanischen Namen benannt.

14 D. h. vor und zu dem Bau der verschiedenen Burgen und Hal-

len. Sie schmiedeten damals auf dem Ida-Feld (Arbeitsfeld?) allerlei Gerät, Essen und Zangen.

15 Diese Goldgier scheint der ersten Verschuldung der Götter zugrunde zu liegen: die fragliche Stelle der Edda, welche hiervon und von der Zauberin Gull-veig (»Gold-kraft«-Spenderin) handelt, die (von den Wanen her kam?) Götter und Menschen verführte und von jenen zur Strafe getötet wurde, ist aber immer noch nicht voll befriedigend erklärt. Erst wenn »die drei mächtigen Mädchen aus Riesenheim«, die Nornen, kommen, kommt auch das Schuld- oder Schicksalsbewusstsein zu den Göttern. Man nimmt an: nach Tötung der wanischen Zauberin (war diese Tötung gerechte Strafe oder bereits Frevel?) kam es zum Krieg mit den Wanen: »Odin schleuderte zuerst den Speer in das feindliche Kriegsvolk«: das ward der erste Krieg. In diesem erfochten die Wanen solche Erfolge, dass die Asen hart bedrängt, die Ringwände ihrer Burg zerbrochen waren: da schlossen die Asen Frieden: sie zahlten zwar nicht, wie verlangt ward, Schatzung wie Besiegte, aber sie nahmen die Wanen als Genossen in einen Götterstaat auf. Um eine neue Burg zu erhalten, schlossen sie Vertrag mit einem riesischen Baumeister, diesem sehr leichtsinnig gelobend, was sie nie entbehren konnten: den Vertrag zu erfüllen, wird durch Arglist Lokis dem Riesen unmöglich gemacht, der Riese selbst – gegen feierlichste Eide – erschlagen (s. unten Buch III, I): von da ab tobt nie endender Krieg gegen die Riesen: – schon vorher war ja jedenfalls Krieg mit den Wanen und vielleicht Verschuldung der Götter gegen Gull-veig eingetreten.

16 Das bleiben sie, auch wenn J. Grimms Erklärung des Namens »ans« aufgegeben ward.

17 Siehe über diese unten Buch III, I.

18 Es besteht daher ein großer Gegensatz zwischen beiden: der Schützer des Ackerbaues, der Bauern, kann keine Freude haben an den von Odin unablässig geschürten Kriegen, welche Saat und Gehöft verderben; doch geht auch der Bauer oder Knecht, der im Gefolge seines Herrn fiel, in Walhall ein. Im Harbardslied verspottet Odin als Gott des wilden, abenteuernden, fahrenden Heldenlebens ziemlich übermütig den plumpen, aber fleißigen Bauern (d. h. den als solchen verkleideten Thor).

19 Von dem Präteritum wuot, altnordisch ôdh (daher Odhinn, der durchdrungen hat), hat sich dann »Wuoth«, »Wut« und »Wüten« gebildet; althochdeutsch Wotan, altniederdeutsch Wodan.

20 Lateinisch spiritus ist Lufthauch und Geist, griechisch xxx49, Wind, ist lat. Animus, Mut, Geist. Und in der Tat: welch treffenderes

Bild gäbe es für den unsichtbaren Lebenshauch, den wir Geist nennen, als eben den unsichtbaren Lebenshauch der Luft? Daher gibt Odin den Menschen bei deren Schöpfung ÖND, d.h. Lebensatem. Hönir, unerklärten Namens und Wesens, gibt ihnen Geistbewegung, Loki Blut und gute Farbe, DIESE beiden zugleich gefährliche Eigenschaften. Der Ursprung von »Seele« und »Geist« im Germanischen ist nicht ganz sicher: doch spricht manches dafür, dass Seele (gotisch saiwala) verwandt mit See, die bewegliche, leise flutende, wogende Kraft sei; »Geist« scheint verwandt mit altnordisch geisa, wüten (von Feuer oder Leidenschaft), gotisch ut-gaisjan, außer sich bringen; andre vergleichen litauisch geistas, Schein, altnordisch geisti, Strahl; s. KLUGE, Etymologisches Wörterbuch der deutschen Sprache. Straßburg 1883.

21 Als »GANGRAD« geht er so zu dem Riesen BASTHRUDNIR, als BEGTAM dringt er nach HEL, über Baldurs drohendes Geschick zu forschen: dagegen verkündet er GEIRRÖD die Herrlichkeit Asgards und der Asen.

22 Man deutet dies, mit zweifeligem Recht, der Naturgrundlage nach, auf die Sonne als Odins Auge (?): im Wasser abgespiegelt, ruht das andre Auge, das verpfändete, versenkte.

23 Vgl. über die verschiedenen Runen-Alphabete DAHN, Urgeschichte der germanischen und romanischen Völker, I, Berlin 1881, S. 122. Die Runen sind die LATEINISCHEN Buchstaben der Kaiserzeit, durch Vermittlung der Kelten den Germanen zugekommen. Man bediente sich derselben nicht zur Schrift in unserm Sinn, sondern zu Zauber (Zauber von zepar: opferbare Tiere, im Gegensatz zu Un-ziefer, Ungeziefer, welches die Götter verschmähen), Weissagung, Zukunftsforschung, Losung. Man ritzte in Stäbchen von Buchenrinde Zeichen, warf sie (etwa aus einem Helm) zur Erde und las sie einzeln auf (daher »lesen«): jede Rune bedeutet ein Wort, welches mit dem fraglichen Buchstaben begann (z.B. Th einen Riesen, weil Thurs mit Th beginnt), was mit dem »Stabreim« der germanischen Dichtung zusammenhängt. Man schnitt oder ritzte zu Zauberzwecken Runen: so drohte man, einem Weib einen Thurs (Riesen) zu ritzen, dem sie dann verfallen wäre, »einen Thurs ritze ich dir und drei Stäbe« (altnordisch: THURS RIST EK THER OK THRIA stafi): erst durch das Aussprechen der drei Stäbe des Stabreimes tritt der Zauber in Kraft; es gab Sieg-Runen, Liebes-Runen, Bier-Runen, Speer-Runen, Pfeil-Runen, Haus- und Herd-Runen (die »Hausmarke« war sehr oft eine Rune, etwa mit leiser Änderung), Schiffs-Runen, Toten-Runen, d.h. durch welche man Tote

auferwecken und zum Sprechen bringen kann: achtzehn Zauberzwecke werden aufgezählt.

24 Ein Riese, den er im Wettkampf von Fragen und Antworten besiegt, ruft am Schluss ehrfurchtsvoll sich beugend: »Du wirst immer der Weiseste sein!«

25 Siehe DAHN, König der Germanen, I, München 1861, S. 151.

26 Odin sind Adler und Wolf geweiht, und seinen Namen tragen ein kleiner Wasservogel (tringa minima, inquieta, palustris et natanus, Odins-hane, Odens Fugl); auch an der menschlichen Hand der Raum zwischen dem (vielfach heiligen, im »Däumling« personifizierten) Daumen und dem Zeigefinger war ihm als »Wodens-Spanne, »Woenlet« geweiht. Zahlreiche Ortsnamen, dann Namen von Burgen, Quellen, Wäldern, Inseln sind mit Odin-Wotan zusammengesetzt, Wotans-Weg, -Holz, -Hausen, Wedans-burg, -haus, -field, Odins-ey, -källa, -fala usw.

27 Er hat Hände, Blick, freut sich, zürnt, neigt sich: meist steht »Wunsch« hier gleichbedeutend mit göttlicher Wunsch-GEWÄHRUNG. Wie reich ausgebildet diese Auffassung Wotans war, beweisen die Sagen von dem »WUNSCH-HÜTLEIN«, »WUNSCH-SÄCKLEIN«, »WUNSCH-MANTEL«, der »WÜNSCHEL-RUTE«. Auch GIBICH, der Geber (nord. Giuki), der Stammvater des Königsgeschlechts der GIBICHUNGE (Giukunge), war der Geber-Gott Wotan; vgl. unten »Heldensagen«.

28 Eigentlich bedeutet es eine Art Helm-gitter, welches das Antlitz verbirgt und durch welches hindurch er drohend, schreckend blickt.

29 Oder der Wanderer weiß das Gespräch so lang hinzuziehen, den eiteln und neugierigen Zwerg so lang hinzuhalten, bis die Sonne in den Saal scheint und der Dunkelelbe, der Unterirdische, durch ihren ersten Strahl zersprengt oder in Stein verwandelt wird.

30 Im Mittelalter wurde dann mancher Zug von dem rastlosen geheimnisvollen Wanderer auf den »ewigen Juden« übertragen: aber keineswegs ist die ganze Sage von diesem aus Wotan hervorgegangen. Die »wabernde« Luft (vgl. Waberlohe) bezeichnet sein Name »WASUDHR«, ihr leises Beben »BIFLINDI«, deren Brausen, zugleich aber auch das Tosen der Schlacht »Omi« (angelsächsisch vôma); er heißt ferner YGGR, der Schreckliche (daher Yggdrafil), dann »Bölwerkr« und »Bölwisi« als der Arglistige, der durch Täuschung seine Zwecke erreicht, Fürsten und Versippte durch Zankrunen verfeindet; andre Namen s. oben: der »Mann vom Berge«.

31 Daher heißt er Höttr, Sidhöttr.

32 Mantel aus Tierfellen; daher heißt er »der mantel-tragende

Gott«: Hakul (nord. Mantel-)berand, woraus der »Hackelberend« geworden, der als wilder Jäger dem wütenden Heer voraufreitet, als Mantel-Reiter wird er zu dem »heiligen Martinus«.

33 Im Märchen ist er oft zum kleinen grauen Männchen zusammengeschrumpft, mit Zwergen verwechselt; der lange Wirrbart verrät auch den König Drosselbart oder Brösel-bart des Märchens deutlich als Wotan.

34 Offenbar erst spät entstanden, nachdem der Wein bekannt und bevorzugt wurde.

35 Übrigens wurden auch wohl Söhne schon vor oder gleich nach der Geburt von den Eltern in gleichem Sinn »Odin gegeben«, geweiht: man erkaufte dadurch des Gottes Schutz für das Leben des Sohnes, unter der ihm auferlegten Verpflichtung des Bluttodes: hier tritt anstelle der Selbstweihe die Weihe durch den Vater. – Man »weihte auch sich selbst Odin«, d. h. verpflichtete sich, nach bestimmten Jahren (z. B. zehn) in der Schlacht zu fallen.

36 Dann ist es wohl Odin selbst, der dem bisherigen Schützling in der letzten Schlacht als hoher Greis, das Haupt mit dem breitrandigen Hut verhüllt, im blauen Mantel entgegentritt, an dessen »grauem« Speer das verliehene Siegensschwert zerbricht (oder umgekehrt: der verliehene Speer am Schwert), dessen Stücke aber freilich neu geschmiedet werden mögen. Solange das Schutzverhältnis dauert, lehrt der Gott seine Lieblinge siegen: z. B. Feinde, welche Zauber gegen Eisen gefeit hat, mit Steinen zu Tode werfen. Solange mag der Schützling seinen Feinden, statt ihnen die verlangte Buße zu zahlen, siegesgewiss zurufen: »Gewärtigt wilde Wetter, graue Geere und Odins Gram! Oder: »dem Tode verfallen (feigr, nicht unser neuzeitliches: ›feige‹) ist euer Führer, eure Fahne fällig, gram ist euch Odin«. Darauf erscheint ein gewaltiger Mann im Schlapphut, schleudert seinen Speer über die feindliche Schlachtreihe, ruft: »Odin hat euch alle!« Und erfüllt diese mit wild entscharendem Entsetzen. Wie Odin überhaupt Menschenopfer dargebracht wurden, weihte wohl ein Heer vor der Schlacht das feindliche Odin, vielleicht unter der symbolischen Form eines Speerwurfes oder Pfeilschusses über die Feinde hin: d. h., im Fall des Sieges wurden dann alle Gefangenen ihm geschlachtet, vielleicht auch die Pferde, und die erbeuteten Waffen zerbrochen. So hatten (im Jahre 58 nach Chr.) die Chatten (Hessen), im Kampfe mit den Hermunduren (Thüringen), um die heiligen Salzquellen (wohl von Kissingen) des Grenzgebietes die Feinde Mars und Merkur (Ziu und Wotan) geweiht: so die Kimbern vor der Schlacht von Arausio (Orange, am 6. Oktober 105 vor Chr.)

die Legionen (Dahn, Urgeschichte der germanischen und romanischen Völker, II, Berlin 1881, S. 6, 110. – Dahn, Deutsche Geschichte, I, 1. Gotha 1884, S. 324, 407), und man fand auch einmal in der Nordsee ein Schiff, in welchem die Pferde getötet, die Waffen absichtlich zerbrochen schienen.

37 Odin ist der genialste Feldherr: er hat die Germanen die keilförmige Schlachtordnung, den »Eberrüssel« (swinsylking), gelehrt, mit welcher sie denn auch richtig schließlich die Legionen Roms zersprengt und den Erdkreis erobert haben. Seine Lieblinge lehrt Odin, ihnen den Sieg zu sichern, diese Schlachtordnung ganz besonders: so den Dänenkönig Harald Hildetand, den er auch unverwundbar gezaubert hatte (dafür hatte der König sich selbst und die Seelen aller Erschlagenen Odin geweiht), der damit den Schwedenkönig Ingo besiegte. Aber als Haralds Stunde gekommen in der Brawallaschlacht gegen König Hring, hatte Odin auch diesen die Keilstellung gelehrt, wie der erblindete Harald zu seinem Schrecken von seinem lachenden Wagenlenker erfährt: dieser Wagenlenker ist der verkleidete Gott selbst, der nun den langjährigen Schützling eigenhändig tötet. Arglist Odins, »Treulosigkeit des Kriegsglückes« liegt aber darin nicht ausgedrückt: der Bluttod ist ja Vertragspflicht, und nach andrer Fassung der Sage verlangt Hildetand den Tod.

38 S. unten, zweite Abteilung: Wölsungensage.

39 Grane, Sigurds Ross, das von Sleipnir stammte, s. unten Wölsungensage.

40 Die Wünschelrute, mit der man vor allem vergrabene Schätze entdeckt, aber auch andern Zauber üben mag, heißt sogar geradezu selbst »der Wunsch«: so heißt es im Nibelungenlied von dem Hort, »der wunsch lac dar under, von golde ein rütelin«; hier hat sie die Wirkung, den Hort immer wieder zu mehren, wie viel davon entnommen wird, was sonst Odins Ring, Draupnir, von dem andre, »ebenschwere« träufen (in der Edda ebenfalls ein Ring, auch Mimirs Armring) vermag: später treten an die Stelle Brutpfennige, Hecktaler oder der Wunsch-säckel. Auch begegnen ferner »Wünsch-Würfel«, die »Siebenmeilen-stiefel« und andre »Wunschdinge«, die alle ursprünglich von dem Wunschgott verliehen werden.

41 Oder das Märchen: z. B. vom Gevatter Tod, vom Teufel als Paten, der dann als Patengeschenk ein »Wunsch-ding« schenkt, oder die Heilkunst lehrt, aber sich dafür die Seele ausbedingt, um welche er dann durch eine List geprellt wird: z. B. er ergreift den Schatten statt des Mannes, oder es wird ihm das erste Leben, welches den Kerker verlässt, die Brücke beschreitet, zugesagt, aber listig ein Hund dem

so bedrohten Menschen vorausgeschickt, mit dem sich nun der Teufel begnügen muss. Der überlistete geprellte Teufel geht aber nicht auf Odin, sondern auf den von Odin überlisteten Zwerg oder Riesen zurück. – Seltner wählen sich Odin und gleichzeitig etwa auch Frigg (oder Thor) je einen Schützling unter den Menschen oder Völkern OHNE solchen Vertrag und ohne Selbstweihung: beide Götter wetteifern dann, ihrem Liebling mehr Glück zuzuwenden als der andre dem seinigen, und es wird dann wohl Odin von Frigg überlistet: so in der Sage von der Namengebung der LANGOBARDEN: diese wird von PAULUS DIAKONUS, dem Geschichtsschreiber dieses Volks (Zeitgenossen Karls des Großen), nur unvollständig erzählt: sie muss aus andern Sagen (Märchen) ergänzt werden. Die späteren Langobarden hießen ursprünglich WINILER: bei ihrer Wanderung von der Elbe gen Südosten gerieten sie in Streit mit den VANDALEN: eine Schlacht stand bevor: Odin hatte beschlossen, den Vandalen den Sieg zu schenken: Frigg bat um Sieg für die Winiler. Der listige Gott sprach, er werde demjenigen Heere den Sieg verleihen, welches er bei dem Erwachen am folgenden Morgen zuerst erblicken werde; hier muss nun angenommen werden, er zweifelte nicht, dass dies die Vandalen sein würden, nach deren Land er, gemäß der Stellung seines Bettes, zuerst blicken musste. Aber Frigg kehrte unvermerkt sein Bett um, sodass er beim Erwachen zum entgegengesetzten Himmelsfenster hinausblickte. Außerdem hatte sie den Winilern geraten, ihre Weiber vor ihrer Schlachtreihe aufzustellen mit gelöstem Haar, das sie wie einen Bart an den Mund drücken sollten. Erwachend rief Odin erstaunt: »Was sind das für Langbärte?« Frigg aber sprach: »Du gabst ihnen den Namen, so gib ihnen als Patengeschenk auch den Sieg.« (Nach germanischer Sitte war mit der Namengebung die Verpflichtung zu einem Geschenk verknüpft.) Odin musste das wohl gewähren, da er ja die Winiler zuerst erblickt hatte: diese aber hießen fortab Lango-barden. – Es sind wohl ZWEI verschiedene Fassungen der Sage im Schwange gewesen: denn die Siegverleihung wird hier zwiefach begründet.

42 Bekannt ist auch jene Wendung der Sage, wonach der Mensch durch Vertrag mit dem Teufel die Kunst gewinnt, alle Krankheiten zu heilen, oder doch die tödlichen sofort zu erkennen, indem er den Teufel zu Häupten des Bettes stehen sieht. Aber um die geliebte Königstochter zu retten und zu gewinnen, dreht der Arzt das Bett herum, der Teufel, der geprellte, steht nun am Fußende, und die Kranke genest.

43 Diese Sagen berühren sich mit den »Bausagen«, wonach ein

Riese (später der Teufel), auch wohl ein Zwerg, ein Werk für die Menschen vollendet, wofür er sich ein Kind (des Königs Tochter) oder Weib versprechen lässt; s. unten die Sage von Swadilfari, Buch III.

44 Diese Vorstellung einer erst in unabsehbarer Zeit, unter höchst erschwerenden Voraussetzungen, sich erfüllenden Bedingung äußerster Gefahr und schließlicher Errettung durch den entrückt, verzaubert, in Todesschlaf versenkt gewesenen Helden und sein Heer hängt, wie wir sehen werden, mit der Götterdämmerung wenigstens sofern zusammen, als auch diese erst eintritt, wenn Naglfar, das Schiff, fertig ist (s. unten), was in unabsehbarer Zukunft erst zu fürchten steht: vielleicht ist hier ein Bindeglied der Sage verloren, wonach Odin, die Asen und die Einheriar den von den Riesen schon lange hart bedrängten Menschen erst im äußersten Drange der Gefahr zu Hilfe eilen konnten.

45 Insofern ist Wotan auch ein Frühlingsgott: er berührt sich hier mit Freyr oder Baldur-Sigurd-Siegfried und tötet, wie dieser, den Winterdrachen durch Speeresstoß von seinem weißen Ross herab; während Sankt Georg oder Sankt Michael an Stelle Freyr-Baldurs getreten, hat Sankt Martinus, ein kriegerischer Heiliger, dessen Mantel (Kappa) den französischen Königen in der Schlacht nachgetragen wurde, eben diesen Mantel, dann Ross und Schwert mit Odin gemein.

46 Daher auch der Zug, dass, während im Allgemeinen die Menschen das wilde Gejaid zu fürchten haben, manchmal der Wildjäger reiche Gaben für geringe Dienste (z. B. für Halten seiner Hunde, Füttern seines Pferdes) spendet. auch dass es Schutz vor ihm gewährt, wenn man sich auf Pflug und Egge setzt, erinnert an die alte, dem Ackerbau freundliche Gesinnung der Umziehenden; der Kreuzweg oder ein Baumstumpf mit einem eingeschnittenen Kreuz gewährt dagegen als Symbol des Christentums Schutz wider die Teufel, d. h. die alten Heidengötter der Luft. Wer freilich frech in ihr Hallo!-Rufen, einstimmt, der muss zur Strafe mitjagen: er wird emporgewirbelt, mit durch die Luft gerissen, halb tot, wahnsinnig, weit von seinem Weg ab niedergelassen: und wer sich einen Beuteanteil ausbittet, dem fällt wohl eine blutige Menschenlende auf den Kopf: denn die Jäger des Muotisheeres sind Krieger, welche Menschen erjagen.

47 Die Namen und die Abstufungen der Sage sind landschaftlich sehr verschieden: der Rodensteiner (der Schnellertsgeist), der Dürst, der Hackelbärand (d. h. hökul-barand, der Mantelträger – Odin), der Helljäger, der Wote. Außer den beiden großen Kaisern werden wohl auch König Artus, König Waldemar, Roland, der treue Eckart, Diet-

rich von Bern als Führer des wütenden Heeres genannt, ebenso wie als Führer der errettenden Schar im letzten Kampfe.

48 Übrigens gebricht es nicht an Spuren, dass in »Irmin« nicht Odin, vielmehr Thor oder Tyr zu suchen.

49 Die wichtigsten Seiten von Odins Wesen und Wirken versucht folgendes Gedicht zusammenzufassen (aus »Odins Trost« von Felix Dahn).

»Aller Asen acht' ich | Den edelsten Odin!| Weisheit sein Wort, Wunder sein Werk, | Wonnig sein Weh'n. | Wann in weichem Weben | Frühe Frühlings- | Knospen er küsst, | Können die Kleinen die Kelche | Nicht mehr schlummernd verschließen: | Sie öffnen die Augen | Und hinweg küsst er tosend | Ihren ersten Atem.

»Aber Odin auch | Stürzt im Sturm die Stämme | Uralter Eichen! | Sein Hauch hetzt die Helden | In tapfre Taten und tapfern Tod: | Jubelnd und jauchzend jagen sie jäh | In spitzige Speere, in geschwungene Schwerter: | Selig im Siege, getrost auch im Tode. | Denn sie wissen: es werden die weißen Walküren | In Walhalls Wonne tragen die Treuen, | Die lachend erlegen, fechtend und fallend | Für die heilige Heimat und des Hauses Herd. | Auf Erden aber ehrt sie unendlich | Der Sänger Gesang: sie leben im Liede! | In den Hallen noch hört man harfen von Helden, | Die hoch der Hügel hat überhöht.

»Wer aber wies die Sänger, zu singen? | Wer lehrte das Lied und die hallende Harfe? | Wer anders als abermals Odin der Edle! | Der Schläger der Schlachten ist selber ihr Sänger: | Sangvater ist Siegvater, | Siegvater Sangvater zugleich!

»Und wer wies der Weisheit gewundene Wege | Dem begierigen Geist, dem forschenden Frager | Nach Anfang und Ende des unendlichen Alls?

»Was da gewonnen an Wissen und Wahrheit | Der mühseligen Menschen grübelnder Geist –: | Alles hat Odin uns offenbart! | Er hat das hohe, das heil'ge Geheimnis geritzter Runen | Seine Lieblinge lösen gelehrt! Stumm, doch verständlich, mit schweigenden Schritten, | Ein heiliger Herold, schreitet die Schrift: | Ein beredter Bote von Volk zu Volk | Trägt sie getreulich köstliche Kunde, | Wachsende Weisheit pflegend und pflanzend | Von Geschlecht zu Geschlecht: | Wie des Feuers Flamme | Selbst nicht versiegt, ob es auch andern oftmals | Segen sprühend gespendet.

»Retter und Rater | Der mühvollen Menschheit | Ist der Raben umrauschte | Runen-Vater: | Alles ist Odin, was hoch ist und herrlich, | Was wonnig und weise, was stolz und was stark! | Lobt ihn im Liede, ehrt ihn mit Andacht, solang ihr lebet: | Und fallet einst herrlich, in

Helmen, als Helden, | Dass fröhlich ihr fahret nach Asgard zu Odin, | Ewig in Walhalls Wonnen zu wohnen.«

50 Seine Mutter ist die große Erdgöttin Jörd, seine Gemahlin heißt Sif (s. unten), beider Tochter ist Thrud; Sifs Sohn aus früherer Ehe, also Thors Stiefsohn, ist Ullr; durch Jarnsaxa (Eisenstein?), eine Riesin, ist Thor Vater von Modi und Magni (Mut und Kraft).

51 Thors Tochter Thrud (Kraft) war in des Vaters Abwesenheit dem klugen Zwerg Alwis verlobt: heimgekehrt, hebt Thor das Verlöbnis auf oder will doch die Tochter dem Zwerge nur lassen, wenn dieser alle seine Fragen beantworten könne: er hält ihn nun so lange mit Fragen hin, bis die Sonne in den Saal scheint und der Dunkelelbe zu Stein erstarrt. – Uhland in seinem hochpoetischen Mythus von Thor, Stuttgart 1836, deutet Thrudvang (Kraft-anger), Thors Gebiet, auf das fruchtbare Bauland: seine Tochter ist das Saatkorn, welches, in die Erde versenkt, während des Winters, wann der Gewittergott fern ist, für immer den Dunkelelben verfallen scheint, aber bei der Rückkehr des Donnergottes befreit wird, indem es aus dem Schoß der Erde hervor in Halme sprießt.

52 Nach dem Volksglauben schleudert der Blitz keilförmige »Donnersteine«, »Donneräxte«, »Donnerhämmer« tief, so hoch wie Kirchtürme ragen, in die Erde: sooft es von neuem donnert, steigen sie der Oberfläche näher, nach vielen Jahren kann sie ein Hahn aus dem Boden scharren (J. Grimm, D. Mythologie, 3. Aufl., Göttingen 1854, I, S. 161). Obzwar Miölnir die beste aller Waffen, war doch den Zwergen, welche den Hammer fertigten, der Stiel zu kurz geraten: – ein Zug des Humors, der besonders Donar, den Gott der Bauern und der Knechte, gern in das Komische zieht: bei aller Verehrung steht er nicht in so erhabener, geheimnisvoller Unnahbarkeit wie Odin und muss sich auch wohl einen Scherz gefallen lassen. Weil auch Donar im Mittelalter als Teufel gedacht oder vielmehr auf das Bild des Teufels auch Züge von Donar übertragen wurden, heißt der Teufel »Meister Hämmerlin« und schwingt einen »Zauberhammer«. Dahn, Altgermanisches Heidentum in der christlichen Teufelssage, Bausteine I, S. 260, Berlin 1879.

53 Wir bemerkten bereits, dass also bei den Germanen nicht, wie bei Hellenen und Italikern, der höchste Gott den Blitzstrahl führt; dass Thor ursprünglich der höchste Gott gewesen sei (wie neuerdings wieder H. Petersen behauptet: vgl. dagegen Dahn in dem »Magazin für Literatur des In- und Auslandes«, Januar 1884; auch Dahn, Bausteine V, Berlin 1885), darf man aber hieraus so wenig folgern als aus dem Umstand, dass allerdings in manchen Gegenden (so

in Norwegen) Thor vorzugsweise verehrt wurde, sodass er geradezu DER As, der »Land-As« heißt, und dass Heiden vor allem als »Verehrer Thors« bezeichnet werden.

54 »Welch tüchtigen Sinn erweist ein Volk, das in dem Donner seinen besten Freund vernimmt« (UHLAND).

55 Aka, Wagen, daher ÖKU-THOR: er reitet nie – er fährt oder geht: so watet er durch die vier Ströme zu dem Gericht am Urbar-Brunnen, während die andern Götter über Bifröst reiten, die unter seinem Wagen in Brand geraten würde.

56 Hierbei der individuellen Kraft Rücksicht tragend. Hierauf beruht das folgende Gedicht, THORS HAMMERWURF: »Thor stand am Mitternachtsende der Welt, | Die Streitaxt schwang er, die schwere: | ›So weit der sausende Hammer fällt, | Sind mein das Land und die Meere!‹ – | Und es flog der Hammer aus seiner Hand, | Flog über die ganze Erde, | Fiel nieder am fernsten Südensrand, | Dass alles sein Eigen werde. | Seitdem ist's freudig Germanenrecht, | Mit dem Hammer Land zu erwerben: | Wir sind von des Hammergottes Geschlecht | Und wollen sein Weltreich erben.« (FELIX DAHN, »Harald und Theano«.)

57 Auf der Fahrt nach Osten, weil von Osten her die der Saat schädlichen kalten Winde kommen, während die Gewitter von Westen aufzusteigen pflegen (d. h. eben in Skandinavien).

58 Deshalb heißt er: »HLÔRRIDI«, der in Glut, in Lohe Fahrende, und wegen der Raschheit des gleichsam geflügelten Gewitters »WINGTHOR«, der »beschwingte Thor«. Diese Namen kehren wieder in WINGNI und HLÔRA, seinen Pflegeeltern (oder PflegeKINDERN: denn fôstri kann beides bedeuten).

59 Die rote Farbe, die des Blitzes, ist ihm heilig: daher auch Tiere von roter Farbe: der Fuchs (der Bär dagegen wegen seiner Stärke), das Eichhorn, das Rotkehlchen, die rote Vogelbeere (s. unten: die Fahrt nach Geirrödsgard). Außerdem die Eiche, weil der Blitze gern in Eichen schlägt (oder als Wahrzeichen der Kraft?).

60 Vielleicht älterer riesischer Gewittergott, der aber jetzt nur noch als schädlich wirkend gilt. Acht Rasten tief hat er Thors Hammer unter der Erde verborgen: man deutet dies auf die acht (nordischen) Wintermonate, in welchen Gewitter nicht vorkommen, muss dann aber freilich Thrym nicht als Gewitter-, sondern als Winterriesen auffassen.

61 Dieser Zug Thors ist übergegangen in DIETRICH VON BERN, dem aber dann doch im Zorn Feueratem aus dem Munde weht, der selbst Herrn Siegfrieds hörnerne Haut schmilzt.

62 Man hat verschiedene Deutungen versucht: so z. B. soll der Bauer gestraft werden, der zu leicht zum Marke kommen will, d. h. Hauswirtschaft betreibt. Sehr unwahrscheinlich! Vielleicht findet man aber auch folgende Vermutung bedenklich: die vorgermanischen Pfahlbauleute (Finnen?) spalteten regelmäßig, des Markes wegen, aus Hunger, die Knochen: das ist des Germanen, DER VOM ACKERBAU LEBT, unwürdig; wer es noch fortsetzt, verfällt als tiefer stehender Knecht dem Gott des Ackerbaues. – Gewarnt sollte offenbar werden vor irgendeinem Missbrauch: – aber vor welchem? – Dass die Wiederbelebung oder Heilung oder Zurückverwandlung durch Schuld, Eigennutz eines Dritten nicht voll gelingt, ist ein sehr häufig in germanischer und fremder Sage begegnender Zug.

63 Darum soll man solche Steine nicht zum Wurf brauchen, sonst rührt sich (schmerzend) der Stein in Thors Haupt; darf man das so deuten: die zur Schärfung der Pflugschar und andrer Eisengeräte unentbehrlichen Wetzsteine sollen nicht achtlos verschleudert werden?

64 Des Riesen erbeutetes Ross schenkt Thor seinem Sohne MAGNI zur Belohnung: es heißt GUL-FAXI, »Goldmähne«: darf man deuten: der fleißigen Kraft gibt der Gott des Ackerbaues das goldigwogende Ackerfeld zum Lohne?

65 Mit Asa-Loki ist Utgard-Loki nicht zu verwechseln: es ist freilich folgewidrig, dass der Riese Logi, der mit Asa-Loki ringt, das Wildfeuer, d. h. der Blitz, ist, den doch Thor schwingt: indessen gab es offenbar einen riesischen älteren Feuergott wie Donnergott (Thrymr): andre erklären das Wildfeuer als UNTERIRDISCHES Feuer. Zahlreiche Nachklänge dieser Sage finden sich in deutschen Märchen, z. B. vom kleinen Däumling.

66 Daher fehlen dem WOHLTÄTIGEN Gott jetzt auch Stärkegürtel und Handschuhe, so vermute ich: UHLAND hat nichts darüber. Unerklärt bleibt Grid, die Riesin, die ihm beisteht gegen ihr eigen Geschlecht: UHLAND erklärt sie als Wetterzauberin, die aber nun mit dem Zauberstabe das Wetter »schweigt« als Mutter des »schweigsamen« Asen: sehr kühn und wenig befriedigend!

67 Auch sehr zweifelhaft: man darf nicht alles deuten wollen: vgl. DAHN, Deutscher Glaube und Brauch im Spiegel der heidnischen Vorzeit, Bausteine I, S. 181, Berlin 1879; warum z. B. geht Loki mit? Warum hat Loki Thor in jene Gefahr gebracht? Wohl nur wegen seiner allgemein gefährlichen selbstischen Eigenart. Nicht alle Züge einer Sage sind aus deren Mitte heraus, z. B. aus der Naturgrundlage, zu erklären: vieles fügt die Einbildungskraft frei gestaltend nach ihrem Schönheitsbedürfnis hinzu; sollte die Rettung aus der Über-

schwemmung durch den Baum bedeuten, dass man durch Pflanzung von Bäumen und Sträuchern das Ufer und die Deiche festigt gegen Losspülung? Doch schwerlich! Es genügte wohl der Sage, dass jener Baum wegen der roten Beeren Thor geweiht, befreundet war.

68 »Der Feuerkeil, welcher dem Riesen tödlich zurückgeworfen wird, zeigt, wie in demselben Element der Gott wohltätig, der Riese schädlich waltet.« (?) Unerklärt bleibt auch der Stab Grids, der offenbar an Miölnirs Stelle treten sollte, aber nur dazu dient, den Strom zu durchwaten.

69 So treffend Simrock, S. 308.

70 Hymir, der »Dämmerer«, soll das Eismeer sein. Die Eisberge sind unzerbrechbar, bis des Gewitters Kraft einen durch den andern zersplittert.

71 Thor sind (außer dem Obigen) geweiht und seinen Namen tragen: der auf Eichen lebende Käfer, lucanus cervus, Hirschschröter, Feuerschröter, welcher auch Donner-guge, Donner-puppe heißt, und, wenn er gefangen in ein Haus getragen wird, alsbald den Blitzstrahl seines rächenden und befreienden Gottes auf das Dach zieht. Dann von Pflanzen der Eisenhut, aconitum, Thor-halm, Thorshelm (doch s. auch Tyr), und der Donnerbart (Hauswurz, sempervivum tectorum), weil auf dem von Thor geweihten Dache lebend und dies vor dem Blitze schützend? Oder weil sie, wie sein Hammer, Stein zermürbt (auch französisch Joubarbe, d. h. barba Jovis)? Das Donnerkraut (sedum), der Donnerpflug (fumaria bulbosa), Donnerdistel (eryngium campestre), ferner eine Schnepfe (scolopax gallinago), Donnerziege, Donners(tags)pferd, Himmelsziege, deren Flug das nahende Gewitter verkündet, daher auch Wettervogel. – Donnersberge, -stätte, -reut, -lund, -mark usw. sind häufige Ortsbezeichnungen.

72 Vgl. Dahn, Die Vernunft im Recht, Berlin 1879.

73 Tyr sind geweiht und seinen Namen tragen: die Schwertrune T = Tyr ↑, angelsächsisch mit zwei Haken mehr ᛠ Ear = Eru. – Von Pflanzen: das Märzveilchen, viola Martis, Tysfiola, der Seidelbast, Kellerhals, daphne mezereum, eine schöne Giftblume, »Ty-vidhr, Ty-ved, Tys-ved«, dann der (ebenfalls giftige) kriegerisch gehelmte Eisenhut (Sturmhut), aconitum, Tyrhialm, Tyrs-Helm, aber auch Thor-hialm; zahlreiche Berge und Burgen: Zies-, Tis, Tys-berg: die mit »Sieg« zusammengesetzten mögen bald Wotan, bald Ziu geweiht sein.

74 Der »reiche Niördr« war von den Wanen den Asen als Geisel gegeben: ein Gott des fischreichen und durch Schifffahrt und Handel bereichernden Küstenmeeres: daher ist er so reich, dass er allen Reichtum spenden mag: unzählig sind seine Hallen und Heiligtümer

(Buchten, Fjorde, Häfen?); über seine Heirat mit Skadi s. unten; er beherrscht Wind und Wasser, bei Seefahrt und Fischerei ruft man ihn an. Niördr war geweiht oder doch nach ihm benannt eine Wasserpflanze, spongia marina, unter dem Namen »Niördrs Handschuh« (»Niardhar vöttr«): vgl. Liebfrauenhand, Marienhand, Gotteshand, einige Orchideen, wegen ihrer handförmigen Wurzel (s. unter Freya).

75 S. unten: Wölsungensage.

76 S. unten: Wölsungensage.

77 Zweifelhaft bleibt, ob ihm auch ein goldener Hirsch, der »Sonnenhirsch«, der in manchen Sagen und Märchen begegnet, zu Eigen ist.

78 Was später von der Sage auf Dietrich von Bern, d. h. Theoderich den Großen, übertragen ward: vgl. Dahn, König der Germanen, III, 1866, S. 89.

79 Sie ist also als ein Gezimmer zu denken, das man vom Orte heben mag.

80 Diese Sage ist als Märchen in Deutschland, aber auch bei den Finnen verbreitet.

81 Doch wird auch Odin-Wotan als der in den Berg entrückte, verzauberte, weise, herrliche Heldenkaiser gedacht.

82 Dahn, Sämtl. Poetische Werke. Zweite Serie Bd. III. Skirnir.

83 In Wahrheit wohl kein »Viehhirt«, sondern der von Hel bestellte Markwart und Hüter ihrer Zugänge, s. unten.

84 In dieser Weise trieb man feindlichen Runenzauber: man schnitt oder ritzte die Anfangsbuchstaben von allerlei Unheil bedeutenden Wörtern in Stäbe, indem man diese Leiden dem zu Verzaubernden anwünschte.

85 Wie denn auch die Erde ahnt, dass der Bruder Beli, der »Brüllende«, ein Wintersturmriese (?), der sie dem Sonnengott vorenthalten will, durch diesen sterben wird.

86 Von bar, Knospe (?), oder barr, Korn, also Saatkorn: barrey, das wie eine Insel eingehegte Saatfeld (?).

87 Dabei spielt auch das geliehene Schwert eine Rolle: der für den Freund die Braut erwerbende, erringende Werber legt die nackte Klinge zwischen sich und die Jungfrau, bis er dieselbe dem Bräutigam übergeben kann: z. B. Siegfried, da er zum zweiten Male durch die Waberlohe geritten ist und Brunhild König Gunther zuführt.

88 Bei dem Gastmahl in der Halle des Meergottes Ögir: Ogisdrecka Strophe 42: »Mit Gold erkauftest du Gymirs Tochter und gabst an Skirnir dein Schwert dahin: wann aber dereinst Muspels

Söhne heranreiten werden, mit welcher Waffe, Unseliger, wirst dann du kämpfen?«

89 Baldur wird sehr mannigfach gedeutet; angelsächsisch ist baldor = Herr.

90 Vgl. Dahn in Bavaria, I, München 1860, S. 370.

91 Nach andrer Lesart freilich: »den alle loben, dessen (gerechte, weise, friedliche) Entscheidungen aber niemals gehalten werden!«

92 Baldur sind geweiht und seinen Namen tragen: zwei Kamillenarten, anthemis cotula und matricaria inodora, Hundkamille und Feldkamille (Baldrs-brâ, Baldurs-braue), um gelben Kern weiße Blätter reihend. – Im Norden begegnen viele mit Baldur zusammengesetzte Ortsnamen: aber bei den südgermanischen mit Pfohl, Phol – ist die Bedeutung meist eine andre oder doch unsicher.

93 Vgl. über ihn Dahn: »Odins Rache«, Sämtl. Poetische Werke. Zweite Serie Bd. V.

94 Hier findet er also selbst den Spruch, erfragt ihn nicht von den Schöffen; freilich ist es Schiedsspruch, im Wege des Vergleichs, nicht Urteil nach durchgeführtem Rechtsverfahren, die Götter haben eine besondere Gerichtsstätte an dem Brunnen der Urd, wo aber Odin den Vorsitz zu haben scheint.

95 Dahn, Urgeschichte, II, S. 422 f.; Deutsche Geschichte, I, 1, S. 498 f.

96 D. h. ritten zu Walde.

97 Oder des Gebieters, d. h. Wotans.

98 Über Baldurs Ross s. unten; wahrscheinlich waren die in dem heiligen Hain der Naharnavalen, einer germanischen Völkerschaft, verehrten jugendlichen Brüder, welche Tacitus mit Kastor und Pollux vergleicht, Baldur und Hermodr oder Baldur und Hödur.

99 Besprach.

100 Wir ersehen daraus, dass Volla als Friggs Schwester galt und dass, neben einer sonst unbekannten Göttin (man vermutet darunter ein Gestirn, aber gewiss mit Unrecht den männlichen Mond) Sinthgunt, auch hier die Sonne (Sunna), wie nordisch Sol, die unter den Asinnen genannt wird, weiblich gedacht wird.

101 Der Name wird doch wohl richtig auf die Sanskritwurzel lug zurückgeführt, leuchten, woher auch lateinisch lux, lucere, griechisch leukos, nicht auf lukan, schließen, abschließen, sodass Loki der Beender, consummator, d. h. der Zerstörer alles Lebens wäre. – Er heißt auch Loptr (Luft) und Lodur (Loderer?).

102 Lokis Brüder heißen Bileistr und Helblindi, Bileistr (»Sturm-löser«) ist aber auch ein Name Odins, danach wäre dann

Helblindi etwa Hönir, und es ergäbe sich, da einem Riesen Fornjotr drei Söhne Kari (oder Hler), Ögir und Logi beigeschrieben werden, die Dreizahl:

	Luft	Wasser	Feuer
	Odin	Hönir	Loki
	Bileistr	Helblindi	Loki
	Kari (oder Hler)	Ögir	Logi
Entsprechend:	Zeus	Poseidon	Hephästos.

(So Simrock.)

103 Dahn, Sind Götter? Die Halfred Sigskald-Saga. Sämtl. Poetische Werke. Zweite Serie Bd. IV. – Vgl. Dahn, Ein Kampf um Rom. I, S. 24.

104 Sehr naiv lässt ihn eine Sage erst böse werden, nachdem er das halb verbrannte Herz eines bösen Weibes gefunden und gegessen hatte.

105 Loki in seiner verderblichen Wirkung bezeichnet es, dass nach ihm benannt ist der Schwindelhafer (avena fatua) oder auch Hahnenkamm (unnanthus crista galli), ferner ein dem Vieh schädliches Unkraut, polytrichum commune, Lokis Hafer. In Skandinavien hat sich sein Name überhaupt lebendig erhalten in allerlei volkstümlichen Wendungen: zieht die Sonne Streifen, so sagt man: Loki fährt über die Äcker, oder Loki trinkt Wasser. Der Irrwisch heißt Lokis Geruch, der flammende Stern Sirius Lokis Brand, Brennspäne heißen Lokis Späne; wenn Unheil gestiftet wird, sagt man, nun säet Loki seinen Hafer; hört man leichtgläubig auf Lügen, so sagt man: er hört auf Lokis Abenteuer; mausern die Vögel, so gehen sie unter Lokis Egge; schwellen Dünste in der Sonnenglut auf der Erde, so treibt Loki seine Geißen aus, und knistert das Feuer, so gibt Loki seinen Kindern Schläge.

106 Völuspá 17, 18:

»Singen da dreie aus dieser Versammlung, | Mächtige milde Götter zumal; | Fanden am Ufer unmächtig | Ask und Embla und ohne Bewusstsein. | Besaßen nicht Seele, besaßen nicht Sinn, | Nicht Blut noch Bewegung, noch blühende Farbe: | Seele gab Odin, Hönir gab Sinn, | Blut gab Loki und blühende Farbe.« (So Simrock. – Anders Müllenhoff.)

107 In diesem Sinn wird von ihm erzählt, er habe sich auf acht Monde in eine Milch spendende Kuh und Mutter verwandelt, die im Schoße der Erde wohnte: es sind die acht Wintermonate des Nordlandes (wie die acht Rasten unter der Erde, in welche Tiefe Thors Hammer versteckt wird: die acht Monate, in denen es nicht donnert),

während welcher die Wärme nur tief im Schoß der Erde noch zu finden ist: insofern wirkt Loki als nährende Wärme, d.h. Mutter des Lebens, wohltätig.

108 Daher geht auch der eine Name Friggas: Holda, Frau Holle, die Hulle-Frau (bei Thüringen und Franken) und ebenso der eine Name Freyas, Hilde, sofern diese die Erste und die Anführerin der Wal-küren ist, auf dieselbe Wurzel hilan, hehlen, zurück. Daher ist auch die Hausfrau des Unterweltsriesen, als Thor dorthin gerät, allgoldig, von lichten Brauen, freundlich, nicht feindlich, gegen den Gott gesinnt, den sie vor ihrem Gatten zu schützen trachtet. – Deshalb weilen auch Gerda und Idun (s. unten) wenigstens vorübergehend bei Hel: im Winter bergen sie sich im Schoß der Erde, um erst nach dem Siege des Lichtes emporzusteigen und Blüte und Fruchtbarkeit unter den Menschen zu verbreiten. Lokis Tochter kann Hel als wohltätige wie als schädliche Gewalt heißen: jenes, weil die Erdwärme von dem Erdfeuer stammt, und dieses, weil die Vernichtung des Lebens im finstern Grab auf den Verderber Loki, den Mörder des Lichtgottes, zurückgeführt werden mag.

109 Die Seherin schildert Hel und die Straforte so: ein Saal steht, der Sonne unerreichbar, an den Leichenstränden: nordwärts wendet sich die Tür. Gifttropfen fallen herein durch die Lichtlöcher. Geflochten ist der Saal aus Schlangenrücken. Da durchwaten reißende Ströme meineidige Männer und Mörder, da saugt Nid-höggr die Leichen der Abgeschiedenen. Es zerreißt der Böse (Friedlose, Frevler) die Männer.

110 Mit Hel, Holle zusammengesetzte Ortsbezeichnungen sind in Skandinavien, Deutschland, England sehr häufig.

111 Oder gar über neun Welten, wie es ein andermal heißt: dann muss man sich die Unterwelt in neun Reiche gegliedert vorstellen.

112 Da es ein Fest der Liebes- oder doch der Ehegöttin war, beteiligen sich zumal Frauen, oft in ausgelassenem Übermut, an der Feier, oder es werden Mädchen, die nicht heiraten wollen, zur Strafe vor den Wagen der Ehegöttin gespannt, sie müssen ihn ziehen. – Nachdem der alte heidnische Ursprung dieser Fastnachtsumzüge und Reigen vergessen war, erfand man allerlei andre Entstehungsgründe: so bei dem Schäfflertanz und dem Metzgersprung in München: nachdem furchtbare Pest den Mut der Bürger gebrochen hatte, sollten bei Nachlassen der Seuche zuerst diese Zünfte wieder frohe Kurzweil auf den Straßen gewagt und die Lebensfreude der Einwohner wieder geweckt haben.

113 S. unten Wölsungensage.

114 Diese Sage entspricht dem griechischen Mythus von Adonis, der ebenfalls durch einen Eber der Liebesgöttin Aphrodite entrissen wird.

115 Wie noch (»Frea«) in der Sage von der Namengebung der Langobarden.

116 Die hierfür versuchten Erklärungen sind wenig befriedigend.

117 Übrigens heißt diese sagenhafte Königin auch ›la reine pédauque‹, Königin Gänsefuß: dieselbe sollte Füße wie die Schwimmvögel haben; man hat das darauf zurückgeführt, dass Freya als Walküre im Schwanenhemd erscheint, oder geradezu als Schwan: aber nicht Freya, Frigg ist die SPINNENDE Göttin.

118 Auch italienisch: non è più il tempo, che Berta filava.

119 Dies Gabenheischen heißt »zampern«; man hat hieraus einen Sondernamen unsrer Göttin ZAMPE erschlossen; der fragliche Tag heißt: ZIMBERTSTAG, was bald auf die Göttin ZIMPE (Zampe), bald auf SINT BERTH (Sankta Bertha) zurückgeführt wird. – Auch an die von Tacitus erwähnte Göttin TANFANA hat man dabei gedacht, welche im Lande der MARSEN (bei Dortmund?) ein von den Römern zerstörtes Weihtum hatte: Tanfana wird von »Dampf« abgeleitet, der heilige Rauch des Herdfeuers, sodass sie eine Herdgöttin gewesen wäre, was gut zu der göttlichen Hausfrau Frigg passt. Die Göttin HLUDANA, nur in Inschriften genannt, wird gedeutet auf HLÔDYN, die Mutter Thor-Donars, also JÖRD.

120 So der Hohenzollern: eine Gräfin von Orlamünde. Während ich dies schreibe, hat, in der Nacht vom 15. auf den 16. Januar 1884, ein Posten im königlichen Schlosse zu Berlin DIENSTLICH GEMELDET: dass er die weiße Frau in einem abgelegenen Gange habe wandeln sehen; die Untersuchung überführte einen weiß gekleideten Küchenjungen.

121 Z. B. ein Sprössling des Geschlechts sterben wird, wobei die sonst WEISSE Frau schwarz oder halb schwarz erscheint: – eine Erinnerung an Hel als Grundlage Friggas.

122 Der »Bohnenkönig«, der an diesem Abend aufgestellt wird – derjenige Gast, auf dessen Teil die in den Festkuchen verbackene Bohne trifft –, geht aber auf diese weibliche Göttin nur dann, wenn er als ihr Bräutigam oder Liebling zu fassen ist, wofür es an Stützen fast ganz gebricht.

123 Wenn es schneit, sagt man: »Frau Holle schüttelt ihr Bett«: Odins Gemahlin wohnt neben ihm in den Lufthöhen und regiert deren Erscheinungen: ein Musterbild der guten Hausfrau muss auch

der Betten pflegen. Anderwärts wird der Schnee mit Hilde (= Freya, s. unten Walküren) in Verbindung gebracht: so in der Sage von HILDE-SCHNEE: Ludwig der Fromme baute zu Ehren Marias (= Freya) zu HILDESHEIM eine Kirche in dem Umfang eines wunderbaren Schneefalles.

124 Freya und Frigg sind geweiht und ihren Namen tragen: das Sternbild Orions-Gürtel, auch Jakobs-Stab oder SPINDEL: es heißt Frigge-Rock, Freye-Rock (Freyr-Spindel, später Mariä-Rock). Eine Orchidee (orchis odoratissima, satyrium albidum), zu Liebestränken verwendet, heißt Friggas-Gras: mehrere Farne (adiantum polypodium, asplenium) heißen Frauen-Haar, capillus Veneris, isländisch Freyju-Haar, dänisch Frue-Haar, norwegisch Mari-Gras. Vgl. Frauen-Schuh (cypripedium), Frauen-Flachs (cuscuta), Frauen-Nabel (cotyledon); auch in Marien-Blume (bellis), -Distel (carduus Marianus), -Flachs (antirhinum linaria), -Mantel (alchemilla vulgaris), ist vielleicht Maria an die Stelle der Göttinnen getreten, wie zweifellos in Marien- oder heute noch Frauen-Mäntelchen (aphanes), Marien- oder Frauen-Rose, bald bellis, bald rosa canina, Frauen- oder Marien-Käfer, Frauen-Eis (lapis specularis).

125 Denn ZUNÄCHST sind es die MENSCHEN, deren Geschicke die Nornen spinnen oder legen, freilich AUCH die allgemeinen Weltgeschicke.

126 So heißt es einmal: »Nacht nahe der Burg: da nahten auch Nornen, | Dem Edling das Alter zu ordnen (d. h., dem Neugebornen die Geschicke seiner wechselnden Lebensalter festzustellen). | Sie gaben dem Knaben, der Kühnste zu werden, | An Achtung aller Edlinge Edelster. | Schicksalsschlingen schlangen sie. | – – | Festigten Fäden fernehin | Machtvoll mitten unter dem Monde. | Sie banden der Bänder beide Enden im West und im Ost. | In der Mitte lag das Land des Lieblings: | Aber EIN Ende nach NACHT und NORD (dies ist Unheil bedeutend), | Schwang schweigend Nörwis Schwester: | Ewig, unalternd, gebot sie dem Band, | Zu haften und halten.« (frei nach Helgakwida, II, 2–4.)

127 Wenn manchmal mehr als drei Nornen angenommen werden, so ist dies im uneigentlichen Sinne zu verstehen: Zauberweiber, Weissagende, weise Frauen werden dann beigezählt. Da die Nornen ZEITgöttinnen sind, können mehr als drei im eigentlichen Sinne nicht vorkommen.

128 Ähnlich die griechische Sage von Meleager.

129 Allerdings wird einmal eine Norne NÖRWIS Schwester genannt: Nörwi, der Vater der Nacht, ist der Sohn Lokis, also Bruder

der Hel: und so wären die Nornen Schwestern der Hel, ja an jener Stelle wird die älteste Norne vielleicht als Hel selbst gedacht. Schwerer wiegt, dass man die Nornen in der Unterwelt hausend dachte.

130 Verdeutscht: »die Feinen«; so singt Gottfried von Straßburg: »Ich wöhne, dass ihn Feinen | So wunderbar gesponnen | Und ihn in ihrem Bronnen | Geläutert und gereinet: | Er ist fürwahr gefeinet.« – Dagegen »feien« (einen Menschen oder eine Waffe) geht auf Fei, Fee zurück.

131 In einem schönen deutschen Märchen ist die in der Burgzisterne hausende Brunnenfee die Freundin der Burgfrau. Da diese während der Geburt eines Töchterleins stirbt, steigt jene auf als Patin des Mädchens und legt diesem einen goldenen Apfel in die Wiege: in Gefahr oder falls sie Rates bedürfe, soll das Kind den Apfel in den tiefen Brunnen werfen, dann taucht sofort die Brunnenfee empor, bringt ihr den Apfel wieder und beschützt sie.

132 Auch wohl »knöcherne Pferdehäupter« finden sich, Grauen erregend, auf hohen Stangen dräuend aufgesteckt, neben dem Schatze. Hel reitet auf einer grauen, dreibeinigen, elenden Mähre, zur Zeit von Seuchen, um und holt damit die schnellsten Reiter ein. – Man steckte die Häupter der den Göttern geopferten und bei dem Opferschmause verzehrten Pferde auf hohe Stangen, böse Geister zu verscheuchen, fern zu halten von den Wohnungen. Daher heute noch die aus Holz geschnitzten Pferdehäupter auf den Dächern der niederdeutschen, zumal westfälischen Bauernhäuser: dabei fühlte man sich unter dem Schutze der Götter, denen mag eifrig geopfert hatte und die durch die Pferdehäupter an die ihnen dargebrachten Opfer und an die dafür geschuldete Schutzpflicht gemahnt wurden. – Übrigens auch zu bösem Zauber errichtete man solche Neidstangen oder gab den »Drachen«, d. h. Schiffen, vorn am Bugspriet, solche Schreckbilder, um die guten Geister und Schützer des Landes, die »LANDWÄTTIR«, zu verscheuchen, was freilich bei schwerer Strafe verboten war (s. unten: Elben).

133 Z. B. der zur Erlösung Berufene muss geboren sein Schlag Mitternacht oder Mittag zwölf Uhr eines bestimmten Sonntags, bei bestimmtem Nebeneinanderstehen gewisser Stern: seine Wiege muss aus dem Holze eines wilden Kirschbaumes gewesen sein; der muss gewachsen sein auf dem höchsten Turm einer Burg, wohin ein Häher oder der Rabe Odins den Kern getragen hatte aus einem bestimmten Walde zu bestimmter Zeit.

134 Daher lässt sie eine Sage geradezu, gleich den Nornen, WEBEN: ihrer zwölf sitzen in einer Kammer, weben und singen dabei mit

dem am Schlusse der Strophen wiederholten Spruch: »Winden wir, winden wir das Gewebe der Schlacht«: es dient ein Schwert statt des Schlagbrettes, ein Pfeil statt des Kammes des Gewebes: zuletzt zerreißen sie das Gewebe von oben her, jede behält einen Fetzen in der Hand, und nun springen sie zu Ross und sprengen sechs gen Mitternacht, sechs gen Mittag von dannen. Die Sage ist jung und enthält manchen nicht zu den Walküren passenden Zug.

135 S. unten: Wölsungensage. – Vgl. Sigwalt und Sigridh. Sämtl. poetische Werke. Erste Serie Bd. VI.

136 Während Menschen dulden, Riesen dumpf brüten (oder trotzen, »warten«: d.h. auf die Götterdämmerung), Wanen wissen.

137 Deshalb sieht die Weissagerin, da sie die Verbreitung des Krieges über die Völker erschaut, vor allem »die Walküren weit umher kommen«, gerüstet, zu reiten zum Heldenvolk: gleich darauf verschwindet Baldur, der Friedensgott (Müllenhoff).

138 Selbstverständlich kennen sie die Zukunft, wenigstens den Ausgang der Schlachten und ob Leben und Tod dem Helden darin bevorstehe, da sie ja das Kriegsgeschick, Kriegsschicksalgesetz selbst küren: daher bittet auch ein angelsächsischer Zauberspruch solche »Siegweiber«, nicht zu Walde zu fahren, d.h. sich flüchtend zu entziehen, sondern dem Anrufenden sein Geschick wahrzusagen.

139 Ich könnte in Prosa das schöne Gesamtverhältnis dieser herrlichen jungfräulichen Heldinnen zu sterblichen Helden nicht eindringlicher und schärfer ausdrücken, als ich es in folgenden Versen versucht habe:

Lied der Walküre

Froh sah ich dich aufblühn, du freudiger Held,
  Lang folgt' ich dir schwebend und schweigend gesellt.
Oft küsst' ich des Schlummernden Schläfe gelind,
  Und leise die Locken, die dir wehen im Wind.
Hoch flog ich zu Häuptern – du kanntest mich kaum –,
  Durch die Wipfel der Wälder, dein Trost und dein Traum.
Ich brach vor dem Bugspriet durch Brandung dir Bahn,
  Vor dem Schiffe dir schwamm ich, weiß-schwingig, ein Schwan.
Ich zog dir zum Ziele den zischenden Pfeil,
  Auf riss ich das Ross dir, das gestrauchelt am Steil.
Oft fing ich des Feindes geschwungenes Schwert,
  Lang hab ich die Lanzen vom Leib dir gewehrt.
Und nun, da die Norne den Tod dir verhängt,
  Hab ich dir den schnellsten, den schönsten geschenkt.

»Sieg!«, riefest du selig, »Sieg, Sieg allerwärts!«
Da lenkt' ich die Lanze dir ins herrliche Herz.
Du lächeltest lieblich – ich umfing dich im Fall –
Ich küsse die Wunde – und nun auf: – nach Walhall!*

* DAHN, Gedichte. Sämtliche poetische Werke. Zweite Serie Bd. VI. S. 209.

140 Auch das Schlachtfeld, auf welchem Armin im Jahre 16 n. Chr. mit seinen Cheruskern und deren Verbündeten gegen Germanicus kämpfte, bei Oldendorf am Fuß des Süntel oder Dören und Bückeburg, hat JAKOB GRIMMS poesievolle Dichtung, auf IDISIA-VISO, »die Wiese der Waldgöttinnen«, zurückführen wollen; aber handschriftlich ist nur IDISTA-VISO überliefert. Vgl. DAHN, Urgeschichte der germanischen und romanischen Völker, II, Berlin 1881, S. 89; DAHN, Deutsche Geschichte, I, 1, Gotha 1883, S. 381.

141 Nach unlösbar darauf liegendem Zauberbann.

142 HELGI UND HILDE.

Du hast mir den Vater erschlagen und schlugst mir den Bruder dazu,
Und dennoch in ewigen Tagen mein Liebster, mein Alles bist du.
Es liegen so müde vom Fechten die erschlagenen Helden zuhauf:
Ich aber, in mondhellen Nächten, ich wecke die schlummernden auf.
Sie fassen verschlafen die Schilde, sie rücken die Helme zurecht,
In den Lüften ertobet das wilde, das schreckliche Geistergefecht.
Da krähet der Hahn und sie stocken: – noch im Schwunge die Lanze ruht,
Ich trockne mit meinen Locken auf Helgis Stirne das Blut.
Ins Hügelgrab sinken wir beide, ins Brautbett dunkel und still:
Und über die graue Heide hin pfeifet der Nordwind schrill.*

* DAHN, Geschichte. Sämtl. poetische Werke. Zweite Serie Bd. VI. S. 213.

143 HILDE, Frau Hilde als gleichbedeutend mit Freya (oder Frigg), ward viel verehrt: Spuren davon sind der niederländische Name der MILCHSTRASSE ›Vrou-elden-straet‹: Frau Hilden-Straße; auch zusammengezogen Ver-elde, eine Göttin des Spinnens (›Ver‹ aus Frau). – Aus Verelde war PHARAILDIS: so sollte heißen die Tochter des Herodes (sonst Herodias): sie liebt Johannes den Täufer: weil er sie zurückweist, fordert sie sein Haupt: als es vor ihr auf der Schüssel liegt, will sie es küssen, aber es weicht zurück und bläst gewaltig gegen sie, dass sie, wie vom Sturmwind gewirbelt, durch die Lüfte fliegen und tanzen muss ohne Unterlass; nur von Mitternacht bis zur

ersten Hahnenkraht darf sie rasten: dann sitzt sie trauernd auf Eschen oder auf Haselgebüsch. Nach andrer Fassung muss sie an der Spitze des wilden Heeres neben Wotan durch die Lüfte jagen – wobei ihre Walkürenart sich deutlich bekundet.

144 Dahn, Urgeschichte, II, S. 140; Deutsche Geschichte, I, 1, S. 414. Die Bataver. Sämtl. poetische Werke. Erste Serie Bd. IV.

145 Die Edda rühmt von ihm: weniger Schlaf als ein Vogel braucht er; bei Nacht wie bei Tag sieht er hundert Rasten weit; er hört das Gras wachsen in der Erde und auf den Schafen die Wolle: – also erst recht jeden stärkeren Laut.

146 Dies Horn soll, wie man eine Stelle deuten will, unter dem Weltenbaum geborgen und erst um zu jenem letzten Kampfe zu rufen, hervorgeholt werden.

147 Der Jarle (Adel), Karle (Gemein-freien), Thräle (Knechte), die er aber freilich in Halle, Haus, Hütte schon vorfindet.

148 Den Straßen am Himmel entsprechen Straßen auf Erden: mit Iring wird in der Heldensage stets Irmin zugleich genannt: auf Irmin hat man die Irmensäule zurückgeführt, von der vier Straßen nach den vier Winden liefen: England ward von Mitternacht nach Mittag durchschnitten von Ermingestrete: Iringstrassen hat man, wie am Himmel, auch auf Erden vermutet: der Himmelswagen heißt auch Irminswagen: hieraus hat man Iring (Heimdall) und Irmin als Brüder und als Wegegötter der Himmels- und Erdenstraßen gefolgert mit sehr zweifelhaftem Recht. – Ohne Zweifel aber hängt der Name der Herminonen und der der Hermunduren (der späteren Thüringe), bei denen Irming, Irminfrid und Iring begegnen, mit der Irminsul und dem Irminwagen, mit einem Gott oder Halbgott Irmin zusammen.

149 Eine ganz späte, unpassende Zutat Saxos, der alles auf geschichtlich-menschliche Zustände und auf die Moral seiner Zeit zurückführt. Für eine zur Wiederbelebung der Erde sieghaft durchgeführte Arglist strafen die Götter ihren König gewiss nicht! Wir werden sehen, aus welchem Naturgrund in der alten Göttersage Ullr an Odins Stelle tritt.

150 Zu künstlich und zugleich recht geschmacklos scheint die Erklärung von Odins angeblicher Vertreibung aus dem Himmel nach Walis Geburt aus der Erfahrung, dass, »wenn die Tage langen, der Winter erst kommt gegangen«; auch fällt ja Wali, nur eine Nacht alt, den dunkeln Wintergott Hödur. Vielmehr ist diese »Vertreibung« Odins späte Zutat Saxos und hat Ullrs Eintreten für Odin nach der echten Sage mit Rinda und Wali gar keinen Zusammenhang.

151 Seine Wohnung Y-DALIR, Eiben-täler, weil von Eibenholz die besten Bogen gefertigt werden? Oder von YDA, Flut, Fluten- (d. h. Regen??) Tal?

152 »Wie trefflich er verstand« – wenn er Odin selber war, vgl. weiter oben den Merseburger Spruch.

153 Nach andern ist VIDAR (von vidr, Wald) der »schweigende Urwald«: niemand wagt, ihm zu nahen: sogar Loki weiß nichts gegen ihn zu lästern.

154 Wie so oft: z. B. Baldur als Rechtsreinheit und Rechtswahrheit in seinem Sohne Forseti.

155 Schon Iduns Name bedeutet (wie der Widars): – »Wieder«, Wiederum«, d. h. verjüngende Erneuerung.

156 Zur Sühnung gaben sie Thiassis Tochter SKADI dem wanischen Gott NIÖRD, Meergott, aus Noatun zur Ehe (beider Kinder sind Freyr und Freya). Aber beide vertrugen sich schlecht, wollten sie in Niörds Heimat, an dem Meeresstrand, oder in Skadis Geburtsland, in den Bergen, hausen: Skadi konnte an der Küste keinen Schlaf finden vor der Möwen widrigem Gekreisch, und Niörd wurden die Berge verleidet, weil ihm der Wölfe Geheul nicht so gut gefiel wie das Singen der wilden Schwäne am Meere. Skadi zog in ihre Berge zurück nach Thrymheim: dort jagt sie auf Schlittschuhen und schießt Wild mit ihrem Bogen. Man deutet: die Bergquelle Skadi, die sich mit dem Meere vereinigt hatte, sehnt sich zurück in das Hochland ihres Ursprungs.(?)

157 Oder die Wärme überhaupt? Man muss auch hier nicht alles aus dem Kern, aus der Naturgrundlage der Sage erklären wollen: Lokis den Göttern bewusst und unbewusst verderbliche Gesamtbedeutung genügt auch hier, seine Rolle zu erklären. Man braucht also nicht zu deuten: die schmeichelnde, aber verräterische Spätsommerglut ist es gewesen, welche das Grün versengt, verwelkt und so dessen Entführung durch den Herbstwind arglistig vorgearbeitet hat.

158 »GERMANISCHES OSTERFEST«: I. Es kam der Hirt vom Anger und sprach: »Der Lenz ist da! | Ich sah sie in den Wolken, die Göttin Ostara: | Ich sah das Reh, das falbe, der Göttin rasch Gespann, | Ich hörte, wie die Schwalbe den Botenruf begann. | Es brach das Eis im Strome, es knospt der Schlehdornstrauch: | So grüßt die hohe Göttin, grüßt sie nach altem Brauch.« | Da ziehn sie mit den Gaben zum Hain und zum Altar, | Die Mädchen und die Knaben, der Lenz von diesem Jahr: | Das Mädchen, das noch niemals im Reigentanz sich schwang, | Und doch vom Knabenspiele schon fernt ein scheuer Drang. | Der Knabe, der noch niemals den Speer im Kampfe schwang, | Und dem

der Glanz der Schönheit doch schon zum Herzen drang. | Sie spenden goldnen Honig und Milch im Weihguss, | Und fassen und umfangen sich in dem ersten Kuss. | Und durch den Wald, den stillen, frohlockt es: »Sie ist da! | Wir grüßen dich mit Freuden, o Göttin Ostara!«

II. Gute Göttin, du vom Aufgang, | Gabenreiche, du bist da! | Und wir grüßen dich mit Andacht, | Gute Göttin Ostara! | Aus dem fernen Sonnenlande, | Draus der Väter Wandrung brach, | Ziehst du jährlich ihren Enkeln | In des Nordens Wälder nach. | Längst begraben ist der Letzte, | Der dort deine Säulen sah, | Doch wir wissen's noch: – vom Aufgang | Sind auch wir, wie Ostara. | Rüttelt hier die Eichenwälder | Mondenlang der Sturm und Frost, | Klingen an dem Herd uns wieder | Märchen alt aus goldnem Ost. | Und wir haben's nicht vergessen | Und in Sagen tönt es nach, | Wie der Ahn an blauen Strömen | Wunderschöne Blumen brach. (FELIX DAHN, Gedichte. Sämtl. poetische Werke. Zweite Serie Bd. VI. S. 252.)

159 Über weitere ursprünglich heidnische Gebräuche, die sich bei der Feier von Ostern, Pfingsten und andern christlichen Festen erhalten haben, s. DAHN, Bausteine, I, Berlin 1879, S. 221.

160 Was immer ihr Name bedeuten mag (nach J. GRIMM: Sippe, weil Thors Hammer die Ehe weiht und damit aller Sippe, d. h. ehelicher Verwandtschaft, Grundlage?). Eine mehr sinnliche, auf den Ackerbau oder die Ernte bezügliche Deutung hätte aber mehr für sich.

161 Mit Attilas Gemahlin HELKE, auch HERKJA, hat sie nichts zu schaffen: wenn sie manchmal mit Schwert und Schild dargestellt und als tapfere Verteidigerin der Heimat gefeiert wird (in historischen Sagen), so geht dies wohl auf Freya, die Walküre; ob ebenso WALPURG, die Heilige des ersten Mai, auf eine Walküre hinweist, bleibt zweifelhaft.

162 Die wiederholt versicherte Zwölfzahl der Asen ist sehr schwer festzustellen; etwa: Odin, Thor, Tyr, Baldur, Hödur, Bragi, Forseti, Heimdall, Ullr, Hermodur, Widar und Wali. – Dabei scheiden Freyr und Niördr als Wanen Hönir als diesen vergeiselt, Loki wegen seines Übertrittes aus.

163 Im Einzelnen sind die Namen dieser Geister höchst mannigfaltig, je nach ihrem Aufenthaltsort, d. h. oft zugleich nach ihrer Naturgrundlage, dann nach ihrem Aussehen; aber auch landschaftlich und stammtümlich sind sie sehr verschieden benannt: Blaserle, Windalfr, Hule, d. h. Heule-Männchen, im HEULENDEN Winde: NEBELMÄNNLE; WASSERGEISTER: Wassermann, der Neck, der Nix, die Nixe, Meer-Minne, Marmennil, Muhme, Mümmelchen; BERGMÄNNCHEN; ERDGEISTER: Erdmännchen, Unterirdische, Onnerbänkissen; WALD-

GEISTER: Schrat, Schretel, Schrezel, Murraue, Markdrücker, Holz-, Moos-, Wald-Männchen, Moos-, Wald-, Holz-Weiblein: deren Leben ist oft an einen Baum geknüpft wie das der hellenischen Dryaden; schält man dem Baum die Rinde ab, muss das Holzweiblein sterben. Wotan, der wilde Jäger, jagt in den Stürmen der winterlichen Tagundnachtgleiche die Holzweiblein im Walde: d. h., der Sturm knickt die Stämme. FELDGEISTER: »HEIDEMANN«, »HEIDEMÄNNEKEN« (westfälisch), »BIL-WISS«; HAUSGEISTER: HERDMÄNNLI, HEINCHEN, HEINZELMÄNNCHEN, HAULEMÄNNERCHEN, HOLDCHEN, WICHTEL, WICHTELMÄNNCHEN, TOGGELI (schweizerisch), NORGGEN (tirolisch).

164 Auch wohl Menni, Minne, besonders für Wassergeister, daher Marmennil, doch gibt es auch »Waldminnen«.

165 Erst seit der Einbürgerung von Shakespeares' Sommernachtstraum in Deutschland ist die Form »Elfe« vorherrschend geworden.

166 Nach andern aber auf alere, nähren.

167 Dies gemeingermanische Wort ist noch unerklärt: die früher angenommene Beziehung zu griechisch ›Theurgos‹ ist unbegründet. Die drei nordischen Zwergenreiche mit den Königen MÔT-SOGNIR (Kraftsauger), DURIN (Schlummer), DVALIN (Schlaf) – die letzteren Zwerge trachten an die Oberfläche empor – sind vielleicht nur Skaldenpoesie.

168 Findet der Bauer morgens seine Rosse matt, abgehetzt, mit Schaum vor dem Mund, Mähne und Schweif verzottet, so weiß er, nächtlicherweile hat sie die »Trud«, der »Nachtmahr« geritten.

169 So zumal in England und Schottland wird die strahlende Schöne ihres Antlitzes, ihres Haares, der weiß leuchtenden Kleidung gepriesen: doch drängen sich hier auch keltische Vorstellungen von den Feen ein.

170 Weniger anspruchslos und harmlos sind freilich die WASSERgeister: sie dürsten nach Blut, nach warmem Leben, weshalb sie ja oft Menschen zu sich herabziehen, aber auch ihre eignen Töchter zerreißen, wenn diese sich, ungehorsam gegen das Gebot der Wiederkehr, »bevor die Sonne zu Golde geht«, verspäten auf der Erde bei dem Tanz der Menschen: daher dem Wasser-Elb ein schwarzes Lamm oder weißes Böcklein geschlachtet werden muss.

171 Als wohltätige Hausgeister fasst sie meine Dichtung im »Schmied von Gretna-Green« (Sämtl. poetische Werke. Erste Serie Bd. VI) und in dem »Elfenabschied« (Gedichte. Sämtl. poetische Werke. Zweite Serie Bd. VI. S. 330).
ANNA. | Ja, soll euch's wohl ergehen, | So müsst ihr zu den Holdigen |

Geheim und gläubig flehn! | Robin und Mary. | Die Holdigen? So glaubst du fest an sie? | Anna. | Fest wie an Gott und an Marie! | In diesem alten Sachsenhaus | Von je gehen Geister ein und aus. | Sie spinnen am Rade den Wocken zu Ende, | Sie rühren am Amboss die emsigen Hände. | Sie kehren die Kammern, sie fegen die Stuben, | Sie strafen die faulen Dirnen und Buben, | Sie helfen den Fleißigen allerwegen, | Doch muss man sie scheuen und ehren und pflegen. | Mary. | Ja, ja! Wie sagt die alte Weise? | Großmutter sang sie oft und leise! | Anna. | »Wollt glücklich ihr durchs Leben gehen, | Sollt ihr die guten Holdchen scheu'n«, | Die letzten Ähren lassen stehen | Und Mehl am Herd für sie verstreu'n. | Zertretet nicht am Weg den Käfer | Der eilig in Geschäften reist: | Stört in der Rose nicht den Schläfer – | Er ist ein wandermüder Geist. | Der Vöglein Nester sei'n euch heilig: | Beschwingte Holdchen sind sie all: | Zumal Rotkehlchen streuet eilig | Brot bei der ersten Flocken Fall. | Und hört ihr's nachts im Hause weben, | Bekreuzt euch nicht und seid nicht bang: | Die braunen Wichtelmännchen schweben | Nur Segen raunend durch den Gang. | Von keinem Feinde wird bezwungen | Ein Herz in Kämpfen noch so heiß, | Das sich umflüstert und umschlungen | Vom Bund der guten Geister weiß.

Elfenabschied. | Lebt nun wohl, ihr lichten Heiden, | Brauner Acker, grüner Rain, | Lebt nun wohl, wir müssen scheiden, | Mondenglanz und Sternenschein. | In den Schoß der Erde steigen, | In die Tiefe tauchen wir: | Nie mehr führen wir den Reigen | In dem busch'gen Waldrevier. | Rings von allen Türmen läutet | Der verhassten Glocken Braus | Und ein jeder Schlag bedeutet: | »Holdchen, euer Reich ist aus!« | Sang und Sitte sind geschwunden | Und vergessen Zucht und Recht; | Glaub' und Treu' wird nicht gefunden, | Spottend lebt ein frech Geschlecht. | Nicht mehr lassen fromme Hände | Uns die letzten Ähren stehn, | Selbst die Kinder ohne Spende | Unserm Herd vorübergehn. | Wohl, es sei! – Ihr sollt nun schaffen | Selbst, allein, in Ernt' und Saat: | Steht, den Nutzen zu erschaffen, | Einsam auf der eignen Tat. | Nimmer treibt am Rad den Faden | Fleiß'ger Magd des Heinzels Hand, | Hilft das Wichtel Garben laden, | Wann dem Knecht die Stärke schwand. | Lebe wohl, du Wiesenquelle, | Bühl und Halde, Trift und Saat, | Lebe wohl, du braune Schwelle, | Der wir weihend nachts genaht. | Lebe Tenne wohl und Speicher, | Wo uns oft der Tanz geletzt: | Ach, an Körnern wirst du reicher, | Und an Segen ärmer jetzt. Bald ruft ihr uns an, zu helfen, | Wann ihr schwer im Frone keucht – | Aber nimmer schaut die Elfen, | Wer sie einmal hat verscheucht.

172 DAHN, Bausteine, I, Berlin 1879, S. 336.

173 Über einen ähnlichen Zug bei den Riesen gegenüber den Göttern s. unten.

174 Daher heißt das Echo, der Widerhall, der aus Berg und Fels hervorzudringen scheint, »Zwergensprache«: dvergmâl.

175 Für solche Arglist, welche das Vertrauen der Harmlosen täuscht, rächen sie sich dann freilich bitter: sie fordern zum Beispiel Menschen auf, eine Erbschaft, einen Hort unter den Elben (Zwergen) zu teilen: die Menschen übervorteilen sie, nehmen etwa das Beste davon für sich: dann legen sie einen Fluch auf die so entfremdeten Kleinodien: Ring, Becher oder Waffen (Schwert).

176 Daher ist der Unterwelt für immer verfallen der Mensch, der sich in ihre Feste gewagt, in ihre Höhle (denn »gegen Norden, auf Finsterfelden, steht der Zwerge goldener Saal«) gedrängt oder auch der, von ihnen geladen, irgend Speise bei ihnen genossen hat: die Rückkehr ist ihm damit verwirkt, wie Persephonen, nachdem sie in der Unterwelt auch nur ein paar Granatkerne verzehrt hatte.

177 Das Wort »Kobold« bestätigt die Bedeutung dieser Elben als Hausgeister: die frühere Ableitung aus griechisch Kobalus, woraus auch mittellatein. gobelinus, franz. gobelin stammen sollte, ist unrichtig: vielmehr ist das Wort zusammengesetzt aus Kob, Kof (Verschlag, Haus, Schlafgemach) und old, wold, walt: also Haus-walt, wie Heerold, Heer-walt. TATTERMANN aber geht auf TATTERN, erschrecken machen (vgl. verdattern), zurück, von dem Schreck, den der plötzlich anspringende Kobold verursacht: daher heißt ein erschreckender Unhold, der an einer Stange, vogelscheuchenähnlich, mit Lumpen aufgerichtet, einem Feinde, einem verhassten Förster, Richter, Pfarrer, zumal aber einem Mädchen als Schandzeichen nachts vor das Haus gepflanzt wird, von den eine Art Volksgericht pflegenden Burschen des Dorfes (ähnlich dem »HABERFELD TREIBEN«), »TATTERMANN«: er ist das Gegenstück zu einem schön geschmückten Maibaum, der (übrigens nicht bloß am ersten Mai) einem allgemein beliebten, verehrten Mann und zumal schönen BRAVEN Mädchen gesetzt wird, nicht bloß von deren Bräutigam, auch wohl von allen Burschen des Dorfes als Ehrenbaum.

178 Auch etwa als Schlangen, Unken, Kröten und Katzen erscheinen die Hausgeister: daher KATERMANN, was aber vielleicht aus TATTERMANN verdorben: HEINZEL, HEINZELMÄNNCHEN, Koseform für HEINRICH; auch andre Namen der Hausgeister sind solche kosende, ihre Gunst erbittende Formen von Menschennamen, wie BARTEL von BARTHOLOMÄUS, WOLTERKIN von Walter, RUDI von RUDOLF, PETER-

männchen, Kasparle, Hanselmännle, Hennesle, Popanz aus Puppen-Hans.

179 Dahn, Altgermanisches Heidentum in der christlichen Teufelssage des Mittelalters, Bausteine, I, Berlin 1879, S. 260. »Hexe« ist noch nicht unbestritten erklärt; der erste Teil des Wortes ist Hag, Wald, Feld: der zweite vielleicht teosan, schädigen, also hage-tise, Feld-Schädigerin?

180 Egg-theov, »Schwert-Knecht«, der auch wohl für einen Adler oder Wolf ausgegeben wird.

181 Wie Heimdall, der Markwåchter der Götter (mit dem goldkammigen Hahn Gullin-Kambi), und der vor Gerdas Gehege alle Zugänge bewachende angebliche Viehhirt (d. h. vor Hel, wo der rußfarbige Hahn singt): wie Surtur der besondere Land-Warnmann der Feuerriesen ist. (Nach Müllenhoff.)

182 Aber den Riesenjungfrauen fehlt Schönheit nicht: von Gerdas weißen Armen leuchten Luft und Meer; auch Gunnlöd ist schön zu denken. Ihre Verbindungen mit Asen und Wanen (Niörd und Skadi, Odin und Jörd, Odin und Gunnlöd) sind nicht selten.

183 Deshalb weiß die »Wala« (Weissagerin), als dem Urgeschlecht der Riesen entsprossen, Bescheid von Anfang an und kennt wie der Riese Wasthrudnir (und der Zweig Alwis) »alle neun Welträume« (Müllenhoff, S. 89). – Auch Mimir, dessen Brunnen tiefster Weisheit voll, ist ein Riese, obzwar ein nicht schädlicher, der täglich mit seinem Trinkhorn wohltätig aus seinem Brunnen den Weltbaum begießt. Odin heißt Mimirs Freund: »er hat ihm sein Auge verpfändet«: dies ist ursprünglich die tägliche Spiegelung der Sonne im Wasser, täglich (vielleicht) kommt Odin zu Mimirs Brunnen, wie er auch täglich mit der Göttin Saga am Söquabeck aus goldenen Geschirren trinkt. Später wird dann die einmalige letzte Unterredung Odins mit Mimir auf den Weltuntergang bezogen. Freilich scheint – nach einer Stelle – Mimir zur Verhöhnung Odins täglich aus dessen Pfand zu trinken. Später, als Hönir den Wanen als Geisel gestellt ward, gaben die Asen ihm den weisen Mimir, »den Erinnerer«, jenen Riesen, bei: Hönir ward nun König der Wanen, wusste aber ohne Mimir wenig Rat. Die Wanen erschlugen Mimir (warum?) und sandten sein Haupt den Asen. Odin hielt es durch Zauber lebendig und erholte sich Rat von ihm bis zum Ende der Dinge.

184 Auch weihte man Riesen und benannte nach ihnen (wie Göttern gegenüber) Pflanzen: so heißt eine heilkräftige Wasserpflanze ›Folnetes folme‹, Forniotrs Hand; wie es später eine Pflanze »Teufelshand«, auch »Teufelsabbiss« gab und noch gibt.

185 In christlicher Zeit treten dann Sankt Georg, Sankt Michael, andre Engel, Heilige oder fromme Ritter an die Stelle der errettenden Götter.

186 Die Riesen wichen nun vor den Göttern, und die Menschen herrschten unter Götterschutz im Lande. Daher werden von Sage und Volksglauben die Türme uralter, gewaltiger und einfach großartiger Bauwerke, Ringwälle, so genannte zyklopische Mauern (›Entageveork‹, [altes Gewerk der »Enzen«, angelsächsisch ENT), gewaltige Grabhügel auf Riesen, Hünen (Hünengräber, Heiden-Riesenwälle), auf ein vorgeschichtliches Volk unvordenklicher Tage zurückgeführt.

187 Im Zusammenhang hiermit steht es, wenn auffallende Erd- und Bergbildungen aus Kämpfen oder auch Spielen der Riesen erklärt werden: Erdspalten, Felsschluchten, aber auch von erratischen Blöcken oder von abgestürzten Felstrümmern überstreute Heiden (z. B. die Malser Heide in Tirol) gelten als uralte Schlachtfelder der Riesen und Götter: die Riesen haben diese Felsen als Geschosse geschleudert: oder ein Riesenmädchen verliert aus seiner Schürze, die ein winzig Löchlein hatte, die mächtigsten Felsblöcke, »das Kind wollte sich ein Brücklein bauen (z. B. von Pommern nach Rügen), um über das Wässerchen zu patschen, ohne sich die Schühlein zu netzen«.

188 Schon der älteste Riese Bergelmir war ein solcher, dann Sutung, Gunnlöds Vater. Vgl. König Watzmann, Frau Hilt, Riesenkopf, Riesengebirge als Bergnamen.

189 Jedenfalls liegt Riesenheim außerhalb und auch unterhalb des Randes von Midgard: daher Ut-gard: AUSSENGEHEGE; zweifelhaft, ob diesseits oder jenseits des Kreises der Midgardschlange: der Streit löst sich wohl dadurch, dass ja dieser von der Schlange später gezogene Gürtelkreis selbst riesisch ist, also schon zu Riesenheim gehört.

190 Er hat seit Schaffung des Welt mit flammendem Schwert Wache gehalten, sitzend an der heißen Mark von Muspelheim, innerhalb deren alles so brennt und glüht, dass niemand darin leben kann, der nicht dort heimisch ist. Furchtbar wird er einst aufstehen!

191 Gewissermaßen ein Wasser- UND Waldriese ist (aber ein weiser, wohltätiger) jener Mimir, der am Fuße des WELTBAUMS an der Quelle hauset (in der Heldensage als Mime im oder am WALDE): im hellen und unergründlichen tiefen Wasser lag tiefste, klarste Weisheit, aus Wasserwirbeln weissagten die weisen Frauen. (MÜLLENHOFF).

192 Wie das Feuer ist das Meer schädlich und nützlich zugleich: das schädliche Eismeer ist in HYMIR, der Überflutung drohende Erdgürtel in der Midgardschlange dargestellt: milder, aber nicht ohne

Tücke ist ÖGIR, »der Schrecklich«; dagegen das fischreiche, schiffbare Meer bedeutet der Wane Niörd; dass aber auch Mimir das Meer sei, ist nicht erwiesen.

193 S. Sämtl. poetische Werk. Zweite Serie Bd. VII. S. 160.

194 Erst jetzt, nachdem wir alle Arten von Wesen – von den Göttern bis zu den Riesen – kennen gelernt, können wir würdigen die einsilbige, aber markige Artzeichnung der Edda: »Allvater ordnet, Alfen erkennen, Wanen wissen, Nornen weissagen, die Riesin (ividja, im Eisengebüsch, welche die beiden Wölfe großzieht) nährt (ihre böse Brut); Menschen dulden, Thursen erwarten (den letzten Kampf, das Losreißen der gefesselten Genossen, die Götterdämmerung), Walküren trachten« (nach Kampf).

195 Menschen, Elben und Riesen darf man wohl hinzudenken: sogar die letztern, denn ALLE Lebenden müssen Baldurs Leben wünschen, auch werden wir Riesen friedlich zu Baldurs Leichenbrand kommen sehen. Ich folge von hier ab meist wörtlich der Edda, dann, in den Deutungen; J. GRIMM, UHLAND und SIMROCK.

196 Gewiss NICHT, wie man gemeint hat, der Name des obersten neuen Christen-Gottes in der erneuten Welt! – Vgl. Odins Trost, Sämtl. poetische Werke. Zweite Serie Bd. IV. S. 101.

197 Vgl. DAHN, Fehdegang und Rechtsgang der Germanen. Bausteine, II, Berlin 1880, S. 76–128.

198 Später, in christlicher Zeit, wurden von der Sage, wie sie Saxo Grammaticus uns aufgezeichnet, Baldur und sein Bruder Hödur (der ihn in der Sage WIDER Wissen und Willen tötet) aus Göttern in Helden: Balderus und Hotherus, umgewandelt, welche sich bekämpfen: nur bei Balderus ist noch die Erinnerung an seine göttliche Natur erhalten.

199 Übrigens wächst die Mistel, bei uns nur eine schwache Staude, im Norden, so auf den Inseln im Mälarsee, bis zu drei Ellen Länge auf: sonst wäre doch ihre Verwendung als tödliche Waffe ungereimt. Ihre Heiligkeit ist germanischen und keltischen Völkern gemein. Das Geheimnisvolle an ihr liegt darin, dass sie nur auf Bäumen wächst und auch hier sich nicht säen lässt: denn zu voller Reife gedeiht ihr Same nur im Magen der Vögel, die ihn dahin tragen, wo er aufgeht: es ist dabei keine Menschenhand im Spiel und die göttliche Fügung offenbar. Bekannt ist die noch in England fortlebende Sitte, die Mistel am Weihnachtsabend über den Türen aufzustecken. In Deutschland hängt man sie, in Silber gefasst, Kindern um den Hals, und wo sie, was selten ist, auf Haseln wächst, ist sicher ein Schatz verborgen.

200 S. die Dichtung Sigyn, Sämtl. poetische Werke. Zweite Serie Bd. VI. S. 551.

201 Erdbeben werden auch bei andern Völkern von der Wut gefesselter Unholde und Riesen hergeleitet.

202 Müllenhoff, S. 141, will den Weltuntergang nur als Folge der sittlichen Verwilderung, nicht auch der Auflösung der Naturordnung eintreten lassen.

203 Wobei zunächst an Ehe in verbotenen Graden gedacht ist.

204 »Beialter, Schwertalter, wann Schilde klaffen: Windzeit, Wolfszeit, ehe die Welt zerstürzt« (ein beanstandeter Zusatz).

205 Die Mutter dieser Wölfe war die (unbenannte) »alte Riesin im Eisenwalde«: sie gebar da Fenris-Gezücht, die Wölfe Hati und Sköll, welche der Sonne vorauseilen und ihr folgen, der Vater ist der Fenris-Wolf selbst: der Mond-Wolf war wohl Hati: doch hat man später einen besondern Mond-Wolf, Mânagarm, aufgestellt (nach andern ist jene Riesin Angurboda und der Vater auch dieser Wölfe Loki).

206 Man hat nicht nötig, zur Erklärung dafür, dass nun erst jene Wölfe Sonne und Mond einholen und verschlingen mögen und der Fenriswolf sich losreißen kann, anzunehmen, dass der Mondwolf sich von dem Mark der im letzten Bruderkrieg gefällten Männer gemästet habe, und braucht nicht die Angabe, dass Tyr den Fenriswolf füttere, so zu deuten, dass dieser Verderber durch den Fraß im Krieg Erschlagener zu mächtig werde: Tyr füttert den Wolf nicht absichtlich so stark, dass er loskommen kann: keineswegs darf man Tyr deshalb als den Riesen befreundet auffassen; dass er den Menschen »nichts als ein Friedensstifter« gilt, versteht sich doch bei dem Kriegsgott von selbst.

207 Diese Verpflichtung schärft die Edda (Sigurdrifa 33, 34) allen Menschen ein: »Das rat' ich dir neuntens: nimm des Toten dich an, wo im Feld du ihn findest, sei er siech-tot oder see-tot oder durch den Stahl gestorben. Ein Hügel hebe sich dem Heimgegangenen, gewaschen seien Haupt und Hand; zur Kammer komme er gekämmt und trocken und bitte du, dass er selig schlafe.«

208 »Deshalb ist die Mahnung am Platze, wenn ein Mensch stirbt, ihm die Nägel nicht unbeschnitten zu lassen, weil sonst der Bau dieses Schiffes beschleunigt wird, den doch Götter und Menschen verzögert wünschen.« (Edda.) Ganz ähnliche Bedeutung sittlicher Warnung hat es, wenn es heißt, der Wolf des Himmelslichtes, der dereinst die Sonne überwältigen wird, fülle sich vom Fleische gefallener Männer: wer also diese unbestattet liegt lässt, füttert den

Sonnenwolf, d. h. arbeitet durch solchen Frevel zur Beschleunigung des Weltuntergangs mit. So MÜLLENHOFF, S. 126; »die Rötung der Sitze der Götter mit rotem Blute« durch diesen Wolf deutet er aber wohl allzu kühn und künstlich auf rote Nebensonnen (!).

209 Der vor seiner Höhle bei steigender Nähe des Kampfes immer mahnender bellende Höllenhund ist nicht der Fenriswolf (der ja nicht in Hel gefesselt liegt), sondern wohl derselbe Wächter des Heltores, der mit blutiger Brust Odin auf dessen Helgang entgegenrennt und lang »ansingt«: er lässt nur die Hel Gehörigen herein und keinen wieder heraus.

210 D. h., die Helriesen bangen, ob Loki, ihr künftiger Führer, sich auch wohl losreißen könne: nachdem ihm dies gelungen, bangen sie nicht mehr. (MÜLLENHOFF.)

211 Völuspá 32, 33.

212 So nach BUGGES Verbesserung (statt Osten und Muspels Söhne) auch MÜLLENHOFF.

213 »Surtur fährt von Süden her mit dem Reiserverderber (d. h. dem Feuer): es leuchtet von seinem Schwerte die Sonne der Schlachtgötter. Steinfelsen schlagen zusammen, sodass die Bergriesinnen straucheln und stürzen. Die Männer betreten den Totenweg. Aber der Himmel spaltet.« Völuspá Str. 37.

214 »Mimirs Söhne spielen«: nach MÜLLENHOFF, S. 142, nicht die Riesen im Allgemeinen toben, sondern die GEWÄSSER werden unruhig, verlassen die altgeordneten Bahnen.

215 D. h., er sucht im gefährlichsten Augenblick die tiefste Quelle aller Weisheit auf. Dies soll ihm nach einer Andeutung wohl kurz vor diesem Tage von den Wanen abgeschlagen, aber gleichwohl noch lebend und sprechend geblieben sein: – wie das des Orpheus.

216 »Wigrid heißt das Feld, wo zum Kampfe sich finden Surtur und die ewigen Götter. Hundert Rasten zählt es rechts und links: solcher Walplatz wartet ihrer!« Anderwärts aber: »Oskoptnir (der Unausweichbare) heißt der Holm, wo ihr Herzblut einst mischen Surtur und die Asen.«

217 Es handelt sich hier offenbar um eine ähnliche sittlich-religiöse Pflicht wie oben bei der Bestattung der Toten, nur dass wir von der Bedeutung dieser Lederstreifen nichts Sicheres wissen. Doch hat man nicht ohne Grund vermutet, dass die dem REICHEN entbehrlichen Streifen für die ARMEN bestimmt sind, die sie auflesen und sich daraus Schuhe machen mögen. Damit würde wenigstens stimmen, dass nach manchen Sagen der Weg in den Himmel über Feuer oder über eine steinige Heide führt, welche die Seele nach dem Tode

nicht durchschreiten mag ohne gute Werke, welche alsdann sie als Schuhe tragen wird: oder nur wenn man den Armen auf Erden manchmal SCHUHE geschenkt hat, wird man im Himmel selig werden. Ein kranker, frommer Bauer GODISKALK in Holstein sah 1189/89 in einem Gesicht im Jenseits eine mächtige Linde über und über mit Schuhen behangen, zum Vorteil derjenigen, welche auf Erden barmherzig gewesen: denn der Weg zum Himmel führte nun weiter über eine ungeheure Heide, die mit Dornen dicht wie eine Hechel besetzt war: darauf folgte, brückenleer, ein Fluss, so breit, dass kein Hornschall hinüberdrang, ganz voll von scharfen Klingen, sodass sich kein Fuß darauf setzen ließ (den Fluss um Walhall): nur wer im Leben für Dämme, Brücken und andre gemeinnützige Werke gesorgt, findet darin Hölzer, um darauf hinüberzuschreiten.

218 Anders schildert diesen Kampf eine allerdings beanstandete Strophe der Völuspá (55 bei SIMROCK): »Nicht säumt Siegvaters Sohn, Widar, zu kämpfen mit dem Leichenwolf: er stößt dem Hwedrungs- (d.h. Riesen-)Sohn das Schwert durch den gähnenden Rachen ins Herz: so ist der Vater gerächt.«

219 Es ergeben sich also sechs Einzelkämpfe: 1. ODIN gegen den FENRISWOLF: Odin fällt. 2. THOR gegen die MIDGARDSCHLANGE: beide sterben. 3. HEIMDALL gegen LOKI: beide fallen. 4. TYR gegen GARM: beide fallen. 5. FREYR gegen SURTUR: Freyr fällt, Surtur verbrennt darauf. 6. WIDAR gegen den FENRISWOLF: dieser fällt, jener lebt in der verjüngten Welt fort.

Wir gehen vielleicht zu weit, wenn wir für die Paarung aller der Kämpfer besondre Beweggründe in der Eigenart derselben suchen. Doch wird man etwa sagen dürfen: der Fenriswolf, als das Verderben und der Friedensbruch überhaupt, muss Allvater, den obersten Vorkämpfer der bestehenden Welt und ihrer Friedensordnung, verschlingen. Heimdall, der Regen, und Loki, das Feuer, löschen und vertrocknen sich gegenseitig. Das wohltätige Sonnenlicht Freyr erliegt dem schwarzen Rauch schädlichen Feuers, Surtur. Thor und die Midgardschlange, uralte Sonderfeinde, fechten ihren früher unterbrochenen Strauß zu Ende. Und der »Wiederer«, der Erneuerer, muss den Erhalter der alten Welt, seinen herrlichen Vater rächend, die Vernichtung und den Friedensbruch selbst vernichten, ihr den klaffenden Rachen für immer zerreißen, auf dass die neue Welt erstehen und sicher dauern möge. Für die Paarung Tyrs und Garms, die überhaupt höchst zweifelhaft, erhellt kein besonderer Grund. Die Völuspá kennt übrigens nur die Einzelkämpfe 1, 2 und 5 (die drei andern sind wohl jüngere Hinzudichtung). Strophe 38: »Da kommt der Hlin (hier wohl Frigg selbst) zweiter Harm, als Odin auszieht, mit dem Wolfe zu streiten, aber gegen Surtur der Töter Belis (Freyr): fallen wird da Friggs Geliebter (Odin).« Str. 39: »Es kommt der herrliche Sohn der Hlodyn (Thor): es übergähnt die Luft der Erde Gürtel, d.h., die Schlange von unten sprüht Gift und speit Gluten: Odins Sohn (Thor) geht, dem Wurm zu begegnen, er, der Wurm, erlegt im Zorne den Schirmer Midgards. Alle Menschen werden die Heimstätte räumen (nachdem der Beschirmer der Menschen, der Weiher Midgards gefallen, müssen die Menschen den Riesen erliegen): neun Schritte geht der Fiörgyn Sohn kaum noch von der Schlange, die die Schandtat nicht scheut.«

220 Völuspá, Str. 4: »Die Sonne beginnt zu verdüstern, die Erde sinkt ins Meer, es schwinden vom Himmel die heitern Sterne. Dampf rast und Feuer: die hohe Hitze spielt bis zum Himmel selbst.«

221 Der Name ist der gleiche wie »Muspell«, auch im altsächsischen Heliand begegnet »mûdspelli« in gleichem Sinne: diese Übereinstimmung, eine Hauptstütze der gemeingermanischen und echt heidnischen Natur der Sage von der Götterdämmerung, kann durch die Spintisierungen der Herren Bang und Bugge nun und nimmer hinweggekünstelt werden. (Bugge hat seine Beweisführung nicht fortgesetzt, nicht abgeschlossen; Zusatz von 1889).

222 Meist nach Simrock.

223 Im Odenberg oder im Karlsberg bei Nürnberg oder im Untersberg bei Salzburg, der vom »untern«, d.h. Mittagsschlaf halten, heißt.

224 Ebenfalls, statt Karls, im Untersberg, in der Pfalz zu Kaiserslautern, im Trifels zu Annweiler, im Kyffhäuser in Thüringen.

225 Weiß oder grau wie Odins oder rot: der des »Rotbart«, wobei dann vielleicht auch der Donars gemeint ist.

226 Völuspá, Str. 43: »Da sieht (die Seherin) auftauchen zum andern Male die Erde aus dem Meere, frisch und grün: Sturzbäche fallen, der Adler fliegt darüber, der auf den Felsen Fische weidet. Ungesäet werden die Äcker tragen, alles Übels Besserung wird werden.«

227 D.h. der Weltesche selbst: Mimir hat unter ihr seinen Brunnen; Hodd = Hort, Schatz von Weisheit (und anderm Gut?).

228 Leben und Lebensmut: oder, wenn man Leifthrasir liest: »Streit um den Rest« (Müllenhoff).

229 »Es finden sich die Asen (aber, wie es scheint, keineswegs alle, auch nicht alle durch Söhne oder Töchter vertreten: die Göttinnen fehlen unter den ausdrücklich Genannten ganz) auf dem Ida-

feld: und sie reden von dem mächtigen Erdumspanner (der nun erlegten Midgardschlange) und gedenken da der großen Geschehnisse (der Götterdämmerung) und Fimbultyrs (d. h. Odins) alter Runen.«

230 Müllenhoff, S. 28, stellt den Gegensatz nicht auf Schuld und Unschuld, sondern auf Krieg und Frieden: diejenigen Götter verschwinden, welche sich an dem wild bewegten kriegerischen Leben stark beteiligt haben, auf laben die friedlichen, Friede bringenden. – Aber darf man bei den Germanen jener Zeit annehmen, dass ihre Sehnsucht, die ganz auf Kampf und Heldentum gerichtet war, plötzlich nun ihr Ideal geändert und sich in Friedenssehnsucht verwandelt habe? Doch ganz gewiss nicht! – Er meint, in »Gimhle« soll das wilde Kriegerleben Walhalls nicht wiederkehren, muss aber selbst einräumen, dass die hier lebenden Scharen (drottir) Kriegsscharen sind und dass Baldur und Hödur doch auch hier Schlachtgötter (vaì-tivar) heißen. – Auch gibt er zu, dass für die Südgermanen ein gleicher Friedenshimmel nicht erwiesen sei; er scheint uns eben auch für die Nordgermanen weder bewiesen noch wahrscheinlich! Glaubt doch Müllenhoff selbst, der Hammer Thors möge immerhin noch zur Abwehr von möglichen spätern Feinden dienen.

231 »Baldur wird kommen, Hödur und Baldur bewohnen Hropts (d. h. Odins) siegreiche Gehöfte, herrlich, die Schlachtgötter.«

232 Worauf man auch früher den Namen deutete (die erneute Welt): aber das passt nicht zu dem schon von Anfang so lautenden Ort: »Arbeitsfeld«, »Feld der Tätigkeit«.

233 Auch die Söhne des »Tveggi-Odin«, Wilis und Wes, welche beide, Zwillingsbrüder (Hönir und Loki) oder Wiederholungen Odins, früher nur bei der Schaffung der Welt vorkommen, treten hier auf als Erneuerungen ihrer Väter: sie bewohnen das weite »Windheim«, d. h. das Luftreich, Völuspá, Str. 47; der dritte Bruder, Loki und seine Abkunft, sind untergegangen.

234 Ausgezeichnet Müllenhoff, S. 35: »Er kommt, um wie kein andrer, mit unvergleichlicher Macht und Autorität Gericht zu halten, aber nicht etwa nur einmal, sondern um als Friedensfürst und Hüter des Rechts dauernd seine Herrschaft auszuüben.«

235 Diese Annahme, welche ich stets bekämpft, hat Müllenhoff überzeugend zurückgewiesen: gewiss ist die Erneuerung an sich noch heidnischen Ursprungs. Nachdem aber der erneute Himmel einmal im heidnischen Bewusstsein feststand, wäre die Herübernahme einzelner christlicher Züge aus Schilderungen des christlichen Himmels, des »neuen Jerusalems usw.« aus der Apokalypse und ähnlichen christlichen Schriften nicht ganz undenkbar; schon das dabei

verwendete, entliehene Fremdwort gemma (in »Gimhle«) zeigt Einwirkung oder doch Kenntnis lateinischer Literatur oder doch Sprache. In der jüngeren Edda ist wenigstens christlicher Einfluss auf Ausmalung des neuen Himmels sehr wahrscheinlich.

236 Wenn eine Stelle der Edda von Thor sagt: »Einst kommt ein andrer, mächtiger als er: doch noch ihn zu nennen, wag' ich nicht, wenige werden weiter blicken, als bis Odin den Wolf angreift«, so weist der Vergleich mit Thor allerdings auf Odin, aber Odins Nennung, während »der andre« noch nicht genannt werden soll, lässt einen Dritten als gemeint annehmen. Die Runen Odins, über welche geredet wird, sind seine Geheimnisse, d.h. selbstverständlich nur, soweit sie den andern Göttern bekannt geworden, auch eben durch die Götterdämmerung nun erst enträtselt wurden.

237 »Einen Saal sieht sie strahlen, schöner als die Sonne, mit Gold gedeckt, auf Gimhle: da sollen treue Scharen hausen und in Ewigkeit Behagen finden.« »Gim-hle« zusammengesetzt aus dem Lehnwort Gemma, Edelstein, und hle, Dach (Müllenhoff).

238 Sehr richtig Müllenhoff, S. 30: »Wenn diese Wiederkehr der Asen nicht heidnisch gedacht ist, so weiß ich nicht, was heidnisch heißen kann. Die Personen für einen neuen Götterstaat sind da, und ohne Zweifel sind sie bestimmt, einen solchen zu bilden.«

239 Dass hier »er« (hann) und nicht »sie« (hon, die Seherin) zu lesen, hat Müllenhoff wahrscheinlich gemacht: allerdings gewähren die Handschriften nur ›hon‹, was schließlich auch einen Sinn gäbe: die Weissagung ist zu Ende, die Seherin versinkt.

240 So Müllenhoff, S. 36.

Zweite Abteilung: Heldensagen

1 Welche später Sinfiötli besteht.

2 Geschwisterehe, ursprünglich auch bei Germanen, wie bei andern Ariern, verstattet, kam damals freilich dem Rechte nach nicht mehr vor. Indessen ist zu erwägen, dass Sigmund wenigstens die Schwester nicht kennt: ihr aber trat die auferzwungene Verbindung mit Siggeir völlig hinter den heißen Gedanken der Blutrachepflicht zurück: die Götter selbst haben ihr vermutlich die Zauberin geschickt. Übrigens reißt das wilde Ungestüm des Blutes dieses ganze von Odin stammende halbgöttliche Geschlecht in das Verderben, worin man tragische Sühne finden mag. [Felix Dahn]

3 Vgl. oben Schwanen-, Krähen-, Falkenhemd (2. Buch, Kap. X).

4 Leiptr entspricht dem Styx der Unterwelt der griechischen Sage.

5 In dieser Verjüngung heißt er Helgi Hundingstöter, sie Kara (Hilde) Halfdans Tochter.

6 Das war heidnisch-nordische Sitte.

7 So wirkte bereits der Fluch, dass Hreidmar aus Goldgier die Warnung in den Wind schlug.

8 Hnikar, Beiname Odins, als wellenbesänftigenden Gottes; Feng und Fiöllnir, als Gewinn schaffenden Gottes.

9 Dahn, Bausteine, I, S. 81.

10 Man gab dem Liegenden auf jeder Seite des Rückgrats drei Schwerthiebe, welche oft Herz und Lunge bloßlegten.

11 Schwalben nach Grimm, Waldspechte nach andern.

12 Entstanden aus Gifuka, Gibika (daher sein Geschlecht die Gibichen), ursprünglich ein Beiname Wotans, der ihn als Geber aller Güter bezeichnet.

13 Fylgja; J. Grimm, Mythologie, S. 829.

14 Nach einigen Überlieferungen hat nämlich Atli Grimhild zu Gast geladen und, da sie sich weigert, ihm zum Horte zu verhelfen, getötet, was den Giukungen unbekannt sein muss, als auch sie die Einladung annehmen.

15 Ein Erbmahl, wie es der Erbe zum Gedächtnis des Verstorbenen und als Zeichen des Antritts der Erbschaft den Freunden und Nachbarn bereitet.

16 Es ist kein Zeugnis aufbewahrt, dass sie jetzt, sich etwa auch in die Flammen stürzend, gestorben sei, aber wohl nach der ursprünglichen Gestaltung der Sage anzunehmen. Spätere Weiterbildung ließ sie fortleben, um die Wölsungen mit dem gotischen Sagenkreise (s. unten) zu verknüpfen.

17 Nordisch: Jörmunrekr.

18 Nordisch: Bikki, d. i. Hund.

19 Als dieser Gott wird bald Freyr, bald Odin angenommen; er heißt Skef, d. h. Skeaf: Schaube, Getreidehaufe; nach andrer Überlieferung heißt der Angespülte selbst Skeaf, weil er auf dem Schiff auf Getreideschauben gebettet lag. Jedenfalls ist jener Gott ein Gott der Fruchtbarkeit, also Freyr, oder Odin als Wunschgott; auch an Thor hat man, um der Getreidegarben willen, gedacht.

20 Auch ein Name für das Land der Geaten.

21 S. unten Wielandssage.

22 Reinen, ungemischten.

23 Um eine übersichtliche Erzählung zu bieten, ist das Liederbruchstück: »Der Überfall in Finnsburg« hier eingeschaltet und in seinem Anfang ergänzt nach Annahmen von UHLAND, SIMROCK, GREIN, ETTMÜLLER.

24 FINNSBURG lag nach SIMROCK und ARNOLD in Friesland; nach GREIN in Jütland.

25 HENGEST, ein Häuptling der Jüten, »war von Hnäfs Geschlecht«.

26 Nach UHLAND und SIMROCK; anders GREIN, der Finn seine Gäste überfallen lässt.

27 Wahrscheinlich alte Blutrache.

28 Vielleicht argwöhnend.

29 Die Sage spielt an der deutschen und niederländischen Nordseeküste. Bei Stürmen ist nach MÜLLENHOFF eher an die den Friesen benachbarten Sturmi als an die nordalbingischen Sturmarii, späteren Stormarn zu denken.

30 ORTLAND ist vielleicht (von Ort, d.h. Spitze) auf Jütland zu beziehen.

31 WIEDE: Halsschlinge, d.h. am Galgen.

32 Wie Göttern ist Elben und Wassergeistern das Geheimnis des Sanges und der zauberhaften Musik eigen. Von ihnen also hatte Horand die Zauberweise erlauscht.

33 WALEIS, durch Ableitung von Vahalis, Waal: – es scheint als Westgrenze von Hettels Reich gedacht.

34 Eigentlich KARADOK, ist das heutige KARDIGAN in Wales, ein schmaler Landstrich gegenüber Irland.

35 Seeland ist an der Scheldemündung zu suchen.

36 Morland ist an der Nordseeküste zu suchen: die Bedeutung »des Moores« wird zugrunde liegen.

37 Orientalische Namen.

38 D.h. friedlicher Gast sein.

39 Der Wülpensand mag etwa gelegen haben vor der westlichen Scheldemündung in einer sich zwischen Cadsant bis nahe zum heutigen Breskens hinziehenden Sandbank.

40 Siehe den Grund weiter oben.

41 Blätter der Wasserlilie.

42 Ort = Spitze.

43 Nach MÜLLENHOFF ist Wilkinus aus Wilkinaland entstanden, Wilkinaland aber aus Wikingoland.

44 Wadi, URSPRÜNGLICH ein mythisches, dem Meer angehöriges Wesen: – in Sagen verflochten, als Wadi hier, als Wate in Kudrun.

45 Graecus bei Adam von Bremen Gesamtname für Slawen: also ein Slawenland: an Griechenland ist dabei ursprünglich nicht gedacht, s. Müllenhoff, Haupts Zeitschrift 10, 166.

46 In andern Sagen heißt Rüdigers Frau Gotelind und ist mit Dietrich von Bern verwandt.

47 Der Regin der Wölsungensage.

48 Denn es war wohl der Schwanenring, durch dessen Anlegen sie sich in Menschengestalt wandeln konnte.

49 Dort, wo er seine Esse kühlte.

50 Nach dieser Sage heißt Gunther ein Frankenkönig zu Worms, während er im Nibelungenlied (s. unten 5. Buch VI) als Burgundenkönig zu Worms herrscht; hier gilt Herrich zu Chalons als Burgundenkönig.

51 Auch Wasgen-Wald, Wasgen-stein, d.h. Vogesen.

52 Nach andern Überlieferungen aber Heribrand.

53 König Dietmar hatte noch zwei Brüder: Harlung (nach W. Grimm der richtigere Name, er heißt auch Diether) auf der Fritilaburg, der Vater der Harlunge: Fritila und Imbreke (siehe unten). Der andre Bruder König Dietmars hieß Ermenrich, König in Romaburg, einer Sage nach der allein echte Sohn seines Vaters. Dieser Vater heißt in einem Gedicht Amalung.

54 Von dieser Schwester wissen andre Sagen nichts.

55 Nach J. Grimm, Mythologie, S. 736, 745 ist Wildifer, d.i. Wildeber, aus dem ahd. Wild pero, d.i. Wildbär, durch Missverstand entsprungen.

56 Siehe hierüber die abweichenden Sagen.

57 Wohl um Hilfe und Lebensmittel zu holen.

58 Oberitalien: am Gardasee, deutet man.

59 Waldemar, Bruder König Oserichs von Wilkinenland.

60 Russland.

61 Scharpf und Ort heißen sie in dem Liede von der Rabenschlacht.

62 Ravenna.

63 Schlacht bei Ravenna.

64 Die Sagen berichten über ihn und seinen Tod Widersprechendes.

65 Dahn, Deutsche Geschichte, I, 1 (vorletztes Kapitel).

66 »Noch bevor er ganz zum Mann erwachsen, hatte er schon gar viele Wunder mit seiner Hand getan, von denen wir heute schweigen«: Anspielungen auf die halb vergessenen ersten Taten, den Ritt durch die Waberlohe usw.

67 Die »Vorbemerkung« ist von Felix Dahn verfasst.

68 Nach der Wilkinensage.

69 Von hier ab bis zum Schluss wesentlich nach der mittelhochdeutschen Fassung.

70 Nach andrer Überlieferung fällt Giselher den Markgrafen.

71 Nach andrer Überlieferung schmilzt Hagens Brünne unter Dietrichs Feuerhauch.

72 Den Alpen.

73 Ein Ausruf der Freude.

74 Nach andern Garten.

75 Ein andrer als der in Viertes Buch, I., 4 genannte; die Gegend ist Langobardenland.

76 Gemeint ist die altheidnische Entrückung, und diese ist hier anstelle des christlich-gefärbten Ausdrucks der Aufzeichnung wiedergegeben.